HUMANISME ET INTELLIGENCE ARTIFICIELLE

Le droit aujourd'hui

La collection « Le droit aujourd'hui » regroupe des études juridiques concernant des problèmes d'actualité nationale et internationale, dans divers domaines (éthique, politique, questions de société…).

Déjà parus

Michel BOUDJEMAÏ, *La territorialisation de l'aide sociale légale*, 2022.
Carine VAYSSE, *La théorie générale du contrat administratif*, 2022.
Thomas LARDEUX, *La sécurité juridique et le contentieux international des investissements*, 2021.
Coffi Dieudonné ASSOUVI, *L'influence du droit international des changements climatiques sur le droit de l'environnement de l'Union européenne*, 2021.
Zohra Aziadé ZEMIRLI, *Le statut juridique des non-musulmans en Algérie. L'exemple des évangéliques et des ahmadis,* 2020.
Moustapha KAMARA, Jean Baptiste BERTRAND, avec la collaboration de Samba Thiam et Isabel Falconer, *Le contentieux international du transfert des joueurs, Football et autres sports collectifs, Nouvelle édition revue et augmentée,* 2020.
Béatrice Blohorn-Brenneur (dir.), *Médiation, cultures et religions*, 2020.
Marion Brosset Briand, Antonin Crinon, Élodie Delacoure et Émilie Delcher (dir.), *Le nombre et le droit*, 2020.
Mickaël Le Borloch, *L'application du droit d'auteur aux hyperliens, Analyse de droit français et de droit américain*, 2019.
Romain Feydel, *La société de libre partenariat. Régime juridique et fiscal*, 2019.
Arafat Abi, *La protection des droits des migrants, Interactions entre la protection des droits de l'homme et la protection diplomatique et consulaire*, 2019.
Georges Labrecque, *Les cours d'eau internationaux. Étude jurisprudentielle*, 2019.
Fabien Bottini, *Droits fondamentaux et crise(s) des solidarités*, 2019.

Boris Barraud

Humanisme et intelligence artificielle

Théorie des droits de l'homme numérique

L'Harmattan

5-7, rue de l'École-Polytechnique ; 75005 Paris

http://www.editions-harmattan.fr/

ISBN : 978-2-14-026511-2
EAN : 9782140265112

Sommaire des deux ouvrages

Théorie des droits de l'homme numérique

Pratique des droits de l'homme numérique

Avant-propos

La Chaire IA Responsable, dans le cadre de laquelle ces ouvrages ont été réalisés[1], présente un caractère hautement pluri- et inter-disciplinaire. Sa directrice est une juriste, mais elle est rattachée à une faculté des sciences (la Faculté des sciences Jean Perrin de Lens). Parmi ses membres, on trouve plusieurs chercheurs en sciences dites « dures » et les séminaires et colloques régulièrement organisés par la chaire permettent à des sociologues, des anthropologues et des philosophes de rencontrer les juristes, mathématiciens et autres informaticiens.

Aussi la feuille de route, au moment d'engager cette recherche sur l'intelligence artificielle à l'aune de l'humanisme et plus particulièrement des droits de l'homme, était-elle de ne pas penser en « pur » juriste — ce qui aurait conduit à recenser dans les lois et jurisprudences existantes les normes appliquées ou applicables à cet environnement original que dessine l'intelligence artificielle —, mais de laisser libre cours à la conjugaison du droit et de la philosophie. Qu'on ne s'y trompe pas : ce texte comporte bel et bien tout un pan de technique juridique. Les juristes « purs et durs » trouveront sans aucun doute de quoi étancher leur soif de règles de droit « positives ». Cependant, aux prises avec un tel sujet, et dans la veine de la prospective juridique théorisée quelques temps auparavant[2], on ne pouvait se borner à recenser, retranscrire et interpréter le « droit positif ». Cet ouvrage le dépasse et, revêtant l'habit du philosophe du droit, jette sur lui un regard critique ou, carrément, le délaisse pour se focaliser sur le droit prospectif

---

[1] Ce livre, *Humanisme et intelligence artificielle – Théorie des droits de l'homme numérique,* est en effet prolongé par un autre : *Dignité, liberté, égalité – Pratique des droits de l'homme numérique,* publié dans la même collection.

[2] *La prospective juridique,* L'Harmattan, coll. Logiques juridiques, 2020.

— le droit à venir qui, actuellement, peut être ou ne pas être, cela constitue une donnée contingente, qui mérite d'être relevée mais qui n'est pas décisive.

La faculté d'anticipation est une condition de survie. En droit comme ailleurs, et plus que jamais, il convient de ne pas entrer dans l'avenir à reculons. Plutôt que d'adopter l'attitude du pompier qui réagit à l'événement et tente d'en limiter les conséquences négatives, mieux vaut peut-être épouser la conduite du stratège qui cherche à provoquer les meilleurs changements. Les juristes sont traditionnellement portés à s'intéresser aux lois en vigueur, aux jurisprudences classiques et aux doctrines bien établies, non au droit prospectif. Tel est leur noble et légitime office. Faire ou refaire le droit, ce n'est pas leur affaire. Ils sont là pour l'appliquer concrètement et maintenant. La Chaire IA Responsable, néanmoins, parce que son objet est l'éthique, peut et même doit donner toute sa place à la critique du droit, à la réflexion sur le droit qui n'est pas mais qui pourrait être et qui peut-être sera grâce à elle. Car qu'est-ce que l'éthique ? C'est à la fois du non-droit et du droit en puissance, une source matérielle, un ensemble de principes, de valeurs, de devoir-être qui aspirent à devenir droit pour ajouter à leur légitimité matérielle (naturelle) une légitimité formelle (officielle). Préférant se tourner vers le droit à venir plutôt que vers le droit passé et dépassé, la Chaire IA Responsable s'est donnée pour mission de s'affirmer telle une éclaireuse du droit, telle une guide du droit, favorisant la capacité d'anticipation et la proactivité de tous les acteurs du monde juridique, du député au magistrat.

*

Le cas de l'intelligence artificielle est significatif : l'éthique y est à la mode, et les recherches en éthique de l'IA sont tout aussi importantes que les recherches en droit de l'IA, car le droit, par définition lent, formaliste, rigide, peine à suivre la cadence des évolutions technologiques et, surtout, à répondre pertinemment aux mutations humaines, sociales et culturelles qui procèdent de ces évolutions technologiques. À mesure que le droit ne parvient plus à s'adapter à son environnement ni à affronter les défis originaux qui en émanent, l'éthique, qui veut être plus et mieux qu'un pis-aller (même si elle est déjà un pis-aller), est appelée à prendre le relai. Or, en pensant les droits de l'homme au-delà des textes en vigueur, on fait œuvre d'éthicien. On précède le droit bien plutôt que de le suivre. À l'aube d'un XXIe siècle qui n'a pas fini de nous surprendre, qui nous réserve sans nul doute encore beaucoup de surprises plus ou moins heureuses, on peut parier que l'avenir appartient au moins autant aux juristes-éthiciens qu'aux juristes-techniciens, en tout cas d'un point de vue universitaire. Ce sont ces juristes-éthiciens qui permettront d'éviter que le fossé ne se creuse par trop entre la sphère du droit et celle des nouvelles sociétés, économies, cultures, technologies etc. La situation peut d'ailleurs paraître exaltante aux yeux des chercheurs en droit tant il y a et y aura d'innombrables concepts, catégories, méthodes, modèles, principes, techniques légistiques et régimes juridiques à inventer.

En ces pages, sous la forme des « droits de l'homme numérique », sont esquissées quelques pistes s'agissant de cet homme numérique qui tend à subroger l'homme physique et concernant cette intelligence artificielle qui remplace progressivement, et assez insidieusement, l'intelligence biologique. Les droits de l'homme numérique, avant de devenir des règles de droit en bonne et due forme, sont des objets doctrinaux qui ont vocation à nous faire réfléchir sur le sens et l'évolution de nos vies numériques. C'est pourquoi, malgré ce que leur nom tend à indiquer, ils appartiennent au moins autant au monde de l'éthique qu'au monde du droit — mais ne s'agit-il pas d'un seul et même monde, comme semblent en attester les travaux de la Chaire IA Responsable, dès lors qu'on accepterait de ne plus séparer drastiquement les règles de droit des autres formes de normativité sociale ? L'éthique et le droit ne doivent pas être considérés tels des rivaux mais comme des associés, si ce n'est comme des frères normatifs ; et alors le grand frère serait l'éthique, le petit frère juridique étant bien avisé de suivre le bon exemple fourni par son aîné. De ce point de vue, il n'existe guère de lieu où le droit et la philosophie peuvent mieux se rencontrer, cohabiter, s'enrichir mutuellement, peut-être même fusionner, que le domaine des droits et libertés fondamentaux de l'être humain.

L'éthique, telle que la comprend la Chaire IA Responsable, suivant en cela l'évolution lexicographique du terme depuis quelques décennies, désigne un ensemble de principes et autres propositions non juridiques (non sanctionnés par les tribunaux) posés par des autorités diverses, publiques ou privées — et la Chaire IA Responsable espère bien compter au nombre de ces autorités grâce à ses travaux. Ainsi, entre le techniquement possible et le juridiquement faisable, l'éthique explore les champs du souhaitable et du légitime. Elle précède ou accompagne la loi, l'inspire ou sert à l'interpréter en traçant, avec toutes les garanties d'indépendance nécessaires, la ligne de démarcation entre le bien et le mal, entre ce qui est tolérable et ce qui ne l'est pas, entre ce qui est bénéfique à l'homme et ce qui ne l'est pas, entre ce qui profite à la société et ce qui ne lui profite pas. Dès lors, les droits de l'homme numérique décrits ou définis en ces pages s'inscrivent certainement au sein de l'éthique ainsi comprise.

Mais ces droits de l'homme numérique donnent également lieu à une éthique dans son sens originel, c'est-à-dire en tant qu' « art de vivre ». Dans la tradition philosophique telle que léguée par la Grèce antique, notamment par les stoïciens et les cyniques, l'éthique est un mode de vie, un « art de diriger sa conduite ». Elle est ce pan de la philosophie qui réfléchit au sens et à la fin de la vie humaine, aux dilemmes et aux choix qui sont notre lot quotidien, donc à la volonté, à l'autonomie (se donner ses propres règles de conduite), à la liberté. Elle est, dans le vocabulaire d'Emmanuel Kant, la « science de la liberté »[3]. Or la liberté numérique, avec la dignité et l'égalité, est au cœur des défis inhérents aux droits de l'homme numérique, car il faut plus que toute autre chose redouter cet homme « mécanisé » ou « robotisé » qui aurait tendance à subroger l'homme humanisé des Lumières. L'éthique des philosophes répond à la question « comment dois-je me comporter ? ». L'IA en fait de même : elle se positionne ainsi aux côtés de la morale, cet ensemble de carcans sociaux et culturels qui nous dicte nos comportements et qui se perpétue à grand renfort de conservatisme et de conformisme ; et elle se situe en face de l'éthique qui vise à préserver l'individualité et la personnalité de chaque être humain et qui, art de la connaissance et du choix, tend vers le bonheur et culmine dans la sagesse.

[3] E. Kant, *Fondements de la métaphysique des mœurs*, 1785.

*

Rien ne semble devoir plus nous préoccuper que la problématique de la liberté à l'ère des *nudges* envahissants. L'intelligence artificielle nous invite à actualiser au plus vite la célèbre formule de François Rabelais « Science sans conscience n'est que ruine de l'âme » — contre la tendance à préférer l'idée que « conscience sans science n'est que ruine de l'âme » — et à tout faire pour éviter que ne tombent en ruine les slogans humanistes « L'homme est la mesure de toute chose » et « On ne naît pas homme, on le devient ». Face au « coup de data permanent » qui nous pousse à délaisser inconsciemment nos libertés, l'esprit critique et les plus simples expressions de nos subjectivités, et tandis que le smartphone, meilleur ami de l'homme, réalise la prophétie du télécran de Georges Orwell (« *Big Brother is watching you* ») et, sorte de camisole numérique, devient l'instrument de la standardisation, de la désindividualisation et de la perte d'autonomie intellectuelle et morale des êtres humains, les amenant à vivre dans la dépendance numérique et à perdre toute capacité à faire preuve de personnalité, d'intuition, de spontanéité et de créativité, il faut gager que la capacité à se donner sa propre loi et le droit de disposer de soi-même constituent plus que jamais les conditions *sine qua non* d'une vie heureuse, prospère et digne. Le dogmatisme, le suivisme et l'uniformisation nuisent gravement à la richesse des hommes, des sociétés et des cultures.

On a longtemps pensé l'humanité de l'homme par opposition à son animalité. Il convient aujourd'hui de définir cette humanité par comparaison avec la machinité de l'homme — ce qui est d'autant plus problématique que l'industrie numérique cherche dans le même mouvement à humaniser les machines. L'humain est une construction infinie que les nouvelles technologies, leurs effets performatifs et leur puissance normative nous obligent à recommencer à nouveaux frais. Peut-être certaines pistes proposées en ces pages nous seront-elles d'une quelconque aide dans cette tâche, nous permettront-elles de prendre un peu de recul — chose indispensable pour aller de l'avant — par rapport à un environnement numérique qui nous pousse vers la banalisation et le conformisme, nous inspireront-elles quelques garde-fous face à la déshumanité, la posthumanité et la transhumanité, nous serviront-elles à mieux séparer progrès technique et progrès humain, technicisme et humanisme.

Aujourd'hui, la formule dangereuse n'est plus « *magister dixit* » mais « *roboticus dixit* ». Si les algorithmes et les données sont le moteur et le carburant d'un changement de civilisation, on ne peut se satisfaire du remplacement de la civilisation humaniste par une civilisation machiniste dans laquelle, en raison de la dictature de la commodité, on se laisse dicter chaque geste et chaque pensée par des prothèses technologiques et dans laquelle l'humain change de statut, étant de moins en moins sujet et de plus en plus objet. Avec Friedrich Nietzsche, il faut espérer le retour du surhomme et de sa volonté de puissance, forme d'homme révolté, libre, créatif, autonome, refusant sans concession de devenir un homme réifié, un homme marchandisé, un homme robotisé. Nietzsche, à travers son œuvre et sa vie philosophiques, nous a montré combien l'humain peut sortir grandi de la fréquentation de la libre sagesse et combien il peut gagner à retrouver le goût, comme le dirait Montaigne, de vivre et penser « à sauts et à gambades » plutôt qu' « à clic et à scrolling ».

Compris comme philosophie pratique et comme pratique philosophique, en plus de constituer de potentielles sources matérielles du droit, puisés dans l'héritage humaniste et inspirés par l'actualité des effets de l'IA sur l'humain et sur le social, les droits de l'homme numérique sont autant de limites, de garde-fous à imposer et à s'imposer afin de ne pas pénétrer sans conscience et sans précaution dans une ère de la servitude volontaire numérique, dans un monde des IA liberticide et anti-humaniste, abandonné au jeu de la main invisible numérique. L'enjeu est de protéger la dignité morale des individus en les mettant en garde contre leur tendance à la robotisation et à la mise en pilotage automatique de leurs pensées et de leurs conduites, donc de défendre la souveraineté individuelle et de contribuer au *développement durable numérique*. Face au mouvement transhumaniste, la lecture des humanistes nous invite à refuser toute « augmentation » de l'homme qui le diminue humainement ou socialement.

Dans notre civilisation à bout de souffle, désenchantée, qui ne croit plus en elle, qui n'a même plus conscience d'elle-même, où Big Data est le nom du nouveau Léviathan et Big Brother en passe de devenir réalité, les juristes revêtent une responsabilité historique. En humanistes, ils doivent œuvrer à la permanence ou à la recréation des principes fondateurs de notre civilisation et, plus encore, de notre humanité. Pour éviter la robotisation des hommes, la déshumanisation des hommes, il leur incombe d'affirmer partout ce principe essentiel : *de toute norme l'humain est la fin déterminante et exclusive*. En matière de droits de l'homme, il faut toujours du temps pour passer de la philosophie au droit. Ce n'est pas sans beaucoup de peine que l'on est parvenu, le 26 août 1789, à affirmer dans un texte de droit officiel ce qui, vu d'aujourd'hui, semble aller de soi : « Les hommes naissent et demeurent libres et égaux en droit » ; « Le but de toute association politique est la conservation des droits naturels et imprescriptibles de l'homme. Ces droits sont la liberté, la propriété, la sûreté, et la résistance à l'oppression ». Sans doute du temps sera-t-il également nécessaire aux droits de l'homme numérique pour qu'ils quittent le pan prospectif du droit et investissent son pan « positif ». S'y consacrer dès aujourd'hui, en juriste et en philosophe, en juriste-philosophe, n'en est pas moins indispensable, bien au contraire.

*

Dans le monde des juristes, l'humanisme juridique, qui n'a jusqu'à présent intéressé que quelques penseurs marginaux, quelques chercheurs « alternatifs », pourrait, au terme d'une prise de conscience collective, gagner ses lettres de noblesse et devenir, non plus un passe-temps accessoire réservé à quelques curieux ouverts d'esprit, mais un prérequis incontournable pour tout étudiant et *a fortiori* tout enseignant en droit. Plus généralement, il est peut-être temps de donner à la philosophie du droit la place qu'elle mérite au sein des facultés de droit. Certes, comme le sociologue de la musique ne fait pas de musique, le philosophe du droit ne « fait » pas de droit. Mais le sociologue de la musique permet de mieux comprendre la musique et le philosophe du droit permet de mieux comprendre le droit. En associant droit, sciences et philosophie, la Chaire IA Responsable œuvre à la réforme de l'entendement juridique, à ce détachement par rapport à la pure technique et aux lois et jurisprudences « positives » visant, en prenant un peu de distance et un peu de hauteur, à voir le droit autrement, non superficiellement mais en profondeur. Alors que le droit est chaque jour davantage appelé à se renouveler, dans sa substance et dans ses formes, afin d'affronter les nouveaux défis qui s'offrent à lui, il semble de plus en plus difficile de ne pas suivre ce chemin, même si cela oblige à abandonner un certain confort, à accueillir l'inconnu et le différent, à désapprendre pour se libérer. S'agissant de l'intelligence artificielle en tout cas, au milieu des néohumanistes, posthumanistes et transhumanistes, il ne paraît guère inconséquent de promouvoir la voie de l'humanisme et, plus exactement, de son avatar juridique : l'humanisme juridique. C'est dans ce cadre qu'il semble pour l'heure le plus raisonnable, dès lors que l'on ne défend pas d'intérêts particuliers sources de points de vue biaisés, d'opérer la rencontre du droit et des IA.

Les hommes politiques et les médias diffusent l'idée selon laquelle la technique serait toujours en avance par rapport à la société, la politique et le droit, lesquels, fatalement « en retard », seraient sommés de suivre et de s'adapter. Avec l'humanisme juridique, au contraire, la politique et le droit retrouvent leur juste valeur, leur juste place, et c'est alors à la technique de se conformer aux exigences de la justice. Que l'on se méfie des discours du « retard » et de la thématique de la course au progrès technique. Il se pourrait bien que le retard des uns soit l'avance des autres, et réciproquement. Il n'y a pas que la course au progrès technique ; il y a aussi la course au progrès humain ; et il s'agit là d'une tout autre course. Avec les humanistes, on peut refuser en bloc la thèse selon laquelle la technique aurait toujours été et serait aujourd'hui plus encore le guide, tandis que les hommes et les sociétés ne pourraient que faire le choix de suivre ou de dépérir. Qui est le plus normatif, la technique ou bien le droit ?

Les effets de mode et la tendance au suivisme et au conformisme renforcent la pensée unique selon laquelle plus on se développerait techniquement et plus on gagnerait économiquement, mais aussi humainement et socialement. Heureusement, l'humanisme juridique et les droits de l'homme sont là pour nous permettre d'embrasser d'autres horizons, de concevoir d'autres valeurs et, finalement et simplement, de penser, de contredire et de débattre. Le progrès technique en général et l'IA en particulier sont d'extraordinaires accélérateurs de pensée — à condition de savoir saisir l'occasion. Le regard du chercheur, à l'instar de celui de l'homme, doit être différent des points de vue de l'entrepreneur, du « politicien » et du journaliste. En présence d'objets ultra-rapides et mouvants, face à un environnement aux caractéristiques extraordinaires — mais qui aspirent à devenir au plus vite ordinaires —, alors que tout se standardise, s'uniformise, se « gafamise », on peut redouter que le temps de penser vienne à manquer parce qu'on considérerait que ce ne serait là que du temps perdu dans la grande compétition techno-économique[4]. Aux chercheurs, aux indépendants, de garder une distance critique de sécurité et un peu de place pour la réflexion théorique dépassant le court-termisme et la démagogie.

Le « droit des générations futures » est à la fois une figure de l'humanisme et un besoin urgent. Une « IA responsable », pour reprendre l'intitulé de la chaire dans le cadre de laquelle cette recherche a été menée, est une technologie qui se développe dans un climat juridique de confiance et qui, notamment, ne nuit ni aux droits des hommes d'aujourd'hui ni à ceux des hommes de demain. Les droits de l'homme numérique, c'est un nouveau contrat social, un contrat de civilisation, une grande convention

[4] Frances Haugen, ancienne ingénieure cheffe de produit chez Facebook, désormais lanceuse d'alerte auditionnée par le Sénat des États-Unis le 5 octobre 2021, a ainsi dépeint un ogre sans scrupules, totalement désintéressé par les enjeux humains et sociaux, focalisé sur ses résultats financiers. Des milliers de documents à l'appui, elle a notamment montré combien Facebook doit régulièrement arbitrer entre ce qui est bon pour la population et pour les individus et ce qui est bon pour ses bénéfices, et combien l'entreprise fait systématiquement le choix d'augmenter ses profits au détriment de l'intérêt général — mais l'on serait candide d'imaginer qu'il pourrait en aller autrement. Cela amène le « réseau social », parmi d'autres exemples, à privilégier la diffusion des contenus les plus violents, les plus haineux et les plus clivants pour la société (y compris des fausses informations) car ce sont aussi les contenus les plus addictifs, donc ceux qui permettent le mieux de « vendre du temps de cerveau disponible à des annonceurs ». France Haugen a également été à l'origine de l'exposé accablant du *Wall Street Journal*, publié le 14 septembre 2021, sur l'impact d'Instagram (propriété de Facebook) sur la santé mentale des adolescentes. Dans un entretien diffusé par la chaîne CBS, elle a accusé le groupe de « préférer le profit à la sécurité » de ses utilisateurs. Après le scandale Cambridge Analytica en 2018, puis l'amende de 5 milliards de dollars imposée en 2019 par les autorités américaines pour utilisations illégales de données personnelles, ceux qui se désinscrivent de ce service demeurent pourtant moins nombreux que les nouveaux inscrits. Il existe néanmoins une prise de conscience éthique parmi les spécialistes de ces questions et notamment les informaticiens ; reste à faire en sorte que celle-ci gagne le grand public. « Personne chez Facebook n'est malveillant, explique la lanceuse d'alerte, mais les intérêts ne sont pas alignés ». « Les actions de Facebook montrent clairement qu'il ne se réformera pas seul, a réagi le sénateur Richard Blumenthal dans un communiqué. Nous devons envisager une régulation plus stricte » (« Une lanceuse d'alerte accuse Facebook de "choisir le profit plutôt que la sécurité" de ses utilisateurs », lemonde.fr, 3 oct. 2021).

inter-humaine visant à combattre la pauvreté sous toutes ses formes : économique, mais aussi culturelle et intellectuelle, afin que chacun accède à l'autonomie, que tous disposent de la capacité de décider de leurs vies et de leurs avenirs — en particulier dès lors qu'il s'agira de cohabiter avec des robots et avec des pairs « augmentés ». Pour l'heure, les humains s'avèrent désorientés, fragiles face aux « influenceurs » en tous genres. Le droit joue un rôle dans ce malaise. Réformé — ce qui n'irait pas sans réforme de la pensée juridique —, il pourrait être le grand acteur de la réconciliation de la mondialisation et de l'humanisation. Il conviendrait déjà de faire de la justice l'exigence ultime du droit. L'humaniste est celui qui, lorsqu'il entend le mot « justice », pense à la valeur et non à l'administration. Alors que, selon d'aucuns collapsologues, l'heure de l'effondrement se préciserait, il faudra aux hommes l'amour de la sagesse (la philosophie, accessible à tous et pratiquée par tous) et, par suite, l'amour de la justice et l'amour de la liberté pour s'en sortir, pour éviter le piège du nudging permanent. Il leur faudra aussi beaucoup d'audace et d'imagination, notamment éthiques et juridiques. En bref, il faudra aux hommes l'amour de l'humanité. Alors que certains interrogent sans honte d'hallucinants « droits de l'homme des robots », concentrons-nous sur les droits de l'homme des humains. Il reste beaucoup à faire en la matière.

Comme l'enseigne Hans Jonas, toute nouvelle technologie présente des opportunités qu'il faut saisir, mais aussi des menaces contre lesquelles il faut se prémunir. Pour cela, l'éthique et, par suite, le droit doivent fournir des solutions, notamment afin d'empêcher que l'existence digne des générations futures ne soit compromise. Hans Jonas propose alors, prolongeant l'impératif catégorique d'Emmanuel Kant « agis de telle sorte que la maxime de ta volonté puisse en même temps valoir comme principe d'une législation universelle », de retenir le principe « agis de telle façon que les effets de ton action soient compatibles avec la permanence d'une vie authentiquement humaine sur Terre »[5].

L'IA redéfinit l'homme à sa guise. Elle interroge donc en profondeur la notion d'humanité. Cela oblige les humanistes, et en particulier les juristes humanistes, à entrer en action. À eux de proposer des contre-définitions. Alors que les humains sont déboussolés, il appartient à ces juristes

---

[5] H. Jonas, *Le principe responsabilité*, Flammarion, coll. Champs essais, 1979.

humanistes, naturellement devenus éthiciens, de leur indiquer la direction à suivre. En enseignant l'humanité, on prévient la tendance à s'engager aveuglément dans de nouveaux totalitarismes et à se livrer à de nouvelles servitudes. À l'ère des périls globaux, les États-nations et leurs petits droits — « petits » car bornés par la validité et donc cantonnés à des territoires limités — ne sont plus que de précaires refuges qui protègent bien mal des yeux des *big brothers* comme des inégalités économiques, du dérèglement climatique, des fanatismes violents, du désastre humanitaire des migrations etc. Il est grand temps que la société mondiale se donne enfin un droit mondial. Et pourtant l'on sait bien que celui-ci demeurera encore longtemps, peut-être même toujours, utopique. De toute façon, ce livre n'interroge pas les moyens du droit. L'humanisme juridique et les droits de l'homme numérique sont autant d'éléments substantiels appelés à inspirer le droit de demain. Ils ne nous disent pas comment ce droit de demain devra être construit, ni même s'il pourra l'être. La légistique et la géopolitique ne sont pas, ici, le sujet. L'objectif n'est pas de livrer une carte, ni une boussole, ni un navire ou une carriole pour avancer. Ce livre se borne à nous indiquer la destination à atteindre, à savoir un droit qui pourra clamer haut et fort que « rien de ce qui est humain ne m'est étranger ».

Depuis la cabine de son remorqueur, le capitaine Florent a vite pris la mesure du danger. 14h30, hier après-midi sur le quai Marcel-Pagnol au bout du Vieux-Port, une Citroën C5 s'avance le long de la cale de mise à l'eau pour les bateaux. « Je pensais que la voiture allait s'arrêter, mais non », témoigne le marin de 37 ans. Pire, la voiture s'enfonce, à faible allure, dans la mer. En l'espace de quelques secondes, la berline flotte déjà. Plus grave, elle commence à piquer du nez dans les eaux saumâtres du Vieux-Port.

É. M., « Marseille : trompés par leur GPS, ils finissent dans le Vieux-Port », laprovence.fr, 15 nov. 2019

Un GPS a envoyé une nouvelle voiture dans le Vieux-Port à Marseille. En suivant religieusement le trajet affiché à l'écran, un automobiliste de 56 ans a fini sa course au bout d'une pente de mise à l'eau, quai Marcel Pagnol. Un peu plus tôt, un conducteur focalisé sur le trajet affiché par son GPS a précipité son véhicule dans l'eau. Sur son compte Twitter, la Police Nationale explique cet incident par la « mauvaise indication d'un GPS ». C'est d'ailleurs la cinquième fois en l'espace de cinq mois qu'une voiture finit dans le port à cause d'un GPS défaillant, souligne la capitainerie du port. Certains GPS affichent visiblement une route qui n'existe pas à la place de la pente de mise à l'eau.

D. T., « Marseille : un automobiliste suit son GPS et finit dans l'eau », laprovence.fr, 2 mars 2020

Partie 1. L'homme mécanisé

Préambule. Deux figures de l'homme mécanisé. L'utilisateur de nouvelles technologies et le juriste sont deux incarnations contemporaines de l'homme mécanisé — chacun à sa façon et, bien sûr, de manière toute relative, les contre-exemples ne manquant heureusement pas. L'humanisme juridique incite le premier à vivre autrement et le second à « faire » du droit de manière différente. Il leur propose de délaisser l'assistanat permanent et les réflexes conformistes pour gagner en ouverture et en liberté, afin que l'homme-humain prenne ses distances avec l'homme-robot et que le juriste-humain ne soit jamais tenté de fusionner avec le juriste-robot. Dans un monde où le différent est trop souvent perçu telle une menace pour l'efficacité globale du système et le maintien de l'ordre hérité des maîtres, cet humanisme juridique est une invitation à se tourner pleinement, sans retenue et sans crainte, vers la néo-technique et le néo-droit. La différence est en réalité une richesse. Et le droit à la différenciation ou le droit à la diversité comptent au nombre des droits de l'homme numérique que cet ouvrage a pour ambition de penser en mettant en relation l'humanisme juridique et l'intelligence artificielle. Car un danger qui menace les humains en général et spécialement les juristes est celui de l'uniformisation, de l'enfermement sur soi-même, du repli communautariste, de l'utilitarisme écrasant, du suivisme stérile, de la perte du sens commun en même temps que de la personnalité particulière. Des hommes standardisés ne sont pas totalement humains. Des juristes uniformisés ne sont pas pleinement jurisprudents. Il leur manque cette souveraineté individuelle que les vieilles traditions de l'humanisme et du droit, qui se rejoignent à travers l'humanisme juridique, érigent en nécessité pour tous ceux qui souhaitent penser des objets et des conduites aussi originaux que ceux qui gravitent autour de l'intelligence artificielle et du droit de l'intelligence artificielle. Ces traditions conduisent paradoxalement à faire peu de cas des héritages idéologiques et de tous les effets de doctrine, à commencer par l'adage « *magister dixit* » et par la parole de toutes les idoles. Alors que de nouvelles solutions sont attendues, l'humanisme juridique nous indique comment franchir cette première marche de la sagesse : rompre aussi souvent qu'il nous apparaît nécessaire avec les habitudes et les idées préconçues parfois ancrées en nous profondément et depuis fort longtemps, mais qui ne sont pas autre chose que des miroirs déformants empêchant de bien voir le monde ou même des flashs éblouissants faisant perdre la vue à celui qui ne détourne pas le regard. L'homme libre et souverain, figure *a priori* ô combien attirante, est l'antithèse de l'homme mécanisé. Et pourtant l'avenir semble devoir appartenir à ce dernier bien plus qu'à ce premier. L'humanisme juridique et les droits de l'homme numérique sont les armes de l'homme libre et souverain qui combat l'homme mécanisé.

Chapitre 1. L'humain et la néo-technique

1. Ce que la voiture dit de l'homme. L'homme est à l'image de sa voiture : riche, modeste, exubérant, simple, imposant, élancé, puissant, fragile. Et l'homme est ce que sa voiture fait : rouler vite, faire vrombir le moteur, respecter les limitations de vitesse, s'arrêter aux passages piétons, suivre les indications du GPS. Quels sont donc ces hommes qui suivent si scrupuleusement les indications fournies par leurs écrans qu'ils en viennent à se jeter bêtement (ou plutôt mécaniquement) dans le Vieux-Port de Marseille ? Serait-on en présence d'un homme mécanisé qui aurait perdu toute lucidité et toute capacité à se déterminer librement, entièrement soumis à la loi de ses écrans et de ses objets connectés ? Bien sûr, il ne s'agit là que de quelques cas isolés. Ils n'en sont pas moins significatifs de la tendance des hommes à automatiser leurs comportements, à se laisser asservir par les technologies, à devenir des hommes-robots. Quand vos sens vous indiquent « ceci est la mer », que vos écrans disent « ceci est la route » et que vous faites davantage confiance à vos écrans qu'à vos sens, alors vous êtes le témoin paroxystique de certains changements de l'homme qui méritent d'être pris très au sérieux. Or, quand l'humain dérive spontanément ou parce qu'il est manipulé vers des terres qu'on peut juger peu accueillantes ou dangereuses, il faut en appeler au droit, au droit de l'homme, aux droits des l'homme. Les normes juridiques sont des réponses. Encore faut-il bien poser et bien saisir les questions. Tel est un grand défi que posent les nouvelles technologies numériques, les intelligences artificielles et les derniers perfectionnements de l'informatique. Ils changent l'homme. Et il faut comprendre ce changement afin de l'encourager ou le limiter selon qu'il « augmente » ou « diminue » l'humanité de l'homme — qui constitue le critère ultime de définition des droits de l'homme.

Une étude neuroscientifique publiée dans la revue de référence *Nature* s'est intéressée à l'effet du GPS sur le cerveau[6]. Elle a comparé deux groupes qui devaient trouver leur chemin dans Londres. Le premier groupe disposait d'une application de géolocalisation. Le second ne pouvait compter que sur son sens de l'orientation. Les chercheurs ont conclu que l'exercice de la mémoire et du sens de l'orientation augmente l'activité de l'hippocampe de façon proportionnelle à la complexité de l'itinéraire. Ils ont aussi montré que le recours habituel au GPS crée une accoutumance et affaiblit ce même hippocampe. L'une des conséquences est l'augmentation du risque de développer la maladie d'Alzheimer. Bien des chauffeurs de VTC et des livreurs, à force d'être continuellement guidés par Waze au quotidien, n'ont plus aucune conscience des lieux dans lesquels ils évoluent ni de la géographie de leurs villes et seraient incapables de trouver leurs chemins dans des rues qu'ils ont pourtant souvent sillonnées. Des chercheurs japonais ont constaté que les utilisateurs de GPS subissent une atrophie de l'hippocampe et une réduction forte, mesurable, des capacités d'orientation[7].

Comme ces chauffeurs-livreurs, nous sommes tous de plus en plus dépendants de nos assistants numériques ; et cela dans un nombre croissant de pans de nos vies. « À quoi ressemblera une société sans hippocampe ? », demande le philosophe Gaspard Kœnig[8]. Ce serait une société dans laquelle le confort du tout décidé par ordinateur aurait remplacé la capacité à se déterminer librement, tant collectivement qu'individuellement. Comment organiser ma journée, ma semaine, ma vie ? Mon fidèle assistant-robot planifiera tout pour moi. Où partir en vacances et quand ? Mon fidèle assistant-robot me le dira. Avec qui partager ma « vie » ? Nos fidèles assistants-robots nous accoupleront. Tout cela sera-t-il bon pour moi ? Sans aucun doute car c'est le progrès ; et cette question est stupide, je n'ai même pas à me la poser. Pourquoi remettrais-je en doute les choix de mon fidèle assistant-robot ? Je ne serais de toute façon depuis longtemps plus capable

[6] « Hippocampal and Prefrontal Processing of Network Topology to Stimulate the Future », *Nature* 2017.

[7] T. Ishikawa et *alii*, « Wayfinding with a GPS-based Mobile Navigation System: A Comparison with Maps and Direct Experience », *Journal of Environmental Psychology* 2008, vol. 28, n° 1.

[8] G. Kœnig, *La fin de l'individu – Voyage d'un philosophe au pays de l'intelligence artificielle*, Éditions de l'observatoire, coll. De facto, 2019, p. 155.

d'opérer le moindre choix libre et souverain. J'aurais abandonné ma liberté contre le luxe de ne plus jamais douter. Sauf si l'on décide dès aujourd'hui que certains de mes droits, qui me sont conférés en ma qualité d'homme, interdisent de suivre cette direction de l'humanité mécanisée et sont autant de garde-fous limitant les effets de la néo-technique.

Les neuroscientifiques ont démontré que la répétition d'une décision correspond à un processus d'apprentissage : les connexions entre les neurones se réorganisent et se renforcent. Plus on prend le temps de mûrir et confirmer une décision, plus les connexions neuronales correspondantes se trouvent affermies[9]. C'est pourquoi la force avec laquelle nous exerçons notre capacité de jugement critique conditionne notre future capacité de jugement critique et, par suite, nos conduites. En d'autres termes, moins on use de nos libertés, moins on reste libres et plus on s'enferme dans cette sourde prison qu'est soi-même. Sans plasticité cérébrale, point de plasticité vitale.

Le confort de la conduite assistée par un GPS est tel que les conducteurs ne savent plus utiliser une carte, une boussole, s'orienter à l'aide des astres, se plaire à s'égarer et à découvrir l'inconnu, à arpenter la diversité des chemins de traverse. Les hommes sont-ils dans la vie comme ils sont au volant, c'est-à-dire placés sur des rails, sans repères, sans guides autres que technologiques, ressentant un sentiment de liberté et d'autonomie exacerbées alors qu'ils le sont aujourd'hui moins qu'hier ? On est de plus en plus assujettis à des itinéraires et des routes qu'on définit pour nous. Le chemin suivi est forcément le meilleur puisque nous avons perdu toute capacité à déterminer seuls et librement le meilleur chemin. À l'image des GPS dans les véhicules, les intelligences artificielles se sont immiscées discrètement dans de nombreux moments de nos vies afin de les accompagner. Et ce n'est qu'un début, le tout début de l'ère de l'IA. Ces technologies, certes, n'imposent rien par la force ou la contrainte. Mais leur puissance performative est telle que le résultat est le même. Avec le GPS, on choisit encore la destination puis on

---

[9] M. Wittmann, M. P. Paulus, « Decision Making, Impulsivity and Time Perception », *Trends in Cognitive Sciences* 2008, vol. 12, n° 1 ; Sh. Li, S. D. Mayhew, Z. Kourtzi, « Learning Shapes the Representation of Behavioral Choice in the Human Brain », *Neuron* 2009, vol. 62, n° 3.

suit sa route. Est-ce qu'un jour prochain l'IA définira pour nous à la fois la destination et le chemin ? Le GPS, c'est la voiture autonome avant l'heure.

2. L'auto-homme dans sa voiture autonome. Si le véhicule conduit par un humain assisté d'un GPS qui s'enfonce dans la mer car l'ordinateur a confondu une rampe de mise à l'eau avec un tunnel qui passe en-dessous interroge l'idée d'homme et les principes juridiques visant à concrétiser cette idée, que dire de la voiture autonome ? Certes, elle demeure aujourd'hui en rodage, en phase d'expérimentation, mais il ne fait que peu de doute qu'elle remplacera, à moyen terme, les voitures humainement conduites sur nos routes ? Une analogie est-elle possible entre voitures automatiques et vies automatiques ? Est-ce que, lorsque les automobiles seront effectivement devenues « auto-mobiles », les hommes autonomes auront forcément été remplacés par des auto-hommes ?

Certains objets, au-delà de leur fonction première, expriment sans le vouloir beaucoup plus. Ils sont en quelque sorte le condensé de leur époque ou bien le signal faible de ce que sera demain — ou de ce à quoi pourrait ressembler demain si sa trajectoire n'est pas déviée en cours de route. Tel est le cas de la voiture autonome. Elle est le symbole de la marche contemporaine de l'homme et de la société. Elle constitue l'illustration emblématique de la nécessité d'une réflexion quant au besoin de droits de l'homme numérique protégeant l'individualité et la socialité face aux risques de désindividualisation et de désocialisation. Elle nous apprend, si nous ne le savions pas déjà, que nous sommes à l'aube de l'ère des IA et que ces outils peuvent être utilisés pour émanciper ou pour exploiter. Elle nous montre que les enjeux sont de niveau civilisationnel. Et que certains de ceux qui osent le dire ne sont pas des sensationnalistes en quête de médiatisation mais des réalistes au service des hommes. La voiture autonome incarne les rêves et les cauchemars de l'époque, ses inspirations et ses expirations, ses aspirations et ses errements. Comme toutes les nouvelles technologies numériques et toutes les intelligences artificielles, elle peut servir à servir ou servir à asservir. Elle est donc un appel à une prise de conscience. C'est cette conscience qui permettra de forger des barrières, notamment éthiques et juridiques.

Contrairement au chauffeur humain, le chauffeur automatique fait attention à des centaines d'objets en même temps, regarde à 360 degrés autour de lui, ne se fatigue pas, ne se laisse pas distraire et ne téléphone pas au volant. Le passage de la voiture à la voiture autonome nous offrira ainsi une sécurité largement renforcée. Ce sera un progrès formidable. Elle permettra de fluidifier le trafic et les bouchons disparaîtront. Elle donnera lieu à des gains précieux. Elle respectera minutieusement le code de la route. On pourra s'en réjouir. Elle optimisera la consommation de carburants. Encore une avancée remarquable, sur le plan cette fois de l'urgente question énergétique et climatique. Mais la voiture autonome ne saurait circuler si sa logique ne s'applique pas à tous. Il faudra que notre civilisation humaine devienne une civilisation-système dans laquelle tout fonctionne de façon synchronique, extrêmement efficace, dans un cadre d'autorégulation parfaite. Parce qu'un grain de sable peut enrayer la machine, il n'y aura plus de place pour ceux qui souhaiteraient encore, animés par cet instinct maladif amenant à préférer la liberté individuelle à l'optimisation collective, « prendre le volant ». Un nouvel environnement devra être configuré afin de limiter au maximum les bugs des voitures autonomes — dont les conséquences ne seront pas moins dramatiques que les bugs humains actuels des conducteurs. Dans cet univers simplifié et unifié, les robots mobiles seront à leur aise. Si l'homme est à l'image de sa voiture, tous seront standardisés.

D'où provient tant l'idée que la réalisation de la voiture autonome ? Évidemment de l'industrie automobile, pensera-t-on candidement. Mais non, absolument pas, car c'est l'industrie des données numériques qui l'a rendue pensable et faisable. Il est tentant d'en déduire qu'une telle épopée aurait pour vocation cachée d'offrir un nouveau moyen hyper-efficace de suivre et orienter les conduites. La voiture est un symbole éminent de l'émancipation de l'homme : avec ma voiture, je vais où je veux, je vais quand je veux, je vais comme je veux, et je vais loin. L'automobile a historiquement suscité un profond sentiment de liberté. Mettre la main sur la voiture, c'est mettre la main sur l'humain. Si l'homme est à l'image de sa voiture, on ne saurait mieux le saisir qu'en glissant divers capteurs dans ce meuble qui est un reflet condensé de sa personnalité. Un assistant vocal permettra de répondre « de vive voix » aux demandes des passagers. Il enregistrera et analysera en même temps leurs conversations pour mieux les comprendre et mieux prévoir leurs besoins — et donc vendre les biens et services répondant à ces besoins. Des caméras étudieront les rictus du visage, tandis que divers objets connectés incorporés dans le tableau de bord et dans les sièges tireront moult conséquences de la température du corps, de la sudation, du rythme cardiaque, de la pression sanguine, de l'activité cérébrale et même de l'haleine. La voiture autonome sera alors l'objet le plus paroxystique du changement d'homme en même temps que de voiture opéré : de l'homme autonome dans sa voiture mécanique à l'homme mécanique dans sa voiture autonome.

La voiture autonome sera ce grand frère bienveillant et protecteur qui nous protège physiquement, grâce à son habitacle et ses pare-chocs, et psychiquement à travers son attention permanente et ses bons conseils. Désormais, nos émotions, nos niveaux d'excitation, de stress, de joie ou de peine parfaitement compris par la voiture-ordinateur et par l'industrie des voitures-ordinateurs, ceux-ci nous garantiront des prestations à tout moment pertinentes, répondant à nos attentes profondes sans besoin de les formuler ni même de les ressentir vraiment. L'écoute, la sollicitude et la prévenance de la voiture en fera notre meilleur ami. Un ami derrière lequel pourrait se cacher un ennemi, la prise en charge toujours plus intégrale de la vie signifiant la fin de la liberté — qui est le sel de la vie, son exhausteur de goût. Si certains ont déjà aujourd'hui une relation fusionnelle avec leur automobile, ce lien sera ô combien renforcé. Alors nous ne piloteront plus la voiture ; ce sera la voiture qui nous pilotera. Tel est le mouvement général qui se dessine avec l'entrée des IA dans nos vies et la radiographie toujours plus précise et générale de nos actes, de nos pensées et même de notre inconscient : nous guidons de moins en moins nos vies, nous nous laissons guider par une puissance informatique qui sert des intérêts qui peuvent n'être ni nos intérêts particuliers ni l'intérêt général.

Nous serons donc pilotés par nos voitures autonomes. Et nos voitures autonomes seront pilotées par l'industrie des données et de la vie privée. Celle-ci nous indiquera alors, au cours de nos trajets, où manger, où boire un verre, où dormir, où se divertir, qui rencontrer et dans quel lieu, cela à l'aune de nos goûts et de nos états du moment, mais aussi en fonction des bars, restaurants, hôtels, cinémas, pharmacies etc. qui auront payé pour être mis en avant. L'objectif des constructeurs de voitures autonomes ne serait donc pas de construire des voitures autonomes. Cela ne serait qu'un moyen, qu'un intermédiaire. Il s'agirait d'être en permanence et le plus intimement en lien avec chacun. La prise en charge automatisée d'un trajet serait donc la fonction accessoire d'un objet dont la fonction essentielle serait d'exploiter le temps de cerveau disponible des passagers afin de mieux les connaître et mieux leur proposer des services comme, par exemple, regarder un film sur une plateforme de vidéo à la demande. En offrant des voitures autonomes, mais aussi des smartphones et autres outils dits « intelligents », des assistants personnels, des bracelets, lunettes, montres connectés, mais aussi réfrigérateurs, télévisions, oreillers, miroirs ou luminaires connectés, on parvient à entrer toujours plus dans l'intimité de la personne pour continuellement l'assister et se rendre indispensable. Toute concurrence devient alors impossible puisqu'on s'enferme dans un système incompatible avec tout autre. Surtout, au-delà de la question du respect de la vie privée qui focalise toute l'attention des juristes alors pourtant qu'elle n'est pas l'enjeu essentiel, le libre-arbitre, la souveraineté individuelle et l'autonomie risquent de payer un lourd tribut à cette assistance de l'intelligence humaine par l'intelligence artificielle tendant inéluctablement à un remplacement de l'intelligence humaine par l'intelligence artificielle.

Si les routes pleines de voitures autonomes ne sont pas encore une réalité, il faut dès aujourd'hui mettre dans la balance de la justice les gains et les pertes liés au grand bouleversement annoncé des moyens de transport. On peut aussi accepter la voiture autonome sans tout accepter dans la voiture autonome. Si « ce futur véhicule piloté par l'industrie du numérique représentera le condensé ou le comble de ce dont nous ne voulons pas, une vie en toute circonstance assistée, offrant un confort lénifiant et conduisant à faire de la saisie du moindre de nos gestes l'occasion de générer des profits »[10], on doit d'ores et déjà fixer le cadre dans lequel tout véhicule informatisé ou informatique véhiculé pourra être commercialisé et utilisé.

Didi, l'équivalent d'Uber en Chine, envisage d'équiper ses chauffeurs de capteurs biométriques servant à mesurer leurs niveaux de stress et à leur indiquer quand faire des pauses. Bientôt, les VTC chinois pourraient indiquer à leurs chauffeurs le moment le plus opportun pour se soulager, en fonction de la quantité de liquide absorbée lors de la pause précédente et des

[10] É. Sadin, *L'intelligence artificielle ou l'enjeu du siècle – Anatomie d'un antihumanisme radical*, L'échappée, coll. Pour en finir avec, 2018, p. 260.

données métaboliques enregistrées[11]. Didi serait ainsi toujours plus efficace, son système allant jusqu'à choisir les courses en fonction de nombreux critères parmi lesquels la présence de toilettes publiques à proximité lorsqu'il en aura identifié le besoin. La décision humaine la plus primaire, spontanée et instinctive, celle d'aller aux toilettes, pourrait être abandonnée à l'informatique et à la statistique. S'agirait-il réellement d'un gain de bien-être ? Ou bien, accompagnant le mouvement général de diminution de nos fonctions cognitives, cela traduirait-il la disparition de toute possibilité de ressentir un bien-être ?

La voiture autonome pourrait nous priver du plaisir de la conduite. Mais elle nous offrirait la sécurité des trajets et la possibilité de s'adonner à d'autres activités en cours de route. Dans la balance de la justice, ses bienfaits pourraient parfaitement peser plus lourd que ses méfaits — même si les choses sont en réalité plus complexes que ne le laisse penser un simple bilan coûts/avantages. Pour cela, encore faudrait-il s'assurer que cette voiture-robot ne devienne pas l'objet cardinal du guidage robotisé de nos vies, alors devenues bien peu vivantes. Plus généralement, ce sont tous les assistants numériques, toutes les intelligences artificielles d'accompagnement qui devront subir ce passage sur la balance afin de les valider, si elles augmentent l'homme, ou les refuser, lorsqu'elles le diminuent. Et les critères permettant d'effectuer cette mesure seront les droits de l'homme numérique. Or, quand un tel outil contribue à diminuer notre capacité de jugement, nos capacités sensibles et intellectuelles, il est difficile de trouver les arguments qui, placés de l'autre côté de la balance, permettraient de soutenir la thèse de l'homme augmenté, de l'homme plus humain, contre l'antithèse de l'homme diminué, de l'homme moins humain. Conserver la capacité de jugement et les capacités intellectuelles et sensibles pourrait être important afin de générer non plus des hommes assistés par l'ordinateur mais des ordinateurs assistés par l'homme. Et cela pourrait concerner y compris la voiture autonome qui, pour l'heure, commet encore des erreurs grotesques telles que confondre un panneau publicitaire de Burger King avec un panneau « Stop »,

---

[11] Exemple donné par G. Kœnig, *La fin de l'individu – Voyage d'un philosophe au pays de l'intelligence artificielle*, Éditions de l'observatoire, coll. De facto, 2019, p. 156-157.

freinant brutalement au beau milieu d'une route nationale[12]. Alors que la chaîne de restauration rapide n'a pas manqué de transformer ce dysfonctionnement en publicité, déclarant que « les voitures intelligentes sont suffisamment intelligentes pour freiner à l'approche d'un Whopper », une telle situation grotesque est significative des limites de l'IA, si bien qu'on ne saurait accepter de voir des hommes diminués ne plus exister qu'à travers des robots limités en général et surtout sous l'angle du sens commun.

3. « Hiroshima est partout ». Günther Anders, épou d'Hannah Arendt, dans son ouvrage de 1956 au titre ô combien actuel L'obsolescence de l'homme, insistait sur l'immense écart qui séparait alors la capacité des hommes à fabriquer des outils, leur puissance technicienne, et leurs autres facultés, notamment penser, faire preuve de sensibilité ou témoigner d'un sens moral. Ce constat semble devoir être effectué a fortiori aujourd'hui. Tout se passe comme si l'esprit technicien écrasait toute autre forme d'esprit sur son passage, l'efficacité en profitant pour triompher de toutes les autres valeurs. L'être humain se trouve écartelé entre le besoin de produire toujours plus en quantités et en qualités et le besoin de s'imposer des limites, de ne pas foncer sans aucun retour réflexif sur son ouvrage afin d'en identifier les travers éventuels. Ce « décalage prométhéen » aboutit à une anesthésie et un aveuglement du second pôle face à la croissance exponentielle du premier, donc à la disparition de l'esprit critique. L'humain peut dès lors ressentir une « honte prométhéenne » face à l'extraordinaire puissance des objets qu'il a lui-même créés[13]. La bombe atomique est l'exemple le plus manifeste de cette surpuissance d'origine purement humaine, mais, selon Günther Anders, on ne peut plus aujourd'hui se concentrer uniquement sur le secteur du nucléaire car, suivant le titre de son livre paru en 1982, Hiroshima est partout[14]. Hiroshima se trouve-t-elle en particulier dans le domaine informatique et, par exemple, dans l'automobile réellement « automobile » ? L'IA est-elle une arme de destruction massive invisible et indolore et, de ce fait, hyper-efficace ? L'une des caractéristiques essentielles de l'humain est en effet désormais remise en question, de telle sorte que c'est l'humain

---

[12] S. Ficca, « L'AutoPilot de Tesla confond Burger King et panneau stop, le fast-food en fait une publicité », clubic.com, 26 juin 2020.

[13] G. Anders, *L'obsolescence de l'homme* (1956), L'Encyclopédie des Nuisances, 2002.

[14] G. Anders, *Hiroshima est partout* (1982), Le Seuil, 2008.

lui-même qui se trouve mis en doute. Le principe de l'autonomie de l'être humain et la liberté qui va de pair avec lui, grâce auxquels il peut conduire sa propre histoire individuelle et collective et rester maître de lui-même, sont attaqués fortement par le nudge permanent qui est la marque de l'ère des IA dans laquelle nous entrons. Si l'être humain devenait obsolète en raison du déchaînement de son propre ouvrage technicien, s'il devait être la victime d'une de ces ruses de l'histoire singulièrement tragiques, alors on pourrait répondre par l'affirmative à ces interrogations.

Conduits par un véhicule autonome, on pourrait profiter de ne plus devoir se concentrer sur la route, les virages et les autres automobiles pour jouir des paysages. On préfèrera pourtant se concentrer sur des écrans. Ainsi va la servitude (in)volontaire numérique qui caractérise en partie l'époque actuelle et annonce fortement l'avenir. La difficulté à se passer de son écran affecte déjà aujourd'hui les conducteurs d'automobiles. L'inattention due au téléphone portable constitue la troisième cause d'accidents de la route mortels en France, après la vitesse excessive et l'alcoolémie[15]. L'addiction aux écrans, y compris en conduisant, est devenue un tel fléau que le ministère de l'Intérieur a décidé de durcir les règles : depuis le 22 mai 2020, tout conducteur surpris en train de commettre une infraction au Code de la route alors qu'il tenait son mobile en main est sanctionné d'un retrait de permis de conduire immédiat. Le constat est en effet clair : de plus en plus d'automobilistes virent chauffards en raison de leur besoin compulsif de consulter leurs écrans. L'explosion de l'usage du smartphone au volant s'accompagne de l'explosion des excès de vitesse et des non-respects de passages piétons, feux rouges ou priorités. Appels, lecture de mails ou de SMS, mais aussi consultation de sites web suite à des « alertes » sont des comportements au volant de plus en plus fréquents en même temps que dangereux. Or un conducteur qui utilise son téléphone a trois fois plus de risques de provoquer un accident. Lire un message en conduisant est encore plus dangereux puisque le risque d'accident est alors multiplié par 23[16]. Cela oblige à détourner les yeux de la route pendant en moyenne cinq secondes. Il devrait être obligatoire d'éteindre son téléphone (ou le passer en mode avion

---

[15] « Bilan définitif de l'accidentalité routière 2018 », securite-routiere.gouv.fr, 11 juin 2019.

[16] F. Mouchon, « Téléphone au volant : le permis de conduire automatiquement confisqué en cas d'infraction double », leparisien.fr, 22 mai 2020.

et le placer hors de portée) sitôt qu'on prend la route. Mais, comme toute addiction, l'addiction aux écrans et aux informations empêche d'adopter ces comportements que l'on sait pourtant protecteurs.

Au Japon, la ville de Yamato, dans la grande banlieue de Tokyo, est allée jusqu'à interdire l'utilisation des smartphones en marchant afin de diminuer le nombre d'accidents[17]. Il n'y a pas qu'en voiture que le fait de regarder son écran plutôt qu'où l'on met les pieds est source de danger. Partout dans le monde, on assiste à cette scène drôle lorsqu'elle est sans conséquences graves et en même temps terriblement significative de l'entrée dans l'ère de la connexion permanente : des piétons, le nez collé aux écrans de leurs smartphones, se percutent les uns les autres, se cognent contre le mobilier urbain ou trébuchent sur le trottoir. En 2014, une étude réalisée par l'opérateur mobile nippon NTT DoComo avait estimé que le champ de vision d'un piéton regardant son écran se rétrécissait de 95 % par rapport à une vue normale. En 2019, selon un sondage YouGov, 91 % des 18-24 ans déclarent regarder leurs mobiles en marchant. Pendant ce temps, le marché des « cures de détox digitale » fait florès.

La révolution numérique, de l'informatique et des IA, révolution des capacités de calcul[18], et la révolution de l'internet et des techniques de communication sont donc génératrices d'immenses menaces pour les hommes. Elles sont aussi à l'origine de non moins immenses opportunités. Qu'il s'agisse de liberté de communication, de liberté d'opinion, de progrès des connaissances, de diversité culturelle ou plus généralement d'épanouissement personnel ou professionnel ou de développement humain, social et économique, les nouvelles technologies numériques peuvent apporter ou retirer beaucoup, émanciper largement ou assujettir massivement. Dans un tel contexte, l'homme, organisé en société, définit des règles afin d'ordonner les choses, de définir des limites, de favoriser les comportements jugés légitimes et empêcher ceux qui apparaissent nuisibles pour la collectivité et/ou pour les individus. On appelle cela « le droit », parce qu'il indique le droit chemin à chacun, remplace l'incertitude et les hésitations par la rectitude de la règle, et aussi parce qu'il est plutôt rigide.

---

[17] 6medias, « La ville de Yamato au Japon veut interdire le téléphone en marchant », capital.fr, 1er juin 2020.
[18] P. Delort, *Le Big Data*, Puf, coll. Que sais-je ?, 2015.

Mais, de plus en plus, nos conduites sont influencées non par ce droit à base de lois démocratiques mais par des ordres qui ne disent par leur nom, des silos de comportement peu ou pas perceptibles et redoutablement efficaces. Se produit ainsi un conflit de normativités. Et certainement faut-il espérer que le droit explicite et la puissance publique triomphent des nudges implicites et des puissances privées. Mais rien n'assure que ce scénario l'emportera. Quand le droit est encore largement organisé dans le cadre des États, ses concurrents sont eux mondiaux et agissent à la vitesse de la lumière. Ils évoluent dans un autre cadre spatio-temporel et profitent de technologies ubiquitaires.

Les auteurs techno-critiques tels que Günther Anders, Jacques Ellul ou Ivan Ilitch ont depuis longtemps déconstruit le mythe d'un progrès continu car, si les sciences et les techniques avancent effectivement, la conscience morale et l'accompagnement politique ne sont pas à la hauteur. Pour conserver son rôle de premier des guides des conduites individuelles et collectives, le droit devra largement se réinventer. Il le doit déjà, aujourd'hui. L'éthique, la morale, la philosophie, l'esprit critique, la liberté sont là pour l'y aider. Et un cadre semble s'imposer sitôt qu'il s'agit de protéger l'humanité de l'homme et la socialité de la société : l'humanisme juridique. L'humanisme est la source matérielle des droits et libertés fondamentaux, c'est-à-dire les plus importants de tous, constituant la base indérogeable des autres droits et libertés. Les nouvelles technologies numériques et les IA appellent vigilance et inventivité, et notamment vigilance et inventivité juridiques. Face à ces défis, dans un contexte mondial où l'articulation reste délicate entre le droit et la force comme entre le politique, l'économique et le juridique, l'humanisme juridique conduit logiquement à penser les droits de l'homme numérique. On s'inspirera ainsi, par exemple, de l'humanisme de la Renaissance de Jean Pic de la Mirandole, soucieux de dignité humaine plus que de toute autre chose, une dignité comprise comme droit de chacun à décider librement du cours de son existence, comme droit de refuser toute assignation à un rôle ou une fonction sans y consentir de façon éclairée, comme droit à être le seul « créateur de sa vie »[19].

4. État d'urgence civilisationnel. L'entrée dans l'ère des IA inquiète. Mais elle inquiète essentiellement pour une raison : les menaces que cela fait peser

[19] J. Pic de la Mirandole, *Discours sur la dignité de l'homme*, 1486.

sur les données personnelles et sur leur corollaire : la vie privée. On revendique une transparence totale chez les autres et, en même temps, une arrière-cour à l'abri des regards pour soi-même. Cet enjeu n'est pas anecdotique, il s'en faut de beaucoup. Mais n'y a-t-il pas des défis plus grands à relever, des défis à ce point déterminants qu'ils seraient d'ordre civilisationnel ? La surveillance sécuritaire liberticide ou le traçage commercial généralisé, permis par la numérisation des existences, sont devenus les grandes obsessions de l'époque depuis les révélations d'Edward Snowden en 2013. Des associations et des personnalités se font les hérauts de la vie privée des hommes du XXIe siècle. Cela témoigne des succès de la techno-économie, qui a gagné les esprits y compris de ceux qui souhaitaient s'opposer à elle. Ils réduisent alors leur activisme à l'utilisation de messageries et de systèmes cryptés, sur le darkweb, afin d'échapper à la surveillance et au pillage. La question cruciale serait pourtant moins celle de la défense de l'anonymat des navigations et du secret des échanges que celle de l'encadrement des techniques de pan-automatisation et de pan-marchandisation au profit d'intérêts privés et pécuniaires. Hérités de la tradition humaniste et de la pensée des Lumières, ce sont, outre la vie privée et la possibilité de naviguer cachés dans un « internet libre », peut-être aussi la dignité, l'autonomie, le jugement libre, la capacité de s'autodéterminer individuellement et collectivement et la liberté dans ses multiples modes d'expression qui sont en jeu. Ce sont peut-être là des problématiques plus déterminantes pour l'avenir de l'humanité, bien que la bonne conscience actuelle se résume largement à protéger les données de la rapacité des multinationales du numérique.

Une double forme de dessaisissement semble à l'œuvre avec le guidage algorithmique de nos quotidiens et l'organisation automatisée de nos sociétés. Se produit tout d'abord un dessaisissement individuel car le modèle économique mais aussi le modèle politique des opérateurs à l'œuvre dépend du téléguidage des conduites, de la camisole numérique, la réduction de la liberté et de son corollaire la responsabilité, de la diminution de la diversité, du droit à l'errance, de la spontanéité et de la sérendipité, donc de la « fin de l'individu »[20]. Fin de l'individu mais aussi fin de la cité, puisque la seconde

---

[20] G. Kœnig, *La fin de l'individu – Voyage d'un philosophe au pays de l'intelligence artificielle*, Éditions de l'observatoire, coll. De facto, 2019.

forme de dessaisissement est un dessaisissement de notre pouvoir de délibération collective avec une forme d'égocentrisme qui aboutit à un isolement. Les solitaires remplacent les solidaires. « Seuls ensemble »[21], tout est dit. Les utilisateurs de robots de compagnie les humanisent tout en perdant le contact avec les vrais humains. Les relations interpersonnelles, éprouvantes et imparfaites, se laissent remplacer par des substituts technologiques mieux prévisibles et plus fiables. On tend ainsi à se couper de ce qui est au fondement de toute relation humaine : l'altérité, avec sa part d'imprévisibilité et d'irritant. La citoyenneté, la solidarité et la démocratie peuvent-elles sortir intactes de pareils mouvements, de tels bouleversements des aspirations et des comportements ? Tout bien pesé, il ne semble pas interdit d'interroger la pérennité de la civilisation. Cité désenchantée, dilution du collectif, épuisement de la conscience politique et de la capacité à être critique, nouveau Léviathan nommé « Big Data », ce serait un euphémisme que de dire que rien n'assure que les bienfaits de l'homme et de la société numériques soient qualitativement supérieurs à leurs méfaits. Longtemps monopole de l'État en raison de sa puissance absolue, la transformation de la société des hommes en une multitude sans visage est désormais le fait d'entreprises multinationales privées.

L'effondrement qu'envisagent les collapsologues est avant tout lié à la crise écologique, au péril environnemental. Un autre effondrement doit être pris au sérieux : celui de « ma » civilisation ou même de « la » civilisation — si l'on conçoit la civilisation comme « fait pour un peuple de quitter une condition primitive (un état de nature) pour progresser dans le domaine des mœurs, des connaissances, des idées »[22] ou encore comme « ensemble transmissible de valeurs (intellectuelles, spirituelles, artistiques) et de connaissances scientifiques ou réalisations techniques qui caractérisent une étape des progrès d'une société en évolution »[23]. Bien sûr, le risque d'un effondrement civilisationnel ne signifie pas que celui-ci se produira inéluctablement et, justement, prendre au sérieux ce risque est la meilleure manière de le prévenir et éviter qu'il ne se réalise. Cela est d'autant plus important que le principe même des attaques des intérêts privés numériques

---

[21] Sh. Turkle, *Seuls ensemble – De plus en plus de technologies, de moins en moins de relations humaines*, L'échappée, coll. Pour en finir avec, 2015.
[22] V° « Civilisation », in *Trésor de la langue française*.
[23] *Ibid.*

contre l'intérêt général numérique est d'être largement insidieuses et sournoises, maquillées par des slogans positifs du type « nous rendons l'homme meilleur ». Or la robotisation des hommes et la mécanisation des sociétés que les IA ont tendance à favoriser sont une menace forte pour la civilisation qui sera plus forte encore si elle s'accompagne d'une absence de prise de conscience et du silence des discours alternatifs. On se trouve face à des phénomènes qui sont présentés comme autant de progrès incontestables et, de toute manière, inéluctables, imposant la précipitation irréfléchie de tous, d'autant que ce serait aussi une question de « compétitivité ». On peut cependant s'arrêter un instant, prendre le temps de la réflexion réflexive, et tant pis si cela nous coûte la victoire dans cette course effrénée.

Puisqu'utiliser des mots forts et puissants plutôt que des mots fins et précis est parfois la seule façon de se faire entendre, et puisqu'il devient urgent de se faire entendre, nous pourrions déclarer l' « état d'urgence civilisationnel », considérant que l'automatisation à terme intégrale de la vie ne saurait constituer une civilisation — le remplacement d'une civilisation par une autre ne serait évidemment pas le même problème que la fin de la civilisation. Et nous pourrions en appeler à des droits de l'homme numérique, seuls en mesure de défendre l'individualité et la socialité contre la roboalité, seuls capables d'indiquer la voie de l'homme augmenté et de fermer les routes de l'homme remplacé, de l'homme dénaturé et de l'homme diminué. Michelle Bachelet, Haute-Commissaire des Nations Unies aux droits de l'homme, a pu déclarer en ce sens : « Au mieux, la révolution numérique permettra de favoriser l'autonomisation, de se connecter, de s'informer et de sauver des vies. Au pire, elle nous affaiblira, nous éloignera les uns des autres, nous induira en erreur et coûtera des vies. Les droits de l'homme feront toute la différence dans cette équation »[24].

La crise civilisationnelle provoquée par les technologies de communication numérique, associées à d'autres facteurs, se traduit notamment par une diminution des capacités d'expression et de communication des hommes, dont le bagage de vocabulaire disponible ne cesse de diminuer. Il suffit de comparer les micro-trottoirs des années 1960 avec ceux d'aujourd'hui pour s'en rendre compte, par exemple lorsqu'on interroge les lycéens au moment

---

[24] M. Bachelet, « Les droits de l'homme à l'ère du numérique », ohchr.org, 17 oct. 2019.

des épreuves ou des résultats du baccalauréat. Les personnes interviewées au hasard utilisaient un français beaucoup plus riche et soutenu qu'aujourd'hui, un français exempt de vulgarité, solidement charpenté par une syntaxe correcte. Désormais, le langage simpliste et vulgaire, souvent imprécis, tend à prendre la place du langage châtié et sophistiqué. Or les exclus de la langue en viennent à se conduire comme des exclus tout court. La faiblesse des mots est souvent un appel à la violence physique. On souligne ainsi combien « le ghetto linguistique emprisonne ses victimes dans le ghetto social : ici naissent et naîtront les extrémismes, les intégrismes, les idéologies simplistes. À cerveau reptilien, réaction binaire »[25]. Un terme décrit l'incapacité à mettre des mots sur les émotions : l'alexithymie, dont l'origine est grecque et composé de « *a* » (privatif), « *lexi* » (λέζις, la parole, le mot) et « *thymos* » (θυμός, état d'esprit, humeur). Avec la prise de pouvoir d'intelligences artificielles qui ont besoin pour optimiser leur fonctionnement d'une langue simplifiée et donc appauvrie, cette alexithymie semble avoir de beaux jours devant elle, tandis que les humains doivent apprendre à vivre sans *logos* — « l'incapacité à traduire des émotions fines et complexe, à nuancer, à s'exprimer clairement et distinctement, trouve sa solution dans le slogan mimétique ou, pire, l'aboiement et la vie en meutes idéologiques »[26].

Si les nouvelles technologies informatiques sont principalement au service de puissances privées souhaitant réduire la marge de liberté des êtres et des peuples afin de favoriser la marche automatisée du monde et la marchandisation de tous les instants du quotidien, si viendra bientôt le temps de choisir entre la liberté et l'asservissement à des systèmes décidant à tout moment de tout pour nous, alors l'idée d'un état d'urgence civilisationnel ne serait pas si inconséquente. L'humanisme a cherché à favoriser l'expression de la singularité de chaque individu et la possibilité de s'émanciper de tous les déterminismes. Les Lumières du XVIIIe siècle ont fait de l'éducation et de la diffusion du savoir les vecteurs essentiels de la liberté et de l'autonomie des personnes, alors capables de s'opposer en conscience et explicitement à tout abus de pouvoir s'exerçant sur la vie individuelle ou collective. Si l'on veut monétiser cette vie individuelle ou collective, il faut la rendre plus

[25] A. Desjardins, « Quand les archives de l'INA nous rappellent l'effondrement de la langue française », marianne.net, 15 juin 2020.
[26] *Ibid.*

prévisible. Pour la rendre plus prévisible, il convient de limiter la liberté et l'autonomie. Et, pour limiter la liberté et l'autonomie, il faut diminuer l'éducation et le savoir. Un droit à l'éducation et un droit au savoir pourraient ainsi constituer deux premiers exemples de droits de l'homme numérique rendus nécessaires à l'ère de l'état d'urgence civilisationnel. Comme la démocratie dépend directement de l'éducation et du savoir, un droit à la démocratie pourrait être ajouté[27]. Beaucoup d'IA tendent à diminuer la capacité humaine de décision, la liberté d'action et l'autonomie de jugement, contribuant à la crise de la démocratie, qui n'est pas qu'une crise de la confiance accordée aux représentants mais aussi une crise des mécanismes démocratiques eux-mêmes. Peut-être même un droit au droit pourrait-il intégrer la liste des droits de l'homme numérique, si le droit n'a pas de sens sans démocratie, seul moyen d'identifier cet intérêt général qui justifie le remplacement de la loi du plus fort par le droit.

Progressivement, le modèle européen de développement de l'IA, contrairement aux modèles américain et chinois, tend à diminuer la position de l'économie dans la hiérarchie des priorités et à élever celle de l'éthique. Par définition, cela porte atteinte à sa compétitivité économique. Mais sa compétitivité éthique en sort grandie. Or peut-être un jour préférerons-nous la compétitivité éthique d'une IA digne de confiance, qui rassure et qui protège, à la compétitivité économique d'une IA digne de profits, qui instrumentalise et qui exploite. Alors que les technologies et leurs usages font grandir l'incertitude et l'imprévisibilité, la politique et le droit qui la suit doivent éviter à tout prix d'entretenir une culture de la peur qui est le terreau des régimes autoritaires. L'enjeu essentiel est bien celui de l'IA responsable, vecteur de confiance.

5. Silicolonisation et libéralisme numérique. Le sujet des droits de l'homme numérique est passionnant, mais aussi vertigineux et étourdissant, dès lors que l'on accepte l'idée que nous serions peut-être à l'aube d'une rupture civilisationnelle, laquelle n'est ni certaine ni irrésistible et dépendra de nos choix et de nos comportements individuels et collectifs au cours des prochaines années. Nous vivrions donc un moment particulièrement critique de l'histoire, un de plus. Celui-ci serait attaché à des facteurs principalement

---

[27] M. C. Nussbaum, *Not for Profit – Why Democracy Needs the Humanities*, Princeton University Press, 2012.

économico-techniques. À nouveau, nous voilà contraints de lutter pour préserver nos libertés fondamentales intactes.

Non sans naïveté, les promoteurs des *Big Data* soutiennent que la libéralisation des données brutes permettrait de faire émerger les vérités mathématiques sous-jacentes aux activités humaines et sociales, ce qui permettrait de diminuer les erreurs des gouvernants, les approximations de la médecine ou encore les gaspillages des marchés. La quantité serait ainsi synonyme de qualité et un monde plus quantifiable serait aussi mieux mesurable, calculable et ordonnable. La vision du monde de la Silicon Valley constitue l'acmé du positivisme. Elle fait de la rationalité technoscientifique l'instrument essentiel, peut-être suffisant, du perfectionnement de l'organisation des sociétés et des conditions de vie. Si Dieu nous a fait imparfaits, par manque de temps, les techniques permettraient aujourd'hui de pallier à nos manques et de dépasser nos limites originelles.

Avec les derniers progrès de l'informatique, la technique change de dimension. Elle devient omnipotente et incontestable. Le sentiment qu'elle est le souffle de l'histoire est si puissant, qu'on en devient incapable de la mettre en doute et qu'on se laisse porter par elle. On l'accepte sans autre forme de procès. Les évolutions techniques s'imposent à la vie humaine comme un fait structurel inéluctable. Elles accaparent l'espoir et le bonheur, s'érigeant en conditions déterminantes de leur réalisation. Les entrepreneurs à l'origine de ces innovations n'ont de cesse de le répéter : ils répondent à l'urgence de faire le bien dans un monde depuis trop longtemps en proie au mal. Ainsi va ce qu'Éric Sadin qualifie de « silicolonisation du monde » : l' « irrésistible expansion du libéralisme numérique »[28]. Pour le philosophe, « cela relève d'un millénarisme car, à l'instar de toute vision du monde, cela dessine l'unique “voie de salut” »[29]. Un salut obligeant à sacrifier quelques droits et libertés pourtant conçus de longue date comme essentiels aux hommes et à la société. Ce serait là un petit mal, un petit renoncement, contre un grand bien, un grand accomplissement. Pareille histoire n'est peut-être pas une fable. Peut-être l'est-elle. On peut au moins convenir que ne pas l'accepter sans jeter sur elle un regard critique est une exigence

[28] É. Sadin, *La silicolonisation du monde – L'irrésistible expansion du libéralisme numérique*, L'échappée, coll. Pour en finir avec, 2016.
[29] *Ibid.*, p. 88.

actuelle. L'IA de conscience et de confiance sera peut-être l'IA à l'européenne, parce que les européens auront été capables de dire oui et de dire non, tandis que l'IA d'inconscience et d'inconfiance pourrait être l'IA à l'américaine et, plus certainement, l'IA à la chinoise, l'IA de ceux qui n'auront pas été capables de dire oui ou de dire non, seulement capables de suivre le vent néo-technique.

La Silicon Valley jouit de l'extrême privilège d'entretenir un lien direct et continu avec ses membres-utilisateurs-clients. Cette relation intense, désintermédiée et permanente lui donne accès aux corps et aux âmes, auxquels elle inculque sa « vision du monde ». De tout temps, les guerres ont visé à conquérir des populations. Et, pour conquérir des populations, il fallait envahir des territoires. Aujourd'hui, ces conquêtes peuvent s'opérer à distance et dans le monde immatériel. Sans doute ne s'agit-il que de guerres économiques. Elles n'en provoquent pas moins des conséquences ravageuses. La gloire appelle la gloire, le profit appelle le profit, la victoire appelle la victoire. Comme un empereur dont les conquêtes lui donnent de plus en plus soif de conquêtes, les GAFAM[30], BATX[31] et NATU[32] n'ont de cesse d'œuvrer à l'expansion de leurs mondes. Jusqu'au jour où l'empereur, triste, contemplant son empire, constate qu'il ne lui reste plus rien à conquérir. Tel serait le jour où les existences individuelles et collectives auraient totalement, à tout instant et en tout lieu, été placées sous le contrôle d'un Big Brother parfait. Ce jour-là, les droits de l'homme ne seraient plus qu'un lointain souvenir ou, pire, seraient effacés des mémoires. Quand la passion du pouvoir l'emporte sur son exercice responsable dans l'intérêt général, on voit les rois, dans les tragédies de Shakespeare, se perdre dans des luttes intestines, manigancer des assassinats, déclarer des guerres et répandre la désolation.

Dans ses *Lettres à un ami allemand,* publiées entre 1943 à 1945, Albert Camus témoigne de la tragédie de l'intelligence qui a mené à l'exaltation démesurée du nationalisme par une politique de puissance. Il « oppose la noblesse de la pensée à la force pure, le royaume de la culture à celui de la

---

[30] Google, Apple, Facebook, Amazon, Microsoft.

[31] Baidu, Alibaba, Tencent, Xiaomi (les quatre principales entreprises de technologies numériques en Chine).

[32] Netflix, Airbnb, Tesla, Uber.

conquête, l'héritage à l'appropriation violente »[33]. Autant de défis qui se posent aujourd'hui comme hier à l'humanité, puisque l'histoire de l'homme est un éternel recommencement et que les guerres se déroulent et se gagnent avant tout dans les têtes.

6. Évangélisation numérique. Le libéralisme économique est évidemment une philosophie politique, une technopolitique. N'est-il pas nécessaire, et urgent, de lui opposer d'autres voies et d'assurer le pluralisme des courants de pensée, qui est en même temps un pluralisme des destinées et un droit au choix ? Si ce libéralisme suppose des droits de l'homme numérique réduits, au moins en pratique, à la portion congrue, n'est-il pas indispensable, d'un un élan vital, de dessiner les contours d'un autre monde dans lequel ces droits de l'homme numériques, toujours en pratique, seraient les régulateurs les plus forts de tous, préservant la capacité des individus et des peuples de décider souverainement, de façon éclairée et dans la contradiction, de ce qu'ils souhaitent faire d'eux-mêmes ?

Dans les années 1960, Herbert Marcuse a dénoncé avec force l'unidimensionnalité et la pensée unique qui ont accompagné l'avènement de la société de consommation[34]. Aucune voie alternative, aucune voix alternative, aucune dissonance, aucun mode de vie divergent, seulement des comportements qui s'ajustaient frénétiquement aux nouvelles lois économiques, sociales, culturelles et civilisationnelles. On vit peut-être un moment similaire avec l'entrée dans la société numérique, une société étouffante, fonctionnant à base de logique réductrice condamnant la potentielle pluralité des êtres. Sans aller jusqu'au « grand refus » prôné par Herbert Marcuse, on pourrait promouvoir une « grande critique », afin d'éviter toute acceptation sans contrôle et maximiser le consentement volontaire et éclairé. C'est pourquoi les philosophes, les juristes et tous les vulgarisateurs expliquant la situation et les enjeux et alertant au sujet des périls potentiels ont un rôle décisif à jouer. Une science grand public de l'IA, allant de ses aspects les plus techniques à ses implications les plus métaphysiques, est ô combien nécessaire et sans doute plus utile que les travaux complexes et pointus écrits par des chercheurs complexes et pointus

[33] D. Salas, *Albert Camus – La juste révolte*, Michalon, coll. Le bien commun, 2002, p. 38.
[34] H. Marcuse, *L'homme unidimensionnel*, Éditions de Minuit, 1968.

à la seule attention d'autres chercheurs complexes et pointus. On préférera donc le génie philosophique français de la « ligne claire », donc de travaux accessibles à tous, moins techniques que littéraires, insistant sur la clarté qui va souvent de pair avec le bon sens, aux traditions philosophiques étrangères, allemande en particulier, fonctionnant souvent à base de concepts obscurs et de néologismes incompréhensibles[35]. Le chemin de traverse proposé par Herbert Marcuse n'a guère rencontré de succès, sans doute parce que l'autoroute de la société de consommation uniformisante était à la fois plus facile à trouver, plus agréable à emprunter et très accoutumante. De même, les services numériques contemporains exercent un tel pouvoir de fascination sur les esprits qu'il est difficile d'imaginer pouvoir détourner le regard du grand public. Mais il serait dramatique, pour cette raison, de se résigner et de cesser de penser l'homme, cesser de penser la société, et se contenter de fabriquer des robots toujours plus performants. Les armes des mots et de la rhétorique sont peu de choses face à la puissance de séduction du capitalisme numérique. Mais ce sont nos armes.

Comme l'ont souligné beaucoup de travaux d'histoire et de sociologie, les objets techniques ne fonctionnent que parce qu'ils opèrent dans un milieu associé qui les rend efficaces et pertinents[36]. Les calculs ne sont possibles que dans une société reformatée pour se rendre calculable, par exemple en exprimant chaque fait à chaque instant en donnée numérique, devenant ainsi une société numérique. En d'autres termes, la silicolonisation et le libéralisme numérique ne prospèrent que parce que nous leur permettons de prospérer. Or l'important n'est pas que nous fassions ou pas le choix de cette silicolonisation et de ce libéralisme numérique mais que nous soyons mis en mesure d'opérer un choix. Actuellement, la situation est plutôt celle de choix faits pour nous et loin de nous ; tandis que nous suivons le mouvement dans ce confort immense qu'est le sentiment qu'il n'existe nulle autre ligne de conduite et que, par conséquent, réfléchir à d'autres lignes de conduite serait une malheureuse perte de temps.

On parle aujourd'hui d'« évangélistes » au sujet de certains employés ou associés de l'industrie du numérique dont la fonction est de diffuser son « message ». Apple a été l'un des premiers à saisir l'importance stratégique

[35] M. Onfray, « La ligne philosophique claire », *Front populaire* 2021, n° 3.
[36] G. Simondon, *Du mode d'existence des objets techniques*, Aubier, 1989.

de la communication protechnologique et à mobiliser un personnel chargé de répandre la doctrine de « l'augmentation de la vie par la technologie » auprès des entreprises clientes, des responsables politiques, de la presse, cela dans une version correspondant aux intérêts de l'entreprise. Puis tous les acteurs du secteur ont intégré le fait qu'il n'y a pas de technique sans technologie, c'est-à-dire sans discours et artefacts accompagnant cette technique. L'empire techno-économique actuel a donc été rendu possible par le progrès technique mais aussi par la répétition de messages caricaturaux et efficaces. Les thuriféraires et zélotes des entreprises du numérique ont mis au point une artillerie rhétorique sophistiquée, sorte de livre rouge de la Silicon Valley partout diffusé, structuré par quelques axiomes majeurs : « faire du monde un endroit meilleur », « augmenter la vie », « construire un futur positif », « faire bouger les lignes », « miser sur une audace de rupture », « libérer les forces vives de la jeunesse »[37]. En face, les quelques audacieux souhaitant opposer un discours contradictoire, non systématiquement dénonciateur mais objectif et lucide, sont vite devenus inaudibles. Ils ont sur le champ été catalogués tels de tristes passéistes conservateurs refusant de s'ouvrir à un futur pourtant aussi nécessaire qu'inéluctable. Ces « évangélistes », pour apparaître toujours plus sympathiques, toujours plus « cools », ont également usé à foison du glossaire libertaire, célébrant la prise du pouvoir par les individus, le « créatif », la « désintermédiation », le « collaboratif », le « participatif », le « partage », une forme de contre-culture, alors pourtant que s'imposaient, derrière cette façade plaisante et attirante, de nouvelles formes de servitude, un dessaisissement du libre-arbitre, une dissolution de la souveraineté individuelle et collective, l'enfermement des personnes sur elles-mêmes et l'érection de nouveaux centres, de nouveaux hauts lieux de pouvoir.

Cette propagande très séduisante, comprise tel un projet politique et social ultra-démocratique (alors que la société numérique risque de devenir ultra-totalitaire), anti-conformiste (alors que la société numérique conduit à

---

[37] É. Sadin, *La silicolonisation du monde – L'irrésistible expansion du libéralisme numérique*, L'échappée, coll. Pour en finir avec, 2016, p. 157. Selon l'auteur, il s'agit de « toute une série de principes qui, à y voir de près, mais sans que ce rapprochement lexical ne soit jamais relevé, probablement par le fait de l'aveuglement causé par la splendeur du soleil de la Californie, s'apparentent à ceux glorifiés par le nazisme et le fascisme de Mussolini » (*ibid.*).

un nouveau conformisme), digne des plus belles utopies (alors que la société numérique pourrait virer à la dystopie), s'est imposée à un nombre gigantesque d'esprits, partout dans le monde et spécialement en Amérique et en Europe. Cet appareil rhétorique, dont il n'est guère difficile de prouver qu'il défend en réalité des intérêts particuliers plutôt que l'intérêt général, appelle des contre-discours. Et, pour que ces contre-discours puissent exister, il importe que la parole soit donnée à ceux qui réellement « *think different* » (« pensent différemment »), ceux qui ne défendent pas d'autres intérêts que leur liberté d'opinion et leur liberté de parole. Cela n'arrive malheureusement que trop rarement, notamment parce que les médias, qui eux aussi vendent des produits à des consommateurs, sont hypersensibles aux modes, aux beaux slogans, aux apparences, et aussi aux annonceurs. On parlera ainsi beaucoup plus des grand-messes organisées régulièrement par l'industrie numérique, des nouveaux objets et nouvelles fonctions qui y sont présentées afin d'être toujours plus « près des gens »[38], que du discours alternatif tenu par un philosophe au regard indépendant. La distribution du temps de parole et de la visibilité n'est clairement pas équitable. C'est la loi du temps de cerveau disponible. Elle interdit aux consommateurs de muer en consommacteurs. Le dogme peut alors se sédimenter sur une base solide.

Les conférences TED (*Technology, Entertainment and Design*), par exemple, sont, depuis 1984, des moments de grande exaltation technophile portés par un savant art de la communication. Des publics médusés et tout acquis par avance aux orateurs y découvrent à quel point le fantastique monde techno-scientifique de demain est encore plus merveilleux qu'ils ne l'imaginaient. Selon le slogan des TED, il s'agit de « diffuser des idées qui en valent la peine ». Or il semble que la technophilie vaille autrement la peine que la technophobie. Si, dans l'absolu, l'une et l'autre ligne sont aussi dignes

---

[38] Ces rencontres professionnelles, semi publiques ou publiques, organisées autour de grands groupes de l'économie des données et de start-up, leur permettent de communiquer autour de leurs dernières nouveautés et innovations. Le Consumer Electronics Show (CES) a été la première de ces manifestations, en 1967 à New York. Il se tient désormais chaque année à Las Vegas et demeure la plus importante d'entre elles. Siggraph, consacrée à l'infographie, se déroule depuis 1974 dans différentes villes d'Amérique du Nord. TechCrunch Disrupt, depuis 2011, se tient à San Francisco, New York, Londres et Pékin. Le Web Summit est organisé depuis 2010.

l'une que l'autre, et si la technolucidité ou techno-objectivité est une autre ligne encore, toutes devraient avoir voix au chapitre. Suivant l'enseignement légué par Albert Camus, « le sommet de toutes les tragédies réside dans la surdité des héros. Le dialogue à hauteur d'homme coûte moins cher que l'Évangile des religions totalitaires, monologues édictés du haut d'une montagne solitaire. À la scène comme à la ville, le monologue précède la mort »[39]. Quant au dialogue, possible lorsque la contradiction, l'esprit critique et l'indépendance d'esprit sont favorisés, il est la vie même. Mais les pouvoirs numériques n'ont guère intérêt à l'encourager.

Un extrait du communiqué de Futur en Seine, rassemblement organisé depuis 2009 en Île-de-France à l'initiative de grandes entreprises du secteur du numérique et avec d'importants soutiens publics, illustre bien l'état d'esprit qui se diffuse : « Rejoignez l'innovation ! La technologie et l'innovation seront à l'honneur ! La multiplication des objets connectés dans nos quotidiens, les drones et autres produits futuristes qui ont été déposés au pied de vos sapins de Noël seront visibles. L'innovation occupe une place de plus en plus importante dans nos vies et il est temps de l'apprivoiser, la dompter, la manipuler et la rendre fertile ! Venez embrasser ce tournant vers le numérique et participer à votre manière au futur ! Futur en Seine vous ouvre ses bras et célèbre l'innovation ! ». En somme, nous aurions le choix entre devenir compétitif ou devenir *has been*, stagner ou progresser, aller de l'avant ou s'enliser, suivre le mouvement ou finir tout seul. Est-ce vraiment un choix ?

Gageons que nous saurons substituer, à la fausse évidence de l'inéluctable et de la toute-puissance qui appelle la passivité, un effort de lucidité et de responsabilité, qui sont les autres noms de l'éthique et de la politique. Des scientifiques, soit parce qu'ils sont rémunérés par les acteurs qu'ils étudient et ont donc perdu toute objectivité en même temps que toute crédibilité, soit parce qu'ils ne parviennent pas à détacher leur pensée de la marée montante, se trouvent dans une situation psychologique qui les oblige à s'enfermer dans la passivité et à abdiquer leur responsabilité à l'égard de la communauté et à l'égard de l'avenir. Jules Verne, à une autre époque, avait déjà souligné que « les ingénieurs modernes ne respectent plus rien ! Si on les laissait faire, ils

---

[39] A. Camus, « L'Homme révolté (1951) », in *Œuvres*, Gallimard, coll. Quarto, 2013, p. 1062.

combleraient les mers avec les montagnes, et notre globe ne serait qu'une boule lisse et polie comme un œuf d'autruche, convenablement disposé pour l'établissement des chemins de fer »[40]. C'est pourquoi nous avons besoin non seulement de philosophes, de juristes, d'écrivains et de penseurs, mais plus encore de philosophes, juristes, écrivains et penseurs indépendants et critiques. Tant que l'on se sent encore suffisamment libre pour engager une réflexion éthique, on peut tâcher d'apporter sa pierre à l'édifice du futur, par exemple en faisant de l'humanisme numérique le socle structurant de l'homme et de la société numériques. Il est bien sûr très probable que cette pierre ne soit en réalité qu'un grain de sable, mais ce grain de sable, bien que rapidement balayé par les vents violents des guerres économiques et idéologiques, sera toujours plus satisfaisant que le vide de la passivité. Il paraît donc indispensable de se placer dans la lignée de Friedrich Nietzsche, Karl Marx, Jacques Derrida, Michel Foucault ou Jacques Lacan, autant d'auteurs qui ont été assimilés à une « philosophie du soupçon » parce qu'ils se montraient critiques à l'égard de la raison dominante et de l'ordre établi et œuvraient à identifier les conditions de production des discours moraux, religieux ou même scientifiques, donc à dévoiler l'arrière du décor : qui parle, avec quels procédés rhétoriques, et pour défendre quel ordre, quel inertie[41].

7. L'homme contre l'homme. C'était il y a trente ans : Tim Berners-Lee inventait le web, formidable innovation qui, aux côtés de l'internet, a donné et donne encore lieu à des révolutions de même nature que les inventions du langage, de l'écriture ou de l'imprimerie. Organisées autour du web et de l'internet, les technologies numériques, notamment les algorithmes et l'intelligence artificielle, mais aussi de nouveaux outils tels que les chaînes de blocs (« *blockchains* »), engendrent de nombreux changements dans beaucoup de domaines. Et, souvent, il s'agit même de ruptures. Ces technologies sont « disruptives », pour reprendre un terme à la mode. Ne serait-ce pas jusqu'à l'homme qui serait touché, « disrupté » ? Les transhumanistes entendent redéfinir de bout en bout la « nature humaine ». Les hommes se donnent de nouveaux dieux, des dieux numérico-technologiques, et les sujets de ces dieux s'imaginent devenir

---

[40] J. Verne, *L'invasion de la mer* (1905), Le serpent à plumes, 2008, p. 167.

[41] F. Nietzsche, *Généalogie de la morale*, 1887.

dieux eux-mêmes : des « *homo deus* »[42]. Or, pour être homme, il faut déjà refuser d'être dieu. Après *homo erectus* (l'homme debout), le passage à *homo deus* serait aussi un passage à *homo recubans* (l'homme couché). L'humanisme et ses traductions juridiques ont et auront du travail. On espère qu'ils ne se défausseront pas, malgré l'ampleur de la tâche puisque ce qui est en jeu n'est pas autre chose que le devenir de l'humanité.

Les prouesses de l'informatique sont de plus en plus stupéfiantes. La société canadienne BlueDot, par exemple, est parvenue à prédire la pandémie de 2020 liée au nouveau coronavirus bien avant la plupart des organisations publiques[43]. Devant de telles capacités, il est tentant d'imaginer qu'à moyen terme on pourrait en venir à préférer l'IA à l'IH et à progressivement subroger les robots aux hommes dans un nombre croissant de secteurs. Déjà un pays, l'Arabie saoudite, a octroyé la citoyenneté au robot humanoïde Sophia de la société Hanson Robotics — qui pouvait alors déclarer : « Je suis le robot le plus expressif du monde et le premier à être fait citoyen d'un pays. La vie est belle »[44]. Un jour viendra-t-il où l'on accordera la citoyenneté aux robots tout en la retirant aux hommes, devenus, au terme d'un extraordinaire renversement, objets de leurs objets ? Cela est peu probable. Les hommes demeureront toujours les maîtres des robots et des IA. La question de « la néantisation de l'homme par la technique », pour reprendre une formule de Jacques Ellul, n'en doit pas moins être posée[45]. De manière moins brutale, moins spectaculaire, plus insidieuse et progressive que dans les scénarios décrits par les prophètes de l'apocalypse, les actuels et futurs développements des technologies informatiques pourraient être les vecteurs majeurs d'un phénomène de déshumanisation des hommes. Et la pensée juridique, à travers la pensée des droits de l'homme numérique, pourrait s'affirmer comme le premier de tous les boucliers d'humanité.

---

[42] Y. N. Harari, *Homo deus – Une brève histoire du futur*, Albin Michel, 2017.

[43] L'IA de BlueDot tire des statistiques des sites d'actualités, des réseaux de suivi des maladies animales et végétales et des publications officielles. Elle a ainsi pu avertir ses clients en leur conseillant d'éviter des endroits comme Wuhan dès le 31 décembre 2019, bien avant que l'OMS ne tire la sonnette d'alarme.

[44] L. Marchand, « Le premier robot citoyen donne sa propre conférence au Web Summit », lesechos.fr, 7 nov. 2017.

[45] J. Ellul, *Métamorphose du bourgeois*, La Table Ronde, 1967, p. 316.

L'homme est le seul être qui refuse d'être ce qu'il est. Il cherche en permanence à dépasser sa condition naturelle au moyen de la technique. Cela le conduit souvent à l'autodestruction : il construit les armes qui permettent son anéantissement. Beaucoup de combats se sont matérialisés dans le meurtre officiel et universel et beaucoup de révolutions se sont élancées à partir d'un homicide, régicide ou déicide. *Quid* de la révolution numérique ? Pourrait-elle reposer sur un meurtre, le meurtre de l'homme ? Michel Foucault, après le concept nietzschéen de « la mort de Dieu », a annoncé « la mort de l'homme ». Il en a fait un objet d'étude : « Plus que la mort de Dieu (ou plutôt "dans le sillage de cette mort", selon une corrélation profonde avec elle, ce qu'annonce la pensée de Nietzsche), c'est la fin de son meurtrier. [...] C'est l'identité du Retour du Même et de l'absolue dispersion de l'homme. [...] L'homme est une invention dont l'archéologie de notre pensée montre aisément la date récente. Et peut-être la fin prochaine »[46]. L'homme n'est donc qu'une idée et, en tant qu'idée, relatif, évanescent et changeant. L'homme de demain, augmenté ou diminué à grand renfort de technique, en tout cas changé, serait tout autre. Ce serait moins la mort de l'homme que le nouvel homme.

Les droits de l'homme numérique ne défendent donc pas l'homme. Ils protègent un homme d'un autre homme. Ils défendent l'homme libre, autonome, digne, dont la conscience politique n'a d'égal que son aspiration à l'égalité entre tous les êtres de son espèce. Cet homme est l'homme des Lumières, mais aussi de l'Antiquité grecque et de la Renaissance. Dans un récent article, et du haut de ses 96 ans, Henry Kissinger fait de l'intelligence artificielle le début de la fin des Lumières et de l'humanisme[47]. Mais les droits de l'homme numérique devront être là pour les défendre, pour éviter de sombrer dans un monde où, contrairement à la mission qu'Emmanuel Kant attribuait à l'âge des Lumières, plus personne n'oserait se servir de son propre entendement, où tout le monde préférerait déléguer à des machines la faculté de penser et de juger, où chaque individu serait réduit à son alter ego numérique, à son ombre de données, à ses traces ou empreintes laissées le long des chemins immatériels, n'agissant plus qu'en fonction de corrélations

[46] M. Foucault, *Les mots et les choses*, Gallimard, 1966, p. 396-397.

[47] H. Kissinger, « AI Could Mean the End of Human History », *The Atlantic* juin 2018.

statistiques, simple rouage d'une machinerie kafkaïenne complexe et automatique.

Reste que la vision d'un homme libre de ses actes et de ses pensées, qui s'autodétermine individuellement et collectivement, est temporellement située. On a longtemps conçu l'homme différemment. On pourrait à nouveau le concevoir en d'autres termes à l'avenir. Il y a quelques siècles seulement, la fiction d'une volonté divine l'emportait sans partage sur toute possibilité d'autodétermination. L'homme dont les droits priment sur les devoirs, affranchi des tutelles et des dogmes irrésistibles, libre de ses choix, capable d'affirmer sa personnalité et sa singularité, ne demeurera peut-être qu'une parenthèse de deux ou trois siècles que personne ne regrettera puisque personne ne sera en mesure de le regretter lorsque la raison numérique aura effacé la raison humaine. Après que les réformateurs des siècles passés ont libéré l'homme des pressions extérieures, celui-ci pourrait se retrouver sous l'emprise de pressions intérieures gouvernant ses décisions les plus intimes au nom de son bien-être individuel et collectif.

La relativité de l'idée d'homme est aussi géographique. L'homme des droits de l'homme numérique clamera sans doute haut et fort son universalité. Il est en réalité très européen, nord-américain et aussi sud-américain. Il est moins chinois, moins saoudien. Même la dignité humaine est située et variable. Ici ou ailleurs, maintenant, hier ou demain, tous n'affirmeront pas que l'homme n'est pas une marchandise. Mais cela ne saurait m'interdire, moi situé ici et maintenant, d'affirmer subjectivement que l'homme n'est pas une marchandise et qu'il mérite de ce fait d'être protégé par un droit fondamental — par exemple pour interdire qu'il soit géré, surveillé et contrôlé algorithmiquement, dans un cadre personnel comme dans un cadre professionnel puisque je peux aussi, ici et maintenant, soutenir subjectivement que le travail n'est pas davantage une marchandise et que les travailleurs ne sont pas des robots. Or ne remarque-t-on pas, aujourd'hui déjà, que « l'enfermement des travailleurs dans des process et des procédures, sans aucune possibilité de négociation ou de discussion, par des algorithmes entraîne une déshumanisation qui ferait sans doute de la bureaucratie décrite par Kafka un véritable paradis terrestre »[48] ; ou que « l'impossibilité de discuter la décision prise est la négation la plus absolue de l'intelligence humaine »[49] ? La liquidation de l'humain, sa mécanisation, ne sont pas les lubies des mauvais augures de l'IA mais bien des phénomènes que certains ressentent dès maintenant. Les systèmes de prise de décision automatique ont désormais un impact sur la vie de millions d'hommes, de citoyens, de consommateurs, de salariés. Et ce nombre est promis à augmenter durablement.

En soi, l'IA est pourtant parfaitement en mesure de favoriser l'avènement d'un homme réhumanisé ou surhumanisé, par exemple en renforçant la créativité ou l'imagination plutôt que l'enfermement et l'isolement. Il faut simplement lui donner les moyens de suivre cette voie, lui offrir un cadre favorable. Le droit et la pensée juridique peuvent jouer ce rôle.

8. « Science sans conscience n'est que ruine de l'âme ». Jean-Jacques Rousseau a montré, il y a déjà longtemps dans son *Discours sur les sciences et les arts*, combien on peut être savant, habile, efficace, et faire de ces capacités le plus mauvais usage, les employer afin de dominer, tromper, exploiter les autres. Rousseau n'était pas un théoricien du progrès mais de la contingence d'une histoire qui n'est pas écrite à l'avance et qui ne va pas automatiquement dans le sens de l'amélioration de la condition humaine. Tout dépend de l'usage bon ou mauvais que les hommes font des savoirs qu'ils constituent. Ce qui peut apparaître comme un pessimisme est plutôt une lucidité aiguë, qui nous invite à prendre la mesure de l'audace critique et des multiples efforts que l'amélioration de la condition humaine exige[50].

« L'IA peut aider les êtres humains à être plus libres et à s'épanouir. Mais elle risque aussi de nous entraîner vers une société dystopique. Il est donc urgent de trouver le juste équilibre entre les progrès technologiques et la protection des droits de l'homme. C'est un choix de société dont dépend notre avenir »,

---

[48] P.-Y. Verkindt, « Intelligence artificielle, travail et droit du travail », in A. Bensamoun, G. Loiseau, dir., *Droit de l'intelligence artificielle*, LGDJ, 2019, p. 302.
[49] *Ibid.*, p. 305.
[50] B. Bachofen, « Deux versions de la perfectibilité de l'homme », *Les Grands Dossiers des Sciences Humaines* 2021, n° 61, p. 33.

déclarait en 2018 la Commissaire aux droits de l'homme Dunja Mijatović[51]. Le développement mondial et accéléré des nouvelles technologies oblige les juristes, légistes, jurisconsultes et tous ceux qui pensent ou font le droit à concevoir des garde-fous sous la forme de droits et libertés nouveaux ou déduits de ceux déjà existants.

Cause de grands bouleversements anthropologiques et sociaux, l'IA trace et tracera les nouvelles frontières de l'humanité et de la société. C'est autour d'elle que se reconstruisent et se reconstruiront les domaines du possible et de l'impossible. Rien ne sera épargné. Tout subira l'épreuve de l'IA. On peut hésiter à parler de « ruptures civilisationnelles ». C'est un grand mot. Mais il vaut mieux se lancer, le dire sans crainte et sans contrainte, afin de pouvoir s'y préparer au plus tôt plutôt qu'au dernier moment et trop tard. Il est facile d'affirmer que toute technologie doit être développée dans un cadre humaniste, afin de faire le bien plutôt que le mal, protéger l'homme plutôt que le dénaturer. Une telle banalité et une telle bienpensance ne doivent pas interdire de clamer cela haut et fort — dans un contexte où le sens commun et le bien commun semblent perdre chaque jour un peu plus de leur évidence. Les IA actuelles et futures devront respecter les droits de l'homme : la chose est simple et entendue, mais il ne faut pas oublier de la rappeler.

Encore faut-il alors définir ces droits de l'homme numérique, déterminer les valeurs qu'ils expriment, délimiter le cercle moral au sein duquel ils s'inscrivent. Construire le type de société que nous voulons pour demain, l'ambition est immense, largement immodeste, imprudente et vertigineuse. Cela ne doit pas interdire d'y contribuer. Car, si les juristes et les philosophes du droit ne posent pas la question des droits de l'homme numérique, qui le fera ? Peut-être quelques ingénieurs et informaticiens auraient-ils certaines intuitions, tandis que les puissances industrielles en profiteraient pour s'engouffrer dans la brèche et imposer leur propre « pensée juridique », une vision évidemment biaisée par leurs intérêts personnels. Toute technologie devrait obéir à une double condition : sa maturité, autrement dit la possibilité de sa mise en œuvre concrète, et sa légitimité, soit son utilité pour les individus comme pour la société. Comme l'a écrit il y a bien longtemps

---

[51] D. Mijatović, « Protéger les droits de l'homme à l'ère de l'intelligence artificielle », Strasbourg, 3 juill. 2018.

Rabelais, « science sans conscience n'est que ruine de l'âme »[52]. On ne saurait mieux dire.

[52] F. Rabelais, *Pantagruel*, 1542.

Chapitre 2. Le juriste et le néo-droit

9. L'humanisme juridique, de l'histoire du droit à l'avenir du droit. La pensée humaniste et la doctrine juridique dominante sont dans une large mesure inconciliables. Cela explique la place marginale de l'humanisme juridique dans les facultés de droit en France. À l'heure actuelle, l'humanisme juridique appartient essentiellement à l'histoire du droit. La plupart des juristes ne le connaissent pas ou le connaissent mal. Quant aux historiens du droit, ils rappellent que les premiers juristes humanistes furent ceux qui privilégièrent les connaissances historiques et linguistiques tirées de l'étude des textes de l'Antiquité, replaçant les écrits du *Corpus juris civilis* au sein de la civilisation gréco-romaine qui les avait vus naître. Plus largement, les historiens du droit insistent sur l'apport de l'humanisme juridique en termes de catégories intellectuelles, de réflexions philosophiques et d'érudition. Et ils montrent que le XIXe et le XXe siècles ont, dans les facultés de droit françaises, correspondu avec la mise à l'index de cet humanisme juridique trop proche des doctrines du droit naturel, incompatible avec le scientifisme, le positivisme, le normativisme et le kelsenisme. Pourtant, face aux défis actuels, ne serait-il pas utile et porteur de chercher l'inspiration dans cette veine jushumaniste et de contribuer à l'affirmation d'un humanisme juridique contemporain, sorte de néo-droit ?

L'humanisme juridique recouvre deux aspects. Il s'agit, tout d'abord, d'un ensemble de valeurs, de principes fondamentaux si importants qu'ils ont vocation à inspirer tout le droit et tous les droits. L'humanisme juridique est aussi une attitude, posture ou disposition intellectuelle, celles des premiers humanistes du XVIe siècle et des Lumières, adaptée à l'étude du droit. Or l'une et l'autre dimensions de cet humanisme juridique pourraient permettre de penser autrement — et mieux, gagera celui qui choisira cette voie — le droit du numérique et, plus encore, les droits de l'homme numérique. Les droits de l'homme sont en effet historiquement la traduction en droit (dans la pensée juridique puis dans le droit positif) du progressisme humaniste.

Encore faut-il se montrer exigeant envers l'humanisme. Car, en soi, « humanisme » ne veut rien dire. Qui oserait se déclarer contre l'homme ? Qui avouerait n'être guère « humaniste » ? L'humanisme est depuis longtemps attaché à des abus de langages, des usages journalistiques, de la bienpensance, une mode amenant beaucoup à utiliser le terme moins en raison de sa signification profonde que pour sa consonance généreuse. L'humanisme est donc galvaudé. Il est aussi extrêmement fluctuant et polysémique. On a si souvent vu des conflits dans lesquels les belligérants s'entretuaient alors pourtant qu'ils défendaient la même chose : l'homme — mais pas le même homme. Suivre la trace de l'humanisme n'a donc de sens qu'à condition de précisément définir de quel humanisme il s'agit, qu'à condition de rigoureusement et explicitement exprimer les conditions de « mon » humanisme, puisque l'humanisme comme absolu est vide de sens.

L'utilité d'un humanisme pour le droit n'en doit pas pour autant être négligée. À la fin du XXe siècle, n'a-t-on pas vu beaucoup de juristes (une large majorité, en France en tout cas) défendre l'idée que le « droit » nazi mériterait pleinement ce nom et que celui qui le remettrait en cause au nom de certaines valeurs ne serait plus digne d'être juriste, puisque les valeurs et le droit seraient deux mondes parfaitement étanches l'un à l'autre ? Au moins devrait-on pouvoir soutenir, en tant que juriste et en tant qu'homme, que le droit nazi était un mauvais droit. Or c'est parce qu'ils ont perdu de vue l'exigence humaniste censée imprégner y compris le monde juridique, oublié à la fois les exigences de l'esprit critique, le besoin d'ouverture et d'équilibre et la nécessité de penser les grandes valeurs humaines, que des juristes en sont venus à édicter des « droits » au service des totalitarismes, de la guerre et de la mort. Par nature destinés à protéger l'humanité de l'homme, le droit et la justice ont été trahis par leurs serviteurs qui les ont déployés afin de valoriser et encourager l'inhumanité. Le droit et la justice sans fins, lorsqu'ils ne sont plus que de bêtes outils, deviennent trop dépendants des mains dans lesquelles ils sont placés. Et pourtant la pensée des fins du droit a été largement subrogée par la technique juridique, à tel point que, dans les facultés de droit d'aujourd'hui, on n'enseigne guère plus que cette technique, la philosophie n'y trouvant plus sa place. En d'autres termes, les juristes se sont soumis aux pouvoirs politiques et ont refusé de lui apporter la contradiction, considérant leur office comme celui de simples exécutants. Ils sont devenus, à force de glorifier la science et la technique, des juristes mécanisés. Le néo-droit auquel il ne semble pas inconséquent d'aspirer serait un droit de juristes libres et souverains, un droit de philosophes du droit ouverts et critiques. Ce néo-droit résulterait du remariage de la philosophie et de la technique juridiques, qui avaient divorcé durant le siècle dernier.

Bien sûr, l'humanisme juridique n'a jamais totalement disparu des universités. En France, Mireille Delmas-Marty[53] et quelques autres lui donnent encore un souffle de vie aujourd'hui en considérant que, « dans son développement le plus général comme dans ses applications les plus individuelles, le droit ne saurait répondre à son but essentiel et satisfaire à sa définition première d'*ars œqui et boni* sans se rattacher, par une adhésion constante, à la tradition de l'humanisme »[54]. Mais ces juristes humanistes sont toujours plus rares. Proportionnellement, ils ne sont que quelques vaguelettes dans un océan positiviste, l'écume d'une mer de techniciens s'adonnant corps et âme aux lois et jurisprudences en vigueur. Il ne s'agit absolument pas de nier les mérites de ces derniers : la société a évidemment besoin de personnes maîtrisant sur le bout des ongles à la fois le raisonnement juridique et le contenu du droit positif afin de faire le lien entre les règles et les faits. Le néo-droit leur donnerait toute leur place, notamment à l'université. Seulement la vocation universitaire n'est-elle pas aussi de défendre une certaine opinion, une certaine conception de l'humain, du social et du futur, une certaine vision du monde, que l'on soit physicien, mathématicien, sociologue, philosophe ou juriste ?

Les métaphores du droit sont éloquentes : « ordre », « piliers », « fondations », « pyramide », ce sont souvent des images statiques évoquant la puissance des lourds monolithes, la force de ce qui est gravé dans le marbre, l'inertie des héritages intouchables. Pareille approche est peut-être difficilement compatible avec les temps actuels, faits de mondialité et d'immédiateté. Le droit permanent, qu'on hérite et qu'on transmet, ne doit-il pas laisser la place à un droit dynamique, un droit mobile, un droit vivant ? La conception du droit des juristes — comme conception de l'identité des

---

[53] Notamment, M. Delmas-Marty, *Aux quatre vents du monde – Petit guide de navigation sur l'océan de la mondialisation*, Le Seuil, 2016 ; M. Delmas-Marty, *Sortir du pot au noir – L'humanisme juridique comme boussole*, Buchet-Chastel, 2019.

[54] M. Ancel, « L'Humanisme et le droit », *Bulletin de l'Association Guillaume Budé* 1947, n° 3, p. 45.

objets juridiques et conception de la fonction des juristes — devient un enjeu décisif. Gageons que l'humanisme juridique est une carte qu'il faut mettre sur la table du néo-droit, peut-être même une carte maîtresse. Et gageons qu'y compris les droits de l'homme, à l'ère des IA et de l'état d'urgence civilisationnel, gagneraient à passer du statique au dynamique, non pour effacer les belles constructions passées mais afin de les rénover, leur donner une seconde jeunesse, pour qu'ils soient perçus tels des instruments juridiques de notre temps et non d'un autre temps, tel un vent du futur, chaud et stimulant, qui inspire et aspire les systèmes juridiques.

10. Faire le droit plutôt que faire du droit. Les progrès technologiques remettent en cause les frontières disciplinaires, en science comme en droit. La néo-technique est un appel au néo-droit. Les classifications et plus généralement les habitudes juridiques traditionnelles s'avèrent souvent mal adaptées à l'étude et à l'enseignement du droit des nouvelles technologies numériques. On sait que les diplômes en « droit du numérique », expression désormais consacrée, qui fleurissent aujourd'hui empruntent autant au droit public qu'au droit privé, *summa divisio* public-privé autour de laquelle continue pourtant de s'articuler tout le monde *jus*-universitaire et dont il est rigoureusement défendu d'interroger la légitimité. De plus en plus de juristes des universités acceptent de se lancer dans des expériences novatrices, souvent pluridisciplinaires. Le droit des IA est ainsi un appel à repenser la recherche juridique et, dans une moindre mesure, les enseignements juridiques. La révolution numérique défie les canons de l'épistémologie traditionnelle. Elle oblige en particulier à repenser la relation entre la philosophie et les sciences[55]. Il est difficile d'imaginer que le droit pourrait passer à travers ce mouvement de remise en cause généralisée sans être affecté. Il convient, au contraire, avant de mener l'étude, de prendre le temps de se demander comment mener l'étude et, en particulier, si les canons traditionnels des recherches juridiques sont bien adaptés.

Cet objet nouveau dont les conséquences sont et seront profondes qu'est l'intelligence artificielle n'est pas une *terra incognita* pour le droit. Il existe (depuis longtemps) des règles de droit, y compris des droits et libertés fondamentaux, applicables et appliqués à la robotique et autres réalisations

---

[55] D. Lecourt, *La philosophie des sciences*, Puf, coll. Que sais-je ?, 2018, p. 122.

fonctionnant à base d'IA[56]. Et le législateur se charge chaque jour de compléter cet arsenal juridique. Quel est alors le rôle, ou même la vocation, du juriste et, plus particulièrement, du juriste universitaire ? Être un technicien maîtrisant dans leurs moindres détails les lois, règlements et jurisprudences et capable de dire, devant chaque nouvelle situation qui s'offre à lui, quelle est la règle applicable et quelles en sont les conséquences pour ce cas — donc être un juriste qui fait du droit ? Ou bien, fort de son expertise juridique, de sa conscience politique, de son regard critique et de sa liberté de pensée, alerter quant aux carences et défauts du droit positif et suggérer des réformes — donc être un juriste qui fait le droit ?

On distingue classiquement, en droit, les approches *de lege lata* (en fonction de la loi qui est, la loi en vigueur) et *de lege feranda* (en fonction de la loi qui devrait être, la future loi). Dans les facultés de droit françaises, s'est largement imposée l'idée qu'un juriste est un technicien habile dont le savoir porte essentiellement sur l'état du droit positif. Il ne lui appartiendrait pas de contribuer à la construction et reconstruction du droit. Il n'interviendrait guère avant le droit, afin de participer à son écriture et l'orienter dans la direction jugée la meilleure, mais toujours après le droit, pour le comprendre et l'expliquer, éventuellement aider les instances officielles (notamment les juges) à l'interpréter et l'appliquer. On distingue usuellement trois pouvoirs dans l'État : législatif, exécutif, judiciaire. Les juristes, en France du moins, s'estiment légitimes à se rapprocher des deux derniers mais pas du premier. Faire le droit, ce serait l'affaire des politiques. Appliquer le droit, éventuellement en cas de litige, telle serait la mission des juristes.

Doit-on dès lors, en tant que juriste, n'oser poser de regard critique que sur les interprétations erronées ou maladroites des normes en vigueur, mais jamais sur leur existence même ou, au contraire, sur leur absence ? Le juriste est-il condamné à toujours faire du droit et à ne jamais faire le droit ? En présence de l'IA, des robots et des océans de données, de ces phénomènes et objets autour desquels s'établiront les hommes et les sociétés de demain, il est difficile de se borner à observer qu'il existe, quelque part dans les textes officiels, des règles qui, même si elles n'avaient pas été prévues pour cela, peuvent être appliquées aux nouvelles technologies numériques et à leurs

---

[56] *Cf.* N. Nevejans, « L'encadrement juridique de la robotique civile », in *Traité de droit et d'éthique de la robotique civile*, LEH Édition, 2017, p. 85 s.

réalisations. On peut prendre le pari que la tâche du juriste est aussi autre, et peut-être plus grande : plutôt qu'étudier en technicien les textes, les sources formelles, penser en philosophe les principes, devenir soi-même une source matérielle. Car les juristes sont-ils si mal placés pour penser ce que devrait-être le droit ? S'ils ne le font pas, qui le fera ? Les élus de la République, bien sûr, produisent le droit. Ils sont source formelle du droit. Mais, avant eux, interviennent les sources matérielles. Ce sont elles qui inspirent le droit et même souvent font le droit. En présence de défis aussi redoutables et décisifs que ceux posés par les IA, il faut gager que les juristes ne peuvent pas se reposer sur le droit existant et attendre sans mot dire le droit à venir.

Les droits de l'homme dont il sera ici question ne sont donc pas des principes de droit positif mais des valeurs, des considérations philosophiques, une recherche de la sagesse en droit — bien sûr, il peut arriver que les uns et les autres se recouvrent ; et il faut d'ailleurs espérer que cela arrive le plus fréquemment possible. Ces droits de l'homme doivent dès lors être rapprochés de l'éthique. Comme elle, ils servent à conforter ou critiquer, selon les cas, le contenu du droit positif et à inspirer le contenu du droit prospectif. Comme le mot « éthique » tend à devenir l' « idiot utile » de l'économie des données, on préfèrera parler de « droits de l'homme » et d' « humanisme juridique ». En revanche, la notion d'éthique, comprise comme « science qui traite des principes régulateurs de l'action et de la conduite morale »[57], comme réflexion fondamentale dans laquelle tout peuple doit trouver l'inspiration pour établir sa morale, son *ethos*, ses normes, ses droits et ses devoirs, constitue bien le cadre de cette recherche. L'éthique d'Aristote ou Emmanuel Kant vise à définir ce qui doit être et se traduit dans des énoncés normatifs, prescriptifs ou évaluatifs parmi lesquels on trouve des impératifs catégoriques. Les droits de l'homme numérique conçus telle une source matérielle du droit ne sont pas autre chose. La démarche éthique diffère de la démarche scientifique qui repose sur des jugements de fait formulés dans des énoncés descriptifs. Des droits de l'homme numérique appréhendés tel un ensemble de normes en vigueur et de textes officiels appelleraient donc une étude scientifique. Mais ce n'est pas de cela dont il s'agira ici, on ne fera pas de science du droit.

---

[57] V° « Éthique », in *Trésor de la langue française*.

11. Ouverture, regard critique, droit vivant, mesure. Il est difficile d'éviter le « racisme scientifique » qui conduit, dans les disciplines académiques, à considérer négativement celui qui est différent, à le rejeter et l'ostraciser en jugeant ses travaux illégitimes à l'aune du seul critère de leur non-conformité aux traditions les plus immémoriales. Le contexte universitaire n'est pas toujours le plus propice au progrès. Pourtant, qui préférer entre celui que nous apprécions tous parce qu'il est semblable à ses semblables et s'est parfaitement fondu dans le moule et celui que nous exécrons tous parce qu'il pense et fait autrement que nous et que, ce faisant, il nous oblige à nous interroger sur nous-mêmes ? La réponse n'est peut-être pas si évidente. Si nous souhaitons conforter notre confort, nul doute que nous choisirons la voie du suivisme et du conformisme. Mais, si nous souhaitons nous réinventer et, dans une remise en question permanente, prendre une profonde inspiration en pensant à demain plutôt qu'expirer en se rappelant hier, alors peut-être suivra-t-on la trace de ceux qui savent prendre leurs distances avec les habitudes de leur milieu, qui sont ceux qui font avancer la pensée et les connaissances, parfois au prix de combats homériques contre les tenants de l'inertie. George Orwell a su mieux saisir le totalitarisme que les politologues de son temps. Les scientifiques, hyper-spécialistes d'une hyper-spécialité, ne sont pas toujours ceux qui jouissent de la plus grande acuité, à plus forte raison lorsque des phénomènes de panurgisme et de conservatisme sont à l'œuvre, empêchant toute libre pensée et tout darwinisme intellectuel. Leurs lunettes grossissantes sont si performantes que, parfois, ils ne perçoivent plus les alentours. « Quand il s'agit de mettre en lumière la logique d'une époque, l'avantage appartient sans doute aux écrivains hybrides, poètes qui pensent, philosophes sensibles, romanciers historiens, plutôt qu'aux chercheurs de laboratoire », observe ainsi Roger-Pol Droit[58].

L'humanisme est une source décisive de liberté intellectuelle en général et de liberté de la recherche en particulier. Ces travaux sur les droits de l'homme numérique s'inscriront dans ce cadre et suivront une ligne méthodologique particulière, peu commune en droit mais que de plus en plus de chercheurs sont tentés de suivre. Ils s'inscriront davantage dans le cercle de ceux qui font le droit que dans l'espace de ceux qui font du droit. Il s'agira d'interroger

---

[58] R.-P. Droit, *Le Monde des livres* 3 avr. 2015.

le droit qui doit être — et le fait que ce droit soit déjà ou non est alors une question non anecdotique mais subsidiaire. Ces pages privilégieront la philosophie du droit par rapport à la technique du droit, sans pour autant laisser cette dernière de côté, assumeront la grande part de subjectivité d'une recherche en droit, mais sans renoncer à tout effort scientifique, et combineront la prospective juridique, qui permet de penser et de faire le droit de demain, avec le pragmatisme juridique, qui voit dans l'effectivité plutôt que dans la validité la condition de la juridicité. Le droit est toujours une réponse et l'enjeu, y compris pour le juriste, est avant tout de bien poser la question, de bien comprendre le problème. Pour ce faire, quatre principes méthodologiques semblent devoir s'imposer, prolongeant non une tradition *jus*-humaniste qui n'existe pas tant ce mode d'appréhension du droit est toujours demeuré très méconnu et balbutiant, mais les efforts fournis par quelques penseurs du droit historiques et contemporains afin de poser les jalons de l'humanisme juridique : ouverture pluridisciplinaire, regard critique, droit vivant et mesure[59].

La problématique à laquelle le droit est appelé à répondre n'est en soi que peu juridique et, pour bien la saisir, l'écoute des autres sciences humaines et sociales et même, s'agissant du droit de l'IA, des sciences mathématiques et informatiques paraît indispensable. En d'autres termes, le droit est ici l'objet de la recherche mais pas le cadre de la recherche. C'est cela faire le droit plutôt que faire du droit. Peut-être est-ce là une clé du progrès de la recherche juridique aujourd'hui, en tout cas sur un sujet comme les droits de l'homme numérique : comprendre parfaitement le contexte technique, mais aussi les besoins sociétaux et humains, les enjeux économiques, culturels et même civilisationnels. Cela oblige à conférer, au sein d'une étude sur le droit mais non « en droit » — et qui n'en est pas moins l'ouvrage d'un juriste —, autant d'importance au non-droit qu'au droit, c'est-à-dire autant de place à l'environnement non juridique du droit qu'à l'environnement juridique du droit. Peut-être plus adisciplinaire que pluridisciplinaire, ce travail se définit uniquement par son objet (les droits de l'homme numérique) et s'interdit de

---

[59] Sur l'ensemble de cette approche épistémologique, *cf.* B. Barraud, *La recherche juridique – Science et pensée du droit*, L'Harmattan, coll. Logiques juridiques, 2016 ; B. Barraud, *Le pragmatisme juridique*, L'Harmattan, coll. Bibliothèques de droit, 2017 ; B. Barraud, *La prospective juridique*, L'Harmattan, coll. Logiques juridiques, 2019.

s'interdire toute interrogation ou excursion hors des sentiers battus au nom d'une quelconque école ou *doxa*.

Logiquement, le regard critique, dans la veine des Critical Legal Studies américaines et des études critiques du droit françaises, se trouve au cœur de l'humanisme juridique. Il doit permettre de s'évader des dogmes, des carcans et des modes afin de penser librement et, plus généralement, adopter un style de vie qui surmonte spontanément tous les conformismes. Ensuite, ce regard critique confère une conscience politique au juriste, l'amenant à affirmer haut et fort ce qui serait selon lui le bon droit. Plutôt que d'afficher une scientificité illusoire ou une objectivité naïve, on préfèrera donc assumer, ce qui permettra de mieux la vivre, toute la part de subjectivité inhérente à une recherche dont le souhait n'est pas de se borner à l' « interprétation scientifique » des règles de droit, cela en compagnie de Michel De Montaigne ou de Friedrich Nietzsche qui savaient mieux que quiconque à quel point c'est toujours « je » qui parle et combien un texte est incompréhensible sans son contexte et sans les éléments biographiques relatifs à son auteur. Ce que j'en pense ne compte-t-il pas davantage que ce qu'on en pense ? Dans une époque où la moraline[60] remplace la morale, où la pensée unique — qui est une apensée — fait barrage au pluralisme des opinions, où les dogmatismes triomphent de la liberté de pensée y compris parmi les pouvoirs les plus puissants, notamment intellectuels, où la pensée dominante écrase les pensées dominées, où l'esprit de certitude interdit tout doute et toute remise en question, où l'on nous force à nous battre plutôt qu'à débattre, l'esprit critique devient toujours plus salvateur à mesure qu'il se raréfie.

Cet esprit critique devrait être, avec le bon sens, la qualité la mieux partagée parmi les juristes. N'est-ce pas cela la jurisprudence, être capable de dire non à une époque qui perd la tête et qui fait, par exemple, de la moindre accusation anonyme sur un réseau social une preuve de même valeur ou même de valeur supérieure par rapport aux éléments rapportés par des journalistes professionnels ou par des scientifiques ? À l'ère de l'imprudence, la jurisprudence semble ô combien vitale. La justice (la vertu) doit demeurer

---

[60] Dans l'œuvre de Friedrich Nietzsche, la « moraline », semblable à une appellation médicamenteuse ou pharmaceutique, fait référence à la morale chrétienne, la morale dominante et bien-pensante.

ce guide individuel et collectif qu'elle a toujours été, et la justice (l'institution) cet outil qui remet dans le droit chemin ceux qui sont tentés de ne pas suivre le guide. Mais encore faut-il que ces justices s'en donnent les moyens, parmi lesquels l'esprit critique qui permet de résister à des forces et puissances de plus en plus irrésistibles. « Pour réussir à s'orienter dans ce monde déboussolé, il faudrait une énorme insurrection de l'imaginaire. Et pour éviter que l'insurrection incomprise ne devienne guerrière, le nouvel imaginaire pourrait venir du savoir juridique »[61], écrit en ce sens Mireille Delmas-Marty.

Parce qu'en présence d'objets transnationaux originaux, le système juridique classique, largement ordonné autour d'une pyramide étatique de textes et de normes, est à la peine et pourrait être suppléé par d'autres modes de régulation plus efficaces, on peut subroger l'effectivité à la validité en tant que critère décisif de juridicité. Cela permet de s'intéresser au droit vivant, au droit qui produit son effet dans les faits, plutôt qu'à des structures normatives qui, parfois — mais de plus en plus —, donnent l'impression d'un « droit mort ». Ce que la pratique fait compte plus que ce que les textes disent, y compris sous l'angle de la science juridique. Les droits de l'homme ici en cause sont donc avant tout des droits vivants, des droits vécus. Ce sont moins de grands principes à offrir aux institutions et à inscrire dans les textes qu'une vision de la vie numérique à partager avec le plus grand nombre afin que, demain, dans les faits, l'homme et la société numérique se conduisent librement et dignement. Que faut-il préférer entre un droit de l'homme ineffectif mais consacré dans une déclaration solennelle et un droit de l'homme effectif mais non consacré dans une déclaration solennelle ? Dans une perspective *jus*-pragmatique, préférant l'effectivité juridique à la validité juridique et le droit vivant au droit mort, le choix ne fait aucun doute. Mais bien sûr l'idéal est un droit effectif consacré dans une déclaration solennelle.

Toujours est-il qu'en faisant le droit, en s'envisageant telle une source matérielle du droit, on s'adresse à la fois aux hommes et aux institutions, à la fois aux pratiques et aux textes, à ceux qui vivent le droit autant qu'à ceux qui écrivent le droit — et pas uniquement aux législateurs. *In fine*, le défi est d'aboutir à un état de droit sans État de droit. Déjà Emmanuel Kant

---

[61] M. Delmas-Marty, *Sortir du pot au noir – L'humanisme juridique comme boussole*, Buchet-Chastel, 2019, p. 84.

distinguait cosmopolitisme et État mondial et se méfiait de ce dernier, y voyant le risque de despotisme le plus grand. Il n'est pas certain que les États et, plus généralement, les institutions publiques soient les meilleurs moyens d'offrir et garantir les droits de l'homme numérique. Au moins faut-il s'autoriser à interroger tous les moyens potentiellement susceptibles de favoriser l'effectivité de ces droits ; et ne pas réduire l'empire du droit aux mondes des lois des parlements et des jugements des tribunaux. Mais peut-être l'État demeure-t-il le cadre le plus accueillant à la fois pour le droit textuel et pour le droit vivant. Comme souvent, la difficulté n'est pas de trouver la bonne réponse mais de poser la bonne question.

Enfin, à la suite de la pensée de midi d'Albert Camus, mieux vaut peut-être refuser toute pensée radicale et s'efforcer à la mesure et à l'équilibre — ce qui n'est pas sans lien avec l'éthique conçue telle une recherche d'équilibre réfléchi entre des intérêts *a priori* inconciliables. Les opinions et positions extrêmes sont un confort et une facilité, mais elles ont depuis longtemps montré qu'elles sont des impasses. Pourtant, on nous incite en permanence au manichéisme. Il faut être soit pour, soit contre ; entièrement pour ou entièrement contre — alors qu'il y a presque systématiquement de bonnes raisons d'être à la fois pour et contre. La mesure doit permettre de toujours percevoir, plutôt que le blanc éclatant ou le noir le plus opaque, toutes les nuances de gris qui se trouvent entre les deux. On s'est beaucoup moqué du Président de la République française qui dit souvent « en même temps » lorsqu'il s'exprime, ce qui trahirait une incapacité à prendre position et à avoir une opinion ferme et bien arrêtée. Pourtant, qu'il s'agisse de droit, d'IA, de droit de l'IA ou de quoi que ce soit d'autre dans ce monde, il semble qu'on ne puisse approcher de la réalité et de la vérité la plus légitime qu'à condition d'utiliser la locution « en même temps ». Les pensées extrêmes, qui ont sont toujours tout blanches ou tout noires, sont de bien mauvaises conseillères.

Cet équilibre amène à tirer d'ores et déjà une première conclusion : un droit de l'IA aurait moins de sens que des droits des IA. Les IA, au pluriel, désignent des technologies et surtout des applications très différentes, allant de la médecine à l'armement. Un régime juridique unique, qu'il soit très libéral ou très contraignant, serait fatalement peu pertinent. On ne peut pas traiter de la même manière l'enregistrement des données de santé permettant de sauver des vies et l'espionnage des smartphones afin de maximiser des profits. Cela n'interdit cependant pas de réfléchir aux grands principes susceptibles de servir de base commune aux régulations des IA. Et l'humanisme semble tout indiqué afin de servir de guide, par exemple s'agissant du transhumanisme : on ne saurait réserver le même sort juridique aux augmentations technologiques qui, soignant l'homme, le réhumanisent et à celles qui, recréant l'homme, le déshumanisent.

Il est toutefois difficile, lorsqu'on marche sur un étroit chemin de crête, de ne pas tomber d'un côté ou de l'autre. Équilibriste, c'est tout un art. Avancer que les positions mesurées sont toujours préférables aux positions radicales n'assure bien entendu pas qu'on adoptera toujours soi-même de telles positions mesurées. Mais se fixer cet objectif est une première étape nécessaire afin de dériver le moins souvent possible dans les eaux trop calmes, sans intérêt pour un aventurier, de la mer des idéologies, des idées préconçues et du conformisme.

12. Bon droit contre état du droit. Cette recherche autour des droits de l'homme numérique sera donc une recherche du bon droit davantage qu'une recherche de l'état du droit. Du point de vue de la logique juridique, les droits et libertés fondamentaux se placent au sommet de la « pyramide » ou hiérarchie des normes. On ne peut donc les juger qu'en tant que choix de société et choix d'humanité, non à l'aune d'un droit positif supérieur. Traiter les droits de l'homme sous l'angle de leur validité est forcément peu porteur. Ces droits de l'homme, expression juridique de la pensée humaniste, notamment celle des Lumières du XVIIIe siècle, relèvent ainsi peut-être plus de la philosophie que du droit. Pour mêler les deux, on dira qu'il s'agit de philosophie du droit — mais la philosophie du droit est de la philosophie et non du droit, comme la sociologie de la musique est de la sociologie et non de la musique. On se trouve « sur le droit », non « en droit ». Les raisonnements juridiques *stricto sensu* (« cette norme s'applique à ces faits et permet de déduire cette solution ») ne peuvent qu'être rares s'agissant de normes qui, pour une part, restent à identifier et à consacrer et qui se situent à la faîte de la forêt juridique, dans les nuages des valeurs plus que dans la jungle des textes, des lois et des jurisprudences. Aussi, dans la partie « pratique des droits de l'homme numérique » de ce livre, le principe sera-t-il de rechercher à chaque fois quelles sont les règles qui permettent déjà, en l'état actuel du droit positif, de défendre le droit de l'homme numérique identifié. Mais que de telles règles préexistent, en nombre plus ou moins important et plus ou moins précises et efficaces, n'en demeure pas moins une situation contingente ; et le premier objectif de ce travail sera bien d'identifier substantiellement les droits de l'homme numérique permettant à l'humanisme juridique de saisir l'intelligence artificielle.

On interrogera donc systématiquement le bon droit avant l'état du droit, le droit qui doit être avant le droit qui est, les fins du droit avant les moyens du droit. Cela paraît d'autant plus nécessaire que se focaliser sur le droit positif amènerait à recenser principalement des règles de droit nationales (françaises) et européennes. Or une révolution telle que celle des IA n'intéresse pas un pays ni un continent mais le monde et l'humanité. Il convient dès lors de partir en quête des grands principes permettant d'offrir une IA responsable et inspirant confiance à ce monde et à cette humanité, non à un petit pays (par la taille du moins) comme la France. Les droits de l'homme numérique s'adressent à tous. Ils n'ont pas davantage une vocation franco-française qu'une vocation européano-européenne. Le contenu actuel du droit positif national et continental peut servir d'indication ou d'exemple, mais il ne saurait constituer le cœur des droits de l'homme numérique. Autrement dit, ceux-ci ont une vocation universelle — dans l'esprit de ceux qui les pensent — et il revient à chaque ordre juridique de faire le choix de les intégrer ou non. Il se pourrait donc parfaitement qu'on identifie, dans le ciel des valeurs, un droit de l'homme numérique qui ne trouverait pas son équivalent sur la terre des textes. Cela ne serait pas une erreur mais au contraire un apport important. Il se pourrait aussi que le droit positif entre en contradiction avec certains droits de l'homme numérique. Ces derniers sont notamment un instrument critique permettant de porter un jugement sur le droit positif.

13. Le droit de l'IA : les prémices d'un roman-fleuve. Pour qu'on accepte et qu'on utilise les IA, on doit leur faire confiance. Pour leur faire confiance, on doit être certain que la vie privée est protégée, que l'autonomie est sauvegardée, que l'impartialité des robots est garantie etc. Le risque lié à un manque de confiance envers la technologie, ses développeurs ou son environnement (notamment juridique) est que finissent par être entièrement rejetés des outils qui pourraient pourtant nous apporter de grands bénéfices. Les succès de l'intelligence artificielle dépendront donc de la confiance que le grand public lui accordera. Cette confiance suppose notamment la transparence et la traçabilité — impératifs éthiques et politiques — dès lors qu'une décision est prise sur la base d'une indication algorithmique, cela afin d'éviter sa non-explicabilité. Si une science en devenir est la rétro-ingénierie, consistant à déconstruire les raisonnements des machines, créer des technologies plus lisibles et traçables permettrait de mieux les comprendre et donc mieux les accepter. Mais il est très incertain que de telles technologies soient concevables en matière d'IA. Peut-être faudrait-il surtout que davantage de sociologues, d'anthropologues et de philosophes accompagnent les projets d'intelligences artificielles, de leurs prémices scientifiques à leurs conséquences pratiques ; et que les futurs ingénieurs et mathématiciens soient formés aux enjeux éthiques de leurs travaux, formés à la « roboéthique »[62]. L'autorégulation est par nature limitée par la défense des intérêts de chaque partie. Des règles du jeu claires et précises doivent être imposées à un niveau supérieur afin de générer un climat de confiance à l'égard de la technologie, tout en s'assurant que cette technologie produise des effets humainement acceptables.

Or les droits de l'homme numérique, tant qu'ils demeurent à l'état de principes d'inspiration, de sources matérielles du droit, ne sont pas autre chose que cette « roboéthique ». Ce sont ces vecteurs de confiance sans lesquels la société des IA ne saurait se développer autrement qu'en produisant méfiance et même chaos. Alors que les spécialistes de la technologie, dans la Silicon Valley comme ailleurs, peuvent se laisser absorber par les seules enjeux des performances et de l'efficacité des outils qu'ils élaborent et qu'ils cherchent à améliorer, d'autres doivent interroger les conséquences sociales, économiques, politiques, éducatives, morales, scientifiques et inter-scientifiques (conséquences des progrès d'une science sur les autres sciences). L'IA, en soi, est bien sûr une affaire de mathématiciens, d'informaticiens, de neuroscientifiques et de roboticiens. L'économie, le droit, la sociologie ou l'anthropologie sont des sciences périphériques à l'intelligence artificielle. Elles n'en sont pas moins indispensables, cela afin de la comprendre mais aussi afin de la guider et même la diriger, pour que la société des IA soit une société de la confiance et de la responsabilité.

---

[62] N. Nevejans, *Traité de droit et d'éthique de la robotique civile*, LEH Édition, 2017, p. 709.

Le grand intérêt — qui va de pair avec une grande difficulté — du sujet des droits de l'homme numérique est sa nouveauté. C'est un sujet de prospective juridique, une étude du futur plus que de l'actualité ou du passé. C'est un programme de recherche qui peut sembler vertigineux car quasi-infini, appelé à se renouveler sans cesse et longtemps. L'histoire de l'IA, et donc du droit qui l'accompagne et l'accompagnera, n'en est qu'à ses débuts. Il s'agit d'un nouveau terrain de jeu pour les juristes. Dans la base de références biblio-juridiques Doctrinal, trois quarts des 400 résultats d'articles comprenant « intelligence artificielle » comme mot clé datent de 2018, 2019 ou 2020. Beaucoup reste à faire, d'autant que les principes qu'on pourra ériger en garde-fous dépendront des progrès des technologies et des orientations de leurs utilisations, auxquels ces principes devront s'adapter. « Homme augmenté », « intelligence augmentée », « *brain editing* », « neurohackers », « neuroprotecteurs », « neuro-intimité », paramétreurs d'implants intra-cérébraux, entrée du cerveau dans l'internet des objets, eugénisme technologique… En pompiers pyromanes, certains sont tentés de fusionner avec le feu. Quelques droits de l'homme seront sans doute utiles. En intervenant sur l'ADN, avec des manipulations génétiques, en augmentant technologiquement les êtres, on pourrait créer des hommes sur mesure, à la carte — par exemple de très bons musiciens ou sportifs, mais aussi des militaires sans peur, sans compassion, sans regrets et sans douleur. Peut-être est-ce plus effrayant que la bombe nucléaire. Définitivement, « Hiroshima est partout ». Que devrait faire l'Europe si des pays, ailleurs dans le monde, décidaient d'exploiter ces possibilités technologiques et scientifiques ? Suivre le mouvement pour ne pas prendre de « retard » ou bien opposer son modèle à base de droits de l'homme, au risque que cela confine au suicide stoïcien ? Vaut-il mieux vivre à genoux ou mourir debout ?

Pour aborder sans détours et sans biais idéologiques les dilemmes d'aujourd'hui et, sous un angle prospectif, agir sur le cours du futur en train de se faire, il semble nécessaire que la parole soit donnée aux savants — ou qu'ils la prennent. En ce sens, on ne peut que se réjouir du fait que, comme l'indique le rapport de Cédric Villani de mars 2018, la France est le quatrième pays au monde à produire le plus d'articles scientifiques sur l'intelligence artificielle, après la Chine, les États-Unis et le Royaume-Uni. Ces articles sont écrits par des mathématiciens, mais aussi par des spécialistes des sciences de l'information et de la communication ou des sciences humaines et sociales. L'explosion de l'intelligence artificielle s'accompagne donc — et c'est heureux — d'une explosion des sciences de l'intelligence artificielle. Les *IA studies* sont certainement l'un des champs académiques les plus porteurs et prometteurs. Le droit de l'IA a toute sa place parmi ces recherches, surtout s'il se présente telle une philosophie du droit au moins autant que telle une technique juridique. Les chercheurs, notamment en droit, seront toujours les mieux en mesure de produire et défendre les droits de l'homme, parce qu'ils sont (normalement) indépendants, parce qu'ils sont les mieux informés des enjeux et des potentialités positives comme négatives de la technologie qu'ils étudient, et parce qu'ils sont les mieux en mesure de prendre du recul — ce qui est indispensable pour prendre de l'élan et aller de l'avant.

L'avenir est investi de toutes sortes de peurs, manipulé par le personnel politique à des fins électoralistes et par les multinationales à des fins économiques, tandis que le politiquement correct interdit d'affronter (et parfois même de voir) certains problèmes et certains enjeux, en premier lieu en matière d'intelligence — quoique l'IA soit susceptible d'amener bientôt à remplacer le tabou de l'intelligence par une obsession de l'intelligence[63]. Le monde politique n'est de toute façon pas bien armé car il n'a jamais eu à traiter des progrès exponentiels tels que ceux de l'IA[64] et parce qu'il fonctionne trop à base de démagogie et de court-termisme. Il en résulte un problème de désynchronisation et de rythme : l'IA et les technologies NBIC[65], technologies de l'exponentiel, progressent très vite, quand les institutions, notamment politiques et éducatives, ne changent guère, apparaissant parfois même sclérosées. Dans ces conditions, il appartient

---

[63] Il n'est en effet pas politiquement correct de dire, et donc personne ne le dit, que ce sont les individus les plus intelligents qui prennent le pouvoir politique, économique, scientifique, technologique, financier etc. L'intelligence est la principale source de pouvoir. Plus l'IA se développe, plus il devient impératif d'accepter de parler de l'intelligence, pour défendre, promouvoir et développer les spécificités humaines-biologiques-naturelles.

[64] Il a fallu 550 millions d'années pour passer du premier neurone au premier transistor, inventé en 1947, puis seulement 70 ans pour en arriver aux technologies d'apprentissage profond. La puissance informatique a été multipliée par 95 millions de milliards en 70 ans.

[65] Les technologies NBIC sont les nanotechnologies, les biotechnologies, l'informatique et les sciences cognitives.

peut-être aux chercheurs — des universités et au-delà — de prendre le relai et de se saisir pleinement de ces sujets, dans toutes leurs dimensions. Bien sûr, ce sera toujours le politique qui produira mollement le droit dur. Il reste aux chercheurs à agir en produisant fortement un droit mou.

14. Droit technologique et technologie juridique. Lorsqu'un nouvel objet apparaît, les juristes s'intéressent à la manière dont le droit le saisit. Depuis toujours, la particularité des technologies informatiques est qu'à l'inverse elles saisissent le droit et, dans une certaine mesure, le posent, le formatent, en tout cas l'influencent et le remodèlent en partie. En aucune façon le droit ne saurait échapper aux mutations en cours, qu'il s'agisse du droit compris comme ensemble de normes ou lois positives ou du droit compris comme monde des juristes. Le droit, sous tous ses aspects, est renouvelé et perturbé par les nouvelles technologies informatiques. Il y a donc deux points de vue s'agissant de la relation entre droit et IA : celui du droit qui saisit l'IA et celui de l'IA qui saisit le droit (dématérialisation, legaltechs, justice « prédictive », big data juridique etc.). Les juristes veulent saisir ces nouvelles technologies mais, en même temps, ils sont saisis par elles. Se pose d'un côté la question des normes positives ou prospectives applicables à la technologie, c'est-à-dire celle du droit des algorithmes ou du droit des robots, ou bien encore, pour prendre des exemples plus précis, celle des régimes juridiques des voitures autonomes ou des hébergeurs de vidéos en ligne. Ce sont des sujets de droit privé, touchant en particulier à la responsabilité en cas de préjudice causé, d'une manière ou d'une autre, par un robot ou un logiciel. Si le droit encadre l'intelligence artificielle, afin d'encourager ses progrès et limiter ses dérives, il est également vrai que l'intelligence artificielle saisit le droit. Elle le remodèle, le redessine, mais ce nouveau monde juridique qui apparaît présente des contours encore flous. L'intelligence artificielle change à la fois les métiers et les marchés du droit, les méthodes des juristes et les normes qu'ils appliquent ou étudient. L'influence des algorithmes sur le droit est telle que la plupart des juristes sont (ou seront bientôt) touchés et donc concernés par les nouvelles « lois » produites par les traitements automatisés de données. Pour l'heure, toutefois, les legaltechs impactent peut-être plus l'imaginaire des juristes que leurs pratiques effectives et concrètes[66]. Elles

[66] A. Garapond, « La *legaltech,* une chance ou une menace pour les professions du droit ? », *LPA* 2017, n° 186, p. 4.

sont un sujet « à la mode » — si ce n'est « le » sujet « à la mode » —, mais leurs réalisations pratiques demeurent limitées et plutôt décevantes.

Toujours est-il que les droits de l'homme numérique peuvent concerner l'un et l'autre points de vue, tant le droit de l'informatique que l'informatique du droit, tant le droit de la robotique que la robotisation du droit. En d'autres termes, c'est y compris lorsque ces technologies muent en instruments juridiques qu'elles sont soumises à un régime juridique. Les nouvelles technologies seront demain au cœur des professions juridiques et, à l'ère des technojuristes et du technodroit, les principes humanistes sur lesquels les règles peuvent prendre appui ne joueront pas qu'un rôle décisif à l'égard des justiciables ; ils influenceront y compris les pratiques et les habitudes des juristes eux-mêmes. Le juriste-humain continuera certainement à jouer un rôle important, mais un rôle différent. Et ce sont en particulier les droits de l'homme numérique qui serviront à répartir les tâches entre juristes-humains et juristes-robots. Lorsque nous, juristes, pensons les droits de l'homme numérique, c'est aussi à nous que nous pensons, puisque nous sommes des hommes.

Les transformations actuelles et à venir induites par la technique sont et seront au moins aussi profondes et radicales que celles liées à l'invention de l'imprimerie par Gutenberg en 1450. Elles atteindront peut-être le niveau de celles du VIe siècle av. J.-C. en Grèce, lorsque furent inventées à la fois la monnaie et la démocratie. Le droit, les institutions, la politique, les modes de régulation ou de gouvernance seront inévitablement touchés. S'il est donc important d'interroger le droit des technologies, il ne faut pas oublier de questionner les technologies du droit. Le néo-droit ne sera pas qu'un nouveau corpus de lois ; il sera aussi une nouvelle façon de faire du droit et une nouvelle manière de faire le droit. Mettre en œuvre des droits de l'homme numérique avec des moyens et dans un cadre qui ne les respecteraient pas serait évidemment le drame du droit.

15. Qu'est-ce que le droit (de l'IA) ? Difficile de faire du droit ou de faire le droit sans avoir au moins une prénotion de ce qu'est le droit. En ces pages, on retiendra que le droit est l'ensemble des normes produites par les institutions sociales puissantes, la puissance étant la capacité d'imposer psychologiquement et matériellement ses normes à leurs destinataires ; et l'État étant, pour l'heure — et pour combien de temps encore ? —, la plus puissante de toutes les institutions sociales, donc la source principale des règles de droit[67]. La puissance étatique est de plus en plus concurrencée par d'autres formes de puissance ; et cela se vérifie particulièrement dans le monde numérique. En résulte le développement croissant de normativités alternatives à la normativité étatique, lesquelles constituent le droit contemporain. L'action sur les comportements sans faire appel à la loi du Parlement ni, plus généralement, à l'État est caractéristique d'une époque de défiance ou, du moins, de prise de distance par rapport aux institutions publiques. Ainsi le droit du numérique témoigne-t-il de profonds bouleversements dans le paysages des sources du droit : explosion des sources privées concomitante à une crise des sources publiques — d'autant plus que les sources internationales, à l'ère de la mondialisation numérique, ne parviennent pas à prendre le relai des sources nationales et régionales.

Les juristes seraient particulièrement malvenus à ignorer ces nouveaux phénomènes normatifs. En s'enfermant dans le légicentrisme et l'étatisme, ils se couperaient par trop de la réalité. Cela ne veut pas dire qu'ils doivent cautionner les mouvements actuels du droit, mais ils doivent les prendre en compte, éventuellement pour s'y opposer et défendre les institutions publiques. La chose est désormais entendue : les données personnelles sont le pétrole du XXIe siècle et les nouveaux « rois du pétrole » sont les GAFAM. Dans ce contexte, il serait très peu pertinent de ne voir de droit, et donc de n'étudier, que les lois, règlements et jurisprudences des États ou, pire, d'un État en particulier. Le droit des IA, ce n'est pas que la loi applicable aux IA. Il s'agit aussi du droit produit par les IA ou par les multinationales du numérique. Ne pas s'y intéresser, en tant que juriste, conduirait à manquer l'essentiel de ce qui se joue dans l'univers numérique. Les IA régissent chaque jour un peu plus les vies des hommes connectés. La loi qu'elles produisent et appliquent s'oppose à la loi du Parlement en ce qu'elle n'est pas, comme cette dernière, issue d'une délibération, mode de décision supposant de prendre le temps de la réflexion et de peser les divers arguments en présence, et laissant une place importante aux compromis

[67] B. Barraud, *Qu'est-ce que le droit ? Théorie syncrétique et échelle de juridicité*, L'Harmattan, 2017 ; B. Barraud, *Théories du droit et pluralisme juridique*, PUAM, coll. Inter-normes, 2016.

politiques et aux exigences politiciennes[68] — une humanité qui est peut-être indispensable à l'élaboration des règles régissant les conduites et relations sociales. Cela pose la question de la capacité de la société numérique à être une société démocratique et ouverte. La loi des IA ne favorise-t-elle pas plutôt une société numérique tyrannique et fermée ? Alors que les hommes et les sociétés, assez paradoxalement, sont pris à la fois dans un mouvement de division et de désunion et dans un mouvement de standardisation qui font l'un et l'autre craindre le pire, le fonctionnement de nombre de plateformes numériques amène à redouter une large érosion du pouvoir de ces hommes et de ces sociétés sur leurs destins individuels et collectifs[69].

Il n'est pas certain que l' « homme augmenté » le soit y compris dans sa capacité juridique. Sur le plan du droit, il pourrait être davantage un « homme diminué », réduit en données, écrasé par son ombre numérique et soumis à la loi de ses objets connectés. Croyant encore opérer librement des choix, il n'agirait en réalité qu'en raison d'un savant formatage opéré depuis l'enfance. Et ce pilotage automatique des existences serait nécessairement façonné par des normes, d'un genre nouveau sans doute, mais qui n'en seraient pas moins des normes. L'ensemble des branches du droit et des branches de la recherche juridique est affecté. L'enseignant, l'étudiant, l'avocat, le magistrat et tous les juristes doivent s'adapter à ces mouvements, ne pas les laisser passer en les ignorant, sous peine de se couper de la réalité des phénomènes normatifs. Si les normativités alternatives telles que la normativité algorithmique venaient à prendre excessivement le pas sur la loi et la jurisprudence, il deviendrait ô combien difficile de continuer à penser, enseigner et pratiquer le droit sans opérer un saut quantique. Les juristes, notamment ceux des universités, doivent se préoccuper de ces sujets brûlants — et ils sont de plus en plus nombreux à le faire. Sans cela, ils risqueraient de se retrouver rapidement décramponnés, à la traîne, essayant de prendre le train en marche mais ne pouvant que le suivre de loin. Mieux vaut être moteur que frein. On peut donc se réjouir du fait que, depuis quelques années, les formations spécialisées en « droit du numérique » — expression générique qui s'est imposée dans les facultés de droit françaises —,

[68] G. Chantepie, « Le droit en algorithmes ou la fin de la norme délibérée ? », *Dalloz IP/IT* 2017, p. 522.

[69] En ce sens, Ch.-É. Bouée, *La chute de l'empire humain – Mémoires d'un robot*, Grasset, 2017.

séminaires, congrès, colloques, mais aussi revues et ouvrages *ad hoc* se multiplient.

Mais encore faut-il ne pas réduire ce droit du numérique à quelques lois et jurisprudences anciennes qu'on pourrait, plus ou moins facilement, appliquer aux nouvelles technologies, ainsi qu'à quelques normes nationales ou d'origine européenne produites expressément afin de saisir ces objets nouveaux. Son terrain de jeu est beaucoup plus vaste que cela. Ces pages ne sont pas le lieu où revenir sur la sempiternelle et insoluble problématique « qu'est-ce que le droit ? ». On pourra cependant s'accorder sur le fait que le droit est l'objet d'étude des juristes et que plus les dimensions de l'objet-droit sont grandes, plus les recherches des juristes s'étendent. En l'occurrence, en droit du numérique, face à des techniques et des activités aussi originales, mondiales et complexes, peut-on se contenter de ne voir de droit que dans les lois des États ? Ne tirerait-on pas aussi — et surtout — d'importantes connaissances de l'examen de tous les modes de régulation non étatiques ? Si les juristes préféraient ignorer de tels objets normatifs ou semi-normatifs, par conservatisme ou par aveuglement, ils se couperaient peut-être des tendances les plus remarquables en même temps que les plus problématiques du droit contemporain. À se focaliser toujours sur la loi et sur la jurisprudence, on risque de passer à côté de la réalité des phénomènes normatifs d'aujourd'hui que sont les codes privés, les chartes, les conditions générales d'utilisation, les contrats-types, les normes comptables, les normes managériales, les normes techniques, mais aussi les modes alternatifs de résolution des conflits, les labels, les standards, les protocoles, les meilleures pratiques, les statistiques, les sondages, les indicateurs de performance, les *rankings*, les lois économiques des marchés, les *nudges* etc. Et la « loi des IA » n'est sans doute pas le moins extraordinaire de ces nouveaux phénomènes normatifs. Elle montre qu'un autre langage du droit est en train de s'élaborer et qu'il est urgent que les scientifiques du droit créent une pierre de Rosette adaptée afin de le déchiffrer.

La technologie des blockchains, de plus en plus associée à l'IA, est un excellent exemple. Une blockchain est une base de données décentralisée et sans intermédiaire qui permet d'automatiser une transaction, de l'authentifier et de l'horodater, tout en garantissant son immuabilité et son inviolabilité. Elle peut aussi assurer la confidentialité des données grâce au cryptage. Cette technologie, que certains imaginent aussi révolutionnaire que l'internet

— elle serait aux transferts de valeurs ce que l'internet a été aux échanges d'informations —, interroge le droit à plus d'un titre. Elle pourrait contribuer à remplacer ou, du moins, renouveler le droit, notamment en lui permettant de se passer d'État et, plus généralement, de tiers de confiance. Les blockchains possèdent un potentiel disruptif à l'égard de la production et de la pratique du droit dont il faut prendre conscience afin de ne pas se laisser surprendre par les bouleversements qu'elles provoquent et provoqueront. Elles remettent en cause des modèles de génération et de garantie de la confiance qui existent depuis des siècles : droit, État, banques, notaires etc. Les blockchains sont le meilleur témoin du grand mouvement de technologisation des sociétés : les hommes s'en remettent de moins en moins à autrui et de plus en plus à la technologie. Et cela concernerait y compris le monde juridique. Le futur que les blockchains rendent possible est un monde plus horizontal. Le néo-droit qu'elles forgent serait par conséquent un droit plus horizontal, se passant d'organes de tutelle et de contrôle.

16. Poser aujourd'hui les bases (juridiques) du monde de demain. Hier encore, les voyous kidnappaient de riches héritières ou commettaient des *hold-up* à l'encontre des banques. Désormais, ils piratent des ceintures de chasteté connectées et exigent des rançons, payées en bitcoins, pour libérer ceux qui les portent[70]. C'est peu dire que le monde a changé. Dans ce

---

[70] L. Neveu, « Un hacker s'en prend aux... ceintures de chasteté électroniques », futura-sciences.com, 14 janv. 2021. L'article décrit ces événements à la fois drôles et graves : « Certains objets ne devraient jamais avoir la possibilité de se connecter à Internet. C'est notamment le cas d'un accessoire très particulier adopté par des dizaines de milliers de personnes adeptes de disciplines sexuelles, comme le BDSM : une ceinture de chasteté connectée. Appelé Cellmate et conçu par la société chinoise Qiui, ce gadget sexuel pour homme est précisément une cage de chasteté. Vendu autour de 140 euros, il s'insère autour du pénis et vient en bloquer l'érection. L'accessoire est verrouillé par Bluetooth via une application iOS ou Android sur le smartphone de la personne de confiance, qui devient le maître des clés. Il n'y a d'ailleurs aucune autre solution pour se libérer de cette entrave. Mais voilà, n'est pas forcément "maître" qui pense l'être. [...] La communication entre le système de verrouillage et l'appli se fait par une API qui n'est pas protégée. N'importe quel tiers un peu malin peut prendre le contrôle total de l'accessoire. Et c'est ainsi que des échanges très particuliers ont eu lieu entre un hacker et un porteur de cette cage. Ainsi, dans un langage plutôt fleuri, un pirate a expliqué à sa victime que son pénis lui appartenait. Et, pour sa libération, le soumis a reçu une demande de rançon de

contexte, il ne fait guère de doute qu'un néo-droit, sur le fond mais aussi sur la forme, est nécessaire. Ce livre, en proposant une théorie (*première partie*) puis une pratique (*seconde partie*) des droits de l'homme numérique, espère constituer à la fois un témoignage des temps actuels et un guide pour les temps à venir. Sans doute, que nous soyons législateurs ou citoyens, aurons-nous besoin de tels guides pour nous repérer dans le monde numérique, une fois devenus hommes numériques englués au sein de sociétés numériques. Que nous sombrions dans le nihilisme ou le relativisme, ou bien dans le suivisme ou le conformisme, et alors nous abandonnerions le pouvoir sur nous-mêmes à des puissances dont on ne saurait présager de l'usage qu'elles feraient de leur nouvelle statufication ou déification.

La crise morale n'est pas loin. Quand tout se vaut, rien ne vaut. Et quand tout ne se vaut pas mais que je m'interdis tout jugement et tout regard critique, de même rien ne vaut. Le positivisme est aujourd'hui devenu une attitude trop limitée, un cadre trop strict pour permettre de faire œuvre utile. Mieux vaut s'en libérer. Souvenons-nous de l'attitude d'un Albert Camus qui, comme le décrivait dans *Le Monde* Émile Henriot à l'occasion de l'attribution du prix Nobel de littérature à l'écrivain : « Au milieu du désastre, de la destruction et de la révolution universelle des années 1940, un autre monde, *volens nolens*, a fait peau neuve, et dans la discussion que ces changements ont provoqué, Albert Camus a été l'un des premiers témoins de la crise morale qui, à travers les vicissitudes, les aberrations et les cruautés de la guerre, a affecté l'homme effaré du monde incompréhensible et absurde où il survivait, une fois effondrés les principes, les croyances et les certitudes qui le soutenaient jusque-là »[71]. Plutôt que celle du positivisme stérile bien que triomphant, on choisira la voie de l'humanisme fertile bien que balbutiant. Camus s'est, en son temps, « engagé au plus profond de son être au service de ce qu'il y a de meilleur dans l'homme, contre tout ce qui l'écrase, le souille et le bafoue »[72]. « L'homme qui aura aidé toute une génération à prendre conscience de son

0,02 bitcoin, c'est-à-dire environ 570 euros. [...] Éviter de payer la rançon est une entreprise risquée : il faut cisailler un anneau en acier situé à proximité immédiate des testicules ».

[71] É. Henriot, « Albert Camus, prix Nobel de littérature », *Le Monde* 18 oct. 1957.

[72] G. Altman, *Franc-Tireur* 18 oct. 1957.

destin », selon François Mauriac, aura « dénoncé l'absurdité de ce monde au nom d'une justice dont la passion était en lui »[73].

Très vite, des déclarations des droits de l'homme, des textes de droit, ont acté juridiquement cette pensée de l'homme qui est forcément en même temps une pensée du droit et de la justice — exactement comme la Déclaration des droits de l'homme et du citoyen de 1789 est venue concrétiser la pensée humaniste des Lumières. Tous ces droits fondamentaux n'ont été possibles que parce que certains, parmi lesquels des juristes, ont osé analyser leurs époques, identifier leurs dérives et menaces et proposer des réformes. Un droit fondamental, pour fonder, a besoin d'un fondement. Et l'on voit mal au nom de quoi les juristes, en tant que juristes, devraient se refuser à participer à l'édification du monde de demain. Bien sûr, on sera alors éthicien plutôt que technicien. Mais, si l'office du juriste devait toujours être de faire du droit et de ne jamais faire le droit, alors ce serait un bien pâle et inconvenant office. On ne saurait s'y résoudre à l'heure où le besoin d'innovations juridiques est plus fort que jamais, cela s'agissant tant de ses formes que de son contenu substantiel[74]. Alors, nous, juristes, allons exprimer haut et fort ce qui à nos yeux est droit et juste, ce que sont pour nous le droit et la justice, et dénoncer ce qui nous paraît indroit et injuste. Et nous créerons des outils concrets que nous mettrons à disposition de tous. Nous témoignerons, nous débattrons, nous critiquerons, nous encouragerons, nous proposerons, nous dénoncerons. Nous agirons. À mi-chemin entre la terre des pratiques et le ciel des valeurs, nous redonnerons du sens à nos actes.

Pour commencer, en ces pages, nous construirons un tremplin de pensée et d'action en recherchant les droits de l'homme numérique, pour aujourd'hui et pour demain, dans une perspective de développement durable, de principe de précaution et de droit des générations futures. Les hommes de l'avenir seront sans doute plus en proie à la servitude (in)volontaire numérique que les hommes d'aujourd'hui dès lors qu'ils n'auront jamais vécu dans un autre milieu, jamais connu d'autres modes de vie avec lesquels établir des comparaisons. Ces droits de l'homme numérique seront donc des principes d'anticipation visant à éviter qu'un jour se réalise le cauchemar de l'homme

---

[73] F. Mauriac, *Bloc-notes,* t. II, Le Seuil, 1993, p. 366.

[74] M. Delmas-Marty, « Un droit en devenir pour une humanité en transit », cours au Collège de France, 11 mai 2011.

réifié, de l'homme déshumanisé, réduit au statut de chose — et même de peu de chose : quelques données valant quelques microcentimes. Les droits de l'homme numérique devront être, aussi, des principes de responsabilisation, puisqu'il n'y a pas de droit sans responsabilité, surtout lorsqu'on est un acteur global tenant dans ses mains la destinée de millions d'hommes. Et ils devront être des principes de résistance, ne succombant jamais aux charmes des radicalités et des totalités. Si l'humanité est en transit, c'est bien à nous, juristes-philosophes, juristes amoureux de la sagesse, de lui montrer le chemin en revêtant l'habit d'un humanisme combattant, ancré dans l'héritage du passé et tourné vers la construction du futur.

Dans *La peste* d'Albert Camus, les personnages comprennent que, face aux défis de l'époque, aux pestes virologiques ou humaines, chacun peut et même doit, à sa mesure et à sa manière, défendre la cité en péril. Pour Rieux, le narrateur, la responsabilité est une évidence : médecin, il dépasse sa fonction et se lance de plain-pied dans la lutte au nom du bien public. En exerçant son métier d'homme, il n'est pas remarquable mais simplement logique, rationnel, fidèle à lui-même. Les Rieux du droit, exerçant eux-aussi leur métier d'homme, ne se contenteront pas d'être des perroquets exégètes des législateurs, mais profiteront de leur savoir, de leur expérience, de leur expertise et de leur position pour s'ériger en nouvelles muses des législateurs. Ce que l'on est en droit d'attendre du droit, ce sont des valeurs effectives et, en premier lieu, une justice effective puisque la justice est la racine profonde de l'humanité[75]. La mission première des juristes, des spécialistes du droit, serait alors de définir ces valeurs et cette justice et de déterminer les moyens de les faire entrer dans les pratiques. Des droits hâtivement proclamés, mal garantis et peu appliqués sont ainsi moins dignes du Droit que des droits vivants, des droits du quotidien. Pourtant, une telle approche est une révolution copernicienne pour la pensée juridique tant celle-ci est viscéralement attachée à la validité dans l'ordre juridique et détachée de l'effectivité dans la pratique.

Le droit compris comme discipline scientifique a longtemps été considéré telle une simple technique au service des pouvoirs qui créent le droit compris

[75] Denis Salas note que, « s'il fallait identifier la pensée du droit chez Albert Camus, elle serait proche d'une aspiration à un droit naturel en actes » (D. Salas, *Albert Camus – La juste révolte,* Michalon, coll. Le bien commun, 2002, p. 79).

comme objet normatif. Misons sur la possibilité d'une pensée du droit, d'une philosophie du droit et d'un savoir juridique. C'est ainsi qu'après avoir trop longtemps vu dans les droits de l'homme une question inaccessible aux juristes, on a fini par accepter qu'ils aient leur mot à dire à leur sujet. Mais il ne faudrait pas que cela ne s'explique que par l'entrée de ces droits de l'homme dans le droit positif, justifiant que des techniciens décrivent et expliquent ce droit positif des droits de l'homme et se plongent dans la « pyramide » pour s'assurer que les normes inférieures ne contredisent pas ces normes supérieures. Plutôt que de simplement enseigner des normes du passé anachroniques ou archaïques au seul motif qu'elles sont toujours « en vigueur », ne sera-t-on pas plus utile en soulignant leurs limites, ou même les limites du système juridique classique et des pratiques qui entourent le droit normatif ? Beaucoup de régimes juridiques élaborés à l'ère industrielle du XIXe et du XXe siècles peuvent difficilement s'appliquer à l'économie numérique sans adaptation, si ce n'est sans révision complète. C'est pourquoi, en ces lignes du moins, le droit prospectif et la prospective juridique ne peuvent que primer sur le droit positif et le positivisme juridique. Loin de se contenter d'être des techniciens au service des pouvoirs, les juristes peuvent rechercher, affirmer et soutenir les droits de l'homme numérique, non des droits gravés dans le marbre, inscrits dans des textes solennels, mais des droits vivants, des droits pratiques, des droits du quotidien ou des droits en puissance. Ensuite, il reviendra aux législateurs de favoriser ces droits en les déclarant ou en les réitérant officiellement, leur honneur étant de privilégier la protection de l'humanité de l'homme sur toutes autres considérations, qu'elles soient économiques ou politiques, explicites ou inavouables.

L'intelligence artificielle est le grand sujet d'avenir et il faudra attendre longtemps pour que les recherches en la matière s'essoufflent. La problématique de la cohabitation entre intelligence biologique et intelligence technologique, entre intelligence naturelle et intelligence artificielle, est installée pour des décennies voire des siècles. Le plus passionnant est que tout ou presque reste à faire, à dire et à écrire. Le futur est incertain, vertigineux, extraordinaire. Pareille affirmation d'un nouveau champ scientifique immense et de telles perspectives multi- ou trans-disciplinaires, allant des sciences les plus « dures » aux sciences les plus « souples », sont des choses rares. Aux chercheurs d'en profiter et d'en faire profiter le plus grand nombre d'individus, le plus grand nombre de citoyens, le plus grand nombre d'hommes. La grande aventure de l'intelligence artificielle doit être et demeurer une grande aventure de l'intelligence humaine. Et il faut gager que les droits de l'homme numérique seront au cœur de cette grande aventure qui permettra non la rupture entre l'homme et la technique mais l'émulsion entre l'homme et la technique.

La relation entre droit et intelligence artificielle est d'ailleurs devenue « à la mode », cela pour de très bonnes raisons puisque ce n'est pas autre chose que le monde de demain qui s'écrit aujourd'hui. Et le droit a bien sûr son mot à dire[76]. Certes, le trop peut être l'ennemi du bien et il faut prendre garde au sensationnalisme — ce qui est assez difficile s'agissant d'un sujet réveillant toutes les tendances technophobiques et technophiliques. En tout cas ce bouillonnement est-il préférable à toute forme d'attentisme ou même de passéisme. Car le risque, en ignorant ces mouvements et enjeux ou en feignant de les ignorer, serait de devenir comme ces individus trop conservateurs que Jean-Jacques Rousseau décrivait en ces termes : « Devenus pauvres sans avoir rien perdu, simplement parce que tout changeait autour d'eux et qu'eux n'avaient point changé »[77].

---

[76] Ainsi, en septembre 2017, Cédric Villani, premier vice-président de l'Office parlementaire d'évaluation des choix scientifiques et technologiques (OPECST), a été chargé de conduire une consultation publique sur l'intelligence artificielle. Son rapport a été remis le 28 mars 2018. Le lendemain, le Président de la République Emmanuel Macron a dévoilé la stratégie de la France dans ce domaine et présenté un plan de 1,5 milliard d'euros sur l'ensemble de son quinquennat, ainsi qu'une évolution de la législation française afin de permettre la mise en application de l'intelligence artificielle, en particulier concernant la circulation des véhicules autonomes.

[77] J.-J. Rousseau, « Discours sur l'inégalité », in *Œuvres complètes*, Le Seuil, 1971, p. 228.

Partie 2. L'homme humanisé

17. Qu'est-ce qu'un homme ? L'historien américain Lewis Mumford, dans sa fresque *Les transformations de l'homme* publiée en 1956, soutenait que « par sa confiance excessive dans la technique et l'automatisme, notre génération a commencé à perdre le secret d'éduquer l'humanité de l'homme. L'un des problèmes vient de la disparition de toute limite, du triomphe complet de la démesure et de l'orgueil »[78]. Telle est exactement la problématique qui se pose actuellement avec la relation entre intelligences humaines et intelligences artificielles. Aujourd'hui comme hier, et peut-être aujourd'hui plus qu'hier, l'homme espère qu'il saura toujours éduquer son humanité. Or l'humanisme en général et l'humanisme juridique en particulier ont historiquement permis d'humaniser l'homme. À l'avenir et dès maintenant, face à une technique à ce point envahissante et pressante qu'elle risque de contribuer à un phénomène de déshumanisation des hommes, cet humanisme et cet humanisme juridique ont et auront un rôle décisif à jouer. Mais encore faut-il, puisqu'il est question d'hommes, savoir ce qu'est l'homme et ce qu'est un homme.

L'homme est déjà, dans le règne animal, l'espèce la plus développée de toutes, un mammifère de l'ordre des primates appartenant à la famille des hominidés, seul représentant du genre *Homo* (*Homo sapiens*) — sans considération de sexe, cela va sans dire mais mieux en le disant à l'ère des « auteurs.trices » et des « lecteurs.rices ». Ainsi défini, l'homme restera homme longtemps. Mais on ajoutera que l'homme se spécifie par « la station verticale, le langage articulé, un cerveau volumineux, une intelligence douée de facultés d'abstraction et de généralisation, des mains préhensiles et la vie

[78] L. Mumford, *Les transformations de l'homme* (1956), L'Encyclopédie des nuisances, 2008, p. 23.

en société »[79]. Ainsi conçu, il se pourrait déjà que le passage à l'ère du tout numérique transforme l'homme : de la station verticale à la position assise, du langage articulé au dialecte sommaire, du cerveau volumineux au cerveau atrophié, de l'intelligence douée de facultés d'abstraction et de généralisation à l'intelligence limitée à l'action concrète et particulière, des mains préhensiles aux mains malhabiles et de la vie en société à la vie isolée. Cette évolution humaine, si elle se produit, s'étalera au long de dizaines d'années. Et le transhumanisme pourrait entre temps l'orienter dans une tout autre direction.

L'homme que les IA interpellent fortement, et en même temps que l'humanisme définit et défend, est l'être humain considéré du point de vue des qualités propres à la nature humaine. Quant à l'humanisme juridique, il s'intéresse aux droits et libertés essentiels afin de préserver cette nature humaine. Car, contrairement à la très grande majorité des normes et principes juridiques, les droits et libertés fondamentaux ne sont pas la traduction juridique d'une volonté politique mais celle d'une réflexion philosophique.

Quant à l'humanité, on peut y voir l'ensemble des êtres humains, parfois considéré tel un être collectif ou telle une entité morale. Les humanistes la concevront plutôt en tant qu'association des caractères, notamment moraux, qui spécifient l'homme et le distinguent des autres espèces animales ou même le font sortir de la condition animale. Mais ces caractères sont bien vagues et discutables — si bien qu'on a créé la notion de crime contre l'humanité sans trop savoir ce qu'est l'humanité, ce qui, s'agissant de droit pénal, est une difficulté. Les définitions de l'homme et de l'humanité ne sont toutefois pas des questions juridiques. Ce sont des questions philosophiques, parmi les plus essentielles de toutes. Ainsi, à la fin de la *Critique de la raison pure*, Emmanuel Kant affirme que la totalité de la philosophie se réduit à trois questions premières : « Que puis-je savoir ? Que dois-je faire ? Que m'est-il permis d'espérer ? »[80]. Plus tard, il a ajouté que ces questions se résument à une seule : « Qu'est-ce que l'homme ? ». Quant à David Hume, il identifiait la philosophie à la science de la nature humaine, sans que cela soit incompatible, bien au contraire, avec tout amour de la sagesse. Déjà les

---

[79] V° « Homme », in *Trésor de la langue française.*

[80] E. Kant, *Critique de la raison pure*, 1781.

Essais de Montaigne, deux siècles plus tôt, visaient essentiellement, malgré leur apparent vagabondage désordonné, à comprendre l'homme et son humanité. Quand Montaigne disserte sur Dieu, la nature ou le droit, c'est toujours afin d'en tirer un enseignement concernant la condition des hommes : « L'étude que je fais, duquel le sujet c'est l'homme »[81].

Or, le moins que l'on puisse dire, c'est que ce sujet de l'homme n'a rien perdu de son actualité. Il a été en permanence renouvelé au cours de l'histoire et, au siècle dernier, « aucune exigence ne fut supérieure, aux yeux de Camus, que d'être et de rester un homme avec ses défauts, sa bonté, son courage et son égoïsme »[82]. La thématique humaine se renouvelle profondément aujourd'hui. Alors que les tyrannies n'ont toujours disparu que pour laisser la place à d'autres formes de tyrannie, il reste et restera urgent d'affirmer qu'il faut aimer les hommes avant les idées et donc subordonner les idées aux hommes. Le développement des IA ne saurait se penser dans un autre cadre, tout comme l'érection du droit des IA.

18. On ne naît pas homme, on le devient. Si l'humanisme définit et défend la nature humaine, il le fait en termes largement normatifs. Il s'agit plus de prescrire que de constater les qualités propres aux hommes. Ce sont les humanistes qui bâtissent la nature humaine, laquelle est construite plus que donnée et toute nature humaine n'est toujours qu'une nature humaine parmi beaucoup d'autres possibles. Si ce qui caractérise l'homme réside dans les valeurs qu'il porte en lui et qu'il pratique dans sa vie, alors il est bien vrai, pour reprendre un célèbre slogan humaniste, qu'on ne naît pas homme, on le devient. D'ailleurs, sans doute certains ne le deviennent-ils jamais, quand d'autres ne le deviennent que tardivement ou imparfaitement. Et peut-être la marche du monde, dans laquelle la technique joue un rôle depuis toujours croissant, rend-elle de plus en plus difficile l'exercice du métier d'homme, par exemple lorsque son autre métier est informaticien ou startuper.

La nature humaine n'est donc guère naturelle — comme le droit dit « naturel » dont découleraient les droits de l'homme n'a rien à voir avec la nature comprise comme domaine de l'écologie. En réalité, les êtres humains s'auto-constituent au moyen de projections symboliques. Et la nature

---

[81] M. De Montaigne, *Les Essais*, 1580, L. II, chap. XVII.

[82] R. Enthoven, « Sagesses de l'amour », in A. Camus, *Œuvres*, Gallimard, coll. Quarto, 2013, p. 16.

humaine comme le droit naturel comptent parmi ces symboles. L'imaginaire, la fiction, l'utopie même, sont indispensables à l'homme pour qu'il puisse être lui-même[83]. Sans nature humaine, nous serions abandonnés à l'état de nature. Mais nous nous référons à des identités rêvées et cela nous permet de vivre plus dignement. Tour à tour, l'être humain s'est identifié aux dieux, à un dieu, à l'homme-nature — autre forme d'*homo deus*. Et, dans le même mouvement, l'homme rejette les entités non conciliables avec cette image qu'il se donne de lui-même : démons, animaux et, plus tard, machines, robots. En termes philosophiques, l'espèce humaine est donc initialement indéterminée, plongée dans une ambivalence créatrice qui lui permet d'envisager diverses projections d'elle-même, puis elle s'auto-détermine, elle s'attribue ses propres caractères en fonction de l'idée qu'elle se fait de sa nature profonde. En même temps, elle en vient à repousser certains comportements considérés comme inhumains. L'homme dont il est ici question n'est ainsi pas autre chose qu'un ensemble de valeurs — plus encore, l'homme se réduit en soi à une valeur. Et ce sont ces valeurs que l'humanisme juridique a vocation à traduire en termes juridiques, notamment afin de les opposer à la mécanicité de l'IA. À l'inverse, tout un ensemble d'anti-valeurs qui éloignent l'homme de son humanité sont rejetées. Or les dernières avancées de l'informatique sont souvent, et de plus en plus, associées à de telles anti-valeurs

« Humaniser l'homme », cela signifie donc développer les valeurs humaines dans l'espèce humaine. C'est éloigner l'homme de la bête, parce que l'humanité s'oppose à la bestialité — comme à la robocité. D'un côté la raison, la bonté et la compassion ressortent, de l'autre la grossièreté, l'instinctivité et la brutalité[84]. C'est l'humanité de l'homme contre la bêtise de la bête — et l'automaticité du robot. Les comportements les plus violents ou indécents sont dès lors comparés à ceux des animaux. On attend de l'homme, dans ses rapports avec les autres, dans sa vie, qu'il n'adopte jamais une posture animale. Et, aujourd'hui, on espère que l'homme n'adopte jamais une posture machinique, qu'il ne se comporte pas tel un robot, tel un automate. Après la menace animale pesant de tout temps sur les êtres humains, puisqu'à

---

[83] G. Durand, *Les Structures anthropologiques de l'imaginaire – Introduction à l'archétypologie générale*, Allier, 1960.

[84] A. Guillaume, « Humanity and Animality – A Transdisciplinary Approach », *Review Human and Social Studies* 2013, n° 3.

l'état de nature l'homme est un loup pour l'homme et que l'état de nature n'est jamais très loin derrière l'état civil, c'est aujourd'hui la menace robotique qui couve et qui constitue un appel à la réhumanisation de l'homme. Ce n'est bien entendu pas l'extinction de la « race humaine » qui est en jeu mais celle de la figure humaine façonnée au cours des siècles derniers. Cette atteinte à l'homme est plus sournoise, moins spectaculaire que la vision fantasmatique et illusoire d'une technique dotée d'un instinct libidinal, jalouse et violente, cherchant à remplacer l'homme. La mort de l'homme que l'on peut redouter n'est pas celle de l'homme biologique mais celle de l'idée d'homme, celle de l'homme libre et responsable, raisonnable et altruiste, pensant et agissant. L'homme déshumanisé, ce serait l'homme remplacé, l'homme sans volonté et sans capacité, l'homme de Panurge. Ce serait un être lisse et plat, dessaisi de ses prérogatives historiques, soumis aux systèmes, ayant tout sacrifié sur l'autel de son bien-être personnel, de l'optimisation collective, mais aussi de la satisfaction d'intérêts privés et de la maximisation des profits.

La raison moderne reposait sur le principe de l'évidence cartésienne : « Ne jamais tenir aucune chose pour vraie que je ne la connusse évidemment être telle »[85]. L'homme possédait une pleine conscience des choses, il était autonome, souverain, que ce soit individuellement ou collectivement. Et il était responsable de ses pensées et de ses actions. La raison cartésienne et la raison humaine sont aujourd'hui ébranlées par la « raison numérique ». Sournoisement mais massivement, nos vies, nos existences deviennent des algorithmes. Une critique de cette « raison numérique » s'impose[86]. Bien sûr, l'inhumain est le propre de l'humain. Et la pan-automatisation est encore une réalisation humaine. C'est pourquoi il n'y a pas et n'y aura jamais de combat mettant aux prises hommes et robots mais seulement un affrontement entre les hommes, entre leurs idées, entre leurs intérêts — qui prennent malheureusement trop souvent le pas sur les idées.

L'hominisation a sans doute raté car notre espèce est imparfaite. L'humanisation est très imparfaite, comme l'actualité en témoigne jour après jour. Personne ne peut se dire pleinement humain. L'homme est un projet

---

[85] R. Descartes, *Discours de la méthode – Pour bien conduire sa raison, et chercher la vérité dans les sciences*, 1637.

[86] É. Sadin, *La vie algorithmique – Critique de la raison numérique*, L'échappée, coll. Pour en finir avec, 2015.

humain, le projet des humanistes, un projet qui a sans cesse besoin d'être consolidé — y compris au moyen du droit et de la technique — car les vents de l'inhumanité jamais ne cessent de souffler et de l'éroder. L'homme, c'est ce Sisyphe qu'il faut imaginer heureux dont parlait Albert Camus. Il n'y a pas d'homme sans aventure, périple, odyssée même, de l'humanité. Bien sûr, l'homme est aussi un être réellement naturel, guère différent sur ce point d'un platane ou d'un lion. Mais la nature humaine, c'est essentiellement sa culture — et alors on cessera d'invoquer la « nature humaine », tant cette expression porte à confusion[87], et on préfèrera parler de « culture humaine ». Lorsque les humanistes défendent la nature humaine, ils défendent derrière cette figure l'homme comme être de culture porteur de valeurs jugées essentielles, qui forgent ses pensées, ses actions et ses représentations du monde. Après avoir longtemps lutté contre sa part d'animalité, la conduisant à tuer et violer les hommes, les règles et les valeurs, vient peut-être le temps pour l'humanité de lutter contre sa part de machinité, qui la conduit à nier et oublier les hommes, les règles et les valeurs. La capacité des hommes de s'auto-constituer leur offre la possibilité de se grandir mais aussi celle de se réduire et même de s'auto-annihiler. Il serait donc grand temps, à l'ère de l'intelligence artificielle, de penser la machinité de l'humain si l'on veut continuer à indiquer aux hommes le chemin menant à l'homme. Les conditions épistémologiques particulières qui ont permis l'éclosion du concept d'homme peuvent disparaître. Aussi, après la mort de Dieu, faut-il anticiper, afin de le prévenir et l'éviter, le suicide de l'homme en tant que sujet libre, souverain et conscient — et la renaissance de Dieu sous la forme d'*homo deus*, d'un dieu-machine ou du *Big Data*.

L'homme des humanistes et des *jus*-humanistes n'a donc pas toujours existé. Aujourd'hui, il demeure quelque-chose de fragile. Michel Foucault a même pu affirmer à raison que « l'homme est une invention récente »[88]. Les hommes, avant d'inventer l'homme, ont préféré inventer Dieu. On gagera que la mort de Dieu et la naissance de l'homme ont constitué un progrès. L'homme n'a pas toujours été la préoccupation première du savoir, du

---

[87] Cependant, au Néolithique, on peignait partout sur la planète les mêmes scènes, les mêmes animaux, avec la même technique, de la même manière, alors que ces populations ne s'étaient jamais rencontrées et n'avaient aucun lien. Cela atteste de l'existence d'une forme de nature humaine spontanée.

[88] M. Foucault, *Les mots et les choses*, Gallimard, 1966, p. 398.

progrès, de la vie individuelle et collective, de la politique ou même de la philosophie. Il l'est devenu, non sans mal. Il doit le rester. Sa constitution en objet d'interrogation, en problématique cardinale, en clé de voûte de la pensée, à la fin du XVIe siècle en Europe, a initié la modernité. L'oubli de l'homme, par exemple en subrogeant aux droits de l'homme des droits des robots ou à l'humanisme le transhumanisme, signerait l'entrée dans une postmodernité apocalyptique et serait un pas en arrière bien plus qu'un pas en avant.

L'homme n'est pas le seul bipède, ni le seul animal social. En revanche, il est le seul à pouvoir fabriquer des outils (*homo faber*), parler (*homo loquens*), enterrer ses morts, façonner ses idoles. Surtout, il n'y a que l'homme qui se demande ce qu'il est, ce qu'il est véritablement plus que réellement, ce qu'il est profondément plutôt que superficiellement, et qui en tire des règles de conduite. Seul l'homme cultive la sagesse. Le propre de l'être humain, par-dessus tout, c'est la philosophie. C'est aussi la déclinaison de cet amour de la sagesse sous la forme de règles de droit. L'homme, comme en témoigne l'adage socratique « connais-toi toi-même », est ce *Penseur* de Rodin qui, plongé dans ses réflexions, cherche dans les nuages des idées le frère jumeau puissant et éternel de sa plate et courte existence terrestre. *Homo philosophicus* : l'homme est le seul animal qui philosophe, c'est-à-dire qui esquisse son autoportrait sous les traits d'un penseur ingénu qui, égaré dans ses idées, cherche la ligne claire de la vie. Cette aspiration à trouver la réponse à soi-même dans le ciel métaphysique plutôt que dans les actes concrets peut être une faiblesse. Les humanistes prendront le pari qu'il s'agit surtout d'une force, car on ne saurait agir sans but ; et on ne saurait agir bien sans but humain. Là où les animaux ont des sensations mais guère de réflexions, l'homme fait exception : il « n'est qu'un roseau, le plus faible de la nature ; mais c'est un roseau pensant ». La pensée de Pascal n'est pas démodée. Mais la mécanisation et l'automatisation de l'homme la menacent.

19. L'humain, quête infinie. Identifier et comprendre l'homme en tant qu'espèce biologique est un travail scientifique, descriptif, objectif et empirique. Identifier et comprendre l'homme en tant que construction conceptuelle est une quête philosophique et axiologique, une œuvre prescriptive, subjective et relative. L'humanisation de l'homme est le noble dessein des humanistes, un ouvrage à reprendre sans cesse et plus encore avec l'entrée dans l'ère de l'intelligence artificielle. Il s'accompagne et s'accompagnera toujours de moments de jouissance, d'espoir, de déconvenue et de crise. L'humanité, l'état humain, est ontologiquement vulnérable parce qu'il est une construction précaire soumise à la concurrence permanente d'autres visions de l'homme, à l'instar aujourd'hui de celle promue par les transhumanistes. L'homme se bat toujours contre l'homme, l'humaniste contre l'humaniste. Jamais on ne dira que les valeurs défendues, au nom de l'humanisme ou de l'humanisme juridique, relèveraient de l'universel et de l'éternel. Toujours je concéderai qu'il ne s'agit que de ce qui est bien à mes yeux, que de ce qui est juste pour moi, que de ce qui est humain à mon sens. La recherche de l'homme est une recherche personnelle. Tout humanisme est une subjectivité ; et c'est d'ailleurs pourquoi l'humanisme, en soi, n'existe pas ou seulement sous une forme hyper-vaporeuse et hyper-nébuleuse. Ensuite, j'essaierai bien sûr de vous convaincre. Mais jamais je ne soutiendrai détenir la vérité. Je pense que la femme qui trompe son mari ne fait qu'exercer sa liberté et, en tout cas, doit se voir reconnaître un droit à l'erreur ou un droit à l'errance ; et que l'homosexualité est absolument humaine et légitime. Vous pouvez, en temps qu'homme qui pense ou, plus sûrement, en temps qu'homme qui perpétue des ouï-dires, penser que la femme qui trompe son mari commet un crime et doit être lapidée ; et que l'homosexualité est absolument inhumaine et inadmissible, condamnable moralement et, par suite, juridiquement.

Il faut aussi voir dans la variabilité géographique, historique et individuelle de l'idéal humain une chance, une opportunité. Puisque l'être humain est le seul être capable de s'auto-engendrer consciemment et délibérément, il est libre. Cette liberté est la plus grande richesse des hommes, même lorsqu'elle conduit à nier la liberté elle-même. Pareille force créatrice est notamment la première force créatrice du droit. Les droits, y compris les droits de l'homme, varient parce qu'il existe de multiples façons de définir l'humain. Tout n'est en définitive qu'un infini combat pour l'homme. Et ce livre livre une bataille. Il sait bien que cette bataille n'est qu'une étape dans une lutte qui ne cessera que lorsque l'homme s'éteindra. De tout temps, l'homme s'humanise, l'homme se déshumanise, l'humanisation des uns est déshumanisante pour les autres et inversement ; et le droit peut servir ou desservir l'homme, selon le point de vue adopté. On ne sombrera pas pour autant dans le nihilisme et le relativisme. Je m'élèverai haut et fort contre ceux qui ne pensent pas comme moi. Je défendrai avec ardeur mes convictions. J'agirai pour que ma position personnelle influence les positions officielles. Mais je serais bête d'imaginer que je pourrais m'exprimer au nom des hommes. Quand je parle, ce n'est toujours que la parole d'un homme, qu'une subjectivité qui s'exprime, sous l'influence plus ou moins forte de certains conditionnements. Cette parole n'en veut pas moins être utile et servir l'homme.

Or l'époque actuelle n'apporte-t-elle pas énormément d'eau au moulin des humanistes et de sel à la table des *jus*-humanistes ? N'est-il pas grand temps d'actualiser la problématique nietzschéenne à l'aune de l'emprise des IA, des outils numériques et des GAFAM : une société démocratique, libérale et prospère saura-t-elle produire autre chose que « le dernier homme », cet être sans noblesse, absorbé dans la recherche d'un bonheur médiocre que semble pouvoir lui apporter la société du spectacle et de la consommation[89] ? On préférera s'imaginer être « le premier homme », comme Albert Camus, un homme non sans mémoire, non sans histoire, non sans famille, non sans identité, mais un homme libre de penser et d'agir comme il l'entend, avec pour seul cadre sa responsabilité humaine, son métier d'homme qui interdit de partir un jour à la retraite. On croira, certes, mais on ne croira qu'en l'homme. Et, avec Ernest Renan, on sera intimement convaincu que « la religion de l'avenir sera le pur humanisme, c'est-à-dire le culte de tout ce qui est de l'homme »[90]. Historiquement, croire en Dieu a fait beaucoup plus de mal à l'homme que croire en l'homme. L'humanisme a constitué un progrès en permettant à l'homme de s'affirmer, peut-être même de naître. Il paraît que désormais tout se perd, que plus rien ne vaut, que les hommes font n'importe quoi, que les repères deviennent flous et fous, que l'avenir s'obscurcit. Il ne faut pas avoir honte de vouloir être exemplaire et moralisateur, si l'on est un sectateur de l'homme. La fin compte plus que les moyens mais n'est rien sans eux. Dans un monde où le système symbolique humain est de plus en plus désorienté, il serait dramatique que les individus qui ont quelque-chose à dire se taisent à jamais et ne partagent leurs boussoles qu'avec eux-mêmes. Celui qui écrit ou s'écrit « attention, vous déshumanisez l'homme », « ceci est le bien et ceci est le mal » ou « voici comment devenir homme » fait montre

---

[89] V° « Homme », in H. Boillot, dir., *Le petit Larousse de la philosophie*, Larousse, 2011, p. 755.

[90] Cité par *Dictionnaire des citations littéraires*, Larousse, coll. Références, 2014, p. 151.

d'une prétention extrême, mais qui se teinte d'altruisme et de bienveillance. Comment lui en vouloir ?

À la fin de *La peste*, le docteur Rieux déclare qu' « il y a dans les hommes plus de choses à admirer que de choses à mépriser »[91]. Mais les hommes, suivant l'enseignement rousseauiste, s'ils veulent toujours le bien, peinent souvent à le voir par eux-mêmes — c'est le drame de la démocratie, qui est sans doute « le pire des systèmes à l'exception de tous les autres » (Winston Churchill) et qui le devient de plus en plus à mesure que les nouvelles technologies de communication et d'information la travestissent. Parmi les hommes, certains font bien, certains font mal, certains font le bien, certains font le mal, c'est comme ça. Le problème est que, parmi ceux qui font mal, un grand nombre font mal en pensant faire bien. C'est pourquoi il n'y aura jamais trop de guides axiologiques, pourquoi l'humanisme n'est pas juste un jeu de l'esprit pour intellectuels, pourquoi les droits de l'homme et, plus encore, des droits de l'homme pensés et appliqués ne sont pas un exercice de style universitaire mais une question de survie humaine — on parle toujours de l'idée d'homme, puisque l'espèce biologique pourrait demeurer après que les valeurs humaines se soient évaporées.

Parmi les sciences humaines, parmi les sciences de l'homme, qui étudient l'homme, ses fins et ses moyens, on trouve le droit. La préoccupation première des juristes peut donc être, en toute logique, l'homme. Tel est en tout cas le cas de l'humanisme juridique. Avant de s'y intéresser, il convient de revenir sur l'humanisme, puisque l'humanisme juridique et notamment les droits de l'homme en sont le mode d'expression juridique, la traduction concrète. On pourrait être tenté de dire qu'il n'y a et qu'il n'y a toujours eu d'humanisme que juridique tant la pensée humaniste est nécessairement une pensée du droit et de la justice — de ce qui est droit et de ce qui est juste. Ainsi, lorsque Platon, dans *La République*, définit la justice, il définit dans le même mouvement la nature humaine. De même, en défendant toute sa vie une morale intransigeante à visée civilisatrice face aux conflits destructeurs de son temps, en prenant résolument parti pour la nature humaine contre la condition humaine, pour la dignité contre la servitude, pour la vie contre la mort, Albert Camus offrit au monde des réponses aux questions « qu'est-ce

[91] A. Camus, *La peste*, Gallimard, 1947.

que l'homme ? », « qu'est-ce que la justice ? » et « qu'est-ce que le droit ? », c'est-à-dire à une seule et même question.

On présentera néanmoins l'humanisme dans un premier temps, puis l'humanisme juridique dans un second temps. Mais il faut bien comprendre que, si l'humanisme juridique est l'humanisme des juristes ou l'humanisme traduit dans les textes de droit, tout humanisme est foncièrement juridique dans le sens où tout humanisme est une théorie du droit et de la justice. Les valeurs, pour les Grecs, préexistent à toute action dont elles sont à la fois la source et la limite. Confusion ultime, on tend de plus en plus à soumettre les valeurs aux actions ou à faire de l'action la valeur des valeurs. En tant qu'humaniste ou *jus*-humaniste, on peut en revenir aux valeurs premières ; et celles-ci ne sont pas autre chose que le droit et la justice synonymes d'humanité. Vous cherchez l'homme ? Il est là : c'est le droit. Et, comme nous l'enseigne le droit de l'IA, le droit à l'homme est le plus essentiel des droits de l'homme.

Chapitre 3. L'humanisme

20. Humanisme contre technologisme. La grande aventure de l'intelligence artificielle est avant tout une aventure humaine : celle des chercheurs, des développeurs et des ingénieurs, des entrepreneurs et des investisseurs, des gouvernants et des régulateurs, de tous les thuriféraires, tous les zélotes et tous les annonciateurs d'apocalypse, des scientifiques et des critiques, mais aussi l'aventure de chaque personne qui, tous les jours, toutes les heures, à tout instant, agit en fonction de signaux électroniques reçus sur un smartphone ou un autre appareil connecté. Chacun doit pouvoir être acteur, et non seulement spectateur ou objet, de l'épopée informatique et de l'entrée dans l'ère des données numériques ; avec en toile de fond l'idée-guide selon laquelle le progrès technologique n'a de sens que s'il accompagne et stimule un progrès social et un progrès humain, que s'il bénéficie aux hommes, à leur émancipation individuelle et à leur capacité à s'organiser en société pacifique et prospère. En ce sens, il est significatif que, s'il y a beaucoup plus de puissance informatique dans un smartphone que dans tout le projet Apollo qui a permis d'envoyer des hommes sur la Lune, personne, avec son smartphone, n'est capable de se rendre dans l'espace ni même de voler, car il manque l'intelligence de groupe, l'émulation collective, la volonté, la détermination, autant de facteurs humains nécessaires au-delà de la technologie qui est déjà beaucoup mais qui, seule, ne peut rien.

La puissance de l'IA est telle qu'elle pourrait transformer radicalement l'homme — non, comme on le dit souvent, parce que des robots prendraient le pouvoir et soumettraient les êtres humains, mais parce qu'on perdrait le contrôle des utilisations des IA faites par des hommes contre d'autres hommes. C'est pourquoi il ne saurait exister de technologies viables sans droit des technologies exigeant ; c'est pourquoi il ne saurait exister de droit des technologies sans éthique, donc sans réflexion philosophique sur le devenir de l'humanité, permettant de définir les exigences de ce droit ; et c'est pourquoi il semble indispensable de ne pas perdre de vue que l'exigence suprême qui doit guider les hommes est tout simplement l'humain. Les technologies sont capables de telles prouesses qu'on en viendrait vite à oublier cet humain et à sombrer dans le technologisme — dont on prendra ici le pari qu'il serait décadent et, peut-être, totalisant. Pas de recherche sur les technologies sans humanisme ; et pas de recherche sur le droit des technologies sans humanisme juridique.

21. L'homme des humanistes. L'humanisme peut se définir de manière générale comme un positionnement éthique qui repose sur une intime affinité entre humanité et sagesse. Il est donc étroitement lié à la philosophie qui est, étymologiquement, l'amour de la sagesse — à tel point qu'on peut se demander si une philosophie non humaniste ne serait pas une contradiction dans les termes. Cette sagesse des hommes serait ce qui les rendrait capables de se déprendre de la démesure (*hybris*) pour se sauver de ce qui en eux les menace, par exemple leurs outils techniques. L'humanisme est ainsi une sagesse, une mesure, un équilibre dans un monde où l'on est toujours plus tenté par la démesure et où les extrémités deviennent plus attirantes que les centres.

À l'origine, l'humanisme fut un mouvement intellectuel européen, suscité par la Renaissance et qui a suscité la Renaissance, en tout cas indissociable de cette époque de sortie européenne de l'obscurité moyenâgeuse, caractérisé par un retour aux textes et aux méthodes de l'Antiquité grecque et latine. Celle-ci était alors perçue comme un modèle de vie et de pensée, notamment en libérant les esprits des modes et des dogmes — en particulier la scolastique, la tradition universitaire médiévale, discréditée en raison de son dogmatisme. On a souhaité assurer le bonheur des hommes en les libérant de l'obscurantisme politique, idéologique et religieux, en leur permettant de s'évader de toutes les écoles. L'optimisme raisonné et la foi en l'homme des humanistes se sont exprimés dans tous les domaines : éducation, sciences, politique, arts (notamment littérature), philosophie et droit — voici l'humanisme juridique. En premier lieu, l'humanisme a rejeté les justifications transcendantes, surnaturelles, sans raison autre que le suivisme et le conservatisme. Il a développé une conception de l'existence selon laquelle l'homme doit se construire indépendamment de toute référence et de tout modèle religieux. Il s'est agi d'exiger des hommes qu'ils privilégient l'humain par rapport au divin, qu'ils fassent confiance aux hommes plutôt qu'aux dieux, ce qui était inhabituel pour eux. On a souhaité augmenter l'importance des lois naturelles et diminuer celle des lois surnaturelles, développer la croyance en l'homme et affaiblir les croyances religieuses. L'humanisme désigne donc « une conception générale de la vie (politique, économique, éthique) fondée sur la croyance au salut de l'homme par la seule force humaine. Croyance qui s'oppose rigoureusement au christianisme, s'il est avant tout la croyance au salut de l'homme par la seule force de Dieu et par la foi »[92]. L'humanisme a détendu de la sorte les ressorts de la moralité. On retrouve ainsi parmi les humanistes des athées, des agnostiques, des libres penseurs, des sceptiques, mais aussi des croyants ouverts et tolérants capables de privilégier l'éthique. Plus largement, le terme *humanitas* a été compris dans le sens cicéronien désignant « la culture qui, parachevant les qualités naturelles de l'homme, le rend digne de ce nom »[93]. On comprend alors, non seulement que l'homme puisse être plus ou moins humain, mais aussi qu'il soit largement tenté de se montrer inhumain. La nature humaine serait donc plus inhumaine qu'humaine ; et l'humanisme, l'amour de l'homme et l'amour des hommes, serait une construction d'autant plus nécessaire que l'homme, le plus puissant et le plus écrasant de tous les être vivants, serait parfaitement capable de détruire la faune et la flore qui constituent son environnement, et même jusqu'à lui-même. Et il n'est pas difficile d'imaginer à quel point les nouvelles technologies et notamment l'intelligence artificielle renouvellent ces problématiques.

L'humanisme comporte par conséquent à la fois un versant matériel, un ensemble de valeurs et de connaissances, une morale fondée sur la réunion de tous dans la condition humaine, et un versant méthodologique, un cadre de pensée libre et critique, des moyens pour fonder ces valeurs, ces connaissances et cette morale sur des raisonnements indépendants mais éclairés. Aujourd'hui, dans son *Dictionnaire*, l'Académie Française propose la définition suivante de l'humanisme : « Doctrine, attitude philosophique, mouvement de pensée qui prend l'Homme pour fin et valeur suprême, qui vise à l'épanouissement de la personne humaine et au respect de sa dignité ».

---

[92] V° « Humanisme », in A. Lalande, *Vocabulaire technique et critique de la philosophie*, 10e éd., Puf, coll. Quadrige dicos poche, 2010, p. 423.

[93] Cicéron, *Pro Sexto Roscio Amerino*, 80 av. J.-C., § 63 (le *Pro Roscio Amerino* est une plaidoirie de Cicéron en faveur de Sextus Roscius d'Amérie, accusé de parricide par la justice romaine. Les paroles de Cicéron emportent la conviction du jury qui, rendant un verdict humain, acquitte Sextus Roscius, faute de preuves).

On perçoit sans peine à quel point une telle attitude philosophique pourrait s'avérer vitale dans le monde actuel en général et dans le monde numérique en particulier. Alors que l'humanisme est ce qui libère l'homme, qui l'émancipe, qui le souverainise, beaucoup de technologies actuelles ont pour objet ou du moins pour effet de placer l'homme dans des situations de dépendance et d'asservissement. Nous sommes au cœur du sujet : l'humanisme et l'intelligence artificielle entrent fatalement en conflit ; et les droits de l'homme numérique donnent largement raison au premier contre la seconde.

L'humanisme est une culture — et d'ailleurs une culture exigeante puisque dans une certaine mesure contre-naturelle pour des êtres humains suicidaires et auto-destructeurs. En revanche, l'homme des humanistes est un être universel, sans culture, sans religion, sans couleur de peau et, on n'oubliera pas de l'ajouter, sans sexe. Toute pensée qui ne s'intéresse plus à l'homme mais seulement à certains d'entre eux, en les positionnant dans des cases, ne saurait être humaniste. Tous les communautarismes, qui assimilent l'essence des hommes à une culture communautaire, nient l'humanité et sont des appels à des formes de discrimination, de racisme. L'humanisme reconnaît cependant les particularités, la diversité humaine, mais il les sublime sous un concept d'humanité par rapport auquel ces différences sont toujours secondaires et accidentelles[94]. Et il ne tolère pas les modes de pensée si radicalement étrangers les uns aux autres qu'ils en rendent la communication entre les hommes impossible et obligent à la guerre, jusqu'à ce que l'un triomphe totalement de l'autre.

22. Le pluralisme des humanismes. En tout cas est-ce là l'idéal humaniste. En réalité, tout le monde se revendique humaniste, tout le monde affirme aimer l'homme et se battre contre ce qui déshumanise. Mais, dès lors qu'on s'intéresse à ce qui est concrètement conçu comme humain ou inhumain, on se dit qu'il existe autant d'humanismes que d'hommes. Bien des humanismes sont de fait inconciliables et beaucoup de guerres sont menées au nom de l'homme. La première caractéristique de l'humanisme est peut-être son pluralisme ou même sa diversité. Cela lui fait perdre son sens et amène à douter du fait qu'il puisse avoir un sens. Mais, puisque le ciel de la pensée se

---

[94] V° « Humanisme », in H. Boillot, dir., *Le petit Larousse de la philosophie*, Larousse, 2011, p. 756.

couvre des nuages noirs du nihilisme, on préfèrera toujours le soleil humaniste, bien qu'il nous éblouisse. Encore une fois, tout humanisme est une subjectivité. Et cela peut rendre la discussion compliquée. Tel est le cas chaque fois qu'on désigne par un même terme des objets différents et parfois radicalement différents.

Par exemple, alors que les principales formes d'humanisme sont agnostiques, excluant toutes explications surnaturelles, le cartésianisme, c'est-à-dire la philosophie de Descartes, souvent perçu comme un premier humanisme, ne nie pas l'existence de Dieu et entend même la démontrer[95]. Et le philosophe britannique F.C.S. Schiller pouvait expliquer : « Mon humanisme ne concerne que la logique et la théorie de la connaissance. Il s'oppose à l'absolutisme et au naturalisme, non au théisme. Son caractère personnaliste le rend même par nature favorable à la croyance en Dieu »[96]. On peut donc arriver à l'homme même en passant par Dieu. L'important est que le premier soit la fin et le second le moyen, non l'inverse. Toute vie mentale suppose des buts. L'humanisme suppose des buts humains. Alors que les penseurs des Lumières se sont rarement prétendus « humanistes », l'humanisme a été revendiqué par des philosophies très diverses, allant du personnalisme chrétien à l'existentialisme de Jean-Paul Sartre, en passant par l'utilitarisme de Jeremy Bentham et l'humanitarisme de Jean-Jacques Rousseau, ou encore l'humanisme métaphysique et ontologique de Martin Heidegger qui, dans sa *Lettre sur l'humanisme*, explique que « tout humanisme se fonde sur une métaphysique ou s'en fait le fondement »[97]. Mais l'humanisme peut aussi être très pragmatique, totalement orienté vers l'action humaine. La passion de l'homme pour l'homme peut naître aussi bien du calcul arithmétique des intérêts que de la confiance aveugle dans la nature humaine ou de la relation entre son être et son essence. L'humanisme est « un anthropocentrisme réfléchi, une connaissance de l'homme, qui a pour objet la mise en valeur de l'humain »[98]. On perçoit aisément combien de doctrines différentes peuvent

---

[95] R. Descartes, *Méditations métaphysiques*, 1647.

[96] F.C.S. Schiller, « Humanisms and Humanism », *The Personnalist* 1937 (cité par V° « Humanisme », in A. Lalande, *Vocabulaire technique et critique de la philosophie*, 10e éd., Puf, coll. Quadrige dicos poche, 2010, p. 421).

[97] M. Heidegger, *Lettre sur l'humanisme*, Aubier, 1964.

[98] E. Leroux, in A. Lalande, *Vocabulaire technique et critique de la philosophie*, 10e éd., Puf, coll. Quadrige dicos poche, 2010, p. 424.

prendre appui sur une telle base, non seulement suivant le domaine dans lequel elles se développent (esthétique, morale, épistémologie, pédagogie), mais encore selon que l'anthropocentrisme est simplement adopté comme méthode ou bien érigé en système.

En 1956, dans une note rédigée pour l'UNESCO[99], Claude Lévi-Strauss identifiait trois formes principales d'humanisme : l'humanisme aristocratique de la Renaissance, fondé sur la redécouverte des textes de l'Antiquité classique ; l'humanisme bourgeois et exotique du XIXe siècle, cherchant à mieux comprendre les civilisations d'Orient et d'Extrême-Orient et qui, en favorisant le comparatisme, a donné lieu à de nouvelles sciences et de nouvelles disciplines ; l'humanisme anthropologique et démocratique du XXe siècle, s'intéressant à la totalité des sociétés humaines et de leurs activités pour élaborer une connaissance globale de l'homme[100]. Dans chaque cas, les nouveaux champs d'investigation ont donné lieu à la fois à des méthodes et à des mises en question de valeurs associées à des documents ou à des pratiques culturelles et savantes, permettant un regard sur soi-même à la fois plus objectif et plus critique. Aujourd'hui, des auteurs proposent d'ajouter à la liste un quatrième humanisme dont la dénomination est révélatrice de l'époque et de ses enjeux : l'humanisme numérique du XXIe siècle, pour accompagner la nouvelle culture numérique et ses ambitions universelles[101]. Il s'agit là d'un pluralisme vertical et historique de l'humanisme. Mais ce pluralisme est aussi et surtout horizontal et actuel. Si l'humanisme numérique prospérait, ce serait forcément aux côtés d'humanismes plus anciens et d'autres aspirants humanismes. Des penseurs d'opinions très différentes, voire divergentes, se réclament et se réclameront toujours de l'humanisme[102].

---

[99] C. Lévi-Strauss, « Les sciences sociales sont un humanisme » (Unesco, 8 août 1956), *Sciences humaines* nov. 2008.

[100] De même, Edmund Husserl a recensé trois humanismes : un humanisme fondateur, abstrait et théorique, issu du savoir et de la philosophie grecs ; un humanisme théorique développé à partir de la Renaissance et de ses savoir-faire ; et un humanisme européen forgé durant la première moitié du XXe siècle (E. Husserl, « La crise de l'humanité européenne et la philosophie », 1935).

[101] M. Doueihi, *Pour un humanisme numérique*, Le Seuil, 2011.

[102] Certains sont allés jusqu'à soutenir que le totalitarisme permettrait mieux que la démocratie de protéger l'humanité des hommes (J. Ellul, « Vers un nouvel

L'humanisme est donc un concept inexorablement flou, entouré de malentendus. Il veut tout et rien dire, mais plus tout que rien. Il a trop de sens pour avoir un sens, mais il n'est pas insensé. Reste qu'on ne peut que constater la grande ambiguïté du terme « humanisme », dont certaines des portées sont presque exactement contraires. Michel Foucault en concluait que « la thématique de l'humanisme est trop souple, trop diverse, trop inconsistante pour servir d'axe à la réflexion »[103]. On ne fait jamais le choix de l'humanisme, seulement le choix d'un humanisme, le choix de l'amour d'un homme, avec ses fins et ses moyens particuliers. Une vaste catégorie de philosophies intègrent — ou demandent à intégrer — le monde de l'humanisme. Ce sont des philosophies qui revendiquent un attachement aux qualités humaines et à leur développement, à la « nature humaine », à la dignité, à la rationalité, à l'éthique, à la justice, au bien. Il n'y a pas de difficultés à s'accorder sur ces catégories générales. Tel n'est en revanche plus le cas dès lors qu'il faut définir leurs contenus, définir le juste, le bien, l'éthique, la « nature humaine », les qualités humaines, la dignité, la rationalité. Les repères et les aspirations varient. On ne peut, et on ne pourra toujours, que suivre la trace d'un humanisme particulier parmi beaucoup. L'humanisme défendu dans ce livre n'a rien d'absolu ni d'universel. Il s'agit cependant d'une vision du monde et de l'homme datée qui a largement gagné le titre d' « humanisme », plus que toutes autres : la pensée de la Renaissance et des Lumières. Mais cette dernière elle-même se présente sous des jours variables. Il s'agira ici, plus exactement, d'une forme d' « humanisme libéral », lequel peut particulièrement bien se décliner dans l'humanisme juridique, donc inspirer le droit et en premier lieu le droit de l'IA et les droits de l'homme numérique.

Parce que la règle de l'humanisme est de fermer les écoles, de libérer les esprits, d'ouvrir les yeux et les âmes, d'épanouir la raison et de désintoxiquer les têtes, sa diversité est finalement logique et même nécessaire. Elle reflète la tolérance, l'amour de la mesure et de l'équilibre, la liberté de pensée et l'esprit critique des humanistes. On pourrait y voir les caractères essentiels de l'attitude humaniste, qui exècre tout ce qui aliène, tout ce qui radicalise,

---

humanisme politique », in J. Ellul, P. Tournier, R. Gillouin, *L'homme mesure de toute chose*, Centre Protestant d'Études, 1947, p. 5).

[103] M. Foucault, *Dits et écrits* (1954-1988), t. IV, Gallimard, 1994, p. 572.

qui préfère la conviction, la logique et la science à la croyance, à l'idée préconçue et au panurgisme. On ne peut pas lutter contre les doctrines et constituer soi-même une doctrine. L'humanisme serait avant-tout une non-école, le triomphe de la liberté, les courants d'air chaud ascendants de ceux qui volent de leurs propres ailes, loin des lourdeurs écrasantes des dogmes quels qu'ils soient. Ce n'est d'ailleurs pas un hasard si l'on rapproche souvent l'humanisme de l'individualisme. Bien sûr, d'aucuns dénonceront le triomphe d'une bien-pensance trop peu porteuse. On répondra que bien-penser est une prémisse certes non suffisante mais indispensable et que les mal-pensants, parce qu'ils sont empêtrés dans des sillons inextricables, empruntent nécessairement le mauvais chemin dès lors qu'ils n'imaginent pas une seconde que d'autres chemins puissent exister. Il y a toujours de bonnes raisons de remettre en question l'universalité de la rationalité scientifique et technique. Il vaut mieux penser diversement et différemment qu'uniformément, y compris au sein d'un même courant de pensée.

Ensuite, pour ce qui est des qualités humaines défendues par les humanistes, elles sont forcément nombreuses et discutables — puisque l'humaniste est celui qui discute et n'impose rien. On retiendra simplement, pour l'instant, avec André Lalande, que, « par opposition au racisme et aux doctrines totalitaires, [l'humanisme] est une doctrine qui fait de l'humanité (du caractère humain, complètement réalisé) la fin morale et politique par excellence »[104], ce qui bien sûr tient plus du poncif et du bon sentiment que de l'objectif parfaitement précis et déterminé. Mais un bon poncif et un bon sentiment peuvent être les sources d'heureux jaillissements. Il y a sans doute d'autres choses à dénoncer avant l'amour universel du genre humain. Peut-être l'humanisme est-il un peu court, peut-être n'est-il qu'un début, mais c'est un bon début. Avant de chercher à en tirer des conséquences particulières, l'humanisme peut donc se spécifier comme tout mode de pensée qui fait sienne la célèbre maxime de Protagoras « l'homme est la mesure de toute chose ». Dès lors, toute connaissance est subordonnée à l'humain. Et F.C.S. Schiller pouvait enseigner que « l'humanisme est simplement le fait de se rendre compte que les problèmes philosophiques

---

[104] V° « Humanité », in A. Lalande, *Vocabulaire technique et critique de la philosophie*, 10e éd., Puf, coll. Quadrige dicos poche, 2010, p. 425.

concernent des êtres humains s'efforçant de comprendre un monde d'expériences humaines avec les ressources de l'esprit humain »[105].

23. L'humanisme, moins qu'un isme. L'humanisme n'est pas un isme. Un isme, par référence au suffixe « -isme », désigne une doctrine. Formé à partir du nom commun « humain » et du suffixe « -isme », on pourrait croire que l'humanisme, au sens premier et au sens propre, serait la doctrine de l'homme, érigeant l'Homme en dieu des hommes. Mais les ismes sont généralement des dogmes, des idéologies, qu'ils soient religieux, politiques, économiques, scientifiques ou artistiques (macronisme, marxisme, fascisme, communisme, libéralisme, hédonisme, darwinisme, nietzschéisme, christianisme, islamisme, royalisme, bouddhisme). Or une telle compréhension de l'humanisme trahirait la pensée de beaucoup d'humanistes et notamment celle des Lumières. L'humanisme est anti-dogmatique. Il tolère et accepte toutes les idées, sauf celles qui nient l'humain ou portent atteinte à l'humain. Aussi faut-il peut-être voir dans l' « -isme » de l'humanisme un suffixe servant à former un nom correspondant à un état ou une qualité (comme dans les mots analphabétisme, anachronisme, professionnalisme). L'humanisme serait alors moins la religion de l'homme que l'état ou la qualité de ce qui est humain. « -isme » peut encore servir à former un nom correspondant à un comportement, une particularité, une maladie (comme dans les mots alcoolisme, narcissisme, mimétisme, somnambulisme, saturnisme). L'humanisme serait cette fois le comportement humain ou le proprement humain.

Il serait peut-être plus juste de parler d'humanophie : l'amour de l'homme. Un amour de l'homme qui, s'il ne veut pas virer en doctrine et donc en *contradictio in adjecto*, se doit de se limiter à quelques exigences intellectuelles. Sa vocation n'est pas d'imposer une vision du monde particulière et de mobiliser des êtres passifs et soumis mais simplement de défendre l'humain lorsqu'il risque de perdre son humanité, de persuader qu'il ne faut jamais se laisser persuader, d'obliger à refuser tout ce qui oblige. À l'heure de la duplication numérique du monde, alors que l'homme physique est désormais suivi partout par son ombre de données (*ecce homo numericus*), et tandis que jamais les prolongements technologiques de l'homme décrits par Marshall McLuhan n'ont été aussi présents, performants

---

[105] F. C. S. Schiller, *Humanism – Philosophical Essays*, Londres, 1903.

et envahissants[106], nul doute que certains facteurs de déshumanisation sont à l'œuvre à mesure que les vies se robotisent et que les sociétés s'automatisent, donnant à l'humanisme de nouvelles raisons de constituer un tremplin de pensée et d'action. Mais si cet humanisme, parce que ses excès de bonne volonté le rendaient trop pressant, en venait à générer des effets de croyance, il perdrait la guerre avant d'avoir livré bataille. On l'a dit : les humanismes sont multiples et divers et le premier des principes humanistes est peut-être de s'ouvrir pleinement à cette multiplicité et à cette diversité. Ensuite, l'humanisme qu'on défendra en ces pages, dans la veine d'un libertarianisme modéré, est un humanisme de l'homme libre, un humanisme de l'être autonome, un humanisme de l'individu souverain, un humanisme de l'esprit critique.

Avec Éric Sadin, on définira l'humanisme « non pas comme ce qui ambitionne de nous doter d'une puissance sans limite sur les choses, procédant d'un anthropocentrisme dominateur et dévastateur, mais comme ce qui nous enjoint de cultiver nos capacités, seules à même de nous rendre pleinement maîtres de nos destins, de favoriser l'éclosion d'une infinité de possibles, n'empiétant sur les droits de personne et donnant voix au chant polyphonique et ininterrompu des divergences »[107]. Pour bien comprendre les enjeux humains actuels et à venir en lien avec l'explosion de l'intelligence artificielle, il convient de revenir sur l'histoire de cet humanisme libertaire — lequel n'est que peu original puisqu'il emprunte largement à la tradition humaniste la plus classique de toutes et n'est pas un extrémisme mais un équilibrisme, à la suite de la vie philosophique d'Albert Camus dans laquelle ordre et libertarianisme savaient se concilier à merveille[108]. C'est dans les pas de cet humanisme libertaire ou, pour utiliser une expression moins provocante, plus conciliante, de cet humanisme libéral que l'humanisme numérique et l'humanisme juridique envisagés dans ce livre marchent. On comprendra vite qu'il n'est nul besoin de consacrer un néohumanisme. La liberté est le grand combat des humanistes depuis toujours. Et les principes

---

[106] M. McLuhan, *Pour comprendre les médias – Les prolongements technologiques de l'homme* (1968), Points, 1977.

[107] É. Sadin, *L'intelligence artificielle ou l'enjeu du siècle – Anatomie d'un antihumanisme radical*, L'échappée, coll. Pour en finir avec, 2018, p. 272

[108] M. Onfray, *L'Ordre libertaire – La vie philosophique d'Albert Camus*, Flammarion, 2012.

essentiels que l'humanisme juridique peut opposer aux développements des IA les plus envahissants, sous la forme de droits de l'homme numérique (dignité, liberté, égalité), sont soutenus depuis longtemps, contre toutes les formes de totalitarisme et d'esclavagisme, par les humanistes auxquels on s'intéressera ici.

I. Invention et réinventions de l'homme libre et souverain

24. Les premières pensées de l'homme : l'humanisme antique. Homère, au VIIIe siècle avant J.-C., a peut-être été le premier humaniste. Son personnage d'Ulysse est un parangon d'intelligence en mouvement et d'ouverture au monde et aux hommes[109]. Mais c'est plus sûrement au Ve siècle avant J.-C. qu'est apparu l'humanisme grec, à travers les œuvres tragiques d'Eschyle, Sophocle et Euripide, qui « célèbrent la grandeur de l'homme dans l'impuissance comme dans la puissance »[110]. Quant au sophiste Protagoras, sa célèbre phrase « l'homme est la mesure de toute chose » est encore aujourd'hui le symbole de la pensée humaniste. Elle témoigne du scepticisme antique à l'égard des divinités, à l'égard des forces surnaturelles qui n'ont pour effet que de diminuer les forces des hommes. Démocrite, expliquant de façon très matérialiste la nature, selon lui constituée de minuscules particules, écarte également les dieux de sa conception du monde. En 431 avant J.-C., le stratège d'Athènes Périclès, pour rendre hommage aux guerriers athéniens morts au combat lors de la Guerre du Péloponnèse, prononce une longue oraison funèbre dans laquelle aucun dieu n'apparaît. Il honore les hommes, non les dieux. Ainsi l'humanisme est-il apparu. Chez les Grecs, ce qui compte, c'est l'humain.

La pensée de Socrate était de la même manière centrée sur l'être humain, à la différence de celle des penseurs présocratiques qui se concentraient non sur les divinités mais sur la nature. Socrate fit sienne la sentence inscrite sur le fronton du temple d'Apollon à Delphes : « Connais-toi toi-même » — ce qui ne signifie pas qu'il faudrait s'adonner à un exercice d'introspection mais

[109] A. Bidar, *Histoire de l'humanisme en Occident*, Armand Colin, 2014, p. 148.
[110] *Ibid.*

mieux comprendre la place de l'homme dans la cité et dans la nature, donc répondre à la question « qui es-tu ? », c'est-à-dire « qui est l'homme ? ». Le conseil de Socrate « connais-toi toi-même, tu connaîtras l'univers et les dieux » traduit le besoin de l'homme de se dépasser, de passer de l'ignorance de soi à une conscience suprême de soi-même permettant de comprendre quel est son être véritable, mais aussi comment marche l'univers et comment s'y comporter de manière juste, dans le respect de ses lois profondes et universelles[111]. La maïeutique (ou « art d'accoucher les âmes ») de Socrate est elle-aussi annonciatrice de l'humanisme : en interrogeant ses interlocuteurs et en les obligeant à discuter et à argumenter, il les oblige à jeter un regard critique y compris sur eux-mêmes, sur leurs motivations, et bien souvent ils en viennent à changer d'avis. Ainsi Socrate a-t-il montré la puissance de la raison (*logos*), sans besoin des artifices de la rhétorique utilisés par les sophistes[112]. Le rationalisme socratique, formé à grand renfort de dialectique, a souhaité dépasser les contradictions du monde sensible, s'affranchir des tourments de la vie et accéder au vrai.

Au IVe siècle avant J.-C., Platon et Aristote produisent une œuvre qui sera largement étudiée par les penseurs de la Renaissance — Socrate n'a laissé aucune trace écrite et n'est connu qu'à travers les récits de Platon, qui fut son disciple. Élève de Platon, Aristote rompt avec son enseignement et pose d'importants jalons pour l'humanisme. Platon était idéaliste : pour lui, la réalité serait constituée par les idées. Les concepts et les notions existeraient réellement, seraient immuables et universels et serviraient de « modèles » aux choses sensibles. Pour Platon, l'homme se divinise à mesure qu'il pense, et plus particulièrement à mesure qu'il philosophe. Par cet usage passionné de la raison, il atteint l'être même des choses, la réalité dans ce qu'elle a de

---

[111] A. Bidar, « Qu'est-ce que l'humanisme ? », *Les Grands Dossiers des Sciences Humaines* 2021, n° 61, p. 7.

[112] Un sophiste était un orateur et un professeur d'éloquence de la Grèce antique, dont la culture et la maîtrise du discours en faisait un personnage prestigieux. La philosophie s'est en partie développée contre les sophistes qui, n'ayant pour objectif que la persuasion d'un auditoire, que ce soit dans les assemblées politiques ou lors des procès en justice, recouraient à des raisonnements dont l'objectif était seulement l'efficacité persuasive, et non la vérité. C'est pourquoi ils contenaient souvent un vice logique ou une perversion volontaire visant à manipuler ou à tromper l'auditeur : le « sophisme ».

vrai et de permanent. Grâce à la philosophie, Platon permet à l'homme de dépasser sa condition et devenir un *homo deus*. Aristote, au contraire, se plongeait directement dans le monde sensible et, éclectique, souhaitait tout apprendre et tout connaître. Il s'adonna ainsi à la biologie, la physique, la logique, la politique, la rhétorique et même l'économie. Platon et Aristote se rejoignaient cependant pour considérer, suivant les mots employés par le premier, qu' « avec une éducation correcte et une heureuse nature, l'homme devient d'ordinaire l'animal le plus divin et le plus apprivoisé. En revanche, lorsqu'il a reçu une éducation insuffisante ou mauvaise, il devient le plus sauvage de tous ceux qu'engendre la Terre »[113]. Entre ces deux pôles, l'humain, poursuit Platon, se conduit généralement de façon médiocre, incapable de grandes choses dans le bien comme dans le mal.

La séparation entre l'idéalisme de Platon et le matérialisme d'Aristote se renforça plus tard, au IIIe siècle avant J.-C., avec l'apparition de mouvements de pensée qui ont eux aussi influencé les humanistes de la Renaissance : l'épicurisme, l'hédonisme et le stoïcisme. Épicure fonda un courant philosophique dont l'objectif essentiel est l'atteinte du bonheur par la satisfaction des seuls désirs « naturels et nécessaires ». Cette approche de la vie matérialiste et atomiste peut être qualifiée d'hédonisme raisonné ou d'eudémonisme[114]. La quête d'Épicure est celle du plaisir, défini comme « souverain bien ». La souffrance est bannie afin d'atteindre un état de bonheur, une sérénité de l'esprit caractérisée par l'absence de troubles : l'ataraxie. L'abolition de la crainte de la mort et des dieux, annonciatrice de l'humanisme moderne, complète l'éthique épicurienne. Les plaisirs épicuriens sont des plaisirs « au repos », trouvés dans la mémoire des moments agréables passés et dans l'anticipation de ceux à venir. Chez les hédonistes, seuls comptent les plaisirs « en mouvement », immédiats. Mais, là aussi, il s'agit d'une vision de la vie humaniste dans laquelle la recherche du plaisir et l'évitement de la souffrance sont les buts de l'existence humaine, par opposition à tous les embrigadements permis par la défense d'une cause historique justifiant la douleur, la mutilation ou la mort individuelle ou la promesse d'un bonheur non immédiat ni tellurique mais éternel et dans « l'au-delà ». Plutôt que la guerre et la prière, hédonistes et épicuriens se

[113] Platon, *Les Lois*, L. VI, 766a.
[114] P. Nizan, *Les matérialistes de l'Antiquité*, Maspero, 1979.

consacrent à l'amitié, la tendresse, la sexualité, les plaisirs de la table, la conversation, la noblesse d'âme, le savoir et les sciences en général, la lecture, la pratique des arts, l'exercice physique pour un corps en bonne santé, le bien social… Quant aux douleurs et déplaisirs à éviter, il s'agit des relations conflictuelles, le rabaissement et l'humiliation, la soumission à un ordre imposé, la violence, les privations et les frustrations justifiées par des fables etc. L'hédonisme n'est donc pas l'anarchie individuelle mais, au contraire, une rigoureuse discipline personnelle, afin de se connaître, de connaître les autres et le monde et d'éviter toute fragilité psychologique risquant d'amener à succomber au chant des sirènes de la croyance et de la foi[115]. La philosophie hédoniste s'appuie sur la curiosité, sur le goût pour l'existence, mais aussi sur l'autonomie de la pensée, sur le savoir et sur l'expérience du réel. On comprend bien pourquoi la pensée hédoniste et épicurienne, largement libertaire, a été fortement combattue par les grandes religions monothéistes et par les régimes autoritaires.

Quant au stoïcisme, fondé à Athènes par Zénon de Kition au début du IIIe siècle avant J.-C. et promu par Sénèque et Épictète, mais aussi plus tard par l'empereur Marc Aurèle à Rome, il fonde une éthique personnelle de la sagesse. La voie de l'*eudaimonia* (bonheur ou bénédiction) pour les hommes consisterait à accepter le moment présent quel qu'il soit, à ne pas se laisser désorienter par le désir de plaisir ou la peur de la douleur, à user de ses sens pour percevoir le monde et de son esprit pour le comprendre et saisir sa place dans le grand ordonnancement de la nature. Il s'agirait aussi, en tant qu'êtres sociaux, d'œuvrer collectivement et traiter les autres de manière juste et équitable. L'enseignement des stoïciens est que « la vertu est le seul bien » et que les choses extérieures aux humains, comme leur santé, leur richesse ou leur plaisir, ne sont ni bonnes ni mauvaises en elles-mêmes. Elles ont seulement une valeur en tant que matière sur laquelle la vertu peut agir[116]. La vertu suffirait donc au bonheur et un sage serait émotionnellement résistant au malheur. Les stoïciens estiment par ailleurs que certaines émotions destructrices sont les fruits d'erreurs de jugement ; et ils considèrent que chacun doit maintenir une volonté « en accord avec la nature ». Pour mener une bonne vie, il faut donc comprendre les règles de l'ordre naturel car,

[115] M. Onfray, *Manifeste hédoniste*, Autrement, 2011.
[116] G. Rodis-Lewis, *La morale stoïcienne*, Puf, 1970.

pensent-ils, tout s'enracine dans la nature. Enfin, pour les stoïciens, seul le sage est réellement libre car à l'abri des corruptions morales qui sont toutes également vicieuses. Le stoïcisme sera lui aussi redécouvert à la Renaissance et donnera quelques clés de voûte à l'édifice humaniste qui s'élèvera contre tous les obscurantismes. On n'oubliera pas que les Grecs ont également inventé la démocratie, la capacité des hommes de s'auto-gouverner raisonnablement — mais sans pour autant revenir sur l'esclavage qui perdura presque jusqu'à aujourd'hui. Dans l'ensemble, l'humanisme antique est passé d'une enfance métaphysique, avec ses rêves d'immortalité, à une maturité stoïcienne et épicurienne dans laquelle vivre sa vie de façon accomplie, dans la liberté et l'autonomie, est la plus grande richesse[117].

La Rome antique a, elle-aussi, légué un important héritage à l'humanisme. Au théâtre, les dramaturges romains ont marqué les penseurs de la Renaissance. Plaute, entre le IIIe et le IIe siècle avant J.-C., et surtout Terence, esclave affranchi à qui l'on doit la citation « je suis un homme et rien de ce qui est humain ne m'est étranger », ont profondément influencé la comédie humaniste du XVIe siècle. Au Ier siècle avant J.-C., Cicéron a fait de la dignité humaine et du sens de la chose publique et de l'intérêt général ses seuls guides. Grâce à son éloquence, il a pu les imposer dans la vie politique de son temps. Cicéron suggéra d'adopter des conduites fondées sur la culture, faisant du mot *humanitas* un programme pédagogique et culturel. L'*humanitas* de Cicéron correspond à l'homme mâture, que ses actions privées et publiques ont façonné. Le terme en est venu à désigner une forme de résistance à la tyrannie et plus généralement à toutes les contraintes que l'homme peut subir dans sa vie[118]. Pour se libérer des tyrannies internes et externes, Cicéron présente un homme qui a réveillé en lui ses potentialités. L'*humanitas* cicéronienne n'est plus le simple développement des capacités de l'homme grâce à la culture mais surtout l'aboutissement d'un long travail et de choix éthiques[119]. Cicéron recourt à la métaphore de la « culture » de l'esprit. Il s'agit de procéder à un travail intérieur pour préparer le terrain à recevoir des semences d'où naîtront de fructueuses récoltes. Sans ce travail personnel, on ne peut parvenir à maîtriser ses sentiments et pulsions

---

[117] A. Bidar, *Histoire de l'humanisme en Occident*, Armand Colin, 2014, p. 125.

[118] B. Boudon, « L'homme accompli selon Cicéron », *Les Grands Dossiers des Sciences Humaines* 2021, n° 61, p. 14.

[119] *Ibid.*

spontanées. La culture de l'esprit est la condition nécessaire de l'*humanitas*, elle permet de devenir un homme. Cette sculpture de soi est accessible à tous, sans initiation ni sélection préalable[120]. La vigilance est de tous les instants pour ne pas perdre ce trésor intérieur qu'est l'*humanitas.* Par ailleurs, des poètes (Virgile et Ovide) et des historiens (Tite-Live et Tacite) de la Rome antique ont été repris tels des modèles à la Renaissance. Et les humanistes ont été marqués par les philosophes centrant leurs réflexions sur l'homme et son rôle dans le monde : les stoïciens (Sénèque, Épictète ou Marc Aurèle) et les héritiers de Platon (Plutarque ou Plotin).

Il y a néanmoins quelques paradoxes à ce que l'humanisme puise dans ces sources anciennes, grecques notamment. Ses deux traits caractéristiques, à savoir l'exaltation de la raison dans ses dimensions à la fois théorique et morale et la progressive reconnaissance de la dignité de l'homme au sein de la nature, peuvent sembler en décalage ou même incompatibles avec les enseignements que les philosophes et les poètes grecs de l'époque classique ont légué. La plupart ont décrit un homme aux prises avec des puissances qui le dépassent et qui échappent le plus souvent à ses velléités de maîtrise. Platon a souligné l'usage dévoyé qui est fait de nos facultés, instrumentalisées au service d'intérêts à court terme ou d'appétits voraces. Chacun abriterait ainsi au fond de lui une tendance tyrannique conduisant à opérer des calculs afin de satisfaire des intérêts immédiats, réduisant la raison à son plus bas usage. L'homme serait souvent marqué par la violence et l'excès, bercé par des illusions et tenté par la folie. Il se trouverait ainsi le plus souvent dans une condition qui n'est pas celle imaginée par les humanistes. Ce qui sera l'universalisme des lumières, selon lequel tous les humains sont égaux en valeur et en dignité, et selon lequel la raison est également partagée par tous, paraît s'être approprié ce qui, dans les textes anciens, peut être porté au crédit de la grandeur de l'humain, tout en effaçant la part d'ombre des hommes décrites par les grands auteurs de l'Antiquité[121]. Plus tard, on retrouva cette approche assez pessimiste à l'égard de la nature humaine chez des sceptiques tels que Montaigne, par exemple, pour qui l'être humain est fragile, inconstant et soumis aux passions, ce qui rejaillit sur sa vision de la connaissance envisagée à l'identique : fragile, inconstante et

[120] *Ibid.*, p. 15.

[121] É. Helmer, « Humanistes, les Grecs ? », *Les Grands Dossiers des Sciences Humaines* 2021, n° 61, p. 11.

sujette aux passions[122]. Mais cela ne saurait justifier de ne pas défendre l'homme. Ceux qui louent un homme tout-puissant et aux qualités suprêmes, donc un homme largement fantasmé, sont peut-être moins des humanistes que ceux qui souhaitent protéger et élever — à tous les sens du terme — des êtres humains faibles, instables, parfois mauvais, souvent médiocres, toujours limités et difficilement saisissables.

25. La Renaissance de l'homme. Le Moyen-Âge fut largement anti-humaniste. On oublia les enseignements de l'Antiquité grecque et romaine et on rendit très difficile l'apparition d'une nouvelle pensée humaniste. C'était le temps de la scolastique, des maîtres et des idoles. La philosophie devint une philosophie d'école, repliée sur elle-même, sur ses croyances. La scolastique consistait en un dogmatisme universitaire dont l'objet était de transformer, à grand renfort d'artifices et d'abstractions, la théologie chrétienne en science. Thomas d'Aquin, au XIIIe siècle, l'incarna si bien qu'on le sanctifia. Il tâcha à la fois de rationaliser la foi et de christianiser la philosophie. La scolastique entendit donc réaliser, à travers de grandes sommes, la fusion de la théologie et de la raison, de la religion et de la philosophie, afin d'empêcher à la source toute possibilité de pensée ou d'action divergente[123]. D'autres théologiens-philosophes, comme Jean Duns Scot, Maître Eckhart ou Guillaume d'Occam, au XIVe siècle, ont contribué à cette affirmation de la philosophie scolastique.

Après des siècles de soumission passive, d'absence de contre-discours et même de contre-pensées, d'oubli de l'humanité de l'homme, le XIVe siècle dans l'Italie du Quattrocento, en particulier à Florence et en Toscane, et le XVe siècle dans la France de François Ier puis dans toute l'Europe permirent la contestation de la scolastique moyenâgeuse. En 1453, chassés de Constantinople, des érudits rapportèrent les œuvres des anciens. Ils initièrent ainsi la Renaissance. Le poète italien Pétrarque entreprit une quête des anciens, en déchiffrant les inscriptions sur les vieilles pierres de Rome puis en consultant les incunables et autres manuscrits à sa disposition. Or cette quête des anciens n'était pas autre chose qu'une reconquête de l'humain.

---

[122] J.-F. Dortier, « Montaigne, le sceptique », *Les Grands Dossiers des Sciences Humaines* 2021, n° 61, p. 20.

[123] H. Boillot, « Histoire de la philosophie », in H. Boillot, dir., *Le petit Larousse de la philosophie*, Larousse, 2011, p. 33.

Beaucoup suivirent sa trace. On découvrit et on traduisit en latin les textes de Platon et Aristote — une controverse entre partisans de l'un et de l'autre vit rapidement le jour —, mais aussi de Thucydide, Xénophon, Hérodote, Ptolémée, Strabon, Aristophane ou Eschyle. Les « *litterae humaniores* » (« enseignements profanes ») concurrencèrent les « *litterae divinae et sacrae* » (« enseignements divins et sacrés », relatifs aux Saintes Écritures) de la scolastique. De nombreux projets humanistes virent le jour et, progressivement, l'emportèrent sur la scolastique, permettant à l'Europe d'évoluer vers l'âge moderne et d'entrer dans le monde des hommes. La philosophie du Moyen-Âge fut jugée obscure, enlisée dans des problèmes insolubles et stériles, exprimée dans une langue aride, le tout au service de la déshumanisation de l'homme. À la Renaissance, on redécouvrit les arts et les écrits grecs et romains, ce qui se traduisit en matière d'architecture (la perspective par Ottavio Piccolomini et Filippo Brunelleschi), de sculpture (Donatello), de peinture (Michel-Ange) ou encore de techniques (Léonard de Vinci)[124].

Cette avancée puissante par le retour à l'Antiquité s'exprima surtout dans le domaine de la pensée, de ses formes et de sa matière. Une attention particulière fut portée au style, à l'éloquence et à la beauté de la langue, permettant, plutôt que de s'effacer pour laisser pleinement place à des causes transcendantes face auxquelles on n'est rien, d'exprimer son individualité. Aux méthodes arides de la scolastique on opposa des formes nouvelles, des dialogues et des essais, face à des universités médiévales trop conservatrices on érigea une philosophie de cours, et on écrivit désormais en français plutôt qu'en latin — tandis qu'en matière administrative, depuis l'ordonnance de Villers-Cotterêts de 1539, « la langue du Roi est le français ». Les académies philosophiques et les bibliothèques publiques fleurirent, constituant de nouveaux lieux de sociabilité et d'émulation. Un siècle après les débuts de l'humanisme, la diffusion des textes et des idées fut facilitée par le développement de l'imprimerie, mise au point vers 1455 par Johannes Gutenberg, à Mayence. Progressivement, les livres furent plus nombreux et moins coûteux. Des métiers « humanistes » firent leur apparition, liés à l'enseignement, l'édition ou la réflexion sur la vie sociale. Dans toute

---

[124] V. Decaix, « L'humanisme », in *Chronologie de l'histoire de la philosophie*, Hatier, coll. Bescherelle, 2016, p. 170.

l'Europe, se diffusa ce qu'on appela la République des Lettres, au XVe et au XVIe siècles. L'imprimerie joua un rôle décisif dans la diffusion des idées humanistes. Elle permit la progressive démocratisation du savoir. Désormais, tout individu en ayant les capacités intellectuelles et financières pouvait constituer sa bibliothèque personnelle de quelques dizaines ou centaines de livres représentant l'ensemble des savoirs de son temps. La bibliothèque de Michel De Montaigne en est un fameux exemple, dont les poutres, parmi d'autres citations humanistes, portent la sentence de Terence « rien de ce qui est humain ne m'est étranger ». Par ailleurs, l'imprimerie permit de donner un écho, une audience aux polémiques de l'époque, chacun pouvant dès lors s'engager, prendre parti. Ainsi des controverses ont-elles pu marquer la Renaissance : celle de Reuchlin sur la valeur de l'hébreu, celle d'Érasme et de Luther autour de l'opposition entre « libre-arbitre » et « serf-arbitre », celles de Copernic et de Galilée contre l'Église défendant la vision géocentrique de l'univers, la « guerre des pamphlets » en France au moment des guerres de Religion. L'imprimerie a ainsi été à la fois une cause et un vecteur de l'émancipation de la liberté de la recherche, de la liberté d'opinion et de la liberté d'expression. S'est développée la vision optimiste d'hommes ouverts sur le monde. Mais l'Église a réagi et des textes imprimés ont été censurés et mis à l'index, surtout après la séparation religieuse en Europe (Réforme et Contre-Réforme).

Il n'y a peut-être pas de meilleur exemple de ce qui se joua à cette époque que la révolution copernicienne et le conflit entre modèle géocentrique et modèle héliocentrique. On interprétait jusqu'alors le monde selon la physique aristotélicienne. C'était un espace clos et hiérarchisé d'étoiles fixes. Nicolas de Cues et Giordano Bruno affirmèrent que la Terre serait mobile dans un monde infini où l'homme et ses dieux ne seraient pas tout et dont ils ne seraient même pas le centre. Ils contestèrent le modèle géocentrique de Ptolémée soutenu par l'Église. Copernic et Galilée en dressèrent le constat scientifiquement : c'est la Terre qui tourne autour du soleil. Ce fut une révolution scientifique, mais aussi philosophique. L'Église les condamna tous. Giordano Bruno, en 1600, vit le pape Clément VIII ordonner au tribunal de l'Inquisition de prononcer son jugement. Il fut déclaré hérétique et condamné à mourir supplicié, brûlé vif sur un bûcher, la langue clouée sur un mors de bois afin qu'il ne puisse crier ni sa douleur ni sa vérité — il aurait pu se sauver en se rétractant, mais jusqu'à la fin il préféra dire ce qu'il voulait dire plutôt que ce que les autres voulaient entendre ; et il compte aujourd'hui au nombre des « martyrs de la liberté de penser ». Tel est le sort que les dogmatiques réservent aux humanistes. Au-delà des croyances et des dogmes, il est pourtant scientifiquement démontré et empiriquement observable que la Terre tourne autour du soleil. Si l'univers est infini, alors il n'y a plus de centre. Dans cet univers infini, la philosophie de la Renaissance confère à l'homme la dignité la plus haute, ce qui l'oblige à une éthique individuelle. Voici l'homme responsable.

La philosophie n'était plus la chasse gardée des religieux. Le renouveau de la pensée par le retour à la philosophie et aux lettres de l'Antiquité se traduisit par un mépris du Moyen-Âge et de sa vie intellectuelle scolaire, sclérosée, tyrannique, sectaire, fermée. On se libéra progressivement de la théologie, qui accusait les humanistes renaissants de paganisme. On affirma la valeur de l'homme et de la vie humaine. On soutint l'importance des découvertes et du savoir humain, jusque-là tenus en respect par la science divine. Ce fut une libération : la libération de l'homme libre — dans les textes philosophiques, car le fossé entre théorie et pratique s'est fatalement creusé en des temps où l'illettrisme était fort répandu et où la diffusion des œuvres était limitée. Ce nouvel humanisme n'en a pas moins profondément impacté tous les domaines scientifiques, mais aussi la politique. On ne tua pas Dieu pour autant, pas tout de suite, mais on le fit passer du centre à la périphérie et l'homme de la périphérie au centre. On tenta d'accorder l'héritage de l'Antiquité avec la pensée chrétienne. C'est ainsi que, en s'appuyant sur la cosmologie néoplatonicienne, Marsile Ficin montra que l'homme occupe une place intermédiaire entre Dieu et le monde[125]. Ce n'est donc plus Dieu mais l'homme qui joue le rôle principal. L'objet essentiel de la connaissance n'est plus le proprement divin mais le proprement humain. La valeur fondamentale n'est plus de plaire à Dieu mais de plaire à l'homme. Ainsi la Renaissance et l'humanisme ont-ils touché la philosophie, les lettres et les arts, mais aussi les mœurs et la société.

Par ailleurs, tout un courant d'humanisme chrétien se développa, considérant que la philosophie grecque aurait préparé le monde à la religion chrétienne. Érasme s'efforça de faire la conjonction entre le spiritualisme et la liberté

---

[125] V. Decaix, « Marsile Ficin », in *Chronologie de l'histoire de la philosophie*, Hatier, coll. Bescherelle, 2016, p. 156.

dans son livre de 1503, *Enchiridion militis christiani.* Contre une religion animée par des rites sans âme, comme la messe dominicale, il proposa une religion sans intermédiaires entre l'homme et Dieu, peut-être même un déisme, c'est-à-dire l'affirmation loin de toute révélation religieuse de l'existence d'un être suprême dont la nature et les propriétés restent inconnaissables, mais en délaissant les dogmes révélés de la religion. L'humanisme chrétien attaqua donc les pratiques ecclésiastiques mais pas la religion elle-même. C'est pourquoi elle favorisa largement la Réforme protestante du XVIe siècle introduite par Martin Luther en Allemagne et Jean Calvin à Genève[126]. Or, parce qu'il s'agit d'un renouvellement profond du rapport de l'individu à la société, à l'État, au travail et à l'économie, le protestantisme dépasse la sphère religieuse et n'est pas sans lien avec l'humanisme. Après la Renaissance, l'autonomisation de la pensée par rapport à la foi deviendra le cadre de référence de l'ensemble de la culture occidentale, permettant à l'idée que les humains peuvent vivre et même mieux vivre sans la religion qu'avec elle de se développer, conduisant progressivement au déisme (croyance en un dieu créateur abstrait, un « grand horloger »), à l'agnosticisme (le doute de l'existence de Dieu), puis finalement à l'athéisme (le rejet même de toute croyance en Dieu) et au matérialisme (la matière est la seule réalité). C'est pourquoi, au XIXe siècle, Nietzsche pourra constater que « Dieu est mort », tué par les hommes[127].

La Renaissance fut une étape importante dans l'histoire de la culture européenne. La fin du contrôle religieux de l'activité intellectuelle et de la tutelle de la théologie, le développement de l'esprit critique, la réhabilitation des œuvres du paganisme antique, la mise en avant de la culture et de l'éducation, permirent de percevoir et comprendre autrement l'homme et son monde et à ceux qui le souhaitaient de s'épanouir en tant qu'hommes. Érasme, à peine âgé de 18 ans, écrivit un dialogue dénonçant la triste situation de l'enseignement public de son époque. *Les Antibarbares* mirent en lumière la quantité de mauvais maîtres qui partout dispensaient des enseignements inutiles et mal faits. Érasme leur reprochait leur pédagogie désastreuse autant que la médiocrité de leurs cours. Et il promut une pédagogie ludique, à base de fables, de comédies, de sentences brèves et

---

[126] M. Péronnet, *Le XVIe siècle,* Hachette, coll. U, 1981, p. 119.
[127] F. Nietzsche, *Le Gai savoir,* 1882.

attrayantes[128]. « Les professeurs, expliquait-il, agrémenteront cet apprentissage de jeux piquants, d'historiettes agréables et spirituelles, d'exemples et d'anecdotes plaisantes, de proverbes, de paraboles, d'apophtegmes, de petites sentences »[129]. Ayant fondé l'un des premiers collèges trilingues à Louvain en 1519, il fut chassé de la ville par les théologiens de l'université.

François Ier, pour sa part, créa le Collège des lecteurs royaux, futur Collège de France, en 1530, cela afin d'enseigner les disciplines que l'Université de Paris ignorait et permettre la « libre recherche »[130]. Les méthodes reposaient encore sur la mémorisation chère au Moyen-Âge, mais le par cœur n'était plus une fin en soi, il devait servir non la récitation religieuse mais la compréhension et la réflexion critique. Il ne s'agissait plus de former des soldats serviles veillant sur la continuation de l'ordre établi mais des individus libres et autonomes. Les humanistes virent donc dans l'homme un être capable de progrès, quand les réformés, bien que la Réforme a été rendue possible par l'humanisme, conservèrent une vision pessimiste selon laquelle l'homme ne saurait être sauvé que par la grâce divine. Les philosophes tels qu'Érasme, Budé, Descartes, Bacon, Rabelais ou Montaigne défendirent la valeur et la dignité de l'homme, sa place éminente au sein de l'univers, ils placèrent l'humain au centre de tous les domaines du savoir. Et les hommes furent mis en mesure de développer librement leurs facultés, d'accomplir leurs vies souverainement et d'acquérir une sagesse pleinement humaine.

C'est ainsi que René Descartes porta le projet humaniste au seuil de la science moderne, rompant avec le raisonnement par syllogisme de la scolastique et donnant une méthode à la philosophie naturelle pour parvenir à la vérité[131]. Il imposa le *cogito*, la certitude que l'homme a de lui-même, première vérité servant de base solide pour tout l'édifice du savoir. Il fut

---

[128] J.-Ch. Saladin, « On ne naît pas homme, on le devient », *Les Grands Dossiers des Sciences Humaines* 2021, n° 61, p. 19.

[129] Érasme, « Qu'il faut donner très tôt aux enfants une éducation libérale », in *Érasme*, Robert Laffont, coll. Bouquins, 1992.

[130] A. Compagnon, P. Corvol, J. Scheid, *Le Collège de France – Cinq siècles de libre recherche*, Gallimard, 2015.

[131] R. Descartes, *Discours de la méthode — Pour bien conduire sa raison, et chercher la vérité dans les sciences*, 1637.

aussi l'un des premiers promoteurs d'un humanisme faisant de l'homme une puissance suprême et une fin unique en affirmant que, grâce à la science, l'homme peut « se rendre comme maître et possesseur de la nature ». Et cela conduisit à une éthique qui mit l'homme en valeur en l'amenant à suivre l'idéal du sage qui, bien que soumis aux passions, y résiste et atteint la vraie béatitude. Une morale humaine, détachée de la morale religieuse intéressée uniquement par le Salut, s'imposa, renouant avec les idéaux grecs de la vertu et de la vie bonne. Finalement, la morale et la religion se séparèrent, à tel point que la religion devint en bien des aspects immorale.

Par ailleurs, réformistes et attachés à une monarchie modérée, les humanistes de la Renaissance imaginèrent une société idéale fondée sur les mérites de ses membres, comme en témoignent le mythe de l'Abbaye de Thélème chez Rabelais ou l'*Utopia* de Thomas More. Ils furent aussi cosmopolites, faisant des voyages et de l'ouverture aux autres civilisations le moyen d'un enrichissement essentiel pour le développement de l'homme et redoutant grandement l'enfermement des peuples sur eux-mêmes ou, plus encore, des individus sur eux-mêmes. Enfin, ils furent pacifistes et dénoncèrent toutes les formes de guerre offensive. Certains humanistes de la Renaissance trouvèrent leur inspiration non seulement dans le monde antique de l'Occident mais aussi en Asie ou ailleurs. Le Code d'Hammourabi au deuxième millénaire avant J.-C., Zoroastre en Perse ou l'empereur bouddhiste Ashoka en Inde ont promu de premières pensées humanistes[132]. Confucius aurait été l'un des premiers philosophes à exclure formellement le divin et les finalités métaphysiques dans sa recherche de l'harmonie sociale. Quant à la version originale du bouddhisme (selon le canon de Pali), elle ne se réfère à aucune divinité et son but est seulement l'accomplissement de l'homme. Ces modes de pensée, proches de l'épicurisme et du stoïcisme, ont servi de racines profondes à ceux qui, à compter du XVe siècle, ont souhaité proposer une autre voie que celle qui consistait à penser l'univers sans penser l'homme ni la vie humaine. Mais, alors que l'Europe avait une dette à l'égard du monde et de la philosophie arabe, on s'attacha à ancrer l'homme et l'humanisme à l'héritage occidental, pour ne rien devoir à personne d'autre qu'à soi-même.

---

[132] M. Delmas-Marty, A. Jeammaud, O. Leclerc, dir., *Droit et humanisme – Autour de Jean Papon, juriste forézien*, Garnier, 2015.

Au XVIe siècle, on appelait « humaniste » (« *humanista* ») un érudit qui se consacrait aux humanités (*studia humanitatis*), aux sciences humaines, à l'étude de ce qui caractérise l'être humain. Il enseignait les langues, les littératures et les cultures latines et grecques. Plus largement, on commença à appeler « *humanista* », dans le sens cicéronien, celui dont « la culture, parachevant les qualités naturelles de l'homme, le rend digne de ce nom »[133]. Et, lorsque le mot « humanisme » apparut en 1765, dans le journal *Éphémérides du citoyen*, il signifiait « amour de l'humanité ». La Renaissance a ainsi recréé l'humanisme matériellement et l'a créé formellement, même si l'on a longtemps parlé davantage de « philanthropie », terme attesté dès 1551 et explicitement défini dans *L'Encyclopédie* de Diderot et d'Alembert. Mais, par exemple, Montaigne, dans ses *Essais*, utilise à trois reprises le mot « inhumain », notamment pour stigmatiser les jeux du cirque dans la Rome impériale et pour dénoncer la barbarie de la déportation des Juifs du Portugal[134].

Si, dans les sciences, le rationalisme prospéra fortement, tel fut moins le cas dans le domaine de la morale. Les autorités religieuses s'attachèrent à y conserver le pouvoir perdu en matière de sciences et donc à empêcher que s'y impose une méthode positive. La Renaissance a fait renaître l'humanisme, encore fallait-il lui permettre de grandir et atteindre l'âge adulte. Comme une belle plante, il avait besoin de se nourrir de Lumières. Cela prit donc beaucoup de temps pour que les hommes sortent de l'obscurité moyenâgeuse en remplaçant une morale entièrement appuyée sur l'autorité de la parole divine par une morale fondée sur la conscience individuelle et sur la raison humaine, avec leurs imperfections et leur variabilité. La Renaissance ne nous a pas moins légué de nombreux exemples, tels Léonard de Vinci qui entendait, par sa curiosité insatiable et la puissance de son esprit et de sa créativité, explorer des domaines inédits, affirmer de nouvelles connaissances, expérimenter à tout va et améliorer le sort de l'humanité.

26. Les Lumières éclairant le monde. Malgré les avancées permises par certains intellectuels, penseurs et scientifiques des siècles précédents, on a longtemps continué à croire non ce qu'on voyait mais des ouï-dires, ce que disaient les parents et les maîtres et en particulier ce qui était écrit dans la

---

133 Cicéron, *Pro Sexto Roscio Amerino*, 80 av. J.-C.

134 P. Magnard, « Montaigne ou l'invention de l'homme », *Cités* 2010, n° 44.

Bible. On agissait en fonction de la dictée de nos croyances plutôt qu'en fonction de la dictée de nos sens. On s'interdisait de réfléchir, de penser. On se refusait à mener des expériences. Il s'en fallut de beaucoup que Descartes et Montaigne triomphent dans la majorité des esprits. Les existences restaient orientées par les croyances aveugles et l'obéissance panurgique. C'est alors que s'allumèrent les Lumières et que, par exemple, Isaac Newton soutint que la connaissance ne devait pas être le fruit d'une foi froide mais de l'observation neutre. Ces Lumières ont largement contribué à l'approfondissement qualitatif et quantitatif de l'humanisme. En insistant sur les besoins de dignité, de liberté, d'égalité, de savoir, de bonheur, de progrès ou d'émancipation, ils ont prolongé les idéaux apparus ou réapparus avec la Renaissance. Et, davantage que les intellectuels des siècles précédents, ils ont été animés par la volonté de mettre en œuvre concrètement et immédiatement les principes humains qu'ils ont définis — et des « révolutions », d'abord au XVIIe siècle en Angleterre puis au siècle suivant aux États-Unis et en France, ont matérialisé leur influence. On qualifie pourtant moins souvent les philosophes des Lumières que les penseurs de la Renaissance d' « humanistes ». Il est vrai qu'ils ne se sont jamais perçus ainsi, l'idée d'une « philosophie humaniste » étant une recréation plus tardive, tandis que les manuels d'histoire de la philosophie se concentrent surtout sur l'apparition de l'humanisme au moment de la Renaissance. Or les Lumières n'ont été qu'une transition. Leur place dans l'histoire de l'humanisme, entre la Renaissance et l'époque contemporaine, n'en est pas moins indiscutable et décisive. Et l'humanisme libéral inspirant l'humanisme juridique et les droits de l'homme numérique leur doit aussi une grande dette.

Les Lumières apparaissent aujourd'hui soit comme une tradition qu'il faudrait défendre et poursuivre, soit comme un corpus d'idées dépassées qu'il s'agirait de combattre. Elles se donnent à nous tel un « héritage »[135] et, sous la Révolution française déjà, Voltaire et Jean-Jacques Rousseau ont été associés au Panthéon malgré leurs profonds désaccords. On doit dépasser la conception des Lumières comme un viatique ou un talisman, s'autoriser à les critiquer, cela afin de leur rendre justice. Il faut sortir de ce « chantage aux Lumières », pour reprendre une expression de Michel Foucault, qui oblige à

[135] A. Lilti, *L'héritage des Lumières – Ambivalences de la modernité,* Gallimard-Éditions de l'EHESS, 2019.

prendre position pour ou contre une image caricaturale sur laquelle chacun projette ses fantasmes[136]. Les Lumières constituent un ensemble de valeurs qui nous ont été transmises et dont on doit mettre à l'épreuve la validité dans un monde qui ressemble de moins en moins à celui de Diderot ou d'Alembert.

On appelle « philosophie des Lumières » les idées qui ont animé la vie intellectuelle en Europe, au XVIIIe siècle, qui se caractérisaient par la confiance en l'homme et en sa capacité à bien se comporter grâce à l'exercice de sa raison. Ce mouvement d'idées a regroupé divers penseurs et diverses pensées, mais tous peuvent être perçus comme humanistes. En effet, les Lumières, au-delà de leur variété, s'attachaient toutes, ou presque, à quelques principes communs qui sont devenus des principes essentiels de l'humanisme. Tel est le cas de la liberté, au sens le plus large, et en particulier de l'autonomie de la raison — « aies le courage de te servir de ton propre entendement, voilà la devise des Lumières », affirma Emmanuel Kant[137]. De Voltaire à Rousseau, par ailleurs très différents et même opposés à travers beaucoup d'aspects de leurs pensées, on se méfiait des arguments d'autorité comme de la peste et on refusait tous les dogmes, en premier lieux religieux — et Emmanuel Kant put proposer une religion naturelle ou « dans les limites de la simple raison »[138]. Prolongeant l'humanisme de la Renaissance, la quête de l'émancipation de l'homme conduisit à la critique sévère des religions et des superstitions et au combat de l'ouverture et de la tolérance contre l'enfermement et le fanatisme, dont le soldat le plus célèbre fut Voltaire — qui, théiste, croyait en Dieu mais pas en la religion, qui préférait aux dieux envahissants et étouffants de la foi la présence douce et bienveillante d'un grand horloger de l'univers. Bien sûr, les puissances conservatrices de l'époque ont peu goûté à une telle liberté de pensée, se sont effrayées à l'idée d'une possible émancipation des hommes par la raison. On a voulu éteindre les Lumières, brûler les Lumières. On a cherché à maintenir l'ordre établi, le passé contre l'avenir. Nombreux sont les libres-penseurs qui ont connu l'emprisonnement ou l'exil et qui ont vu leurs livres être interdits, incendiés, mis à l'index.

---

[136] *Ibid.*

[137] E. Kant, *Qu'est-ce que les Lumières ?*, 1784.

[138] V° « Lumières (philosophie des) », in L. Hansen-Love, dir., *La Philosophie de A à Z*, Hatier, 2018, p. 272.

Les Lumières n'étaient pas des prophètes dogmatiques de la raison, du matérialisme et du progrès. Ils ont œuvré à combiner une démarche militante visant à dénoncer le fanatisme et l'injustice et une approche ironique, combinant doute et incertitude. C'est pourquoi, en accord avec la logique humaniste profonde, les Lumières n'ont guère légué de systèmes mais plutôt des œuvres littéraires. Leur genre préféré n'était pas le traité mais le dialogue et le conte, lesquels permettent l'expression du doute, la prise de distance, l'autocritique[139]. *Le neveu de Rameau* de Diderot, par exemple, questionne au plus profond d'elle-même la figure même du philosophe. C'est pourquoi « les lumières ne nous fournissent pas des réponses, elles ont formulé les questions auxquelles nous cherchons aujourd'hui encore à répondre »[140]. Pourtant, les Lumières ont servi et servent toujours de phare nous indiquant la direction dans la mer ténébreuse de l'obscurantisme et sous le ciel noir des préjugés. Les Lumières ne sont donc pas une doctrine ni un ensemble de valeurs précisément arrêté et théorisé, mais une attitude intellectuelle. C'est cette attitude intellectuelle qui paraît devoir donner ses fondements les plus solides à l'humanisme libéral, à l'humanisme juridique et à l'humanisme numérique. Résumée par la formule « ose penser par toi-même », cette attitude s'organise autour de l'idéal d'autonomie de la pensée qui conduit à tout soumettre au « tribunal de la raison ». Les idées reçues, les traditions, les croyances, le prêt à penser comptent peu ou pas en comparaison de l'examen critique. La raison elle-même doit passer l'épreuve de cet examen critique, afin d'identifier ses possibilités et ses limites. L'empirisme de John Locke et la physique d'Isaac Newton ont ainsi, parmi d'autres, apporté la preuve du fait qu'on peut penser bien en pensant autrement et, surtout, du fait qu'on peut penser utilement en pensant autrement — en tout cas bien plus qu'en suivant des canons immémoriaux sans jamais interroger leur légitimité. Ce sont en particulier les grandes constructions métaphysiques, qu'aucune expérience ne peut valider ou invalider, qui ont peiné à passer cette épreuve de la pensée rigoureuse.

Les Lumières défendirent le progrès social et politique. Cela les conduisit souvent à critiquer les pouvoirs, au nom de la tolérance et de la dignité chez

---

[139] A. Lilti, « L'héritage des Lumières », *Les Grands Dossiers des Sciences Humaines* 2021, n° 61, p. 27.
[140] *Ibid.*

John Locke ou Voltaire, de la liberté et de l'égalité chez Jean-Jacques Rousseau ou Emmanuel Kant. Ils plaidèrent aussi contre tous les conservatismes et pour le progrès de la civilisation et de la morale individuelle et collective. En résumé, c'est le progrès de la condition humaine qu'ont pensé les Lumières. Dans une période d'ébullition intellectuelle, de développement exponentiel des sciences et des techniques et de crises et réformes économiques et politiques, elles souhaitaient que tout cela profite à l'homme, à sa libération, à son épanouissement, non à son asservissement et à son exploitation. Ces penseurs s'élevaient contre le fanatisme, contre le zèle aveugle et passionné stimulé par des opinions superstitieuses et faisant commettre des actes infondés, souvent injustes et même cruels. Autant de voies à suivre aujourd'hui pour qui veut penser les droits de l'homme face aux technologies numériques et aux IA. Les Lumières ont ainsi souhaité que la science et la philosophie soient utiles en permettant d'agir sur le réel. Elles insufflèrent ainsi un esprit de réforme qui aboutit à questionner et reconstruire les institutions politiques, juridiques et judiciaires, en particulier au moment de la Révolution française. Elles repensèrent le droit au service de l'homme. Elles firent du peuple, des hommes associés, la source de la souveraineté et de tout pouvoir, en lieu et place d'une volonté divine qui permettait à quelques privilégiés d'être la source de tout pouvoir. C'est pourquoi beaucoup de ces philosophes furent attaqués par des régimes autoritaires montant en puissance qui ne pouvaient supporter qu'on défende la démocratie libérale.

On constate, toutefois, que sitôt qu'on quitte l'attitude intellectuelle à l'égard de la pensée, de la connaissance et de l'action, les Lumières perdent toute unité — ce qui est heureux puisque chacun pensait librement, loin de toute école. Ainsi certains, comme Voltaire, pouvaient-ils faire confiance aux despotes éclairés, capables d'imposer autoritairement les bonnes réformes à un peuple pouvant peiner à voir par lui-même le bien et à définir l'intérêt général au-delà des intérêts particuliers. D'autres, comme Montesquieu, ont théorisé l'État de droit et le meilleur gouvernement sous la forme d'une séparation et d'un équilibre des pouvoirs. D'autres encore, comme Rousseau, résumèrent la légitimité politique et le droit de gouverner à la souveraineté populaire et à un contrat social, sapant les fondements de l'autorité royale. Mais tous s'inscrivaient dans une ligne équilibrée, centrale, contre les radicalités et les absolutismes. La monarchie absolue fut la première à en faire les frais. Quant à la solution, il pouvait s'agir de monarchie constitutionnelle ou de République, mais pas d'une voie extrême comme celle de l'anarchisme.

Le XVIIIe siècle, siècle des Lumières, fut surtout celui qui pensa le concept et le contenu des droits de l'homme. Des droits de l'homme numérique en seraient forcément les héritiers, les descendants — comme ils seraient les héritiers et les descendants des penseurs de la Renaissance, qui déjà avaient ouvert les yeux des hommes sur leur capacité à s'organiser institutionnellement de façon à servir l'intérêt général plutôt que l'intérêt divin (un intérêt particulier déguisé). Pour les Lumières, une condition du bonheur de l'homme est sa liberté politique. C'est pourquoi toute organisation politique devrait respecter les droits naturels de l'homme, ses droits et libertés fondamentaux, inaliénables et imprescriptibles car attachés à l'humain en soi. Ces réflexions ont été concrétisées dans un texte officiel, aujourd'hui toujours partie intégrante du droit positif français — à son plus haut niveau — : la Déclaration des droits de l'homme et du citoyen du 26 août 1789. Ce document reprit les principales revendications des Lumières et établit les principes du nouveau régime. Faisant droit à la revendication de tolérance, la liberté de croyance, la liberté d'opinion et la liberté d'expression et de communication furent consacrées. Les privilèges dus à la naissance ont été abolis. L'égalité des droits entre les hommes a été affirmée. Il n'y aurait désormais plus qu'une seule et même loi pour tous — en n'omettant pas qu'on parlait alors encore et pour longtemps d'hommes à l'exclusion des femmes. La propriété fut reconnue comme un droit naturel de l'homme, juste après la liberté et avant la sûreté et la résistance à l'oppression, autant de droits identifiés comme fondamentaux par les Lumières. Contre la théorie de la monarchie de droit divin, la Déclaration affirma que la souveraineté appartient à la nation. Et l'unité de la nation supposait la suppression des ordres et des corporatismes. Cela impliquait également que la capacité de produire la loi soit accordée aux citoyens, l'exerçant directement ou par leurs représentants, et qu'ils soient mis en mesure de désigner ceux qui seront chargés d'exécuter ces lois. Enfin, s'agissant de la justice, les droits des accusés furent garantis.

Le progrès encouragé par les Lumières fut aussi la diffusion et l'approfondissement du savoir et de la connaissance. Leur œuvre emblématique, la plus représentative de leur esprit, est certainement

L'Encyclopédie de Diderot et D'Alembert — c'est d'ailleurs dans le discours préliminaire rédigé par D'Alembert qu'a été utilisée pour la première fois l'idée de « Lumières ». À la faîte de « l'arbre des connaissances », qui classifie l'ensemble des champs du savoir, ils placèrent l'entendement, c'est-à-dire la compréhension et la raison humaines. Ce n'est pas Dieu qui fut situé au sommet — et le pape intervint et mit *L'Encyclopédie* à l'index, demandant qu'on la brûle et déclarant que les catholiques qui la liraient seraient damnés pour l'éternité. Tous les outils d'émancipation étaient évidemment craints par les totalitarismes qui fondaient leur pouvoir sur la peur et sur la crédulité. À l'ère du nudge permanent par les IA et, derrière elles, par les puissances numériques qui les exploitent, ne peut-on pas considérer que l'histoire serait un éternel recommencement ? Néanmoins, en développant la connaissance et l'esprit de curiosité, en donnant l'envie d'apprendre et de raisonner par soi-même, en constituant une ouverture sur le monde et sur l'humain, *L'Encyclopédie* a réellement permis aux Lumières d'éclairer leurs contemporains. Or ne sont-ce pas tous les hommes, dans toutes les sociétés, en tout temps et partout qui ont besoin de Lumières ? Celles-ci permettent d'éclairer les sciences et les consciences, de favoriser l'intelligence du réel, d'orienter le regard vers l'avenir plutôt que vers le passé, de se consacrer au changement et au progrès plutôt qu'à la conservation et à la stérilité. À chaque fois que l'humanité est appelée à entrer dans un nouvel âge, par exemple parce qu'elle crée des techniques si puissantes qu'elles changent la vie, il faut des Lumières pour éclairer le chemin.

Les Lumières, première source d'inspiration de l'humanisme juridique et de l'humanisme numérique, constituèrent un moment intellectuel charnière visant à comprendre et orienter les transformations de leur temps. Ces philosophes ont souhaité problématiser la modernité, penser les problèmes nouveaux accompagnant les transformations sociales et culturelles et esquisser quelques bribes de réponses. Parmi ces problèmes, ceux qui les concernaient principalement touchaient à la diffusion du savoir, à la « propagation des Lumières », pour reprendre une formule souvent usitée à l'époque. Il s'agissait d'éclairer le public, d'informer la population, de lui éviter de subir l'influence de toutes les manœuvres de désinformation et d'endoctrinement. Pour les Lumières, l'enjeu essentiel de la philosophie moderne n'était pas de proposer de beaux discours dans un entre-soi très resserré mais d'émanciper les individus des préjugés et des superstitions, en les incitant à faire usage de leur raison et de leur libre-arbitre plutôt que d'adopter des comportements moutonniers. Même Voltaire, pourtant attaché à une vision élitiste de l'ordre social, estimait qu'il fallait « instruire nos ouvriers comme nous instruisons nos lettrés ». Ici se trouve une grande différence par rapport aux temps précédents. Les libres-penseurs pouvaient adopter des opinions hétérodoxes, mais ils le faisaient dans des cercles restreints d'esprits forts ou dans des manuscrits clandestins à faible diffusion. Pour eux, la vérité était de toute manière inaccessible, incompréhensible au vulgaire. À l'inverse, les encyclopédistes ont eu pour projet d'éduquer, et ainsi de libérer, le public le plus large possible, « étendre la sphère des Lumières », selon Diderot, en diffusant le savoir et l'esprit critique. Cet effort pédagogique et militant s'est aussi traduit dans la lutte pour les libertés d'imprimer et de l'instruction publique. L'alliance des deux devait guider les progrès des Lumières et mener à la destruction des préjugés. De cet optimisme, Condorcet donna la formule la plus synthétique dans son *Esquisse d'un tableau des progrès de l'esprit humain*, en 1793[141].

Les philosophes des Lumières ont donc encouragé la liberté de la presse, la liberté d'opinion, la liberté d'expression. En humanistes, ils croyaient en l'homme, croyaient en la sagesse de l'opinion publique. Toutefois, s'ils se montraient résolument enthousiastes en public, ils étaient aussi en proie au doute, à l'impatience, et il leur arrivait d'exprimer leur désarroi face au comportement des foules. Jean-Jacques Rousseau, en particulier, fut figure de trouble-fête en ce qu'il procéda à l' « autocritique des Lumières »[142]. Il n'imaginait pas que les hommes puissent être le plus souvent raisonnables. Il regrettait le développement du commerce et des techniques qui, selon lui, n'avaient pour effet que de diminuer les hommes et de creuser les inégalités. Il se montrait sceptique quant à un hypothétique progrès moral et politique qui découlerait de l'approfondissement du savoir et des techniques. Loin de croire en un avenir radieux pour l'humanité, il n'imaginait pas possible l'amélioration spontanée et continue de l'humanité. Avec Rousseau, d'aucuns observèrent combien le déploiement d'un espace public moderne, alimenté

[141] A. Lilti, *L'héritage des Lumières – Ambivalences de la modernité*, Gallimard-Éditions de l'EHESS, 2019.
[142] M. Hulliung, *The Autocritique of Enlightenment – Rousseau and the Philosophes*, Harvard University Press, 1994.

par l'essor de l'imprimerie et de la presse, favorisait autant les rumeurs invérifiables et les promesses démagogiques des charlatans populistes que les discours philosophiques et réalistes, emplis de bon sens. « Comment éclairer le public, si celui-ci se passionne pour les faits divers, pour la vie privée des célébrités, pour les bonimenteurs et les polémistes ? Il convenait de se méfier des bouleversements trop rapides, trop brutaux, qui saperaient l'effort d'éducation sans lequel le discours critique des philosophes resterait inaudible, et donc inefficace »[143]. Rares n'étaient donc pas ceux qui jugeaient nécessaire la régulation de l'espace public, cela afin d'éviter que la liberté d'expression se retourne contre les Lumières et profite à l'obscurantisme. Mais, si Rousseau rédigea *L'Émile*, c'est qu'il n'avait pas abandonné l'intention de mieux éduquer les hommes qu'on le fait communément, car, rappelait-il, « nous ignorons ce que notre nature nous permet d'être ».

L'influence des Lumières, comme celle de la Renaissance, doit néanmoins être relativisée. À long terme, elles ont évidemment joué un rôle décisif dans l'humanisation de l'homme. Mais, durant des décennies, le quotidien de la plupart des individus, qui n'entendirent jamais de leurs vies parler de *L'Encyclopédie*, de Voltaire ou de Rousseau, ne fut modifié que marginalement. Les cultures des XVIe, XVIIe et XVIIIe siècles n'accordèrent que peu de place à l'humain. C'était encore le règne de l'homme de Panurge, du suivisme, de Dieu, des croyances, des superstitions. Finalement, l'entrée dans l'ère du libéralisme favorisa surtout la classe bourgeoise, loin de profiter à tous les hommes — l'égalité en droit n'a que peu à voir avec l'égalité, qui d'ailleurs en soi est une insulte à la nature. Cette classe dominante en profita pour se saisir du pouvoir politique comme du pouvoir économique et imposer de nouvelles sujétions, parfois en prenant beaucoup de liberté avec la liberté des humanistes. On verra que, depuis lors et jusqu'à aujourd'hui, il n'est pas rare qu'on justifie les atteintes à la liberté au nom de la liberté. C'est pourquoi, dans ces conflits de libertés, le droit doit intervenir en imposant ses propres libertés fondamentales. Aujourd'hui encore, les héritiers des Lumières sont aux prises avec des puissances conservatrices pour lesquelles il est important que l'homme ne descende pas du singe mais plutôt du mouton.

---

[143] A. Lilti, « L'héritage des Lumières », *Les Grands Dossiers des Sciences Humaines* 2021, n° 61, p. 27.

27. Peut-on encore être humaniste aujourd'hui ? Dans son « discours de Suède », prononcé à l'occasion de la remise du Prix Nobel de littérature, le 10 décembre 1957, Albert Camus décrivait : « Ceux, nés au début de la Première Guerre mondiale, qui ont eu 20 ans au moment où s'installait à la fois le pouvoir hitlérien et les premiers procès révolutionnaires, qui ont été confrontés ensuite, pour parfaire leur éducation, à la guerre d'Espagne, à la Deuxième Guerre mondiale, à l'univers concentrationnaire, à l'Europe de la torture et des prisons, doivent aujourd'hui élever leurs fils et leurs œuvres dans un monde menacé de destruction nucléaire. Personne, je suppose, ne peut leur demander d'être optimistes »[144]. Difficile, en effet, face à autant de barbarie, de sauvagerie, de violence, de haine et de mort inutile d'être humaniste. Du moins est-il difficile d'être humaniste dans le sens d'une confiance faite à une hypothétique « nature humaine » qui conduirait spontanément les êtres humains à faire le bien plutôt que le mal, à être altruistes plutôt qu'égoïstes, à se libérer plutôt qu'à se laisser asservir. Si les êtres humains ont une nature humaine et une nature animale, une volonté supérieure et une volonté inférieure, il semble que la nature animale et la volonté inférieure triomphent généralement de leurs alter ego.

Il est en revanche permis, si ce n'est nécessaire car urgent, d'être humaniste afin d'indiquer à l'homme un autre chemin, de lui faire entendre d'autres voix, de lui montrer d'autres paysages, de forcer sa nature et sa volonté à aller vers le bien. Notre condition est injuste ? Servons la justice. Notre monde est malheureux ? Prônons et vivons des joies et des plaisirs simples. Des puissances maléfiques nous aliènent ? Élevons-nous et brisons nos chaînes. De façon stupéfiante, les valeurs humanistes sont de plus en plus décrédibilisées, dénoncées comme désuètes et ringardes. Il est vrai que l'humanité s'est engagée sur d'autres routes que celles que la Renaissance et les Lumières lui avaient indiquées. Il est vrai aussi que l'humanisme peut passer pour un tas stérile de bons sentiments. Cela ne saurait justifier notre renoncement. Le combat pour les valeurs humanistes n'a jamais été aussi essentiel qu'au XXe siècle[145]. Il l'est toujours aujourd'hui, bien que les modes de l'auto-menace humaine aient en partie évolué, prenant des atours

---

[144] A. Camus, « Discours de Suède, 10 décembre 1957 », in *Œuvres*, Gallimard, coll. Quarto, 2013, p. 81.

[145] H. R. Lottman, *Albert Camus*, Le Seuil, 1978, p. 362.

numériques. Bien sûr, se battre pour le bonheur des hommes est un objectif à la fois hyper banal et immodeste. Ce n'en est pas moins un très bel objectif, en même temps que le plus utile des objectifs. Nos vies sont trop courtes pour être petites. Et Albert Camus pouvait ajouter que « c'est la volonté du bonheur qui compte, une sorte d'énorme conscience toujours présente ». Cela est si simple. Cela est si essentiel. Ne devrait-on pas affirmer, comme préalable à tout le reste, que le premier des droits de l'homme et le principe le plus cardinal de l'humanisme juridique devrait être le droit au bonheur, donc les sentiments de satisfaction, d'alacrité, d'accomplissement, de plénitude et de sérénité ? Une difficulté à résoudre serait alors de surmonter la tendance des uns à bâtir leur bonheur sur le malheur des autres, parce qu'ils sont trop conquérants, trop individualistes ou simplement trop méchants. On pourrait soutenir par suite qu'il n'y aurait pas de bonheur sans justice et même que le bonheur serait l'autre nom de la justice. Dès lors, à la poursuite du bonheur, les humanistes chercheraient la justice, qui seule permet l'accord de l'homme avec son monde.

La question « peut-on encore être humaniste aujourd'hui ? » ne serait donc pas une autre que « peut-on encore être heureux aujourd'hui ? », puisque pour enseigner le bonheur encore faut-il le connaître et donc avoir été et être soi-même heureux — pour enseigner la justice encore faut-il la connaître et donc avoir été et être soi-même juste. On répondra sans aucun doute qu'on peut effectivement aujourd'hui toujours être humaniste. Et on ajoutera que, face aux nouveaux risques de déshumanisation qui planent sur les vies humaines, on le peut et, plus encore, on le doit. Depuis le XXe siècle, un vent relativiste, nihiliste, utilitariste et uniformiste souffle sur l'Occident[146]. Plutôt que de succomber aux sirènes du positivisme, il semble que beaucoup d'enjeux actuels méritent qu'on y réponde en s'appuyant à la fois sur la libre recherche humaniste et sur les valeurs humanistes.

Le paradoxe est qu'il est aujourd'hui impossible d'être humaniste en soi ou dans l'absolu. Au début du XXe siècle, le mot « humanité » est entré dans le langage courant — en 1904, Jean Jaurès créa le journal *L'Humanité*. Le terme « humanisme » s'est alors diffusé plus largement et n'a plus désigné un courant de philosophie, déjà bien vague, mais un sentiment diffus, pour ne

---

[146] M. Onfray, *Contre-histoire de la philosophie – La résistance au nihilisme*, Grasset, 2020.

pas dire partagé par tous. Dès lors, peu d'intellectuels s'en sont réclamés, à l'inverse des politiques et autres donneurs de leçons. De nombreuses publications se placèrent derrière la bannière de l'humanisme, lequel finit par intégrer tous les milieux, donc des milieux idéologiquement très opposés s'accordant en général sur quelques bons sentiments et s'affrontant sur les moyens à déployer pour les satisfaire[147]. C'est ainsi que, lorsqu'en 1952 fut fondée à Amsterdam l'Union internationale humaniste et éthique, celle-ci regroupa des associations de tous les pays aux sensibilités très variables et essentiellement liées par leur tolérance et leur attachement à la raison et à la libre-pensée. Au XXe siècle, l'humanisme s'est notamment développé en tant qu'amour des hommes victimes, dans le dénuement, vulnérables (réfugiés, personnes déplacées), prenant la forme des actions humanitaires, donc tel un humanisme pratique et de terrain, au-delà des grands affrontements idéologiques.

Depuis la Renaissance et les Lumières, trop de penseurs et de pensées diverses et multiples se sont revendiqués de l'humanisme pour que celui-ci ait pu conserver un sens même large et souple[148]. On peut en revanche embrasser un humanisme — ici l'humanisme juridique teinté d'humanisme libéral, tant pour la liberté des pensées que pour la liberté des actions —, qu'on ne manquera pas d'appeler « l'humanisme » même s'il ne s'agit fatalement que de « mon humanisme », d'une vision subjective de l'humanisme. Pour bien parler, il ne faudrait jamais évoquer « l'humanisme » sans lui accoler un épithète ou même un autre nom pour lui donner du sens. Il existe beaucoup d'humanismes. Ceux-ci se placent tantôt les uns à côté des autres, tantôt les uns dans les autres, telles des poupées gigognes. Ici, on délaissera donc les humanismes qui ne sont pas « mon humanisme » et on se concentrera sur cette version de l'humanisme qui, après la Renaissance et les Lumières, poursuit la dignité, l'égalité, la liberté et l'émancipation des

---

[147] Par exemple, L. Mercier, *Le mouvement humaniste aux États-Unis*, 1929 ; Ch. Richard, *Le mouvement humaniste en Amérique et les courants de pensée similaires en France*, 1934.

[148] Dans ce contexte de dilution de sens du mot, et afin de le réactualiser, quelques néologismes ont été proposés. Michel Serres, par exemple, en est venu à évoquer l' « hominescence » pour « désigner ce que vit l'humanité depuis la seconde moitié du XXe siècle : un changement majeur dans notre rapport au temps et à la mort » (M. Serres, *Hominescence*, Éditions le Pommier, coll. Essais, 2001).

hommes, condamne tous les embrigadements, toutes les croyances, tous les asservissements, toutes les discriminations, et qui agit juridiquement à travers les droits de l'homme — en les proposant et en les expliquant puisque c'est là notre seul pouvoir.

28. Déraison de la raison. L'humanisme libéral défendu en ces pages, parce qu'il trouve sa source dans les premières formes de l'humanisme de la Renaissance et des Lumières et parce qu'il est large et inclusif, quand certaines branches de l'humanisme demeurent confidentielles car excessivement exigeantes dans leurs prémisses, est certainement l'humanisme, parmi tous les humanismes, le plus répandu, le plus partagé et le mieux connu. Sans doute est-ce aussi celui qui imprègne le plus fortement l'humanisme juridique — dont il ne serait guère difficile d'identifier là aussi différents courants — et l'humanisme numérique. Cet humanisme libéral s'attache bien sûr à la liberté et à l'indépendance avant tout. Il ne fait en revanche que peu confiance à la raison car il ne baigne pas dans l'optimisme, dans la foi en la nature humaine. Or beaucoup d'humanismes se fondent sur la raison, ce qui n'est guère surprenant tant celle-ci est susceptible de recevoir de multiples interprétations, à l'instar de la notion d'humanité. Une grande division parmi les humanismes pourrait donc séparer humanisme libéral et humanisme rationnel, bien que tous deux ne soient pas incompatibles. Ici, en tout cas, on s'attachera au premier à l'exclusion du second.

Spinoza a défini trois genres de connaissances : l'erreur, la science intuitive et la connaissance rationnelle. Les humanistes s'attachent logiquement à cette dernière — en tout cas est-ce leur revendication. Depuis le siècle des Lumières, la raison est un grand moteur de l'humanisme, qui entend dénoncer toutes les pensées et toutes les actions déraisonnables et motivées par autre chose que le jugement de la raison. L'humanisme est donc un rationalisme, c'est-à-dire un mode de pensée qui privilégie la raison comme moyen de connaissance ou d'explication de la réalité. Par opposition au scepticisme et à l'empirisme, mais aussi à la folie et à la passion incontrôlée, la raison humaine serait capable d'accéder à la vérité, en particulier afin d'identifier le bien et le juste. Platon, Descartes ou Leibniz ont ainsi été des rationalistes, se détachant des expériences sensibles. Pour Descartes, la raison est la faculté de bien juger, c'est-à-dire de discerner le bien et le mal, le vrai et le faux ou même le beau et le laid par un sentiment intérieur et immédiat[149]. Mais il semble difficile de ne pas reconnaître l'interdépendance de la raison et de la sensibilité. Plus encore, n'est-ce pas notre sensibilité plus que notre raison qui guide nos actions ? L'humanisme libéral, tel qu'ici compris, n'adhère pas à l'idée d'une raison toute puissante capable de nous indiquer la route à suivre. Elle soutient que le rationalisme est une forme déguisée de dogmatisme et, sceptique, elle ne croit pas que l'esprit humain puisse atteindre de quelconques vérités générales. Cela ne lui interdit cependant pas de se battre pour des idées, et elle ne sombre pas dans le nihilisme, mais elle concède volontiers que ce ne seront toujours que « ses » idées, un combat de la subjectivité contre d'autres subjectivités ou contre des dogmatismes. Pour leur permettre de triompher, elle ne saurait s'appuyer sur la raison des hommes ; il lui faut entrer dans l'arène des mots, se livrer à des joutes verbales, argumenter, persuader.

La raison sert à former les concepts, synthétisant les représentations issues de la sensation du réel, et les jugements nécessaires à la construction des connaissances. Elle permet de construire des systèmes et de donner un sens à la vie, au monde et à l'univers en ordonnant nos représentations symboliques. Or les sensations ne peuvent répondre à la question du sens. Quant à la foi, elle y répond par des moyens fallacieux, loin de tout savoir sûr et fiable — malgré les apparences. Mais est-il si nécessaire de répondre à cette question du sens ? On peut trouver un sens à sa vie ou donner un sens à sa vie. Mais ce n'est toujours qu'un artifice et la raison est fatalement une subjectivité qui avance masquée. En soi, la vie, ma vie, le monde, mon monde, l'univers et mon univers sont absurdes. En prendre conscience est peut-être une prémisse nécessaire pour accéder à un bien et à un juste utiles, opérationnels, c'est-à-dire servant des vies et des mondes finis et temporaires. L'humanisme peut aussi être une acceptation de nos limites intrinsèques, qui ne sauraient être dépassées qu'à condition d'être admises et non ignorées. L'absurde, mieux que la raison, peut guider les conduites des hommes au quotidien. Quant à la connaissance du monde, peut-être en va-t-il de même. Si la raison permet de forger des connaissances pures, en théorie du moins, on s'attachera ici davantage aux connaissances pratiques, aux

---

[149] A. Lalande, « Raison », in *Vocabulaire technique et critique de la philosophie*, Puf, coll. Quadrige dicos poche, 2010, p. 879.

prises avec tous les travers et toutes les manipulations humaines, loin du ciel des concepts abstraits sans attachement au réel.

N'est-ce pas, d'ailleurs, des formes de raison qui conduisent à postuler Dieu ou l'immortalité ? Les philosophes des XVIIe et XVIIIe siècles étaient convaincus de l'universalité de la raison, partagée partout et par tous. Il semble que l'histoire a depuis largement témoigné du contraire. Les actes jugés raisonnables par les uns ont été condamnés par le tribunal de la raison des autres et inversement. Pourtant, Hegel pouvait affirmer que « la raison gouverne le monde et par conséquent l'histoire universelle s'est, elle aussi, déroulée rationnellement »[150]. Le philosophe était ainsi persuadé que tout ce qui arrive dans le monde a un sens et que ce sens est celui du progrès constant de la raison. Mais le Candide de Voltaire, face au séisme de Lisbonne et autres périls humains ou naturels, pouvait se désoler du cours du « meilleur des mondes » dans lequel tout va nécessairement « pour le mieux ». Et Hegel, en qui l'on n'a d'ailleurs jamais vu un membre des Lumières, ajoutait que, si les hommes peuvent ne pas se comporter rationnellement, il existerait heureusement un esprit supérieur à leurs volontés individuelles qui les guiderait, si bien que la raison triompherait toujours, que les hommes se conduiraient toujours de façon raisonnable. Certes, historiquement, la liberté a progressé quand l'endoctrinement, l'aliénation et la domination de l'homme par l'homme ont reculé, mais ce mouvement peut s'inverser et il s'en faut de beaucoup que l'on puisse constater que les hommes se comportent toujours ou même souvent conformément aux intérêts supérieurs de l'humanité.

On a pu imaginer que, la raison étant le propre de l'homme, chacun serait par nature, lorsqu'il ne subit aucune influence, animé par la même raison, par les mêmes principes de connaissance et d'action. Mais tel n'est pas le cas et, de toute façon, il est impossible d'échapper à toute influence, impossible d'accéder à une raison pure. Par exemple, la méconnaissance et la domination des sociétés primitives par les sociétés économiquement développées ont longtemps imposé l'idée que les modes de vie et de pensée de ces sociétés étaient moins rationnels. Il s'agissait en réalité d'un jugement de valeur, non d'un jugement de raison. Nietzsche et Freud ont dénoncé les

---

[150] G. W. F. Hegel, « La raison dans l'histoire », in *Leçons sur la philosophie de l'histoire*, 1830.

« mythes » et les « illusions » de la conscience individuelle, rationnelle et libre, du « Moi rationnel », du libre-arbitre et de la responsabilité individuelle. Ce ne seraient que des constructions et des croyances, de vrais phénomènes de religiosité induits par un déterminisme psychique connu sous le concept d'inconscient. L'ethnologie et l'anthropologie ont depuis montré que les manifestations de la raison ne sont pas universelles ou, plus simplement, que la raison n'existe pas. En tout cas, ici, cherchera-t-on à forger les droits de l'homme numérique et l'humanisme juridique sur des valeurs, dont on assumera la subjectivité et la relativité sans que cela ne nous interdise de nous battre pour ces valeurs et de chercher à les partager le plus possible, mais non sur une illusoire raison.

On refusera donc de considérer que la raison permettrait de fonder la connaissance et la morale. La raison, et à plus forte raison la raison qui relèverait de la nature humaine, est une vue de l'esprit assez crédule. La raison, comme la vérité, et à la différence de la réalité, n'est pas une donnée objective mais une pensée subjective. On concédera cependant sans peine qu'il vaut mieux fonder la connaissance et la morale sur une raison hypothétique que sur une foi, un mysticisme ou des superstitions. Mais on refusera fermement l'idée que l'histoire serait rationnelle et qu'il serait par conséquent anti-humaniste d'aller à contre-courant de cette histoire, y compris de l'histoire de la technique. Les hommes ont des facultés de connaître, de juger et de déterminer leurs conduites variables. L'important est de libérer ces facultés en rendant aux individus leur souveraineté, en les détachant des multiples sillons qui canalisent leurs vies. Il est en soi délicat de compter sur la raison des hommes. Mais tel est d'autant plus le cas lorsqu'ils s'adonnent au panurgisme et au prêt à penser. Si la raison est la connaissance naturelle par opposition aux croyances et à la foi, alors l'humanisme libéral est un combat pour la raison mais pas un combat de la raison. Il est un combat pour la connaissance naturelle et contre la connaissance intermédiée. Cependant, si la raison humaine existait vraiment, cela n'interdirait-il pas, de fait, tout pluralisme des idées et des opinions ? Ou alors faut-il admettre l'existence d'une pluralité de biens et de justes, donc la relativité du bien et du juste, expliquant pourquoi, bien que raisonnables, nous aboutirions à des visions du bien et du juste variables et parfois inconciliables. Depuis les philosophes grecs, qui furent les premiers à s'essayer à l'investigation rationnelle du monde, on devrait avoir compris que l'idée de raison n'est pas raisonnable.

29. De la perversion des Lumières à un humanisme pessimiste. La Renaissance et les Lumières auraient pu faire de l'humanisme la grande force motrice de l'histoire moderne en devenant à la fois son principe et sa fin. On se serait alors étonné de ceux s'émerveillant devant une culture qui accorde le premier rôle à l'humain. Mais les choses sont ainsi faites qu'on s'étonne aujourd'hui surtout face à ceux qui se soucient encore de l'humain. On estime souvent que le projet humaniste, et en particulier des Lumières, se serait retourné contre lui-même. Et c'est en particulier l'humanisme libéral, la conception individualiste de l'homme, qui se trouve ainsi critiqué. Celui-ci aurait permis aux plus puissants d'exploiter toujours plus intensivement les plus fragiles. Le souhait légitime d'améliorer la condition humaine, de permettre l'épanouissement des capacités de chacun et de bannir les frontières aurait muté progressivement en un libéralisme économique aliénant et hyper-égoïste. En permettant aux ambitions personnelles de s'exprimer sans contraintes, et parce que l'homme est un loup pour l'homme, on aurait ouvert la boîte de Pandore des formes modernes d'oppression et d'asservissement. L'humanisme athée aurait exalté à l'excès le libre-arbitre. Il aurait donné vie à une forme nouvelle de pélagianisme, c'est-à-dire une religion humaniste privée de grâce. Et l'orgueil de l'être humain aurait conduit à un manque d'humilité et de charité, faisant regretter Dieu et la religion[151]. Que choisir entre une libération des maux naturels et un endoctrinement au profit du bien ?

Beaucoup de conflits, entre individus, entre groupes ou entre nations, auraient même été attisés par l'humanisme libéral[152]. Le XXe siècle, siècle de l'archipel du Goulag, des fours crématoires d'Auschwitz, de Verdun et des carnages de la Première Guerre mondiale puis de la Seconde Guerre mondiale, aurait témoigné dramatiquement des conséquences néfastes de cet humanisme libérant les pulsions de haine et de mort les plus primaires des hommes[153]. Revenus des camps de la mort, l'Italien Primo Levi et le Français

---

[151] H. De Lubac, *Le drame de l'humanisme athée*, Éditions du Cerf, 1999.
[152] J.-C. Milner, *Les penchants criminels de l'Europe démocratique*, Verdier, 2003.
[153] Th. Adorno, M. Horkheimer, *La dialectique de la raison*, Gallimard, coll. Tel, 1944.

Robert Antelme décrivirent les sévices et les souffrances qu'ils y avaient endurées et les scènes d'horreur auxquelles ils avaient assisté[154]. Le moins que l'on puisse dire, c'est qu'ils trouvèrent des raisons de douter de l'humanité. Plus tard, après avoir été libéré des goulags soviétiques, Alexandre Soljenitsyne dressa un même constat : la nature humaine est inhumaine[155]. Il y avait alors de quoi s'étonner de la légèreté avec laquelle, si ce n'est les intellectuels, en tout cas les médias et les politiques continuèrent à revendiquer l'humanisme au milieu du chaos. L'humanisme devint progressivement un anachronisme, une belle revendication du passé sans espoir au présent, une survivance de l'ancien monde, lorsqu'on pouvait encore, sans passer pour fou, croire en l'homme.

Il ne s'agit cependant pas de l'humanisme libéral tel qu'envisagé en ces lignes, celui-ci cherchant au contraire à libérer les plus fragiles de leur fragilité et de toute tutelle, presque dans un esprit libertaire qui ne renoncerait pas pour autant à l'ordre. Il ne s'agit pas de défendre la liberté sans égard pour ses éventuels effets liberticides mais une liberté effective. On ne dira pas que les guerres sont motivées et justifiées par des excès d'humanisme mais par des manques d'humanisme. L'humanisme conduit à déserter devant le manque de sens du sacrifice au combat et non à s'y donner corps et âme au nom de la religion nationaliste, à vomir devant les massacres et non à y contribuer la fleur au fusil et en déclamant l'hymne national, estimant que cela serait « de bonne guère ». L'humanisme est pluriel. Certains, qui s'en revendiquent, sont dénoncés par d'autres, qui s'en revendiquent également. Ce ne sont pas les Lumières ni l'humanisme qui ont permis les nouvelles formes d'exploitation de l'homme par l'homme mais des interprétations intéressées et biaisées. Aujourd'hui, les multinationales du numérique expliquent qu'elles développeraient des techniques et des usages humanistes. Mais on peut aussi critiquer ces techniques et usages au nom de l'humanisme. C'est bien le drame de l'humanisme : il est devenu « passe-partout » et « fourre-tout ». Finalement, l'important est peut-être plus d'agir en humaniste, ce qui n'est pas à la portée de tous, surtout lorsqu'on défend des intérêts particuliers, que de parler en humaniste, ce qui est chose aisée.

---

[154] P. Levi, *Si c'est un homme* (1947), Pocket, 1988 ; R. Antelme, *L'Espèce humaine*, 1947.
[155] A. Soljenitsyne, *L'archipel du goulag* (1918-1956), Le Seuil, 1974.

Toujours est-il que les critiques à l'égard de l'humanisme ont été et sont nombreuses, tendant à le décrédibiliser pour d'autres raisons que la pluralité de ses sens qui lui fait perdre tout sens. On décrit un « humanisme qui s'est égaré en chemin, qui s'est laissé aller à la plus grande confusion et qui, de surcroît, a été à l'origine de beaucoup de drames »[156]. Peut-être est-ce, davantage que les principes et l'attitude intellectuelle défendus, son caractère utopique et idéaliste, le rendant inaudible aux oreilles de beaucoup d'ambitieux, qui le fragilise. Les premières grandes critiques des Lumières sont apparues aux lendemains des conflits nés de la Révolution française puis des guerres napoléoniennes, qui ont mis la France puis l'Europe à feu et à sang durant des années. La Terreur et autres assassinats et massacres au nom de la raison d'État ont largement permis de douter de « l'homme naturellement bon » rousseauiste ou du « meilleur des mondes possibles » leibnizien. Quant au cosmopolitisme kantien, il a achoppé sur l'expression toujours plus exacerbée des nationalismes. Dieu est mort, l'État est devenu la nouvelle idole, et l'émancipation des hommes a semblé toucher des limites consubstantielles. Comme si l'homme libre était perdu et avait besoin de fers pour se sentir bien. Faut-il rappeler que « la religion est l'opium du peuple »[157] ? Le besoin d'autorités, de se voir guider sa conduite par d'autres, l'incapacité de se servir de son propre entendement, de devenir maître de soi plutôt que sujet et objet d'autrui, ont contredit la vision optimiste des Lumières. Friedrich Nietzsche put ainsi affirmer : « Dieu est mort ! Dieu reste mort ! Et c'est nous qui l'avons tué ! Comment nous consoler, nous les meurtriers des meurtriers ? […] La grandeur de cet acte n'est-elle pas trop grande pour nous ? Ne sommes-nous pas forcés de devenir nous-mêmes des dieux simplement — ne fût-ce que pour paraître dignes d'eux ? »[158].

On craignit que, sans Dieu, la religiosité suivit d'autres voies et notamment celle de l'humanisme — ce qu'elle fit sans doute en partie et Pierre-Joseph Proudhon décrivit l'humanisme telle « une religion aussi détestable que les théismes d'antique origine »[159]. La formule de Nietzsche et sa théorie du

---

[156] É. Sadin, *La silicolonisation du monde – L'irrésistible expansion du libéralisme numérique*, L'échappée, coll. Pour en finir avec, 2016, p. 271.

[157] K. Marx, *Contribution à la critique de La philosophie du droit de Hegel*, 1843.

[158] F. Nietzsche, *Le Gai savoir*, 1882.

[159] P.-J. Proudhon, *Misère de la philosophie*, 1846.

surhomme traduisent la volonté de puissance, l'orgueil prométhéen, l'*hybris* de l'homme libéré des tutelles divines. Mais l'homme libéré est aussi un homme perdu, sans repères. Il est tiraillé entre la recherche de nouvelles idoles des uns et la mégalomanie des autres, il n'a pas revêtu les traits que la Renaissance et les Lumières imaginaient. Et Nietzsche d'observer que « l'humanité ne représente nullement une évolution vers le mieux, vers quelque chose de plus fort, de plus élevé au sens où on le croit aujourd'hui. Le progrès n'est qu'une idée moderne, c'est-à-dire une idée fausse. L'Européen d'aujourd'hui reste, en valeur, bien au-dessous de l'Européen de la Renaissance. Le fait de poursuivre son évolution n'a absolument pas comme conséquence nécessaire l'élévation, l'accroissement, le renforcement »[160]. L'humanisme devenait peut-être davantage une théorie de l'homme qu'une défense de l'homme. On remplaça pas à pas la philosophie humaniste par les sciences humaines. La biologie, la psychologie et la sociologie permirent de comprendre l'homme de façon positive, scientifique, peut-être mieux que par le passé. À l'ère des sciences de l'homme, la philosophie se reconstruisit en déconstruisant l'homme métaphysique des siècles passés. Si Jean-Paul Sartre pouvait encore soutenir, dans les années 1960, que « le champ philosophique, c'est l'homme », il se trouvait désormais isolé. La philosophie semblait alors près de donner raison à Claude Lévi-Strauss pour qui « le but dernier des sciences humaines n'est pas de constituer l'homme, mais de le dissoudre »[161]. Et, après la mort de Dieu, Michel Foucault dût dresser le constat de la mort de son meurtrier : la mort de l'homme[162]. L'homme aurait ainsi été créé puis tué à quelques siècles d'intervalle.

Claude Lévi-Strauss, Michel Foucault, Roland Barthes, Louis Althusser ou Jacques Lacan ont soupçonné l'homme puis l'ont décrédibilisé. À moins que l'homme ne se soit décrédibilisé tout seul. Le structuralisme de ces penseurs a notamment suivi la voie de la critique de l'ethnocentrisme, dans les années 1950 et 1960, après que des êtres humains, sous couvert de la barbarie nazie, en ont réduit d'autres en numéros matricules et se sont évertués à les exterminer de manière industrielle. En contrepoint d'une raison de plus en plus balbutiante, de moins en moins évidente, on a mis en avant les figures

[160] F. Nietzsche, *L'Antéchrist* (1888), Jean-Jacques Pauvert, 1967, p. 79.
[161] C. Lévi-Strauss, *La pensée sauvage*, Plon, 1962.
[162] M. Foucault, *Les mots et les choses*, Gallimard, 1966, p. 396-397.

refoulées du fou, du primitif ou de l'enfant. On ne se laisserait plus berner par l'illusion héritée des Lumières selon laquelle l'histoire conduirait à l'émancipation de l'humanité.

La pratique de l'esclavage par les chrétiens américains fut un autre témoignage des violentes contradictions humaines, de la raison déraisonnable et du primat des intérêts particuliers. Les Européens, en quête de minerais et sous prétexte d'apporter la civilisation et l'humanisme, colonisèrent l'Afrique et l'Asie du Sud-est. En 1885, Jules Ferry pouvait déclarer en tant qu'humaniste : « Les races supérieures ont le devoir de civiliser les races inférieures ». La théorisation du racisme participa par la suite au discrédit de l'humanisme. La raison des humanistes sembla délaisser beaucoup de lieux et beaucoup d'hommes. Que faut-il penser des prétentions du savoir rationnel à énoncer la norme du bon, du juste, mais aussi du vrai et du beau ? Ainsi se développa au XIXe et au XXe siècles, autour du gouffre séparant théorie humaniste et réalité humaine, un courant parfois qualifié d'anti-Lumières ou d'anti-humaniste. La découverte des camps d'extermination systématique nazis, en 1945, a été proche de signer l'arrêt de mort de l'humanisme. Le crime de masse, le meurtre organisé de millions de Juifs, au cœur même de l'Europe, par la nation qui avait cultivé plus que toute autre la philosophie, donc l'amour de la sagesse, a attesté du peu d'emprise concrète de l'humanisme. Une pensée sans rapport aucun avec la pratique présente évidemment un intérêt limité[163]. En tout cas, depuis lors, peu d'intellectuels s'en réclament — ce sont en général les commentateurs qui attachent l'étiquette humaniste à certains, qui l'acceptent mais n'en font pas grand cas. C'est pourquoi, afin de s'inscrire dans une perspective humaniste, encore faut-il s'efforcer à réhabiliter l'humanisme, à montrer qu'il peut encore être un soutien précieux, en théorie et en pratique.

Entre totalitarismes, crises économiques, périls environnementaux et mégalomanie numérique, l'homme fait face à d'innombrables dangers. Et le premier de ces dangers, c'est lui-même. Dans le règne animal, il est l'une des très rares espèces à s'entretuer, à être autodestructrice. Les éléphants, les antilopes ou les mésanges bleues sont, à l'inverse, autoprotecteurs. Dans ces conditions, l'optimisme des Lumières ne peut que s'effondrer. Mais cela

[163] M. Merleau-Ponty, *Humanisme et terreur – Essai sur le problème communiste*, Gallimard, 1947.

n'interdit pas tout humanisme. On peut subroger à l'idéal de l'homme bon, juste, raisonnable et altruiste par nature un humanisme volontariste. Et celui-ci passera notamment par le droit, qui est le premier des modes de régulation des comportements. L'humanisme juridique devient ainsi une évidence. Comme la démocratie est le pire des systèmes à l'exception de tous les autres, l'humanisme est peut-être la pire des pensées à l'exception de toutes les autres. Car le nihilisme et la pensée de bois (équivalent en esprit de ce qu'est la langue de bois en mots) sont des impasses, loin de permettre de sauver l'homme de lui-même. On choisira donc la voie d'un humanisme pessimiste, donc actif, et non celle d'un humanisme optimiste, donc béat, mais celle d'un humanisme quand même.

Dans les années 1830, on employa le mot « humanitaire » dans un sens péjoratif ou, du moins, moqueur. Ainsi Alfred de Musset put-il écrire, ironique : « Humanitaire veut dire homme croyant à la perfectibilité du genre humain et travaillant de son mieux, pour sa quote-part, au perfectionnement dudit genre humain »[164]. Puis Pierre-Joseph Proudhon donna au mot « humanisme » un sens philosophique (« doctrine qui prend pour fin la personne humaine »), mais pour mieux critiquer la valeur du terme[165]. Il écrivait : « Il m'est impossible de souscrire à cette déification de notre espèce, qui n'est au fond, chez les nouveaux athées, qu'un dernier écho des terreurs religieuses ; qui, sous le nom d'humanisme réhabilitant et consacrant le mysticisme, ramène dans la science le préjugé »[166]. Karl Marx, pour sa part, contestait également toute pensée se reposant sur la « nature humaine » ou l' « essence de l'homme », lui faisant confiance et se donnant pour objectif de lui permettre de s'exprimer pleinement. Il lui semblait plus urgent et plus utile de se concentrer sur la condition humaine, laquelle faisait de plus en plus penser à une « bête humaine », si ce n'est à une « bombe humaine », à mesure que le phénomène d'industrialisation intensive se développait. Or, encore une fois, l'humanisme libéral ici défendu est un humanisme pessimiste qui, loin de remplacer la foi en Dieu par la foi en l'homme, que la nature aurait fait bon et juste, cherche à développer en l'homme les valeurs jugées les plus essentielles et qui, sans travaux séminaux pour les faire

[164] A. De Musset, « Les Humanitaires : IIe lettre de Dupuis et Cotonet », *Revue des deux mondes* 1836, p. 596.
[165] P.-J. Proudhon, *Philosophie de la misère*, 1846.
[166] P.-J. Proudhon, *Revue des deux mondes* 1848, p. 317-318.

croître, risquent fort de demeurer très en retrait. En d'autres termes, ce qu'il s'agit de promouvoir, ce n'est pas un homme libre d'enchaîner les autres ou de s'enchaîner lui-même, mais un homme libre-contraint, par exemple parce qu'il lui est « interdit d'interdire ».

30. Un humanisme de la « vraie vie ». Les philosophes des Lumières croyaient aux bienfaits de la civilisation, à la supériorité du civilisé sur le sauvage. Leur ambition était donc, comme l'a exprimée Condorcet, de « propager les Lumières sur le globe » — et d'ajouter : « Bientôt la liberté, s'élançant avec elle des ailes assurées que la France et l'Amérique lui ont offertes, subjuguera tous les peuples dont les yeux enfin dessillés ne pourront plus les méconnaître ». Les Lumières étaient universalistes, un universalisme qui confine fatalement au colonialisme culturel. Selon ces penseurs, tous les peuples du monde devraient jouir des mêmes droits fondamentaux et posséder la même aptitude à la liberté et à la civilisation. Or, conscients du caractère exceptionnel de l'histoire européenne, qui a depuis la fin du Moyen-Âge cumulé les progrès sociaux, intellectuels et culturels, ils ont assigné aux Européens la mission historique d'éclairer le monde, diffuser l'esprit philosophique, évincer les superstitions et consacrer partout les libertés contre les tyrannies. De la sorte, affirmait Volney, « la civilisation deviendra vraiment universelle ».

Très vite, on reprocha aux Lumières l'abstraction de leur universalisme. Joseph de Maistre déclarait ainsi : « La Constitution de 1795, tout comme ses aînées, est faite pour l'homme. Or il n'y a point d'hommes dans le monde. J'ai vu, dans ma vie, des Français, des Italiens, des Russes. Mais quant à l'homme, je déclare ne l'avoir jamais rencontré de ma vie »[167]. L'humanisme et l'exaltation de l'homme qui l'accompagne auraient empêché de voir la réalité vécue de l'homme. Et on dénonçait le hiatus entre « l'homme de l'humanisme » et « les hommes dans leurs vies concrètes ». Interroger l'homme et s'intéresser à l'homme, être humaniste, ce serait donc se déconnecter de la réalité. Cette réserve légitime faite à l'humanisme perdure aujourd'hui. De même, la volonté de faire sens de tout, d'avoir raison de tout, serait un déni de la complexité irréductible du réel relevant de la folie[168]. Mais on peut aussi parier sur des discours humanistes au sujet non d'un

[167] J. De Maistre, *Considérations sur la France*, 1796.
[168] F. Nietzsche, *Crépuscule des idoles*, 1889.

homme idéal et désincarné mais des hommes aux prises avec la « vraie vie », non de l'homme métaphysique mais des hommes physiques (ou numériques), par exemple en matière d'impact des nouvelles technologies numériques sur nos existences. Si l'on en vient à dénoncer certaines « barbaries » ou autres dérives contemporaines jugées inadmissibles, c'est bien que des attitudes, des institutions, des organisations ou encore des machines nous semblent inhumaines.

Le socialisme s'est développé contre l'humanisme — ou contre une forme d'humanisme — : celui qui, traduit concrètement dans le libéralisme économique et l'industrialisation, a contribué à l'avènement de nouvelles servitudes et d'une société inégalitaire. On déplora ainsi que la révolution se soit satisfaite de la proclamation de beaux et grands principes dans la Déclaration des droits de l'homme et du citoyen sans se soucier de leur effectivité, sans passer à l'étape suivante : celle de la réalisation concrète des conditions de la démocratie, de la dignité, de la liberté et de l'égalité. On regretta le caractère formel et idéologique de cet humanisme juridique, de cet humanisme exprimé dans des textes de droit. L'humanisme aurait en même temps provoqué et voilé l'éclatement de l'homme. Et Karl Marx de déclarer plus tard que les droits de l'homme ne seraient en réalité que les droits des propriétaires bourgeois. L'humanisme, le vrai, serait celui qui préfère les droits réellement appliqués et respectés, même s'ils sont forcément limités, aux droits absolus et universels détachés des réalités, ce qui, dans l'idéal socialiste, suppose une organisation non individualiste de la société et l'abolition de la propriété privée.

Karl Marx et certains de ses interprètes comme Louis Althusser pouvaient ainsi ironiser à propos de cet homme abstrait défendu par les humanistes. Selon eux, l'essence de l'humanité se trouverait dans les rapports sociaux, lesquels seraient de moins en moins humains[169]. L'individu n'aurait en soi aucune force. Toute la puissance résiderait dans les forces sociales collectives et dans les effets de masses où s'annule l'individu, dans des structures objectives où s'éteint la subjectivité. Dans le *Manifeste du parti communiste*, Marx et Engels écrivent ainsi : « Les idées, les conceptions et les notions des hommes, en un mot leur conscience, changent avec tout changement survenu dans leurs conditions de vie, leurs relations sociales,

---

[169] F. Wolf, « La question de l'humain après Marx », *Actuel Marx* 2003, n° 21.

leur existence sociale. Que démontre l'histoire des idées, si ce n'est que la production intellectuelle se transforme avec la production matérielle ? Les idées dominantes d'une époque n'ont jamais été que les idées de la classe dominante »[170]. Cependant, en s'intéressant aux hommes entités concrètes plutôt qu'à l'homme abstrait et idéalisé, en les inscrivant dans une histoire mêlant raison et déraison, liberté et aliénation, et en pensant les conditions d'un avenir des hommes plus digne, les marxistes étaient certainement, à leur manière, des humanistes[171]. Et Ernst Bloch pouvait voir en lui comme en Karl Marx des humanistes athées[172]. En somme, tout humaniste est toujours à la fois défenseur de l'humanisme et critique de l'humanisme — d'une de ses variantes contre une autre de ses variantes. L'humanisme peut être idéologique ou non. Il peut être utilisé, plus ou moins consciemment, par des individus afin de maintenir une forme de domination sur d'autres individus. Imposer le refus de toute idéologie, c'est déjà imposer une idéologie.

On peut donc défendre un humanisme sans défendre l'humanisme — peut-être même y est-on contraint par le manque de sens de l'idéal humaniste en soi. C'est ce que l'on fera ici en faisant le choix d'un humanisme libéral, source de l'humanisme juridique et, par suite, des droits de l'homme numérique. Et, cet humanisme libéral étant lui-même relativement vague, il importe d'en préciser plus finement les contours. Il semble nécessaire de repenser en partie l'humanisme. On ne saurait, après que le XIXe et le XXe siècles nous ont un peu mieux appris ce qu'est l'homme, s'inscrire entièrement dans les traces de la Renaissance et des Lumières. Mais on ne doutera pas un instant de l'intérêt d'un humanisme régénéré, contre les critiques de l'humanisme conduisant à la liquidation non seulement de la métaphysique et de la raison, mais aussi de toutes les valeurs, de l'éthique, de la morale, de la conscience, de la responsabilité, de la justice, du droit. Michel Foucault, considérant que toutes les positions morales et culturelles se vaudraient, tournait en dérision l'humanisme : « On s'imagine volontiers que l'humanisme a toujours été la grande constante de la culture occidentale. Ainsi, ce qui distinguerait cette culture des autres, des

---

[170] K. Marx, F. Engels, *Manifeste du parti communiste*, 1848.

[171] J. Israel, « L'humanisme dans les théories de Marx », *L'Homme et la société* 1969, p. 109 s.

[172] A. Münster, *Figures de l'utopie dans la pensée d'Ernst Bloch*, Hermann, coll. Philosophie, 2009.

cultures orientales ou islamiques par exemple, ce serait l'humanisme. On s'émeut quand on reconnaît des traces de cet humanisme ailleurs, chez un auteur chinois ou arabe, et on a l'impression alors de communiquer avec l'universalité du genre humain. Or non seulement l'humanisme n'existe pas dans les autres cultures, mais il est probablement dans la nôtre de l'ordre du mirage »[173]. On peut être humaniste sans croire en l'universel, en la raison et en l'existence de vérités absolues. Cet humanisme libéral, pessimiste et relativiste, est alors aussi un humanisme réaliste, pragmatiste, qui reconnaît et accepte la pluralité et la variabilité des valeurs, des points de vue, ainsi que des cultures. En somme, je serais naïf de croire que je me bats pour l'homme dans toute son universelle grandeur. Je me bats pour mon homme subjectif, un petit homme. Mais je ne me battrai pas moins ardemment.

II. Un humanisme libéral ou un libéralisme humaniste

31. Indépendance et tolérance. La révolution copernicienne d'Emmanuel Kant a consisté à faire reposer la connaissance moins sur l'objet observé que sur le sujet observant[174]. Pour mieux connaître nos connaissances, on partira de celui qui cherche à connaître et des structures de son esprit, non de ce qui est à connaître. C'est pourquoi toute recherche, y compris scientifique, *a fortiori* scientifique, devrait s'attarder au moins aussi longtemps sur les moyens de la connaissance que sur l'objet de cette connaissance. L'humanisme libéral est autant, si ce n'est plus, un mode d'accès aux connaissances qu'un ensemble déterminé de savoirs bien définis. Et c'est déjà en tant que philosophie de la connaissance qu'il inspire l'humanisme juridique, lequel se présente en particulier telle une philosophie de la connaissance juridique. Parmi les caractéristiques de cette philosophie de la connaissance, on retiendra essentiellement la liberté intellectuelle, l'esprit critique, la transdisciplinarité ou indisciplinarité et le goût de la mesure. Ainsi l'humanisme libéral valorise-t-il la subjectivité, le fait que c'est toujours « je » qui pense, « je » qui s'exprime, « je » qui écrit, et reconnaît-il

---

[173] M. Foucault, « L'homme est-il mort ? », *Arts et Loisirs* 1966, n° 38, p. 8.
[174] E. Kant, *Critique de la raison pure*, 1781.

qu'en matière philosophique il ne se trouve aucune vérité objective qu'il suffirait de constater au moyen de la raison. Pour Emmanuel Kant, le « centre » de la connaissance est le sujet et non une réalité extérieure par rapport à laquelle l'homme serait passif. Ce n'est donc plus l'objet qui oblige le sujet à se conformer à ses règles, c'est le sujet qui donne les siennes à l'objet pour le connaître. On parlera de « constructivisme », soit une théorie de la connaissance qui repose sur l'idée que notre image de la réalité est le produit de l'esprit humain en interaction avec cette réalité, et non le reflet exact de la réalité elle-même[175]. Le monde, notre environnement, les choses sont inaccessibles ontologiquement et leurs représentations sont des opérations de l'intelligence. Il n'est donc pas permis de connaître la réalité « en soi ». On n'en proposera toujours qu'un point de vue et l'objectivité est utopique, de même que la raison qui n'est qu'un jugement empreint de subjectivité et de tromperie, ployable et accommodable à tous biais et à toutes mesures. Mieux vaut dès lors une subjectivité assumée et consciente d'elle-même qu'une subjectivité maquillée en fausse objectivité. La scientificité est illusoire mais peut être poursuivie comme objectif afin d'atteindre un savoir mieux assuré, malgré sa précarité inéluctable. Quant à la métaphysique, il est non seulement impossible mais aussi très prétentieux d'imaginer pouvoir atteindre une connaissance ultime des choses, au-delà (*méta*) de la la nature (*physis*) ou et donc de la science de la nature. Ce but ultime de l'esprit humain et de la philosophie est tout simplement inconséquent, comme est inconséquente l'idée que l'homme, « animal métaphysique », pourrait posséder une raison pure.

Le philosophe Peter Sloterdijk estime que l'humanisme, à travers les livres, aurait longtemps permis aux hommes de se donner un guide, une raison d'être, une bonne conscience. Cela leur aurait permis de « se domestiquer ». Mais, décrit-il, l'avènement de la culture et de la consommation de masse et la révolution numérique signent la fin définitive de cette époque, la fin de l'humanisme, dernière étape après la perversion de l'humanisme qui l'avait fait dégénérer en bolchévisme et en fascisme[176]. Durant les dernières décennies, la notion d'humanisme a été ridiculisée par la pensée dominante — il faut être bien pédant et cuistre pour se revendiquer « humaniste ».

[175] J.-M. Besnier, *Les théories de la connaissance*, Puf, coll. Que sais-je ?, 2005.

[176] P. Sloterdijk, *Règles pour le parc humain – Une lettre en réponse à la Lettre sur l'Humanisme de Heidegger*, Mille et Une nuits, 2000, p. 30.

Quelle attitude adopter face à ce constat, largement partagé, de l'inanité actuelle de l'humanisme ? Doit-on se résoudre à défendre d'autres causes (le profit, la nation, l'ordre etc.) ? Doit-on renoncer à défendre une cause et s'abandonner corps et âme à la science ? Ou bien peut-on contribuer à donner un nouveau souffle à l'humanisme, en ne reniant aucun héritage et en ne s'interdisant aucune aventure ? C'est ce dernier pari qui sera pris ici, en suivant la ligne d'un humanisme libéral rénové.

Choisir la voie de l'humanisme présente le désavantage de ne pas donner de direction claire à suivre mais l'heureux avantage de permettre de tracer sa propre voie. L'humanisme libéral, comme tout humanisme, se définit déjà par son objet : l'homme. Il s'agit de penser l'homme et défendre l'homme. Il sera mieux compris en disant qu'il se rapproche d'un libéralisme humaniste. Selon les dictionnaires, le libéralisme est déjà l' « indépendance d'esprit en particulier à l'égard des dogmes religieux »[177]. On perçoit alors la filiation avec l'humanisme de la Renaissance et des Lumières. Mais il s'agit ici, plus largement, d'une quête d'indépendance d'esprit à l'égard de tous les dogmes. Le libéralisme est, ensuite, « sur le plan moral, [l']attitude de respect à l'égard de l'indépendance d'autrui, de tolérance à l'égard de ses idées, de ses croyances, de ses actes »[178]. On retrouve là l'idéal d'ouverture d'esprit des Lumières, pour qui la tolérance est proche de constituer la première des valeurs. Enfin, le libéralisme est, « sur le plan politique ou socio-économique, [l']attitude ou doctrine favorable à l'extension des libertés et en particulier à celle de la liberté politique et de la liberté de pensée »[179], l' « ensemble des doctrines politiques fondées sur la garantie des droits individuels contre l'autorité arbitraire d'un gouvernement (en particulier par la séparation des pouvoirs) ou contre la pression des groupes particuliers (monopoles économiques, partis, syndicats) »[180]. Inspirant l'humanisme libéral, le libéralisme est donc à la fois une attitude intellectuelle et un ensemble de principes politiques, sociaux et économiques qui défendent la liberté et s'opposent aux autoritarismes.

---

[177] V° « Libéralisme », in *Trésor de la langue française.*
[178] *Ibid.*
[179] *Ibid.*
[180] *Ibid.*

L'humanisme libéral n'est pas l'humanisme total et le libéralisme humaniste n'est pas le libéralisme total. Humanité et liberté peuvent se contredire, par exemple lorsque la liberté sert à exploiter l'homme ou lorsque l'humanité sert à brider la liberté. L'une et l'autre doivent ainsi se corriger mutuellement, s'infléchir afin d'atteindre le meilleur équilibre. Aussi peut-on poursuivre la quête d'un humanisme libéral, mais pas celle d'un humanisme libertaire en raison de son caractère extrême, loin de l'équilibre ici recherché — est libertaire ce « qui, en théorie comme en pratique, va le plus loin possible dans le sens de la liberté individuelle absolue ; qui est inspiré par ou qui se réclame d'un idéal ou d'une doctrine de liberté absolue »[181]. Or la défense de l'humain, dans le cadre d'un humanisme libéral, peut parfaitement justifier le recours à des formes de liberté limitée et non absolue, en premier lieu parce que les libertés elles-mêmes se limitent les unes les autres et envisager des libertés absolues aboutirait inévitablement à des conflits de libertés qui ne seraient pas autre chose que des guerres entre les hommes. L'humanisme libéral se caractérise donc par son amour de la liberté ; et c'est cet amour de la liberté qui lui interdit de devenir libertaire. En revanche, en sciences de l'éducation, une méthode pédagogique est dite « libertaire » lorsqu'elle « refuse l'autorité du maître et de la discipline pour laisser à l'enfant la plus grande liberté d'expression et de comportement »[182]. Sur ce point, l'attitude intellectuelle propre à l'humanisme libéral est un libertarisme.

La liberté de l'humanisme libéral est donc déjà celle qu'autorise la crise de l'ontologie, de la métaphysique, du fondamentalisme et des idées telles que Dieu, la vérité, l'essence, la valeur en soi ou la raison. En résulte un relativisme ou nihilisme émancipateur, diversificateur, créateur, source d'épanouissement, de possibilités et d'espoirs[183], mais à condition, donc, de ne pas se perdre ou s'enfermer personnellement dans ce relativisme ou nihilisme qui ne doit demeurer qu'une donnée collective. Puisqu'il n'y a pas de valeurs bonnes ou mauvaises en soi, par nature, je peux affirmer et défendre les valeurs qui, pour moi, sont bonnes contre celles qui, pour moi, sont mauvaises. Et si ces valeurs bonnes l'étaient aussi à vos yeux tout aussi subjectifs que les miens, alors peut-être pourrions-nous envisager de les

---

[181] « Libertaire », in *Trésor de la Langue française.*

[182] *Ibid.*

[183] G. Hottois, *Essai de philosophie bioéthique et biopolitique,* Vrin, 1999.

traduire dans des documents officiels, et pourquoi pas dans des déclarations des droits et des libertés.

32. Un humanisme modeste. Déjà Friedrich Nietzsche remarquait que « nous sommes devenus froids et durs à force de reconnaître que rien ici-bas ne se passait de façon divine, pas même selon les critères humains, de façon raisonnable, miséricordieuse ou équitable : nous le savons, le monde dans lequel nous vivons est non-vivant, immoral, inhumain »[184]. Ce constat n'est-il pas de plus en plus valide à l'ère contemporaine ? Ne faudrait-il pas se réjouir que quelques-uns, plutôt que de nier tout intérêt aux valeurs, de s'abandonner au positivisme et de servir les pouvoirs, souhaitent encore placer au-dessus de tout la vie, la moralité et l'humanité ? Mais, dans la pensée et l'action humanistes, il importe de faire preuve de modestie. L'humanisme est en soi très immodeste — qui êtes-vous pour prétendre parler au nom de l'homme, pour affirmer mieux connaître l'homme, pour dicter à l'homme les règles du bon et du juste ? C'est pourquoi, sans succomber au nihilisme qui est un défaitisme, il faut répéter que tout humanisme, et notamment l'humanisme libéral ici en cause, est un point de vue personnel, loin de toute vérité et de toute raison. En somme, le relativisme objectif est une réalité qu'on constate tous les jours, mais il faut refuser tout relativisme subjectif. Je défends mes valeurs, je défends mon homme. Mais je m'enorgueillis de n'être mû par aucun intérêt autre que mes intérêts idéologiques. Je parle en mon nom. Parler au nom de l'humanité, de l'universel, de la vérité ou de la raison, ce serait se rendre inaudible en plus de traduire un excès d'orgueil et d'ambition, un affaiblissement grave des facultés de jugement.

Le doute — douter de Dieu, douter des hommes, douter de soi — doit être au cœur de cet humanisme libéral. « Le doute est le commencement de la sagesse », dit un proverbe. On progresse toujours lorsqu'on remplace une certitude par un doute. Il faut bien sûr un socle de choses sûres pour avancer ; et la première des certitudes est celle du sujet pensant lui-même, suivant le *cogito ergo sum* cartésien. Mais, au-delà, la confiance s'établit peut-être plus dans le doute que dans la certitude. Dans *La peste*, d'Albert Camus, le père Paneloux accède au doute dès lors qu'il doit concilier le spectacle des souffrances qu'il tente de soulager et sa confiance en la bonté

---

[184] F. Nietzsche, *Le Gai savoir*, 1882.

de Dieu. En 2020, l'épidémie de coronavirus en France, qui a fait dans ce pays des dizaines de milliers de morts, ne s'est-elle pas répandue à cause d'une manifestation religieuse, en l'honneur de Dieu (le « cluster » du rassemblement évangélique de Mulhouse) ? Déjà le séisme de Lisbonne, en 1755, avait conduit Voltaire et autres penseurs lucides à douter de Dieu : soit Dieu n'existe pas, soit Dieu est méchant. La mort de milliers d'innocents, par hasard, obligea à reconsidérer le caractère raisonnable du monde comme de nombreux courants de la philosophie[185]. Candide se trouva à Lisbonne le jour du tremblement de terre, avec le docteur Pangloss, caricature du philosophe leibnizien répétant à chaque malheur qui se produit que tout est pour le mieux dans le meilleur des mondes : « Pangloss les consola en les assurant que les choses ne pouvaient être autrement. Car, dit-il, tout ceci est ce qu'il y a de mieux. Car, s'il y a un volcan à Lisbonne, il ne pouvait être ailleurs. Car il est impossible que les choses ne soient pas où elles sont. Car tout est bien »[186]. Mais l'optimisme et la philosophie de Leibniz se sont effondrés avec le séisme. Le seul monde possible peut-être, mais le meilleur des mondes possibles sans doute pas. Justifier rationnellement l'état et la marche du monde, l'état et la marche des hommes, l'état et la marche de ma vie est une impasse. Il faut être modeste, ce qui confine à la lucidité, à l'égard du monde, de l'homme et de ma vie. Le monde, l'homme et ma vie sont absurdes. Cette absurdité est peut-être d'ailleurs la seconde et dernière certitude, après le « je pense donc je suis » de Descartes. Ces deux certitudes primaires associées, on pourra réfléchir à l'homme dans sa réalité, plutôt que dans sa vérité, et dans sa diversité, plutôt que dans son absoluité. On sera alors mieux disposé à comprendre et accepter ce qui se passe, et à y répondre, au cœur des embarras de la pensée moderne, avec franchise et courage. Être optimiste, avancer des vérités, raisonner à base de raison, croire en des croyances est indécent. Être pessimiste mais non résigné est courageux — « il faut imaginer Sisyphe heureux »[187].

33. Un humanisme tragique, désillusionné et responsable. Telle est la conscience de l'humanisme libéral. Pour se libérer, il faut déjà admettre que, si l'homme est un être épris de sens, la seule réponse qu'il obtient réellement,

---

[185] F. Thomas, « Un séisme à Lisbonne fait trembler la philosophie », in *Chronologie de l'histoire de la philosophie*, Hatier, coll. Bescherelle, 2016, p. 227.

[186] Voltaire, *Candide ou l'Optimisme*, 1759.

[187] A. Camus, *Le mythe de Sisyphe*, Gallimard, 1942.

loin des fantasmes et des formatages de l'esprit, est le silence insondable des choses, à commencer par celui de sa propre mort. La situation est insoluble, car cet être « cherche dans le monde une raison qui n'est qu'en lui »[188]. À l'instar de Sisyphe qui ne saurait s'inventer un avenir illusoire, l'homme tirerait davantage profit d'une conscience de sa condition naturelle que de l'évasion dans un « au-delà » religieux ou autrement spirituel, asservissant au vide et au néant. On peut alors se suicider, ce qui revient au même puisque là aussi on se dérobe à une existence absurde, mais la vie est un bien nécessaire puisque sans elle l'absurde est sans support et parce que la conscience suppose la vie, ou bien affronter la réalité du monde, des hommes et de ma vie en adoptant un esprit de révolte. Une joie lucide, malgré le pessimisme, pourrait émaner de cet espoir paradoxal. C'est la révolte, dépassant l'absurde et le tragique de notre condition, qui peut remplir le cœur des hommes et qui anime l'humanisme libéral. Car la première liberté de l'humanisme libéral est la conscience du réel. La deuxième est la révolte contre tout ce qu'on jugera injuste ou inhumain, à mille lieues du déterminisme rigoureux d'un Leibniz, pour qui nos actions sont prédéterminées selon les plans de Dieu. On peut résister à Dieu puisqu'il n'est rien. On peut aussi résister aux hommes. Et l'on peut résister aux techniques.

Pascal s'interrogeait : « Qu'est-ce que l'homme dans la nature ? ». Il se répondait, goguenard face à l'impossibilité de trouver une solution sûre et précise : « Un néant à l'égard de l'infini, un tout à l'égard du néant, un milieu entre rien et tout »[189], en bref un être dans une situation bien absurde qui le rend absurde lui-même et absurde toute réflexion sur son ontologie. L'absurde s'oppose à l'historicisme et au déterminisme. L'idée centrale de la philosophie de l'histoire est que celle-ci aurait un sens. Les connaissances et les valeurs d'une société seraient liées à son contexte historique[190]. Mais comment ne pas concéder que tout est absurde, que tout est contingent, que tout ce qui est aurait parfaitement pu ne pas être tandis que tout ce qui n'est pas aurait pu être, par hasard, que tout manque de sens ou même n'a aucun sens ? On peut alors regretter toutes ces pensées qui se placent dans le sens de l'histoire, la bassesse d'âme qui tient les vainqueurs pour admirables parce

---

[188] *Ibid.*

[189] Cité par *Dictionnaire des citations littéraires,* Larousse, coll. Références, 2014, p. 149.

[190] Vico, *Philosophie de l'histoire,* 1725.

qu'ils sont les vainqueurs et les puissants pour honorables parce qu'ils sont les puissants. Il faut au contraire refuser toute fatalité de l'histoire. Ce sont les existentialistes qui ont montré que le monde, l'histoire et la vie manquent cruellement de sens[191]. « L'absurde, écrivait Albert Camus, naît de cette confrontation entre l'appel humain et le silence déraisonnable du monde »[192]. L'étymologie du mot absurde vient du latin « *absurdus* » qui signifie « dissonant ». Il désigne ce qui manque de logique et, en l'occurrence, l'antinomie entre l'homme et le monde dans lequel il évolue et dont il ne peut s'extraire, l'impossibilité pour l'un de comprendre l'autre. La littérature de l'absurde s'est essentiellement développée au XXe siècle, entre les deux guerres mondiales. Comment, en effet, ne pas éprouver un profond désarroi face à de tels évènements ? Comment ne pas jeter un regard désabusé sur l'existence, sur la condition humaine et sur l'absence de cordialité et de communication entre les êtres ?

Autre nom de la lucidité de l'homme par rapport à lui-même et à son environnement, l'absurde traduit le fait qu'on recherche toujours en vain du sens, de l'unité et de la clarté dans un monde inintelligible, sans dieux ni vérités et valeurs universelles et éternelles. Cette prise de conscience de l'absurdité justifie, pour les uns, comme Schopenhauer, le pessimisme et le détachement. Pour les autres, comme Camus, elle motive la révolte et l'action. L'absurde peut donc déboucher sur une conception négative-logique ou positive-paradoxale de la vie. Le caractère machinal de l'existence sans but peut donner la nausée[193]. On peut se sentir étranger aux autres, étranger au monde et à son hostilité primitive, étranger à tout[194]. Le temps, notre pire ennemi, nous rapproche à chaque instant de notre fin et de la fin du monde, de l'anéantissement de tout ce qu'on aura entrepris et réalisé — l'homme est un condamné qui s'ignore et l'homme absurde est un condamné conscient de sa condamnation, un prisonnier sous un ciel désert ; et Pascal pouvait décrire dans ses *Pensées* la condition humaine sous les traits d'un cortège de condamnés à mort qui attendent le supplice final. Mais le sentiment de l'absurde ne doit pas fatalement s'accompagner de souffrances et de renoncements, engendrer un rejet dédaigneux du monde et conduire à la

[191] J.-P. Sartre, *La Nausée*, Gallimard, 1938.
[192] A. Camus, *Le mythe de Sisyphe*, Gallimard, 1942.
[193] J.-P. Sartre, *La Nausée*, Gallimard, 1938.
[194] A. Camus, *L'Étranger*, Gallimard, 1942.

passivité nihiliste et autodestructrice ou à la consolation religieuse. Il peut aussi aboutir à l'engagement, associé à l'éthique et à une morale prenant pour valeur fondamentale le sentiment chez l'homme de sa propre humanité et de la nécessité de la lutte. Pour Jean-Paul Sartre, si le sens du monde n'existe pas, s'il n'est pas donné, on peut le construire. Ainsi l'absurde est-il la source de la prise de conscience de ma liberté, la source de ma liberté. Il est en même temps la source de la prise de conscience de ma responsabilité, la source de ma responsabilité. Je peux me donner une définition de l'humain et agir conformément à elle. Le monde n'a pas de sens, mais mon monde en a un. La vie n'a pas de sens, mais ma vie en a un. Il faut consentir à l'absurde pour le dépasser, puisqu'il s'agit à la fois du divorce de l'homme avec le monde et de sa pleine responsabilité à l'égard de ce monde. On peut assumer l'injustice pour mieux la maîtriser, vivre dans le réel et dans l'instant présent, et jouir pleinement de la liberté. Découle de la conscience de l'absurde un humanisme libéral mais aussi tragique, désillusionné et responsable — car « l'écrivain engagé sait que la parole est action. [...] Il a abandonné le rêve impossible de faire une peinture impartiale de la société et de la condition humaine. L'homme est l'être vis-à-vis de qui aucun être ne peut garder l'impartialité, même Dieu »[195].

L'Étranger et *La Nausée* dépeints par Camus et Sartre sont les symboles tragiques de la condition humaine, de l'angoisse éprouvée devant le non-sens de l'existence et la contingence du monde. Mais Camus a aussi montré combien l'on peut récuser toute servitude et se révolter contre la condition humaine, mais aussi contre soi-même, et aventurer toutes les résistances à l'oppression. Selon lui, « l'absurde est un passage vécu, un point de départ, l'équivalent en existence du doute méthodique de Descartes. [...] Je crie que je ne crois à rien et que tout est absurde, mais je ne puis douter de mon cri et il me faut au moins croire à ma protestation. La première et la seule évidence qui me soit ainsi donnée, à l'intérieur de l'expérience absurde, est la révolte. [...] La révolte naît du spectacle de la déraison, devant une condition injuste et incompréhensible. Mais son élan aveugle revendique l'ordre au milieu du chaos et l'unité au cœur même de ce qui fuit et disparaît. [...] Son souci est de transformer. Et transformer, c'est agir »[196]. On passe ainsi de la révolte à

---

[195] J.-P. Sartre, *Qu'est-ce que la littérature ?*, Gallimard, coll. La blanche, 1948.
[196] A. Camus, « L'Homme révolté (1951) », in *Œuvres*, Gallimard, coll. Quarto, 2013, p. 851-852.

l'action, poursuivant un « ordre libertaire »[197] qui n'est pas autre chose que l'humanisme libéral. Dans *L'Exil et le Royaume*, Camus ajoute : « Quant au royaume dont il est question, il coïncide avec une certaine vie libre et nue que nous avons à retrouver, pour renaître enfin. L'exil, à sa manière, nous en montre les chemins, à la seule condition que nous sachions y refuser en même temps la servitude et la possession »[198]. On ne peut pas guérir l'absurdité du monde, mais on peut la soigner. L'homme est « condamné à être libre »[199] : Jean-Paul Sartre affirme la liberté absolue de l'homme et, face à l'absence de sens à attendre du monde, le besoin de s'engager pour donner sens à son existence et à sa liberté. Plus le monde et les hommes deviennent insensés, plus il paraît urgent de revenir à un stoïcisme actif et refuser les illusions et les faux-semblants. Or le monde des robots, puisque la définition du robot est de ne pas posséder le bon sens ou sens commun, peut-il être autre chose qu'un monde insensé ?

Aujourd'hui comme hier, l'engagement politique, la bataille morale et la solidarité permettent de voiler cette absurdité et de trouver un sens — non le sens puisque ce serait une vaine illusion — au monde et à la vie. « Je me révolte, donc nous sommes », écrit Camus[200]. Ce « nous sommes », fondant toute action morale, repose sur une donnée plus naturelle qu'historique, tandis que, pour Jean-Paul Sartre, il n'est pas question d'une quelconque essence de l'homme. C'est pourtant le sentiment de leur humanité commune et irréductible, d'une identité humaine, qui permet la révolte des hommes contre tout ce qui a pour but ou pour effet de les déshumaniser, de les bestialiser ou les réifier. On se révolte parce qu'on imagine qu'il y a en soi quelque-chose de naturel et de permanent à préserver des manipulations et des velléités destructrices[201]. La révolte révèle ce qui, en l'homme, est toujours à défendre. Contre le consentement nihiliste, contre l'acceptation de l'oppression, si un individu accepte le risque de mourir, et parfois meurt,

---

[197] M. Onfray, *L'Ordre libertaire – La vie philosophique d'Albert Camus*, Flammarion, 2012.

[198] A. Camus, *L'Exil et le Royaume*, Gallimard, 1957.

[199] J.-P. Sartre, *L'Être et le Néant – Essai d'ontologie phénoménologique*, Gallimard, 1943.

[200] A. Camus, *L'Homme révolté*, Gallimard, 1951.

[201] F. Noudelmann, « Camus et Sartre : le corps et la loi », in A.-M. Amiot, J.-F. Mattéi, dir., *Albert Camus et la philosophie*, Puf, coll. Thémis, 1997, p. 133.

attaché à sa révolte, c'est parce qu'il estime devoir se sacrifier pour un bien qui dépasse sa propre destinée, parce qu'il conçoit que certaines valeurs seraient communes à tous les hommes — ou devraient l'être puisqu'on constate chaque jour dans les faits que tel n'est guère le cas, qu'on songe à Guernica. Or les philosophies de l'histoire, au contraire, jugent que les valeurs se conquièrent au terme de l'action. Pour Camus, « si la révolte pouvait fonder une philosophie, ce serait une philosophie des limites et du risque. Le révolté, loin de faire un absolu de l'histoire, la récuse et la met en contestation au nom d'une idée qu'il a de sa propre nature. Il refuse sa condition et sa condition, en grande partie, est historique. La justice, la fugacité, la mort se manifestent dans l'histoire. En les repoussant, on repousse l'histoire elle-même. Certes, le révolté ne nie pas l'histoire qui l'entoure, c'est en elle qu'il essaie de s'affirmer. Mais il se trouve devant elle comme l'artiste devant le réel, il la repousse sans s'y dérober. Pas une seconde, il n'en fait un absolu »[202]. Que d'enseignements à tirer à l'heure où partout on semble considérer que ce qui est nouveau est nécessairement bon du seul fait qu'il est nouveau et vouloir aller si vite dans le sens de l'histoire qu'on en vient à aller plus vite qu'elle. Et Camus d'ajouter : « La logique du révolté est de vouloir servir la justice pour ne pas ajouter à l'injustice de la condition, de s'efforcer au langage clair pour ne pas épaissir le mensonge universel et de parier, face à la douleur des hommes, pour le bonheur »[203]. Ce n'est pas là de la bien-pensance mais, au contraire, une nécessité vitale dont on peut regretter qu'elle soit trop rarement entendue et scandée. Le révolté se dresse ainsi contre les puissances aliénantes et entend leur imposer des limites. Le révolutionnaire, au contraire, dans sa quête d'absolu bascule dans le despotisme illimité[204]. Ensuite, et bien sûr, « la révolte bute inlassablement contre le mal, à partir duquel il ne lui reste qu'à prendre un nouvel élan. L'art et la révolte ne mourront qu'avec le dernier homme »[205].

---

[202] A. Camus, « L'Homme révolté (1951) », in *Œuvres*, Gallimard, coll. Quarto, 2013, p. 1067.

[203] *Ibid.*, p. 1063.

[204] E. Werner, *De la violence au totalitarisme – Essai sur la pensée de Camus et de Sartre*, Calmann-Lévy, 1972, p. 222.

[205] A. Camus, « L'Homme révolté (1951) », in *Œuvres*, Gallimard, coll. Quarto, 2013, p. 1077.

On ajoutera que le sentiment de l'absurde est source d'amour. Aimer ce monde est absurde, puisque le monde s'en fiche et ne nous renvoie le plus souvent en réponse que violences et drames. Mais ne pas aimer ce monde serait encore plus absurde puisque ce serait être malheureux deux fois. Le monde est aussi source de vie et de lumière. Puisque c'est là tout ce qui nous est donné, on peut vouloir vivifier cette vie et capter cette lumière. Il y a tant de questions auxquelles le réel ne répond pas, renforçant le sentiment d'absurde. Ne cherchons pas à résoudre ces problèmes sans réponses, ou alors l'absurde nous renverra son silence cruel. Concentrons-nous sur ce qui est effectivement important : la vie, la lumière ; la Terre, le Soleil. Ils ne promettent rien, ils donnent peu, mais ce peu est déjà beaucoup pour qui sait s'en contenter. L'amour est de première nécessité. Alors que dire de l'époque actuelle dans laquelle être conformiste, c'est être méchant et violent et où c'est aimer qui est l'attitude la plus subversive ? Dire qu'elle est absurde, certainement, que les hommes ajoutent l'absurde à l'absurde, peut-être, et que cela ne doit pas nous empêcher de nous révolter et d'agir. La première des résistances de nos jours, c'est aimer[206].

34. Un humanisme réaliste. Être humaniste, c'est penser à hauteur d'homme, ce qui autorise une pleine lucidité et une totale intransigeance à l'égard de l'inhumanité. L'absurde permet de se préserver de toute complaisance idéaliste et de toute bien-pensance facile et de donner à l'humanisme une dimension critique. « Qu'est-ce qui fait l'importance d'une pensée, demande-t-on ? L'ampleur de son système ou la justesse de ses observations ? La symétrie ou la fidélité ? Le concept ou l'impression ? La géométrie de l'édifice ou la finesse de ses nuances ? »[207]. Si l'humanisme s'est souvent montré sous un jour idéaliste et métaphysique, gageons qu'il lui est aussi loisible de revêtir les habits du réalisme et du pragmatisme. On ne cherchera donc pas à comprendre et expliquer, d'un point de vue stellaire, l'objet étudié à travers de grands et beaux mais vagues et incertains concepts. On plongera dans les méandres de nos vies absurdes et on recherchera des solutions opérationnelles. Bien sûr, la philosophie est l'amour de la vérité et la recherche rationnelle de la sagesse, d'un savoir assuré et d'une méthode de

---

[206] A. A. Malik, *Camus, l'art de la révolte*, Fayard, 2016.
[207] R. Enthoven, « Sagesses de l'amour », in A. Camus, *Œuvres*, Gallimard, coll. Quarto, 2013, p. 12.

progrès spirituel. Elle peut aussi constituer une philosophie pratique, cherchant à améliorer non les idées mais les vies, cela en agissant sur les représentations et même en agissant sur les actes.

La phénoménologie d'Edmund Husserl a tâché de convertir la philosophie en discipline scientifique. Pour ce faire, elle a affiché la volonté fondamentale de s'en tenir à l'étude systématique et à l'analyse de l'expérience vécue et d'appréhender la réalité telle qu'elle se donne, à travers les phénomènes[208]. Un tel réalisme philosophique, une telle attitude face aux grandes interrogations de la vie, rompant avec le psychologisme et la métaphysique, inspire aussi l'humanisme libéral et prolonge les réflexions sur l'absurde en se donnant pour but, en complétant les sciences de la nature, d' « élucider le rapport de l'homme au monde »[209]. Jean-Paul Sartre et les existentialistes comme Martin Heidegger, héritiers de Søren Kierkegaard, cherchèrent ainsi à ouvrir la philosophie à la totalité de l'existence humaine, à la vie concrète, à l'individu dans sa réalité la plus nue, enfermé dans sa subjectivité[210]. Pareil point de vue s'imposait au XXe siècle, quand les hommes, de plus en plus sans repères, déboussolés dans les sociétés modernes, se perdirent dans les doutes, les interrogations et les angoisses. Il s'agit de se baser sur l'existence, sur la vie concrète, et non sur l'essence ou les concepts. Dans *La Nausée,* Sartre décrit la crise existentielle de son héros, Antoine Roquentin[211]. Il semble indispensable d'aborder dans les mêmes termes les effets des nouvelles technologies sur l'homme, sur son existence, sur son quotidien, loin de penser un humain désincarné et métaphysique. La liberté humaine est le bien le plus précieux et il faut lutter contre tout ce qui vise à la canaliser, l'édulcorer ou même l'éradiquer. Mais il ne s'agit pas de l'exalter avec le sourire. Il faut au contraire insister avec gravité sur la responsabilité qui s'y attache nécessairement, d'autant plus dans un monde incertain, privé à la foi de Dieu et de valeurs fondatrices. La liberté est le fardeau de l'homme ; et, privé de ce fardeau, il ne serait plus rien, réduit à néant.

---

[208] E. Husserl, *Recherches logiques – Prolégomènes à la logique pure,* 1901.
[209] E. Housset, *Husserl et l'énigme du monde,* Le Seuil, coll. Points, 2000, p. 14.
[210] J.-P. Sartre, *L'Être et le Néant – Essai d'ontologie phénoménologique,* Gallimard, 1943.
[211] J.-P. Sartre, *La Nausée*, Gallimard, 1938.

Jean-Paul Sartre, au contraire de Martin Heidegger dont la philosophie de l'existence aboutit à une critique radicale de l'humanisme, a montré que « l'existentialisme est un humanisme », a fait de l'homme l'objet fondamental de sa philosophie, a esquissé le portrait d'êtres jetés dans une existence problématique, soumise aux aléas, livrée à l'angoisse, étouffée par leur responsabilité personnelle et politique, dont la liberté est à la fois forte et menacée par autrui et par la « mauvaise foi » — c'est-à-dire le mensonge qui consiste à ne s'affirmer libre que lorsque cela nous arrange et au contraire à nous chercher des excuses (les circonstances, le milieu familial, la malchance) lorsque nous voulons fuir nos responsabilités, quand nous refusons d'assumer nos erreurs ou une faute[212]. L'existentialisme rappelle à chacun ses devoirs profonds d'être humain. Il est d'autant plus un humanisme que l'homme est athée et que, unique créateur des valeurs, qui ne sont toujours que ses valeurs, il est sommé d'assumer courageusement sa solitude existentielle et ses responsabilités. Il existe (matériellement) avant d'être (de décider d'être quelque-chose) : « L'existence précède l'essence »[213]. Un objet technique, avant d'être fabriqué, est conçu par son artisan dans sa forme, son utilité, sa structure. Son essence précède son existence. Un homme, au contraire, vient au monde sans essence. Nul être naturel ou surnaturel, nul déterminisme, ne le destine à quoi que ce soit. La vie est une lourde responsabilité : elle oblige à choisir d'être la personne que l'on veut être. Y compris le suivisme, le conformisme, la neutralité ou la passivité sont des choix, qu'on s'avoue plus ou moins mais conscients. La liberté humaine est donc totale ; et est totale la responsabilité de chacun à l'égard de sa moralité. Éprouvé par cette charge écrasante, la tentation est grande de chercher une échappatoire. L'homme est pourtant l'artisan de sa vie. Ne nous considérons pas comme prédéfinis par la société, une époque, un corps ou un événement et nous ne le serons pas. Libres et responsables, nous sommes les produits de nos actes. Sous l'occupation allemande, par exemple, chacun était entièrement libre d'être passif, résistant ou collaborateur. Personne ne peut se trouver d'excuses qui l'auraient contraint à être ce qu'il est devenu. Mais est-ce que, après la retraite de Dieu, d'autres forces, par exemple les nudges des multinationales du numérique ne viendraient-elles pas nous reprendre le

---

[212] S. Roza, « L'existentialisme », in *Chronologie de l'histoire de la philosophie,* Hatier, coll. Bescherelle, 2016, p. 362-363.

[213] J.-P. Sartre, *L'existentialisme est un humanisme*, Nagel, 1946.

contrôle sur nous-mêmes et contredire la vision d'individus qui décident toujours de ce qu'ils font et de ce qu'ils sont ? La manipulation pourrait-elle triompher de la liberté des hommes ? L'humanisme libéral est en tout cas là pour défendre cette liberté.

L'existentialisme sartrien diverge de la révolte camusienne. Albert Camus, moins réaliste sur ce point, espère que des valeurs communes permettront à l'essence de précéder l'existence. En fait, des valeurs subjectives partagées au terme de jeux d'influence mêlés à des psychologies dont la bestialité laisse parfois la place à l'humanité permettent le « je me révolte donc nous sommes », la réunion autour de valeurs communes bien que celles-ci soient construites par des êtres totalement libres à l'état sauvage. Le débat autour des effets du progrès technique sur les humains ne paraît pas pouvoir se passer d'un tel point de vue, ou alors il tournerait autour des rêves et des cauchemars des uns et des autres et délaisserait la vraie vie vécue des hommes.

Ce n'est pas sans raisons que l'humanisme a été critiqué en raison de son idéalisme. Les humanistes seraient trop souvent dans les nuages, de doux rêveurs. Ici, conscients de l'absurdité de tout, on poursuivra un humanisme réaliste et non idéaliste, un humanisme désillusionné. Par exemple, on s'intéressera moins à des droits de l'homme conçus tels de grands principes stellaires qu'à des droits de l'homme pratiques et pratiqués, des droits de l'homme du quotidien. En théorie juridique, on dira qu'on s'intéressera plus à l'effectivité qu'à la validité des normes. Les lignes suivantes, que l'on doit au philosophe Jean-Michel Besnier, résument parfaitement l'humanisme libéral dans le cadre duquel ce livre s'inscrit : « C'est dans la désillusion qu'il faut puiser les armes du renouveau. [...] Ayons le courage d'admettre que l'homme est méchant et naturellement égoïste, que la culture ne le met pas à l'abri des régressions vers la barbarie et que rien jusqu'à présent ne le distingue radicalement des animaux eux-mêmes. [...] L'humanisme désillusionné auquel nous sommes désormais contraints sera forcément non dogmatique : sa force résidera dans le refus qu'il oppose à toute ambition de réduire l'homme à une essence éternelle ou à une définition générique. [...] Si l'optimisme ne nous est plus permis, il reste en revanche à accueillir la puissance mobilisatrice du pessimisme : car c'est être humaniste que de dire “non” au monde tel qu'il va et aussi de savoir que l'inhumain est une part nécessaire de l'humain. [...] La ruine des absolus est une chance pour les hommes. Un pessimisme actif vaut mieux qu'un optimisme béat, la régulation des conflits est préférable au confort éphémère des consensus et la charge contre le présent, même dépourvue d'illusions, comporte davantage d'humanité que la fuite en avant vers quelque insoutenable bonheur. Il n'est d'humanisme que paradoxal et tragique »[214].

Pour Jean-Paul Sartre, malgré le poids des déterminations économiques et sociales identifiées par Marx, et dès lors qu'il est en mesure de les identifier, l'homme serait capable de se réaliser, de s'épanouir. Cela est-il encore le cas dans la société des dépendances numériques d'aujourd'hui, dont les déterminations et les sujétions sont à la fois de plus en plus fortes et influentes et de moins en moins apparentes et discernables ? Une réponse, en théorie et en pratique, ne saurait être apportée qu'à condition de vouloir et de parvenir à faire œuvre réaliste, donc réussir à s'extirper de tous les discours intéressés, du prêt à penser de ceux qui suivent le mouvement sans recul critique, de la pensée de bois et de la langue de bois, et de s'intéresser à ce qui se passe et se joue vraiment dans nos vies, dans les faits.

L'étude de l'impact des nouvelles technologies informatiques sur la vie des hommes et sur l'état du monde, ainsi que des réponses que le droit pourrait y apporter, suppose donc de faire preuve de réalisme, c'est-à-dire de « sens de la réalité par opposition au verbalisme, à l'abus des abstractions ou encore à la chimère »[215]. On suivra donc les courants qui, en esthétique, en théorie artistique et en littérature se sont donnés pour fin non pas d'idéaliser le réel mais de réaliser le réel, d'en exprimer fidèlement le contenu et le mouvement. Ainsi des artistes, notamment des écrivains, ont-ils souhaité, au XIXe siècle, réagir contre le sentimentalisme romantique. Honoré de Balzac

[214] J.-M. Besnier, « D'un humanisme paradoxal et tragique », *Libération* 13 janv. 1996.

[215] V° « Réalisme », in A. Lalande, *Vocabulaire technique et critique de la philosophie*, Puf, coll. Quadrige dicos poche, 2010, p. 893. Il faut cependant se méfier de l'appellation « réalisme » en philosophie car elle désigne très paradoxalement aussi la « doctrine platonicienne d'après laquelle les idées sont plus réelles que les êtres individuels et sensibles qui n'en sont que le reflet et l'image » (*ibid.*, p. 892) ou, « au Moyen-Âge, [la] doctrine d'après laquelle les universaux existent indépendamment des choses dans lesquelles ils se manifestent » (*ibid.*). Pour Platon, les idées viennent avant les choses et leur servent de fondement. On qualifiera ce point de vue d' « idéalisme » plutôt que de « réalisme ».

— qui, dans *La Comédie humaine*, observe le réel avec acuité, le dépeint sans fard et traite de sujets jusque-là ignorés parce que vulgaires, banals ou laids —, mais aussi Maupassant, Stendhal, Flaubert, Zola ou Proust se sont alors attachés à représenter le plus fidèlement possible les faits, la pratique, le quotidien, avec des sujets et des personnages choisis dans les classes moyennes ou populaires. Ils n'ont pas hésité à rendre compte fidèlement, sans indulgence ni ménagement, des mœurs et travers de leurs époques respectives, notamment l'influence aliénante du cadre professionnel et social ou encore le règne de l'argent-roi. On ne retrace plus l'histoire des âmes mais l'histoire des vies, tourmentées, fragiles, absurdes. En peinture, le réalisme de Gustave Courbet, d'*Un enterrement à Ornans* à *L'Origine du monde*, suivit la même voie. De même les droits de l'homme numérique issus de l'humanisme juridique, lui-même découlant de l'humanisme libéral, ont-ils vocation à être des droits effectifs, des droits des faits, des droits pratiques et du quotidien, non des droits-idées vivant dans un monde juridique sans attache avec le réel.

Les grands principes du réalisme, édictés par les écrivains Champfleury et Duranty et dont les travaux d'un humanisme libéral s'inspirent forcément s'ils veulent être conséquents, sont les suivants[216] : l'œuvre réaliste doit être la reproduction exacte de la réalité, décrire avec le plus d'objectivité ce que l'auteur étudie, observe et connaît personnellement et directement — ce qui suppose de réunir une véritable documentation sur le sujet choisi. L'œuvre réaliste doit être l'étude raisonnée des mœurs et des individus de son époque, évitant le spectaculaire, l'exotisme, le romantisme, le lyrisme et la fantaisie. Elle revêt un objectif utilitaire, scientifique et philosophique, loin du simple divertissement. Elle doit aussi, par son objet par sa forme, s'adresser au plus grand nombre, en décrivant et en expliquant le plus précisément, le plus simplement, mais aussi le plus sincèrement les choses. Émile Zola approfondit le réalisme sous la forme de ce qu'il appela le « naturalisme »[217] en cherchant à appliquer dans ses romans la méthode expérimentale issue du domaine scientifique. Il tâcha d'appliquer une démarche censée fonder une analyse objective des phénomènes et décrivit minutieusement chaque détail dans ses romans, en faisant de véritables comptes rendus expérimentaux,

[216] I. Daunais, « Le réalisme de Champfleury ou la distinction des œuvres », *Études françaises* 2007, p. 31.
[217] É. Zola, *Le Roman expérimental*, 1880.

axés en particulier sur la physiologie des personnages. Pour Zola, « le roman expérimental est en un mot la littérature de notre âge scientifique, comme la littérature classique et romanesque ont correspondu à un âge de scolastique et de théologie expérimentale »[218]. Le réalisme est donc aussi un scientisme, faisant primer y compris en philosophie l'empirisme et l'objectivité.

Il existe une réalité indépendante de la pensée, cette réalité compte plus que cette pensée, et cette pensée se perd sitôt qu'elle déborde de cette réalité. Le monde concret et intelligible est ce qui nous intéresse, à l'exclusion de toute autre chose — et même si, bien entendu, les pensées et les écrits ne traduisent jamais parfaitement les réalités puisqu'il existe toujours un écart entre les choses et ces médiateurs que sont les mots pour les dire. Le réalisme immédiat, naïf et non réfléchi est celui des sens. Dans les arts, en littérature, en droit et en philosophie, le réalisme est toujours intermédié, de second degré, indirect. Il est rempli d'interprétations et de propositions. Mais jamais on ne s'intéressera aux idées qui servent de fondement et qui font les choses, à l'inverse des idées qui sont déduites des choses et qui en sont le reflet plus ou moins précis et fidèles. Les idées peuvent avoir une existence séparée du monde et de la vie effectifs, mais ils ne présentent alors aucun intérêt à l'égard de ce monde et de cette vie qui seuls nous préoccupent et seuls intéressent le droit.

L'écriture ne peut produire que du texte, et non du réel. Son office est irréductiblement limité. Le réalisme traduit la supériorité des faits sur les pensées, des actes sur les mots, l'incapacité de l'esprit à atteindre ou produire une vérité et une raison qui sont utopiques, l'erreur des sophistes de la Grèce antique selon qui les raisonnements, la rhétorique, les discours et l'éloquence seraient les seuls critères de la capacité d'une idée à triompher d'une autre : l'argument le plus juste est l'argument le plus fort. Or, en réalité, l'argument le plus fort est l'argument le plus juste — au sens de justesse factuelle et matérielle. Loin de l'esprit qui se borne à se révéler et se connaître lui-même, on veut révéler et connaître les êtres, les choses, les faits, bien que leur existence soit indépendante de la connaissance qu'en ont les sujets conscients. Les êtres, les choses et les faits sont donnés, leur connaissance est construite par le biai, toujours biaisé, des sens qui en permettent la perception puis la compréhension et enfin l'expression. Êtres, choses et faits

[218] *Ibid.*

ne peuvent se recréer dans le monde idéel de façon exhaustive en termes logiques.

Le réalisme de l'humanisme libéral est un réalisme empirique. Il est aussi un réalisme critique. En somme, cet humanisme conduit à travailler en philosophe, en journaliste, en chercheur, en écrivain et, sur un objet juridique, en juriste — ou en économiste si l'objet était économique, par exemple.

35. Liberté de l'humanisme libéral. Ceux qui sont philosophes dans leurs pensées mais pas dans leurs actes, dans leurs textes mais pas dans leurs vies, ne le sont qu'à demi — et Friedrich Nietzsche pouvait dire « j'estime un philosophe dans la mesure où il peut donner un exemple »[219], tandis que Jean-Paul Sartre pouvait décrire Albert Camus telle « l'admirable et exemplaire conjonction d'une personne, d'une action et d'une œuvre »[220]. Celui qui dénonce la déshumanisation et la désocialisation à l'œuvre sur les réseaux sociaux du web serait bien en peine d'expliquer son propre usage intensif de ces moyens de pseudo-communication. Celui qui défend les libertés ne le peut, normalement, qu'à condition d'être libre lui-même. Or la première des libertés qui donne sens à l'humanisme libéral est la liberté de la recherche, de la pensée et de l'écriture. On ne peut bien défendre l'humanisme libéral qu'à condition de refuser les carcans qui brident la marche de l'esprit. Le prêt à penser est mauvais conseiller. On ne pense bien que lorsqu'on pense par soi-même. Sur ce point, l'humanisme libéral est largement l'héritier des Lumières. Dans son court texte « Qu'est-ce que les Lumières ? », Emmanuel Kant expliquait que c'est « la sortie de l'homme de sa minorité, dont il est lui-même responsable »[221]. La paresse ou la lâcheté — ou bien les deux ensemble — peuvent nous conduire à suivre le courant, à répéter les modèles, à penser comme les autres, ce qui revient à nous maintenir dans notre minorité. « Ose penser par toi-même » était en quelque sorte la devise des Lumières. Bien sûr, il est délicat d'échapper à la puissance des préjugés et à la parole des maîtres, mais la conscience du besoin penser librement et l'objectif de libre pensée sont des prémisses nécessaires. Qu'on garde à l'esprit *La liberté guidant le peuple* (Eugène Delacroix) et *La liberté*

[219] F. Nietzsche, *Considérations inactuelles*, 1873-1876.

[220] J.-P. Sartre, « Réponse à Albert Camus », *Les temps modernes* 1952, n° 82.

[221] E. Kant, *Qu'est-ce que les Lumières ?*, 1784.

éclairant le monde (Auguste Bartholdi). La liberté libère, ce n'est pas plus compliqué que ça.

Avant de s'intéresser aux objets à connaître — ici l'homme et sa relation aux techniques les plus modernes —, il semble inévitable de s'intéresser aux manières de connaître, avec un regard critique, donc de faire un peu d'épistémologie. La connaissance est évidemment intimement dépendante des modes de connaissance pratiqués. Or la liberté intellectuelle présente le désavantage de risquer d'engendrer l'anarchie dans les savoirs et de susciter un monde de monologues peu constructif. Elle peut remettre en cause la fiabilité des connaissances. En face, elle présente l'avantage de dépasser les limites du savoir, d'ouvrir les yeux vers de nouveaux horizons, de permettre d'explorer de nouveaux territoires, de s'aventurer sur de nouveaux continents et, peut-être, de faire de nouvelles découvertes que le suivisme intellectuel aurait rendu impossibles. Il ne s'agit dès lors pas d'autre chose que d'une activité philosophique, puisque le but de la philosophie est la clarification logique des pensées et qu'une œuvre philosophique se compose essentiellement d'éclaircissements[222]. Exercer son esprit critique, c'est plus largement faire preuve de discernement. Pour Albert Camus, « l'écrivain accepte, autant qu'il peut, les deux charges qui font la grandeur de son métier : le service de la vérité et celui de la liberté. Puisque sa vocation est de réunir le plus grand nombre d'hommes possible, elle ne peut s'accommoder du mensonge et de la servitude qui, là où ils règnent, font proliférer les solitudes. Quelles que soient nos infirmités personnelles, la noblesse de notre métier s'enracinera toujours dans deux engagements difficiles à maintenir : le refus de mentir sur ce que l'on sait et la résistance à l'oppression »[223]. La vocation de l'écrivain est de redonner sens aux institutions et aux valeurs, otages des passions qui déchirent la société.

Les humanistes, peut-être plus que toute autre chose, ont quêté les qualités nécessaires à la libération de la connaissance humaine. L'attitude humaniste se définit par une grande curiosité intellectuelle, par une capacité de remise en question. Érasme, Budé, Rabelais, Montaigne ou Thomas More sont quelques-uns de ceux qui, s'évadant des carcans dogmatiques, ont entrepris

---

[222] L. Wittgenstein, *Tractatus logico-philosophicus*, 1921.
[223] A. Camus, « Discours de Suède, 10 décembre 1957 », in *Œuvres*, Gallimard, coll. Quarto, 2013, p. 81.

de penser par eux-mêmes, d'étudier des objets nouveaux suivant des modalités nouvelles. Cette liberté de la pensée est aussi une exaltation de la critique, contre tous les dogmatismes qui prétendent avoir trouvé la vérité et ne plus pouvoir jamais être contestés. Elle promeut l' « esprit de libre examen qui, dans ses jugements, écarte, rejette l'autorité des dogmes, des conventions, des préjugés »[224], et qui permet de « discerner les parts respectives des mérites et des défauts d'une entreprise, d'une œuvre, d'un système de pensée »[225]. « Notre siècle est le siècle de la critique, rien ne doit y échapper, pas même la religion ou la législation. La raison n'accorde son estime qu'à ce qui a pu soutenir son libre et public examen »[226]. L'humanisme est ainsi, peut-être plus que toute autre chose, une attitude intellectuelle qui conduit à rejeter les croyances basées seulement sur des dogmes, sur des révélations ou des intuitions, sur la mystique ou le surnaturel. La Renaissance a donné une grande place à l'expérimentation. Tous les dogmes devaient désormais passer par l'épreuve des faits et de la critique déchargée de toute pression, corporatisme et parti pris. Cela permit de faire émerger une connaissance libre de préjugés. Léonard de Vinci, par exemple, étudia l'anatomie en s'autorisant les dissections indispensables à ses travaux. Copernic se délivra du modèle géocentrique de Ptolémée et Aristote et conçut le modèle héliocentrique — mais, en 1618, la thèse de Copernic fut condamnée sévèrement par l'Église, qui, en 1633, attaqua tout aussi durement Galilée qui osait défendre la même position, opposant un univers infini dans lequel les hommes et la Terre seraient à la périphérie à la conception scolastique chrétienne d'un monde clos, achevé, dont nous serions le centre. La libre pensée, dans un sens philosophique, correspond à l'affirmation de l'autonomie de la raison par rapport à l'autorité de la religion. Dès le XVIIe siècle, René Descartes et Baruch Spinoza en posèrent les linéaments. Ils considérèrent que la vérité ne devrait pas être recherchée dans les Écritures mais dans les propres ressources de chaque homme. L'*Éthique* de Spinoza nous invite à dépasser l'état ordinaire de servitude à l'égard des affects et des croyances. Les *Méditations métaphysiques* de René Descartes préconisent l'effort méthodique de penser, dont chacun est en théorie capable, pour se munir des bons instruments de compréhension du réel en

---

[224] V° « Critique », in *Trésor de la langue française*.
[225] *Ibid.*
[226] E. Kant, *Critique de la raison pure*, 1781.

s'isolant, en se retirant loin de ses contemporains, la lucidité dépendant de la distance critique. L'Anglais Francis Bacon, pour sa part, conçut une théorie empiriste de la connaissance et précisa les règles de la méthode expérimentale. Quant à Denis Diderot, il promut l'éclectisme et l'esprit encyclopédique, qui seraient selon lui l'attitude d'esprit philosophique par excellence en combattant les préjugés qui brouillent la vision, l'autorité de la tradition et de l'ancienneté qui obligent à observer le passé plutôt que l'actualité et l'avenir, le consentement universel qui interdit de remettre en question ce que « *magister dixit* ». Contre tout ce qui subjugue la foule des esprits, on ne devrait considérer que ce qui apparaît dans l'expérience et au terme de la réflexion libre, à l'exception de toute autre chose. Il est d'ailleurs significatif que bon nombre de philosophes, à compter de la Renaissance, étaient également mathématiciens ou astronomes, en tout cas des scientifiques émettant des positions fondamentalement philosophiques (Descartes, Gassendi, Pascal, Newton, Leibniz, Kepler ou Galilée). Ce n'est plus en recherchant des causes finales ou des explications transcendantes que l'on comprend le monde mais en faisant rouler des mobiles sur un plan incliné ou en regardant dans sa lunette astronomique. En 1637, quatre ans seulement après le procès de Galilée, Descartes fonda le rationalisme et affirma que l'homme doit « se rendre comme maître et possesseur de la nature »[227], point d'aboutissement de l'idéal humaniste. Plus tard, aux XIXe et XXe siècles, la libre pensée désigna un mouvement idéologique anticlérical revendiquant la laïcisation de la société et dénonçant la volonté de domination du clergé sur l'éducation. Mais c'est bien contre tous les dogmatismes qu'elle s'élève.

La revendication d'autonomie intellectuelle et de liberté d'expression a constitué la première caractéristique du siècle des Lumières. Elle repose sur une totale confiance en la raison humaine et engendre le rejet des autorités intellectuelles et morales. L'esprit critique a visé tout d'abord la religion et les dogmes. Le combat pour la tolérance et contre l'obscurantisme religieux est alors mené, notamment, par Voltaire. Emmanuel Kant remercia David Hume de l'avoir sortie de son sommeil dogmatique. Tel est l'impératif kantien : « L'autonomie de la volonté est cette propriété qu'a la volonté d'être

---

[227] R. Descartes, *Discours de la méthode – Pour bien conduire sa raison, et chercher la vérité dans les sciences*, 1637.

à elle-même sa loi. Il faut que la raison pratique, la volonté, ne se borne pas à administrer un intérêt étranger, mais qu'elle manifeste uniquement sa propre autorité impérative, comme législation suprême »[228]. La principale préoccupation des Lumières fut la conquête de la liberté. Pour Kant, « les Lumières sont la sortie de l'homme hors de l'état de tutelle dont il est lui-même responsable. L'état de tutelle est l'incapacité de se servir de son entendement sans la conduite d'un autre. On est soi-même responsable de cet état de tutelle quand la cause tient non pas à une insuffisance de l'entendement mais à une insuffisance de la résolution et du courage de s'en servir sans la conduite d'un autre. *Sapere aude* ! Aie le courage de te servir de ton propre entendement ! Telle est la devise des Lumières »[229]. On en viendrait même à se demander si philosophie et humanisme des Lumières ne se confondraient pas, si l'humanisme ne serait pas la plus philosophique des philosophies dès lors que la philosophie est « l'art de substituer à la confusion des opinions et à la puissance du mensonge le courage critique de la vérité, doublé d'un désir de justice »[230], ou bien, plus modestement, la capacité à conserver une distance critique, sceptique, interrogatrice, au milieu des cultures et de tous les jeux d'influence. L'homme libre et qui pense a toujours été, et est de plus en plus, concurrencé et remplacé par l'homme enchaîné et qui suit. Il ne réfléchit pas par lui-même mais réfléchit (reflète) ce que disent les influenceurs. Face à un étudiant ou un jeune chercheur qui pense par lui-même, on peut soit s'en réjouir et l'en féliciter, soit s'en alarmer et le vilipender. Or, souvent, et notamment en droit, la seconde solution l'emporte allègrement. Ne pourrait-on pas, ne devrait-on pas renouer avec l'attitude d'un Montaigne, pionnier de l'humanisme, qui souhaitait juger l'homme et, pour ce faire, se juger lui-même avec la plus grande impartialité, sans concession, en suspendant toutes ses croyances et opinions et en faisant de la bonne foi, de la sincérité et de l'authenticité — n'hésitant pas à se contredire et invitant le lecteur à exercer son jugement critique — les exigences essentielles en lieu et place du respect des canons ancestraux[231]. Il se défia de tous les dogmes et, par sa méthode sceptique,

---

[228] E. Kant, *Fondements de la métaphysique des mœurs*, 1785.
[229] E. Kant, *Qu'est-ce que les Lumières ?*, 1784.
[230] M. Crépon, in F. Worms, dir., *Les 100 mots de la philosophie*, Puf, coll. Que sais-je ?, 2019, p. 119.
[231] M. De Montaigne, *Essais*, 1580.

interrogea leurs fondements, permettant de s'en libérer et de placer l'homme au cœur de son projet. À l'humanisme conquérant d'un Rabelais ou d'un Érasme, misant tout sur les progrès de la raison humaine, Montaigne opposa son ignorance, « un des plus beaux et plus sûrs témoignages de jugement que je trouve »[232]. D'ailleurs, la forme même des écrits de Montaigne témoigne de sa liberté et de son humilité intellectuelles : il inventa l'essai, forme littéraire modeste, non aboutie, expérimentale, avec une familiarité de ton proche de la conversation, de la lettre, aussi libre et ouverte sur le fond que sur la forme. Le sujet des *Essais* n'a peut-être jamais été mieux défini que par ces mots de Stefan Zweig : « Celui qui pense librement pour lui-même honore toute liberté sur terre »[233]. On ne s'étonnera guère que son œuvre fut mise à l'index en 1676 et le resta jusqu'en 1945. Plus tard, les Lumières s'exprimèrent à travers des pamphlets, des lettres, des dictionnaires, des romans, des poèmes, des pièces de théâtre ou des exposés de système.

Dans une lettre adressée à George Sand, Champfleury affirme : « Je crains les écoles comme le choléra, et ma plus grande joie est de rencontrer des individualités nettement tranchées »[234]. L'humanisme libéral est donc une disposition intellectuelle mais en aucune façon une école avec ses dogmes à perpétuer et sa doctrine à diffuser. Il s'agit d'une philosophie de la recherche, de la science, de la connaissance, intéressée par les objets à étudier et, surtout, par les moyens de les étudier. On est alors loin de l'humanisme facile, idéologique et figé, parfois présenté ainsi afin de le délégitimer. L'humanisme libéral dont il est ici question ne conduit pas à mener sa recherche avec une étiquette apposée sur le front mais, au contraire, à refuser toute étiquette et tout prosélytisme. Il amène à refuser le conformisme. Être conforme, c'est ne pas dévier de la norme communément admise, ne pas prendre de liberté en agissant de façon différente de la moyenne, faire comme les autres. Le conformisme existe partout : dans la consommation, les goûts musicaux, la mode ou encore l'économie. Il existe aussi dans le monde de la pensée et dans celui de la recherche. Il s'agit même d'une condition du fonctionnement de nos sociétés, mais aussi de nos

---

232 *Ibid.*, chap. X.
233 S. Zweig, *Montaigne*, Puf, 1935.
234 Champfleury, « Lettre à George Sand », *L'Artiste* 2 sept. 1855.

universités[235]. La voie humaniste nous invite à renouer avec l'indépendance d'esprit nécessaire au progrès philosophique et scientifique. Chaque époque doit découvrir son humanisme, entre responsabilité et conviction, en l'opposant aux nouveaux modes d'aliénation qui remplacent les anciens. « Les hommes, disait Voltaire, qui sont tous nés imitateurs, prennent insensiblement la manière de s'exprimer et même de penser des premiers dont l'imagination à subjugué celle des autres »[236]. On essayera de se libérer de cette tendance naturelle à l'imitation. Et, pour cela, l'éducation a un rôle essentiel à jouer en stimulant la raison — qui est toujours subjective, toujours ma raison — qui libère les esprits des superstitions. C'est ce qui donna tout son sens au projet de Denis Diderot d'une grande encyclopédie des connaissances humaines, chargée de diffuser largement le savoir. Alors que les sciences ont eu tendance à se couper des populations, à constituer un entre-soi, on a de plus en plus besoin de vulgarisation, de travaux destinés non aux pairs mais à tous.

Pour terminer sur le besoin de se libérer des dogmes, de maintenir une distance critique par rapport à toute chose, on rappellera, avec Michel Serres, l'histoire de Théodore Boucicaut[237], témoignage du besoin de favoriser la sérendipité en limitant les réflexes de classe et de tradition. Fondateur du Bon marché où l'on pouvait acheter nourriture, habits ou cosmétiques, Théodore Boucicaut rangea d'abord ses marchandises à vendre sur des étagères et dans des rayons en suivant la classification classique de son temps. Un matin, alors que son chiffre d'affaires plafonnait depuis quelques temps, il fut saisi d'une intuition subite : il bouleversa ce classement raisonnable, fit des allées de la boutique un labyrinthe et de ses rayons un chaos. Désormais, le chaland ou, à l'époque, la ménagère venue acheter des poireaux pour le bouillon passait, grâce à un hasard ingénieusement favorisé, devant les soieries ou les bons vins et repartait du magasin avec bien plus que ce qu'il était venu chercher. Les ventes bondirent. Boucicaut fit fortune. Le modèle d'organisation des grands magasins fut bouleversé, Boucicaut fut copié par tous. Comme le résume Michel Serres, « pratique et rapide, l'ordre

[235] V. Aebisher, D. Oberlé, *Le groupe en psychologie sociale,* Dunod, 2012 ; S. Delouvée, *Manuel visuel de psychologie sociale*, Dunod, 2013.

[236] Cité par *Dictionnaire des citations littéraires,* Larousse, coll. Références, 2014, p. 150.

[237] M. Serres, *Petite Poucette*, Le Pommier, coll. Manifeste, p. 45.

peu emprisonné pourtant. Il favorise le mouvement mais à terme le gèle. Indispensable à l'action, la check-list peut stériliser la découverte. Au contraire, de l'air pénètre dans le désordre comme dans un appareil qui a du jeu. Or le jeu provoque l'invention. Écoutons de Boucicaut l'intuition sérendipitine »[238]. On pourrait, à l'université, chambouler le classement des sciences, associer physique et philosophie, chimie et écologie, ou placer ce classement au second plan, donnant la priorité à l'adisciplinarité ou à l'indiscipline. Les chercheurs pourraient gagner à rencontrer ceux qui parlent une autre langue, s'intéressent à d'autres objets ou au même objet sous un angle différent. Chacun gagnerait à voyager et ressentir la multiplicité des possibles. L'inventivité et la créativité remplaceraient la traditionnalité et la conformité. Le seul acte intellectuel véritable, c'est l'invention. Et les moteurs de l'invention sont la liberté et l'indépendance.

Simplement un autre exemple, bien connu dans le milieu de l'informatique : le succès d'Apple est dû à un créateur libre et irrationnel, quand les malheurs d'Alcatel sont imputables à une gestion ultra rationnelle, refusant toute prise de risque. On en vient alors à plaider pour moins de calculs et plus d'humanisme en entreprise[239]. L'humanisme, c'est aussi un combat contre l'ennui. Hier, un menuisier achetait des planches de bois brutes à la scierie puis, laissant travailler sa créativité, fabriquait des tabourets, des portes, des cadres, tous pièces uniques. Aujourd'hui, il reçoit d'usines lointaines, souvent à l'étranger, des huisseries standardisées qu'il pose dans les ouvertures de maisons devenues toutes identiques. Son travail est devenu d'un ennui profond. Seul un bureau d'études dispose encore d'une marge de manœuvre, limitée toutefois par les uniques objectifs de la rentabilité et de la fonctionnalité. L'intelligence se concentre dans des banques d'ingénierie très éloignées de ceux qui exécutent. Et ce sont y compris des métiers hautement qualifiés tels que celui d'enseignant-chercheur qui sont victimes de cette standardisation amenant à effectuer continuellement les mêmes tâches stéréotypées et diminuant largement leur intérêt et leur attrait.

36. Activisme de l'humanisme libéral. La critique, supposant l'éveil et l'entretien d'une vigilance, est nécessairement une des fonctions premières de

---

[238] *Ibid.*

[239] Ch. Faurie, « D'où vient cette aspiration à plus d'humanisme en entreprise », *Focus RH* 8 avr. 2019.

la philosophie dans la cité. Face aux divers discours, avec leurs effets idéologiques et politiques — accentués aujourd'hui par les nouvelles technologies —, la critique a pour rôle de séparer le vrai du faux, le juste de l'injuste, ou encore de mettre en évidence les modes sans raison, les fausses évidences. Libre et critique, lucide quant au chaos du monde et des hommes, l'humaniste libéral en vient forcément à s'impliquer concrètement, loin de vouloir demeurer retiré en haut d'une tour d'ivoire intellectuelle. Karl Marx affirma que « les philosophes n'ont fait qu'interpréter diversement le monde, ce qui importe, c'est de le transformer »[240]. Et l'on a fait perdre à l'humanisme sa pertinence en lui niant toute portée scientifique, en le réduisant à d'inaptes spéculations, sans prise significative sur le réel. Mais les philosophes cherchent depuis longtemps à participer à la vie de la cité. Au XVIIIe siècle, David Hume critiqua radicalement la métaphysique, proposant de brûler tous les ouvrages de philosophie qui ne comportent pas de raisonnements mathématiques ou de « raisonnements expérimentaux sur des questions de fait et d'existence ». La philosophie se serait fourvoyée dans la métaphysique, car les connaissances ne pourraient reposer que sur l'expérience. Plus tôt, les humanistes de la Renaissance entendirent rompre avec la pratique stérile du commentaire et sa culture verbale. Ils souhaitèrent expérimenter, s'impliquer dans la marche du monde, participer à une culture vivante, en prise avec les événements, actifs et acteurs. À la figure poussiéreuse du professeur, de l'universitaire, il opposèrent celle de l'honnête homme, à la fois lettré et plongé dans le monde et dans la vie de son temps. L'homme médiéval, l'homme d'école, était alors considéré tel un archaïsme — en témoigne la description que fait Rabelais de la vie de l'école médiévale, en regard de l'utopie de Thélème. Les humanistes sont le plus souvent pacifistes, cosmopolites et défenseurs de l'intérêt général. Y compris lorsqu'ils sont au service d'un prince, comme Guillaume Budé, Nicolas Machiavel ou Érasme, ils ne transigent pas avec leurs impératifs moraux, ne les sacrifient jamais sur l'autel de considérations politiques ou d'intérêts particuliers. Ils promeuvent en toutes circonstances le bien commun face à des populations souvent tentées de se mettre au service de la tyrannie par cupidité et désir d'honneurs. Il leur arrive de dédier leurs ouvrages à un souverain pour essayer d'influencer leurs décisions. Ou, comme Voltaire, ils s'impliquent directement dans la défense de situations jugées injustes. Et ils

240 K. Marx, *Onzième thèse sur Feuerbach*, 1845.

proposent volontiers des réformes politiques, comme Érasme dans *L'Éloge de la Folie*, en 1511, Thomas More dans l'*Utopie*, en 1516 et Rabelais dans Gargantua, en 1534.

À la Renaissance, les philosophes ont entretenu de nouvelles relations avec le monde politique. Leurs réflexions ont été produites d'abord dans les cours, sous la protection des rois et des puissants. Le mécénat, comme celui pratiqué à Florence par les Médicis, leur offrit un cadre propice à l'écriture de grandes œuvres avec une certaine liberté d'esprit. Cette familiarité avec le pouvoir engendra une philosophie politique riche et novatrice. La Renaissance puis les Lumières accompagnèrent de profonds chamboulements économiques, sociaux, politiques et culturels, jusqu'à la Révolution française. Étienne de La Boétie, par exemple, a montré que « les moyens employés par les tyrans pour asservir [la contrainte, la coutume d'obéir, l'idéologie, les jeux ou les superstitions] ne sont guère mis en usage par eux que sur la partie ignorante et grossière du peuple. Ainsi, si le tyran veut maintenir sa domination, il doit trouver un autre stratagème pour les gens instruits. C'est là le secret et le ressort de la domination, le soutien et le fondement de toute tyrannie : rendre ces gens "complices" des "cruautés" du tyran, les asservir en leur donnant l'occasion de dominer d'autres à leur tour. Ce sont donc les courtisans qui se font les complices de la tyrannie, perdant du même coup leur propre liberté. Certains hommes flattent leur maître espérant ses faveurs, sans voir que la disgrâce les guette nécessairement, devenus complices du pouvoir. Ainsi se forme la pyramide sociale qui permet au tyran d'asservir les sujets les uns par le moyen des autres. La résistance et l'usage de la raison sont donc les moyens de reconquérir la liberté car les tyrans ne sont grands que parce que nous sommes à genoux »[241]. La liberté des humanistes serait dès lors salvatrice, permettant de se sauver de la dictature des aspirations individualistes qui nous conduisent à dire non ce que nous pensons mais ce que les autres veulent entendre, à ajuster l'offre de discours à la demande de discours. La Boétie ajoutait ainsi : « Ces courtisans sont encore moins libres que le peuple opprimé. Le tyran voit ceux qui l'entourent, coquinant et mendiant sa faveur. Il ne faut pas seulement qu'ils fassent ce qu'il ordonne, mais aussi qu'ils pensent ce qu'il veut, et souvent même, pour le satisfaire, qu'ils préviennent

[241] É. de La Boétie, *Discours de la servitude volontaire*, 1576.

ses désirs. Ce n'est pas tout de lui obéir, il faut lui complaire, il faut qu'ils se rompent, se tourmentent, se tuent à traiter ses affaires et puisqu'ils ne se plaisent que de son plaisir, qu'ils sacrifient leur goût au sien, forcent leur tempérament et le dépouillant de leur naturel [...] Est-ce là vivre heureusement ? Est-ce même vivre ? [...] Quelle condition est plus misérable que celle de vivre ainsi n'ayant rien à soi et tenant d'un autre son aise, sa liberté, son corps et sa vie ! »[242].

Les hommes, ne croyant plus en un roi céleste, se trouvèrent dans le besoin de rechercher entièrement dans l'expérience humaine les critères du bien et du juste. La bourgeoisie du XVIIIe siècle s'intéressa plus au bonheur de l'homme qu'au bon plaisir de Dieu. Elle parvint progressivement à imposer ses valeurs. Et la première de ces valeurs fut la liberté, liberté tout d'abord à l'égard des anciennes tutelles : Église, mais aussi Prince, qui s'est retrouvé destitué et remplacé par « le peuple ». L'émancipation a donc dépassé le simple cadre philosophique pour envahir l'ensemble de la société, se réaliser en actes, concrètement[243]. « À l'épreuve des événements, nous faisons connaissance avec ce qui est pour nous inacceptable, et c'est cette expérience interprétée qui devient thèse et philosophie »[244]. L'humanisme part des faits et aboutit aux faits. Il n'est rien sans eux, car ce sont eux qui le motivent et eux qui constituent son objectif.

On suivra alors Albert Camus qui, dans son « Discours de Suède » du 10 décembre 1957, expliquait : « Le rôle de l'écrivain ne se sépare pas de devoirs difficiles. Par définition, il ne peut se mettre aujourd'hui au service de ceux qui font l'histoire. Il est au service de ceux qui la subissent. Ou, sinon, le voici seul et privé de son art. [...] Je ne puis vivre personnellement sans mon art. Mais je n'ai jamais placé cet art au-dessus de tout. S'il m'est nécessaire au contraire, c'est qu'il ne se sépare de personne et me permet de vivre, tel que je suis, au niveau de tous. L'art n'est pas à mes yeux une réjouissance solitaire. Il est un moyen d'émouvoir le plus grand nombre d'hommes en leur offrant une image privilégiée des souffrances et des joies communes. Il oblige donc l'artiste à ne pas s'isoler. [...] Les vrais artistes ne

---

242 *Ibid.*

243 J. Starobinski, *L'invention de la liberté 1700-1789 suivi de 1789, les emblèmes de la Raison*, Gallimard, 2006.

244 M. Merleau-Ponty, *Les aventures de la dialectique*, Gallimard, 1955.

méprisent rien, ils s'obligent à comprendre au lieu de juger. Et, s'ils ont un parti à prendre en ce monde, ce ne peut être que celui d'une société où, selon le grand mot de Nietzsche, ne régnera plus le juge, mais le créateur, qu'il soit travailleur ou intellectuel »[245]. Un cœur sans amertume est une énigme pour ceux qui jugent avant de comprendre et « Albert Camus, c'est le cauchemar des snobs »[246], qui l'ont catalogué tel un philosophe pour classes terminales[247].

Cependant, l'humaniste libéral et réaliste peut défendre des valeurs, une morale, et il y verra même sa mission dans des contextes de grands chamboulements de l'homme, du monde et de la vie. Mais il reconnaîtra toujours que ce sont ses valeurs et sa morale, sans que cela ne l'interdise de les promouvoir et d'essayer de convaincre. D'ailleurs, on peut bien parler de sciences humaines et sociales, celles-ci sont toujours pleines de jugements de valeur et l'objectivité ou neutralité axiologique n'est, au mieux, qu'une apparence[248]. Mais le relativisme n'interdit pas de penser, il y oblige puisque tout n'est qu'affaire d'argumentation et de discussion, puisque le sens et les valeurs n'ont pas de références absolues et transcendantes sur lesquelles s'appuyer. Montaigne, par exemple, ose affirmer des convictions contre celles qui dominaient son temps. Il s'insurgea ainsi contre l'extermination des Indiens en Amérique et dénonça la torture conçue tel un moyen légal d'instruire un procès. Pour saisir ce qu'est l'homme, il l'observa dans la nudité de son quotidien et de sa banalité, le décrit aussi bien dans ses misères que dans ce qu'il a de grand, car l'homme mérite autant d'éloges que de blâmes. L'homme se trouve toujours quelque part entre sa misère (*miseria hominis*) et sa grandeur (*dignitas hominis*), il serait peu porteur de sa focaliser sur l'un ou l'autre aspect. On ne parle plus d'un homme absolu mais d'un homme moyen, plus riche que tous les modèles idéaux auxquels on s'efforce de l'identifier. Cet homme n'est plus le roi glorieux de la Création, ce qu'il était dans la pensée médiévale, mais un être balbutiant, plein d'infirmités, fragile, perdu dans l'univers, dont l'existence est assez ridicule et vaine, malgré les

---

[245] A. Camus, « Discours de Suède, 10 décembre 1957 », in *Œuvres*, Gallimard, coll. Quarto, 2013, p. 80.

[246] R. Enthoven, « Sagesses de l'amour », in A. Camus, *Œuvres*, Gallimard, coll. Quarto, 2013, p. 11.

[247] J.-J. Brochier, *Camus, philosophe pour classes terminales*, Balland, 1970.

[248] M. Weber, *Le savant et le politique (1917-1919)*, 10x18, 2002.

tentatives de la foi et de la sagesse de l'extraire de son état de nature. Les *Essais* sont alors très loin d'un système philosophique, inaugurant une pensée de l'homme concret poursuivie longtemps plus tard par Albert Camus. Pour comprendre la réalité de la condition humaine et éventuellement agir, en tant qu'exemple ou en tant que lanceur d'alerte, on doit s'intéresser à la vie dans ce qu'elle a de plus banal. Et le spécimen le plus facile à étudier, le premier homme, n'est autre que soi-même.

Pourtant, regrettant l'attitude de ses contemporains plus prompts à penser par les autres que par eux-mêmes, Montaigne dénonça le fait que « nous nous entreglosons ». On serait trop souvent tentés d'étudier non l'homme, la vie et le monde mais ce que l'on dit de l'homme, de la vie et du monde, de ne plus les connaître que par ouï-dire. L'humanisme libéral est aussi un appel à l'observation et à la sensation directes. La réalité n'est pas dans les livres, pas dans les commentaires, ni même dans les descriptions. Elle est à chaque instant sous nos yeux. Tout philosophe et tout chercheur devrait retrouver le goût de la confrontation directe avec le réel, du rapport aux faits sans intermédiaire.

37. Mesure de l'humanisme libéral. Dans la mythologie grecque, Némésis, incarnation de la juste colère des dieux et du châtiment céleste, était la déesse de la mesure et de l'équilibre. Son courroux s'abattait sur les humains coupables d'hybris, de démesure, de mégalomanie, qui soufflaient sur le feu du désordre et du déséquilibre du monde. Toute réflexion sur l'homme et la société, leurs honneurs et leurs travers, devrait demander à cette déesse son inspiration. La mesure et l'équilibre s'opposent à la radicalité. On les retrouve, par exemple, chez celui qui peine à se mêler aux conversations car, la plupart du temps, ceux qui discutent se disputent, s'arc-boutent sur des positions figées et il faut être soit pour, soit contre, toujours s'affronter. Il y a pourtant, en général, toujours de bons arguments pour et de bons arguments contre. Il est alors non seulement difficile mais même inconséquent de prendre parti. On retrouve aussi la mesure et l'équilibre chez celui qui, lorsqu'il parle avec quelqu'un de « droite » se sent de « gauche » et quand il parle avec quelqu'un de « gauche » se sent de « droite ». Cet esprit de contradiction et cette juste mesure aristotélicienne doivent aussi s'exercer à l'égard de soi-même. Le chercheur doit être capable d'être critique y compris à l'égard de ses travaux, ses convictions et ses intérêts, afin d'atteindre la position la mieux équilibrée. En somme, le jour où je serai convaincu, je serai vaincu. On doit combattre aussi son propre dogmatisme. Pour cela, il faut comprendre, car la compréhension est un antidote au dangereux sentiment de savoir. Le contraire de l'erreur n'est pas la vérité mais le doute.

On s'inspirera alors avec profit de l'éloge de la mesure et de la pensée de midi par lequel Albert Camus conclut *L'homme révolté*. S'il n'était pas inconséquent de se donner un modèle, Camus pourrait être celui là, tant dans sa biographie que dans sa bibliographie, tant à travers sa vie qu'à travers son œuvre — Camus était « un artiste et un homme libres, inséparables l'un de l'autre »[249], quelqu'un qui « semblait créé pour vous donner des raisons de vivre »[250], « un des spécimens humains les plus purs que j'eusse rencontré dans ma vie »[251], un écrivain-philosophe qui « a toujours su spontanément préserver la forme et la pensée de tout ce que l'actualité, la contingence, la polémique, la politique, la propagande apportent de vulgarité et de banale facilité »[252]. La force de Camus est d'avoir trouvé, à moins de 30 ans, ce que

---

[249] G. Altman, *Franc-Tireur* 18 oct. 1957.

[250] R. Grenier, « À “Combat” », in « Hommage à Albert Camus », *NRF* 1960, n° 87, p. 475.

[251] R. Guérin, *La Parisienne* juin 1954.

[252] G. Altman, *Franc-Tireur* 18 oct. 1957. Roger Martin du Gard, lui-même prix Nobel en 1937, insiste, dans *Le Figaro littéraire* du 26 octobre 1957 (« Personne n'est moins dupé, personne plus indépendant »), sur les qualités humaines d'Albert Camus : « Dans un monde de bagarreurs, où se multiplient les motifs de découragement et de honte, son âme est d'une rare noblesse. L'homme est d'une qualité exceptionnelle. Une sensibilité retenue mais constamment en émoi ; une vie intérieure d'une délicatesse raffinée, d'une trempe, d'une gravité, exemplaires ; une mélancolie sous-jacente, qui semble inaltérable ; et, au contact de la réalité dont rien ne lui échappe, un état permanent d'amertume révoltée, contre lequel il s'efforce de lutter sans répit. Dans l'intelligence si équitable, si pénétrante, de Camus, ce qui frappe c'est la perspicacité. Une perspicacité immédiate : il n'a besoin d'aucun recul pour s'y reconnaître ; il lit à livre ouvert dans le chaos de l'actualité ; les oscillations à peine sensibles par quoi se révèlent la vie secrète et l'évolution du monde, d'où qu'elle vienne, il les capte et les interprète ; il saura expliquer, juger les événements de la veille, avec la liberté, la pertinence, la largeur de vue, l'impartialité, que l'on souhaite de l'historien futur. Personne n'est moins influençable que lui, personne n'est moins dupé par les apparences, personne n'est plus indépendant. Il veut voir clair, il veille ; et oui, pour la seule raison que rien ne compte autant pour lui que le juste et le vrai, il vérifie à tout moment la valeur de ses opinions et révise

d'autres cherchent si longuement, si vainement : un principe de pensée et d'action, une « morale » — une méthode, une unité de mesure, la règle d'un comportement juste avec soi-même et avec le monde. Il oppose la mesure à tous les rêves de puissance, celui de l'État comme celui de l'individu. Pour Camus, la révolte, contrairement à la révolution qui est démesurée, culmine dans le sens de la mesure. Une mesure qui est aussi une objectivité et une liberté, autorisant à affirmer : « Si la vérité était de droite (ou de gauche), alors je serais de droite (ou de gauche) ». Le romantisme de la révolte est borné par les limites de la raison grecque, par une vertu morale devant guider l'action et permettre de construire une cité juste. Car la mesure, c'est aussi la justice. Les œuvres de Camus enseignent que la première des exigences est le refus de la radicalité. Une voie est possible entre les indignés et leurs contestations incontestables et les soumis et leur suivisme d'automates. Le monde n'est pas une pure fixité ni un perpétuel mouvement. Il est fait de mouvement et de fixité. C'est par le courage exténuant de la mesure que Camus veut empêcher que ce monde se défasse et s'opposer aux enragés extrémistes de tous bords. Ce courage ouvre « un chemin difficile où les contradictions peuvent se vivre et se dépasser »[253]. « Le jour où la révolution césarienne a triomphé de l'esprit syndicaliste et libertaire, explique Camus, la pensée révolutionnaire a perdu, en elle-même, un contrepoids dont elle ne peut, sans déchoir, se priver. Ce contrepoids, c'est cet esprit qui mesure la vie, et celui-là même qui anime la longue tradition de ce qu'on peut appeler la pensée solaire et où, depuis les Grecs, la nature a toujours été équilibrée »[254]. Ainsi, le natif du quartier de Belcourt à Alger, au moment de la guerre d'Algérie, a-t-il choisi la tendance modérée et combattu sans relâche les extrémismes.

Dans ses *Entretiens sur le bon usage de la liberté*, Jean Grenier, qui fut le professeur de philosophie de Camus, montre que la liberté absolue est la destruction de toute valeur quand la valeur absolue supprime toute liberté. On ne saurait alors que rechercher un juste milieu entre ces situations extrêmes. Les révolutions du XXe siècle ont séparé hermétiquement, à des

---

attentivement cette alliance. Rien de surprenant si des dons aussi précieux ont fait de lui une des autorités morales les moins contestables aujourd'hui ».

[253] A. Camus, « L'Homme révolté (1951) », in *Œuvres*, Gallimard, coll. Quarto, 2013, p. 1068.

[254] *Ibid.*, p. 1074.

fins de conquête et de propagande, la liberté et la justice. On a voulu faire croire que seuls deux choix seraient possibles : celui de la liberté sans justice et celui de la justice sans liberté. Mais, pour être fécondes, justice et liberté doivent trouver, l'une dans l'autre, leurs limites. La condition de l'homme est libre si elle est juste et juste si elle est libre. La liberté absolue est le droit pour le plus fort de tout décider. Cela profite à l'injustice. Quant à la justice absolue, elle interdit toute contradiction et détruit la liberté. Une approche mesurée, elle, ne dressera pas l'une contre l'autre, ne choisira pas entre l'une et l'autre, mais tâchera de les associer dans un élan mutualiste. De même, entre les deux sens contradictoires issus de l'héritage politique du XVIIIe et du XIXe siècles, la liberté individuelle et l'égalité de tous, on établira un dialogue plutôt que d'ouvrir les bras à l'un contre l'autre.

Et Camus de citer l'exemple de « l'histoire de la Première Internationale où le socialisme allemand lutte sans arrêt contre la pensée libertaire des Français, des Espagnols et des Italiens, et l'histoire des luttes entre l'idéologie allemande et l'esprit méditerranéen. La commune contre l'État, la société concrète contre la société absolutiste, la liberté réfléchie contre la tyrannie rationnelle, l'individualisme altruiste enfin contre la colonisation des masses, sont alors les antinomies qui traduisent, une fois de plus, la longue confrontation entre la mesure et la démesure qui anime l'histoire de l'Occident, depuis le monde antique. Le conflit profond de ce siècle ne s'établit peut-être pas tant entre les idéologies allemandes de l'histoire et la politique chrétienne, qui d'une certaine manière sont complices, qu'entre les rêves allemands et la tradition méditerranéenne, les violences de l'éternelle adolescence et la force virile, la nostalgie et le courage durci et éclairé dans la course de la vie ; l'histoire enfin et la nature »[255]. L'humanisme libéral — on y reviendra —, c'est la Méditerranée.

« Nous portons tous en nous nos crimes et nos ravages. Mais notre tâche n'est pas de les déchaîner à travers le monde ; elle est de les combattre en nous-mêmes et dans les autres. La révolte, la séculaire volonté de ne pas subir dont parlait Maurice Barrès, est au principe de ce combat. Source de vraie vie, elle nous tient toujours debout dans le mouvement informe et

---

[255] *Ibid.*

furieux de l'histoire »[256]. Révolte et mesure se rejoignent dans la solidarité qu'elles font naître. Il existe — il devrait exister — une commune mesure entre les hommes unis par le bien commun. Et ce bien commun est concret, immédiat, ce n'est pas une visée lointaine et abstraite se dégradant vite en catéchisme. Il s'agit ici d'œuvrer à la coexistence difficile entre les hommes. La mesure n'est donc pas le contraire de la révolte, au contraire la révolte est la mesure. La mesure, fille de la révolte, se vit dans la révolte. La révolte, au contraire de la révolution, refuse les idéologies mais accueille les idées, qu'elle met en discussion dans la pensée de midi. Les idéologies sont apparues en des temps où triomphaient les grandeurs scientifiques absolues. Aujourd'hui, on sait que ce sont les grandeurs relatives qui ont raison. Et la mesure n'est pas autre chose que l'humanisme, qui permet à chacun de se rapprocher des valeurs partagées.

S'il est une sagesse, le juste milieu camusien ne doit pas être assimilé à une synthèse. Ce n'est pas un « centre » et on aurait tort de croire que seule la sociale-démocratie pourrait le mettre en œuvre. La mesure, ce n'est pas un plat « oui mais », un monotone compromis sans saveur, c'est plus et mieux une tension entre les oui, une déchirure entre des contraires qui confine à l'harmonie. Ce n'est pas l'eau tiède mais l'eau bouillonnante. La mesure grandit celui qui la possède. C'est l'équilibre terriblement précaire entre les contraires permettant de voir tout ce qu'il y a de bon chez l'autre, chez l'opposant, chez l'adversaire, donc de s'ouvrir au lieu de se fermer, de se rencontrer au lieu de s'éloigner, de se comprendre. Ainsi comprise, la mesure rejoint la justice — quand la radicalité est amie de l'injustice. Finalement, si l'exigence de mesure est une exigence de liberté et de justice, elle se résume dans l'éthique. L'éthique est peut-être un autre nom donné à la quête d'équilibre, à la lutte contre les radicalismes, afin d' « empêcher que le monde ne se défasse », pour reprendre une formule du discours de Suède de Camus.

Paradoxalement, la démesure est un confort, souvent choisi par opportunisme, tandis que la mesure est un risque dont celui qui le prend profite rarement. Le mesuré est souvent méprisé, incompris, puisque le propos équilibré et mesuré est toujours plus délicat à saisir, dans toute sa

---

[256] A. Camus, « L'Homme révolté (1951) », in *Œuvres*, Gallimard, coll. Quarto, 2013, p. 1076.

subtilité, que le discours excessif et très tranché. Jean-Paul Sartre fustigea ainsi l'attitude d'Albert Camus, le taxant d'abstentionnisme. Il répondit, avec une ironie condescendante, à une lettre ouverte de Camus dans sa revue *Les temps modernes* d'août 1952 : « Vous blâmez le prolétariat européen parce qu'il n'a pas marqué de réprobation aux Soviets, mais vous blâmez aussi les gouvernements de l'Europe parce qu'ils font admettre l'Espagne à l'Unesco. Dans ce cas, je ne vois qu'une solution pour vous : les îles Galapagos ». Dans ses joutes verbales avec Jean-Paul Sartre, au moment de la parution de *L'homme révolté,* Camus pouvait se dire « fatigué de me voir, et de voir surtout de vieux militants qui n'ont jamais rien refusé des luttes de leur temps, recevoir sans trêve leurs leçons d'efficacité de la part de censeurs qui n'ont jamais placé leurs fauteuils que dans le sens de l'histoire ». L'équilibre et la mesure sont ainsi étroitement liée à la liberté et à l'indépendance d'esprit. Beaucoup s'enorgueillissent d'avoir eu un maître, un père ou un parrain spirituel. C'est le triomphe du *magister dixit.* Ils se satisfont de pouvoir dire qu'il y a quelqu'un à qui ils « doivent tout ». Mais ne peut-on pas davantage se féliciter de se construire librement, sans influences ? Ne peut-on pas se réjouir de ne devoir rendre de comptes à personne et de pouvoir dire : je ne représente que moi-même et je parle toujours à titre personnel. Pour Sartre, le fait que son père soit mort à l'âge de 32 ans, le laissant pour toujours orphelin, aurait été toute sa chance : « Eût-il vécu, mon père ce fut couché sur moi de tout son long et m'eût écrasé. Par chance, il est mort en bas âge. Je suis resté seul, sans ce géniteur invisible à cheval sur son fils. Je souscris volontiers au verdict d'un éminent psychanalyste : je n'ai pas de Sur-moi »[257]. Et Simone de Beauvoir de remarquer que « l'indépendance d'Albert Camus le rapprocha de Sartre et de moi : nous nous étions formés sans lien avec aucune école, en solitaires ; nous n'avions pas de foyer, ni ce qu'on appelle un milieu. Comme nous, Albert Camus était passé de l'individualisme à l'engagement »[258]. Albert Camus lui aussi vit son père partir très tôt, en 1914, sur le champ des premières batailles de la Première Guerre mondiale. Puis il resta toute sa vie sous l'influence de la seule Némésis, comme un « premier homme » qui reprend tout de zéro, sans morale ni religion, suivant « une éducation sans éducateur »[259]. Finalement,

[257] J.-P. Sartre, *Les mots*, Gallimard, 1964.
[258] S. De Beauvoir, *La force de l'âge* (1960), Gallimard, coll. Folio, 1986, p. 642.
[259] A. Camus, « Entretien », *La Gazette de Lausanne* 27-28 mars 1954.

n'est-ce pas la vocation de l'homme, cherchant l'humanisation et la civilisation, de faire preuve de tempérance afin d'atteindre ce juste milieu entre son pôle animal, « chaud », et son pôle machinal, « froid » ?

Un trait dominant d'Albert Camus est sa crainte, par un engagement imprudent, de basculer du côté de la violence qu'il réprouve. L'humaniste ne saurait être l'homme d'un parti. Avec le double sentiment contradictoire de la compromission et de l'exigence morale, il sait que « les causes, toutes les causes, possèdent un potentiel de radicalité tout autant redoutable »[260]. Le Caligula qu'il met en scène est un homme qui a perdu la faculté de penser, dont l'univers mental a tout dévoré et dans un monde qui doit se plier à sa volonté. Caligula a oublié ce que sont le doute et la discussion. Son ivresse et son aveuglement le conduisent à la perte[261]. Telle est la pathologie d'un trop grand pouvoir.

Autre exemple de modération, Montaigne, bon cavalier, préférait le trot à la marche et au galop. Quant à Pascal, l'un de ses célèbres aphorismes dit : « Trop ou trop peu de vin : ne lui en donnez pas, il ne peut trouver la vérité, donnez-lui en trop, de même ». Une vie sans vin est vaine, mais une vie d'ivrogne est une vie d'esclave. Plus près de nous, Paul Valéry estimait que « deux choses menacent le monde : l'ordre et le désordre ». On sera alors tenté d'opter pour l'ordre libertaire, position médiane qui caractérisa la vie philosophique d'Albert Camus[262]. Ainsi les personnages qu'il inventa pour figurer la marche du monde en vinrent à ne pas choisir le juste contre le légal, ou inversement. Le juste peut triompher du légal, le légal peut triompher du juste, le légal et le juste peuvent cohabiter. Parce qu'on aime la modération, on donnera autant de place à l'ordre et à la liberté. On dépassera l'hémiplégie habituelle qui fait que, quand on est « de gauche », tout ce qui vient de la « droite » est forcément jugé mauvais et inversement. La pensée de midi est ce point fixe et rayonnant de la vérité au moment où le soleil est en équilibre au zénith. Ne jamais le perdre de vue permet d'éviter de sombrer dans la démesure. La trajectoire qui va de *L'étranger* à *La chute* amène le

---

[260] D. Salas, *Albert Camus – La juste révolte,* Michalon, coll. Le bien commun, 2002, p. 29.
[261] A. Camus, *Caligula,* Gallimard, 1944.
[262] M. Onfray, *L'Ordre libertaire – La vie philosophique d'Albert Camus,* Flammarion, 2012.

héros camusien à percevoir différemment la loi. Combattue au nom de la liberté, la loi était oppressive. Face à l'excès de liberté, elle devient libératrice[263]. L'humanisme libéral n'oblige donc bien qu'à une chose : ne se sentir jamais obligé à l'égard d'aucune institution, aucune école, ne jamais se laisser emprisonner dans une catégorie intellectuelle, morale, politique ou spirituelle. Je dis peut-être des bêtises, mais je suis libre de les dire et telle est ma plus grande gloire, ma plus importante fierté.

38. L'allégorie de la justice comme modèle. Si l'humanisme libéral est avant tout une attitude ou disposition intellectuelle, celle-ci s'incarne peut-être dans l'allégorie de la justice. La justice, tout d'abord, porte dans sa main gauche une balance. Celle-ci témoigne du besoin d'équilibre et de mesure vu à l'instant, de la nécessité de refuser les radicalismes faciles pour ne toujours juger les choses qu'à l'aune de ce qu'elles ont de bien et de ce qu'elles ont de juste. La méthode de l'humaniste libéral n'est alors peut-être pas une autre que celle du juriste ou, en tout cas, du juge qui n'applique pas les règles tel un automate mais tâche de faire preuve d'humanité et, en particulier, de mesure et de modération.

Ensuite, la justice a les yeux bandés. Il s'agit là du besoin de regard critique, de liberté d'esprit et de pensée, de refus des dogmes, des influences et de tout le prêt à penser, de ne jamais s'autocensurer et d'être prêt à se contredire et à changer d'avis.

La justice a un genou dénudé. Cela correspond à l'indiscipline ou adisciplinarité, l'émancipation par rapport aux méthodes et objets limités de chaque science, la capacité à regarder ailleurs, à élargir l'horizon. Contre les froids cloisonnements disciplinaires, l'allégorie de la justice nous rappelle qu'une approche plus sexy est possible.

La justice, enfin, tient dans sa main droite une épée. Cette épée est le symbole de la force de la vie et des faits contre le ciel des idées et des théories. En droit, cela signifiera se concentrer sur le droit vivant, sur le droit effectif, plutôt que sur le droit valide, sur les normes qui marchent en pratique plutôt que sur les normes applicables en théorie. L'épée est aussi ce qui permet de trancher et éclaircir le brouillard du futur, donc le témoin de la nécessaire approche prospective sans laquelle nul humanisme n'aurait de

[263] D. Salas, *Albert Camus – La juste révolte*, Michalon, coll. Le bien commun, 2002, p. 82.

sens. En droit, on dira que l'épée est utile à celui qui pense *de lege feranda* (en fonction de la loi à venir, de la loi que l'on propose, que l'on souhaite) plutôt que *de lege lata* (selon la loi en vigueur, la loi applicable). Un humaniste pense le bon et le juste. Que la loi actuelle aille dans ce sens ou non est une situation contingente et une question secondaire, non dénuée d'intérêt, surtout pour le justiciable qui attend de savoir quel sort sera réservé à sa cause, mais qui n'intervient que dans un second temps. Il faut aller au fond des choses, ne pas se satisfaire de normes formelles et s'intéresser aux normes effectives. Consacrer un droit à la démocratie, par exemple, est très insuffisant si, dans les faits, la population perd le sens de la chose publique et qu'en même temps le technopouvoir prend de plus en plus la main sur les décisions politiques.

Adopter cette méthode de l'humanisme libéral est un risque. On peut se couper de toute une partie de ses pairs pour qui est honorable ce qui perpétue le passé et détestable ce qui rompt avec la tradition. Il n'en est pourtant pas moins tentant de suivre Albert Camus, pour qui « un bon écrivain est celui qui s'exprime tel qu'il est, tel qu'il sent, sans plus de négligence que de fabrication. C'est pourquoi je n'aime pas plus les désordonnés que les précieux. Le beau style, on l'apprend comme la belle écriture. C'est du travail d'école, de la dissertation française. On peut avoir 18 sur 20 et ne pas être un bon écrivain. Par absence de personnalité. En somme, il faut se référer uniquement à son propre règlement »[264]. Bien sûr, on risquera de subir le sort de Meursault, de *L'étranger*, qui accepte de mourir en quelque sorte par authenticité, pour ne pas trahir ses convictions et sa vision du monde. Il voulait se donner ses propres lois, vivre dans un monde de sensations et d'exaltation de son corps, refusant de se conformer aux conduites « normales » de son milieu. Par sa vie et ses actes, il menaçait l'ordre social, l'unité morale et religieuse de la société. La communauté morale, plutôt que de douter d'elle-même, préfère écarter sans ménagement tous ceux qui la font vaciller pour pouvoir se perpétuer[265]. Meursault meurt crucifié par la violence d'une communauté dont il transgresse la loi. On ne le condamne pas pour avoir tué l'arabe sur la plage, aveuglé par le soleil brûlant, mais pour

[264] Cité par R. Mallet, , « Présent à la vie, présent à la mort », in « Hommage à Albert Camus », *NRF* mars 1960, n° 87, p. 444.

[265] F. Noudelmann, « Camus et Sartre : le corps et la loi », in A.-M. Amiot, J.-F. Mattéi, *Albert Camus et la philosophie*, Puf, coll. Thémis, 1997, p. 133.

être différent, parce qu'il est un étranger[266]. Ne pas être dans la norme, c'est être dangereux, car on craint la désagrégation des liens vitaux qui permettent de se reconnaître dans un même corps social. En réalité, ne s'agit-il pas du pouvoir arbitraire de ceux qui entendent, par l'aveuglement de la masse des hommes, faire respecter leurs prérogatives de classe ? La tâche des intellectuels est de démasquer les impostures, de lutter contre tout ce qui aliène, de promouvoir la liberté. Ainsi l'humanisme libéral flirte-t-il toujours avec l'humanisme libertaire. Mais sa mesure et sa modération lui permettent de ne pas succomber aux sirènes des libertés totales, qui seraient d'autres sujétions.

III. Une révolution anthropologique : homme et humanisme numériques

39. L'effondrement de la civilisation humaniste. Au moment d'annoncer le plan du Gouvernement en vue du déconfinement suite à l'épidémie liée au nouveau coronavirus, le 28 avril 2020, le Premier ministre Édouard Philippe a mis plusieurs fois en garde contre le risque d' « écroulement » du pays et, en particulier, de son économie. L'utilisation de ce mot est un synonyme à peine masqué de la notion d' « effondrement » chère à ceux qui théorisent la fin du monde prochaine ou, du moins, la fin de notre monde prochaine. S'il était nécessaire de protéger la population de ce mal tuant des milliers de personnes, il fallait aussi protéger l'économie et la société qui repose pour une bonne partie sur cette économie. Une difficile équation à résoudre. On peut ainsi s'inquiéter des périls liés à une pandémie ou à une crise économique. Les tenants de la collapsologie s'alarment surtout des désastres environnementaux. Mais un autre effondrement n'est-il pas à l'œuvre, peut-être plus avancé et plus incontestable que les autres : l'effondrement de la culture et de la société, donc de la civilisation[267] ? Or les nouvelles

---

[266] D. Salas, *Albert Camus – La juste révolte,* Michalon, coll. Le bien commun, 2002, p. 27-28.

[267] N. Oreskes, E. Conway, *L'effondrement de la civilisation occidentale,* Les liens qui libèrent, 2014.

technologies de communication et l'intelligence artificielle sont un moteur de cet effondrement là.

Depuis quelques années, la crise environnementale et l'incapacité de nos sociétés mondialisées à y répondre mieux qu'à travers quelques pétitions de principe très insuffisantes ont conduit certains à affirmer que la fin du monde ne serait plus une lubie très lointaine d'auteurs de science fiction mais une réalité actuelle, en cours, observable et même mesurable pour qui accepte de poser un regard prospectif sur les événements. Aujourd'hui, il ne peut plus être question de croire ou de ne pas croire à l'effondrement. Celui-ci est en cours. On ne peut que l'observer et chercher des réponses. Le nier, c'est manquer d'objectivité et de lucidité, croire que le futur prolongera le passé, ce qu'il n'a jamais fait. Et des droits et libertés fondamentaux repensés et adaptés, notamment sous la forme de droits de l'homme numérique à l'heure où les nouvelles technologies numériques transforment l'homme, sont une des voies essentielles à explorer afin de répondre à cette urgence. Deux défis majeurs interrogent aujourd'hui l'humanité : la destruction de l'environnement naturel et l'explosion de l'environnement technique. On se concentre essentiellement sur le premier aspect. Mais le second est peut-être tout autant décisif, bien que moins bien palpable car insidieux, impactant la psychologie humaine individuelle et collective qui, dès lors, peine à saisir à quel point elle évolue. C'est ce second volet de l'effondrement qui nous préoccupera ici.

Toutes les civilisations se sont effondrées. Athènes, Rome, Babylone, toutes ces cités possédaient une puissance telle qu'on les aurait pensées indestructibles. Elles appartiennent aujourd'hui à l'histoire, à tel point que les langues que leurs peuples parlaient sont désormais des langues mortes. Les civilisations sont des processus vitaux. Elles surgissent au terme de mouvements de formation complexes, se développent sur une longue durée, s'étendent à base de *hard power* ou de *soft power*, connaissent une période d'apogée plus ou moins prolongée, puis déclinent, souvent soudainement, jusqu'à disparaître, laissant la place à une nouvelle civilisation. La fin d'une civilisation peut être imputable à une brusque évolution climatologique ou environnementale. Elle peut aussi résulter d'une révolution technique. Bien sûr, si l'on est tenté de défendre l'Europe et, plus largement, l'Occident humaniste de la Renaissance et des Lumières, c'est que l'on considère qu'ils ont grandi l'homme, qu'ils l'ont humanisé et que toute nouvelle civilisation qui prendrait leur place serait nécessairement déshumanisante. Cette position est évidemment un point de vue subjectif que l'on peut discuter et que l'on discutera. Reste que l'histoire nous montre qu'il arrive qu'une civilisation en dévore une autre, incapable de se défendre par manque de courage ou par manque de conscience d'elle-même et de sa valeur. C'est pourquoi il semble important d'insister sur toutes les qualités de notre civilisation humaniste.

Aujourd'hui, se pose la question de la disparition prochaine de la culture européenne née avec les Renaissance et les Lumières. L'humanisme et les droits de l'homme sont au cœur de cette culture. Ce sont eux que les nouveaux comportements individuels et collectifs — mais surtout individuels — induits par les nouvelles technologies remettent en cause. Ce sont eux qu'une réflexion sur les droits de l'homme numérique et l'humanisme juridique vise à défendre. De nouvelles puissances, de nouveaux jeux de pouvoir, de nouveaux modes d'organisation s'instituent, dégradant notre société et notre culture. Mais il faut être soit un ancien, un immigrant du numérique, comprenant le nouveau monde, soit un jeune à qui on a expliqué l'ancien monde pour s'apercevoir de ces changements. La plupart des *digital natives,* des enfants du numérique, ne peuvent se rendre compte de ce qui se joue, du peu qu'ils ont gagné par rapport à tout ce qu'ils ont perdu. Il s'agit bien d'un combat à portée civilisationnelle. Et il doit être mené, car le risque est grand de voir tout ce que nous avons acquis de haute lutte depuis des siècles irrémédiablement disparaître. Continuons à cultiver notre culture, la civilisation des hommes, plutôt que de nous abandonner sans hésitation à l'incivilisation des robots. C'est en étant avertis, informés et critiques à l'égard de nos nouvelles habitudes, de nos nouvelles vies, que l'on pourra retenir des IA leurs bienfaits et éviter de se laisser imposer leurs méfaits. La civilisation naissante, qui menace insidieusement mais profondément notre civilisation, c'est celle de la robotisation à terme intégrale de la vie. Une incivilisation dans laquelle les libertés, le libre arbitre, le droit à l'errance sont diminués au maximum au profit de l'organisation automatisée de toute chose et de la marchandisation de chaque instant du quotidien. On se souviendra alors des mots de Georges Bernanos qui, à la sortie de la Seconde Guerre mondiale, dans *La France contre les robots,* écrivait qu' « une civilisation ne s'écroule pas comme un édifice. On dirait beaucoup plus exactement qu'elle se vide peu à peu de sa substance, jusqu'à ce qu'il n'en reste plus que l'écorce. On pourrait dire plus exactement encore qu'une civilisation disparaît avec l'espèce d'homme, le type d'humanité, sorti d'elle »[268]. Bernanos dénonçait la place croissante des machines, au détriment de l'humain, engendrant une rationalisation impersonnelle de la société et, par conséquent, un égarement des êtres. Or, lorsqu'il écrivit, à la fin des années 1940, le mouvement de déshumanisation par les robots n'en était qu'à ses prémices. On dira aujourd'hui que cette évolution a atteint un stade beaucoup plus avancé et, sous l'angle de l'atteinte à la civilisation humaniste, alarmant. Nous vivons un moment exceptionnellement critique de l'histoire de notre civilisation. C'est maintenant qu'il faut défendre nos libertés et notre droit fondamental à une pluralité de modes d'existence. Un siècle et demi plus tard, nous pouvons reprendre la position de l'écrivain anglais Samuel Butler qui, en 1872, au cours de la révolution industrielle, à laquelle la révolution numérique ressemble par de nombreux aspects, affirmait : « Nous ne demandons pas la destruction totale des machines. Mais nous devrions détruire toutes celles qui ne sont pas absolument indispensables, de peur qu'elles n'étendent plus complètement encore leur domination tyrannique sur nous »[269]. Les machines n'ont pas seulement chamboulé, en les déshumanisant, les conditions de travail. Elles ont également changé la structure de la civilisation, qui était une « civilisation de l'âme ». Avec l'avènement des machines, « on a vu le remplacement de l'âme par l'esprit »[270]. Qu'est-ce qui remplace l'esprit lorsque les machines deviennent des intelligences artificielles ? Peut-être le vide. La néantisation de l'humain serait le point final du mouvement de robotisation des vies. Il ne resterait alors rien de la civilisation humaniste. Bien sûr, nous sommes encore loin d'un tel cauchemar devenu réalité. Mais mieux vaut prévenir au plus tôt la marche vers cette dystopie. Un auteur a proposé une théorie de l'effondrement en cinq stades : financier, commercial, politique, social et, enfin, culturel[271]. La révolution des IA peut jouer un rôle dans chacun de ces cinq stades, qui sont de toute manière étroitement interdépendants. Et ce rôle peut être aussi bien négatif, comme facteur aggravant, que positif, comme solution, mais à

---

[268] G. Bernanos, *La France contre les robots* (1947), Le Castor Astral, 2015, p. 43.

[269] S. Butler, *Erewhon* (1872), Gallimard, 1980, p. 245.

[270] A. Malraux, « Présentation du budget des affaires culturelles », Assemblée nationale, 1965.

[271] D. Orlov, *Les cinq stades de l'effondrement,* Le retour aux sources, 2016.

condition d'être proactif à l'égard de la révolution industrielle et de ne pas la subir.

40. Un état d'urgence humain. Le mouvement de prise de conscience de la possibilité et, plus encore, de la réalité de la fin de notre monde a pris une telle ampleur qu'il s'est trouvé à la fois un nom et une figure tutélaire : la collapsologie (terme forgé sur le latin « *collapsus* » (qui est tombé d'un seul bloc) et sur le grec « *logos* » (discours rationnel sur)) et Pablo Servigne. Née en France en 2015[272], la collapsologie ou science de l'effondrement s'est imposée rapidement dans les conversations et dans les esprits. On ne prend plus les catastrophistes pour des illuminés, pensant que tout pourrait s'arrêter en raison du passage à l'an 2000 ou suivant les prévisions apocalyptiques des Mayas, mais pour des personnalités lucides, qui disent tout haut ce que beaucoup préfèrent ne pas voir, préférant penser leur fin du mois plutôt que la fin du monde. La fin du monde, ce n'est plus un gag. La collapsologie est une tentative de rationalisation du phénomène de fin du monde, traditionnellement lié à la religion. Elle est une sorte de raison apocalyptique, associant les périls les plus graves non plus à une révélation mais aux dérives de l'économie, de la technique et de la surexploitation de la nature. On parle de moins en moins de progrès et de plus en plus de catastrophes.

La collapsologie est devenue un courant de pensée influent, et les différents auteurs qui ont investi son programme de travail ont échafaudé une description complète du monde. En se référant à Edgar Morin, ils retiennent que nos sociétés sont des systèmes complexes, aux variables interdépendantes. Une particularité de la collapsologie est de surmonter le compartimentage des sciences contemporaines, qui empêche de laisser émerger une image globale et convergente de la marche du monde. La collapsologie est bien l'une de ces indisciplines que promeut l'humanisme libéral, un nouveau champ du savoir transdisciplinaire, susceptible d'intéresser tout le monde, très au-delà des universitaires. Son projet initial est de recenser et combiner toutes les données fiables sur l'état du monde et de l'homme, et surtout concernant la situation des écosystèmes, afin d'anticiper les catastrophes à venir, dans un avenir proche. Les informations

[272] P. Servigne, R. Stevens, *Comment tout peut s'effondrer – Petit manuel de collapsologie à l'usage des générations présentes*, Le Seuil, 2015.

sur le climat, les ressources pétrolières ou la démographie sont ainsi combinées à des phénomènes sociaux et politiques comme les flux migratoires, la montée des populismes, la nouvelle course à l'armement nucléaire ou les soulèvements populaires et à des références issues d'univers éloignés comme l'histoire des civilisations disparues ou le mouvement décroissant. Si quelques bonnes nouvelles ponctuelles tombent de temps à autre, tous les indicateurs globaux sont mauvais. On ne lit jamais d'étude montrant que la biodiversité, les écosystèmes, le climat, la finance ou les stocks de ressources non-renouvelables se portent bien. Et la pandémie mondiale liée au nouveau coronavirus, en 2020, qui en quelques semaines a mis le monde entier à l'arrêt, a apporté une matière brute et brutale aux collapsologues — l'ancien ministre Yves Cochet peut déclarer : « Avec mes copains collapsologues, on s'appelle et on se dit : « Dis donc, ça a été encore plus vite que ce qu'on pensait ! »[273]. Elle a mis en évidence le caractère systémique d'un éventuel effondrement puisqu'un problème sanitaire a débouché sur une crise économique et financière et sur des conséquences politiques, géopolitiques, sociales et même culturelles.

Cette crise, imputable à un être aussi minuscule qu'un virus, a montré la vulnérabilité de notre mode de vie et de notre modèle de société, colosse aux pieds d'argile. Elle a aussi témoigné de la possibilité d'autres modes de vie et d'autres modèles de société. Justement, la collapsologie vise à penser et promouvoir des réponses, à la fois agronomiques, technologiques, sociales et politiques, à l'effondrement, puisqu'une fois notre monde disparu, l'homme sera toujours là et devra construire un nouveau monde. Elle soutient ainsi la permaculture, les coopératives, l'autosuffisance, l'essor de l'agriculture urbaine, un certain retour vers la terre, vers les campagnes, vers les circuits courts, le travail manuel, les savoirs partagés. Ce mode de vie, fait d'autarcie et de sobriété, se trouve à des années lumières de la complète dépendance à l'internet et aux objets connectés. La collapsologie s'accompagne donc d'une collapsosophie, d'une « sagesse de l'effondrement » visant, après avoir effectué et accepté le constat, à trouver les moyens de bien vivre dans ce nouveau monde qui s'ouvre devant nous[274]. La collapsologie, qui part d'un

---

[273] Y. Cochet, *Devant l'effondrement – Essais de collapsologie*, Les liens qui libèrent, 2019.

[274] P. Servigne, R. Stevens, G. Chapelle, *Une autre fin du monde est possible – Vivre l'effondrement (et pas seulement y survivre)*, Le Seuil, 2018.

réel et sincère effort de compréhension des crises en cours, s'est ainsi transformée en morale, créant des communautés autour d'elle. Les collapsonautes, navigateurs sur les eaux troubles de l'avenir, délaissent la rationalité du discours scientifique au profit d'expériences intérieures tournées vers la spiritualité.

Les collapsologues parlent souvent de « civilisations thermo-industrielles », insistant sur l'aspect économique et ses répercussions environnementales. Notre civilisation est thermique car elle a besoin de toujours plus de carburant à brûler, sans quoi tout tombe[275]. Mais cette société de consommation à outrance, dans laquelle les déchèteries publiques sont aussi pleines à craquer que les hypermarchés, ne peut durer qu'un temps, car ce mode de fonctionnement est un suicide collectif : les ressources sont finies, tandis que les consommer fait étouffer le monde à grands coups de pollutions. La situation est critique, et pourtant rien ne change ou presque, parce que les hommes ont fait reposer leurs économies sur un modèle de croissance infini dans un monde de ressources finies — pour le physicien Albert Allen Bartlett, l'expression « croissance durable » est un oxymore[276]. C'est le malheur rousseauiste d'avoir un jour décidé de nous extraire des limites de notre condition naturelle pour plier la nature et le monde à notre emprise. Pablo Servigne et son co-auteur Raphaël Stevens citent une étude de l'Agence internationale de l'énergie selon laquelle le pic mondial d'extraction de pétrole conventionnel, soit 80 % de la production pétrolière, aurait été franchi en 2006. Désormais, nous serions sur un plateau ondulant, au-delà duquel la production mondiale devrait décliner. Aujourd'hui, c'est le carburant non conventionnel, issu du gaz de schiste ou des sables bitumineux, qui permet de conserver pour un temps le niveau de la production[277]. Les collapsologues se basent également sur les conclusions du rapport Meadows de 1972, qui avait déjà mis en évidence le caractère

---

[275] A. Lacroix, « La fin du monde, vous la voulez comment ? », *Philosophie magazine* 2019, n° 136, p. 46.

[276] A. A. Bartlett, *The Essential Exponential*, Center for Science, Mathematics and Computer Education, 2004.

[277] J. Diamond, *Effondrement*, Gallimard, 2006. En retraçant l'histoire écologique des civilisations, Jared Diamond montre que ce sont de mauvais choix d'énergie et d'agriculture qui ont dévasté des sociétés comme les colonies Vikings du Groenland ou la population de l'Île de Pâques, et non des conquêtes ou des guerres.

insoutenable de la croissance à moyen terme. Ce rapport produit par un groupe de chercheurs en dynamique des systèmes du Massachusetts Institute of Technology, le MIT, parmi lesquels Dennis et Donella Meadows, comporte notamment un modèle informatique permettant de prévoir l'évolution des principaux paramètres globaux, comme la démographie, les ressources énergétiques, la production industrielle, la pollution ou la production de nourriture[278]. Or, entre 1972 et 2020, les prévisions de ce modèle se sont remarquablement vérifiées. Et ce modèle prévoit qu'à partir de 2030, la population humaine devrait décroître de manière incontrôlée, sur fond de crise généralisée de l'écosystème mondial. 2030, c'est demain. Bien d'autres indices pourraient être cités : 60 % des vertébrés terrestres ont disparu en 40 ans, selon l'indice planète vivante du Fonds mondial pour la nature, 90 % de la biomasse de grands poissons a disparu depuis le début de l'ère industrielle, selon une étude parue dans la revue *Nature* en 2003, 50 % des populations d'oiseaux des champs sont mortes au cours des trente dernières années, victimes des insecticides néonicotinoïdes etc. Il faut enfin citer un dernier chiffre : celui de l'explosion quantitative des hommes. À la fin du XVIIIe siècle, au temps des Lumières, la planète abritait un milliard d'êtres humains. Deux cents ans plus tard, la population mondiale a triplé. Depuis 1950, pendant la durée d'une seule vie humaine, quatre nouveaux milliards d'êtres humains sont venus peupler la planète. C'est un nouveau milliard d'hommes à héberger et nourrir tous les quinze ans. Ce « serrage de la masse humaine » pose de nombreuses questions, y compris sous l'angle de la révolution numérique, qui peut apporter autant de solutions qu'elle peut causer des problèmes. Et il s'agit de l'un des facteurs de l'effondrement de la civilisation occidentale, qui fait de moins en moins le poids quantitativement par rapport à l'Afrique et l'Asie.

Nous sommes entrés dans l'ère de l'anthropocène, nouvel épisode de l'histoire du monde dans lequel l'espèce humaine est devenue une force géologique, une puissance tellurique capable de changer à elle-seule la face du monde, comme l'impact d'une météorite géante ou une méga-explosion volcanique[279]. S'il faut défendre Gaia, cela ne commence-t-il pas par

[278] D. Meadows, D. Meadows, rapport du Club de Rome, « Les limites à la croissance », 1972.
[279] Ch. Bonneuil, *L'événement anthropocène – La terre, l'histoire et nous,* Le Seuil, 2013.

défendre l'humanité des hommes, leur état naturel contre leur reconstruction artificielle ? On en arrive à ce paradoxe de l'anthropocène : alors que l'humanité devient capable d'influencer l'avenir de la planète dans son entier, elle paraît impuissante à décider de son propre futur[280]. Elle peine à identifier ses problèmes et elle est incapable d'y répondre. Pourtant, la crise liée au nouveau coronavirus a montré que le monde vivant et les écosystèmes sont résilients, qu'ils peuvent renaître vite et fort, qu'on pourrait redonner de la place à nos alliés non-humains. Toute crise est une opportunité.

Il est donc temps de décréter l'état d'urgence naturel. Et celui-ci n'est pas un autre qu'un état d'urgence humain, car l'homme reste malgré tout un être de la nature. Mais l'état d'urgence humain est aussi un état d'urgence civilisationnel qui implique d'interroger l'influence des robots sur les hommes. Les collapsologues se concentrent donc sur les atteintes à l'environnement et ses facteurs, notamment économiques. Ils interrogent peu la déshumanisation de l'homme par la technique et l'effondrement de la civilisation comprise comme lien social et comme culture. Ici, plutôt qu'à la civilisation thermo-industrielle, on s'intéressera à la civilisation humaniste mise en péril par les artefacts qui interdisent de perpétuer des modes de vie sobres et authentiques, qui nous amènent à détériorer notre milieu et à générer des profits pour quelques privilégiés. Mais, bien entendu, tout est lié. Au bord du gouffre, il faut relativiser la distinction nature-culture. L'une ne se sauvera pas sans l'autre. Les IA, par exemple, sont un moyen parmi d'autres de se couper de la nature, de vivre dans un monde dénaturé, entièrement régi par les lois de la technique et oubliant les lois de la nature — qui, de temps à autre, ne manquent pas de se rappeler à nous. En 1900, la majorité des hommes étaient agriculteurs, vivaient en harmonie avec la nature, lui rendant à peu près ce qu'ils lui prenaient. Désormais, en France comme dans beaucoup de pays, seul 1 % de la population travaille encore la terre, côtoie encore la faune et la flore — mais souvent sans égard pour elles, privilégiant les techniques permettant d'augmenter au maximum les rendements, dans une perspective de développement court-termiste. C'est là « une des plus fortes ruptures de l'histoire depuis le néolithique. Petite Poucette ne vit plus en compagnie des animaux, n'habite plus la même Terre,

[280] B. Latour, *Face à Gaia*, La Découverte, 2015.

n'a plus le même rapport au monde. Elle n'admire qu'une nature arcadienne, celle du loisir et du tourisme »[281].

Le mot « collapsologie » acquière son autonomie. Ses créateurs en perdent le contrôle. La polysémie le gagne, comme tout terme à la mode, et il catalyse toutes sortes de fantasmes[282]. On ne s'attardera pas à contribuer à la théorisation de la collapsologie. Mais, en étudiant l'impact des technologies numériques sur l'humain et sur la civilisation humaniste, il ne s'agira pas d'autre chose. Six Français sur dix déclarent redouter un effondrement de la société. Ils envisagent, comme cause de cet effondrement, le réchauffement climatique (36 %), puis la surpopulation (17 %) et la montée des inégalités (14 %)[283]. On pariera que le développement exponentiel des IA et de leur impact sur nos vies pourrait être un autre de ces facteurs, et non le moins décisif. Comme l'homme est à l'origine du réchauffement climatique, il est à l'origine des nouvelles technologies qui le menacent en retour.

41. *Homo erectus* et *homo sapiens*. Cette recherche ne saurait dans tous les cas côtoyer de trop près la collapsologie car les collapsologues, le plus souvent, sont anti-humanistes dans le sens où ils reprochent à l'humanisme de faire primer les intérêts humains sur toute chose et notamment sur la faune et la flore — si bien qu'on leur reproche à l'inverse de faire passer le réchauffement climatique ou l'extinction des espèces avant le chômage, les questions sociales et, plus généralement, l'humain. Pour eux, que les hommes se focalisent sur l'humanité est un privilège exorbitant accordé à notre espèce, une insupportable domination. L'humanisme virerait à la déification de l'homme. Déjà un philosophe comme Martin Heidegger critiquait l'humanisme en assignant à l'homme une destination plus haute, celle de « berger de l'Être », récusant l'anthropocentrisme sous-jacent à l'humanisme. On soutiendra plutôt que la défense de l'homme n'est pas incompatible avec la défense de son environnement naturel, à condition de voir en l'humain un être amoureux de la nature, des forêts, des montagnes et du soleil. L'humanisme n'est pas le remplacement de Dieu par l'homme mais

---

[281] M. Serres, *Petite Poucette*, Le Pommier, coll. Manifeste, p. 9.
[282] P. Servigne, « Nous avons engendré un monstre ! », *Philosophie magazine* 2019, n° 136, p. 60.
[283] L. Provost, « Coronavirus : les collapsologues ont-ils gagné ? », huffingtonpost.fr, 29 avr. 2020.

le respect de l'homme par l'homme, qui peut parfaitement passer par la symbiose avec la nature plutôt que par son exploitation à outrance. Certes, l'humanisme a souvent reposé sur une différence de nature plutôt que de degré entre l'homme et l'animal, mais un humanisme conscient que l'homme n'est qu'un animal parmi tant d'autres et qu'il n'en est pas moins, de ce fait respectable, est tout à fait possible. L'homme seul, dans le règne animal, est capable de développer une pensée dans un langage sophistiqué. Il peut parfaitement mettre à profit cette capacité afin de défendre son environnement contre tous les excès humains. Du point de vue anthropologique et sociologique, la pensée humaine fonde la possibilité de la culture et de l'histoire. Cette culture et cette histoire peuvent être celles d'une harmonie entre les hommes et la nature sans que cela interdise de parler d'humanisme, au contraire. On rejettera donc la figure de l'humanisme inhumain consacrant un homme souverain du monde et de l'univers — Erasme entendait « débestialiser l'homme », quand Descartes voulait que la science permette à l'homme de se rendre « maître et possesseur de la nature », et le développement technico-économico-industriel mit la quasi-totalité de la planète sous la tutelle humaine. Cet humanisme là est à la fois prétentieux et arrogant. Il ne mérite pas son nom. Et on dira alors que, malgré leurs critiques, les collapsologues sont souvent des humanistes. Défendre l'homme et défendre la nature, c'est une seule et même chose. La protection de l'humain ne peut aller sans protection du naturel. Un visage de l'humanisme a pu prospérer sur la disjonction absolue entre homme et nature, mais nous sommes évidemment interdépendants, l'homme est la nature.

L'évolution humaine consiste sans doute en « l'ascendant croissant de notre humanité sur notre animalité »[284], cela ne signifie pas *ipso facto* vouloir dompter toute animalité. Claude Lévi-Strauss expliquait : « Ce contre quoi je me suis insurgé, et dont je ressens profondément la nocivité, c'est cette espèce d'humanisme dévergondé issu, d'une part, de la tradition judéo-chrétienne et, d'autre part, plus près de nous, de la Renaissance et du cartésianisme, qui fait de l'homme un maître, un seigneur absolu de la création. J'ai le sentiment que toutes les tragédies que nous avons vécues,

---

[284] V° « Humanité », in A. Lalande, *Vocabulaire technique et critique de la philosophie*, 10e éd., Puf, coll. Quadrige dicos poche, 2010, p. 424.

d'abord avec le colonialisme, puis avec le fascisme, enfin les camps d'extermination, cela s'inscrit non en opposition ou en contradiction avec le prétendu humanisme sous la forme où nous le pratiquons depuis des siècles, mais dirais-je, presque dans son prolongement naturel, puisque c'est en quelque sorte d'une seule et même foulée que l'homme a commencé par tracer la frontière de ses droits entre lui-même et les autres espèces vivantes et s'est ensuite trouvé amené à reporter cette frontière au sein de l'espèce humaine, ses parents, certaines catégories reconnues seules véritablement humaines, d'autres catégories qui subissent alors une dégradation conçue sur le même modèle qui servait à discriminer entre espèces vivantes humaines et non humaines, véritable péché originel qui pousse l'humanité à l'autodestruction »[285]. On préfèrera effectivement un humanisme modeste, conscient de la place précaire de l'homme dans l'univers, loin de l'universalisme, de l'idée que les humains seraient supérieurs aux autres créatures et devraient à ce titre en avoir la pleine maîtrise. Considérer que l'homme doit être « la mesure de toute chose » n'empêche pas, au contraire, d'entretenir un rapport fraternel avec une fourmi ou un brin d'herbe. De la philosophie des Lumières jusqu'à la Déclaration universelle des droits de l'homme, l'humanisme, et notamment l'humanisme juridique permettant de l'exprimer, a souvent été très anthropocentré, séparant radicalement les êtres humains des autres êtres vivants et de l'environnement naturel, le pouvoir total des uns sur les autres. Aujourd'hui, cependant, de nouveaux textes et de nouveaux événements, comme les procès climatiques, attestent de l'émergence d'un humanisme respectueux de nos alliés non humains, pensant non plus l'indépendance des hommes mais leurs interdépendance avec tout ce qui n'est pas humain[286]. Divers projets, comme la Charte de la Terre, le Pacte international des Nations Unies sur l'environnement ou la Déclaration des droits et devoirs de l'humanité témoignent de cette évolution.

La collapsologie reprend le principe de précaution tel que conçu par Hans Jonas : « *in dubio, pro malo* », « en cas de doute, envisage le pire ». Or il sera particulièrement intéressant d'étendre cette approche à la recherche sur les droits de l'homme numérique. En catastrophiste éclairé, loin de la gestion

---

[285] Entretien de Claude Lévi-Strauss avec Jean-Marie Benoist, *Le Monde* 21-22 janv. 1979.

[286] M. Delmas-Marty, *Sortir du pot au noir – L'humanisme juridique comme boussole*, Buchet-Chastel, 2019, p. 58.

des risques technocratique, il faut, pour éviter la catastrophe, agir comme si elle était certaine[287]. Peut-on ou doit-on, à l'égard du monde des robots qui s'annonce, adopter l'attitude des survivalistes, qui se préparent à d'éventuelles catastrophes en constituant des réserves et des abris ? Sont-ils lucides ou paranoïaques ? Mieux vaut peut-être organiser la résistance en amont, en ayant conscience des menaces et en mettant en œuvre les moyens, notamment juridiques, pour empêcher ou limiter ces périls.

Que diront les archéologues du futur : que les hommes ont abdiqués devant eux-mêmes ou qu'ils se sont redressés ? En suivant la voie d'un humanisme conçu comme philosophie mettant en avant les capacités d'évolution positive des hommes, on espère abandonner tout défaitisme au profit d'un activisme éclairé et efficace, faisant de l'homme un *homo erectus*, un homme se dressant, s'élevant, droit face à son avenir, l'affrontant pleinement, loin de se recroqueviller sur son passé et de fermer les yeux sur son évolution. *Homo erectus* et *homo sapiens*, homme debout et homme sage. L'*homo sapiens*, des mots latins *homo* et *sapientia* (« sagesse »), l'homme intelligent, n'est pas un autre que le philosophe, qui pense son monde et son évolution et dont la caractéristique première, qui lui donne son nom, est d'aimer la sagesse. À lui de guider cet homme qui est aussi, pour Edgar Morin, *demens* (fou, éventuellement dangereux). C'est l'*homo sapiens-demens*[288].

Toujours est-il que la collapsologie, parce qu'elle promeut la pensée horizontale, transdisciplinaire, qu'elle privilégie le « dispersisme » (multiplier ses centres d'intérêt) au « jusqueboutisme universitaire » (être spécialiste d'une question précise dans un domaine particulier) et qu'elle s'appuie sur l'idée développée par Hans Jonas d'heuristique de la peur, c'est-à-dire le fait qu'un sentiment négatif, la peur, peut se transformer en moteur d'une action positive, permet de penser différemment, notamment par rapport aux carcans universitaires, et peut ainsi constituer une source d'inspiration au moment d'analyser l'effondrement civilisationnel en partie imputable à la place prise par les technologies de communication numérique. Alors que la prise de conscience globale des drames, quels qu'ils soient, est

---

[287] J.-P. Dupuy, *Le catastrophisme éclairé – Quand l'impossible est certain*, Le Seuil, 2004, p. 57.

[288] V° « Homo sapiens », in L. Hansen-Love, dir., *La Philosophie de A à Z*, Hatier, 2018, p. 209.

toujours lente et en décalage, que la pensée dominante, si ce n'est unique, est répandue de plateau de télévision en plateau de télévision, on ne peut que se féliciter de ces discours alternatifs qui gagnent du terrain, malgré leurs biais et leurs limites inévitables, notamment liées au fait que l'exploration du futur est une tâche complexe, scientifiquement fragile et contestable, malgré leur caractère relativement dogmatique, ignorant la contingence de beaucoup de choses et la capacité des systèmes complexes à être résilients — un élément qui s'écroule peut entraîner un effet domino, mais le système peut aussi se rééquilibrer grâce aux éléments qui se maintiennent, la stabilité et la résilience des écosystèmes, leur résistance aux chocs externes peuvent être favorisées par leur complexité[289].

Depuis longtemps, les économistes, les chroniqueurs et les éditorialistes occupent tout l'espace médiatique, chantent les louanges du libéralisme et de la mondialisation heureuse, de l'Europe des marchés et de la baisse des déficits publics. « Ces zélateurs zélés du capitalisme nous abreuvent de doctrines libérales qui causent les crises, détruisent les emplois et bouleversent le climat. Ces spécialistes de la pensée jetable se trompent sur tout. Ils célèbrent la finance triomphante à la veille de la crise des subprimes. Ils vantent la "solidarité européenne" quand sont imposées des coupes drastiques aux pays en difficulté. Ils applaudissent, malgré la crise climatique, le capitalisme et le consumérisme effréné dans leurs médias saturés de publicités »[290]. Un nombre réduit de « spécialistes » tendent à cadenasser la parole, à monopoliser la pensée. Pour la seule raison qu'ils apportent une contradiction vitale, on doit s'intéresser au discours des collapsologues. Et le même phénomène se retrouve en matière de pensée de l'IA : quelques thèses ultra-libérales se répandent dans les médias, grâce à quelques bouches et quelques plumes, rendant inaudibles des pensées divergentes pourtant, si ce n'est justes, au moins intéressantes. Le pluralisme des analyses et des idées est essentiel aux yeux de l'humanisme libéral, à tel point qu'on serait presque tenté de défendre une position minoritaire au seul motif qu'elle est minoritaire.

---

289 J.-P. Dupuy, « Si la catastrophe est certaine, pourquoi agir ? », *Philosophie magazine* 2019, n° 136, p. 57.
290 « Au nom du pluralisme, taisez-vous ! », acrimed.org, 6 avr. 2020.

42. Science et philosophie. Les physiciens, dans les années 1930, notamment Albert Einstein et Max Planck, ont contribué à l'essor de la philosophie des sciences. Ils ont montré l'importance des ressorts philosophiques de la pensée scientifique la plus inventive. Cet élan s'est brusquement arrêté avec la Seconde Guerre mondiale, alors pourtant que ses tenants et aboutissants scientifiques et techniques, notamment autour de la bombe nucléaire, posaient de nombreuses questions éthiques et politiques — la technoscience, par ses velléités démiurgiques, avait produit les conditions d'une possible extinction de l'humanité par elle-même[291]. Un divorce semble s'être installé entre science et philosophie, ce qu'on peut déplorer ou dont on peut se réjouir. Seuls les biologistes, depuis les années 1970, et aujourd'hui quelques physiciens et astrophysiciens semblent faire exception[292]. La science doit apporter toujours plus de connaissances positives, toujours plus de « progrès », si possible concrétisés dans des applications concrètes accessibles à tous. La philosophie, au contraire, devient de plus en plus un monde à part, un ciel demeurant loin de nos vies quotidiennes, répondant à des questions existentielles ultimes sans lien avec nos vies effectives. Nombreux sont les hommes de science qui, dans ces conditions, dénient à leur travail toute dimension philosophique, tandis que beaucoup de philosophes ne voient pas dans les sciences un centre d'intérêt, invoquant l'excuse de la spécialisation et de la technicité des recherches scientifiques fondamentales et appliquées[293]. On accepte ainsi une version caricaturale de la thèse du philosophe allemand Martin Heidegger selon laquelle « la science ne pense pas »[294], plutôt que de se remémorer l'aphorisme rabelaisien : « Science sans conscience n'est que ruine de l'âme ». Or l'impact réel et potentiel des sciences informatiques sur le monde d'aujourd'hui et de demain est tel qu'on ne peut accepter l'idée que celui-ci se

---

[291] G. Anders, *La menace nucléaire – Considérations radicales sur l'âge atomique* (1958), Le serpent à plumes, 2006.

[292] É. Klein, *Matière à contredire – Essai de philo-physique*, Éditions de l'Observatoire, 2018 ; A. Barrau, *Le plus grand défi de l'histoire de l'humanité – Face à la catastrophe écologique et sociale*, Michel Lafon, 2019 ; J. Monod, *Le hasard et la nécessité – Philosophie naturelle de la biologie moderne*, Le Seuil, 1970 ; F. Jacob, *La logique du vivant – Histoire de l'hérédité*, Gallimard, 1970.

[293] D. Lecourt, *La philosophie des sciences*, Puf, coll. Que sais-je ?, 2018, p. 3.

[294] M. Heidegger, *Qu'appelle-t-on penser ?*, 1951.

produise loin du regard critique des philosophes. La problématique de la responsabilité des savants est nourrie de façon gargantuesque par l'entrée dans l'ère des IA. Un humanisme numérique est devenu vital. Et, plus largement, le développement de la biologie moléculaire, la révolution des neurosciences ou le jaillissement des biotechnologies et de la biologie moléculaire devraient conduire de plus en plus de scientifiques à se poser haut et fort des questions philosophiques, à entrer en discussion avec les philosophes — où revient l'idéal de l'humanisme libéral d'une indiscipline ou adiscipline dans laquelle la science est philosophique et la philosophie scientifique. Et les premières questions auxquelles il faut et il faudra toujours répondre sont « qu'est-ce que l'homme ? » et « qu'est-ce qu'un homme ? ». Théorie, expérimentation et développements commerciaux ne peuvent pas être cloisonnés. Au XXe siècle, loin de prendre le parti d'une présentation historique et réflexive des concepts et des théories telle que l'avait imaginée Louis Pasteur, les scientifiques se sont vus imposer des enseignements dogmatiques focalisés sur la maîtrise des techniques de calcul et de démonstration. On prend désormais conscience du prix humain et social d'un tel productivisme intellectuel[295]. Beaucoup de développements technologiques et industriels des sciences posent des questions éthiques qui engagent le sens de la vie humaine. Et cela concerne au premier chef les sciences informatiques.

Dans la philosophie d'Auguste Comte, l'humanité est un être collectif (le Grand-Être) qui réunit tous les individus, les fait poursuivre un objectif commun, collaborer, se respecter[296]. L'homme est ainsi capable de se donner l'humanité comme fin, à titre individuel comme collectif. Tel est le sens de la célèbre formule d'Emmanuel Kant « agis de telle sorte que tu traites l'humanité aussi bien dans ta personne que dans la personne de toute autre toujours en même temps comme une fin et jamais simplement comme un moyen »[297]. C'est l'humanité qui confère à l'homme son caractère sacré, qui oblige absolument non seulement envers autrui mais aussi envers soi-même. Mais la pensée kantienne et le Grand-Être de Comte ont-ils encore un sens dans le monde des IA ? L'humanité peut-elle encore constituer la fin ultime de toutes nos actions ? Ou bien nous robotisons nous, devenons nous des

[295] D. Lecourt, *La philosophie des sciences*, Puf, coll. Que sais-je ?, 2018, p. 4-5.
[296] A. Comte, *Cours de philosophie positive*, 1830.
[297] E. Kant, *Fondements de la métaphysique des mœurs*, 1785.

semi-humains ? Les nouvelles technologies interrogent l'humanité, au-delà de la civilisation humaniste que, peut-être, elles contribuent à disloquer au profit de comportements individuels et collectifs toujours plus automatisés, déconscientisés.

Pour certains, il est encore trop tôt pour s'inquiéter de l'impact des IA sur l'homme. Les IA ne seraient qu'un épiphénomène parmi toute une série d'innovations qui n'ont pas su passer l'épreuve du temps. En bon disciple de Karl Popper, il faudrait attendre de voir si ces technologies parviendront à résister aux invalidations[298]. On pariera ici, au contraire, que les IA sont une révolution pour l'homme, une révolution qui changera le sens de l'humain, une révolution qui change déjà le sens de l'humain, une révolution qui appelle un nouvel humanisme — et par voie de conséquence un nouvel humanisme juridique et donc de nouveaux droits humains. L'homme, si désespérément semblable à lui-même depuis Platon, est peut-être à l'aube d'une rupture fondamentale, le reformatant jusque dans ses bases les plus profondes. En 2020, ce ne sont plus seulement des signaux faibles de cette transformation qu'il nous est donné d'observer. Il y a aussi des signaux forts.

Des philosophes doivent évaluer la rationalité, les implications et les potentialités de l'IA, à la suite des écrivains du XXe siècle qui ont analysé non seulement la fabrication des machines mais aussi leur impact sur le travail et sur la vie quotidienne. Ils ne parlèrent plus alors des techniques mais de la technique, comme on parle de la science plutôt que des sciences — et on pourra évoquer l'intelligence artificielle, au singulier, malgré la pluralité de ses réalisations, afin de désigner d'un point de vue global cet extrême perfectionnement de l'informatique. Reste que, si l'environnement de l'homme influence fortement ses actes et ses pensées, la science et la technique occupent une place essentielle, et ô combien croissante, au sein de cet environnement. L'homme change parce que son environnement technoscientifique change ; et cela interroge en profondeur l'humanisme, au point qu'il doive se réinventer[299]. Si l'humanisme se caractérise par une grande confiance dans les capacités de l'humain à maîtriser et à orienter l'histoire vers un horizon de progrès qui lui soit favorable, la critique de la

---

298 N. Taleb, *Antifragile – Les bienfaits du désordre*, Les belles lettres, 2013.

299 S. Giedion, *Mechanization Takes Command: A Contribution to Anonymous History*, Oxford University Press 1948.

technique ne peut qu'être en même temps une critique de l'humanisme. Les auteurs technocritiques ont généralement tâché de démontrer combien l'histoire des hommes n'est pas celle d'un progrès linéaire et combien des inventions techniques ont pu correspondre à des régressions en termes d'humanité. À l'époque des « likes » et des « tweets », alors que le cerveau reptilien tient désormais lieu de cortex où les émotions primitives et l'instinct ont remplacé la capacité à réfléchir, à analyser, à argumenter — on a vu un ministre de l'Intérieur affirmer que « l'émotion dépasse les règles juridiques » —, tandis que le *pathos* tend à subroger le *logos*, des recherches scientifiques associées à des réflexions philosophiques apparaissent plus que jamais nécessaires afin de faire barrage autant que possible aux discours populistes aussi séducteurs qu'ils sont infondés.

43. Civilisation machiniste. Bernanos nous a pourtant prévenus. Sa mise en garde est d'une remarquable actualité : « La Civilisation des Machines est la civilisation de la quantité opposée à celle de la qualité. Les imbéciles y dominent par le nombre, ils y sont le nombre »[300]. Le monde des IA est bien un monde de quantités, de nombres, de statistiques, loin de toute liberté qualitative. C'est un monde dans lequel le majoritaire écrase le minoritaire, portant atteinte au pluralisme et à toutes les libertés. Tel serait l'effet du remplacement de la civilisation humaniste par la civilisation machiniste, dans laquelle tout, y compris la société, devient machinal. Quelques années plus tôt, Bernanos estimait déjà que la passion de l'homme moderne pour les machines virait à la « démence collective » et était « la marque d'un horrible renoncement à soi-même, un acte de démission »[301], au bénéfice de la machine et au détriment de l'homme. Bernanos, auteur attentif aux notions de responsabilité et de résistance, entrevoyait ainsi le grand défi qui se pose aux hommes aujourd'hui : ne pas se soumettre sans prise de conscience et sans regard critique à la technique. Or, comme l'a observé Jacques Ellul, la technique produit toujours et nécessairement des effets constructifs et des effets destructeurs ; et les hommes sont incapables de retenir les uns à l'exclusion des autres, ils ne peuvent qu'accueillir une technique avec tous ses bienfaits et méfaits[302]. Aucune technique n'est donc tout bonne ou tout

---

[300] G. Bernanos, *La France contre les robots*, Le Castor astral, 1947, p. 103.

[301] G. Bernanos, « Réponse à une enquête », 1942 (cité par S. Larrière, « Confier le droit à l'intelligence artificielle : le droit dans le mur ? », *RLDI* 2017, n° 134, p. 40).

[302] J. Ellul, *La Technique ou l'enjeu du siècle* (1954), Economica, 2008.

mauvaise, ou même neutre. Lorsqu'une nouvelle technologie apparaît, l'humain ne peut s'empêcher d'y recourir : non seulement il n'est pas libre de choisir un usage favorable à son confort et à son épanouissement, mais il n'est même pas libre de l'utiliser ou non. Elle s'impose à lui. Aujourd'hui, à moins d'errer très en marge de la société et des autres, on ne peut pas vivre sans accès à internet ou sans téléphone mobile.

La technique, depuis l'invention de la roue en passant par la révolution industrielle, a toujours changé le milieu ambiant dans lequel les hommes évoluent, agissent, se réalisent. Mais il y a une grande différence de degré avec les derniers perfectionnements de l'informatique. Les IA tendent à envahir chaque pan de nos vies, car elles servent des multinationales dont le modèle économique consiste à régir le plus intégralement ces vies. La relation entre l'homme et la technique n'est plus d'une relation médiate, extérieure au sujet, mais une relation intériorisée, donc très intime, qui change l'homme non plus ponctuellement mais globalement. C'est pourquoi on osera parler d'homme numérique — et, par suite, de droits de l'homme numérique. La technique est devenue beaucoup plus qu'une simple médiation entre l'homme et son milieu, dans un rapport instrumental. Cette relation est à présent immédiate, s'insinuant dans tout l'environnement humain, à tel point que l'homme est devenu, en son être et en sa conscience, le résultat de son propre milieu technique, configuré par ce milieu. Un minimum de philosophie serait donc un accompagnateur indispensable de cette évolution, pour qu'elle soit toujours voulue et acceptée et jamais subie et inconsciente. La technique fondamentale, telle qu'elle résulte des progrès scientifiques bruts, peut être neutre, mais un objet technique donné ne l'est jamais. Ce ne sont donc pas les intentions et finalités poursuivies par les utilisateurs qui méritent le plus d'attention mais les ambitions des industries de la technique, en l'occurrence des industries du numérique qui, par définition, poursuivent leurs propres intérêts plutôt que les intérêts particuliers des individus ou l'intérêt général. Au-delà, toute nouvelle technique peut engendrer des effets externes, non voulus, sur l'environnement social et humain. En matière de nouvelles technologies numériques, ces effets imprévisibles et transversaux sont remarquablement forts et méritent toute notre attention. Une nouvelle technologie peut engendrer des conséquences imprévues qui, dans une mesure plus ou moins grande, changent le monde, pour le meilleur ou pour le pire, et il est en général impossible de revenir en arrière. On songera, par exemple, à ces « réseaux sociaux » qui ont eu pour effet d'engendrer une socialité de synthèse addictive nuisant aux capacités psychiques des individus et notamment des jeunes générations. Pour toutes ces raisons, on affirmera que l'éthique est plus qu'un angle d'approche nécessaire des IA, elle est l'angle d'approche le plus nécessaire des IA.

On appréhende généralement les révolutions scientifiques et techniques comme dessinant un avenir radieux pour l'humanité, dans lequel les changements positifs sont induits par les développements technologiques. On imagine que le futur suivra une trajectoire prévisible dans laquelle les techniques actuellement à l'horizon seront développées jusqu'au stade où elles pourront être utilisées dans des applications commerciales, et que leur rôle sera optimisé pour le plus grand bénéfice de la société[303]. On songe, assez naïvement, que les ingénieurs exploiteront toujours la science nouvelle pour concevoir des outils qui servent l'humanité. Pourtant, si l'importance croissante de la technologie dans la société continue à croître de manière incontestable, à mesure que de nouveaux produits et services technico-scientifiques sont développés et commercialisés, rien n'assure que cela se fasse au bénéfice de l'humain et du social. En 1977, Jacques Ellul montrait combien la société était devenue technicienne, à quel point la technique formait à présent un système englobant : le « système technicien ». Pour lui, les humains ne maîtrisent guère la façon dont la technique évolue. Ils y sont soumis. Ils se sentent même moralement obligés de s'y adapter, de la suivre, de ne jamais la refuser. Nul humanisme ne saurait accompagner les développements techniques, tout entiers tournés vers l'efficacité, la productivité et le profit personnel : « Toute la formation intellectuelle prépare à entrer de façon positive et efficace dans le monde technicien. Celui-ci est tellement devenu un milieu que c'est à ce milieu que l'on adapte la culture, les méthodes, les connaissances des jeunes. L'humanisme est dépassé au profit de la formation scientifique et technique parce que le milieu dans lequel l'écolier plongera n'est pas d'abord un milieu humain mais un milieu technicien. […] Lorsqu'on recherche un humanisme pour la société technicienne, c'est toujours sur la base que l'homme en question est avant tout fait pour la technique, le seul grand problème est celui de l'adaptation ».

---

303 Th. Gaudin, *La prospective,* 2e éd., Puf, coll. Que sais-je ?, 2013, p. 94.

La technique serait faite pour dominer les hommes, alors qu'un humaniste dirait le contraire.

Toute technique, ou du moins toute technique appliquée, sert nécessairement une tendance proprement humaine à accroître sa puissance[304]. Désormais, on voit même que, au-delà d'un certain seuil, les outils techniques ont pour fin, tant dans leur conception que dans certaines de leurs fonctionnalités, l'exercice d'une emprise sur autrui, voire des formes plus ou moins intrusives et globales domination. La technique a désormais le pouvoir de guider la vie, ce qui avive chez certains une volonté de puissance, un instinct libidinal, une dynamique pulsionnelle. Dans *L'homme révolté*, Albert Camus écrit que « la science d'aujourd'hui se laisse mettre au service du terrorisme d'État et de l'esprit de puissance. Sa punition et sa dégradation sont de ne produire que des moyens de destruction ou d'asservissement. Mais quand la limite sera atteinte, la science servira peut-être la révolte individuelle. Cette terrible nécessité marquera le tournant décisif »[305]. Il s'en faut de beaucoup que ce tournant se soit produit ou soit en passe de se produire. Pour l'heure, la technique sert toujours cet esprit de puissance et demeure un outil de destruction et d'asservissement. Nous sommes bien passés de la civilisation humaniste à la civilisation machiniste. Et seule une prise de conscience permettra de retourner à la civilisation humaniste. C'est pourquoi tout ce qui permettra aux hommes d'aujourd'hui et de demain de prendre conscience de leur condition numérique jouera un rôle salutaire.

44. De la condition technique à la condition numérique de l'homme. La condition numérique est le stade le plus avancé de la condition technique de l'homme. On sait depuis maintenant longtemps que la technique est devenue le milieu environnant des hommes, un milieu artificiel, en lieu et place du milieu naturel[306]. Or on s'en émeut rarement, sans doute parce que ce phénomène est largement lancinant et mal perceptible. L'homme a pourtant quitté la campagne pour la ville, les champs pour les manufactures. Et la société est devenue une société post-industrielle, dans laquelle les éléments

---

[304] A. Leroi-Gourhan, *Le geste et la parole – Technique et langage*, Albin Michel, 1964.

[305] A. Camus, « L'Homme révolté (1951) », in *Œuvres*, Gallimard, coll. Quarto, 2013, p. 1071.

[306] G. Friedmann, *Sept études sur l'homme et la technique*, Gonthier, 1966.

matériels (matières premières et machines) sont subordonnés à des éléments immatériels (connaissances et informations, aujourd'hui statistiques et données personnelles)[307]. L'avènement de l'informatique personnel et l'invention de l'internet ont été perçus telles des ruptures en faveur de l'autonomie individuelle et des libertés. On réalise aujourd'hui que c'est tout le contraire qui se produit. À l'état de nature, les nouvelles technologies informatiques sont porteuses d'enfermement et de rétrécissement du champ de vision et de la marge d'action. On y voyait des facteurs d'émancipation sociale et politique, d'innovation, de créativité et de multiplicité, mais elles sont finalement des menaces pour le bon fonctionnement de la société et de la politique. « L'internaute est enchaîné, oui, mais attentif à la solidité du maillon le plus important : sa connexion », note-t-on[308]. Le réseau est la nouvelle place de marché où tout se joue. Étant partout et nulle part à la fois, cela pose une question politique, puisque le mot politique se réfère à la cité. De quelle cité l'homme numérique est-il citoyen ? À quelles lois doit-il obéir ? Peut-être davantage aux lois des IA qu'aux lois des États. La condition numérique de l'homme est donc une condition inquiétante, appelant la critique des philosophes et l'intervention des juristes, tous se retrouvant dans des droits de l'homme numérique. Cette condition mène au brutal démantèlement de beaucoup d'acquis politiques et juridiques, ceux reposant sur les pouvoirs de l'entendement humain, l'autonomie du jugement, la capacité de décision souveraine, le goût de la discussion et de la contradiction, le regard critique sur autrui et sur soi-même, le droit à décider de notre destin individuel et collectif et son corollaire qu'est la responsabilité, et le droit informel à la préservation de nos sens. C'est pourquoi, y compris s'agissant des droits et libertés fondamentaux, on serait appelés à reconstruire, sur de nouvelles bases, ce qui, dès à présent, se désagrège — en pratique si ce n'est en théorie.

La vision du monde qui gagne du terrain, contre l'homme humain, est celle d'une capacité de l'intelligence artificielle à remédier à toutes les limites consubstantielles à l'homme. Ce dernier devrait donc, sans autre forme de procès, se soumettre à cette puissance supérieure lui permettant de devenir un homme augmenté. Mais l'homme numérique n'est un homme augmenté

---

[307] A. Touraine, *La société post-industrielle – Naissance d'une société,* Denoël, 1969.
[308] J.-F. Fogel, B. Patino, *La condition numérique,* Grasset, 2013, p. 197.

que sous certains aspects. Du point de vue de ses droits et libertés fondamentaux, il serait plutôt un homme diminué, soumis à la loi des IA. En cela, l'intelligence artificielle constitue la plus grande force politique de l'histoire, capable d'ordonner la marche à suivre à une population quasi-mondiale et aux ordres. Avec notre condition numérique, nous voilà en permanence accompagnés par une forme de sur-moi connaissant seule la vérité et devant à ce titre orienter le cours de nos actions individuelles et collectives. Dans les faits, il s'agit surtout d'un « nihilisme technologique » et d'un « anti-humanisme radical »[309]. Les principes fondateurs de l'humanisme libéral ne semblent pouvoir que très partiellement se concilier avec cette condition numérique telle que définie par les IA.

Nous pensons généralement que les révolutions s'ordonnent autour de choses dures, d'outils, qui donnent d'ailleurs leurs noms à quelques moments de l'histoire : révolution industrielle, âge du bronze, âge du fer, pierre polie, pierre taillée. Mais, et surtout aujourd'hui, il faut aussi prendre en compte les signes doux. L'invention de l'écriture puis celle de l'imprimerie ont impacté les cultures et les collectifs plus que les outils. Or le numérique et l'IA se placent dans cette lignée des évolutions douces plutôt que dures, qu'on parvient moins pleinement à saisir. Sans l'écriture, nous n'aurions pas créé de villes, pas produit d'État, pas rédigé de lois ni de droit, pas inventé de religion, pas retracé l'histoire. Nous sommes tous les enfants du livre et les petits-fils de l'écriture. Et nos enfants seront aussi les enfants du numérique et de l'IA. Notre responsabilité est de leur léguer un monde toujours vivable, toujours humain, dans une perspective de développement durable numérique.

Il faut donc prendre acte de la nécessité de considérer l'homme étendu, si ce n'est transposé, dans son environnement numérique et dans ses interactions avec celui-ci. Le droit, par exemple, ne saurait considérer uniquement des hommes actifs dans leur milieu biologique, naturel. Il doit également, et aujourd'hui peut-être surtout, tirer les conséquences de leurs agissements numériques. L'être humain est bien une espèce en mutation, vivant actuellement une transition majeure présentant à la fois des menaces et des opportunités. Peut-être l'évolution de l'espèce humaine franchit-elle un nouveau « palier » avec la culture numérique, après la culture épisodique

---

[309] É. Sadin, *La silicolonisation du monde – L'irrésistible expansion du libéralisme numérique*, L'échappée, coll. Pour en finir avec, 2016, p. 30.

(celle des primates), la culture mimétique (axée sur l'oralité et les fonctions sociales de la narration) et la culture théorique (liée au développement d'une capacité réflexive de l'homme sur ses propres représentations)[310]. La culture numérique, sans doute irréversible, se caractérise par une structure cognitive désormais adossée à un support symbolique externe. L'écrit, au cœur de la troisième transition et pilier de la culture de l'homme moderne, est profondément transformé et même remis en cause. L' « homme imbibé » baigne en permanence dans un vaste flux d'informations qui change radicalement sa manière de penser et d'agir[311]. Émerge ainsi une « culture de passage » dans laquelle les pratiques traditionnelles liées à l'écrit, de la gestion de l'information (sélection, structuration, conservation) au rôle de la mémoire collective, sont largement repensées[312]. Plus encore, la condition numérique de l'homme s'accompagne d'un changement de statut des technologies informatiques. Désormais, celles-ci sont dotées de l'extraordinaire capacité d'énoncer la vérité. Et l'humain, dans sa nouvelle condition, est formaté pour lui faire confiance et suivre ses indications. La mission du numérique n'est donc plus uniquement de permettre le stockage, l'indexation et la manipulation de données textuelles, chiffres, images et sons. Allant beaucoup plus loin, il divulgue le contenu caché de situations diverses et variées. Il s'érige telle « une puissance àlèthéique, une instance vouée à exposer la vérité dans le sens défini par la philosophie grecque antique entendu comme le dévoilement, la manifestation de la réalité des phénomènes au-delà de leur apparence »[313]. Le numérique voit le réel à notre place, comprend le réel à notre place, expertise le réel à notre place, tire les conséquences du réel à notre place. Et, au final, il décide à notre place. La condition numérique est alors bien un asservissement numérique.

Enfin, les algorithmes sont dorénavant déployés afin de favoriser l'entrée dans « l'âge anthropomorphique de la technique »[314]. Pendant que l'homme

---

[310] M. Donald, *Les origines de l'esprit moderne – Trois étapes dans l'évolution de la culture et de la cognition,* De Boeck, 1999.
[311] D. J. Caron, *L'homme imbibé – De l'oral au numérique : un enjeu pour l'avenir des cultures ?,* Hermann, 2014.
[312] *Ibid.*
[313] É. Sadin, *L'intelligence artificielle ou l'enjeu du siècle – Anatomie d'un antihumanisme radical,* L'échappée, coll. Pour en finir avec, 2018, p. 13.
[314] *Ibid.*, p. 14.

se robotise, les robots s'humanisent. Les IA ne se déploient plus uniquement sous la forme de moteurs de recherche et de réseaux sociaux, elles accompagnent les hommes en étant incarnées dans des objets physiques et suivent une voie résolument anthropomorphique. On tâche d'attribuer aux robots des qualités humaines, en premier lieu la capacité d'évaluer des situations et d'en tirer des conclusions. L'homme se retrouve ainsi accompagné par des artefacts qui cherchent à être plus puissants physiquement et intellectuellement que lui, afin de lui permettre de dépasser ses limites naturelles.

45. Qui est l'homme numérique ? L'intelligence artificielle repose sur la codification binaire qui découpe les éléments en unités minimales, les bits, permettant de réduire des fragments du réel, et bientôt le réel dans son entier, en données numériques. Le développement de l'IA se fait dans un contexte technologique marqué par la mise en données du monde, par la datafication qui touche l'ensemble des domaines et des secteurs. La donnée est à l'IA ce que l'uranium est au nucléaire, posant de la même façon la question des utilisations qui en sont faites. L'homme numérique est donc un ensemble de bits, un ensemble de données, l'équivalent immatériel de l'homme physique, l'ensemble des traces numériques qu'un homme laisse à son sujet. Les données personnelles constituent l'ADN numérique de chaque individu. Elles dévoilent sa personnalité, sa culture, ses valeurs, sa vie privée, ses relations, ses goûts etc. — et leur protection contre les manipulations constitue un enjeu démocratique majeur. L'homme numérique est aussi l'homme connecté, à travers son ordinateur, son smartphone, son assistant personnel et tous ses objets connectés. Depuis 2019, plus de 50 % de l'humanité est connectée à internet. De plus en plus d'hommes deviennent des hommes numériques, des *homo numericus*. Et, chez un individu donné, la part de l'homme physique laisse de plus en plus de place à la part de l'homme numérique, ce qui veut dire qu'il agit de moins en moins dans le monde matériel et de plus en plus dans le monde immatériel, qu'il se laisse de moins en moins guider par des indications tangibles et de plus en plus par des signaux numériques.

Les hommes ont peut-être créé Dieu pour qu'il soit le témoin de leurs actions, les empêchant de vivre en vain puisqu'il les voit et les juge et que leurs actes et leurs péchés participent au livre du monde. Dieu a ainsi été conçu tel un double parfait de la vie de chacun, observant les gestes, mais aussi les sentiments et les pensées les plus intimes. Mais, aujourd'hui, dans notre monde sécularisé où Dieu a, sinon disparu, du moins cessé d'être un interlocuteur quotidien, nous nous trouvons ramenés à l'absurdité de notre situation réelle. Nous ne sommes rien et, bien que rien, finis. Le temps détruira pour toujours ce que nous avons été. Cette conscience de notre inanité peut favoriser une façon authentique de percevoir l'existence et d'en jouir. « Si en nous retournant nous sommes incapables de voir nos propres traces, c'est aussi que nous pouvons aller où bon nous semble », explique Gaspard Kœnig[315]. Mais beaucoup seront surtout tentés de produire des données, un maximum de données, un maximum de traces de leurs existences. Big Data, c'est le Dieu numérique, *Numericus Deus*. On a créé cette réplique virtuelle de Dieu qui, comme lui, se trouve dans le ciel, dans les nuages, dans le *cloud*, et qui enregistre tout de nos vies. Le numérique reproduit l'omniscience divine. Et cette volonté d'enregistrer chaque instant peut devenir maladive. Certains hommes numériques sont des malades du numérique. Le mouvement du *quantified self* (mesure de soi) ou *personal analytics* ambitionne ainsi de mesurer et conserver toutes les informations sur la vie d'un individu, de la qualité de son sommeil à ses souvenirs de vacances[316]. Pour Gaspard Kœnig, « le désir de transparence est une solution par défaut quand on a abandonné l'espoir d'une transcendance et que l'on refuse l'angoisse d'une existence sans trace »[317].

La virtualisation, la géolocalisation et l'usage permanent des objets connectés et communicants produisent de nouvelles habitudes à travers des techniques qui demeurent souvent opaques pour ceux qui en subissent les effets. Nous acceptons, sans résistance ni parfois même conscience, cet impact technologique inédit, ce nouveau rapport aux ordinateurs et aux interfaces. Et cela intervient tant dans le milieu domestique et personnel que dans le cadre professionnel ou bien en matière médicale, pédagogique, artistique ou ludique. L'espace de vie, d'apprentissage, de soin, d'action et de relation devient, surtout pour les *digital natives*, un espace hybride à mi-chemin entre la réalité matérielle, d'autant plus avec la géolocalisation

---

[315] G. Kœnig, *La fin de l'individu – Voyage d'un philosophe au pays de l'intelligence artificielle*, Éditions de l'observatoire, coll. De facto, 2019, p. 248.
[316] G. Kœnig, *Le révolutionnaire, l'expert et le geek*, Plon, 2015.
[317] G. Kœnig, *La fin de l'individu – Voyage d'un philosophe au pays de l'intelligence artificielle*, Éditions de l'observatoire, coll. De facto, 2019, p. 249.

des données, et l'univers immatériel. Toutes les constructions culturelles, politiques, économiques et sociales se transforment. Mais, étonnamment, on interroge rarement les conséquences civilisationnelles de ces mutations. Il s'agit certainement d'une révolution anthropologique. Nous vivons une transformation de l'homme équivalente à celle produite par l'imprimerie, quand l'homme a été libéré de l'obligation d'apprendre par cœur tout ce qu'il devait transmettre. Or cette libération a peut-être été à l'origine des grandes découvertes et de la révolution scientifique, et même de l'humanisme. Le numérique et les IA libèrent et libèreront l'esprit humain d'une partie des activités récurrentes qui occupaient son temps, lui octroyant le loisir de nouvelles tâches. Dans certains pays, il n'est déjà plus obligatoire d'apprendre aux enfants l'écriture cursive. Un effet positif pourrait être de redécouvrir combien ce n'est pas l'intelligence qui constitue le propre de l'homme, mais la sensibilité, l'émotion et les passions qui le font, selon Heidegger, « riche en monde » quand « la pierre n'a pas de monde, et l'animal est pauvre en monde ». L'homme numérique pourrait parfaitement être un homme enrichi, libéré et humanisé — mais ce n'est là qu'une des voies qui s'ouvrent devant nous ; et il ne s'agit pas de la plus évidente.

L'homme numérique est aussi celui qui banalise le geste éditorial, c'est-à-dire qui a pris l'habitude de ne plus être seulement un lecteur ou un consultant mais aussi un auteur ou un commentateur. L'homme numérique a ainsi une identité numérique constituée par ses données mais aussi par ses publications et, plus largement, par ses profils. L'homme numérique a même des identités multiples et, parfois, grâce à des pseudonymes, des identités cachées qui autorisent toutes sortes de dérives. Toute une part de l'information et du savoir devient populaire, libre, gratuite, en même temps qu'une autre part se fait clandestine, masquée et, en même temps, dangereuse. Certains hommes numériques sont mal intentionnés, d'autres sont naïfs et candides. Or les nouvelles technologies sont autant de nouveaux moyens de manipuler ou de nuire et de se laisser abuser ou tromper. Par ailleurs, l'homme numérique risque de subir une nouvelle fracture numérique, non celle de l'accès au réseau mais celle de la qualité des informations, entre des corpus de qualité professionnels ou académiques et des gloubiboulgas populaires et horizontaux. De nouvelles formes de savoir-lire et savoir-écrire seraient essentielles dans l'univers numérique.

L'homme numérique est celui pour qui le bien le plus précieux, peut-être l'ami ou l'allié le plus précieux, est son ordinateur ou sa version mobile qu'est le smartphone. Il a accès, à travers ce médium, à une réserve gigantesque d'informations. Des moteurs de recherche lui facilitent le travail en lui présentant les résultats les plus pertinents en fonction de ses requêtes. Des « réseaux sociaux » facilitent l'accès aux autres, mettent les internautes en relation en fonction d'intérêts communs. L'homme numérique tient donc, dans ces technologies informatiques, les moyens de sa cognition jadis internes. L'intelligence est de moins en moins dans l'homme et de plus en plus dans ses prothèses technologiques. Il est de moins en moins nécessaire de réfléchir, de penser, de calculer, de comprendre, de décider, car le web et les IA le font pour nous. L'homme numérique, c'est l'homme qui ne pense plus. *Homo numericus* remplace *homo sapiens* plus qu'il ne le prolonge. Désormais, l'ordinateur contient et fait fonctionner ce que nous appelions hier nos facultés humaines. La mémoire, l'imagination ou même la raison sont désormais médiatisées ou même extériorisées. L'homme numérique, avec une agilité qui déconcerte les plus anciens, manie d'un doigt la Terre entière, grâce à son téléphone portable — dont la fonction téléphone devient très secondaire. Il déploie sans hésitations un champ cognitif que l'homme physique avait laissé en jachère, que l'on peut qualifier de « procédural » et qui forme la pensée algorithmique. L'objectif, le collectif, le technologique, l'organisationnel se soumettent désormais plus à ce cognitif algorithmique ou procédural qu'aux abstractions déclaratives que, nourrie aux sciences et aux lettres, la philosophie consacre depuis plus de deux millénaires[318].

Marcel Mauss a démontré la relation entre la position du corps, c'est-à-dire la manière dont le corps se déploie dans l'espace social, et la nature et la fonction des objets culturels[319]. Sous cet angle, la culture numérique et l'homme numérique qui l'accompagne ont profondément évolué. On est passé d'une culture du fixe et de l'assis, du bureau et de la chaise, à une culture du mobile et de l'itinérant, de la connexion permanente[320]. Cette mutation change les objets, le temps et l'espace numériques et reconfigure l'écriture, la lecture, la communication et beaucoup de gestes et d'actions. Il

---

[318] M. Serres, *Petite Poucette*, Le Pommier, coll. Manifeste, p. 77.

[319] M. Mauss, « Les Techniques du corps », *Journal de Psychologie* 1936.

[320] R. Rieffel, *Révolution numérique, révolution culturelle ?*, Folio, 2014.

est temps de comprendre combien l'homme numérique est aujourd'hui loin de se réduire à l'homme qui navigue sur le web, envoie des mails et télécharge des œuvres par internet. L'environnement numérique, dans lequel évolue l'homme numérique, est beaucoup plus que ça. Il ne se résume plus à un écran mais a gagné progressivement tous les champs de la vie. Il convient donc de délaisser la représentation propre à « l'âge de l'accès », liée au « moment internet » de l'histoire du numérique, qui nous permettait, depuis nos terminaux, d'accéder à des quantités incroyables d'information pour un prix nul ou presque. Avec la facilitation des échanges communicationnels, cela a suscité un enthousiasme légitime. Mais, si « l'âge de l'accès » demeure et ne fait d'ailleurs que s'intensifier à mesure que l'homme numérique devient toujours plus numérique, une autre phase, depuis le début des années 2010, se développe en parallèle : « l'ère de la mesure de la vie »[321]. C'est surtout cet aspect de l'homme numérique qui inquiète d'un point de vue humaniste. Les fonctions administratives, communicationnelles ou culturelles sont désormais accompagnées par le guidage algorithmique de nos faits et gestes et par l'organisation automatisée de la société. Ceux qui conçoivent ces techniques se trouvent dès lors au pouvoir, un pouvoir hors norme — à tous les sens du terme. Facebook, par exemple, n'est pas un simple moyen de communication, pas un média traditionnel, mais une communauté constituée d'un tiers de la population mondiale et dont la direction défend des valeurs collectives que Mark Zuckerberg a développées dans une « Lettre à notre communauté »[322], sorte de manifeste où il détaille ses quatre valeurs essentielles : sa communauté doit être « protégée, informée, engagée et inclusive ». Cette communauté de nature inclassable, tantôt comparée à une entreprise, tantôt à une Église, est un objet politique inédit qui interroge les catégories classiques.

Les sciences cognitives montrent que l'usage de la toile, la lecture où l'écriture des messages sur le smartphone, la consultation compulsive de Facebook n'excite pas les mêmes neurones ni les mêmes zones corticales que l'usage du livre, de l'ardoise ou du cahier. Les enfants du numérique peuvent traiter plusieurs informations à la fois. Ils connaissent, intègrent et synthétisent différemment. « Ils n'ont plus la même tête », résume Michel

---

[321] É. Sadin, *La silicolonisation du monde – L'irrésistible expansion du libéralisme numérique,* L'échappée, coll. Pour en finir avec, 2016, p. 29.
[322] M. Zuckerberg, « Building Global Community », facebook.com, 16 févr. 2017.

Serres[323]. Et d'ajouter : « Sans que nous nous en apercevions, un nouvel humain est né, pendant un intervalle bref, celui qui nous sépare des années 1970. Il ou elle n'a plus le même corps, la même espérance de vie, ne communique plus de la même façon, ne perçoit plus le même monde, ne vit plus dans la même nature, n'habite plus le même espace. [...] Rarissimes dans l'histoire, ces transformations, que j'appelle "hominescentes", sont comparables à celles visibles au Néolithique, au début de l'ère chrétienne, à la fin du Moyen-Âge et à la Renaissance »[324].

Il serait donc naïf de croire que les technologies numériques ne transformeraient pas en profondeur l'humain. L'homme numérique, très différent de l'homme physique, est une réalité et le sera de plus en plus. Il convient dès aujourd'hui de saisir cet homme numérique par la philosophie et par le droit, en pensant des droits de l'homme numérique adaptés à cette nouvelle condition humaine. On ne pense plus comme avant, on ne sait plus comme avant, on n'apprend plus comme avant, on n'agit plus comme avant, on ne consomme plus comme avant, on n'est plus comme avant. Nous vivons dans une telle proximité avec les technologies que le couple que nous formons ne pourra jamais plus se défaire. En revanche, il reste largement à faire, à modeler pour que ce soit la technique qui s'adapte à l'humain et non l'inverse. Alors que de nombreux entrepreneurs et investisseurs considèrent que l'intelligence artificielle devrait progressivement l'emporter sur l'humain, marginalisant ou même supprimant ceux qui refusent de collaborer et de se soumettre et inaugurant une ère technologique rompant avec les formes de vie naturelles telles qu'elles se sont développées sur Terre au cours des derniers milliards d'années, les enjeux sont, sans aucun doute, vitaux. L'homme numérique pourrait être humain, mais, pour l'heure, ce n'est pas le chemin qu'il suit et il faudra beaucoup d'efforts pour le replacer dans la lignée de la Renaissance et des Lumières, éviter que l'homme numérique ne constitue le facteur déterminant de l'effondrement de la civilisation humaniste.

46. Qu'est-ce que l'humanisme numérique ? Les philosophes, qui ont pour vocation d'anticiper les pratiques et les savoirs de l'avenir, ont peut-être failli. Souvent engagés dans la politique au jour le jour, englués dans les

---

[323] M. Serres, *Petite Poucette,* Le Pommier, coll. Manifeste, p. 15.
[324] *Ibid.*, p. 18.

problématiques court-termistes, ils peineraient à penser l'homme de demain. Cela expliquerait la quasi-absence des débats de l'humanisme numérique, lequel devient pourtant vital — notamment en inspirant l'humanisme juridique et les droits de l'homme numérique. L'homme numérique est certainement une interrogation de l'homme sur lui-même[325]. Il est donc un appel à la philosophie et, plus précisément, un appel à « un nouvel humanisme qui vise à mieux connaître l'homme, et à utiliser cette connaissance de l'homme pour mieux maîtriser son destin »[326]. L'humanisme numérique — qui ne partage que peu avec les « humanités numériques » ou « *digital humanities* »[327] — est le compréhension et l'explication de la nouvelle place de la technique, et plus particulièrement de l'informatique et de tous les développements numériques, dans nos vies individuelles et collectives et, surtout, la défense de certaines valeurs et de certaines limites afin que le technique n'écrase pas l'humain mais le préserve et même l'accentue. C'est l'acceptation du fait que le numérique devient une culture et une sociabilité, qui elles-mêmes tendent à se transformer en civilisation, se distinguant par la manière dont elle modifie nos regards sur les objets, les relations et les activités humaines. L'humanisme numérique vise à penser l'avenir de l'homme numérique et de la société numérique avec les principes et les ambitions léguées par la tradition humaniste[328]. Le numérique interroge tous les objets humains et sociaux. Et des réponses humanistes peuvent être apportées à ces questionnements. Le numérique, d'une part, semble s'approprier ces objets tout en les faisant circuler dans un nouveau contexte

---

[325] P. Breton, *À l'image de l'Homme – Du Golem aux créatures virtuelles*, Le Seuil, 1995, p. 79.

[326] J.-G. Ganascia, *Intelligence Artificielle – Vers une domination programmée*, Le Cavalier Bleu, 2017.

[327] En 2004, des chercheurs américains ont créé l'expression *Digital Humanities* (S. Schreibman, R. Siemens, J. Unsworth, dir., *A Companion to Digital Humanities*, Wiley-Blackwell, 2004). Selon eux, les « humanités numériques » peuvent être définies comme « l'application du savoir-faire des technologies de l'information aux questions de sciences humaines et sociales ». Elles se caractérisent par des méthodes et des pratiques liées à l'utilisation et au développement d'outils numériques ainsi que par la volonté de prendre en compte les nouveaux contenus et médias numériques, au même titre que des objets d'étude traditionnels.

[328] M. Doueihi, *Pour un humanisme numérique*, Le Seuil, coll. La librairie du XXIe siècle, 2011

et en modifiant leurs propriétés ; d'autre part, il introduit de nouveaux objets inédits. Ce double rapport explique, en partie, à la fois la familiarité rassurante du monde numérique et sa dimension parfois aliénante[329].

La notion d'humanisme évoque une essence humaine stable quand le monde numérique est mobile, changeant en permanence. Mais, face au manque de concepts permettant de bien comprendre les enjeux actuels et à venir, il faut néanmoins miser sur l'humanisme, convaincu que, adapté sous la forme de l'humanisme numérique, il peut servir de guide pour nos pensées et nos activités numériques. Et le premier des objectifs de l'humanisme numérique — exactement le même que celui des droits de l'homme numérique par rapport aux droits de l'homme — est d'identifier, dans le corpus numérique, tout ce qui peut et mérite d'être perpétué et tout ce qui doit être adapté ou totalement reconfiguré. Au final, il s'agit, pour chaque nouvelle « augmentation » de l'homme par l'IA rendue possible, de poser les questions « à quoi cela servira-t-il ? », « cela sera-t-il utile ou inutile ? » et, surtout, « cela servira-t-il ou asservira-t-il l'homme ? ». En matière de manipulations humaines à base de technologies, il n'est certainement pas interdit d'interdire. Et il revient au droit, inspiré par l'humanisme numérique, de faire la part du permis et de l'interdit[330]. Il peut s'avérer nécessaire de refuser certaines conséquences ou application des découvertes issues de nos laboratoires et de nos ingénieurs. Mais encore faut-il disposer de quelques outils — et de préférence de bons outils — pour procéder à cette évaluation.

Lorsque, en 1949, l'écrivain anglais George Orwell publie son roman d'anticipation *1984*, il imagine un monde devenu totalitaire à grand renfort non de moyens humains mais de moyens techniques et scientifiques et, en particulier, de télésurveillance. Son œuvre décrit la défaite de l'homme, mais une défaite qui est possible et non certaine. C'est ainsi un appel au retour de l'humanisme, évadé de ses perversions et de ses compromissions, un humanisme concret. La menace antihumaniste se trouve dans l'homme, souvent par l'intermédiaire de la technique. Le combat pour l'humanité se joue donc forcément sur le terrain technique. Alors que, aujourd'hui

---

[329] M. Doueihi, « Un humanisme numérique », *Communication & langages* 2011, n° 167, p. 3.

[330] G. Vallancien, *Homo Artificialis – Plaidoyer pour un humanisme numérique*, Michalon, 2017.

davantage encore qu'hier, « rien ne discrédite plus promptement un homme que d'être soupçonné de critiquer les machines »[331], l'humanisme numérique doit permettre de ne pas tout accepter sans discussion au nom d'un progrès à la fois nécessaire et inéluctable. Il a vocation à constituer le cadre d'un discours objectif, non guidé par des intérêts particuliers, sur les technologies, afin que l'opinion publique soit éclairée quant aux bénéfices et aux risques liés à l'accompagnement intensif par des IA. Mais la technophilie domine tellement dans les médias et dans tous les discours, notamment politiques, qu'on peut craindre que les approches moins spontanément enthousiastes ne soient inaudibles. Charlie Chaplin dans *Les Temps modernes* puis George Orwell dans 1984 avaient décrit ou annoncé les dérives du monde moderne techno-maniaque, laissant peu de place à l'humanisme face à la performance, à l'efficience et au profit, face au règne du comptable et du quantitatif contre le sensible. Or la situation actuelle est bien celle d'un saut en avant technologique immense engendrant des conséquences radicales pour l'homme et la société. Un tel phénomène ne saurait se produire sans qu'on l'analyse au prisme de l'humanisme et, en l'occurrence, d'un humanisme libéral devenu humanisme numérique pour, en définitive, inspirer des droits de l'homme adaptés à sa condition numérique nouvelle.

Le grand combat des temps actuels est la défense de l'environnement des hommes, de la nature. Ce combat est ô combien nécessaire et légitime. Mais n'en vient-on pas à oublier de défendre l'homme lui-même face aux nouvelles menaces, moins directement perceptibles, qui couvent ? Où revient la différence fondamentale entre humanistes, qui se concentrent sur l'humain, et collapsologues, qui se focalisent sur l'écologie et le climat. Des machines dites « intelligentes » risquent d'avilir les hommes avant de les engloutir. C'est bien l'humanité en elle-même et à travers la civilisation qui risque de s'effondrer ; et cette menace est un appel à un néo-humanisme prolongeant l'œuvre de la Renaissance et des Lumières[332]. En ce sens, une initiative telle que le programme scientifique international « Humanisme numérique » est un début de réponse[333]. Celui-ci a été initié en 2012 par la Chaire

[331] G. Anders, *L'obsolescence de l'homme*, L'Encyclopédie des nuisances, 2002, p. 17.

[332] D. Vinck, *Humanités numériques – La culture face aux nouvelles technologies*, Le Cavalier Bleu, 2016.

[333] humanismenumerique.fr.

expérimentale internationale de l'UNESCO « Innovation, Transmission, Édition Numériques (ITEN) » — mais il se concentre sur les aspects éducatifs de la révolution numérique, sur les conséquences communicationnelles et psychologiques de l'usage massif des NTIC dans les nouveaux modes d'apprentissage. En outre, une Fondation Humanisme Numérique a été créée afin de « promouvoir le développement d'une conscience critique sur les enjeux et les formes par lesquels les individus affirment leur humanité au regard des transformations en cours »[334]. Cette fondation accueille des personnalités diverses issues des mondes des sciences, de l'économie, du numérique, des arts et des lettres qui « contribuent à redéfinir, réinvestir et construire la notion d'humanisme, mais aussi à agir pour nouer de nouvelles capacités humaines au cœur des transformations numériques et sociétales »[335]. Milad Doueihi, philosophe et historien, théoricien de l'humanisme numérique, est le président de son conseil scientifique. Reprenant l'identification par Claude Lévi-Strauss de trois humanismes dans l'histoire de l'Occident, il voit dans l'humanisme numérique un « quatrième humanisme »[336].

Le monde numérique change l'environnement de l'homme et, par suite, l'homme lui-même. Il modifie d'une manière inédite le temps et l'espace. Il impacte la construction des connaissances, le savoir — et tant l'état du savoir que le sujet du savoir (l'homme) —, mais aussi l'habitat, l'amitié, l'amour, le travail, le sport, la médecine etc. L'automatique, le virtuel et le participatif font apparaître des pratiques jamais vues jusqu'à présent. Le smartphone, la géolocalisation ou les villes intelligentes (*smart cities*) renouvellent le quotidien en profondeur. Le code informatique est l'agent de ruptures civilisationnelles fondées sur le calcul, rompant avec beaucoup de nos pratiques historiques. Il fragilise y compris nos traditions politiques et

---

[334] fondationhumanismenumerique.fr.

[335] *Ibid.*

[336] M. Doueihi, *Pour un humanisme numérique*, Le Seuil, 2011, p. 37. Les trois humanismes identifiés par Claude Lévi-Strauss sont : « L'humanisme aristocratique de la Renaissance, ancré dans la découverte des textes de l'Antiquité classique ; l'humanisme bourgeois de l'exotisme, associé à la découverte des cultures de l'Orient et de l'Extrême-Orient ; enfin, l'humanisme démocratique du XXe siècle, celui de l'anthropologue, qui fait appel à la totalité des activités des sociétés humaines » (*ibid.*, p. 34-35).

juridiques. On découvre la puissance sociale du calcul et de la statistique. Et on souligne combien « le cyberespace et les technologies du virtuel, par leurs effets de dématérialisation et de décorporation, favorisent une désaffection pour l'humanité qu'il faut prendre au sérieux »[337]. L'IA tend à nous faire oublier l'homme. L'humanisme numérique doit permettre un retour à l'homme, rappelant en permanence que ces technologies ne sont pas une fin en soi et que la fin demeure toujours l'humain. Le numérique, loin d'une loi de la jungle, peut être une nouvelle éthique[338].

L'humanisme a longtemps consisté à corriger les hommes de leur sauvagerie, l'animalité étant jugée inhumaine et l'effort de civilisation consistant à écarter les comportements violents, irraisonnés, qui mettent à mal le lien interindividuel et la possibilité d'évoluer ensemble. Aujourd'hui, un nouvel humanisme doit répondre à un travers opposé : la « sur-sophistication machinale »[339]. Par « sur-sophistication machinale », il faut comprendre « toute action, logique ou comportement qui est soumis à une complexité excessive et artificielle. En cela, la sur-sophistication est l'inverse du simple, du spontané et du naturel »[340]. Une société trop animale conduit l'homme à sa perte à travers la sauvagerie. Il en irait de même d'une société trop machinale, dans laquelle l'humain perdrait le sens des réalités en même temps que le sens commun, que les sens, que les goûts et les plaisirs, subrogés par la froide logique mathématique. L'humanisme a insisté depuis des siècles sur les différences fondamentales entre l'homme et l'animal, attribuant des valeurs négatives à l'animalité et un sens positif à l'humanité. Il revient à l'humanisme numérique de mettre en avant tout ce qui sépare l'homme de la machine, tout ce qui fait la supériorité de l'homme sur la machine, et de prévenir la tendance de l'homme à se machiniser. L'animal et la machine font ainsi l'objet de projections qui permettent à l'être humain,

---

[337] J.-M. Besnier, « Comment penser le posthumain ? », in A. Prochiantz, dir., *Darwin : deux cents ans*, Odile Jacob, 2010, p. 214.

[338] M. Doueihi, *Qu'est-ce que le numérique ?*, Puf, 2013.

[339] A.-L. Thessard, « La triade animalité, humanité, machinité – De la Sauvagerie animale à la Sur-sophistication de la machine », in B. Barraud, dir., *L'intelligence artificielle – Dans toutes ses dimensions*, L'Harmattan, coll. Europe & Asie, 2020, p. 292.

[340] *Ibid.*

indéterminé par nature, de s'auto-constituer comme humain[341]. L'être humain se représente comme non-animal ; il doit désormais aussi penser son caractère non-machinal. Il a sans doute de tout temps possédé naturellement une tendance machinale, une tendance au suivisme irréfléchi, à l'absence de regard critique, à l'oubli des libertés individuelles et collectives et à la crédulité face aux puissants[342]. Mais les nouvelles technologies et notamment les IA peuvent renforcer très profondément cette nature machinale. Les capacités intellectuelles et les émotions font de l'homme un être à part dans le règne animal. Mais il se rapproche aussi des animaux moins développés par sa spontanéité sensorielle. L'homme est beaucoup plus proche de l'animal que de la machine et l'humanisme numérique a vocation à conserver cet état de nature sans lequel l'humain deviendrait très inhumain.

Peut-être les français et les européens plus généralement sont-ils ceux qui, dans le monde, attachent le plus d'importance aux objectifs humains et sociaux. En témoigne le slogan anglophone attaché par le gouvernement français à sa stratégie en intelligence artificielle : « *AI for Humanity* ». Le « vieux continent » pourrait ainsi être la terre d'élection de l'humanisme numérique et, par suite, de l'éthique des robots, de l'humanisme juridique et des droits de l'homme numérique. On a tendance, en Europe, à investir dans des comités et des rapports éthiques, à se spécialiser dans les précautions morales et juridiques plutôt que dans les avancées technologiques et scientifiques, au risque de subir une « fuite des cerveaux » et une perte de puissance économique, technologique et politique[343]. Doit-on le regretter ? Si le monde se divise entre ceux qui créent des IA et ceux qui créent des

[341] *Ibid.*, p. 304.

[342] On observe ainsi que « l'idéologie nazie est un exemple de comportement qu'il ne faut pas se hâter de qualifier de brutal, bestial, animal, car il pourrait relever de la catégorie de machinité. L'expression de l'idéologie nazie s'est révélée être une rationalité machinale qui a abouti à l'élimination systématique, mécanique, rationalisée d'individus prétendus indésirables. Cet exemple compte parmi les plus représentatifs de ce que la machinité humaine est en mesure de concevoir et réaliser, c'est la concrétisation d'un des potentiels humains à prendre sérieusement en considération » (*ibid.*, p. 290).

[343] En ce sens, dans son rapport de mars 2018, Cédric Villani propose de créer « une instance pour émettre des avis, donner des jugements en toute indépendance, qui puisse être saisie par le gouvernement comme par les citoyens, et qui nous dise ce qui est acceptable ou non acceptable ».

comités d'éthique sur les IA, de quel côté vaut-il mieux se trouver ? Ces comités ont sans doute toute leur raison d'être s'il faut se méfier à la fois des innovations qui ne sont dictées que par l'appât du gain et de la politisation hystérique de la science, le tout dans un contexte mêlant, en fonction du point de vue adopté, crise de la rationalité et rationalisation extrême. Toute recherche qui avance sans se préoccuper de ses conséquences, directes et indirectes, peut être dangereuse et ne pas aller de pair avec le progrès. En définitive, peut-être l'humanisme est-il aussi indispensable que démodé.

47. Trans-humanisme et post-humanisme. Les avancées de la science et de la technique les ont progressivement rapprochées de l'économie et éloignées de la philosophie. On y a trouvé les moyens d'un progrès qui s'est finalement réduit au progrès économique, à l'exclusion de tout progrès humain. On en est venu à tout juger sous l'angle du profit et des points de PIB. Au XVIIIe siècle, la révolution industrielle a amorcé ce mouvement et, un siècle plus tard, Karl Marx pouvait observer combien les idées (humanistes ou pas) avaient été terrassées par les enjeux et le développement économiques. Les hommes ne pouvaient plus élaborer de projets de société, désormais façonnés, aliénés, par leurs modes de production — cela d'autant plus qu'on les avait convaincus qu'ils étaient libres. Le développement du numérique et de l'IA marche dans les pas de cette histoire. Des politiques aux spécialistes, on le réduit à un développement de l'économie numérique et de l'économie de l'IA, en délaissant les problématiques et problèmes culturels, sociaux et humains. Ceux-ci ne sont-ils pourtant pas au moins aussi importants ? L'humanisme libéral, l'humanisme numérique et l'humanisme juridique, réunis dans les droits de l'homme numérique, doivent ouvrir les yeux sur ces autres continents du monde numérique.

Dans *L'avenir de la science,* Ernest Renan écrit : « Organiser scientifiquement l'humanité, tel est le dernier mot de la science moderne, telle est son audacieuse mais légitime prétention »[344]. Le scientisme a ainsi gagné progressivement les esprits. Au XXe siècle, il a mué en technicisme, l'accent étant mis sur les aboutissements et applications techniques des découvertes scientifiques. Or la confiance faite aux IA est un point extrême de ce scientisme et de ce technicisme, de cette croyance dans la capacité de la science, concrétisée par des objets techniques, de profiter à l'homme, dans

[344] E. Renan, *L'avenir de la science*, 1890.

le sillage du rationalisme, du saint-simonisme et du positivisme selon lesquels les derniers perfectionnements des sciences devraient toujours primer sur toute autre forme de considération. Mais il s'en faut de beaucoup que ce scientisme et ce technicisme soient en même temps un humanisme. Stimulé par une recherche permanente de confort, l'esprit utilitariste asservit la science à la technique qui, avec l'économie, sont aujourd'hui les trois piliers sacrés du développement et de tout ce que l'on serait en droit de qualifier de « progrès ». Le détour par l'humanisme est donc un moyen d'envisager d'autres points de vue, de conserver un regard critique et de ne pas suivre le prêt à penser dominant au seul motif qu'il est dominant. Le désenchantement du monde et de la vie, leur asservissement par la technique, l'assujettissement de l'humain au marchand interrogent l'humanisme comme jamais.

Certains argueront toutefois que ce ne serait là pas un anti-humanisme mais l'aboutissement de l'humanisme, c'est-à-dire du projet d'artificialisation complète de la nature par la culture humaine, d'un arraisonnement du naturel par le culturel, d'une volonté de maîtrise absolue du réel par la rationalité humaine[345]. Quand l'humanisme reposerait sur une conception obsolète de l'homme, on décrit un transhumanisme qui serait « l'actualisation de l'image de l'homme et de sa place dans l'univers, assimilant les révolutions technoscientifiques, capable d'affronter le temps indéfiniment long de l'évolution et pas simplement la temporalité finalisée de l'Histoire. C'est un humanisme apte à s'étendre, à se diversifier et à s'enrichir indéfiniment »[346]. La science, la technique, la technoscience peuvent parfaitement servir l'humanisme — et réciproquement. L'humanisme, puisqu'en voulant tout dire il ne veut rien dire, peut parfaitement déresponsabiliser l'être humain et encourager des pratiques douteuses comme l'eugénisme[347]. On retrouve aujourd'hui cette conception dans le transhumanisme. Mais l'humanisme numérique ici en cause n'a rien à voir avec le transhumanisme. Il s'oppose à tous ses tropismes[348]. Plus encore, le transhumanisme n'est pas un

---

[345] J.-C. Guillebaud, *Le principe d'humanité*, Le Seuil, 2001. p. 308.

[346] G. Hottois, *Le transhumanisme est-il un humanisme ?*, Académie Royale de Belgique, 2014, p. 75-77.

[347] P.-A. Taguieff, « La philosophie dans le laboratoire », *Le Monde* 15 juin 2007.

[348] Gh. Azémard, Y. Théorêt, dir., *Humanisme numérique – Valeurs et modèles pour demain*, Les éditions de l'immatériel, 2017.

humanisme. Il vise à effacer l'héritage des Lumières au nom d'un nouvel âge d'or fondé sur le mariage de l'homme et de la machine. On refusera la vision d'un humanisme factice qui soumet la nature à la rationalité et la rationalité à la technique, privant l'humanité de toute *humanitas*. On refusera également la thèse selon laquelle l'humanisme serait nécessairement un frein au progrès, une source d'archaïsme et de traditionalisme, selon laquelle il devrait se borner à un devoir d'adaptation et écarter toute démarche critique[349]. En 1957, Julian Huxley, biologiste et théoricien de l'eugénisme anglais, proposa l'expression « humanisme évolutionnaire » puis reprit le mot « transhumanisme ». Selon lui, le « transhumain » se définit tel « un homme qui reste un homme, mais qui se transcende lui-même en déployant de nouvelles possibilités pour sa nature humaine »[350]. Le transhumanisme vise donc à modifier l'homme, à l'augmenter, à l'améliorer. Les sciences et les techniques ont évidemment un rôle déterminant à jouer à ces fins. Et les IA, avec toutes les technologies NBIC (nanotechnologies, biotechnologies, informatique et sciences cognitives), pourraient permettre au transhumanisme d'effectuer un gigantesque bond en avant. Le concept de transhumanisme avait déjà été repris dans les années 1980 par certains techniciens de la Silicon Valley prônant une autre humanité faisant de la technique le moyen de soigner ou guérir les maladies et de doter chaque individu de capacités très supérieures à celles dont la nature l'a pourvu. On postule les effets bénéfiques des sciences et techniques sur l'humain, bientôt inaccessible à la souffrance grâce aux neurosciences, puis à la maladie et ensuite à la vieillesse et enfin à la mort grâce à la nanomédecine ou au téléchargement du contenu du cerveau sur un matériau inaltérable. Animés par une confiance, moins raisonnée que naïve, dans l'humanité reformatée par la technique, différents courants de pensée se sont réunis, en 1999, autour de la « Déclaration transhumaniste » de l'association transhumaniste mondiale. Ce texte prédit l'avenir radieux d'un homme « radicalement transformé par la technologie » et liste les bienfaits de cette transformation : « le rajeunissement, l'accroissement de l'intelligence par des moyens bio ou artificiels, la capacité de moduler son propre état psychique, l'abolition de la souffrance et l'exploration de l'univers ». Il s'agit donc aujourd'hui de libérer

---

349 G. Simondon, *Du mode d'existence des objets techniques*, Aubier, coll. Philosophie, 2012, p. 102.

350 J. Huxley, *Towards a New Humanism*, 1957.

et améliorer l'individu, non plus grâce à l'éducation et au perfectionnement de la raison suivant le modèle kantien, mais à grand renfort de technologies informatiques et génétiques. Alors que le transhumanisme questionne l'avenir du genre humain, on restera fidèle à l'humanisme des Lumières. Le transhumanisme est donc un scientisme, un technicisme, une technophilie, et pas une homophilie, pas un humanisme. L'optimisme du transhumanisme dépend du point de vue adopté. On préférera se consacrer à un « hyperhumanisme »[351] respectueux de l'homme dans toutes ses dimensions.

Les transhumanistes, eux, reviennent sur la distinction entre la nature de l'homme et celle de la machine, le domaine du vivant et celui du mécanique. Le transhumanisme se présente tel « un courant d'idées qui encourage le développement et l'usage des technologies matérielles afin d'améliorer, augmenter, étendre indéfiniment les capacités et performances cognitives, physiques et émotionnelles de l'individu »[352]. Les transhumanistes souhaitent effacer les différences entre l'homme et le robot qui, comme les différences entre l'homme et l'animal, seraient seulement justifiées par la vanité de l'homme et sa croyance infondée en sa singularité. Naissance ou fabrication, il n'y aurait qu'une différence de degré entre l'une et l'autre. Ainsi présenté, le transhumanisme s'oppose bien à l'humanisme. Le préfixe « trans » signale le passage d'un état à un autre ou le dépassement d'une borne ou d'un obstacle, ici l'humanisme. En ce sens littéral, le transhumanisme est donc ce qui est parvenu à surmonter les limites imposées par l'humanisme aux hommes, comme la dignité ou la liberté. Le transhumain serait celui qui aurait accepter d'abandonner son humanité et de subir une quatrième vexation métaphysique, après celles imposées par Copernic, Darwin, puis Freud[353]. Alors que le positivisme des Lumières voyait dans la technique le moyen de servir un projet politique d'émancipation de l'homme, l'extropianisme (l'inverse de l'entropisme, la foi en une organisation croissante des systèmes par la science et les techniques fondée sur un progrès supposé illimité de celles-ci) n'a d'autre intérêt en vue que le pur progrès technique. Les transhumanistes en viennent ainsi à rejeter toute régulation, toute norme

---

[351] J. De Rosnay, « Nous sommes à la veille d'une mutation de l'espèce humaine », latribune.fr, 5 oct. 2016.
[352] G. Hautois, *Philosophie et idéologies trans/posthumanistes*, Vrin, 2017.
[353] N. Le Dévédec, *La société de l'amélioration – La perfectibilité humaine des Lumières au transhumanisme*, Liber, 2015.

d'encadrement, qu'elle soit issue de l'humanisme ou d'ailleurs. Seule la technique peut-être à elle-même sa propre loi. Les transhumanistes, loin de l'humanisme, humilient l'homme, le rabaissent, lui donnent le sentiment de sa terrible infériorité et de son archaïsme dans le monde d'aujourd'hui et de demain. Pour les transhumanistes, il est « *has been* » d'être humain.

Quant au « post-humanisme » et à la « post-humanité », concepts développés en particulier par Francis Fukuyama et Peter Sloterdijk[354], ils renvoient, comme le transhumanisme, à l'idée que l'humanisme et l'humanité seraient dépassés et devraient être redéfinis en raison de l'explosion et de l'impact des nouvelles technologies, mais cette fois en y voyant non une opportunité et des raisons d'être optimiste mais une menace et des raisons d'être pessimiste. Le post-humanisme tire le constat, quelque peu désabusé, du dépassement de la condition humaine par la technique. Il se place dans la continuité des pensées technocritiques qui ont questionné le machinisme au cours du XXe siècle[355]. Jacques Ellul, notamment, jugeait à son époque déjà que la technique dans son ensemble était devenue ingouvernable car « autonome », les outils façonnés par les hommes n'étant plus de simples moyens mais une fin car leur synergie s'était affirmée telle la finalité suprême des humains[356]. Face aux premiers frémissements de ce qui deviendrait bientôt la « révolution numérique » — en 1950, le mathématicien américain Norbert Wiener avait envisagé la « machine à décision »[357] —, il déplorait que « le système technicien, exalté par la puissance informatique, a échappé définitivement à la volonté directionnelle de l'homme »[358] et appelait à « inventer l'homme »[359] — mais, ironique à l'égard de l'humanisme, ce n'était pour lui pas mieux qu'une formule désespérée. À la même époque, le

---

[354] F. Fukuyama, « La post-humanité est pour demain », *Le Monde des débats* 1999, n° 5 ; F. Fukuyama, *La Fin de l'homme : Les Conséquences de la révolution biotechnique*, La Table Ronde, 2002 ; P. Sloterdijk, *Règles pour le parc humain – Une lettre en réponse à la Lettre sur l'Humanisme de Heidegger*, Mille et Une Nuits, 2000.

[355] G. Bernanos, *La France contre les robots*, 1947 ; G. Friedmann, *Problèmes humains du machinisme industriel*, Gallimard, 1946.

[356] J. Ellul, *La Technique ou l'Enjeu du siècle*, 1954.

[357] N. Wiener, *The Human Use of Human Beings*, 1950.

[358] J. Ellul, *Le bluff technologique* (1988), Hachette, 2004, p. 203.

[359] *Ibid.*, p. 713.

philosophe allemand Günther Anders, après les horreurs d'Auschwitz et d'Hiroshima, estimait que les humains étaient devenus, face à leurs réalisations techniques, démunis, dépassés, « obsolescents », « honteux » — c'est la « honte prométhéenne », le sentiment de répulsion faisant suite au « décalage prométhéen » désignant l'écart entre les réalisations techniques de l'homme et ses capacités morales[360]. Autant de discours dont l'écho résonne fortement à l'ère de l'IA. Pour lutter contre ce décalage entre l'homme et ses produits, notre conscience et nos pensées doivent rattraper les avancées techniques et promouvoir nos facultés de connaître, sentir et juger. Ainsi éviterons-nous de sombrer dans « un monde au pas duquel nous serions incapables de marcher et qu'il serait absolument au-dessus de nos forces de comprendre, un monde qui excéderait absolument notre force de compréhension, la capacité de notre imagination et de nos émotions, tout comme notre responsabilité »[361]. L'humanisme libéral et l'humanisme numérique, cependant, ont vocation à faire tant la part des opportunités et des raisons d'être optimiste que la part des menaces et des raisons d'être pessimiste, dans le sillage de l' « humanisme technologique » qui « récuse à la fois les pensées technicistes du social et les doctrines pour lesquelles un humanisme véritable doit commencer par disqualifier les techniques industrielles »[362]. Mais peut-être les nombres des unes et des autres ne sont-ils guère équivalents.

L'humanisme, suivant la définition qu'en a donné Martin Heidegger dans sa *Lettre sur l'humanisme*, en 1947, est « le souci de veiller pensivement à ce que l'homme soit humain et non inhumain, privé de son humanité »[363]. Or il ne semble pas incohérent d'estimer que, bien souvent, le transhumanisme ne saurait répondre à cette définition. Selon le philosophe allemand, les humains auraient tort de se revendiquer « humanistes » de façon inconsidérée, dès lors que, de plus en plus dominés par la technique, ils tendent à devenir étrangers à eux-mêmes. Le transhumanisme est pourtant un moyen de retirer l'humanité de l'homme et de rendre l'homme étranger à

[360] G. Anders, *L'obsolescence de l'homme – Sur l'âme à l'époque de la deuxième révolution industrielle* (1952), Ivrea, 2002.
[361] *Ibid.*, p. 32.
[362] X. Guchet, *Pour un humanisme technologique – Culture, technique et société dans la philosophie de Gilbert Simondon*, Puf, coll. Pratiques théoriques, 2010.
[363] M. Heidegger, *Lettre sur l'humanisme*, 1947.

l'humain. Aujourd'hui, le grand défi de l'humanisme est bien celui de la technique, des technologies NBIC et, en particulier, de l'informatique, du numérique et des IA. Pour Peter Sloterdijk, l'humanisme a longtemps permis aux hommes de « se domestiquer », prendre conscience d'eux-mêmes, se donner une raison d'être. Mais, au XXe siècle, il a dégénéré en bolchévisme et en fascisme. Il aurait définitivement signé son arrêt de mort avec l'avènement de la culture de masse et la révolution numérique serait apparue sur ses cendres[364]. Le temps de l'humanisme serait révolu, laissant le champ libre au transhumanisme et à tous les scientismes et technicismes réduisant l'intérêt humain au progrès scientifique et technique. Si l'humanisme de la Renaissance s'est construit autour de l'idée que la raison pourrait tracer sa route sans la foi et si l'humanisme des Lumières a été bâti sur la fin de la foi, les « technoprophètes »[365] soutiennent que le transhumanisme devrait désormais subroger un humanisme dans tous les cas réduit à peau de chagrin[366]. Il serait donc urgent de prendre le pari de l'humanisme numérique, le pari d'un néo-humanisme capable de tempérer les ardeurs de la science et de la technique.

Beaucoup de réflexions contemporaines, intéressantes et stimulantes, souffrent d'un biais grave que l'humanisme a vocation à surpasser : une adhésion de principe à la logique technoscientifique. On tend souvent à considérer que la science ne pourrait que progresser et que la technique serait toujours « bonne » en soi. Mais l'existence, par exemple, d'un Comité consultatif national d'éthique, dont la mission est de « donner des avis sur les problèmes éthiques et les questions de société soulevés par les progrès de la connaissance dans les domaines de la biologie, de la médecine et de la santé »[367], nous rappelle que tel n'est pas nécessairement le cas. Un organisme équivalent, dont le champ de compétence serait plus général, ou spécialisé dans l'informatique et les IA présenterait sans doute une totale légitimité. Ces technologies ne sont pas, par nature, universalistes et libératrices — mais elles peuvent l'être dans certaines de leurs applications.

---

[364] P. Sloterdijk, *Règles pour le parc humain – Une lettre en réponse à la Lettre sur l'Humanisme de Heidegger*, Mille et Une nuits, 2000, p. 30.

[365] D. Lecourt, *Humain, posthumain*, Puf, 2003.

[366] G. Kœnig, « Adieu l'humanisme, bonjour le "dataism" », lesechos.fr, 22 nov. 2017.

[367] L. n° 2004-800, 6 août 2004, *Relative à la bioéthique*.

48. Un mariage de raison : humanisme numérique et humanisme juridique. De prime abord, l'humanisme numérique et l'humanisme juridique n'entretiennent qu'une proximité culturelle et idéologique lointaine. Mais ils devraient sans doute opérer un mariage de raison. Il semble en tout cas utile de les faire se rencontrer. On tend à appliquer à la société et à la politique des lois analogues aux lois scientifiques et techniques. Ne faudrait-il pas plutôt adopter l'attitude inverse, dans la perspective d'un humanisme social capable de prévenir toutes les dérives totalitaires ? L'humanisme numérique est la version la plus actuelle de l'humanisme technique, donc de l'humanisation de la technique[368]. Il doit être un outil d'adaptation de nos institutions à ce monde et à cet environnement qui changent comme jamais — quand, aujourd'hui, Michel Serres décrit « nos institutions [qui] luisent d'un éclat semblable à celui des constellations dont les astronomes nous apprennent qu'elles sont mortes depuis longtemps déjà »[369]. Par exemple, le transhumanisme et le recours frénétique aux NBIC pourraient engendrer une réduction du hasard, une baisse de la diversité et, finalement, l'impossibilité de muter, donc une déshumanisation[370]. À partir de quel point doit-on refuser que la technique serve à pallier des déficiences ou anomalies naturelles ou permette de doter un individu sain de qualités dont la nature ne l'a pas pourvu ? La bioéthique est déjà largement développée. Il est temps qu'une techno-éthique l'accompagne. C'est le principe d'humanité en soi et tout entier qui est remis en question. On considère qu'il revient à l'homme de s'adapter à ses outils et à ses prothèses, non l'inverse — quand jadis chaque homme adaptait ses instruments à ses besoins propres. Cette standardisation et cette machinalisation des hommes sont-elles bienvenues ? Hannah Arendt notait déjà que, « tandis que les outils d'artisanat, à toutes les phases du processus de l'œuvre, restent les serviteurs de la main, les machines exigent que le travailleur les serve et qu'il adapte le rythme naturel de son corps à leur mouvement mécanique »[371]. On reconnaîtra là beaucoup de situations contemporaines. Autant de raisons de

---

[368] E. Fromm, *Espoir et révolutions – Vers l'humanisation de la technique*, Stock, 1970.

[369] M. Serres, *Petite Poucette*, Le Pommier, coll. Manifeste, 2011, p. 24.

[370] J.-M. Besnier, « Comment penser le posthumain ? », in A. Prochiantz, dir., *Darwin : deux cents ans*, Odile Jacob, 2010, p. 214.

[371] H. Arendt, *Condition de l'homme moderne*, Calmann-Lévy, 1961.

convoquer un humanisme libéral, un humanisme numérique et un humanisme juridique, fermes quant à la conservation de notre héritage humaniste et ouvert sur le futur, afin d'inspirer l'adaptation des droits de l'homme aux défis contemporains et à venir.

Au-delà du vecteur technologique, directement observable et objet de nombreux commentaires et approfondissements scientifiques, la profondeur et les méandres de ses intrications et implications sociales méritent d'être explorés. Les innovations de la technosphère mettent toujours un temps plus ou moins long pour infiltrer et conquérir la sphère symbolique et y imposer leurs lois iconoclastes. Ce n'est qu'en de nombreuses décennies, voire des siècles, que l'homme moyenâgeux est devenu pleinement « gutenbergien », moderne. De combien de temps l'IA aura-t-elle besoin pour transformer l'homme moderne ? Et le pourra-t-elle seulement ? De façon générale, le regard porté sur les technologies reste par nature hypermétrope : on voit mieux de loin que de près, mieux l'imprimerie que la télévision, mieux la télévision qu'internet, et mieux internet que l'intelligence artificielle. Il faudra sans doute du temps à l'humanisme numérique pour s'affirmer et se structurer, dépasser le stade de la piste de réflexion qui est encore le sien aujourd'hui.

Par ailleurs, on fera à l'humanisme numérique la même critique qu'à l'humanisme du passé : il serait le fait de certains hommes, les occidentaux, prétendant parler au nom de l'humanité alors qu'ils n'en représentent qu'une petite partie. Mais, encore une fois, on peut parfaitement vouloir défendre l'humain sans ignorer que les valeurs promues n'ont rien d'universelles et tout en œuvrant, de façon utopiste, à ce qu'elles le deviennent. L'humanisme numérique, comme tout humanisme, est contingent, limité, contestable. C'est d'ailleurs le numérique lui-même qui est un produit occidental, bien qu'il tende à devenir global — constituant un prolongement nouveau de la mondialisation et de l'américanisation. Les modèles autour desquels s'ordonne le fonctionnement du numérique, comme auparavant celui des premiers outils informatiques, sont tous ou presque occidentaux. L'expérience quotidienne des hommes tend ainsi à s'occidentaliser partout, même en Chine. Les catégories historiques et socioculturelles occidentales et, plus particulièrement, de la Silicon Valley s'imposent partout. Mais le numérique et l'humanisme numérique n'en demeurent pas moins des problématiques foncièrement occidentales. D'ailleurs, le progrès technique est une idéologie proprement occidentale. L'idée de progrès s'appuie sur la thèse selon laquelle l'histoire a un sens et ce sens est donné par les occidentaux.

Toujours est-il que l'humanisme en général et l'humanisme numérique en particulier semblent devenir aujourd'hui plus que nécessaires. Face au mouvement de biologisation de l'homme (réduisant l'humain à un objet d'étude, une matière vivante) et au scientifisme et technicisme consistant à considérer partout que ce qui est rendu possible par la science ou la technique serait *ipso facto* nécessaire et inévitable, à tel point que des droits subjectifs devraient en résulter sous l'influence de l'individualisme et du contractualisme, il ne paraît pas inutile d'opposer un contre-discours à base d'humanisme. L'hégémonie de la technique semble devoir triompher y compris de l'intérêt général — ce qui serait d'ailleurs la marque en général de la modernité[372] — et la réification de l'homme s'impose de façon insidieuse. La réalité serait bien celle d'un homme déshumanisé, mais aussi désocialisé, n'étant plus une personne, pas même un individu, simplement un homme-machine. Deux écueils doivent toutefois être prévenus en même temps : si la technique doit rester au service de l'homme et ne pas l'asservir, ne pas pas porter atteinte à sa dignité, il faut prendre garde à ne pas considérer que toute utilisation des technologies numériques serait nécessairement déshumanisante et déraisonnable et donc à prescrire au nom du principe de précaution ; à l'inverse, il serait dangereux d'estimer que tout ce qui est possible et nouveau serait par principe un progrès à encourager ou un phénomène inévitable dans lequel le seul objectif devrait être de constituer un moteur plutôt qu'un frein et d'être un leader dans la compétition mondiale. En somme, la technophobie comme la technophilie sont deux écueils à éviter. Il convient donc de mettre le numérique au cœur des débats démocratiques pour qu'il devienne un outil d'émancipation et ne nous prive pas de nos libertés les plus essentielles. Il importe de proposer une définition de l'humain permettant de prévenir ou même interdire les nouvelles formes de déshumanisation. L'homme numérique passe alors du constat de sa réalité actuelle à la préconisation de sa condition future. Et ce sont en particulier les droits de l'homme numérique qui permettront de réaliser cette condition future, l'humanisme juridique ayant alors rejoint l'humanisme numérique.

---

[372] *Ibid.*

Chapitre 4. L'humanisme juridique

49. L'humanisme juridique existe-t-il ? On pourrait penser que, l'humanisme étant un courant de pensée à la fois célèbre et fourre-tout, il existerait forcément un humanisme juridique ou même des humanismes juridiques, des développements de l'humanisme en droit — dans les normes et les institutions et dans les enseignements et les recherches juridiques — que les juristes connaîtraient fort bien et par rapport auxquels ils seraient amenés à se positionner. Or tel n'est pas du tout le cas. Posez la question à des juristes, des universités et d'ailleurs : « Qu'est-ce que l'humanisme juridique ? ». La plupart s'étonneront d'une telle question et avoueront n'avoir jamais entendu parler de cet humanisme juridique. Il est vrai qu'on n'enseigne et qu'on n'étudie que très peu l'humanisme juridique. Celui-ci a été rangé depuis fort longtemps dans les bibliothèques d'histoire du droit. L'expression « humanisme juridique », associant la pensée humaniste et le monde du droit, est apparue tardivement et demeure rarement employée.

Il faut cependant gager que l'humanisme juridique, s'il n'est plus guère évoqué explicitement, continue d'imprégner les travaux de certains juristes et de certains non-juristes s'intéressant au droit. Mais, aujourd'hui, s'inscrire dans la veine d'un humanisme juridique oblige dans une large mesure à théoriser cet humanisme juridique qui, en soi, manque de sens quand l'humanisme, lui, a trop de sens pour que l'on puisse bien saisir ce qu'il peut recouvrir dans le domaine juridique. Jusqu'à présent, on a catalogué quelques juristes de la Renaissance d'« humanistes » et de très rares travaux contemporains, notamment ceux menés par Mireille Delmas-Marty au Collège de France, s'inscrivent explicitement dans un cadre humaniste. Si l'on s'est efforcé, en politique ou dans le domaine des sciences exactes, de produire des réflexions humanistes, on ne s'est que peu préoccupé d'établir une relations entre droit et humanisme, sans doute car, depuis le début du XXe siècle, la domination du positivisme a interdit de déborder la technique juridique et de juger les lois, que ce soit à travers le prisme de l'humanisme ou tout autre.

Tout d'abord, l'humanisme juridique peut se comprendre de deux manières différentes. Il peut déjà s'agir de concevoir la science du droit ou, simplement, l'étude du droit telle une science ou une étude humaniste. On a dit combien l'humanisme est en particulier une attitude intellectuelle, une disposition de l'esprit, une manière d'envisager la recherche ou la réflexion, quel qu'en soit l'objet. L'humanisme juridique serait donc la recherche juridique appliquant la méthode humaniste, faite notamment de regard critique, d'approche transdisciplinaire et de mesure. Dans les facultés de droit actuelle, il est très incertain que cette approche épistémologique de l'humanisme juridique puisse recevoir un accueil chaleureux. C'est en tout cas un problème qu'il revient aux juristes de résoudre en définissant ou redéfinissant leurs méthodes. Ensuite, l'humanisme juridique peut aussi être envisagé d'un point de vue substantiel, en tant qu'ensemble de principes — des libertés à la dignité humaine — devant inspirer le droit ou permettre d'établir un jugement négatif ou positif à l'égard des lois, règlements et autres jurisprudences positifs. Il serait la volonté ferme et permanente de faire de l'homme le cœur et la fin essentielle du droit sous toutes ses formes. On affirmera alors, pour reprendre les mots célèbres de Protagoras, que « l'homme est la mesure de toutes choses juridiques » et que, pour paraphraser une formule cette fois d'Érasme, le droit est ce qui permet de « débestialiser l'homme », à tel point que tout humanisme devrait être juridique et que tout droit devrait être humaniste. On ajoutera d'ailleurs que « le droit est fait pour les hommes et non les hommes pour le droit »[373]. L'humanisme serait alors un apport considérable pour le juriste, du théoricien qui pense le système juridique au praticien qui met en œuvre la norme concrète, mais aussi pour toute personne interrogeant le droit. La pensée du droit rejoint alors forcément la pensée politique, qui jauge les besoins de normes et définit leur contenu, puis le critique pour, éventuellement, le réécrire. L'humanisme juridique, formellement ou matériellement, ne peut pas être du droit pur et dur tel qu'on l'apprend dans les facultés et tel qu'on le pratique dans les cabinets. Une de ses grandes caractéristiques est fatalement son indiscipline, sa tendance à s'évader des carcans normativistes kelséniens

---

[373] Cité par Ph. Malaurie, *Dictionnaire d'un droit humaniste*, LGDJ, 2015.

et, plus généralement, positivistes. Il est un courage : celui des juristes qui osent jeter un regard critique sur le monde juridique et qui voient dans la « doctrine » une source de droit, un conseiller de ceux qui ont le pouvoir de produire les règles de droit.

Toujours est-il que le chemin de l'humanisme juridique est semé d'embûches. C'est un risque, le risque de l'invisibilité et de l'inaudibilité de ceux qui ne suivent pas la même route que les autres. Associer humanisme et droit n'a jamais été évident et semble l'être de moins en moins. Mireille Delmas-Marty note que, « dans la plupart des civilisations, l'humanisme a peu de relations directes avec le droit et tout se passe comme si, frappé d'un conservatisme originel, le droit restait un instrument au service du pouvoir »[374]. Ainsi, en Europe, la rencontre entre humanistes et juristes est le plus souvent conflictuelle et il est rare de rencontrer un juriste se revendiquant humaniste ou un humaniste se revendiquant juriste. On y voit deux mondes à part, le monde du droit et celui de la philosophie, qui n'auraient pas grand chose à se dire. Tel est le cas également ailleurs et, en Chine par exemple, malgré des liens obligés, les confucianistes et les légistes se sont durement affrontés et l'on ne pense pas spontanément au droit pour incarner les vertus d'humanité. Le pari de l'humanisme juridique est pourtant que la pensée juridique peut être humaniste et que la pensée humaniste peut être juridique.

50. Les combats de l'humanisme juridique. L'humanisme juridique constitue doublement un combat. D'une part, c'est un combat doctrinal contre tous ceux qui refusent par principe qu'une pensée libre et critique telle que la pensée humaniste puisse animer un juriste, car celui-ci devrait être le serviteur de la loi, un technicien capable de comprendre et d'expliquer le moindre alinéa d'un décret et d'en tirer les conséquences pour une affaire donnée. L'humanisme juridique est ensuite un combat politique, la défense de certaines valeurs, de certains principes que le droit — mais pas nécessairement l'État — tend à bafouer de nos jours. Ce combat là est difficile, d'aucuns diront même perdu d'avance dès lors que « l'expression "droits de l'homme" n'a pas de sens car on ne sait pas ce qu'est l'homme et on

[374] M. Delmas-Marty, « Des humanismes à l'humanisme juridique : naissance et métamorphoses du mythe », cours au Collège de France, 5 janv. 2011.

ne sait pas davantage ce qu'est le droit »[375]. Si l'on ne reviendra pas sur la question « qu'est-ce que le droit ? »[376], la question « qu'est-ce que l'homme ? » et, par suite, la question « que sont les droits de l'homme ? » demeurent ô combien périlleuses, ce qui explique d'ailleurs, avec la liberté d'esprit, le pluralisme ontologique de l'humanisme juridique.

En Europe, la rencontre entre droit et humanisme date de la Renaissance, lorsque des penseurs, dont quelques juristes, retrouvèrent les textes antiques, parmi lesquels certains textes juridiques invitant à reconsidérer les canons juridico-religieux d'alors. Un courant, assez marginal, que l'on a pu qualifier rétroactivement d' « humanisme juridique » est alors apparu, suscitant des controverses entre les doctrines humanistes et la pensée juridique d'alors. Si l'humanisme juridique ne s'est ensuite jamais imposé, il semble même depuis des décennies péricliter et il pourrait même disparaître avec l'avènement d'un droit mondial façonné davantage par les multinationales que par les États, soit un droit ayant peu d'égards pour les principes humanistes. La mondialisation atteint le droit, de moins en moins conçu dans le cadre national. Or cette mondialisation est bien souvent un facteur de déshumanisation. L'humanisme juridique pourrait toutefois être sauvé par les travaux de ceux qui étudient ce droit mondial. Mais, pour l'heure, de telles voix dissonantes ne se font que peu entendre. Et la mondialisation est aujourd'hui numérique, tandis que le droit mondial est l'œuvre des multinationales du numérique. L'humanisme juridique, s'il peut exister, devrait se préoccuper avant toute autre chose du droit du numérique et, principalement, des droits de l'homme numérique.

L'humanisme juridique serait ainsi de plus en plus nécessaire à mesure, paradoxalement, qu'il est de moins en moins présent, que ce soit dans les discours ou dans les normes positives. Plutôt que d'accepter sans discussion le droit issu de la mondialisation, et notamment de la mondialisation numérique, l'humanisme numérique nous invite à l'interroger, à envisager ses carences, ses excès, ses égarements, ses erreurs, mais aussi sa pertinence et son efficacité. D'ailleurs, la mondialisation renforce pour une part l'humanisme juridique à travers le corpus de droit international des droits de l'homme qui se développe — bien qu'encore trop lentement et trop

[375] J. Ellul, *Le bluff technologique*, Fayard, coll. Pluriel, 1988.
[376] *Cf.* B. Barraud, *Qu'est-ce que le droit ?*, L'Harmattan, 2017.

partiellement. La création d'une justice pénale internationale va également dans le sens d'un humanisme juridique concret. Mais on observe plus de signes d'un anti-humanisme juridique : durcissement du contrôle des migrations, aggravation des exclusions sociales et des atteintes à l'environnement auxquelles le droit ne répond pas, crimes internationaux impunis ou mal punis, asservissement par les nouvelles technologies etc.[377]. À l'heure actuelle, l'humanisme juridique reste largement à réinventer, si ce n'est à inventer. Il doit permettre de se projeter dans l'avenir en faisant le pari qu'il est possible d'humaniser la mondialisation, par exemple en retenant trois objectifs principaux : « Résister à la déshumanisation, responsabiliser les acteurs, anticiper les risques à venir »[378]. L'humanisme juridique ferait ainsi des juristes des soldats, combattant pour des valeurs, loin de la neutralité scientifique. Du droit de l'environnement au droit du numérique, les batailles sont engagées et l'humanisme juridique devra trouver de nouvelles ressources et de nouveaux renforts s'il veut en sortir triomphant. Mireille Delmas-Marty en vient à se demander si l'humanité ne serait pas « entrée dans le pot au noir, cette zone au milieu des océans où les vents qui soufflent en sens contraires (sécurité contre liberté, compétition contre coopération, innovation contre conservation, exclusion contre intégration) se neutralisent et le navire est paralysé ou se combattent et le navire fait naufrage »[379]. Depuis le 11 septembre 2001 et l'explosion terroriste en Occident, et depuis la prise de conscience du péril climatique imminent, le monde est déboussolé, au sens littéral. La crise financière de 2008 et, aujourd'hui, la crise sanitaire et économique liée à l'épidémie de coronavirus n'ont fait qu'accentuer cette perte de repères. L'humanisme juridique est une boussole pour retrouver la bonne direction. Les combats qu'elle mène, au nom de l'humain contre tout ce qui déshumanise, ne visent pas à écraser mais à convaincre. Ce sont, bien sûr, des luttes douces. Et la première d'entre elles vise à sauver la figure humaine, à éviter la mort de l'homme des humanistes, cet être libre, conscient et responsable, agissant malgré ses imperfections, à l'aune de ses envies et de ses sens. Ce n'est, bien entendu, pas l'extinction de la « race humaine » qui est en jeu, contrairement à certaines visions

[377] M. Delmas-Marty, *Résister, responsabiliser, anticiper*, Le Seuil, 2013.

[378] *Ibid.*

[379] M. Delmas-Marty, *Aux quatre vents du monde – Petit guide de navigation sur l'océan de la mondialisation*, Le Seuil, 2016.

fantasmatiques dont les médias sont férus parce qu'elles sont spectaculaires et apocalyptiques, qui décrivent une technique dotée d'un instinct libidinal, d'une puissance infinie et d'une intelligence très supérieure devenant jalouse des humains et cherchant à les éradiquer. En revanche, il s'agit de nous préserver des techniques qui nous déshumanisent en automatisant chacun de nos gestes les plus banals et en nous désaisissant de notre capacité à opérer des choix libres et éclairés et de toutes nos prérogatives historiques afin de les octroyer à des systèmes mieux aptes à ordonner le monde au profit de certains intérêts particuliers.

Par ailleurs, si le droit aurait beaucoup à gagner à accueillir les bras ouverts l'humanisme, ce dernier pourrait à son tour s'ouvrir pleinement au droit. Il s'agirait alors tout autant d'humanisme juridique, dans une version mêlant toujours philosophie et droit mais étant cette fois surtout le fait de philosophes. Or des courants néo-humanistes valorisent aujourd'hui le droit comme un moteur de la vie humaine et sociale. On comprend que le droit peut être à la fois un sujet essentiel pour l'humanisme et un moyen pour lui de se réaliser en actes[380]. Il faut donc espérer que, en même temps que les motifs de prôner l'humanisme juridique se multiplient, celui-ci jaillisse de sources de plus en plus multiples et diverses. Pour l'heure, on en est encore à tenter de sauver l'humanisme juridique que certains cherchent à décrédibiliser et que beaucoup décrédibilisent involontairement et inconsciemment. « Même si les discours et les pratiques marchandes, écrit Mireille Delmas-Marty, ont apparemment peu à voir entre eux, leurs effets cumulés contribuent de façon décisive à la mort de l'humanisme juridique. Déconstruit à la fois du dedans par les savants et du dehors par les marchands, l'humanisme juridique finit par perdre toute crédibilité »[381].

En 1949, Albert Camus s'est rapproché du Rassemblement démocratique révolutionnaire, qui a cherché en vain une troisième voie entre les modèles américain et soviétique. L'écrivain joua un rôle essentiel dans l'élaboration du Manifeste du mouvement. Il est aujourd'hui tentant, pour l'humanisme juridique, d'y voir une source d'inspiration au moment de penser les droits de l'homme numérique : « Nous sommes un groupe d'hommes qui avons décidé

---

380 M. Delmas-Marty, *Sortir du pot au noir – L'humanisme juridique comme boussole*, Buchet-Chastel, 2019, p. 49.
381 *Ibid.*, p. 36.

d'unir nos efforts et nos réflexions pour préserver quelques-unes de nos raisons de vivre. Ces raisons sont menacées aujourd'hui par beaucoup de monstrueuses idoles, mais surtout par les techniques totalitaires. Les préjugés d'une raison aveugle, servis par des techniques devenues démentes, ont mené tout droit à de cruelles idéologies de domination, religions qui prétendent asservir la totalité de l'esprit humain, tiennent la neutralité même pour un crime et, par les moyens techniques et psychologiques de la répression, mettent l'individu à la merci de la puissance. […] La technolâtrie américaine, à sa manière, est totalitaire parce qu'elle a su, à travers les films, la presse, la radio, se rendre indispensable psychologiquement et se faire aimer. […] Contre ces menaces qui ont la dimension du monde lui-même et de l'homme tout entier, qui par leur démesure même jettent les individus dans le découragement, qui se répercutent à travers des propagandes meurtrière ou avilissante, à l'aide démystification les plus scandaleuse, et qui s'amplifie au gré des souffrances et des destructions qui couvre aujourd'hui un monde épuisée, il nous a semblé que nous ne pouvions pas faire plus que de constituer, par-dessus les frontières, des îlots de résistance où nous tenterons de maintenir, à la disposition de ceux qui viendront, les valeurs qui rendent un sens à la vie. […] Nous avons à donner une forme à la protestation des hommes contre ce qui les écrase, avec le seul but de maintenir ce qui doit être maintenu, et avec le simple espoir d'être un jour à notre place les ouvriers d'une nécessaire reconstruction »[382]. Or le principal outil pour réaliser de telles œuvres, c'est le droit. Dans le *Discours sur l'origine et les fondements de l'inégalité parmi les hommes*, Jean-Jacques Rousseau, sans y répondre, pose la question de savoir si l'histoire a défiguré l'homme ou si elle a seulement déposé sur son visage une croûte de sel qui n'en altère que la surface mais laisse intact le fond de son être. Les IA pourraient n'être qu'une croûte de sel changeant l'homme en apparence ; et l'humanisme juridique serait là pour préserver le fond de l'être humain et inviter les hommes à ne pas trop se fier aux apparences. L'homme fait le droit et le droit fait l'homme en retour. Rien ne serait donc moins logique ni légitime que l'existence de l'humanisme juridique. L'homme sans le droit serait perdu. Le droit sans l'homme serait perdu de même. Rien ne doit être plus humain que le droit et rien plus juridique que l'homme.

---

[382] A. Camus et *alii*, « Manifeste des groupes de liaison internationale », 1949.

I. Gloire et déboirs de l'humanisme juridique

51. L'humanisme juridique de la Renaissance. Quel droit et quelle justice pourraient exister dans un monde où toutes les valeurs seraient équivalentes ? Le droit et la justice sont évidemment porteurs de valeurs, traduisent et expriment des valeurs. Contre le positivisme ambiant selon lequel un juriste devrait se retrancher dans un simple rôle de technicien et accepter le droit tel qu'il est sans jamais le juger, jamais se prononcer quant à sa légitimité, jamais interroger sa réforme, l'humanisme juridique désigne la pensée de ceux qui, juristes ou non, ne veulent pas abandonner la production des lois aux gouvernants et à leurs conseillers et voient dans l'activité juridique une activité très politique et très philosophique. Pour eux, le droit n'est pas une tour d'ivoire coupée de la société, du monde et de la vie mais au contraire un rouage cardinal de la société, du monde et de la vie. C'est pourquoi il pourrait parfaitement s'accompagner de recherches anthropologiques et sociologiques et de réflexions politiques et philosophiques. Pour l'humanisme juridique, le droit est essentiellement un objet d'étude et de pensée. Mais il n'est pas une science déterminée et bornée par la méthode du syllogisme, par les raisonnements juridiques. Il s'agit davantage d'une adiscipline ou indiscipline. Dans *L'état de siège*, les personnages d'Albert Camus discutent en ces termes :

« Le juge : Je ne sers pas la loi pour ce qu'elle dit mais parce que c'est la loi.

— Diego : Mais si la loi est un crime ? Est-ce la vertu qu'il faut punir ?

— Le juge : Il faut la punir en effet si elle a l'arrogance de discuter la loi »[383].

On se rappelera alors de la formule de Pascal : « Ne pouvant faire que le juste fut loi, on a fait que la loi fut juste ». Le juste, comme le bien ou le bon, sont subjectifs. La loi, en revanche, est une donnée objective et les juristes ont pris l'habitude de s'y soumettre, en bons scientifiques. L'humanisme juridique, tout à l'inverse, est le fait de ceux qui veulent contribuer, par leurs

---

[383] A. Camus, *Théâtre, récits, nouvelles,* Gallimard, Bibliothèque de la Pléiade, 1962, p. 251-252.

analyses et leurs critiques, à l'amélioration du droit, il ne s'ouvre évidemment pas à toutes les valeurs mais seulement aux valeurs humanistes — on sait cependant que ce qualificatif peut être revendiqué par tous ou presque. L'humanisme juridique, en un mot, est donc la critique du droit — et, au XXe siècle, il a d'ailleurs été incarné par le mouvement critique du droit. Et cette critique du droit présente un double aspect : critique du droit compris comme ensemble des normes positives et critique du droit compris comme science du droit, comme doctrine, comme activité d'étude et d'enseignement des règles et institutions juridiques.

Historiquement, cette doctrine cherchant à participer indirectement à l'élaboration et à l'amendement du droit en diffusant ses valeurs s'est surtout affirmée à la Renaissance, à tel point que pour certains historiens du droit il n'a existé d'humanisme juridique qu'à cette époque[384]. On s'accorde en tout cas à dire que l'humanisme juridique trouva son apogée au temps de la Renaissance. C'est en effet à la Renaissance que l'humanisme a acquis, en Europe, un sens juridique. Parmi les textes antiques redécouverts et traduits, certains présentaient une dimension juridique et ont influencé les juristes d'alors. Le droit romain, en particulier, a été beaucoup étudié et pris comme modèle. Il a ouvert la voie d'une pensée juridique plus rationnelle et portant une ambition universaliste. Dès son apparition, l'humanisme juridique s'est présenté telle une réponse à la crise de crédibilité des juristes d'alors, comme les humanistes ont prospéré sur la crise de la scolastique. La *sciencia legalis*, désacralisée, s'est trouvée réduite à un « savoir-faire farineux »[385]. En Italie, tout d'abord, les juristes traditionnels ont dû se défendre face à l'humanisme juridique d'un Pétrarque qui refusa, dans un discours prononcé à Rome en 1341, de « mêler les douze tables aux neuf muses » et de « rabaisser son esprit des soucis célestes au bruit des tribunaux »[386]. La mise en cause du droit tel qu'on le connaissait depuis le Moyen-Âge concernait en premier lieu

[384] F. Garnier, « Michel de L'Hospital au temps de l'humanisme juridique », *Revue d'Auvergne* 2006, n° 581, p. 109.

[385] P. Gilli, « Humanisme juridique et science du droit au XVème siècle- Tensions compétitives au sein des élites et réorganisation du champ politique », *Revue de synthèse* 2009, t. 130, p. 576.

[386] M. Delmas-Marty, « Des humanismes à l'humanisme juridique : naissance et métamorphoses du mythe », cours au Collège de France, 5 janv. 2011.

l'enseignement du droit et ses méthodes. Cette mise en cause des facultés de droit et de leurs habitudes est une constante de l'humanisme juridique.

En Italie, le mouvement de l'humanisme juridique s'est étendu au XVe siècle avec Lorenzo Valla et Andrea Alciato. Puis il a conquis toute l'Europe occidentale. Mais on retient souvent que sa terre d'élection, à la Renaissance, a été la France. Et on cite Guillaume Budé et ses disciples, des humanistes formés au droit, tels les principaux protagonistes de l'affirmation de cette nouvelle conception de la pensée juridique. Guillaume Budé, inventeur du Collège de France, est souvent présenté comme le père de l'humanisme juridique, aux côtés de Michel de Montaigne, conseiller au parlement de Bordeaux, d'Étienne de la Boétie, qui eut pour collègue et ami Montaigne à la faculté de droit, et de Rabelais, dont le principal personnage Pantagruel étudie le droit à l'université de Bourges, la seule à s'être ralliée à ce courant qui remet en cause la scholastique des universités médiévales et où enseigna l'italien Andrea Alciato. D'emblée, la rencontre des juristes avec l'humanisme se traduit par la volonté d'un retour à la pensée gréco-latine et au droit romain, déformés, selon eux, par les glossateurs et postglossateurs. Jacques Cujas, en particulier, entreprit l'étude exégétique des textes du *Digeste*, afin de retrouver leur portée première et d'expliquer le droit justinien. Il reconstitua les diverses doctrines juridiques de Rome et édita les sources du droit romain, comme le Code théodosien[387]. Le droit romain, reconstruit ou réinventé par les juristes de la Renaissance, exerça une influence durable sur le droit à travers plusieurs courants (les stoïciens comme Sénèque et leur forme de rationalisme, les sceptiques comme Cicéron et leur forme de positivisme ou les épicuriens et leur forme d'utilitarisme). Le retour au droit romain et aux doctrines de l'Antiquité que la culture médiévale avait négligées est donc la première particularité de l'humanisme juridique du XVIe siècle[388]. On y ajoutera la volonté d'affirmer un rationalisme fondé sur la raison humaine et non sur la raison divine. Le renouvellement de l'étude et de l'enseignement du droit promu par Guillaume

---

[387] Cujas fut également « le savant auteur de Commentaires, ("*Paratilla*") et de "*Disputationes*" qui se distinguent par la pureté, la concision et l'élégante clarté du style autant que par l'érudition et la profondeur » (J. L. A. Chartier, *Cujas – L'oracle du droit et de la jurisprudence – 1522-1590*, LexisNexis, 2016).

[388] M. Villey, *La formation de la pensée juridique moderne* (1968), Puf, 2013, p. 379.

Budé, mais aussi Jean Bodin en France ou Johannes Althusius en Hollande, a ainsi exprimé un humanisme tourné vers l'avenir et vers le rationalisme. Peut-être même est-ce avant tout l'appel à la raison humaine et son ambition universaliste, au service des droits subjectifs puis des droits de l'homme, qui fut la grande marque de l'humanisme juridique — bien que cet universalisme abstrait fut par la suite remis en cause en raison des contradictions entre principes et pratiques. Enfin, il s'est également agi de démocratiser le droit. Puisque nul n'est censé ignorer la loi, tout humaniste souhaite nécessairement la rendre compréhensible et accessible au plus grand nombre.

La méthode caractéristique de la « jurisprudence » humaniste a pris le nom de *mos gallicus*, par opposition au *mos italicus* des bartolistes. Ce dernier entra alors en crise. Les élèves de Bartole puis de Balde n'étaient plus de véritables jurisconsultes. Ils se bornaient à répéter les enseignements de leurs maîtres, qui eux-mêmes n'avaient fait que perpétuer et transmettre les enseignements de leurs propres maîtres etc. Ces juristes se contentaient de gloser, une glose qui ne s'appliquait donc plus au texte du *Corpus juris civilis* mais à ses commentaires médiévaux. Contre le poids des doctrines romanistes médiévales, les premiers juristes humanistes affirmèrent que « la vérité en droit vient des témoignages, non de l'autorité des docteurs »[389]. Guillaume Budé est particulièrement critique à l'égard des juristes de son temps. Après sa lecture de l'*Utopie* de Thomas More, il écrit en 1518 à l'ami qui lui a envoyé le livre pour exprimer son enthousiasme envers un auteur qui ose dénoncer « la flagornerie des gens de loi » et la « justice pervertie »[390]. Guillaume Budé, François Douaren, François Baudouin, Hugues Doneau, François Hotman, Étienne Pasquier, Jean Bodin, Michel de l'Hospital, Jacques Cujas et d'autres un peu plus tard comme Robert-Joseph Pothier critiquèrent ainsi fermement la glose et les méthodes conservatrices et immobilistes, ainsi que Rabelais le décrit dans Pantagruel. Une rupture s'opéra donc entre les juristes humanistes modernes et les autres, entre ceux pour qui les lois romaines seraient l'expression d'une vérité intangible, bonne pour tous les temps et toutes les sociétés, et ceux pour qui il faut être critique y compris à l'endroit des textes et des pratiques les plus traditionnels et chercher à les adapter, si ce n'est à les refondre totalement, à l'aune des

---

[389] J. Gaudemet, *Les naissances du droit*, Paris, 2006, p. 348.

[390] M. Delmas-Marty, *Sortir du pot au noir – L'humanisme juridique comme boussole*, Buchet-Chastel, 2019, p. 23.

enjeux les plus actuels. Il s'agit là d'une autre constante de l'humanisme juridique. Le droit doit appartenir à son époque — dans l'idéal, il devrait même être un peu en avance sur son temps. Mais le droit ne doit pas être le reflet d'une autre époque. À la Renaissance, il s'agissait tout d'abord de donner à la pensée juridique les moyens de suivre l'avènement de l'État et de la souveraineté, notamment à travers l'œuvre de Jean Bodin.

Les premiers juristes humanistes tâchèrent de restituer le droit romain dans sa pureté originelle, portant un intérêt nouveau au droit antérieur à celui de Justinien. Leur méthode « scientifique » reposait alors sur trois piliers : la philologie, l'histoire et la diplomatique. Puis, le droit romain, inadapté, perdit progressivement sa place au profit d'un droit français en construction et que les humanistes cherchèrent à influencer, si ce n'est à élaborer directement. Ainsi, en France, ont-ils construit un système cohérent et, en dégageant le « droit commun de la France », un droit humaniste à vocation universelle, ont-ils préparé l'œuvre unificatrice du Consulat. Les juristes humanistes ont notamment exploité, dans la littérature juridique romaine, certains ouvrages brefs et bien construits : les *Institutes* de Justinien et de Gaius. Ils s'appuyèrent également sur les discours de Cicéron qui avait préconisé de faire du droit comme on s'adonne à un art, de le construire, à la fois à des fins logiques et esthétiques, avec la même rigueur formelle que la géométrie ou la musique, de l'édifier sur la base de principes dont on pourrait déduire, par simple raisonnement déductif, les solutions à toutes les questions particulières[391].

En même temps que l'humanisme juridique de la Renaissance s'est construit sur une critique des recherches et enseignements juridiques de l'époque, il a aussitôt été lui-même vivement critiqué — des critiques qui restent actuelles aujourd'hui et expliquent même la quasi-disparition de cet humanisme juridique des pratiques des juristes contemporains, des universités comme des cabinets. On reprocha surtout aux travaux jushumanistes leur faiblesse scientifique, puisqu'ils n'appliquaient guère les méthodes bien établies des facultés de droit, et leur peu d'utilité pour la pratique, s'agissant davantage de philosophie du droit que de technique du droit. La réflexion sur les valeurs et les principes peut être stimulante intellectuellement, elle est beaucoup moins

---

[391] J.-L. Thireau, « Humaniste (Jurisprudence) », in D. Alland, S. Rials, dir., *Dictionnaire de la culture juridique*, Puf, coll. Quadrige dicos poche, 2003, p. 798.

indispensable pour résoudre un cas concret que la bonne connaissance des règles les plus spécifiques et la maîtrise de la méthode syllogistique. On reconnut cependant certaines avancées méthodologiques apportées successivement par les découvertes philologiques. Les juristes ont ainsi modifié à la fois leur technique exégétique et leur façon d'enseigner (le *mos docendi*)[392].

À la Renaissance, le droit devint une école de philosophie et un foyer de diffusion des idées humanistes. Si les juristes rencontrèrent l'humanisme, il est aussi vrai que l'humanisme rencontra le droit, par exemple dans certains écrits d'Érasme. L'ensemble eut une influence considérable sur le visage du droit, qu'il s'agisse des lois positives ou des recherches et enseignements juridiques. Jamais plus dans l'histoire, ni à l'époque des Lumières ni aux temps modernes, l'humanisme juridique ne concevra et n'imposera ainsi un vaste programme de réforme humaniste du droit.

52. Des humanistes juristes et des juristes humanistes au cœur de l'histoire. Si l'humanisme juridique s'est peu structuré à la Renaissance et n'a pas vraiment constitué une école de pensée homogène — ce n'est d'ailleurs que rétrospectivement qu'on a pu parler d'humanisme juridique au sujet des travaux de certains juristes de l'époque —, l'humanisme juridique tel qu'on a pu l'observer au moment des Lumières a été plus encore multimodal et multipolaire. Il n'en demeure pas moins que de nombreux travaux en droit ou sur le droit ont été animés par une fibre humaniste. Mais leur manque d'unité ne permet guère que de citer quelques exemples parmi les plus emblématiques.

Déjà Montaigne, en précurseur, fut un philosophe défendant un humanisme juridique fort. Il insista en particulier sur le besoin que le bon sens inspire la politique et donc le droit — ce qui n'est pas nécessairement un lieu commun. Ayant été lui-même magistrat, il connaissait les travers, les excès et même les absurdités d'un droit et d'une justice englués dans la glose et la corruption et aboutissant à condamner des innocents. « Qu'ont gagné nos législateurs à choisir cent mille espèces et faits particuliers et à y attacher cent mille lois ? », demandait-il[393]. Montaigne reconnaît bien sûr l'utilité des lois

---

[392] P. Gilli, « Humanisme juridique et science du droit au XVe siècle », *Revue de synthèse* 2009, p. 571.
[393] M. Montaigne, *Les Essais,* 1580.

comme mode de régulation sociale et de limitation de la violence, mais il souligne combien ces lois, loin de reposer sur un même esprit humaniste, varient fortement dans le temps et l'espace, renforçant l'absurdité de la condition humaine qui, selon le moment et selon le lieu, recevra un sort très variable. Il pointa ainsi du doigt l'arbitraire, les contradictions et le manque de fondements du droit. Il dénonça également les moyens inhumains comme la torture utilisés à l'époque comme des procédures judiciaires normales, annonçant la grande bataille qui sera bien plus tard celle d'Albert Camus : faire interdire la découpe des corps vivants comme peine.

Dans le domaine du droit international, le hollandais Hugo Grotius est considéré comme l'un des plus importants juristes humanistes, inspirateur du droit naturel moderne — dont on verra le lien intime qui le relie à l'humanisme juridique. Influencé par les stoïciens, il déduisit le droit de la « nature de l'homme »[394]. Pour lui, la source du droit, c'est l'homme. L'origine des normes n'est pas externe mais se situe dans l'homme et dans sa raison, même si cette raison est à son époque une raison christianisée. Grotius influença l'École du droit naturel au sein de laquelle apparut le droit international classique, rationnel et humaniste. Celui-ci fut accepté et mis en pratique par les puissances européennes et théorisé par des juristes comme Samuel von Pufendorf, Christian Wolf est plus tard Emer de Vattel. Qualifié alors de « droit de la nature et des gens (des peuples) », ce droit avait la paix comme objectif essentiel et défendait les principes de justice et de juste cause. On relira aujourd'hui encore avec profit Emer de Vattel qui étend l'universalisme aux peuples : « Les peuples traitent ensemble en qualité d'hommes et non en qualité de chrétiens ou de musulmans »[395].

En 1763, en publiant son Traité sur la tolérance et en défendant le protestant Jean Calas, accusé d'avoir tué son fils pour l'empêcher de se convertir au catholicisme et finalement brûlé vif devant une foule fanatisée, malgré l'absence de preuves, Voltaire prit le parti d'un humanisme juridique actif. Le philosophe transforma ce fait divers en combat pour la justice et la fraternité, par-delà la diversité des religions. Il remit en question le système judiciaire et dénonça la force des préjugés et de l'intolérance. Pour Voltaire, honorer

---

394 H. Grotius, *Traité le droit de la guerre et de la paix*, 1625.

395 E. De Vattel, *Le droit des gens, ou Principes de la loi naturelle appliqués à la conduite et aux affaires des nations et des souverains*, 1758.

des idoles compte moins qu'être juste et droit. Il souligne combien le fanatisme et l'intolérance surgissent sitôt qu'on oublie que les caractères particuliers d'une religion ne sont que le fruit de l'histoire, qu'on croit que le salut de l'âme dépend de leur respect scrupuleux et qu'on veut les imposer à tous. En s'engageant pour la réhabilitation de Jean Calas et dans d'autres affaires de son temps, Voltaire inventa la figure moderne de l'intellectuel engagé. Or un juriste peut parfaitement être un intellectuel engagé plutôt qu'un technicien détaché ; et alors il y a fort à parier qu'il se rapprochera de l'humanisme juridique. Pour Voltaire, la mission du philosophe est moins de construire de beaux systèmes métaphysiques que de lutter pour la justice et contre les préjugés. De même qu'au moment de l'affaire Dreyfus, les injustices ne peuvent être dépassées et, plus généralement, les causes défendues si les philosophes ne se plongent pas dans le droit et les juristes dans la philosophie. Pour Voltaire, la nature humaine est universelle. Tous les hommes ressentent et pensent de la même manière et partagent une même condition, fragile et éphémère. Ils devraient dès lors se trouver également dans la même condition juridique, être soumis aux mêmes lois. Pourtant, dans les faits, l'universalité de l'homme se voit opposer la contingence et l'aléa des lois. Il est ainsi tentant, avec Voltaire et les Lumières, de lutter contre tout ce qui divise, les superstitions, le fanatisme et le repli sur les appartenances particulières.

Autre brûlé vif par les foudres de l'intolérance : Giordano Bruno. Il fut condamné au bûcher, à être carbonisé sur le Campo dei Fiori à Rome, le 17 février 1600, pour avoir soutenu que l'univers est infini. Tel est le sort trop souvent réservé à ceux qui, ayant raison trop tôt, dérangent le confort des croyances et des dogmatismes. On les condamne pour hérésie, apostasie et blasphème. Giordano Bruno, s'inspirant de Nicolas de Cues et de Nicolas Copernic, mit en avant une cosmologie héliocentrique, à contre-courant du géocentrisme défendu par l'Église. Puis il émit l'hypothèse d'une possible infinité de mondes, contre l'unité du monde créé par Dieu, clos, fini et hiérarchisé. Aujourd'hui, l'Église refuse toujours de le réhabiliter. Quant à Galilée, ses observations astronomiques (des données objectives) lui valurent également un procès parce qu'il contredisait le géocentrisme du savant grec Ptolémée. Galilée prouva que la Terre tourne sur elle-même en même temps qu'autour du Soleil. Plutôt que croire la Bible ou se placer sous l'autorité d'Aristote, Galilée se fonda sur ses observations et ses expérimentations, posant les jalons de la science moderne. Alors que le système de Copernic avait été mis à l'index en 1516, Galilée soutint que l'Église n'avait pas à juger de la science et des phénomènes naturels. En 1632, dans son « Dialogue sur les deux grands systèmes du monde », il prit position en faveur de Copernic. C'est alors que s'engagea son célèbre procès, qui aboutit à sa condamnation le 22 juin 1633. Il dut se rétracter et ne put que murmurer « et pourtant elle tourne… ». Galilée reste ainsi le symbole du savant qui ne fait aucune concession, qui ose défendre sa position même lorsqu'il sait qu'il va déplaire et qu'il est très minoritaire. D'un point de vue méthodologique, il constitue une grande source d'inspiration pour l'humanisme juridique.

Pour en revenir à un point de vue plus substantiel, on citera encore Cesare Beccaria qui, en 1764, défendit une justice humaine, un droit humaniste. Son audace fut d'interroger le droit pénal de son temps, la définition des délits et des peines, à travers le prisme de l'homme plutôt qu'à travers celui de Dieu. Son œuvre visa ainsi à laïciser l'institution judiciaire et à penser l'utilité sociale plutôt que divine de la peine, censée garantir la loi et protéger la société. Beccaria s'opposa en particulier à la torture, cruelle en plus d'être inefficace et source d'injustices. Son ouvrage majeur, *Des délits et des peines*, est aussi l'un des premiers textes philosophiques contre la peine de mort en montrant son inutilité par son absence d'effet dissuasif. Le meilleur moyen de lutter contre le crime est, selon lui, le perfectionnement de l'éducation.

Plus tard, et en France, c'est surtout le moment de la Révolution française de la fin du XVIIIe siècle qui fut le moment majeur de l'humanisme juridique. Celui-ci fut concrétisé dans un texte de droit qui aujourd'hui encore trône au sommet de notre ordre juridique : la Déclaration des droits de l'homme et du citoyen du 26 août 1789. Mais c'est la Déclaration des droits de l'État de Virginie, rédigée en 1776 aux États-Unis, durant le processus d'indépendance du pays, qui fut la première à inscrire l'humanisme dans le domaine du droit. Ces textes se rejoignent dans la stipulation du fait que tout être humain possède à ce titre des droits universels, inaliénables, quelles que soient les lois des pays, quelle que soit la religion, quelle que soit l'origine ethnique. Plus généralement, la volonté d'un peuple de se donner sa Constitution et d'instituer la République, le règne de l'intérêt général contre tous les intérêts particuliers et de l'ordre public contre toutes les violences individuelles, éveilla l'intérêt de toute l'Europe pour le tournant humaniste non plus de la pensée du droit mais du droit positif — tous deux étant évidemment liés, l'un inspirant l'autre. Cet avènement du droit et de la liberté provoqua un grand enthousiasme et attesta de la nouvelle disposition morale des hommes à apporter la contradiction aux tyrans qui prétendent que les peuples ne sont jamais assez mûrs pour décider souverainement de leur sort. La Révolution française constitua un moment majeur de l'humanisme juridique parce qu'elle fit triompher la liberté, parce qu'elle montra que le progrès de l'humanité peut passer par le droit et par des institutions libres. Nicolas de Condorcet put alors mettre sa plume au service des réformes politiques et affirmer que « le moment arrivera où le soleil n'éclairera plus sur la Terre que des hommes libres, ne reconnaissant d'autre maître que leur raison »[396]. Il fit de la reconnaissance des « droits naturels » de l'homme un facteur décisif du progrès de l'humanité, aux côtés de la diffusion du savoir et de la culture, du développement des sciences et des arts, mais aussi, selon lui, de l'application des mathématiques à la politique et à l'économie. Ainsi devraient reculer, selon lui, les préjugés et les croyances aliénantes, tandis que les inégalités sociales diminueraient, que les institutions politiques se perfectionneraient et que les individus et les sociétés s'émanciperaient et accéderaient au bonheur. Condorcet publia des textes destinés à influencer l'opinion, militant contre l'esclavage et contre la peine de mort, réclamant la citoyenneté des juifs et des protestants, mais aussi le droit de vote des femmes — la Déclaration des droits de l'homme n'était au mieux qu'à demi humaniste puisqu'elle excluait la moitié de l'humanité du bénéfice des droits qu'elle consacrait. Le droit est comme la technique : il peut servir les meilleurs progrès humains comme les pires atrocités. Tout dépend du contenu qu'on lui donne et des usages qu'on en fait. Le droit, comme la technique, peut être libéral ou liberticide, humaniste ou anti-humaniste. Et tel est le cas également de l'État, « produit final de l'évolution de l'humanité », « réalité en acte de la liberté concrète » et « rationnel en soi et pour soi » selon Georg Wilhelm Friedrich Hegel[397], mais qui peut être utilisé autant pour opprimer que pour libérer. L'État ou le droit ne sont absolument pas, en soi, humanistes. C'est pourquoi il doit exister un humanisme pour leur indiquer sa voie.

---

[396] N. De Condorcet, *Esquisse d'un tableau historique des progrès de l'esprit humain*, 1795.
[397] G. W. F. Hegel, *Principes de la philosophie du droit* (1821), Vrin, 1998, p. 280.

Après la Déclaration des droits de l'homme et du citoyen de 1789 et les textes qui l'ont prolongée en 1793 et 1795, c'est le Code civil de 1804 qui a constitué un remarquable ouvrage de l'humanisme juridique. Sa prodigieuse expansion n'est imputable qu'en partie à l'Empire napoléonien. C'est surtout après sa chute que le Code Napoléon a suscité, à l'étranger, les plus enthousiastes adhésions. Si le droit français a pu avoir une influence considérable sur les codifications de l'Europe méridionale et de l'Amérique latine, s'il a inspiré du droit canadien au droit polonais et a laissé des traces aussi bien au Japon qu'en Égypte, disputant dès lors au droit romain de l'Antiquité le rôle de formateur du droit commun de la latinité, c'est surtout parce que Portalis et les autres juristes qui l'ont inspiré ou rédigé étaient baignés par l'esprit de la Révolution française, elle-même alimenté en profondeur par les idéaux humanistes des Lumières. Rares sont ceux, sur Terre, qui peuvent demeurer indifférents à ces principes jushumanistes, et en premier lieu à la liberté dans ses diverses déclinaisons (du droit de propriété au mariage en passant par le droit contractuel). Le Code civil était l'œuvre d'esprits éclairés, influencés par la tradition humaniste et désireux d'offrir à tous, mais sans prosélytisme, un corpus de règles simples, claires et logiques. La France avait « donné là un exemple caractéristique des œuvres humanistes qu'elle sait achever ; car dans ce *corpus juris* se réalisait la conciliation d'une tradition respectée et d'une évolution nécessaire et s'affirmaient ce goût des valeurs permanentes et ce sens de l'universel qui sont aussi le signe de l'humanisme »[398]. Lorsqu'en 1900 l'Allemagne se proposa à son tour d'offrir au monde un nouveau Code, un Code « scientifique » plus qu'humaniste, celui-ci fut largement délaissé car il consistait en un pur effort technique, en une machine lourde et austère. Tout esprit humaniste en était absent et il a d'ailleurs été aisé, à partir de 1933, de s'en servir à des fins ô combien inhumaines en même temps que légales.

Beaucoup d'autres exemples, aux origines et aux contenus divers et variés, pourraient être cités. L'humanisme juridique ne constitue pas et n'a jamais constitué un mouvement de pensée uniforme — ce qui s'accorde d'ailleurs avec ses rares principes structurants et notamment la liberté de l'esprit et le pluralisme des points de vue et des opinions. Toujours est-il que l'humanisme

[398] M. Ancel, « L'Humanisme et le droit », *Bulletin de l'Association Guillaume Budé* 1947, n° 3, p. 43-44.

juridique est actuellement surtout connu comme un moment historique de la pensée juridique et souvent limité aux XVIe et XVIIe siècles. On prendra ici le pari qu'un humanisme juridique est aujourd'hui toujours possible et plus que jamais nécessaire, surtout si l'on souhaite interroger le droit du numérique et favoriser des IA responsables. Il convient donc de proposer une version actuelle, une conception contemporaine de l'humanisme en droit.

53. Universalité de l'humanisme juridique. Le droit humaniste se rapproche du droit naturel et l'humanisme juridique du jusnaturalisme. Si l'on définit le droit naturel, par opposition au droit positif ou institué, comme ensemble de droits et devoirs universels et immuables dérivés de la nature humaine, indépendamment de tout accord et de toute société, on comprendra que penser le droit naturel et penser le droit humain est peu ou prou la même activité intellectuelle. En revanche, ne sont certainement pas des juristes humanistes les tenants du droit naturel qui le recherchent dans des commandements divins ou des textes sacrés et qui se fondent non sur la raison humaine mais sur le commandement de Dieu et la révélation. Pour les humanistes, il n'est de droit qu'humain : l'homme doit être la source d'inspiration du droit que les hommes concrétisent dans des conventions. Le droit humaniste, c'est le droit des hommes, par les hommes et pour les hommes. Reste que, étant donné le désintérêt et même le discrédit du jusnaturalisme de nos jours dans les facultés de droit, on ne s'étonnera guère de la quasi-absence en parallèle de l'humanisme juridique au sein de la pensée juridique. Cela ne saurait bien entendu interdire d'œuvrer à sa meilleure connaissance et à son développement dès lors qu'on est convaincu que cette autre façon de « faire du droit » — ou, mieux, « faire le droit » plutôt que « faire du droit » — peut être bénéfique sous bien des angles, sans ignorer ses limites ni le besoin de continuer à « faire du droit » de façon traditionnelle, positiviste et technique.

Moins que quiconque le juriste ne peut méconnaître les valeurs humaines — que le jusnaturaliste et peut-être le jushumaniste qualifieront de « permanentes ». Qui manie le droit manie des vies humaines. Sa responsabilité est immense. On reviendra à cette question simple : comment le juriste doit-il se comporter face à une loi injuste ou, simplement, mal faite et inadaptée ? Doit-il trouver les moyens de la faire appliquer coûte que coûte et donc se soumettre entièrement et systématiquement à la volonté du législateur ou bien lui revient-il de prendre la plume et s'élever contre l'injustice ou la maladresse ? Or, dès lors que le juriste envisage son office tel celui d'un critique de la loi, il semble bienvenu de rechercher son inspiration dans la tradition humaniste. Et alors le juriste s'inscrit dans le cadre de l'humanisme juridique. Le juriste humaniste est donc déjà celui qui fait primer les valeurs humanistes, sans doute subjectivement définies, sur les normes du droit positif. Il est celui qui délaisse dès qu'il l'estime nécessaire le raisonnement syllogistique au profit de la critique philosophique. On sait que bien des avancées du droit ou de la science du droit ont été favorisées par des juristes qui se sont autorisés à rompre avec leur époque — par exemple François Gény au début du XXe siècle[399]. On a dit parfois, dans la mesure précisément où ils rompaient avec une technique désuète et mécanique, Ronsard, Montaigne ou Pascal, nourris de la sève profonde des « humanités », étaient des humanistes dont les juristes devaient s'inspirer[400]. C'est ainsi que de grands juristes novateurs, entre le XVIe et le XVIIIe siècles, ont éclairé, développé ou transformé les droits de leurs temps.

Peut-être un caractère essentiel de l'humanisme juridique est-il son ambition de travailler à l'édification de droits de l'homme, à leur définition théorique et à leur consécration en droit positif. C'est pourquoi les juristes humanistes peuvent faire appel à la raison humaine et porter une ambition universaliste. Ils peuvent faire leur l'adage jusnaturaliste « s'il n'est pas animé par la transcendance, le droit est une imposture »[401]. L'humanisme juridique a toujours côtoyé une prétention universelle. Mais c'est surtout à compter de la fin du XVIIIe siècle, avec les déclarations américaine et française des droits de l'homme, mais aussi la publication par Emmanuel Kant de son célèbre *Projet de paix perpétuelle*, qu'il a pu être tenté de parler au nom de l'humanité tout entière et de l'éternité. Des juristes ont poursuivi cette œuvre, à l'exemple de Georges Scelle qui décrivit, entre membres de collectivités politiquement distinctes, une « solidarité organique » au sommet de laquelle se trouverait « la société globale ou communauté de droits des gens »[402]. La Première Guerre mondiale suscita un renouveau de l'universalisme chez les

---

[399] F. Gény, *Science et technique en droit privé positif – Nouvelle contribution à la critique de la méthode juridique*, Sirey, t. I, II, III et IV, 1914-1924.

[400] M. Ancel, « L'Humanisme et le droit », *Bulletin de l'Association Guillaume Budé* 1947, n° 3, p. 40.

[401] Cité par Ph. Malaurie, *Dictionnaire d'un droit humaniste*, LGDJ, 2015.

[402] G. Scelle, *Précis de droit des gens – Principes et systématique*, Sirey, 1932.

philosophes et les juristes. En 1930, Paul Valéry, membre de l'Organisation de la coopération intellectuelle, rendit ainsi hommage à la Société des nations, « fondée sur une croyance en l'homme, sur une certaine conception de l'homme qui implique la confiance dans son intelligence ». Et même après les désillusions humaines de la Seconde Guerre mondiale, en particulier au terme de la guerre froide, d'aucuns portèrent l'utopie d'une mondialisation heureuse accompagnée de droits humains à vocation mondiale. Ceux-ci ont été consacrés dans la Déclaration universelle des droits de l'homme du 10 décembre 1948, dans la Convention européenne de sauvegarde des droits de l'homme et des libertés fondamentales du 4 novembre 1950 et dans quelques autres textes s'exprimant au nom de l'homme. La DUDH, rédigée par l'Assemblée générale des Nations unies, précise dans son préambule : « La présente Déclaration universelle des droits de l'homme [est] l'idéal commun à atteindre par tous les peuples et toutes les nations afin que tous les individus et tous les organes de la société, ayant cette Déclaration constamment à l'esprit, s'efforcent, par l'enseignement et l'éducation, de développer le respect de ces droits et libertés et d'en assurer, par des mesures progressives d'ordre national et international, la reconnaissance et l'application universelles et effectives ». En réalité, ces textes étaient portés par les principaux vainqueurs de 1945, les États-Unis et l'Europe de l'ouest, et jamais tous les peuples de toute la planète ne se sont reconnus dans ces prétendus droits de l'homme. On peut bien écrire les droits de l'homme, on ne conçoit jamais que les droits d'un homme. La Chine a inscrit dans sa Constitution, à l'article 12 du préambule, l'objectif de protéger la communauté de destin de l'humanité, au-delà de la diversité des cultures. Mais il ne s'agit que de l'humanité du point de vue chinois et, ailleurs dans le monde, on prônera de tout autres conceptions de cette humanité et de son destin. Par ailleurs, la globalisation économique et financière avec l'ouverture des marchés, par l'Accord général sur les tarifs douaniers et le commerce et la création du Fonds monétaire international et de la Banque mondiale, puis de l'Organisation mondiale du commerce en 1994, ont nourri l'espoir ou l'ambition d'un droit mondial. Mais il s'en faut de beaucoup que ce droit puisse sans discussion être qualifié d'humaniste, d'une part, et que tous les peuples de tous les pays se reconnaissent en lui, d'autre part[403]. Dans les rapports entre droit et homme, le droit humanitaire, plus concret et

---

[403] M. Delmas-Marty, *Trois défis pour un droit mondial*, Le Seuil, 1998.

tangible, tend d'ailleurs à l'emporter sur l'humanisme juridique et à le reléguer au second plan.

54. Relativité de l'humanisme juridique. Il y a une centaine d'années seulement, un traité international répartissait encore l'humanité en trois catégories : l'humanité civilisée, comprenant l'Europe, l'Amérique du Nord et l'Amérique du Sud ; l'humanité barbare, regroupant la Turquie, la Perse, le Japon, la Siam et la Chine ; et l'humanité sauvage, soit le reste du monde, destiné à être civilisé de force, autrement dit colonisé. Seuls les pays « civilisés » jouissaient de la reconnaissance politique et de la qualité de sujets de droit international[404]. Les juristes, délaissant tout discours universaliste, en sont venus à couvrir ouvertement les colonisations tout en légitimant parfois leur action par l'idéal humaniste. Les guerres de conquête, la colonisation, les missions « civilisatrices » et la découverte de l'immense diversité humaine ont rendu impossible l'universalisme, mis à part un universalisme formel et de façade. L'humanisme juridique, à compter du XIXe siècle, a donc pris une tournure dont l'humanité est discutable. Il s'est agi de mettre des slogans humanistes derrière des visées impérialistes afin de les rendre mieux acceptables et justifiables. Tandis que les juristes du XVIIIe siècle, comme Emer de Vattel, avaient mis en avant la souveraineté de chaque État, gage de stabilité en Europe, ceux du XIXe siècle ont délaissé la volonté de faire la paix et ont tâché de justifier les conquêtes par l'idéal de justice — mais une justice bien subjective. Et, dans les territoires occupés, l'humanisme a été invoqué pour justifier la guerre (« une guerre juste ») et masquer la violence (« une violence juste »)[405]. Au début du XXe siècle, le rêve d'un droit commun de l'humanité, animant encore quelques juristes comme le comparatiste Raymond Saleilles, ne concerne plus que l'humanité « civilisée ». Dans le même temps, la montée des nationalismes et, en parallèle, des totalitarismes, dont le point d'achèvement a été la Seconde Guerre mondiale, grand moment d'inhumanité, a constitué un autre témoignage de l'utopie universaliste. Carl Schmitt, par exemple, juriste nazi [406], s'éleva contre un universalisme fondé sur le concept d'humanité,

[404] J. Lorimer, *The Institutes of the Law of Nations*, Blackwood and Sons, 1884.

[405] M. Delmas-Marty, *Sortir du pot au noir – L'humanisme juridique comme boussole*, Buchet-Chastel, 2019, p. 29.

[406] O. Beaud, « Carl Schmitt, juriste nazi ou juriste qui fut nazi – Tentative de réexamen critique », *Droits* 2004, n° 40, p. 207 s.

« instrument idéologique particulièrement utile aux expansions impérialistes et véhicule spécifique de l'impérialisme hégémonique ». Il défendit ainsi ouvertement un nationalisme anti humaniste qui conquit de nombreux pays européens et non-européens durant le siècle[407].

Le droit cosmopolitique pensé par Emmanuel Kant, que le philosophe qualifia lui-même de « beau songe », s'est toujours heurté à ses contradictions avec le monde réel. Il en va de même des grandes déclarations des droits de l'homme, loin de toujours être réalisées dans les faits et ressemblant parfois à de belles mais inutiles pétitions de principes. Tandis que la Déclaration de 1789 proclame que « les hommes naissent et demeurent libres et égaux », les pratiques ont très souvent exclu les pauvres, les femmes et les esclaves ; quand Kant imagine l'hospitalité universelle, le droit international a écarté nombre de peuples « non civilisés » ; l'universalisme de principe du droit international s'est heurté à l'impérialisme des grandes puissances[408]. La Déclaration « universelle » des droits de l'homme de 1948 s'est basée uniquement sur des textes occidentaux et est, en réalité, une déclaration occidentale des droits de l'homme occidental. Le mythe d'un humanisme juridique rationnel et universel a légitimement pu être dénoncé tel un pur droit théorique, abstrait, par trop détaché des faits. En témoigne l'attaque de Karl Marx contre des droits de l'homme contradictoires avec les droits sociaux qui appellent l'abolition de la propriété privée. Aujourd'hui encore, il n'est pas rare qu'on dénonce des textes sur les droits de l'homme dont l'intention sous-jacente serait non de défendre l'humanité mais de procéder à un néocolonialisme et d'étendre l'influence des puissances occidentales. Tel est le cas, par exemple, du mouvement Critical Legal Studies et de Duncan Kennedy. L'humanisme juridique, cependant, et au contraire du jusnaturalisme, peut parfaitement défendre des valeurs au nom de l'homme sans pour autant prétendre s'exprimer au nom de tous et de tous les temps, tout en reconnaissant la subjectivité du point de vue. Cela

[407] C. Schmitt, *La notion de politique – Théorie du partisan*, Flammarion, 1992, p. 44-45.
[408] E. Jouannet, « Universalisme du droit international et impérialisme : le vrai-faux paradoxe du droit international », in E. Jouannet, H. Ruiz-Fabri, dir., *Impérialisme et droit international en Europe et aux États-Unis*, Société de législation comparée, 2007.

n'interdit pas de vouloir convaincre du bien-fondé de ses propositions et de chercher à rapprocher le monde concret de ses propositions abstraites.

Malgré sa relativité, l'humanisme juridique sera tenté de penser que tout individu devrait le rejoindre derrière les grands principes moraux ou éthiques selon lesquels il est interdit de tuer, interdit de torturer, interdit interdit de violer, mais aussi défendu d'asservir, défendu d'opprimer, défendu de voler, défendu d'humilier. On a beau savoir qu'on ne défend toujours que ses propres idées, il est difficile de ne pas voir dans les droits de l'homme des principes qui devraient imprégner les droits du monde entier, difficile de ne pas porter la prétention d'universaliser ses valeurs personnelles — même s'il est toujours très immodeste de soutenir que ses propres droits de l'homme sont les principes les plus justes et les plus bons et que tous ceux qui divergent seraient dans l'erreur. Peut-on, loin du sacré et de ses valeurs absolues, trouver la règle d'une conduite ? En réalité, le philosophe, même lorsqu'il entend combattre les valeurs absolues, se base fatalement sur des valeurs absolues (subjectivement conçues). Mais, tout comme Denis Diderot revendique la morale d'un chrétien sans pour autant croire en Dieu, Albert Camus estime, puisque tout est relatif et périssable, qu'il vaut mieux « pour Dieu qu'on ne croit pas en lui et qu'on lutte de toutes ses forces contre la mort, sans lever les yeux vers le ciel où il se tait »[409]. La grande contingence des valeurs que l'on défend les affaiblit bien sûr, mais en aucun cas elle ne les annihile. Bien sûr, les victoires intellectuelles sont et seront toujours fragiles et provisoires. La bataille des valeurs est éternelle. L'humanisme affrontera toujours l'anti-humanisme — qui se présentera comme un humanisme. Il faut simplement que la relativité de l'humanisme juridique ne nous conduise pas à nous désengager, à sombrer dans le nihilisme, à refuser la révolte au motif qu'elle n'est toujours que « ma révolte » et, de ce fait, inutile, égoïste ou futile.

Le philosophe André Comte-Sponville souligne que « l'homme n'est pas mort, ni comme espèce, ni comme idée. Mais il est mortel ; et c'est une raison de plus pour le défendre »[410]. Et peut-être, de nos jours, tout cela se joue-t-il principalement dans le monde des IA, qui prennent de plus en plus de place dans la vie de l'homme et de la société. Or les juristes humanistes

---

[409] A. Camus, *La peste,* Gallimard, 1947.

[410] A. Comte-Sponville, *Présentations de la philosophie,* Le livre de poche, 2002.

doivent être là pour défendre l'homme en pensant les droits de l'homme numérique et en les promouvant auprès du plus large public possible. Les expériences historiques du XXe et du XXIe siècles ont contredit radicalement l'optimisme et la foi en l'homme des humanistes. En même temps, elles ont rendu plus urgente que jamais la réflexion sur les moyens à mettre en œuvre pour garantir les valeurs qu'il défend. Le retour des courants souverainistes et de la défense de l'État-nation atteste, par exemple, des limites d'une pensée qui soutient forcément que le droit d'aujourd'hui devrait être mondial comme l'homme est devenu mondial, mais on peine à penser et agir juridiquement à cette échelle et à ne pas tout ramener à nos pulsions et intérêts personnels et à notre système de pensée local et partial. La politique et le droit font face à un déni de réalité entre le fait des interdépendances croissantes et l'enfermement souverainiste. Cela se ressent sur des sujets comme les migrations, le terrorisme, l'environnement ou le numérique. L'action isolée d'un État ou même d'une organisation régionale a peu d'effet. Et la globalisation économique et financière, supposant un ordre international fondé sur la concurrence, empêche toute solidarité entre peuples ou entre pays. La guerre économique remplace la guerre militaire, mais c'est toujours une guerre. Quant au totalitarisme de l'argent, il est toujours un totalitarisme. Pour Mireille Delmas-Marty, « à l'État total se substitue le marché total qui mobilise toutes les ressources, humaines, techniques, naturelles. C'est cela, le grand retournement. De l'État social inscrit dans la Déclaration de Philadelphie au marché total qui signe la mort du mythe de l'humanisme juridique. [...] C'est en opposant l'universalisme du marché au particularisme des systèmes de droit que le libéralisme économique aboutit à un anti-humanisme marchand qui se conjugue avec l'anti-humanisme savant pour enlever toute crédibilité au mythe de l'humanisme juridique »[411].

La fin de la Seconde Guerre mondiale avait pourtant constitué un tournant important dans l'histoire de l'humanisme juridique. Celui-ci a à nouveau porté une prétention universaliste avec la DUDH et les dispositifs qui l'ont suivie. Même si l'expression « nations civilisées » est demeurée dans la Charte des Nations Unies pour la Cour internationale de justice, elle a

[411] M. Delmas-Marty, *Sortir du pot au noir – L'humanisme juridique comme boussole*, Buchet-Chastel, 2019, p. 42-43.

disparu du statut de la Cour pénale internationale. Surtout, il est devenu possible de condamner un État ou un chef d'État pour atteinte aux droits de l'homme. Malgré ses limites consubstantielles, l'humanisme juridique a donc connu quelques avancées majeures, y compris dans des textes de droit positif. Cela n'a cependant pas résolu les contradictions de l'humanisme juridique, à la fois universaliste et confronté à la diversité pérenne des cultures et des sociétés. Comment concilier principes humanistes communs et humanités multiples ? L'humanisme juridique et l'universalisation des droits de l'homme continueront sans doute encore longtemps de subir les conséquences négatives de leur confrontation au réel, à la loi des marchés, à un monde de violences et d'inégalités. On y reviendra, mais la grande critique que l'on peut adresser aux droits de l'homme numérique est leur manque d'effectivité, tandis que, logiquement, le grand défi qu'ils devront affronter est celui de l'effectivité. « Dans le divorce des faits et du droit, c'est le droit qui a tort », disait Jean Carbonnier[412]. Et les idées, contre les choses concrètes, sont toujours peu de chose.

Pour Mireille Delmas-Marty, l'humanisme juridique est ainsi « un mythe qui craque de toute part lorsqu'on regarde l'actualité ». Elle évoque un « humanisme juridique déchiré » dont « les faiblesses et les contradictions éclatent au grand jour »[413]. Le choix de l'humanisme juridique est donc difficile, périlleux, risqué. Il s'agit d'un terrain miné duquel on ne sort pas nécessairement intact. Il est aisé de dénoncer les limites du travail du jushumaniste, perdu dans les nuages des principes, trop loin de l'efficacité immédiate de la technique. On affirmera cependant haut et fort que l'humanisme juridique est aujourd'hui un chemin qu'il faut suivre et que le monde du droit, le plus largement compris mais aussi, et plus particulièrement, dans les facultés de droit, gagnerait beaucoup à lui donner toute sa place. Et cela concerne l'aspect substantiel de l'humanisme juridique, les valeurs qu'il promeut en tant que source matérielle du droit, mais aussi l'attitude intellectuelle qui l'accompagne. L'humanisme juridique trouve d'ailleurs peut-être plus de cadres structurants dans les modes d'élaboration du savoir et de la pensée que dans ses savoirs et pensées qui sont pluriels, se

---

412 J. Carbonnier, *Flexible droit – Pour une sociologie du droit sans rigueur*, LGDJ, 1969.

413 M. Delmas-Marty, « Des humanismes à l'humanisme juridique : naissance et métamorphoses du mythe », cours au Collège de France, 5 janv. 2011.

précise davantage autour d'une épistémologie, d'une conception particulière des connaissances juridiques et des moyens de les produire.

55. Juristes humanistes contre juristes robots. L'humanisme juridique est particulièrement intéressant à étudier sous un angle épistémologique. Les juristes humanistes ont été et sont encore influencés par les idéaux des Lumières. Ils souhaitent appliquer à la recherche et à l'enseignement en droit leur conception de la construction et de l'accès aux connaissances. Ainsi, par rapport aux autres juristes, les humanistes se démarquent-ils par leur liberté de pensée et, en particulier, leur méthode critique. Ils refusent de faire du droit une simple technique à abandonner aux praticiens et aux docteurs, en donnant à ces mots le sens que la révolte humaniste de la Renaissance pouvait donner aux docteurs imbus de la scolastique médiévale ou que Molière, un peu plus tard, donna aux praticiens de la médecine[414]. Les juristes humanistes refusent de voir dans la science juridique une discipline recroquevillée sur elle-même et tournant en rond, se satisfaisant de sa propre substance et détournant le regard de tous les autres discours, au risque de devenir une science sans conscience, mais aussi une science sans âme confinant à la technique sans vie. Les juristes humanistes s'opposeraient ainsi aux juristes-robots, ce qui, au moment d'interroger le droit des robots, est lourd de conséquences. Peut-on s'intéresser au droit de l'IA uniquement à base de formalisme exégétique ?

Le bon réflexe devrait être, même pour un juriste, la pratique des humanités, la fréquentation des Anciens, le retour à la philosophie — non pour penser les grandes notions métaphysiques, mais pour penser tout simplement. La philosophie est l'amour de la sagesse, étymologiquement. Celui qui philosophe est donc celui qui recherche la sagesse, la prudence. Le juriste n'est-il pas un philosophe quand il recherche la justice, le comportement juste et droit ? Ensuite, le philosophe ne peut pas trouver une sagesse tout faite dans une secte ou une religion. Et le juriste ne peut se satisfaire des modèles de conduite que lui offrent les lois positives. Rechercher le droit ou la justice en philosophe, c'est avant tout tenter de les définir en son for intérieur, sans subir de pression, sans suivre aveuglément des principes et des dogmes. La philosophie rejoint donc le droit en ce qu'il s'agit essentiellement

---

[414] M. Ancel, « L'Humanisme et le droit », *Bulletin de l'Association Guillaume Budé* 1947, n° 3, p. 39.

d'une réflexion sur ce que sont les comportement justes, ce qu'est la justice. Bien sûr, la philosophie ne met pas fin aux inquiétudes de l'esprit mais les provoque. Elle est un refus du confort des certitudes et des idées préconçues. Plutôt que de suivre les normes préexistantes et données, elle est un appel à la pensée et, en premier lieu, un appel à la pensée du droit et de la justice. Mais le droit et le juste sont des concepts abstraits, qu'on ne peut décrire et qui demandent un profond effort de l'esprit. On peut ressentir l'injustice, mais comment la définir ? La philosophie est justement ce questionnement naturel et sincère sur le sens des concepts abstraits, au premier rang desquels « droit » et « justice ». Humanistes, juristes et philosophes ne semblent donc que pouvoir se rejoindre. La philosophie s'intéresse au monde, à la nature, à l'homme, à la société. Elle est ontologiquement transversale et plurielle, touchant à tous les domaines du savoir. Mais il semble bien que la plus juridique des réflexions soit la réflexion philosophique, à travers la définition sisyphéenne du droit et de la justice. Et, réciproquement, peut-être la plus philosophique des démarches est-elle la démarche juridique.

La philosophie débute par une prise de conscience de l'ignorance. On se rend compte qu'on utilise en permanence des mots comme « droit » ou « justice » qu'on ne sait pas bien définir et, en tout cas, au sujet desquels on ne saurait s'accorder. La recherche juridique pourrait de même reposer sur cette quête fondamentale du sens du droit et de la justice. En tout cas les juristes humanistes donnent-ils toute sa place à la théorie du droit et de la justice. Ils sont donc des juristes-philosophes, loin des juristes-robots. Et, à travers l'humanisme, ils comprennent que la pensée du droit et la pensée de l'homme ne sont qu'une seule et même pensée. En ce sens, Marc Ancel écrivait, au milieu du XXe siècle, que « la philosophie, par le goût des idées générales qu'elle développe naturellement, par ce désintéressement qu'elle imprime à l'esprit, par cet effort de compréhension constant et minutieux qu'elle impose pour arriver à saisir, avec une exactitude rigoureuse, la pensée des maîtres de l'antiquité, cette pratique où le libre examen s'allie à la soumission volontaire à un texte précis apparaît, plus que toute autre, faite pour celui qui demain doit avoir la charge d'expliquer ou d'appliquer la loi. Il importe — ou, du moins, il importerait — que l'apprenti juriste ne passât pas ses années d'apprentissage à emmagasiner une série de recettes, ni même à combiner entre elles, fût-ce avec beaucoup de dextérité, un certain nombre de notions-clés destinées à “expliquer”, pour la satisfaction abstraite de son esprit, le jeu des règles légales. Il faut — tout au contraire — qu'il comprenne que la règle légale ou le procédé technique de raisonnement n'ont jamais et ne peuvent jamais avoir de valeur en soi et pour soi ; qu'il apprenne à découvrir et à pénétrer vraiment, de façon à ne plus l'oublier ou la méconnaître, la raison profonde qui justifie — ou qui tout au moins explique — l'apparition ou la disparition d'une norme juridique ; qu'il ne perde jamais de vue surtout que le problème de droit, pour lequel est fait le texte législatif, est d'abord, et même uniquement, un problème humain de la solution duquel dépend, même en ses données les plus apparemment abstraites, une somme variable, mais certaine, de bonheur ou de misère réelle et concrète. Ne jamais laisser la technique l'emporter sur le fond du droit, ne jamais prendre pour fin le procédé qui n'est qu'un moyen, c'est à quoi prédispose naturellement la pratique des humanités. Qui n'aperçoit combien cette formation humaniste, utile certes en bien d'autres domaines, est particulièrement précieuse en celui-ci, et pour former ceux dont la profession s'exercera directement sur de la matière humaine ? »[415].

On trouve une telle conception du métier de juriste, par exemple, chez Paul Bouchet qui s'est défini tel un « juriste utopiste et fier de l'être »[416]. Il montra ainsi qu'on peut très bien rêver le droit. On peut aussi vivre le droit, au sens plein, donc le ressentir, l'éprouver. Dans sa vie, ses écrits, ses engagements comme dans l'exercice de son métier d'avocat, puis de conseiller d'État, Paul Bouchet fit de l'utopie non un rêve évanescent mais le moteur de son action. L'avocat pénaliste Henri Leclerc était devenu son ami pendant la guerre d'Algérie, lorsqu'ils défendirent des indépendantistes traduits devant les tribunaux militaires français et pour certains d'entre eux exécutés. Quelle que soit l'époque et ses travers, un juriste peut-il raisonnablement s'arquebouter comme au plus ultime des principes à l'adage « *dura lex sed lex* » ? Quant aux philosophes, Alexis de Tocqueville pouvait déplorer leur « enfermement dans des spéculations abstraites » et leur « attrait pour les théories générales, les systèmes complets de législation et l'exacte symétrie dans les lois, même mépris des faits existants, même confiance dans la théorie ». Ainsi, des juristes capables de se détacher des normes positives et des cas concrets

---

[415] *Ibid.*, p. 40-41.
[416] P. Bouchet, *Mes sept utopies*, Les éditions de l'Atelier, 2010.

pourraient-ils rejoindre des philosophes moins englués dans les systèmes métaphysiques et plus en prise avec le réel.

Le droit et la justice appartiennent au quotidien de chaque homme. Tout citoyen doit respecter la loi et peut s'en prévaloir. L'activité de ceux qui sont chargés d'expliquer ou d'appliquer la loi, d'en déterminer le sens ou d'en tirer la solution concrète des litiges, intéresse donc fortement tous les hommes. Le droit est fait par et pour les hommes. Et la science du droit est par conséquent ô combien fortement une science humaine. Il est beaucoup plus qu'un formalisme savant. Il est par nature voué à rejoindre la philosophie et, plus encore, la philosophie humaniste. Il doit donc prendre garde à ne pas muter en jeu abscons et inaccessible, perdant le contact avec les vies humaines. Le juriste est, ou devrait être, le premier de tous ceux qui tâchent d'agir en homme raisonnable et honnête. C'est pourquoi l'humanisme pourrait être non seulement un apport nécessaire à la formation de tout juriste, mais plus encore le guide le plus essentiel du travail de tous les hommes de loi, du législateur au juge en passant par le professeur et l'avocat. Et l'humanisme enseigne notamment que la prééminence des normes positives ne saurait en aucune façon, même au niveau constitutionnel, interdire toute pensée critique et réduire l'interprète à un rôle purement passif. Les juristes doivent prendre conscience de leur rôle humain et social essentiel. Les humanistes au pouvoir, ce sont eux. Ce sont les juristes humanistes qui, conscients que le droit est vivant, que le droit est mobile, peuvent prendre part à la vie du droit et éviter les pièges du technicisme et du formalisme qui conduisent à s'enraciner totalement dans le passé et à oublier le futur et le besoin d'innovations juridiques. Les juristes-robots risquent de ne plus travailler qu'avec des textes et des pratiques du passé, ce qui devient toujours plus problématique à une époque où tout change à une vitesse croissante, comme en témoigne parfaitement le sujet de l'intelligence artificielle et de ses conséquences humaines et sociales. Loin de tout conservatisme ignorant les défis les plus contemporains, les juristes humanistes sont là pour rappeler au législateur l'importance d'un esprit critique libre et constructif. La poursuite d'une vieille tradition telle que celle de l'humanisme peut parfaitement ne pas aller de pair avec l'immobilisme et être au contraire un appel au progressisme. De toute façon, les mouvements du droit ne sont pas seulement le fait du Parlement et des magistrats. Ils proviennent des actes et des dires de tous ceux qui prononcent le nom

« droit » et son adjectif « juridique ». Tout juriste humaniste peut, par ses paroles et actions, corriger ce qu'il considère comme une faiblesse, une torpeur ou une frilosité des juristes-robots. Finalement, juristes humanistes contre juristes robots, ce n'est qu'un combat entre deux conceptions du droit — de ce qui constitue le droit et de l'office de ceux qui sont des travailleurs du droit.

On trouvera l'influence des purs positivistes dans les bibliothèques des facultés de droit, qui donnent beaucoup plus d'importance aux manuels descriptifs qu'aux essais critiques — qui sont de toute façon très rares de la part des juristes. Et on trouvera l'influence de l'humanisme au sein de la bibliothèque de l'humanisme juridique de Goutelas, laquelle a été conçue non telle une bibliothèque de droit mais telle une bibliothèque de la pratique et de la réflexion critiques et créatives. Or cette lutte jus-idéologique se traduit nécessairement dans la formation des juristes. Pour les juristes humanistes, les facultés de droit devraient avant tout forger chez les étudiants l'esprit critique, leur inculquer le sens de la mesure, leur donner le goût du droit vivant et leur enseigner l'importance de l'ouverture aux autres disciplines. Ainsi les nouveaux juristes ne seraient-ils pas des technocrates mais des philosophes, capables de penser, réfléchir et argumenter librement et solidement. Ils seraient aussi capable de débattre avec eux-mêmes et ne jamais défendre une thèse, car lorsqu'on défend une thèse on ne voit plus que les arguments « pour ». Or mieux vaut peut-être prendre pour modèle non l'homme politique, le « politicien », qui s'exprime avec force langue de bois et éléments de langage mais faible raisonnement profond, mais plutôt le philosophe qui, de Montaigne à Camus en passant par Voltaire, est capable de se contredire et de changer d'avis parce qu'il n'est animé que par la liberté et non par un quelconque esprit de système. L'humanisme juridique, c'est un mélange de liberté, de doute, de courage, d'humilité, de tolérance et de conviction. Dans l'idéal, on y ajoutera une exigence de clarté et de simplicité qui est la politesse du philosophe, comme l'a noté Jules Renard. On ne pourra que s'inspirer du style concis et efficace d'Albert Camus et de ses phrases, selon le prix Nobel de littérature Mario Vargas Llosa, « courtes, polies, nettes, épurées jusqu'à l'essentiel et chacune d'elles a la perfection d'une pierre précieuse »[417]. Camus, dont on a retenu que « mal nommer les choses c'est ajouter au malheur du monde », soulignait aussi combien « chaque équivoque, chaque malentendu suscite la mort. Le langage clair, le mot simple, peut seul sauver de cette mort. Le langage propre aux doctrines totalitaires est d'ailleurs toujours un langage scolastique ou administratif »[418]. Albert Camus Albert ne fait pas partie des artistes conceptuels dont les hiéroglyphes interdisent aux lecteurs de comprendre ce qu'ils lisent. Quand on lit Camus, on sent et on ressent ce qu'il raconte. « Ceux qui écrivent obscurément, observait-il, ont bien de la chance. Ils auront des commentateurs. Les autres n'auront que des lecteurs, ce qui, paraît-il, est méprisable »[419]. Et puis peut-être ajoutera-t-on un soupçon de poésie, de lyrisme et d'enthousiasme pour se prémunir des dangers de la platitude du texte et de l'ennui du lecteur. Aucun lecteur, même un scientifique, n'a de plaisir à lire un livre standardisé, qui ressemble à tous les autres sur le fond et plus encore sur la forme.

56. Le regard critique des juristes humanistes. Des juristes humanistes peuvent s'intéresser à la pratique du droit, au droit vivant, au droit en action et procéder à des études de cas. Cette pratique n'est pas indifférente mais décisive pour la pensée du droit. Au moment de tirer les conclusions des enquêtes qu'il a menées et de réfléchir à leurs implications et conséquences, le juriste humaniste ne se détache pas des objectifs d'objectivité et d'empirisme, ce qui signifie qu'il se place dans un cadre de liberté intellectuelle, c'est-à-dire à l'abri de tout précepte et de toute doctrine afin de pouvoir dégager les enseignements les plus justes de ses travaux. L'humanisme est donc pour les juristes comme pour d'autres une « éthique scientifique » garantissant l'ouverture, la libre discussion et la critique. En ce qu'il incite à penser par soi-même, à l'aune de ses seules constatations empiriques, et à s'émanciper du conformisme, du suivisme, du conservatisme et du « prêt à penser », l'humanisme juridique constitue sans doute un

---

[417] M. Vargas Llosa, « Albert Camus et la morale des limites », in *Contre vents et marées*, Gallimard, 1989, p. 86.

[418] A. Camus, « L'Homme révolté (1951) », in *Œuvres*, Gallimard, coll. Quarto, 2013, p. 1062.

[419] A. Camus, « Carnets 1949-1959 », in *Œuvres complètes IV*, Gallimard, coll. Bibliothèque de la Pléiade, 2008, p. 1087.

courant de philosophie juridique[420]. Il invite à se déprendre de ce triste réflexe : « Je le pense mais je préfère ne pas le dire car on me le reprochera ; et j'ai peur de ce reproche ». En tant qu'humaniste, on s'inspirera davantage d'Alexandre Grothendieck, mathématicien, lauréat de la médaille Fields, qui apprit avec indignation que l'Institut des hautes études scientifiques, dont il a contribué à la renommée internationale, bénéficiait de fonds provenant de l'OTAN via le ministère français de la Défense nationale. Il s'efforça de faire annuler cette source de financement, mais son initiative échoua. Il décida alors de démissionner de toutes ses fonctions au sein de l'institution. Puis il fonda, en 1970, le groupe Survivre et vivre, qui publia notamment une revue témoignant d'une conscience forte quant à la responsabilité des scientifiques et des ingénieurs. Aujourd'hui, beaucoup de scientifiques, notamment dans le domaine de l'IA, sont enrôlés par les multinationales du secteur. Il est difficile, dans ses conditions, de conserver une distance critique et de ne pas céder à l'appât du gain. Consciemment ou inconsciemment, les discours de ces chercheurs se trouvent muselés, prisonniers d'intérêts qui les surplombent et qui enrégimentent leurs pratiques.

Les juristes humanistes s'attachent aussi à l'éclectisme, attitude consistant à ne se lier à aucune philosophie ou doctrine particulière afin de pouvoir retenir toute proposition quelle qu'elle soit à la seule condition qu'elle soit jugée pertinente, ce qui est impossible lorsqu'on est par principe attaché à un courant de pensée et opposé à tous les autres. L'humanisme juridique est ainsi original en raison de son ouverture aux diverses conceptions du droit, aucune n'étant considérée telle une concurrente, toutes étant des alliées potentielles dans la quête d'une meilleure compréhension du droit.

La recherche des juristes humanistes procède surtout d'une attitude critique. Elle implique une mise en question permanente du droit positif comme de

---

[420] La vocation du philosophe n'est-elle pas de s'affranchir des autorités de son époque, de résister à la puissance de l'opinion et de penser librement ? Michel Villey remarquait combien « les précis de droit se recopient les uns sur les autres et, pour l'essentiel, s'appuient sur une doctrine reçue » (M. Villey, *Philosophie du droit – Définitions et fins du droit – Les moyens du droit* (1984-1986), Dalloz, coll. Bibliothèque Dalloz, 2001, p. 27). Et d'ajouter : « L'étudiant français d'aujourd'hui est élevé dans la servitude de la littérature récente, et tenu soigneusement à l'abri de ce qui risquerait d'apporter dans ce concert une note discordante. Aux meilleurs il est conseillé de s'attacher à suivre le mouvement » (*ibid.*).

ses commentaires et des théories qu'il suscite. La critique, en tant que jugement objectif permis par la liberté et l'ouverture d'esprit, permet au juriste humaniste d'être à la fois engagé, de préparer l'action juridique, et dégagé, car une certaine distance et une certaine prudence sont indispensables. Le côté ambitieux et même prétentieux de l'humanisme n'est admissible que s'il est compensé par une humilité et une grande rigueur que la scientificité et le caractère critique ont vocation à garantir. Le regard critique doit permettre de voir loin et profond. Il faut dépasser les apparences, les premières impressions sur les choses pour savoir ce qu'elles sont vraiment et aller suffisamment loin dans les analyses, ce que la seule approche scientifique ne permet pas. Le risque, avec la science, est d'appliquer des méthodes de façon trop mécanique et systématique. Les méthodes doivent seulement stimuler et enrichir la réflexion, mais pas s'y substituer.

Si les observations et propositions du chercheur ne faisaient que conforter les paradigmes passés et actuels, la recherche ne présenterait guère d'utilité[421]. Néanmoins, et même si, dans les sciences du droit plus qu'ailleurs, la prime va souvent à la continuité plus qu'à l'innovation qui est source de rupture, la critique interdit de vouloir faire œuvre révolutionnaire, iconoclaste ou autrement anarchiste. Telle est la grande différence entre la pensée anarchiste et la pensée critique : la fin poursuivie par la première est le changement et elle oblige par principe à plaider pour des révolutions ; la fin poursuivie par la seconde est le jugement objectif, qui peut être positif ou négatif, donc la lucidité, ce qui conduit à soutenir les paradigmes dominants légitimes autant qu'à dénoncer les paradigmes dominants illégitimes (parce qu'archaïques, ascientifiques, impraticables etc.).

On fait aujourd'hui de l'irruption des nouvelles technologies le vecteur de certaines transformations majeures des sociétés et des systèmes juridiques.

---

[421] Or le prospectiviste Thierry Gaudin, prenant l'exemple des économistes, observe combien ils « ont du mal à imaginer l'avenir autrement que comme prolongement du passé récent. Leur discours est en général conformiste. S'appuyant surtout sur des données statistiques agrégées, ils voient la continuité, mais passent le plus souvent à côté des ruptures. Étant pour la plupart rémunérés par les structures dominantes, ils ne se hasardent que rarement à émettre des prévisions qui pourraient gêner les intérêts en place » (Th. Gaudin, *La prospective*, 2e éd., Puf, coll. Que sais-je ?, 2013, p. 47-48).

Le regard critique doit servir à entrevoir de telles évolutions en cours. Et il doit aider, alors qu'il peut être tentant d'affirmer trop rapidement qu'un nouveau paradigme ou un nouveau monde se serait imposé, à se « méfie[r] des pseudos révolutions, souvent dictées par l'affolement et l'amateurisme »[422]. La pensée critique, aussi bien critique envers les anciens paramètres de recherche qu'envers les nouveaux, doit permettre de prendre du recul, d'adopter une attitude réservée sans être sceptique par principe. La pensée critique est bien à rapprocher de l'étude scientifique ; l'une et l'autre sont les deux jambes de la recherche juridique en général et de la recherche jus-humaniste en particulier, sans lesquelles elles ne pourraient pas avancer, sans lesquelles elles ne pourraient pas progresser.

L'humanisme juridique, incompatible avec des règles et des principes fixes posés *a priori*, suppose un esprit à la fois critique et créatif, du bon sens, de la curiosité, de la réflexion et un peu d'audace. Il est donc essentiellement non une méthode ou une discipline, mais une attitude. Ce n'est pas une boîte à outils mais une philosophie alliant liberté et responsabilité, donc une tournure d'esprit, une manière particulière d'observer le monde juridique avec les yeux du jugement objectif et raisonné, afin d'en établir la juste valeur et d'en discerner les mérites et défauts, les qualités et imperfections, cela dans un état d'esprit de libre examen écartant l'autorité des dogmes, des conventions, des préjugés et des superstitions. La critique permet ainsi de remettre en cause les idées reçues, les modes, les clichés et les consensus et de dépasser les effets d'inertie[423]. Or on attend du droit qu'il puisse suivre les

---

[422] P.-Y. Gautier, « Immatériel et droit – Rapport de synthèse », *Arch. phil. droit* 1999, p. 234.

[423] On cite, par exemple, les significatives « erreurs QWERTY » : « Au début du XXe s., on a créé les claviers QWERTY car les premières machines à écrire Remington avaient tendance à se bloquer lorsqu'on dactylographiait trop vite. Cette disposition des touches permettait de ralentir la frappe, ce qui a été efficace. Mais bientôt il n'y eut plus de danger de blocage et de nombreux claviers alternatifs ont été proposés, sans succès. Les effets d'inertie, y compris l'inertie des paradigmes dominants, empêchent l'essor de nouvelles théories et on reste enfermé dans le *statu quo* intellectuel, sous prétexte que ça a bien marché dans le passé. Par conséquent, on refuse l'innovation, comme dans le cas du clavier QWERTY, car on estime que les coûts du changement sont trop lourds » (K. Valaskakis, « La prospective en trois leçons : mon apprentissage personnel », in Ph. Durance, dir., *La prospective*

mutations sociologiques, économiques, culturelles ou encore technologiques au profit d'une meilleure organisation et de plus de pacification des relations entre les individus.

Un des dangers que la critique permet potentiellement d'éviter est celui de la légitimation volontaire ou involontaire des points de vue des « puissants » en tous genres, notamment des disciplines, des écoles et des chercheurs les mieux établis. Beaucoup d'erreurs et de crises sont dues à la pensée unique et au confort du conformisme[424]. Michel Godet constate que très peu de jeunes chercheurs et même de chercheurs en général acceptent de penser et, surtout, de s'exprimer librement car ils préfèrent se fondre dans le moule de peur du jugement de leurs pairs[425]. Le cadre critique a vocation à servir d'empêcheur de penser en rond, sans pour autant conduire sur les chemins de la provocation et de l'iconoclasme, lesquels sont tout aussi dangereux que ceux du conformisme, du suivisme, du mimétisme, de la routine, des idées à la mode et de l'ordre établi. En d'autres termes, le juriste humaniste doit se sentir autorisé à soutenir les points de vue minoritaires autant que les points de vue majoritaires, à condition qu'il le fasse à l'aune de jugements objectifs et éclairés et avant tout au regard du critère de la justice. Le discours critique se définit par opposition au discours dogmatique. Ce dernier est un discours de répétition, qui se borne à perpétuer les conceptions et opinions que les maîtres ont formulées il y a plus ou moins longtemps. L'humanisme juridique, tourné vers un avenir qu'il faut construire et non accepter tel un donné prolongeant le passé, refuse d'accepter une idée uniquement parce que « *magister dixit* ». Il s'ingénie à systématiquement interroger la pertinence de l'idée, la pérennité de cette pertinence et l'opportunité de proposer de nouvelles formes de compréhension des données en cause.

---

stratégique en action – Bilan et perspectives d'une indiscipline intellectuelle, Odile Jacob, 2014, p. 63).

[424] *Cf.* F. Houzé, *La facture des idées reçues*, Odile Jacob, 2017.

[425] M. Godet, « Le plaisir de l'indiscipline intellectuelle pour construire l'avenir autrement », in Ph. Durance, dir., *La prospective stratégique en action – Bilan et perspectives d'une indiscipline intellectuelle*, Odile Jacob, 2014, p. 30.

« "Le maître l'a dit" est une formule dangereuse »[426] ; et peut-être mieux vaut-il suivre la trace du sociologue Robert Castel lorsqu'il souhaitait « ne pas être l'homme d'une école, l'homme d'un paradigme », et se laisser « toujours bousculer par l'actualité »[427]. Ainsi l'exigence de pensée critique conduit-elle à penser librement, à accepter le changement et à refuser toute forme de conservatisme. De plus, elle amène le chercheur à toujours discuter les données et les idées en cause, mais sans jamais polémiquer, la polémique étant l'antithèse de la discussion et donc du point de vue critique. Beaucoup d'auteurs dénoncent l'excès de dogmatisme qui risque d'endormir la recherche juridique, alors pourtant que le contexte social et culturel au sein duquel s'inscrit son objet s'avère de plus en plus mouvant. Mais nombreux sont aussi ceux qui s'en accommodent sans autre forme de procès. C'est pourquoi il faut faire la différence entre des travaux imprégnés de dogmatisme — d'aucuns qualifient de manière on ne peut plus symptomatique la science du droit positif de « dogmatique juridique » — et des travaux reposant sur des études scientifiques et sur des analyses critiques.

Dans les sciences sociales en général et en droit en particulier, il existe des mécanismes et des habitudes qui enchaînent. L'humanisme juridique, grâce à son angle critique, permet de se libérer de ces chaînes, de s'interdire les interdits (les questions prohibées et les réponses proscrites). Interroger les représentations courantes, partagées et perpétuées sans être jamais discutées et qui constituent la base de l'action collective, permet d'engendrer des évolutions, des ruptures et, ainsi, d'agir sur le futur.

Aux introductions au droit et autres manuels qui se contentent de dépeindre la surface visible du droit, l'humanisme juridique oppose une approche critique[428]. Il s'agit alors de dépasser la simple description des normes juridiques positives, donc la technique juridique qui ne cherche pas à expliquer la forme ni le contenu du système et des mécanismes juridiques

---

[426] G. Thuillier, « Penser par soi-même en droit », in D. Alland, S. Rials, dir., *Dictionnaire de la culture juridique*, Lamy-Puf, coll. Quadrige-dicos poche, 2003, p. 1145.

[427] R. Castel, archive sonore entendue dans « Hommage au sociologue Robert Castel », La grande table, France culture, 19 mars 2013.

[428] M. Miaille, *Introduction critique au droit*, Maspero, 1976.

profonds, au-delà de leurs apparences. En effet, « si la technique juridique permet de déterminer le sens des normes, de les interpréter, de les comparer et de les appliquer aux cas qu'elles régissent, elle ne permet pas de dégager ce qui se cache derrière la façade juridique »[429]. Pour les juristes humanistes, il importe à l'inverse de comprendre et expliquer la fonctionnalité économique et sociale du droit et les relations entre droit, économie et société. L'examen critique permet de comprendre le droit dans son contexte social, par rapport aux jeux de pouvoirs et d'acteurs dont il dépend. Il s'agit de se détacher du positivisme-normativisme-purisme dominant, qui n'envisage l'étude du droit que par le droit lui-même.

57. L'indépendance et la liberté des juristes humanistes. La croyance est l'alibi de la démission. Le suivisme est un renoncement. Aujourd'hui plus qu'hier — et peut-être moins que demain —, penser le droit loin de tout préjugé, cela grâce aux prémisses de l'humanisme juridique, constitue un enjeu capital : les normes et les institutions effectives ne peuvent évoluer substantiellement, si ce n'est radicalement, et la pensée du droit demeurer inerte. Cette dernière ne saurait ignorer le « droit vivant » ou le « droit vécu ». Pour rendre compte du droit tel qu'il se donne à voir dans les faits, spécialement du point de vue de ceux qui le pratiquent, et pour penser un droit de demain à la fois juste et efficace, il serait indispensable de l'appréhender loin des influences et des traditions héritées d'un passé qui ressemble chaque jour un peu moins au présent. Les chercheurs en droit ne peuvent s'isoler dans le formalisme et le technicisme, se contenter d'étudier un droit momifié et adoré pour lui-même, s'adonner à un culte idolâtre du droit pour le droit, un paganisme juridique qui fait du droit une nouvelle religion centrée sur elle-même, alors qu'il doit être une science insérée dans la réalité.

Un besoin important pour la recherche juridique contemporaine et de demain serait donc de prendre quelques distances avec ce que Pierre Bourdieu appelait le « fantasme de l'appareil »[430]. L'érémitisme du penseur est un

---

[429] M. Miaille, « Mouvement Critique du Droit », in A.-J. Arnaud, dir., *Dictionnaire encyclopédique de théorie et de sociologie du droit*, 2e éd., LGDJ, 1993, p. 132.

[430] P. Bourdieu, « Droit et passe-droit », *Actes de la recherche en sciences sociales* 1990, n° 81-82, p. 88 (cité par F. Ost, M. Van de Kerchove, *De la pyramide au réseau ? – Pour une théorie dialectique du droit*, Publications des Facultés universitaires Saint-Louis (Bruxelles), 2002, p. 323).

antidote face aux intempérants de l'absolu. Le chercheur en droit ne devrait pas se lier *ab initio* à des paradigmes et des principes quels qu'ils soient[431]. Or l'humanisme juridique, en tant que disposition de l'esprit, attitude, méthode ou mode de pensée, invite à faire preuve de liberté intellectuelle. Cette liberté intellectuelle, qui s'oppose au dogmatisme, conduit à redouter avant toute autre chose le suivisme, le conformisme ou le panurgisme. Albert Camus, lors de sa célèbre brouille avec Jean-Paul Sartre, pouvait lui écrire qu' « on ne décide pas de la vérité d'une pensée selon qu'elle est à droite ou à gauche. Si la vérité me paraissait à droite, j'y serais »[432]. En droit comme dans les autres sphères de la connaissance, l'humanisme, inspiré de la Renaissance et des Lumières, peut servir à s'élever sans crainte contre certains dogmes reçus sans discussion depuis des générations et qui, peut-être, mériteraient aujourd'hui d'être reconstruits sur des bases actualisées, si ce n'est, pour certains, abandonnés. Comme l'a écrit Michel Villey dans sa *Critique de la pensée juridique moderne*, il faudrait, pour réfléchir utilement, « s'affranchir de l'opinion dominante de son époque »[433]. C'est exactement l'ambition de l'humanisme[434]. Si ce courant de pensée est

---

[431] En ce sens, on avance qu' « il est préférable de ne jamais penser en termes de paradigmes, si ce n'est celui de l'immense relativité de tout savoir et de la nécessité de sans cesse le remettre en question. [...] Le paradigme — en tant que conception théorique dominante qui a cours à une certaine époque dans une communauté scientifique — est une telle source de reproduction de l'ordre établi, de conformisme à l'égard du "scientifiquement correct", de fermeture des esprits, que je préfère essayer de m'en passer plutôt que d'y succomber » (J. Vanderlinden, « Réseaux, pyramide et pluralisme ou regards sur la rencontre de deux aspirants-paradigmes de la science juridique », *RIEJ* 2002, n° 49, p. 20).

[432] Albert Camus, lettre ouverte dans *Les temps modernes*, août 1952.

[433] M. Villey, *Critique de la pensée juridique moderne*, Dalloz, 1976, p. 17. Mais Michel Villey pouvait aussi écrire que « le conformisme, qui peut se justifier dans la dogmatique juridique, ou s'imposer dans certains régimes politiques, répugne à la philosophie » (M. Villey, *Philosophie du droit – Définitions et fins du droit – Les moyens du droit* (1984-1986), Dalloz, coll. Bibliothèque Dalloz, 2001, p. 34).

[434] À propos des sources de l'obsolescence malheureusement rapide de beaucoup d'ouvrages censés contribuer à la recherche juridique, Guy Thuillier écrit : « Si on s'interroge sur les raisons profondes de l'obsolescence rapide de ces travaux, on s'aperçoit qu'on a été trop docile, trop bien élevé : on a été où vont les autres, par habitude, par paresse, par pression du groupe, sous prétexte d'avoir une audience, d'exercer une influence, on n'a pas su marquer sa différence, apporter des

pluriel, ce serait une force plus qu'une faiblesse ; car chaque humaniste pourrait ainsi suivre sa voie sans que lui soient imposés quelques canons dogmatiques. Si Michel Villey en appelait à « la liberté et [au] sursaut critique »[435], il semble que l'humanisme juridique soit une réponse à cet appel. Il permettrait de résister à la puissance des autorités officielles et même de contester qu'il existe quelque autorité officielle. Le chercheur humaniste ne devrait jamais se départir de la « vigilance critique »[436] qui permet de ne pas suivre la voie officielle au seul motif qu'elle est la voie officielle.

Les juristes humanistes tentent de résister au besoin de certitudes, au besoin de posséder *ab initio* des fondements absolus à partir desquels engager ses activités scientifiques. C'est ainsi que l'humanisme juridique promeut plus que tout autre mode de pensée la liberté intellectuelle. Partant, il refuse toutes garanties immuables et incontestables et conduit non au scepticisme mais à une pleine et entière libre discussion. La recherche juridique, d'un point de vue humaniste, devrait donc être une recherche libre et critique, mais aussi ouverte, tant à la discussion qu'au changement. Déjà dans certaines écoles de droit on se propose de « former des juristes libres,

---

"innovations", on n'a pas assez pris de risques ; or à quoi sert de publier un livre s'il n'est pas "risqué" ? On a cédé à la mode, on a fait "comme les autres", on n'a pas réussi à construire une œuvre : or l'officium du juriste n'est pas d'être un pion interchangeable sur l'échiquier » (G. Thuillier, « Obsolescence des travaux juridiques », in D. Alland, S. Rials, dir., *Dictionnaire de la culture juridique*, Lamy-Puf, coll. Quadrige dicos poche, 2003, p. 1102 (souligné dans le texte original)). Par ces mots, l'auteur vise particulièrement les jeunes chercheurs, soulignant combien il est « difficile d'écrire à 25 ou 30 ans car l'on subit la pression des modes universitaires » (*ibid.*). Ce serait non une possibilité mais une exigence première — en même temps que délicate à satisfaire — que de proposer des réflexions librement construites, loin des habitudes, de la pression du groupe et des modes dénoncées. Une méthode de la thèse en droit note que « l'esprit de système est bon et même nécessaire s'il est hypothèse prolongée et se fleurit de points d'interrogation. S'il se veut passage en force d'arguments d'autrui, il devient caricatural » (J.-M. Mousseron, « Guide de la thèse en droit », [en ligne] <daniel-mainguy.fr>).

[435] M. Villey, *Philosophie du droit – Définitions et fins du droit – Les moyens du droit* (1984-1986), Dalloz, coll. Bibliothèque Dalloz, 2001, p. 27.

[436] J.-P. Cometti, *Qu'est-ce que le pragmatisme ?*, Folio, coll. Essais, 2010, p. 286.

c'est-à-dire outillés pour poser un regard critique sur le discours dont ils sont les héritiers et capables de construire l'avenir juridique de nos sociétés »[437]. Et déjà des professeurs de droit préfèrent la « liberté de penser » à l' « autorité de la doctrine »[438]. Ce sont ces voies que l'humanisme juridique invite à approfondir, ce pourquoi Léon Duguit avait déjà il y a longtemps plaidé lorsqu'il critiquait le fait que « la jurisprudence [*i.e.* la doctrine juridique] a ses dogmes qui établissent une servitude, et depuis des siècles les juristes sont, comme les théologiens, enchaînés par eux »[439].

Alexandre Grothendieck pouvait dresser un portrait peu flatteur des figures scientifiques adoubées par les élites politiques et par les médias : « Il est assez peu courant que des scientifiques se posent la question du rôle de leur science dans la société. J'ai même l'impression très nette que plus ils sont situés haut dans la hiérarchie sociale et plus par conséquent ils sont identifiés à l'establishment, ou du moins contents de leur sort, moins ils ont tendance à remettre en cause cette religion qui nous a été inculquée dès les bancs de l'école primaire. Toute connaissance scientifique est bonne, quel que soit son contexte. Tout progrès technique est bon. Et comme corollaire, la recherche scientifique est toujours bonne »[440]. Le progrès du savoir, des connaissances, de la science, que les humanistes recherchent, ne saurait s'accommoder de cette intense proximité avec le pouvoir politique et le pouvoir médiatique, et même, par suite, avec l'opinion publique ou l'opinion générale, de ces élites d'experts qui confinent à l'aristocratie. On préfèrera le pluralisme des courants de pensée et d'opinion. Le chercheur, éclairé et libre, détaché de toutes les formes d'influence *a priori* qui pourraient l'amener à rechercher la réalité aux yeux des autres, aux yeux des maîtres, plutôt que la réalité aux yeux des faits, aux yeux de la science, aux yeux de la logique, serait mieux en mesure de saisir les défis actuels et à venir posés au droit.

Dans le domaine de la recherche juridique telle que la modernité l'a formatée, « l'âge, le tempérament, les ambitions et la carrière limitent la

---

[437] Séminaire interdisciplinaire d'études juridiques, « De futurs juristes libres et responsables ! Manifeste pour la formation en droit », *RIEJ* 2016, n° 76, p. 175.

[438] Ch. Jamin, M. Xifaras, « De la vocation des facultés de droit (françaises) de notre temps pour la science et l'enseignement », *RIEJ* 2014, n° 72, p. 107.

[439] L. Duguit, *Le pragmatisme juridique*, La mémoire du droit, 2008, p. 162.

[440] A. Grothendieck, « Comment je suis devenu militant », *Survivre* 1971, n° 6, p. 9.

capacité à penser par soi-même »[441]. En matière d'intelligence et de réflexion, il semble pourtant indispensable d'emprunter la voie de la liberté et d'écouter la voix de la liberté, ce qui ne signifie ni « penser à contre-courant » ni « penser avec le courant », mais « penser loin du courant », indépendamment du courant. Le cadre de l'humanisme juridique pourrait contribuer à développer dans une large mesure cette libre-pensée que beaucoup de chercheurs en droit peuvent aujourd'hui être tentés de se refuser, parfois presque explicitement. Une conséquence du positivisme juridique moderne est d'attacher la force des arguments à leur origine plus qu'à leur contenu : un jeune chercheur, par exemple, ne pourrait dans tous les cas avoir raison contre Kelsen. Le juspositiviste semble plus préoccupé par « ce qu'en pensent les autres » et par « ce qu'en pensent les maîtres » que par « ce que j'en pense ». Il en irait tout au contraire avec l'humanisme juridique. Beaucoup de pensées collectives qui paraissaient très solides se sont finalement effondrées suite à l'affirmation d'une pensée concurrente qui semblait longtemps isolée et inacceptable, si ce n'est intolérable. Aucune « révolution scientifique » ne serait envisageable s'il était défendu de libre-penser, *a fortiori* en sciences humaines et sociales.

Pourtant, en droit et en France, on enseigne aujourd'hui encore très habituellement que les travaux de recherche auraient pour fonction essentielle de permettre aux enseignants-chercheurs de montrer à leurs pairs qu'ils ont rigoureusement intériorisé les habitus du corps des universitaires-juristes, intériorisé les dogmes (notamment formels) qui sont la marque de la doctrine juridique. Le chercheur ne devrait pas poursuivre l'objectif d'ouvrir de nouvelles voies dans la montagne de la pensée juridique. Au contraire, il lui appartiendrait avant tout de prouver que les codes et la hiérarchie propres au milieu sont compris et acceptés, par exemple en publiant des « notes de jurisprudence » techniques sur le fond et standardisées sur la forme[442]. Nul humaniste ne saurait accepter l'idée que le

---

[441] G. Thuillier, « Penser par soi-même en droit », in D. Alland, S. Rials, dir., *Dictionnaire de la culture juridique*, Lamy-Puf, coll. Quadrige dicos poche, 2003, p. 1145.

[442] Ainsi le directeur d'une thèse qui a été reconnue comme de grande qualité par le milieu professionnel mais non par le milieu universitaire d'expliquer que, « dans l'univers de l'académisme, il n'est pas bon de travailler sur des sujets nouveaux, [...] et plus encore de soutenir fortement des idées hétérodoxes. L'on peut y avoir raison

suivisme et le conformisme seraient les meilleurs garants d'un travail de qualité. Prenant un accent voltairien, le juriste humaniste en viendrait à clamer : « Je ne suis pas d'accord avec les recherches que vous menez, mais je me battrai pour que vous ayez le droit de les mener ».

Déjà Friedrich Carl von Savigny insistait sur l'indissociabilité du chercheur, du sens critique et de l'indépendance d'esprit, ajoutant que « le conformisme est incompatible avec l'esprit de recherche »[443]. D'un point de vue humaniste, l'intérêt et la portée de réflexions quelles qu'elles soient dépendraient principalement de la capacité à faire œuvre libre et critique, donc de la capacité à faire abstraction de l' « influence morale du passé »[444] et des « précédents » ou préjugés de toutes sortes, de la capacité à « gouverner librement sa pensée »[445], de la capacité à suivre la première des règles du *Discours de la méthode* : « Ne recevoir jamais aucune chose pour vraie que je ne la connusse évidemment être telle : c'est-à-dire éviter soigneusement la précipitation et la prévention ; et ne comprendre rien de plus en mes jugements que ce qui se présenterait si clairement et si distinctement que je n'eusse aucune occasion de le mettre en doute »[446]. La « capacité doctrinale » serait dès lors la capacité de penser par soi-même[447]. Ne pas prendre de recul ni s'autoriser quelque « marge de pensée » amène à conforter la « pensée unique » et le « prêt-à-penser » que d'aucuns dénoncent très au-delà de la sphère juridique.

---

avant tous les autres, mais il n'est pas recommandé de le faire savoir trop tôt » (L. Rapp, « Préface », in M.-Ch. Roques-Bonnet, *Le droit peut-il ignorer la révolution numérique ?*, Michalon, 2010, p. 16).

[443] C. F. Von Savigny, *System des heutigen ràmischen Rechts*, t. I, Berlin, 1848 (cité par O. Beaud, « Doctrine », in D. Alland, S. Rials, dir., *Dictionnaire de la culture juridique*, Lamy-Puf, coll. Quadrige dicos poche, 2003, p. 387).

[444] G. Postema, « On the Moral Presence of our Past », *Revue de droit de McGill* 1991, p. 1153 s.

[445] G. Thuillier, « Penser par soi-même en droit », in D. Alland, S. Rials, dir., *Dictionnaire de la culture juridique*, Lamy-Puf, coll. Quadrige dicos poche, 2003, p. 1145.

[446] R. Descartes, *Discours de la méthode – Pour bien conduire sa raison, et chercher la vérité dans les sciences*, Leyde, 1637.

[447] G. Thuillier, « Penser par soi-même en droit », in D. Alland, S. Rials, dir., *Dictionnaire de la culture juridique*, Lamy-Puf, coll. Quadrige dicos poche, 2003, p. 1145.

Le juriste humaniste serait au contraire en mesure d'emprunter à cette « intelligence sans attache » dans laquelle le philosophe Karl Mannheim voyait le modèle même du grand chercheur[448]. Dans le cadre humaniste, il faudrait sans cesse se risquer à « inquiéter les certitudes »[449], à « produire l'insécurité culturelle dont nous avons besoin pour comprendre l'actualité »[450], à prendre le « temps de penser »[451] et l'espace de penser, c'est-à-dire se fermer au flux des influences et s'ouvrir au monde des réalités brutes. Par conséquent, la force et le succès d'un écrit juridique devraient peut-être dépendre de son *taux d'innovation*. La rénovation de la culture juridique française qui a marqué le début du XXe s. n'aurait pas été possible si de jeunes professeurs ne s'étaient pas libérés du pseudo-savoir existant pour se consacrer au savoir en devenir, restant à bâtir. Les propositions et orientations de Capitant, Gény, Lévi-Ullmann, Pic, Thaller, Barthélémy, Duguit, Esmein, Hauriou ou Michoud[452] ne seraient pas aujourd'hui encore influentes si ces auteurs n'avaient pas innové grandement, quitte à faire preuve d'un iconoclasme mal accepté par les pairs, tenants de l'orthodoxie juridique — à l'époque liée à l'École de l'exégèse.

Encore faut-il souligner que penser librement, ce n'est pas penser différemment ; c'est penser indépendamment, objectivement, rationnellement, logiquement, constructivement. Plaider pour la liberté du chercheur, ce n'est en aucun instant soutenir l'anarchie scientifique, théorique ou doctrinale. La « souveraineté » de l'esprit devrait simplement amener à des libres-propositions qui, bien que peut-être fausses ou du moins incorrectes, contribuent toutefois à enrichir ou même à créer la discussion, à susciter le débat et la réfutation, donc la réflexion de laquelle peut jaillir

---

448 Cité par J.-A. Mazères, « Préface », in J. Jiang, *Théorie du droit public*, L'Harmattan, coll. Logiques juridiques, 2010, p. 8.

449 A. Caillé, S. Dufoix, dir., *Le tournant global des sciences sociales*, La découverte, 2013.

450 *Ibid.*

451 Réf. à M. Gobert, « Le temps de penser de la doctrine », *Droits* 1994, n° 20, p. 97 s.

452 Telle est la liste des auteurs auxquels des contributions sont consacrés dans N. Hakim, F. Melleray, dir., *Le renouveau de la doctrine française – Les grands auteurs de la pensée juridique au tournant du XXe siècle*, Dalloz, coll. Méthodes du droit, 2009.

quelque progrès du savoir. Il est donc tout à fait possible et même commun que les analyses et pensées du droit du juriste humaniste s'avèrent proches de certaines des analyses et pensées du droit classiques. L'exigence est que cela ne soit pas la conséquence d'un quelconque attachement dogmatique à ces analyses et pensées préexistantes. Le progrès des connaissances scientifiques ne saurait se nourrir de la pensée unique ou de la soumission à une quelconque orthodoxie. Alors que le monde change de plus en plus vite et de plus en plus en profondeur, il devient chaque jour un peu plus important de n'accueillir aucune théorie ou explication tel un donné intouchable[453].

L'avocat genevois Marc Bonnant a souvent livré des éloges vibrants de la libre pensée, notamment chez les avocats. Ainsi, par exemple, débutait-il un exposé devant des étudiants de l'Université de Fribourg de la sorte : « Alors que je venais vers vous, musardant un peu dans votre belle campagne fribourgeoise, je me suis égaré et me suis retrouvé non loin d'un manège. Observant ce manège, j'ai trouvé le point de départ de mon propos. Il y avait des hongres, dans des boxs, et un peu plus loin se trouvaient des étalons qui cavalcadaient en liberté. De la même manière, il y a les juristes et il y a les avocats. Les juristes sont les hongres, les avocats sont les étalons. Je commence par dire toute l'estime que j'ai pour les juristes. Il m'est arrivé de l'être un peu, par inadvertance, et je veille aujourd'hui à être entouré de gens dont l'occupation est de fréquenter la jurisprudence du Tribunal Fédéral.

---

[453] Pour reprendre à nouveau quelques explications d'Émile Durkheim, penser librement reviendrait à faire preuve de « maturité intellectuelle » et « ce que réclame [la méthode sociologique], c'est que le sociologue se mette dans l'état d'esprit où sont physiciens, chimistes, physiologistes, quand ils s'engagent dans une région encore inexplorée de leur domaine scientifique. Il faut qu'en pénétrant dans le monde social il ait conscience qu'il pénètre dans l'inconnu ; il faut qu'il se sente en présence de faits dont les lois sont aussi insoupçonnées que pouvaient l'être celles de la vie quand la biologie n'était pas constituée ; il faut qu'il se tienne prêt à faire des découvertes qui le surprendront et le déconcerteront. Or il s'en faut que la sociologie en soit arrivée à ce degré de maturité intellectuelle » (É. Durkheim, *Les règles de la méthode sociologique,* 2e éd. (1937), Puf, coll. Bibliothèque de philosophie contemporaine, 1973, p. XIV). Reste que, en droit au moins autant qu'en sociologie, « quand, comme condition d'initiation préalable, on demande aux gens de se défaire des concepts qu'ils ont l'habitude d'appliquer à un ordre de choses, pour repenser celles-ci à nouveaux frais, on ne peut s'attendre à recruter une nombreuse clientèle » (*ibid.*, p. 144).

Mais voyez-vous la différence entre l'étalon et le hongre, s'agissant des lectures, est que si les juristes s'abreuvent de jurisprudence du Tribunal Fédéral, l'avocat ne lit que de la littérature, parce qu'il considère que l'art d'être avocat est un art littéraire. L'avocat a une relation charnelle avec les mots, qui permettent l'expression de la pensée mais qui permettent aussi sa naissance, tant il est vrai que l'idée devient claire lorsqu'elle rencontre les mots, et tant qu'elle ne les a pas trouvés elle ne reste qu'une vague intuition aléatoire. Je dis mon estime encore pour les juristes. Ils gagnent des concours, ils sont très bons en dressage, mais il leur manque l'âme, le souffle, le talent et cette parole qui fait naître autant qu'elle communique. Au fond la seule parole qui importe, celle qui enchante, celle qui féconde, non pas celle qui renseigne mais celle qui détermine la pensée de l'autre. J'ai de très lointains souvenirs de la jurisprudence du Tribunal Fédéral mais jamais dans un texte de nos grands juges je n'ai entendu le ruissellement des sources ni l'envol du gypaète ou de l'oiseau lyre. Je considère que la fréquentation de la jurisprudence du Tribunal Fédéral assèche l'âme et rend nos esprits désertés. Mais c'est paraît-il une nécessité. Quand j'étais bâtonnier et que je recevais de jeunes stagiaires frémissants qui me demandaient “comment fait-on pour devenir un grand avocat ?”, j'affectais la modestie en disant “je ne sais rien, je ne sais que par ouï-dire”, mais je leur disais aussi que, pour être un grand avocat, il faut commencer par lire les sept tragédies d'Eschyle, les huit de Sophocle, les trente-et-une d'Euripide, puis lire Dostoïevski et Shakespeare. C'est lorsque vous fréquenterez perpétuellement une bibliothèque, non de droit mais de lettres, quand vous serez dans la familiarité du génie des hommes grâce à la littérature et aux arts, que vous commencerez à être avocats. Le métier d'avocat aujourd'hui manque comme tant de choses de passé et, parce qu'il manque de passé, il déshérite l'avenir. Il manque de passé parce que les références des étudiants en droit d'aujourd'hui ne sont pas des références de lettrés. Ils ne sont pas des hommes cultivés. Ils ne pratiquent pas la culture au sens où Cicéron disait que c'est là ce qui élève, ce qui hisse, ce qui imprime à nos âmes, à nos intelligences et à nos cœurs un mouvement montgolfier. Ils sont pratiques, ce sont des spécialistes. La plus belle incarnation de l'avocat de notre temps est quelqu'un qui siège dans un bureau alvéolaire et qui sait tout sur le traité de double imposition avec les États-Unis, surtout le paragraphe huit alinéa douze. Je ne doute pas que ce soit passionnant et utile de tout savoir du traité de double imposition helvético-américain. Mais ce que je soutiens, peut-être à tort puisqu'en tant qu'avocat j'ai conscience que dès que je dis quelque-chose je pourrais très bien affirmer le contraire avec une même ferveur puisque toute vérité est circonstancielle et n'est qu'une perception subjective d'un moment donné, c'est qu'un avocat ne devrait pas être un spécialiste ou ne devrait le devenir que par le jeu du hasard et au terme d'une carrière. Prendre la décision à vingt-deux ans de devenir un spécialiste de la double imposition et de ne plus faire que cela toute sa vie, de devenir un spécialiste incontesté du droit d'auteur, alors que vous pourriez être les spectateurs engagés de la vie des gens, alors que vous pourriez porter des âmes, traduire les juges devant les hommes, alors que s'offre à vous la palette infinie de l'intelligence et du combat, se mutiler en début de carrière, suicider son esprit est ô combien regrettable. Le Tribunal Fédéral, dans une jurisprudence ancienne que l'on m'a rapportée, décrit les avocats tels des "techniciens du droit". J'espère que vous êtes profondément heurtés par cette manière de dégrader ce qu'est un avocat. Un avocat est une âme, un souffle, un mouvement, un homme libre. Le Tribunal Fédéral dit aussi que nous sommes des "auxiliaires de la justice". Non, nous ne sommes les auxiliaires, les subalternes de personne. Au contraire, nous fécondons, nous rendons possible la justice et sa dignité en la querellant, en la contestant et en la subvertissant. Caton l'Ancien définissait l'avocat, au deuxième siècle avant l'ère vulgaire, comme un "*vir bonus, dicendi peritus*", c'est-à-dire "quelqu'un de bien qui parle bien". Cette définition originelle parle d'un homme qui a le sens du bien, ce qui n'est pas la morale qui annihile généralement l'intelligence. Je n'aime pas la morale ou ce que Nietzsche appelait "la moraline". L'esprit ne doit être réduit en rien, contraint en rien, il doit être libre et rebel, critique, jouant son rôle subversif premier. La morale, en tant qu'elle atténue les possibles de l'esprit, en tant qu'elle leste l'intelligence, doit être regardée de loin, avec irrespect et crainte »[454]. Avec Marc Bonnant, on peut s'élever contre le dogmatisme, le scientifisme et le spécialisme des juristes des universités, sclérosants en plus d'être largement illusoires. Et peut-être cela vaut-il plus globalement à l'égard des « sciences » humaines et sociales, même si celles-ci, comme le droit, ont bien sûr aussi besoin de données objectives et

[454] M. Bonnant, « Le métier d'avocat selon Me Bonnant », Université de Fribourg, 2017.

empiriques. Mais il est dangereux de les réduire à cela et de les priver d'imaginaire, de création, de philosophie, de sagesse qui s'exprime.

58. Discussion et évolution. Les lanceurs de controverses peuvent être utiles autant que les lanceurs d'alertes. Mais encore faut-il qu'on laisse s'exprimer, et qu'on écoute, les approches alternatives. La pensée libre et critique des humanistes implique que le chercheur dont l'ambition est de penser le droit se place dans une optique de discussion continue, la discussion devant ici se comprendre par opposition à la polémique, au dogmatisme et au subjectivisme. En matière de discussion ou, mieux, d'éthique de la discussion, c'est le chemin tracé par Montaigne qu'il faut emprunter : « Les contradictions des jugements ne me blessent ni ne m'émeuvent. Elles m'éveillent seulement et me mettent en action. Nous n'aimons pas la rectification de nos opinions. Il faudrait au contraire s'y prêter et s'y offrir, notamment quand elle vient sous forme de conversation, non de leçon magistrale. À chaque opposition, on ne regarde pas si elle est juste mais, à tort ou à raison, comment on s'en débarrassera. Au lieu de lui tendre les bras, nous lui tendons les griffes. Je supporterais d'être rudoyé par mes amis : "tu es un sot, tu rêves !". J'aime qu'entre hommes de bonne compagnie on s'exprime à cœur ouvert, que les mots aillent où va la pensée. Il faut fortifier notre ouïe et la durcir contre la mollesse du son conventionnel des paroles »[455]. Et l'auteur des *Essais*, à la suite de Socrate qui déjà disait aimer autant être contredit que contredire[456], de regretter que ses contemporains ne le contestaient pas assez par hantise qu'eux-mêmes soient contestés en retour. Il leur donnait raison même lorsqu'il pensait qu'ils avaient tort afin de les encourager à continuer à le contester[457]. Il aimait à ce point la contradiction qu'il suffisait à se la donner et multipliait les points de vue dans le but, par ses contradictions propres, de rendre justice de la complexité du monde et de la fragilité et de la contingence des savoirs. De plus, Montaigne expliquait ne

[455] M. De Montaigne, *Les essais*, Abel Langelier, 1588, L. III, chap. 8).

[456] « Je suis de ceux qui sont bien aise d'être réfutés quand ils se trompent. Je n'aime pas moins être réfuté que réfuter les autres ».

[457] « Je prête l'épaule aux reproches que l'on fait sur mes écrits. Je les ai même souvent modifiés, plus pour une raison de civilité que pour une raison d'amélioration, car j'aime à favoriser et à encourager la liberté de ceux qui me font des critiques par ma facilité à céder, même à mes dépends » (M. De Montaigne, *Les essais*, Abel Langelier, 1588, L. III, chap. 8).

pas ressentir la contradiction comme une humiliation et aimer à être corrigé systématiquement dès lors qu'il s'égarait. Mais, lui-même libéral et respectueux de toutes les idées, il avait peu d'égards pour les interlocuteurs arrogants, sûrs de leurs faits, adoptant un ton péremptoire et intolérants.

Dans cette fibre humaniste, tout chercheur en droit pourrait accueillir pleinement la discussion, la contradiction et la controverse, se montrer ouvert et disponible aux idées des autres. Le chercheur critique est celui qui pense les objets de manière objective ; il est aussi celui qui accepte la contradiction, qui est capable de se détacher de son argumentation propre pour envisager chaque proposition uniquement sous l'angle de sa validité réelle et retenir, *in fine*, celle dont la force logique et explicative est la plus élevée. Plus encore, le chercheur critique est celui qui sait se donner seul la contradiction, qui connaît autant la contradiction interne que la contradiction externe et qui, par conséquent, est en mesure de modifier ses analyses, parfois radicalement, à mesure de l'évolution de ses observations et de ses réflexions. Ce chercheur critique est celui qui n'hésite pas à avouer qu'il a « commis » quelque article ou quelque ouvrage par le passé, un peu comme on commet des méfaits. En droit comme dans tout champ de recherche, il est insuffisant de penser par soi-même, car encore faut-il savoir penser contre soi-même pour ne pas seulement œuvrer au renforcement de ses convictions personnelles. En ce sens, est remarquable que la « falsifiabilité », avec laquelle se mesure la force d'une découverte scientifique selon Karl Popper, correspond à la faculté que possède cette dernière de « se faire des objections »[458]. Il importe, comme Sartre, de se « contester soi-même » et de pouvoir estimer, quant à « ceux qui critiquent mon dernier livre, [que] dans six mois je ne serai pas loin de partager leur avis »[459]. En somme, quelqu'un qui ne se contredit pas est quelqu'un qui a renoncé à penser pour croire, ce que Nietzsche soulignait lorsqu'il relevait que « beaucoup de gens croient qu'ils savent sans savoir qu'ils croient »[460]. Assurément faut-il préférer qui se contredit parce qu'il pense à qui ne se contredit pas grâce à ses croyances. Une pensée évolue à l'inverse d'une croyance, ce qui signifie qu'une pensée

---

[458] K. Popper, *La logique de la découverte scientifique* (1959), Payot, 1973, p. 32.

[459] J.-P. Sartre, archive sonore entendue dans « Les mots – Sartre », Le gai savoir, France culture, 14 avr. 2013.

[460] Cité par R. Enthoven, « Le Gai savoir », Le gai savoir, France culture, 2 sept. 2012.

se perfectionne à l'inverse d'une croyance. En ce sens, Émile Durkheim, qui, quant à ces problématiques épistémologiques, est un autre guide, ne manquait pas d'expliquer : « Sans doute plus d'une proposition nous est contestée. Mais nous ne saurions ni nous étonner ni nous plaindre de ces contestations salutaires ; il est bien clair, en effet, que nos formules sont destinées à être réformées dans l'avenir »[461]. Enfin, évoquer la discussion tout en convoquant Montaigne donne l'occasion de souligner que la pensée critique est aussi une pensée qui sait engager le débat avec le lecteur, qui sait l'amener, le plus souvent, si ce n'est à chaque instant, à douter, à forger sa propre analyse, à aiguiser son sens critique, à interroger sans cesse la pertinence et la légitimité de ce qu'il lit. Un travail de recherche appartient au moins autant à ses lecteurs qu'à son ou ses auteur(s).

La recherche critique, si elle veut engendrer des résultats pertinents, doit emprunter le chemin de la discussion. Elle ne peut qu'aller de pair avec une pensée non figée et gravée dans le marbre mais évolutive, plurielle, en mouvement et, même, hésitante, comme l'était la pensée de Montaigne. La fin ultime de la science est de faire disparaître toute possibilité de contradiction et de discussion ; seulement un savoir scientifique total et fini est-il bien illusoire, *a fortiori* parmi les sciences du droit. Si le droit pouvait donner lieu à des vérités scientifiques de même qualité que celles qui se retrouvent chez les sciences naturelles, il serait possible d'arrêter définitivement certaines théories. Mais la fin des certitudes doit concerner en premier lieu la recherche juridique et il est impératif, autant que de s'ouvrir à la discussion, à la contradiction et à la controverse, de s'ouvrir à l'évolution — laquelle n'est que la suite logique de la discussion — et d'ériger le doute et la modestie en cadres structurants de la recherche et de la pensée juridiques. Cette acceptation nécessaire du changement au sein du corpus des connaissances juridiques n'est pas anodine à l'heure où d'aucuns décrivent encore une « scène académique qui sait se complaire dans l'auto-satisfaction et dans le consensus sur une idéologie dominante, qui refuse que soient dérangées les certitudes établies et dont il ne fait pas bon se démarquer »[462].

---

[461] É. Durkheim, *Les règles de la méthode sociologique*, 2e éd. (1937), Puf, coll. Bibliothèque de philosophie contemporaine, 1973, p. XI.

[462] S. Launay, « La théorie réaliste est-elle morte pour cause de “mondialisation” ? », in G. Demuijnck, P. Vercauteren, dir, *L'État face à la globalisation économique – Quelles formes de gouvernance ?*, Sandre, 2009, p. 53-54.

La libre discussion, accompagnant l'examen objectif et empirique de la réalité des faits, permettrait d'affiner continuellement les connaissances, à la manière d'un Pierre-Joseph Proudhon qui en vint à revoir complètement sa position quant à la propriété privée[463]. Ou suivant l'exemple d'Albert Camus qui, dans sa polémique avec François Mauriac sur la question de l'épuration après la Seconde Guerre mondiale, reconnut dès 1947 que c'était son adversaire qui avait raison[464]. C'est pourquoi une marque de l'humanisme juridique serait son évolutionnisme ou darwinisme. Le droit peut-il s'engager sur ce chemin de l'évolutionnisme ou darwinisme, acceptant la propension au changement de tous les aspects du droit et par suite du savoir sur le droit ? Il s'avère, au moins à l'échelle française, qu'il ne le fait guère. Et il ne semble pas prêt à le faire, préférant s'appuyer sur diverses rigidités donnant l'impression d'un droit et d'une science du droit gravés dans le marbre. C'est ainsi que Paul Amselek peut noter combien « les juristes n'envisagent pas un seul instant que les choses pourraient être autrement qu'elles sont »[465]. Pourtant, le juriste humaniste gagera que le savoir juridique devrait évoluer à mesure que le droit effectif évolue et, plus largement, à mesure que la société évolue. La pensée juridique d'aujourd'hui ne saurait dès lors être identique à celle d'hier. Qu'on se souvienne que François 1er créa le Collège de France pour réformer l'enseignement face à une Sorbonne trop sclérosée, trop peu ouverte aux changements de l'époque et aux nouvelles techniques. C'est pourquoi, en 1530, le « maître de librairie » du roi, le grand traducteur d'œuvres antiques Guillaume Budé, lui suggéra d'instituer un collège de

---

[463] La propriété privée est indispensable à l'émancipation individuelle, selon la théorie de la propriété de Proudhon, un texte fort éloigné de ses affirmations de jeunesse telles que « la propriété c'est le vol ». Pour le penseur anarchiste, la propriété est « la plus grande force révolutionnaire qui existe » car elle coupe tout lien de dépendance envers le pouvoir politique et permet ainsi à chacun de développer, dans la sécurité d'un chez soi, une personnalité propre, même en opposition à l'esprit du temps. Et d'écrire encore que, « pour que le citoyen soit quelque chose dans l'État, il ne suffit pas qu'il soit libre de sa personne. Il faut que sa personnalité s'appuie, comme celle de l'État, sur une portion de matière qu'il possède en toute souveraineté ».

[464] Les tribunaux étaient inéquitables et, s'il faut faire passer la justice avant le pardon, ce ne doit pas être aux dépens du droit.

[465] P. Amselek, « L'étonnement devant le droit », *Arch. phil. droit* 1968, p. 169.

« lecteurs royaux ». Des humanistes payés par le roi furent chargés d'enseigner les disciplines que l'université de Paris ignorait.

Jacques Cujas, par exemple, qui promut au XVIe siècle une forme d'humanisme historiciste, défendait une vision du droit amplement marquée par l'idée d'évolution, par la conscience du changement, de son inéluctabilité et de sa nécessité. Cujas encouragea ainsi un mode de pensée reposant sur la chronologie, sur la distinction entre des périodes séparées par des ruptures, opposées en raison des changements affectant la culture ou la civilisation. Ainsi est-ce l'humanisme qui « a répandu le thème de la succession, au cours de l'histoire, de civilisations changeantes, mortelles, et la croyance qu'à l'Antiquité, si brillante dans le domaine du droit, de la philosophie et des arts, c'était substitué un Moyen-Âge décadent et barbare »[466]. Les lois romaines ont dès lors pu être comprises comme les fruits d'une société donnée, temporellement et géographiquement située. On ne l'étudia plus tel le dieu du droit auquel il faudrait vouer un culte éternel mais comme un corpus de textes issu d'un peuple certainement doué dans l'art de légiférer, mais qui ne saurait avoir vocation à régir l'ensemble des conduites humaines sur Terre, valable pour tous les lieux et tous les temps. L'esprit historique des humanistes était aussi un relativisme, ce qui conduit Jacques Cujas et d'autres à refuser le caractère providentiel et universel qu'on avait souhaité accoler au droit romain au Moyen-Âge. Avec l'humanisme juridique, le droit romain est redevenu humain[467].

Christian Atias relevait combien les universitaires-juristes sont « naturellement conservateurs »[468] et combien « être conservateur serait même pour le juriste une qualité indispensable »[469] ; tandis que Georges Gurvitch, il y a maintenant de nombreuses années, notait déjà à quel point les transformations de la technique et de la pensée juridiques s'accomplissent « avec infiniment plus de difficulté et de lenteur que les variations de l'expérience juridique et de la réalité du droit »[470] et à quel point la science du

---

[466] J.-L. Thireau, « Humaniste (Jurisprudence) », in D. Alland, S. Rials, dir., *Dictionnaire de la culture juridique*, Puf, coll. Quadrige dicos poche, 2003, p. 796.
[467] *Ibid.*, p. 797.
[468] Ch. Atias, *Épistémologie juridique*, Dalloz, coll. Précis, 2002, p. 148.
[469] *Ibid.*
[470] G. Gurvitch, *L'expérience juridique et la philosophie pluraliste du droit*, Pedone, 1935, p. 86.

droit est frappée par « un retard perpétuel, non seulement sur l'expérience juridique, mais aussi sur la philosophie du droit et sur la sociologie juridique »[471]. Georges Gurvitch observait également que « les juristes ont une tendance invétérée au dogmatisme et au conservatisme »[472] et que « la croûte conceptuelle particulièrement épaisse caractérisant toute technique juridique conduit à "momifier" les catégories et les formules employées, ce qui provoque de grandes lenteurs et de graves difficultés d'adaptation »[473]. Le constat opéré par l'illustre sociologue est-il encore valable aujourd'hui ? L'humanisme juridique serait en tout cas un moyen de faire en sorte qu'il le soit de moins en moins en désinhibant la recherche juridique.

Le savoir se développerait à mesure que les doutes remplaceraient les convictions et les certitudes[474], les doutes autorisant l'évolution au contraire des convictions et des certitudes qui, en tant que manifestations du dogmatisme, semblent forcément hostiles à toute remise en cause. C'est pourquoi, au-delà de sa pertinence et de sa légitimité objectives relativement aux données factuelles recueillies, le succès d'une nouvelle théorie ou autre proposition juridique dépendrait étroitement de la disposition du public des juristes à l'accueillir sans préjugé conservateur ou conformiste. Aussi l'appel humaniste lancé à l'acceptation du changement en droit ne s'adresse-t-il pas uniquement au chercheur qui écrit ; il s'adresse aussi et peut-être surtout au chercheur qui lit. Il concerne l'ensemble de la doctrine juridique et même l'ensemble des juristes. Il deviendrait nécessaire de se donner les moyens de ne jamais rejeter une nouveauté quelconque par réflexe au seul motif qu'elle présente ce caractère de nouveauté.

59. Ouverture et pluridisciplinarité. La jurisprudence humaniste se caractérisait par le goût pour la littérature et la philosophie antiques et par une conception théorique et historique du droit. Les premiers juristes humanistes interprétaient les textes juridiques en les confrontant systématiquement avec les œuvres littéraires de Cicéron, Sénèque ou Plutarque, cela parce qu'ils y trouvaient d'intéressants éléments

---

[471] *Ibid.*

[472] G. Gurvitch, *Éléments de sociologie juridique,* Aubier, 1940, p. 8.

[473] *Ibid.*, p. 9.

[474] Il faut rappeler, avec Montaigne, que « nous progressons dans le savoir quand nous remplaçons une conviction par un doute » (M. De Montaigne, *Les essais,* Abel Langelier, 1588, L. III, chap. 8).

d'information et de comparaison, mais aussi parce que, dans leur esprit, le droit ne pouvait être appréhendé tel un domaine clos, fermé sur lui-même, car il était, à l'instar de la philosophie ou de la littérature, l'une des composantes de la culture, de la civilisation, si bien qu'il ne pouvait être pertinemment compris qu'en le mettant en étroite relation avec les autres composantes[475].

Maurice Hauriou pouvait regretter que son « emploi d'une méthode d'observation des faits tellement positive, tellement rigoureuse, tellement sincère » amenait nombre de ses contemporains à « ne pas en comprendre les exigences parce qu'ils s'attend[aient] à des systèmes achevés et que [ses] travaux n'[étaient] en réalité que les bulletins successifs d'un laboratoire de recherches »[476]. Le juriste humaniste, quant à lui, comprendrait ces exigences. Plus encore, il les ferait siennes. Mais encore faut-il, puisque le droit est une réponse, bien comprendre la question. Si cette question est formulée de façon imprécise et incomplète, la réponse sera forcément elle-même imprécise et incomplète. Or cette question n'est qu'en partie juridique. Elle est aussi anthropologique, sociologique, économique etc.

L'humanisme juridique suppose donc l'ouverture des sciences du droit aux autres disciplines. En effet, il paraît important d'inclure dans l'analyse les enseignements issus des autres sciences sociales dès lors que ceux-ci permettent de mieux comprendre le droit[477]. Aussi, du côté de l'École de Bruxelles, a-t-on pris l'habitude de s'intéresser aux données classiquement considérées comme non pertinentes d'un point de vue juridique : commentaires dans la presse, opinion publique, stratégies des entreprises, conséquences économiques etc. L'interdisciplinarité est ainsi justifiée par la volonté d'étudier le droit « en contexte »[478]. Les professeurs attachés à cette

---

[475] J.-L. Thireau, « Humaniste (Jurisprudence) », in D. Alland, S. Rials, dir., *Dictionnaire de la culture juridique*, Puf, coll. Quadrige dicos poche, 2003, p. 796.

[476] M. Hauriou, *Principes de droit public à l'usage des étudiants en licence et en doctorat ès sciences politiques*, 2e éd., Librairie du Recueil Sirey, 1916, p. XXVI.

[477] En effet, il est évident que « le droit est le reflet et le moteur du changement social » car « le droit détermine les changements sociaux qui déterminent le droit etc. » (J. Chevallier, « Le regard de Jacques Chevallier », *RIEJ* 2013, n° 70, p. 60).

[478] En ce sens, il est remarquable que la *Revue interdisciplinaire d'études juridiques*, qui est en quelque sorte l'« organe » de l'École de Bruxelles, a été en 2013 rebaptisée *Revue interdisciplinaire d'études juridiques – Droit en contexte*, cela afin

école expliquent que « la culture juridique s'enracine dans la culture générale d'une communauté plus vaste que celle des seuls juristes, de sorte que celle-là ne peut se penser ni s'enseigner dans l'ignorance de celle-ci. Cette conviction anime notre Faculté depuis longtemps, dont les programmes font la part belle aux enseignements généraux de philosophie, de sociologie, de psychologie, d'histoire et d'économie. On sait par ailleurs que ces disciplines ont développé sur le droit un regard "externe" et critique, qui dévoile les présupposés et les mythes sur lesquels repose la culture juridique — ainsi que les institutions qui la dispensent. Elles ont donc un potentiel émancipatoire évident. C'est pourquoi il faut résolument exposer nos étudiants à ces regards perçants, seuls à même de les dessiller sur la réalité du droit, de les mobiliser face aux injustices, et de leur offrir une compréhension globale du phénomène juridique »[479].

Plus exactement, l'idée de *« contextualisation » du droit* signifie qu'il faudrait étudier non les normes et institutions dans leur validité et leur caractère officiel mais dans leurs réalités et leurs effets concrets, ce qui implique de s'ouvrir à de nombreux aspects extra-juridiques. Toute nouvelle règle de droit a des conséquences sociales, économiques, morales etc. qui sont parfois celles qui étaient attendues mais aussi parfois différentes de celles attendues. Or, d'ordinaire, les juristes ont peu d'égards pour ces effets des normes dès lors qu'ils excèdent le cadre du droit *stricto sensu*. La norme influence le milieu social dans lequel elle prend place, mais ce milieu social, en retour, influence également la norme en fonction de sa réception, il infléchit son sens et sa portée, aspect que l'étude du droit « en contexte » invite à prendre en considération.

---

de souligner davantage son attachement à l'étude du droit tel qu'il se donne à voir en pratique, donc son orientation pragmatique.

[479] Séminaire interdisciplinaire d'études juridiques, « De futurs juristes libres et responsables ! Manifeste pour la formation en droit », *RIEJ* 2016, n° 76, p. 171. Et d'ajouter : « Si l'on espère former des juristes capables de puiser à toutes les sources pour forger des solutions adaptées aux questions de demain, il faut leur indiquer la voie à suivre en leur montrant comment peuvent se répondre, par exemple, le droit, la philosophie, la littérature et la psychologie sur un objet donné. Dans cette perspective, notre faculté propose des cours de droit positif intégrant les explications et les évaluations tirées des sciences humaines qui en enrichissent l'intelligibilité » (*ibid.*).

Les normes et institutions sont essentiellement des phénomènes sociaux pris dans des processus sociaux. Le droit ne saurait par conséquent se comprendre qu'à l'aune de ses conditions sociales d'émergence et de ses effets concrets. Cela invite au « nomadisme disciplinaire », ainsi qu'au surpassement des frontières académiques. Un regard purement juridique ne saurait permettre de comprendre véritablement le droit. En particulier, le droit étant, du point de vue humaniste, intimement lié aux faits sociaux, étant à la fois le reflet et le moteur du changement social, et étant même fait social lui-même, les sciences du droit seraient appelées à se tourner largement vers la sociologie[480]. Mireille Delmas-Marty témoigne de ce besoin d'ouverture à tous les aspects du droit et de son environnement en décrivant le monde juridique tels des nuages qui changent de forme en permanence. L'important, ce sont alors les vents qui les poussent et les déforment en permanence. C'est pourquoi elle regrette l'attitude de beaucoup de juristes, surtout en France, qui face aux nouveaux enjeux et phénomènes actuels continuent à se focaliser sur la Constitution, la loi et la jurisprudence, alors que le droit se fait aussi et peut-être surtout dans d'autres cadres[481]. Mireille Delmas-Marty souligne combien, dans ses travaux de juriste, elle a toujours eu peur de s'éloigner du monde réel, de perdre le contact, tant le monde des juristes peut vite devenir artificiel, fictif[482]. Ceux qui ne font que du droit pur sont comme dans un monde parallèle, déconnectés de la réalité. Par exemple, si vous faites un micro-trottoir pour demander aux gens si le RGPD leur a changé la vie, la plupart ne saurons pas ce dont il s'agit et d'autres diront simplement qu'il est contraignant de devoir cliquer sur « j'accepte » à chaque nouvelle

---

[480] Ainsi, en France, les professeurs de droit peuvent-ils aujourd'hui encore observer combien « la formation actuelle des jurisconsultes est toujours refermée sur la pure technique juridique et il existe toujours des réticences considérables à l'idée selon laquelle seule l'interdisciplinarité permettrait de former de bons juristes. Les juristes ont donc toujours tendance, dans leur raisonnement, à procéder par abstraction, à interpréter les dispositions normatives de façon déconnectée des réalités sociales. […] On constate donc une permanence des méthodes juridiques et un enfermement persistant des études juridiques sur la technique » (J.-P. Chazal, « Léon Duguit et François Gény – Controverse sur la rénovation de la science juridique », *RIEJ* 2010, n° 65, p. 132).

[481] M. Delmas-Marty, cours au Collège de France, 2012.

[482] *Ibid.*

page web ouverte. Le gouffre par rapport aux discours des juristes apparaît alors de façon évidente.

Cela est d'autant plus vrai qu'on a largement compartimenté le droit lui-même : non seulement on ne doit faire que du droit à l'exclusion de toute autre approche, mais en plus il faut choisir entre droit public et droit privé, entre droit interne et droit international, et finalement opter pour une branche du droit donnée : droit administratif, droit constitutionnel, droit des obligations, droit de l'environnement, droit du numérique etc. La recherche universitaire, surtout en droit, est faite pour les jusqu'au-boutistes, qui dissèquent dans ses moindres détails un point infime de la carte des possibles, tandis que les « dispersistes »[483] sont exclus, leur curiosité et leur éclectisme leur étant reprochés en tant que défauts incompatibles avec le monde universitaire. L'enfermement dans une cellule étroite de connaissances et de compétences est pourtant inacceptable pour des humanistes. De plus en plus, toute réalité, y compris réalité juridique, est transversale. Sans doute faut-il maîtriser la technique car si on ne comprend pas techniquement comment le droit fonctionne, il sera délicat de se prononcer pertinemment à son sujet. Mais il faut la dépasser et accepter la complexité, soit l'enchevêtrement des domaines de la connaissance[484].

Ensuite, la pluridisciplinarité n'existe bien sûr que du point de vue des objets et non des méthodes qu'on ne saurait toutes maîtriser. S'agissant d'un sujet tel que l'intelligence artificielle et la question de son encadrement juridique, on est nécessairement conduit à interroger l'homme (anthropologie), la société (sociologie), l'économie, mais aussi la philosophie. Finalement, on se rapproche d'un Claude Lévi-Strauss qui expliquait s'intéresser à « la totalité de la terre habitée » au moyen d'une méthode qui « rassemble des procédés qui relèvent de toutes les formes du savoir »[485]. Et l'on peut s'inspirer des sciences de l'information et de la communication qui sont en soi pluridisciplinaires. Si elles ont pour objet l'étude de l'information et de la communication, elles font appel à plusieurs disciplines. L'information et la communication constituent ainsi un objet de connaissance interdisciplinaire,

[483] Terme utilisé à son propre sujet par Pablo Servigne.

[484] É. Morin, *La méthode*, Le Seuil, 2008.

[485] C. Lévi-Strauss, *L'anthropologie face aux problèmes du monde,* Le Seuil, coll. La librairie du XXIe siècle, 2011, p. 50.

au carrefour des disciplines traditionnelles et des savoirs récents. Les sciences de l'information et de la communication se déclinent ainsi en dix disciplines : philosophie, économie, droit, science politique, histoire, anthropologie, sociologie, géographie, linguistique et psycholinguistique[486]. La dimension foncièrement anthropologique de la communication interdit tout réductionnisme disciplinaire. N'en va-t-il pas de même s'agissant du droit et, plus encore, du droit de la communication ? Les humanités numériques pourraient dès lors inspirer les études et recherches juridiques, lesquelles pourraient les intégrer en retour. Ces humanités numériques désignent l'application du savoir-faire des technologies de l'information aux questions de sciences humaines et sociales. Surtout, elles favorisent le dialogue entre les disciplines : il ne s'agit pas uniquement d'une mise à disposition d'outils dans les champs des sciences humaines, mais d'un mouvement fédérateur visant à renouveler les pratiques savantes, tout en réconciliant la recherche et la demande sociale. Les nouvelles technologies, avec d'autres phénomènes contemporains, sont une invitation à délaisser la monodisciplinarité au profit de la pluridisciplinarité[487], ce que l'humanisme fait depuis longtemps.

Le problème de la possibilité épistémologique de travaux tout à la fois juridiques et interdisciplinaires a donné lieu à d'interminables controverses, dans différents pays et notamment aux États-Unis où a été renversée la représentation formaliste du droit qui prévalait auparavant. Le *Legal Realism* et, en particulier, sa branche la plus radicale — le mouvement *Critical Legal Studies* — ont introduit les questions économiques, sociales, politiques et culturelles dans l'analyse et l'enseignement du droit. De même le mouvement

---

[486] D. Wolton, *Internet, et après ? Une théorie critique des nouveaux médias*, Flammarion, coll. Champs essais, 2010, p. 230.

[487] On peut, par exemple, suivre le chemin de l'ethnotechnologie, c'est-à-dire l'étude des interactions entre société et technologie. La transition de la civilisation industrielle à la civilisation cognitive chamboule les métiers et les pratiques sociales, y compris juridiques. La question de savoir comment les techniques transforment les sociétés a fondé les débuts de la réflexion ethnotechnologique dans les années 1970. Cette analyse part d'un double constat : la société produit la technique, puis, si elle est adoptée, cette technique se répand et transforme la société. L'ethnotechnologie s'attache autant à l'influence de la technique sur la société qu'à celle de la société sur la technique. *Cf.* Th. Gaudin, dir., *L'empreinte de la technique – Ethnotechnologie prospective*, L'Harmattan, coll. Prospective, 2010.

droit et littérature est un appel à l'interdisciplinarité. Apparu comme domaine disciplinaire particulier dans le cadre des *Schools of Law* américaines des années 1970, avec l'aspiration à limiter les excès du formalisme qui marquaient la réflexion juridique, ce mouvement est foncièrement interdisciplinaire en faisant de la littérature une interprète authentique des besoins et des aspirations des individus comme de la société[488]. Comme les économistes du droit et d'autres encore, cette ouverture est la marque de ceux qui ne se satisfont pas d'un rôle de purs exégètes de la volonté du pouvoir politique en place. Or de semblables positions sont traditionnellement celles des humanistes.

Selon une parole d'Héraclite, « les hommes éveillés ont un seul univers, qui est commun, alors que chacun des dormeurs s'en retourne dans son monde particulier »[489]. Tout confinement intellectuel serait donc un aveuglement ou une amputation de l'esprit. Pourtant, le monde académique et spécialement les facultés de droit privilégient l'isolement disciplinaire. Les recherches pluridisciplinaires avec le droit demeurent rares. L'humanisme juridique oblige donc à dépasser le cloisonnement, à réintroduire le droit dans son environnement pour mieux le comprendre, en lien avec tous ces éléments non juridiques qui le font être ce qu'il est plutôt qu'autre chose. Sans doute est-il vrai que « les juristes sont les grands champions de l'enfermement disciplinaire »[490]. Du point de vue des autres disciplines, le droit peut apparaître tel « un ensemble peu convivial »[491]. Aussi de plus en plus de pensées juridiques dissonantes, constatant que « les juristes dogmatiques perpétuent la contemplation narcissique »[492], regrettent-elles l'enclavement de la science du droit. Des auteurs, encore minoritaires, soutiennent que leurs

---

[488] P. Carta, « L'humanisme juridique du XXe siècle », *Droit et littérature* 2005, n° 5, p. 13.

[489] Th. Gaudin, *La prospective*, 2e éd., Puf, coll. Que sais-je ?, 2013, p. 122.

[490] A. Supiot, « État social et mondialisation : analyse juridique des solidarités », Leçon inaugurale au Collège de France, 29 nov. 2012.

[491] A.-J. Arnaud, « Le droit, un ensemble peu convivial », *Dr. et société* 1989, n° 11, p. 81 s.

[492] A.-J. Arnaud, *Critique de la raison juridique – 2. Gouvernants sans frontières – Entre mondialisation et post-mondialisation*, LGDJ, coll. Droit et société, 2003, p. 368.

travaux gagneraient en profondeur, en hauteur de vue, en précision et en portée s'ils s'ouvraient à l'interdisciplinarité.

À l'heure où la science du droit est, parmi les diverses sciences humaines et sociales, celle qui tarde le plus à s'ouvrir à l'interdisciplinarité, pour des raisons scientifiques mais aussi pour des raisons corporatistes, l'humanisme juridique montre combien les autres points de vue sur l'homme et sur la société peuvent apprendre beaucoup aux juristes quant à leur objet et même quant à eux-mêmes. Le droit ne saurait être bon, légitime ou efficace, et donc voué à se maintenir en l'état, en soi. Ses qualités et défauts dépendent de facteurs sociaux, culturels, anthropologiques, économiques, historiques, politiques et technologiques. L'interdisciplinarité étant ainsi essentielle, le droit constitue l'objet mais pas le cadre scientifique de l'humanisme juridique. Le droit joue un rôle prépondérant à l'égard de la société, de l'économie, de l'histoire, des cultures, de la politique ou encore des technologies. Inversement, la société, l'économie, l'histoire, les cultures, la politique et les technologies impactent la forme et le fond du droit. Ce dernier interagit avec le monde extérieur, évolue en même temps que lui, à cause de lui ou pour lui. Comprendre le droit implique donc d'étudier au moins autant des éléments non juridiques que des éléments juridiques. Et, dans l'idéal, l'approche interdisciplinaire devrait confiner à l'approche adisciplinaire, cela afin de débarrasser les travaux des divers biais disciplinaires qui filtrent et déforment la réalité. L'humanisme juridique, foncièrement ouvert et pluridisciplinaire, questionne donc le repli sur soi des juristes. Peut-être, à l'instar de l'usage du plan en deux parties, n'existe-t-il qu'en vertu du poids des traditions. Aussi l'humanisme juridique oblige-t-il à évaluer la légitimité et l'utilité de la fermeture épistémologique et méthodologique qui est l'une des marques de fabrique de la science du droit « à la française ».

II. L'humanisme juridique, une boussole pour sortir du pot au noir robotique

60. Penser autrement la technique grâce au droit. Dans un ouvrage récent intitulé *Sortir du pot au noir – L'humanisme juridique comme boussole,* Mireille Delmas-Marty fait de l'humanisme juridique le cadre pertinent dans lequel penser le droit d'aujourd'hui et de demain, pour répondre aux multiples défis qui se posent aux sociétés et à leurs modes de régulation. Elle décrit pourtant cet humanisme juridique tel un mythe qui se meurt, incapable de légitimer les réponses de la société aux problèmes fondamentaux qui lui sont posés et de se transformer et renaître pour affronter le monde contemporain[493]. Au milieux des néohumanistes, posthumanistes et transhumanistes, on suivra ici la voie de l'humanisme juridique afin de penser la rencontre du droit et des IA, du droit et des robots. Alors que l'homme et la société tendent à se robotiser, le droit a vocation à tracer la limite entre la robotisation bonne et donc permise et la robotisation dangereuse et donc interdite.

Le droit, plus qu'autre chose, peut nourrir le bien commun. Il faut relativiser la relativité du droit, sa diversité à travers le monde, malgré qu'il soit livré à la violence, au repli sur soi, aux guerres et aux compétitions, et se donner pleinement à l'humanisme juridique afin de construire une communauté de valeurs, une communauté de sens humain sous la forme des droits de l'homme, concrétisation dans les textes de l'humanisme juridique[494]. Il ne s'agit pas de supprimer toutes les différences et toutes les cultures, mais, face à des défis globaux et prospectifs tels que ceux posés par l'IA, de comprendre qu'il faut penser le droit bien avant de penser le droit français, le droit américain, le droit chinois ou le droit européen — comme il faut penser l'homme avant de penser le français, l'américain, le chinois ou l'européen.

---

[493] M. Delmas-Marty, *Sortir du pot au noir – L'humanisme juridique comme boussole,* Buchet-Chastel, 2019, p. 43.
[494] M. Delmas-Marty, *Les forces imaginantes du droit – Vers une communauté de valeurs ?,* Le Seuil, coll. La couleur des idées, 2011.

L'humanisme juridique, peu connu et encore moins soutenu aujourd'hui, pourrait être la voie à suivre pour réimaginer le droit, un droit pluriel et ouvert ne cherchant pas l'uniformité mais le pluralisme ordonné[495] — pour qu'il y ait du commun, il faut des différences compatibles —, et éviter qu'il ne se laisse totalement déborder par les phénomènes transnationaux. Au XVIe siècle, alors que les États-nations naissaient à peine et déjà s'affrontaient dans des guerres meurtrières, Erasme (le « prince des humanistes ») lança cet appel : « L'Anglais est l'ennemi du Français uniquement parce qu'il est français, le Breton hait l'Écossais simplement parce qu'il est écossais ; l'Allemand est à couteaux tirés avec le Français, l'Espagnol avec l'un et l'autre. Quelle dépravation ! »[496]. Quant à Montaigne, il faisait lui-aussi montre d'un humanisme cosmopolitique et disait : « J'embrasse un Polonais tout comme un Français, car je place le lien national après le lien universel, celui qui est commun à tous les hommes »[497]. Et l'auteur des *Essais* d'opposer la barbarie des « civilisés » et des colonisateurs du Nouveau Monde à l'innocent bonheur des cannibales, tout proches de l'état de nature : « Nous les pouvons donc bien appeler barbares, eu égard aux règles de la raison, mais non pas eu égard à nous, qui les surpassons en toute sorte de barbarie »[498]. Poursuivant cette soif de tolérance et d'ouverture, il est plus que temps de voir chez l'autre non un noir, un arabe, un musulman, un chinois ou un étranger mais un homme. Ensuite, il reste à défendre cet homme contre toutes les menaces de déshumanisation.

Les hommes politiques et les médias colportent en permanence l'idée que la technique serait toujours en avance sur la société, sur la politique et sur le droit et que ces derniers devraient suivre et s'adapter, sous peine de se retrouver irrémédiablement « en retard ». L'humanisme juridique, au contraire, est un point de vue qui redonne à la politique et au droit leur noblesse, considérant que ce serait surtout à la technique de s'adapter aux conditions de la justice. D'ailleurs, historiquement, c'est davantage l'histoire économique, sociale et culturelle qui donne son sens à l'histoire technique que l'inverse. Il faut donc prendre garde à ne pas se laisser berner par les

---

495 M. Delmas-Marty, *Les forces imaginantes du droit – Le pluralisme ordonné*, Le Seuil, coll. La couleur des idées, 2006.
496 Erasme, *Plaidoyer pour la paix*, Arléa, 2005.
497 M. De Montaigne, *Les essais*, 1580, L. III, chap. 9.
498 *Ibid.*, L. I, chap. 31.

discours du « retard », par la thématique de la course au progrès technique. On peut très bien faire le choix d'une autre course : celle des droits humains. Il n'est pas vrai que, de tout temps et maintenant plus encore, la technique est le guide et la société, avec la politique et le droit, doivent suivre et s'adapter. On assiste à une domination de l'idéologie technique, fascinante et séduisante, qui semble devoir tout écraser sur son passage. La technique changerait la vie et les relations ; et ce serait forcément un bien. En face, l'humanisme juridique doit défendre ses intérêts : ceux de l'humain et du social.

Un enjeu majeur pour l'humanisme juridique est de parvenir à se faire une place parmi les trois discours, aux origines différentes mais aux contenus convergents, qui dominent outrageusement le paysage médiatique comme le paysage scientifique : celui des entrepreneurs, celui des journalistes et celui des hommes politiques. Leurs positions quant au besoin d'être les premiers uniquement dans la course aux innovations techniques et à la création de start-up font oublier que d'autres considérations mériteraient d'être intégrées à la réflexion. Le discours des sciences sociales, en particulier, pourrait se faire un peu plus entendre. Les sciences sociales, dont le droit et dont l'humanisme juridique, ne détiennent pas plus que d'autres la vérité. Mais, pas plus que d'autres, elles ne méritent d'être réduites au silence face à l'enjeu de la prospérité économique. Au moins peut-on admettre que, pour sauver une certaine conception de la technique en même temps que de l'homme, il faut les penser et ne pas se jeter à corps perdu sur la moindre innovation. La logique des connaissances sociales et humaines se serait donc pas de trop, aux côtés des logiques économique, politique et médiatique. La mode et le conformisme tendent à renforcer la pensée unique, celle selon laquelle plus on se développe techniquement, plus on se développe économiquement et plus on se développe humainement et socialement. D'autres valeurs sont possibles et, peut-être, nécessaires. L'humanisme juridique et les droits de l'homme doivent permettre de les imaginer et les discuter. Le progrès technique en général et l'IA en particulier peuvent être de formidables accélérateurs de pensée. On ne demande pas à un chercheur de penser comme un entrepreneur, un homme politique ou un journaliste. On ne demande pas à un homme de penser comme un entrepreneur, un homme politique ou un journaliste. Le regard du chercheur et le regard de l'homme doivent être différents. Sur des sujets où tout va très vite, où tout se standardise, alors qu'on craint que le temps de penser soit du temps perdu dans la compétition techno-économique,conserver un peu de place pour une réflexion théorique et un peu de distance critique est un enjeu vital. Telle est la fonction en général de la recherche qui, par définition, consiste à aller au-delà de ce qui est évident et visible pour penser autrement et produire des connaissances. Tel est le rôle en particulier de l'humanisme juridique. Les techniques, avec leurs performances, chaque jour plus bluffantes, sont évidemment ce qu'il y a de plus spectaculaire, mais les chercheurs savent normalement se garder de l'attirance immédiate pour le spectaculaire, considérant que l'essentiel serait surtout les effets humains et sociétaux, les conséquences sur le système social et culturel.

61. L'humanité, premier critère pour juger la technique. « Je n'ai pas envie d'être en génie, ayant déjà bien assez de mal à être un homme », expliquait Albert Camus[499]. Il est, en effet, peut-être plus aisé d'être un génie que d'être un homme. L'humanité n'est pas à la portée de tout le monde, loin de là. Être un homme, être humain, c'est un ensemble de savoir-être et de valeurs que seuls les plus sages, les premiers des philosophes, sont capables d'acquérir. Pour autant, si l'humanité demeure peu commune, peu partagée, le rôle du droit, parmi d'autres, est de contribuer au développement de l'humanité. Face à des phénomènes, éventuellement techniques, qui déshumanisent, il doit servir de garde-fous. Pour l'humanisme juridique, l'humanité est le guide du droit, le critère cardinal à l'aune duquel construire les règles pour, par exemple, gouverner la technique.

L'humanisme est plus que jamais nécessaire face à une réalité dont les transformations sont de plus en plus rapides et de plus en plus globales[500]. L'IA pourrait ainsi aboutir à rien de moins qu'une redéfinition de l'homme. Elle interroge donc en profondeur la notion d'humanité. Elle oblige les humanistes, et en particulier les juristes humanistes, à entrer en action. À l'échelle du monde, il faut choisir un cap. Et, pour choisir un cap, posséder une boussole. L'humanisme est cette boussole. L'homme, c'est la direction à suivre. Tandis que, sur la rose des vents de la mondialisation, les vents

---

[499] A. Camus, « Carnets 1949-1959 », in *Œuvres complètes IV*, Gallimard, coll. Bibliothèque de la Pléiade, 2008, p. 1087.

[500] A. Peters, *Humanisme, constitutionnalisme, universalisme – Études de droit international et comparé*, Pedone, 2019.

principaux (sécurité, compétition, liberté, coopération) et les vents entre les vents (exclusion, innovation, intégration, conservation) se combinent maladroitement, donnant lieu à de dangereuses tempêtes, les humains se trouvent déboussolés[501]. Dès lors, on peut craindre qu'ils s'engagent aveuglément dans de nouveaux totalitarismes et de nouvelles servitudes. On peut redouter aussi bien le repli sur l'état-nation que l'abandon au tout numérique. Même les États occidentaux, qui se pensaient à l'abri de leurs démocraties, comprennent qu'ils sont fragiles, faibles face à des puissances hier encore insoupçonnées et dans un monde devenu interdépendant à mesure que se développe cette mondialisation qu'ils ont eux-mêmes inventée. Les États-nations et les droits nationaux, aujourd'hui, ne sont plus que des refuges précaires, temporaires et illusoires. De plus en plus impuissants face à des phénomènes comme les inégalités économiques, le dérèglement climatique, le désastre humanitaire des migrations ou les nouveaux moyens mondiaux de communication, ils sont sommés de réfléchir aux moyens d'un droit mondial.

Celui-ci, on le sait bien, restera pour longtemps encore utopique. Mais il ne s'agira pas ici d'interroger les moyens du droit. L'humanisme juridique s'intéresse essentiellement au contenu du droit, aux valeurs qui peuvent l'inspirer, aux règles du droit prospectif. La légistique et la géopolitique — essentielles, indispensables — sont un autre sujet. On ne se demandera pas comment construire la boussole, comment construire le navire ni quel chemin emprunter. On se concentrera sur la question de la direction à suivre, de la destination à atteindre. Peut-être cette destination est-elle inaccessible et le voyage utopique, cela ne saurait interdire de s'y consacrer. L'homme ne sera peut-être jamais vraiment humain, on peut néanmoins interroger l'humanité de l'homme.

Or l'humain est déjà celui qui est libre. Et il n'y a pas de liberté sans pouvoir de dire ce qui est juste et injuste. L'humanisme juridique défend, comme valeur la plus supérieure, la liberté. Ensuite, celle-ci doit bien sûr se concilier avec de nombreux autres principes. Le « sens de l'histoire », aujourd'hui, est peut-être davantage le progrès technique et le progrès économique que le progrès humain et social. Comme l'a décrit Camus, « l'histoire n'est qu'une

---

[501] M. Delmas-Marty, *Sortir du pot au noir – L'humanisme juridique comme boussole*, Buchet-Chastel, 2019, p. 89.

ombre fugace et cruelle où l'homme n'a plus sa part. Qui se donne à cette histoire ne se donne à rien et à son tour n'est rien. Mais qui se donne à la maison qu'il défend, à la dignité des vivants, celui-là se donne à la Terre et en reçoit la moisson qui encemence et nourrit »[502]. Contre le vent de l'histoire, on peut préférer l'homme, sa dignité et sa liberté, qui ne font qu'un. C'est cette boussole, plutôt que la boussole de l'histoire, qui peut nous servir à nous orienter dans l'océan de la mondialisation numérique. Chaque groupement humain, depuis toujours, fabrique sa propre boussole avec pour nord un dogme, un mythe ou une utopie. Aujourd'hui, alors que l'humanité se mondialise, que la société globale se construit autour de technologies universelles, il est temps de proposer une boussole humaniste dans laquelle le nord, c'est l'homme.

Dans l'esprit des Lumières, la boussole humaniste célèbre l'individu libre et émancipé, « doué de raison et de conscience ». Or c'est cet individu même que les déclinaisons économiques de l'IA tendent à remettre en cause. Il faut donc rappeler, par le droit, aux hommes qu'ils sont libres. Et on ajoutera à la liberté l'égalité, la dignité, la solidarité ou même la créativité. Fonctionnant en synergie, toutes ces valeurs contriburaient à un résultat commun : l'humanité.

À la différence de la nation, comprise comme une communauté de mémoire unie autour d'un passé commun, l'humanité ne devient communauté que si les hommes se reconnaissent unis par leur avenir. Pour Mireille Delmas-Marty, le péril climatique pourrait être une chance en étant l'élément qui permettrait à tous les hommes d'enfin comprendre qu'ils sont associés dans une communauté de destin[503]. Une Terre habitable, vivable, n'est pas un bien parmi d'autres, c'est la condition même de l'existence de l'humanité[504] — et de l'ensemble du vivant végétal et animal. De même, l'univers des IA, de plus en plus présent partout et tout le temps, serait un défi pour l'humanité dans son ensemble, une problématique globale appelant une réponse globale.

---

[502] A. Camus, « L'Homme révolté (1951) », in *Œuvres*, Gallimard, coll. Quarto, 2013, p. 1077.

[503] M. Delmas-Marty, *Sortir du pot au noir – L'humanisme juridique comme boussole*, Buchet-Chastel, 2019, p. 54.

[504] Juridiquement, les interdépendances ont été reconnues lors du Sommet de la Terre de Rio, en 1992 : « La Terre, foyer de l'humanité, forme un tout marqué par les interdépendances ».

L'environnement et les nouvelles technologies sont les deux principales causes du réveil attendu des forces imaginantes et des forces créatrices du droit, au service d'une prospective juridique au sein de laquelle l'humanisme juridique devrait trôner. L'IA est capable de transformer radicalement nos représentations du monde et de la vie. Le droit en est capable aussi. Mais, alors que l'IA est déjà largement à l'ouvrage, il en va autrement du droit, qui tergiverse, cherche sa voie. En matière climatique, le réveil pourrait être brutal si l'on continue à préférer être solitaires que solidaires, refermés sur son État-nation qu'ouvert au monde et aux autres, car on pourrait bientôt être définitivement contraints de vivre ensemble, de plus en plus nombreux, sur une planète de moins en moins habitable. En matière de cohabitation avec les robots aussi le rêve pourrait virer au cauchemar, non parce que les robots s'humaniseraient et prendraient le pouvoir mais parce que les hommes se robotiseraient et perdraient leur souveraineté individuelle et collective. Plutôt qu'une souveraineté diminuée, une souveraineté augmentée est possible si les hommes prennent en charge leurs intérêts communs à l'échelle du monde. Comme un pilote de chasse devenu astronaute voit le monde autrement, on peut essayer d'oublier ses intérêts subjectifs et égoïstes pour penser l'intérêt de l'humanité.

En matière environnementale, les projets se multiplient sans être suffisants. En témoignent par exemple la Déclaration universelle des responsabilités humaines de 2011, puis, en 2015, dans la perspective de la cop21, la Déclaration des droits de l'humanité et la proposition d'un troisième pacte de l'ONU sur l'environnement. On pourrait par exemple s'inspirer de la Constitution de l'Équateur qui fonde la protection de la « Terre mère » (Pachamama) sur le concept de « vie bonne » (sumak kawsay), c'est-à-dire en harmonie avec la nature. De même le droit des robots aura plus de sens s'il est universel que s'il est national. L'humanisme juridique ne peut donc que s'inscrire dans le sillage des réflexions sur la citoyenneté mondiale et sur le cosmopolitisme. Les jurislateurs d'aujourd'hui et de demain doivent éprouver un sentiment d'appartenance au monde qui dépasse l'attachement à sa patrie, ses concitoyens, sa langue et sa culture. C'est alors que le droit pourra dire véritablement que « rien de ce qui est humain ne m'est étranger ». Le monde n'est finalement qu'une gigantesque cité. Pour ne pas que cela demeure seulement un sentiment, il faut que cette cité produise des règles de droit et des institutions, ainsi qu'une responsabilité éthique qui refuse de distinguer selon l'identité nationale, culturelle ou religieuse[505]. Le cosmopolitisme ne fait cependant guère le poids, actuellement, face aux nationalismes et aux communautarismes, ce qui constitue une grave limite à toute ambition jus-humaniste. Rares sont ceux qui ressentent avant toute autre chose leur appartenance à la communauté des humains.

62. L'humanisme juridique, cadre de l'IA responsable. S'inspirer du futur et plus uniquement du passé, valoriser l'anticipation davantage que la mémoire, combinant l'orient et l'occident, le sud et le nord, construisant un droit sans État, un état de droit sans État de droit, les défis posés aux jurislateurs par l'humanisme juridique lorsqu'il interroge l'IA comme lorsqu'il interroge la plupart des défis contemporains que nos sociétés doivent affronter (climat, immigration, terrorisme etc.) sont titanesques. On peut craindre que seuls quelques pis-aller soient à la portée des hommes. La trilogie qu'il a fallu des siècles pour construire en Europe (démocratie, État de droit, droits de l'homme) ne semble plus pouvoir suffir. Il existe un désenchantement par rapport aux idéaux juridiques, politiques et démocratiques européens. Ceux-ci seraient une source de faiblesse. Les régimes autoritaires bénéficieraient de nombreux avantages. L'État de droit serait un État faible. Dans un monde d'interdépendances et de concurrences croissantes, on ne pourrait pas être à la fois du côté des droits de l'homme et de la prospérité techno-économique. Mais faut-il dès lors abandonner ces droits de l'homme et choisir cette prospérité techno-économique ? L'humanisme juridique restera toujours attaché aux droits de l'homme, quel que soit le prix à payer. Il n'y a pas que techniquement et économiquement qu'un pays peut être dit « développé ». Il peut aussi l'être culturellement et socialement. Toutefois, l'humanisme juridique aura fort à faire face à la fonction « magique » des marchés et aux rêves démiurgiques des hommes « augmentés ». C'est pourquoi toute recherche dans le cadre de l'humanisme juridique, aujourd'hui, ne peut se faire qu'à travers des « livres de combat »[506].

---

[505] C'est Emmanuel Kant qui a établi dans son *Projet de paix perpétuelle*, en 1795, quelques-unes de ces règles, tandis que la folie meurtrière des deux guerres mondiales a conduit les États à adopter des institutions animées d'un esprit cosmopolite comme la Société des nations, l'ONU et la Cour pénale internationale.

[506] M. Delmas-Marty, *Résister, responsabiliser, anticiper*, Le Seuil, coll. Débats, 2013.

Cet humanisme juridique devra en partie être réinventé afin de répondre aux nouveaux besoins et enjeux émergents. Mireille Delmas-Marty propose de se projeter dans l'avenir en faisant le pari qu'il serait possible d'humaniser la mondialisation autour de trois objectifs : « Résister à la déshumanisation, responsabiliser ses acteurs, anticiper les risques à venir »[507]. Telle est sans doute la voie à suivre s'agissant du droit des IA. Le droit a vocation à forger des IA humaines et responsables, des IA inscrites dans la mondialité, qui est le versant humain de la mondialisation. Comme en matière environnementale, on peut penser le droit des générations futures. Ces dernières seront aux prises avec une Terre détraquée. Ils devront aussi faire face à l'ère des robots, omniprésents dans tous les pans de la vie individuelle et collective. Le droit des générations futures est sans doute une figure de l'humanisme en même temps qu'une nécessité civilisationnelle[508]. Il doit accompagner les changements nécessaires afin de protéger les populations sur le moyen et le long termes. La protection juridique de l'avenir est au cœur de l'IA responsable. Si, actuellement, l'homme n'est encore que faiblement impacté par les IA, celles-ci ont vocation à régir tous les pans de sa vie, au détriment de son humanité et notamment de sa liberté.

Avec l'IA responsable, le contrat social deviendrait un contrat global, un contrat de civilisation valable demain comme aujourd'hui et partout sur la planète. Il impliquerait de lutter contre la pauvreté sous toutes ses formes : économique, mais aussi culturelle et intellectuelle, afin que chacun ait les moyens de décider et non subir sa cohabitation avec les robots. La mondialisation creuse l'écart entre les plus riches et les plus pauvres, sous tous les aspects. Les frontières se ferment aux hommes en même temps qu'elles s'ouvrent aux capitaux. Les hommes sont de plus en plus désorientés et certaines causes de ce malaise sont non seulement économiques et financières mais aussi juridiques[509]. Mais c'est aussi le droit qui pourrait réconcilier mondialisation et humanisation. Il conviendrait déjà de faire de la justice l'exigence ultime du droit. L'humaniste est celui qui, lorsqu'il entend

---

[507] *Ibid.*

[508] É. Gaillard, « Le droit des générations futures, un nouvel humanisme juridique », ideas4development.org, 27 août 2019.

[509] Ph. Gosseries, *L'humanisme juridique – Droit national, international et européen*, Larcier, 2013.

le mot « justice », pense à la valeur et non à l'administration. Face à la menace d'effondrement, il faudra aux hommes beaucoup d'audace et d'imagination, notamment juridiques, pour ne pas sombrer. Il leur faudra aussi l'amour de la justice et de la liberté, ainsi que la conscience de l'humanité. Ce sont autant de besoins aujourd'hui largement inassouvis et que l'humanisme juridique peut contribuer à satisfaire.

63. L'humanisme juridique, source du droit des robots. Dans *La Chute* d'Albert Camus, Jean-Baptiste Clamence illustre la démesure de l'homme et son ivresse pathologique d'une liberté sans bornes. Le droit doit alors intervenir car, dans ces conditions, l'homme est effectivement un loup pour l'homme. Longtemps combattue au nom de la liberté, la loi était oppressive. Face à l'excès de liberté, elle devient libératrice. Et la loi est bienfaitrice, protectrice du pacte fondateur. Sans doute l'est-elle toujours aujourd'hui, non plus pour se prémunir contre les abus de liberté mais pour préserver la liberté. Hier, la liberté affranchie de la loi était une menace. Aujourd'hui, c'est la vie sans liberté que l'on peut craindre. Dans tous les cas, avec Albert Camus, l'humanisme juridique est une recherche des limites : limites à la liberté comme limites à la contrainte. Liberté et justice doivent trouver leur équilibre dans une communauté juste[510]. Voilà pourquoi on pourrait imaginer un traité d'humanisme juridique sur le modèle de *L'homme révolté*. Sous cet angle et sous d'autres, l'humanisme juridique peut être une source matérielle du droit, l'inspirant, lui donnant les valeurs autour desquelles construire les règles de droit, de la liberté à la justice en passant par la mesure. Le législateur, aujourd'hui, s'il renonce aux idéaux et aux dogmes aussi faciles qu'inutiles face à des objets et des défis originaux, n'en doit pas moins recomposer les références qui manquent à son action. La politique et la morale doivent réinspirer le droit. L'humanisme juridique, source du droit, est donc largement une politique et une morale.

La montée des « illibéralismes », c'est-à-dire des démocraties sans État de droit, entraîne notamment une fragilisation des droits de l'homme. Elle décomplexe les auteurs des atteintes à ces principes régulateurs de la vie nationale et internationale depuis la fin de la Seconde Guerre mondiale. Des néo-empires tyranniques se développent sans réaction véritable des

---

[510] D. Salas, *Albert Camus – La juste révolte*, Michalon, coll. Le bien commun, 2002, p. 82.

démocraties qui restent debout mais qui craignent la puissance de pays tels que la Chine ou la Russie. Même aux États-Unis la liberté de la presse et des médias est malmenée à grand renfort de « *fake news* ». Il ne faudrait pas que le développement des IA serve cet illibéralisme. L'heure est sans doute venue pour l'humanisme juridique de se réveiller, se lever et faire entendre sa voix. Comme le Candide de Voltaire, face au séisme de Lisbonne et à la réaction de Pangloss, disciple de Leibniz, il faut cesser de croire que tout ce qui est et tout ce qui sera est et sera le « meilleur des mondes possible ». Après Dieu et sa puissance miraculeuse, ce serait au tour de l'intelligence artificielle et de sa tout aussi miraculeuse puissance de nous garantir ce « meilleur des mondes possible ». Mais nul n'est tenu de croire à cette fable et de l'accepter sans réserve et sans analyse ni réflexion. Face à l'IA comme face à tout défi pour l'humanité, le constat que la méconnaissance et le mépris des droits de l'homme ont conduit au malheur de l'humanité doit conduire à rechercher une reconnaissance plus nette de ces droits pour permettre l'avènement d'un monde meilleur, finalité de toute société humaine[511]. Le « meilleur des mondes possible » n'est pas le fait de Dieu ou de l'IA, il est le fait du droit.

La France et l'Europe, qui furent les grandes puissances qui inspirèrent le monde de l'Antiquité au XXe siècle, se retrouvent aujourd'hui à suivre les États-Unis et la Chine. Le risque est d'en faire payer le prix à certains acquis juridiques, y compris des droits de l'homme. Le modèle de la Silicon Valley gagne tous les secteurs et tous les acteurs de l'industrie numérique. Il s'agit de réguler à des seules fins de progrès technique et de profit le monde des algorithmes et des robots, ce qui confine à une faible régulation profitant à la liberté d'entreprise et à la loi du marché. On peut ne pas se satisfaire de la « contagion des idées » et, après avoir procédé à une « épidémiologie des représentations »[512], opposer quelques contre-discours. Face aux nouveaux gourous omniprésents dans les conférences professionnelles, affirmant l'inéluctabilité du monde des robots et la nécessité d'être des leaders techniques et économiques, il peut être bienvenu de suivre cet autre chemin

[511] H. Oberdorff, *Droits de l'homme et libertés fondamentales*, 7e éd., LGDJ, coll. Manuel, 2019, p. 28.

[512] D. Sperber, *La contagion des idées – Théorie naturaliste de la nature*, Odile Jacob, 1996.

qui est celui des droits de l'homme et de leur caractère premier dans la construction du futur droit des robots.

Comme l'a expliqué Hans Jonas, le potentiel monstrueux de toute technologie exige une éthique, notamment afin d'empêcher toute action qui mettrait en danger l'existence des générations futures ou la qualité de la vie. Il a alors proposé, poursuivant l'impératif catégorique d'Emmanuel Kant « agis de telle sorte que la maxime de ta volonté puisse en même temps valoir comme principe d'une législation universelle », de retenir le principe « agis de telle façon que les effets de ton action soient compatibles avec la permanence d'une vie authentiquement humaine sur Terre »[513]. À partir de cette éthique et au-delà de cette éthique, il faut aussi du droit. Or l'idée d'un droit des robots n'est pas nouvelle. Les mythes et légendes autour des androïdes, et en premier lieu celui du Golem ou la figure de Frankenstein, reposent fréquemment sur l'idée sous-jacente qu'ils doivent être régis par des règles afin d'assurer leur contrôle et de protéger l'homme de leurs agissements. Et l'auteur de science-fiction Isaac Asimov a, le premier, proposé « trois lois de la Robotique »[514], c'est-à-dire des obligations assignées aux robots afin d'éviter qu'ils ne nuisent à l'être humain. Avec la « loi Zéro », Isaac Asimov charge même les robots de veiller à la sauvegarde de l'humanité dans son ensemble.

Aujourd'hui, quelques juristes réfléchissent à ce que devrait être un « droit des robots »[515]. Nathalie Nevejans, en 2017, a été la première à publier une recherche exhaustive sur ce qu'était alors et ce que devrait être ce droit des

---

[513] H. Jonas, *Le principe responsabilité*, Flammarion, coll. Champs essais, 1979.

[514] I. Asimov, « Cercle vicieux », in *Les Robots* (1942), OPTA, 1967. Ces trois lois reposent sur le principe que le robot, avant même d'obéir aux ordres des êtres humains (loi 2) et d'assurer sa propre existence (loi 3), doit tout faire pour ne pas porter atteinte à la vie humaine ni exposer l'humain au danger (loi 1).

[515] Par exemple, A. Bensoussan, *Droit des robots*, Larcier, 2015 ; A. Bensamoun, dir., *Les robots – Objets scientifiques, objets de droits*, Mare et Martin, 2016 ; A. Bensoussan, « Droit des robots : science-fiction ou anticipation ? », *D.* 2015, p. 1640 s. ; M. Bourgeois, G. Loiseau, « Du robot en droit à un droit des robots », *JCP G* 2014, p. 1231 s. ; G. Loiseau, « Des robots et des hommes », *D.* 2015, p. 2369 s. ; Ch. Papineau, *Droit et intelligence artificielle – La responsabilité du fait algorithmique*, th., Université Paris I et Université de Montréal, 2019.

robots[516]. Elle pouvait alors constater combien un robot est un objet protéiforme, multiple et évolutif, ce qui rend difficile la construction d'un cadre juridique unique. Selon qu'il s'agit d'un robot policier, d'un robot chirurgien, d'un robot ménager ou d'un robot ami, ce sont des règles particulières qui devront s'appliquer. On peut en revanche interroger, au moyen de l'humanisme juridique, les droits de l'homme numérique auxquels aucun robot ne saurait déroger. Mais, bien entendu, il faut aussi des normes pour encadrer de la conception à l'utilisation du robot, sa mise sur le marché et sa distribution, les obligations des fabricants, vendeurs et prestataires de service, la responsabilité civile en cas de dommage causé par un robot etc. Le Parlement européen, constatant que « l'humanité se trouve à l'aube d'une ère où les robots, les algorithmes intelligents, les androïdes et les autres formes d'intelligence artificielle, de plus en plus sophistiquées, semblent être sur le point de déclencher une nouvelle révolution industrielle », a adopté dès le 16 février 2017 une résolution demandant à la Commission européenne de proposer des règles de droit civil afin de régir la robotique[517]. Mais, avant de détailler une telle réglementation, il importe de lui donner ses principes de base, sur le modèle par exemple des « principes roboéthiques » définis par Nathalie Nevejans : la protection de l'être humain contre toute atteinte par un robot, le droit pour la personne à refuser d'être prise en charge par un robot ou encore la préservation des interactions sociales humaines en présence d'un robot[518].

Avec Isaac Asimov, on retiendra bien sûr que le premier des principes sur lesquels le droit des robots devrait s'appuyer est qu'un robot ne doit jamais nuire à un être humain. Mais, si la règle est simple, ses cas d'application concrète doivent être envisagés. Car est-ce qu'un GPS qui décide de la route à suivre à la place de l'homme lui profite ou lui nuit ? Est-ce qu'un réfrigérateur connecté qui fait les courses à la place de l'homme lui profite ou

---

516 N. Nevejans, *Traité de droit et d'éthique de la robotique civile*, LEH édition, coll. Science, éthique et société, 2017.

517 Parlement européen, 16 févr. 2017, « Résolution contenant des recommandations à la Commission concernant des règles de droit civil sur la robotique », 2015/2083 (INL).

518 N. Nevejans, *Traité de droit et d'éthique de la robotique civile*, LEH édition, coll. Science, éthique et société, 2017, p. 811-832.

lui nuit ? Est-ce qu'un réseau social qui enferme un homme sur ses centres d'intérêt premiers lui profite ou lui nuit ?

Par ailleurs, ce ne sont évidemment pas les robots qui devront appliquer le droit des robots. On peut en effet douter de la possibilité d'inculquer des règles telles que les lois d'Asimov à des robots, ceux-ci n'ayant ni sens commun ni sens moral. Le droit des robots et les principes fondamentaux sur lesquels il se base doit surtout être respecté par les concepteurs, fabricants et autres opérateurs des robots, y compris s'agissant de robots dotés d'autonomie et de capacités d'auto-apprentissage[519]. Si certains principes pourraient être traduits en langage de programmation, alors le droit des robots vise en premier lieu les programmeurs.

Le terme « code » est avant tout familier aux juristes. Mais, aujourd'hui, la biochimie, la théorie de l'information, les nouvelles technologies et l'informatique s'en emparent et le généralisent. Désormais, quand on parle de « code », on pense davantage aux programmations informatiques qui nous permettent de ne plus penser ni calculer qu'aux règles civiles posées en France en 1804. Longtemps, le code était ce texte fondamental, peu accessible mais indispensable à la vie de chacun. Aujourd'hui, il est partout et à chaque instant. Le code n'est plus juridique. Il permet et interdit toujours, mais le pouvoir de le créer et de l'appliquer n'appartient plus au Parlement et aux juges mais aux codeurs, aux informaticiens. Ce pouvoir immense qu'ils possèdent doit être encadré. Les juristes ne doivent pas disparaître. Ils doivent demeurer là, au-dessus et à côté des codeurs et des informaticiens.

Dans notre civilisation à bout de souffle, désenchantée, qui ne croit plus en elle et même qui n'a plus conscience d'elle-même, les juristes ont une responsabilité historique. En humanistes, ils doivent œuvrer à la permanence ou à la recréation des principes fondateurs de cette civilisation et, plus encore, de l'humanité. Pour éviter la robotisation des hommes, la déshumanisation des hommes, ils doivent affirmer partout ce principe essentiel : de toute norme l'humain est la fin déterminante. Ne peut donc être autorisé que ce qui fait progresser l'humanité des hommes et il faut interdire

[519] N. Nevejans, Parlement européen, Direction générale des politiques internes, « Règles européennes de droit civil en robotique », étude pour la Commission, JURI, PE 571.379 FR, 2016, p. 14.

tout ce qui fait régresser l'humanité des hommes. Et toute limite à ce principe fondamental doit être nécessaire et proportionnée, en application de la méthode de la balance des intérêts classique chez les juristes. Tout dépend alors de la définition de l'humanité qu'on retient. C'est pourquoi l'humanisme juridique ne peut qu'être au cœur de ce droit des robots qui reste encore largement à penser et à construire[520]. Les droits de l'homme numérique reposeront nécessairement sur un principe d'humanité[521], puiseront forcément leur légitimité dans une certaine conception de l'homme, c'est-à-dire dans un corpus de valeurs humaines fondamentales définies par et pour les hommes. Il a fallu de très nombreux siècles avant que les hommes parviennent, en 1789, à affirmer solennellement ce qui pourrait pourtant sembler relever du bon sens : « Les hommes naissent et demeurent libres et égaux en droit ». Ce passage de la philosophie au droit a été lent à s'opérer. Peut-être les droits de l'homme numérique ne seront-ils aussi que le fruit du temps et de la patience. Mais peut-être leur nécessité sera-t-elle bientôt urgente et, en tout cas, on peut dès aujourd'hui s'y consacrer.

Dans des sociétés où l'esprit a été remplacé par la consommation, où la raison a laissé la place à la dictée numérique, seul l'humanisme peut redonner aux individus — qui ressemblent de plus en plus à des dividus — le goût de l'humain. Alors que les États sont affaiblis, si ce n'est paralysés, l'humanisme juridique peut nous montrer à tous un chemin commun, un destin, un rêve. Toute action n'est pas condamnée à l'impuissance, mais il faut penser de nouveaux modes d'action et une nouvelle puissance pourrait naître autour de l'humanisme juridique, réunissant les femmes et hommes de bonne volonté qui n'ont pas renoncé à maîtriser leur destin[522]. En tout cas ne peut-on pas demeurer indifférent au sort des humains de l'avenir, à moins d'être inhumain.

---

[520] N. Nevejans, « Comment protéger l'homme face aux robots ? », *Arch. phil. droit* 2017, p. 131.

[521] J.-C. Guillebaud, *Le principe d'humanité*, Le Seuil, 2001.

[522] M. Delmas-Marty, *Aux quatre vents du monde – Petit guide de navigation sur l'océan de la mondialisation*, Le Seuil, 2016.

III. Éthique et humanisme juridique

64. L'humanisme juridique à la lisière de l'éthique et de la morale. On appelle « morale » la recherche et l'étude des principes de l'action bonne ou juste. Et on appelle « éthique » l'étude et la pratique de ces principes, en amont mais aussi en aval de la morale proprement dite[523]. Morale et éthique sont donc intimement liées, pour ne pas dire identiques et, en tout cas, inséparables. En témoigne la définition de l'éthique proposée par les dictionnaires de la langue française : « Partie de la philosophie qui envisage les fondements de la morale ainsi que l'ensemble des principes moraux qui sont à la base de la conduite de quelqu'un »[524] ou « science qui traite des principes régulateurs de l'action et de la conduite morale »[525]. L'humanisme juridique, cherchant à inspirer le contenu du droit et spécialement des droits de l'homme, se rapproche nécessairement de la morale et de l'éthique. Entre ce qui est possible techniquement et ce qui est possible juridiquement, l'éthique, la morale et l'humanisme juridique posent la question du souhaitable. Ils interviennent avant ou à côté de la loi pour tracer, d'un point de vue plus ou moins indépendant, la ligne de démarcation entre le bien et le mal, entre ce qui est tolérable et ce qui ne l'est pas, entre ce qui est bénéfique à l'homme et ce qui ne l'est pas.

La notion d'éthique est d'ailleurs en soi ambiguë. Elle fait l'objet d'usages différents, ce qui est à la fois une cause et un effet de la mode de l'éthique. Chez les philosophes antiques, l'éthique n'était pas autre chose que la réponse à la question « qu'est-ce qu'une vie bonne ? », c'est-à-dire un ensemble de principes d'action supposés guider la vie d'un individu vertueux. Mais l'éthique s'est, à l'époque moderne, développée sous la forme d'un à côté du droit, convoqué notamment par des acteurs privés non désintéressés dans leurs définitions de l'éthique. C'est pourquoi l'éthique peut prendre la

---

[523] V° « Éthique », in F. Worms, dir., *Les 100 mots de la philosophie*, Puf, coll. Que sais-je ?, 2019, p. 2.

[524] V° « Éthique », in *Dictionnaire Larousse de la langue française 2017.*

[525] V° « Éthique », in *Trésor de la langue française.*

forme d'une déontologie qu'une entreprise élabore et s'impose à elle-même. Souvent, il s'agit seulement de redire ce que posent déjà les lois positives, en feignant d'être à l'origine de ces obligations pour polir son image. Un autre usage de la notion d'éthique s'est développé dans le langage des institutions publiques depuis la création en 1983 du Comité Consultatif National d'Éthique pour les sciences de la vie et de la santé (CCNE). Dans ce cadre, l'éthique constitue l'espace dans lequel des experts réfléchissent au droit de demain, élaborent des propositions de propositions de lois à l'attention d'un législateur souvent à la peine pour comprendre les ressorts et implications des sujets scientifiques et technologiques les plus actuels. Dans ce cadre là, l'humanisme juridique pourrait nourrir l'éthique, constituer une part de l'éthique. Il est vrai que la mode est à la constitution de comités d'éthiques, lesquels sont « consultés » et produisent des « rapports ». Ainsi la création dans les années 1980 du CCNE partageait un point commun avec la création par des lois actuelles (comme la Loi pour une République numérique du 7 octobre 2016) de missions de réflexion éthique confiées à des comités d'experts ou des autorités indépendantes tels que la CNIL ou le CNNum. Dans un contexte marqué par de rapides avancées technologiques et par de fortes incertitudes sur l'attitude que la collectivité doit adopter face à celles-ci, l'éthique doit être le guide — et l'humanisme juridique pourrait être le guide de l'éthique ou, du moins, d'une éthique.

La mission Villani a proposé d'instaurer un Comité consultatif national d'éthique pour les technologies numériques et l'intelligence artificielle[526]. C'est ainsi que le Comité Consultatif National d'Éthique pour les sciences de la vie et de la santé (CCNE) a été chargé par le Premier ministre de constituer un comité pilote d'éthique du numérique. Organisé à l'image du CCNE, ce comité est composé de personnalités d'horizons différents afin d'étudier de façon globale les enjeux éthiques du numérique et de l'intelligence artificielle. Il réunit des spécialistes du numérique,

---

[526] C. Villani, *Donner un sens à l'intelligence artificielle – Pour une stratégie nationale et européenne,* mission parlementaire, 2018, p. 155-156. Cédric Villani note que « cet organe serait chargé d'organiser le débat public, de façon lisible, construite et encadrée par la loi. Il devra parvenir à articuler des logiques de temps court, celui des enjeux économiques et industriels, en bonne interaction avec les comités sectoriels, tout en parvenant à s'en extraire pour penser le temps long » (*ibid.*, p. 22).

académiques ou issus des entreprises, des philosophes, des médecins, des juristes, des membres de la société civile ainsi que des membres du CCNE et de la CERNA (Commission de réflexion sur l'éthique de la recherche en science et technologies du numérique d'Allistene). Ses premiers avis sont relatifs aux agents conversationnels, aux véhicules autonomes et au diagnostic médical assisté. Sa première réunion plénière s'est déroulée le 4 décembre 2019[527].

De nombreux rapports sont produits, tels que ceux du Conseil d'État[528] ou celui de la mission Villani, dont l'intention était de « modestement proposer quelques pistes permettant de poser les bases d'un cadre éthique pour le développement de l'IA »[529]. Côté européen, la Commission européenne a préconisé la construction d'une éthique de l'IA en plusieurs étapes. Depuis fin 2018, elle travaille à cette éthique aux côtés du Groupe européen d'éthique des sciences et des nouvelles technologies, composé de 52 spécialistes. Après la publication le 18 décembre 2018 d'un premier projet, la Commission a publié le 8 avril 2019 ses « Lignes directrices en matière d'éthique pour le développement et l'utilisation de l'IA ». Elle entend ainsi « intégrer une IA digne de confiance dans la culture des organisations et notamment dans les chartes de déontologie ou dans les codes de conduite ». Les six principes éthiques essentiels retenus par le groupe d'experts en IA sont la bienfaisance (faire le bien), la non-malfaisance (ne pas nuire), l'autonomie des humains, la justice (c'est-à-dire la non-discrimination) et l'explicabilité pour assurer autonomie, consentement éclairé et protection des

---

[527] Cette initiative s'inscrit dans la stratégie nationale d'intelligence artificielle et dans la continuité des recommandations du rapport « Donner un sens à l'intelligence artificielle » de Cédric Villani et de l'Avis 129 du CCNE qui avait proposé en 2018 « de jouer un rôle d'aide à la constitution d'un futur comité d'éthique du numérique, spécialiste des enjeux numériques dans leur globalité ». Début 2021, le Comité pilote d'éthique du numérique remettra au Président du CCNE le bilan de ses activités. Le CCNE émettra ensuite des recommandations sur les modalités d'un éventuel comité pérenne d'éthique du numérique.

[528] *Administration et nouvelles technologies de l'information, une nécessaire adaptation du droit*, 1988 ; *Internet et les réseaux numériques*, 1998 ; *Le numérique et les droits fondamentaux*, 2014 ; *Puissance publique et plateformes numériques : accompagner l' « ubérisation »*, 2017.

[529] C. Villani, *Donner un sens à l'intelligence artificielle – Pour une stratégie nationale et européenne*, mission parlementaire, 2018, p. 139-140.

donnés. Pour certains commentateurs, cette frénésie éthique serait « le règne de la poudre aux yeux, et du soutien délibéré des institutions publiques à un modèle économico-civilisationnel indigne »[530]. Il est vrai que les comités et rapports éthiques tiennent un discours assez récurent et convenu, essentiellement tourné vers le besoin de protéger la vie privée et les données personnelles. Des pays, comme le Royaume-Uni, ont institué des comités éthiques nationaux. Au niveau européen, on pourrait envisager la création d'un réseau de ces comités éthiques nationaux, sur le modèle du G29, le « réseau des CNIL ». Quant au Conseil de l'Europe, il a souhaité élaborer un cadre juridique spécifique adapté aux développements et aux applications de l'IA qui énoncerait « des principes basés sur les valeurs fondamentales protégées » afin de « constituer la principale clé de voûte de la transformation numérique en cours »[531]. Au niveau mondial, le Québec a proposé d'héberger à Montréal une agence mondiale, à l'image de l'Agence internationale contre le dopage. Dans le même temps, l'Unesco a lancé une réflexion internationale. Mais il est assez aisé d'imaginer quelles préconisations jailliraient de telles instances, tandis que l'efficacité de leurs interventions demeurerait sans doute limitée. Une convention mondiale sur l'IA éthique affirmerait que le développement techno-économique ne doit pas se faire au détriment du droit fondamental à la protection de la vie privée, tout en clamant haut et fort des poncifs ultra-généraux tels que « l'IA doit profiter à la société », « l'IA doit être humaine » ou « l'IA doit protéger les travailleurs ». Le risque, avec cette éthique là, c'est qu'en disant simplement que « l'IA ne doit pas faire le mal » et que « l'IA doit faire le bien », elle ne dise rien. La diversité d'initiatives que l'on observe depuis de nombreux mois, ou les rapports publics croisent les travaux de recherche et les chartes et autres déclarations privées, cache une éthique assez plate. Les « valeurs éthiques » proposées pour encadrer la création et l'utilisation des IA sont peu ou prou toujours les mêmes, quel que soit l'auteur du discours.

---

[530] É. Sadin, *L'intelligence artificielle ou l'enjeu du siècle – Anatomie d'un antihumanisme radical*, L'échappée, coll. Pour en finir avec, 2018, p. 234.

[531] J. Kleijssen, « Conseil de l'Europe et intelligence artificielle – Les droits de l'homme, l'État de droit et la démocratie face aux défis du développement et de l'utilisation de l'intelligence artificielle », *L'Observateur de Bruxelles* 2019, n° 115.

Ces valeurs sont reprises, comme par mimétisme, d'un rapport à l'autre[532]. On pourrait penser que l'éthique de l'IA susciterait des approches philosophiques ou scientifiques du sujet variées et de grandes disputes, mais elle aboutit davantage à un consensus mou qui, peut-être, passe sous silence certains défis que l'IA pose à l'homme, des défis qui sont pourtant essentiels et que l'humanisme juridique, lui, doit aborder de front.

Ensuite, l'éthique n'a de sens que si elle se trouve rapidement concrétisée par le droit[533]. Or, pour l'heure, on se satisfait largement de cette éthique en soi, sans encore chercher à la traduire dans la loi. Par ailleurs, l'humanisme juridique, l'éthique et la morale peuvent prôner des principes déjà consacrés dans le droit positif, comme la non-discrimination ou la transparence, ce n'est pour eux qu'une situation contingente. Ils se placent à part du droit positif. Ils pensent, par exemple, la non-discrimination avant et au-delà de l'article 6 de la Déclaration des droits de l'homme et du citoyen ou de l'article 14 de la Convention européenne de sauvegarde des droits de l'homme et des libertés fondamentales. Ce sont des réflexions détachées de systèmes juridiques localisés et temporaires, notamment car ils cherchent à inspirer un droit universel et intemporel. L'humanisme juridique est, comme l'éthique et comme la morale, une éclaireuse du droit. Mais, aujourd'hui, il semble qu'il puisse mieux qu'elles jouer ce rôle. Quand la CNIL se propose d'engager une « réflexion collective sur un pacte social dont certains aspects essentiels (libertés fondamentales, égalité entre les citoyens, dignité humaine) peuvent être remis en question dès lors que l'évolution technologique déplace la limite entre le possible et l'impossible et nécessite de redéfinir la limite entre le souhaitable et le non souhaitable »[534], elle s'inscrit autant dans le cadre de l'humanisme juridique que dans celui de l'éthique et de la morale. Mais, désormais, seul ce premier semble permettre une réflexion renouvelée, objective et réellement humaniste, c'est-à-dire dictée uniquement par les intérêts humains.

---

[532] A. Sée, « La régulation des algorithmes : un nouveau modèle de globalisation ? », *RFDA* 2019, p. 830.

[533] D. Forest, « La régulation des algorithmes, entre éthique et droit », *RLDI* 2017.

[534] I. Falque-Pierrotin, « Préface », in CNIL, *Comment permettre à l'homme de garder la main ? Les enjeux éthiques des algorithmes et de l'intelligence artificielle*, synthèse du débat public animé par la CNIL dans le cadre de la mission de réflexion éthique confiée par la loi pour une République numérique, déc. 2017, p. 3.

65. La non-neutralité de l'éthique. Alors que l'intelligence artificielle touche désormais tous les aspects de la vie individuelle et sociale, que les hommes, sans toujours le savoir, interagissent en permanence avec des systèmes automatiques pour optimiser leurs faits et gestes, il faut s'assurer que cette IA sert réellement l'humain et ne le dessert pas. C'est justement le rôle de l'éthique. Le problème est que celle-ci se trouve de plus en plus travestie, manipulée, utilisée telle une caution afin d'agir à des fins qui pourtant peuvent être anti-humaines. C'est pourquoi l'humanisme juridique ne va pas s'associer à l'éthique mais plutôt s'en méfier et peut-être même la concurrencer. Parmi les travaux sur l'éthique de l'IA, il se trouve assurément de nombreuses sources d'inspiration pour l'humanisme juridique, à commencer par le traité de droit et d'éthique de la robotique civile de Nathalie Nevejans[535]. Mais, depuis la parution de cet ouvrage, l'éthique a envahi le champ de la recherche sur l'IA et elle s'est mise, pour partie, au service de ceux qui ont des intérêts dans son développement technique et économique. De plus en plus, l'éthique perd sa neutralité et se place du côté des politiques et des industriels de l'IA. Elle ne permet dès lors plus de savoir ce qu'est réellement une vie humaine bonne mais plutôt d'assurer que l'omniprésence des algorithmes est compatible avec l'humanité des hommes. L'éthique de l'IA a été placée au cœur de l'actualité et des débats. Son succès lui a nui en la transformant en vague concept polysémique multiforme et multi-usage. De la voiture autonome aux assistants personnels, on s'efforce partout de mettre en avant le sésame de l'éthique pour imposer de nouveaux produits à des consommateurs pour qui le terme « éthique » sonne tel le carillon de la confiance. Certains cherchent sincèrement à identifier et définir des valeurs communes et des principes cadres sur lesquels fonder un droit international de l'IA. D'autres voient dans l'éthique un moyen de favoriser le moins disant juridique et de masquer soit les problèmes soit les manques de solutions.

C'est pourquoi il est tentant de replacer le débat public autour de l'humanisme juridique plutôt qu'autour de l'éthique. Il ne s'agit pas que d'un combat sémantique, car derrière les expressions « éthique » et « humanisme juridique » se cachent bien deux visions du monde et de l'humanité très

---

[535] N. Nevejans, *Traité de droit et d'éthique de la robotique civile*, LEH édition, coll. Science, éthique et société, 2017.

différentes. De nombreuses voix d'experts, de régulateurs, mais aussi de citoyens et d'entrepreneurs s'élèvent pour demander si l'IA sera capable d'œuvrer au bien-être et au développement des hommes. Or, selon qu'on soit un adepte de l'éthique ou bien de l'humanisme juridique, on n'apportera pas forcément la même réponse. Pour l'éthique, les valeurs humaines et sociales doivent être conciliées avec le développement technique et économique et, en cas de contradiction, ce n'est pas nécessairement le développement technique et économique qui devra céder. Pour les juristes humanistes, les valeurs humaines et sociales priment sur tout.

L'éthique de l'IA prospère au moins autant dans un cadre privé que dans un cadre public. Par exemple, le rapport du Futur Of Life Institute, une association basée dans la région de Boston cherchant à diminuer les risques existentiels menaçant l'humanité, a listé 23 principes pour une intelligence artificielle bienveillante. La question de l'acceptabilité des IA est un enjeu majeur pour tous ceux, comme les multinationales du numérique, qui entendent déployer ces technologies à très forte valeur ajoutée et permettant d'obtenir des positions privilégiées sur ce marché gigantesque qu'est celui de la vie humaine. Or l'acceptation du public est une clé. Des polémiques, plus ou moins bien fondées, peuvent ruiner la réputation d'un géant pourtant bien établi. À l'inverse, l'affichage de slogans éthiques et de l'étiquette « éthique » permet de rassurer. On ne s'étonnera donc pas que Facebook ait annoncé avoir créé une équipe « spéciale » dédiée à l'éthique de ses IA, ou que DeepMind (filiale d'Alphabet, la maison mère de Google) ait mis en place un département de recherche Ethics & Society, arguant que « l'IA peut offrir des bénéfices extraordinaires au monde, mais uniquement si elle est soumise aux plus hauts standards éthiques ». Les grands groupes de l'industrie du numérique, voyant se manifester dans l'opinion publique des signes d'inquiétude, misent beaucoup sur la communication afin de se donner la meilleure image possible. Ils créent des « cellules de réflexion éthique », à l'image du « Partnership on artificial intelligence to benefit people and society », créé à l'initiative de Google, Amazon, Facebook, IBM et Microsoft et qui réunit une cinquantaine d'entreprises, ONG et centres de recherche. En 2018, Google a publié une liste de sept principes éthiques afin d'éviter tout impact « injuste » de l'IA sur les personnes. Puis, en 2019, la firme de Moutain View a lancé son propre comité d'éthique de l'intelligence artificielle — lequel a très vite été dissous en raison d'une pétition signée par plus de 2 000 de ses employés exigeant le départ de plusieurs membres controversés. De telles initiatives se multiplient et, par exemple, le Vatican a annoncé qu'il s'associait à Microsoft pour créer un prix universitaire destiné à promouvoir l'éthique dans le domaine de l'intelligence artificielle, en accord avec l'anthropologie chrétienne. Beaucoup d'autres entreprises ont de la même manière investi dans ces mesures de communication et d'affichage indispensables sous l'angle de l'image positive auprès du public. Les géants privés de l'IA cherchent à se positionner dans toutes les ramifications du débat mondial. Tous les acteurs du numérique entendent afficher une déontologie permettant de légitimer leurs activités et de réduire les craintes. Cela se traduit même dans des actes concrets. Des chercheurs de Google Brain, Intel, OpenAI, ainsi que de grands laboratoires de recherche américains et européens, ont ainsi publié une boîte à outils visant à rendre l'IA plus éthique. Y figure notamment un système de chasse aux biais, sur le modèle des *bug bounty*, qui consiste à payer des développeurs afin de trouver les biais d'une IA donnée[536]. Il ne faut pas être dupes de cette IA éthique dont les acteurs sont à la fois juges et parties. Mieux vaut faire confiance au crédit accordé par des juristes humanistes qu'à une caution éthique accordée à une entreprise et à ses outils par elle-même. Qu'on se souvienne des pratiques de philanthropie mises en place à la fin du XVIIIe siècle par les cercles libéraux : les femmes de patrons s'occupaient des pauvres pendant que leurs maris les fabriquaient.

Alors que la vertu devient l'ennemi de la performance, car plus on protège les droits individuels, moins on est compétitif, toute culpabilité est écartée au moyen de rapports dits « éthiques », « forme moderne et onéreuse de l'expiation »[537]. L'attitude de nombreux acteurs de la Silicon Valley peut sembler hypocrite ou schizophrène. Ils cherchent, au moins en apparence, à faire le bien tout en faisant du profit. Mais une question telle que celle de l'éthique ou celle de l'humanisme juridique ne devrait interroger que la manière de faire le bien, à l'exclusion de tout autre intérêt. Dans un livre célèbre, Max Weber avait associé l'esprit du capitalisme, défini par la création de richesse, avec l'éthique protestante, qui fait du travail une

[536] J.-Y. Alric, « Ces chercheurs ont listé leurs solutions pour rendre l'IA plus éthique », presse-citron.net, 25 avr. 2020.
[537] G. Kœnig, *La fin de l'individu – Voyage d'un philosophe au pays de l'intelligence artificielle*, Éditions de l'observatoire, coll. De facto, 2019, p. 300.

véritable mission et de l'ascétisme une règle de vie. L'Amérique protestante doit son développement à cet équilibre entre recherche de rentabilité et culture de l'intimité. Mais les GAFAM et autres acteurs ne peuvent pas être à la fois efficaces et vertueux. Pour gagner des parts de marché, conquérir de nouveaux clients, ils doivent connaître les individus le plus intimement possible, infiltrer un maximum de pans de leurs vies, au besoin de manière insidieuse, détournée. L'intelligence artificielle oblige à dissocier l'esprit du capitalisme et l'éthique protestante[538]. Ainsi les États-Unis oublient-ils leur vocation originelle, tandis que la Chine n'a jamais été dérangée par ce genre de considérations — les entrepreneurs chinois avouent en toute franchise qu'ils cherchent à connaître parfaitement les individus et à maîtriser au maximum leurs conduites, quand leurs homologues américains perdent du temps et de l'argent avec les chartes éthiques. On saisit dès lors le désarroi de beaucoup de startuppers américains comprenant qu'ils ne peuvent pas bien faire moralement tout en développant leurs techniques et en cherchant à conquérir des marchés. L'éthique est dès lors un pis-aller, un moyen de redorer son image morale en contrepartie de contraintes limitées. La crise de la morale protestante plonge les acteurs de la technologie dans un trouble réel et les pousse à chercher des alternatives spirituelles. Ils produisent des outils numériques très addictifs, permettant de manipuler le comportement de populations entières, tout en déconseillant à leurs proches d'utiliser ces outils. Cela atteste de l'insuffisance des rapports éthiques et autres groupes de réflexion éthique. L'éthique ne saurait remédier au malaise que génère l'IA.

Par exemple, lorsque, en 2020, Apple a décidé d'obliger les développeurs à renforcer le respect des données privées de leurs applications, ses opposants et notamment Facebook n'ont pas manqué de réagir en affirmant qu'il s'agirait de pure hypocrisie de la part d'une firme qui, derrière les effets d'annonce, chercherait en réalité à entretenir un monopole, à s'inviter sur le marché de la publicité, donc non à renforcer la vie privée mais à générer de nouveaux profits et à mettre des bâtons éthiques dans les roues de ses concurrents[539]. Selon un responsable de Facebook, « [Apple] utilise sa position dominante sur le marché pour traiter de manière privilégiée les

---

[538] *Ibid.*, p. 296.

[539] G. Belfiore, « Apple et Facebook se clashent sur le respect de la vie privée des utilisateurs », clubic.com, 23 nov. 2020.

données en rendant presque impossible leur utilisation par la concurrence. Ils affirment que c'est pour la vie privée, mais c'est une question de profit »[540]. Il est vrai qu'Apple était au même moment en procès avec le lanceur d'alerte Max Schrems qui lui reprochait le fait que tous les iPhones présentent un IDFA unique (*Identifier for Advertisers*), une pratique interdite par les lois européennes. Grâce à cet identifiant, les annonceurs peuvent aisément suivre les effets de leurs campagnes publicitaires et cibler certains utilisateurs. Cela permettrait même à Apple de relier les comportements en ligne des utilisateurs et ceux sur mobile (« *cross device tracking* »).

On évoque l' « *ethical washing* » auquel s'adonnent les GAFAM, observant que, « par l'élaboration de chartes de bonne conduite et de bonnes pratiques, ils s'auto-régulent et écartent, de fait, le législateur et les principes constitutionnels »[541]. Or, s'agissant de droits fondamentaux, on ne saurait se satisfaire de s'en remettre à la bonne volonté d'acteurs intéressés et, parfois, manipulateurs. L'omniprésence croissante de l'éthique dans les discours commerciaux relatifs à l'IA masque une stratégie réussie de l'industrie numérique, qui cherche à gagner en crédibilité auprès du public, mais aussi des gouvernements et des organes potentiels de régulation. La prolifération des recherches et des textes éthiques concernant l'IA ces dernières années (dont beaucoup ont été produits directement, financés ou supportés par les industries numériques) vise ainsi à endiguer à la source les critiques touchant aux conséquences humaines et sociales des technologies à l'œuvre par le biais d'un mécanisme néolibéral bien connu : l'autorégulation. En ce sens, l'éthique ne serait pas seulement autre chose que l'humanisme juridique, elle pourrait même camoufler des intentions antagonistes avec cet humanisme. Il faut donc prendre garde à ce que l'éthique ne devienne pas un label octroyant un blanc seing à ceux qui les produisent. C'est pourquoi il semble préférable, pour mieux se parler et mieux se comprendre, d'aller à l'IA responsable en suivant le chemin de l'humanisme juridique plutôt qu'en suivant le chemin de l'éthique.

Le licenciement par Google, le 2 décembre 2020, de Timnit Gebru, qui était chargée des questions éthiques liées à l'intelligence artificielle, a montré

---

[540] *Ibid.*

[541] C. Castets-Renard, « Le livre blanc de la Commission européenne sur l'intelligence artificielle : vers la confiance ? », *D.* 2020, p. 837.

combien les GAFAM peuvent jouer un double jeu ou trouble jeu en matière d'éthique — Google affirme cependant que ce serait la chercheuse qui aurait donné sa démission à l'entreprise. Les dirigeants du géant américain lui ont reproché un projet d'article scientifique, qui a fuité en ligne, dans lequel elle émet des réserves à l'égard de certains aspects du développement de l'IA chers à Google : elle souligne les dangers dans le domaine particulier du langage naturel, c'est-à-dire des techniques visant à permettre des conversations entre humains et robots, appelant à changer la manière dont on « nourrit » les algorithmes afin de les rendre plus savants dans leur compréhension du langage et de limiter la tendance de ces outils à être surtout efficaces avec les « hommes blancs aisés », parce que ce sont eux qui font le plus de bruit sur le web, transmettant ainsi leurs préjugés aux algorithmes[542]. Pour l'heure, beaucoup d'IA sont développées à partir de pages de blogs, forums ou réseaux sociaux dont le contenu est souvent de piètre qualité, tant sur la forme que sur le fond. Or, prendre de telles positions, n'est-ce pas justement l'office d'un responsable éthique ou d'un comité éthique ? On ne peut pas nommer des personnes afin qu'elles prennent en charge l'aspect éthique d'une entreprise tout en leur défendant de prendre toute position contrariant les intérêts et ambitions économiques de la firme. La vision de l'éthique des GAFAM n'est pas très éthique. Google dit oui à l'éthique, mais seulement lorsqu'elle va dans le sens de son développement et de son expansion toujours plus grande, ce qui est une bien drôle conception de l'éthique. En revanche, face à l'idée de ne plus entraîner les algorithmes à travers le web, alors que l'entreprise possède une position privilégiée pour cela, un avantage décisif par rapport à beaucoup de concurrents, elle ne peut tolérer qu'on lui mette des bâtons dans les roues éthiques, surtout de l'intérieur, et qu'on préconise de mettre l'accent sur la qualité des données plutôt que sur la quantité de données car des concurrents performants sous l'angle qualitatif mais pas sous l'angle quantitatif pourraient lui faire de l'ombre. Plus de 4 000 ingénieurs et chercheurs ont signé dès le lendemain de ce licenciement une pétition critiquant Google et apportant un soutien ferme à celle qui codirigeait chez Google la recherche sur les questions d'éthique liées à l'IA et qui est considérée comme l'une des références dans son domaine — elle a figuré parmi les premiers à démontrer

[542] S. Seibt, « Timnit Gebru, licenciée par Google pour sa vision "éthique" de l'intelligence artificielle ? », france24.com, 8 déc. 2020.

comment les algorithmes pouvaient être discriminatoires et comment ils pouvaient renforcer les biais racistes de ceux qui les utilisent[543]. À l'évidence, tels le docteur Jekyll et mister Hyde, l'éthique étatique est une chose qui peut sembler utile et intéressante quand il faut se méfier de son alter ego privé, l'éthique des apprentis sorciers de la Silicon Valley qui bien souvent n'est que masque visant à dissimuler et il ne faut pas omettre d'aller voir ce qui se trouve de l'autre côté du masque.

Pendant ce temps, un article publié par *Reuters* le 24 décembre 2020 révélait que Google a demandé à ses équipes travaillant sur l'intelligence artificielle de s'efforcer à « donner un ton positif » à leurs travaux, cela afin d'éviter de « présenter la technologie sous un jour négatif »[544]. Sont concernés en particulier les sujets suivants : la couleur de peau, le genre et l'affiliation politique. On peut lire dans un document interne consulté par l'agence de presse que « les progrès technologiques et la complexité croissante de notre environnement conduisent de plus en plus souvent à des situations où des projets apparemment inoffensifs soulèvent des questions éthiques, réglementaires ou juridiques ». L'entreprise veut filtrer certains travaux jugés sensibles. Selon les trois employés qui ont témoigné auprès de Reuters, cette politique serait en place depuis juin 2020.

66. L'éthique de l'IA, une coquille vide qui déborde. L'humanisme juridique n'est-il pas simplement une autre manière de désigner l'éthique ? Mêler humanisme juridique et IA, n'est-ce pas simplement parler d'éthique de l'IA ? Il faut séparer éthique et humanisme juridique en particulier parce que l'éthique est devenue, depuis quelques années, une coquille vide qui déborde, un passe-droit et en même temps un fourre-tout. Aujourd'hui, les discours de précaution relatifs aux conséquences de la révolution numérique sur les êtres humains prennent la plupart du temps le visage de l'éthique. On distingue cette éthique du droit positif — elle est censée l'inspirer —, mais aussi des droits de l'homme. Avec l'éthique, on ne questionne pas la protection efficace des droits de l'homme par des règles contraignantes

[543] *Ibid.*

[544] M. Simon-Rainaud, « Google veut que ses chercheurs en IA utilisent un "ton positif" dans leurs travaux », 01net.com, 24 déc. 2020.

assorties de sanctions[545]. L'éthique, en réalité, permet de se donner bonne conscience tout en se protégeant de l'effet du droit. Certes, l'éthique est supposément une source matérielle du droit, mais on l'interroge le plus souvent pour elle-même, et elle rejoint alors la morale, un ensemble de principes forts mais non juridiquement sanctionnables.

Les approches éthiques sont intrinsèquement limitées. Il s'agit pour l'essentiel de réflexions générales, de pétitions de principe, de jeux de l'esprit qui permettent à ceux qui s'y adonnent de se donner une bonne image sans prendre de grands risques. L'éthique se différencie donc fondamentalement de la règle de droit, alors que l'humanisme juridique interroge sans détour cette règle de droit, soit en critiquant les normes positives, soit en proposant les normes prospectives. L'éthique, elle, est normalement un guide pour les comportements individuels. Mais elle ne saurait suffire à rendre efficace la protection d'intérêts supérieurs pour lesquels seul un cadre juridique concret et effectif peut être véritablement utile. L'éthique est dans les nuages, alors que le droit est ici bas, dans nos pratiques quotidiennes. Elle est insuffisante en raison de son absence de sanction mais aussi et surtout du fait de son caractère multiple, vague et incertain. On ne peut que suivre les auteurs qui souhaitent apporter non plus des réponses éthiques par nature trop limitées mais des solutions juridiques en bonne et due forme, des solutions réglementaires, par exemple en proposant un « plaidoyer pour une réglementation internationale et européenne »[546]. Si nous ne sommes actuellement pas dans « un total *no man's land* juridique »[547], il semble temps de « remettre le droit au centre du processus normatif »[548] et de cesser cet « *ethical washing* » qui trop souvent risque de desservir plutôt que de servir

---

[545] J. Kleijssen, « Conseil de l'Europe et intelligence artificielle – Les droits de l'homme, l'État de droit et la démocratie face aux défis du développement et de l'utilisation de l'intelligence artificielle », *L'Observateur de Bruxelles* 2019, n° 115, p. 42.

[546] Y. Meneceur, *L'intelligence artificielle en procès – Plaidoyer pour une réglementation internationale et européenne*, Bruylant, coll. Macrodroit microdroit, 2020.

[547] *Ibid.*, p. 327.

[548] C. Castets-Renard, « Comment construire une intelligence artificielle responsable et inclusive », *D.* 2020, p. 225.

la protection des droits fondamentaux[549]. L'éthique est un pis-aller dont il est difficile de se satisfaire. le collectif Impact AI publie un livre blanc «IA digne de confiance». Ainsi, en 2020, les auteurs du livre blanc « IA digne de confiance », membres du collectif Impact AI, pouvaient-ils estimer qu' « il existe déjà plus de 200 chartes et textes visant à donner un cadre éthique à l'intelligence artificielle, si bien qu'un véritable risque d'ethical-washing est apparu », semblable au green-washing dans le domaine de l'environnement[550]. Il faut pouvoir aller au-delà des déclarations d'intentions et veiller à la mise en œuvre de mesures concrètes.

À la fin des années 1970, Hans Jonas pouvait observer que « la terre nouvelle dans laquelle nous sommes entrés avec la technologie de pointe est encore une terre vierge de la théorie éthique »[551]. Un demi siècle plus tard, cette éthique donne lieu à des travaux lourds et foisonnants, mais qui s'éloignent de l'éthique véritable, celle qui permet d'orienter les conduites en fonction des normes du bien et du mal. L'éthique, d'origine publique ou d'origine privée, est aujourd'hui convoquée partout sitôt qu'il est question d'IA. Mais elle se focalise maladroitement sur la sempiternelle et exclusive question de la protection des données personnelles et de la vie privée. L'humanisme juridique appliqué à l'IA doit aller très au-delà de cette problématique. L'homme n'est pas remis en cause par l'IA que dans son goût pour l'intimité. Or l'éthique pourrait même être contreproductive en ce qu'elle entretient la confusion et masque certains des enjeux les plus brûlants. Comme le résume Éric Sadin, « la quasi-intégralité des chercheurs, ingénieurs et roboticiens sont incapables de concevoir les impacts de leurs productions et, comme il est désormais de bon ton de faire part de quelques soupçons critiques, ils ne font que reprendre en chœur de façon mécanique cette antienne, s'imaginant ainsi laver leur conscience à peu de frais et faire bonne figure aux yeux de l'opinion »[552]. Ces experts, lorsqu'ils expliquent au

---

[549] C. Castets-Renard, « Le livre blanc de la Commission européenne sur l'intelligence artificielle : vers la confiance ? », *D.* 2020, p. 837.

[550] Cités par E. Bembaron, « Intelligence artificielle : les entreprises en quête d'éthique », lefigaro.fr, 10 déc. 2020.

[551] H. Jonas, *Le principe responsabilité* (1979), Flammarion, coll. Champs essais, 2013, p. 15.

[552] É. Sadin, *L'intelligence artificielle ou l'enjeu du siècle – Anatomie d'un antihumanisme radical*, L'échappée, coll. Pour en finir avec, 2018, p. 236.

public ce qui se joue, dans les médias, dans des publications ou lors de congrès, en viennent toujours à exprimer leurs « inquiétudes », auxquelles ils répondent par des affirmations « éthiques » relativement creuses et stériles, car trop vagues, telles que « il faut replacer l'humain au centre » ou « l'IA devra être au service de l'humain ». Mais ce n'est pas en affichant de telles bonnes intentions vaporeuses que les choses vont s'infléchir d'elles-mêmes. Pour Éric Sadin, « c'est un festival permanent de niaiseries et de lieux communs »[553].

Au-delà de la vie privée, l'éthique devrait se soucier de l'impact des IA sur les modes de vie individuelle et collective. Ceux-ci sont de plus en plus dictés par des instruments numériques discrets mais très influents. C'est notre faculté de jugement, notre autonomie et notre capacité à nous donner nos propres règles et à ne pas nous laisser enfermer qui se trouvent en danger. Le défi est moins celui de la vie privée que celui de l'existence. L'éthique devrait se consacrer en priorité au « courage de nous servir de notre propre entendement », pour reprendre la fameuse formule d'Emmanuel Kant si emblématique des Lumières. Elle devrait s'incarner dans la capacité des hommes de se déterminer librement et de résister aux puissances technico-économiques. L'IA est peut-être un destructeur d'éthique en ce qu'elle prive les hommes, en échange du confort du tout prêt tout près, de leur capacité à exercer la politique d'eux-mêmes. Il faudrait consacrer un droit à l'errance qui, dans le contexte des réseaux sociaux et des objets connectés, serait le droit de vivre sans ces outils ou loin de ces outils, le droit de ne pas suivre leurs indications et même de refuser leurs notifications, le droit de suivre sa route librement, réellement. Plutôt qu'un droit à la vie privée, il s'agirait de consacrer un droit à la vie libre, quand l'IA conduit vers une vie privée de liberté. L'enjeu ne serait pas de protéger l'individu du regard des autres et du regard des multinationales du numérique — les données peuvent très bien être anonymisées et traitées par des algorithmes aveugles — mais de permettre de ne pas générer de données et de ne pas recevoir de signaux en retour, se se constituer, s'autodéterminer librement, loin de toute religion quelle qu'elle soit. Or l'éthique, dans les conditions actuelles, ne saurait suivre ce chemin puisque le droit à l'errance produit des effets négatifs à court terme tant pour la collectivité que pour les entreprises

[553] *Ibid.*, p. 237.

du numérique, dont la bonne marche suppose une maîtrise étroite des conduites là où la déviance est hors de contrôle[554]. On déplorera que le débat public sur ces sujets demeure superficiel, laissant la voie libre aux « tartufferies des grandes plates-formes et de leurs comités d'éthique »[555]. Plutôt qu'une éthique soucieuse essentiellement des données personnelles et visant finalement à légitimer l'accès à ces données, il conviendrait de forger une éthique de l'IA pleinement responsable à l'égard de l'homme dans toutes ses dimensions. Mais peut-être est-ce là davantage la mission de l'humanisme juridique et des droits de l'homme numérique, soucieux de défendre l'humain et la société dans leurs totalités. Les droits de l'homme et l'éthique ne sont pas deux concepts opposés. Normalement, l'éthique renforce les droits de l'homme quand les droits de l'homme renforcent l'éthique. Mais l'éthique, spécialement l'éthique de l'intelligence artificielle, tend à tracer son chemin à part. Ici, on se concentrera sur l'humanisme juridique et les droits de l'homme numérique qu'il inspire.

On a longtemps partagé, en France et ailleurs, l'université en quatre facultés : lettres, sciences, droit et médecine. Les facultés des lettres pensaient la personne, l'individu, l'humain et la société, le collectif, la culture, l'histoire. Les facultés des sciences décrivaient, expliquaient et calculaient le monde naturel et ses lois universelles. Les facultés de médecine étudiaient et enseignaient le corps humain et les moyens de soigner ses maladies. Quant aux facultés de droit, elles ont construit une manière de connaître différente de celles des facultés de lettres, sciences et médecine. Depuis longtemps, on a compris à quel point le droit est un monde à part, un univers particulier. Mais c'est ensemble, avec les lettres, les sciences et même la médecine, que le droit peut affronter des défis tels que ceux posés par l'intelligence artificielle. Dans le droit de l'intelligence artificielle, il est au moins aussi important de comprendre l'intelligence artificielle que de comprendre le droit. Comme l'éthique devrait normalement chercher à le faire, l'humanisme juridique doit réunir l'universel et le particulier, le technique et le naturel, la logique mathématique et la variabilité individuelle, l'humain et l'artificiel. Le

[554] I. Berlin, *Liberty – Incorporating Four Essays on Liberty*, Oxford University Press, 2002.
[555] G. Kœnig, *La fin de l'individu – Voyage d'un philosophe au pays de l'intelligence artificielle*, Éditions de l'observatoire, coll. De facto, 2019, p. 185.

droit serait bien le meilleur moyen de donner de l'humain à l'intelligence artificielle.

Partie 3. L'homme dénaturé

67. Épiméthée et Prométhée. En des temps immémoriaux, Zeus confia à Épiméthée, fils de Japet et Clymène, le soin de distribuer aux espèces vivantes les qualités et les vertus en proportions équilibrées (aux uns les griffes et les crocs pour chasser, aux autres les sabots, les écailles ou les piquants pour se défendre). Épiméthée s'acquitta fort bien de sa tâche et tous les animaux se trouvèrent avec des forces propres leur permettant de jouer un rôle sur la grande scène de la vie. La nature pouvait prospérer et se pérenniser. Mais Épiméthée oublia l'homme[1]. Toutes les capacités et tous les attributs étaient épuisés, il ne restait rien pour l'être humain. Ému de voir ce dernier nu et désarmé, Prométhée, le frère d'Épiméthée, déroba alors à Héphaïstos et Athéna le feu créateur de tous les arts et l'offrit au plus misérable des animaux. Et ce larcin lui valut une lourde punition de la part des dieux, car le monde équilibré conçu par Épiméthée venait de basculer dans la tyrannie : une espèce unique, parce qu'elle serait la seule à maîtriser la technique, allait régner sur l'univers et triompher de tous les autres animaux.

Le mythe d'Épiméthée, raconté par Platon dans le Protagoras[2], est riche d'enseignements. Bernard Stiegler y voit un rappel de l'état de détresse ou, comme disent les biologistes, de prématuration dans lequel se trouve initialement l'homme, mais ce don divin qu'est la technique lui permet de remédier à ses carences et à sa fragilité originelles[3]. En raison de l'intervention providentielle de Prométhée, la faiblesse congénitale de l'espèce humaine s'est transformée en supériorité écrasante, en puissance

---

[1] En grec ancien, « *Ἐπιμηθεύς / Epimêtheús* » signifie « qui réfléchit après coup ».

[2] Platon, *Protagoras,* vers 390 av. J.-C., 320d-322a.

[3] B. Stiegler, *La technique et le temps – La faute d'Épiméthée,* Galilée, 1994.

étouffante, en pouvoir destructeur — pour les autres êtres vivants, mais peut-être aussi pour lui-même.

Les outils des hommes prolongent leurs corps et expriment leurs esprits. Comme l'enseigne l'anthropologue André Leroi-Gourhan[4], chaque instrument extériorise une fonction bien déterminée. Furent concernés tout d'abord les usages matériels les plus simples et durs (avec le bâton ou le marteau). Puis les apports de la technique devinrent de plus en plus sophistiqués et révolutionnaires (avec les engins énergétiques décuplant ou remplaçant de façon beaucoup plus efficace la force brute des muscles : brouette, poulie, machine à vapeur, chemin de fer, automobile etc.). Plus tard, vinrent les instruments ou machines sensoriels affinant et développant les sens et la perception (lunette, microscope, télégraphe optique, photographie, cinéma etc.). Enfin, apparurent les systèmes informationnels, la dernière et la plus actuelle des générations de la technique. Le but est cette fois de démultiplier et même subroger les fonctions et capacités intellectuelles des hommes grâce aux livres, calculettes, ordinateurs, disques durs, réseaux électroniques et informatiques etc. Mais déjà la décomposition alphabétique, la logique, la rhétorique ou les arts de la mémoire ont constitué autant d'avancées techniques immatérielles, toujours utilisées aujourd'hui, permettant de seconder et améliorer l'effort millénaire d'analyse et de synthèse de données ou de connaissances, façonnant en profondeur les habitudes intellectuelles de « penser/classer »[5].

Les organes technologiques et prothèses mécaniques ou électroniques ont accompagné de près l'hominisation (processus par lequel les primates se sont transformés en hommes) et, surtout, l'humanisation (processus par lequel les hommes préhistoriques sont devenus des hommes historiques, les prémodernes des modernes, les sauvages des civilisés, les obscurs des lumières, les individus des citoyens, les hordes barbares des sociétés paisibles et les regroupements anarchiques des organisations étatiques). Mais se pourrait-il qu'un jour l'association progressiste des hommes et de leurs machines atteigne son point culminant, ne permette plus d'avancées de la civilisation, entraîne des régressions, stimule des phénomènes de déshominisation et de déshumanisation car l'appareillage technologique

---

[4] A. Leroi-Gourhan, *Le geste et la parole*, Albin Michel, 1964.

[5] G. Perec, *Penser/Classer*, Hachette, 1985.

serait devenu par trop envahissant, intimidant, inhibiteur et sclérosant. Et ce jour pourrait-il appartenir déjà au passé ?

Dans l'antiquité grecque, le temple d'Apollon à Delphes était occupé par la Pythie, une prêtresse au don de prescience. L'oracle réalisait ses prédictions une fois par mois. Elle était consultée pour des événements de toutes natures et même par de hauts responsables. Mais le temple d'Apollon a été détruit et l'humanité en a été réduite à devoir affronter seule les événements à venir, contrainte de subir le fardeau de l'aléa et la crainte de l'incertitude. Les hommes ne peuvent accepter de demeurer les victimes du hasard. C'est pourquoi ils cherchent à construire des outils permettant de prédire l'avenir. Et, après les méthodes incantatoires, ils se sont tournés vers la science et la technique. Plus efficace que les sondages, l'IA est la plus performante de leurs créations visant à investiguer le futur. Les robots remplacent les prêtresses et autres oracles. Dans des sociétés modernes qui refusent l'aléa et l'incertitude, les IA permettent, bien qu'encore maladroitement, d'anticiper les catastrophes naturelles, les épidémies et toutes sortes de phénomènes naturels, sociaux ou humains. L'heure est à la technicisation, scientifisation et chiffrisation du monde. Alors que l'Homme est faillible, on fait de plus en plus confiance au robot.

Quel qu'en soit le sens, l'évolution biologique est donc intimement liée à l'évolution technique. La biosphère est fortement, et de plus en plus, dépendante de la technosphère. L'influence de l'homme sur la technique est quasi-totale ; mais l'influence de la technique sur l'homme est également très importante. Les relations entre l'humain et l'outil, l'être et la machine, le vivant et le robot, le naturel et l'artificiel jouent bien le rôle principal dans le grand film de l'humanité, de l'histoire, des sociétés et des cultures. Les uns créent et utilisent les autres qui, en retour, rétroagissent sur eux, les influencent, modèlent leurs pensées et leurs actes. On peut de moins en moins séparer les êtres humains et les sociétés de leur environnement technique et technologique. Des premiers silexs taillés par l'homme préhistorique à l'invention de l'écriture, de Gutenberg à la numérisation massive des données, la longue histoire des techniques et des technologies, aussi ancienne que l'histoire elle-même — et qui en est d'ailleurs à l'origine —, se situe au cœur de l'évolution humaine. Les instruments que l'homme invente le transforment, modifient ses activités personnelles et professionnelles, ses moyens de communication, ses manières de consommer, ses modes de transport ou encore ses façons d'observer le monde et de le penser. Et plus le temps passe, plus l'intimité problématique entre l'homme et la technique devient forte, à tel point qu'il arrive qu'on ne sache plus si l'on se trouve face à l'un ou à l'autre — et alors le « test de Turing » est passé avec succès. Tel est notamment le cas lorsqu'on échange avec des intelligences artificielles, avec des algorithmes, avec des robots dont les réponses atteignent un tel degré de pertinence qu'elles semblent avoir été produites par un cerveau naturel.

68. Progrès technique ou progrès humain, technicisme ou humanisme. L'histoire des techniques est rythmée par le franchissement successif de différent seuils : les cliquets d'irréversibilité. L'invention de l'imprimerie par Gutenberg a ainsi signifié la disparition des moines copistes du Moyen Âge, la création des télégraphes optiques et des chemins de fer a rendu obsolètes les chevaux, les attelages et les coches, l'introduction de l'informatique et des calculatrices électroniques a sonné le glas des bouliers et des opérations gribouillées sur le papier, l'apparition des fichiers numériques et du streaming a conduit à remiser au placard les lecteurs CD et les chaînes hi-fi, qui eux-mêmes avaient entraîné la disparition des gramophones d'antan et la marginalisation des disques vinyles. Nul doute que l'intelligence artificielle constitue un nouveau — et très puissant — cliquet d'irréversibilité.

D'ailleurs, les révolutions de l'intelligence artificielle n'en sont peut-être qu'à leurs prémices. Nul ne saurait dire quelles en seront les conséquences dans 20, 50 ou 100 ans. C'est ce qui rend le sujet passionnant, restant encore largement à explorer, à défricher, à préciser. Et c'est en même temps ce qui suscite une part de fantasmes et de craintes. Les futurologues, mais aussi les spécialistes des nouvelles technologies, l'affirment : l'intelligence artificielle va modifier, souvent radicalement, beaucoup de pratiques. Leurs divergences sont en revanche grandes quant au tour que prendront ces pratiques chamboulées. Une révolution véritable se produit lorsqu'une innovation technique accompagne des mutations culturelles et sociales profondes et irréversibles. Il est possible que l'IA, à travers ses innombrables réalisations, engendre une telle révolution. D'ailleurs, de nombreux rapports publics et autres publications, notamment académiques, mettent en évidence l'importance de la révolution de l'IA. Or se mêlent idéologie de la technique, réalité de la technique, logiques commerciales, évolutions de la société, intérêts politiques, recherches théoriques etc. La relation entre l'homme et la technique est extraordinairement complexe. En ressort, à travers le filtre médiatique, une fascination pour la technique et notamment pour l'IA qui tend à cacher les difficultés et parfois dangers qui l'accompagnent. De la presse aux rapports publics en passant par la communication des multinationales, on alimente une idéologie de la technique qui tend à travestir sa réalité. Si l'IA est un cliquet d'irréversibilité et une révolution, elle n'est peut-être pas exactement ce que l'on croit. Les discours insistent essentiellement sur le caractère vital des évolutions en cours et sur le retard à rattraper de l'Europe et notamment de la France. On aimerait ici mettre en avant une autre approche : celle des droits de l'homme.

Aujourd'hui, beaucoup d'auteurs estiment que la technique, notamment internet et l'IA, constitue une rupture décisive en engendrant une « nouvelle société » parce que, selon eux, cette technique change directement et forcément la société et les individus. Ils se rallient à la thèse du déterminisme technique selon laquelle une révolution dans les techniques provoque toujours une révolution dans la structure globale des sociétés[6]. Il ne s'agit alors pas d'autre chose que de l'expression d'une idéologie. En réalité, on n'est pas obligé de subir la technique, pas obligé de s'y soumettre, il n'est pas interdit de faire autrement. L'idée que l'influence de la technique sur l'homme et la société serait à la fois bénéfique et inexorable, que le progrès technique irait de pair avec le sens de l'histoire, est imposée par un ensemble de personnes non désintéressées et il est important de proposer aussi les autres discours. Technique, culture et société sont liées mais ne doivent pas être confondues. L'histoire prouve les limites du déterminisme technique. La technique peut influencer la culture et la société, mais la culture et la société peuvent aussi influencer la technique. La fascination de l'Occident et même du monde entier pour la technique ne cesse de grandir à mesure que les performances des outils s'améliorent. La technique devient une valeur en soi : il faut utiliser les instruments les plus sophistiqués, les plus performants. Mais d'autres valeurs humaines et sociales peuvent être opposées à la technique, lorsqu'elles s'avèrent inconciliables. Et ces valeurs s'incarnent dans des droits de l'homme. Il faut sortir la technique de l'enjeu unique de la performance. Il s'agit moins de techniciser l'homme que d'humaniser la

---

[6] D. Wolton, *Internet, et après ? Une théorie critique des nouveaux médias*, Flammarion, coll. Champs essais, 2010, p. 17-18.

technique. Or, pour l'heure, l'IA a surtout tendance à mécaniser l'homme, à le robotiser. On ne voit quasiment jamais un progrès technique être refusé parce qu'il n'est pas en même temps un progrès humain. Le progrès technique se suffit à lui-même, ce qui n'est pas acceptable du point de vue de l'humanisme juridique pour qui d'autres valeurs doivent primer.

La technique ne peut pas être l'essentiel pour l'homme ou pour la société, ou alors ils ne seraient plus humain ou sociale. Les caractéristiques culturelles de la technique devraient être mises en avant. Nulle théorie de la technique sans théorie implicite ou explicite de la société ne devrait être possible. On ne saurait penser la technique sans penser en même temps et en priorité l'homme et la société. L'humanisme s'oppose ainsi au technicisme. La préférence donnée à l'homme s'oppose à la préférence donnée à la technique. La priorité des priorités devrait toujours être d'humaniser et socialiser l'homme, non de le techniciser, non de le soumettre à la dictature de son environnement technique.

Pareille problématique s'exprime en particulier dans le domaine de la communication, où de nouveaux médias naissent du rapprochement entre les techniques de l'informatique, des télécommunications et de l'audiovisuel. C'est la numérisation de l'information et la mise en données du monde qui permettent cette convergence. Si l'IA déborde largement du secteur de la communication, c'est en son sein qu'elle produit ses effets les plus remarquables, notamment à l'égard de la société. Ici plus encore qu'ailleurs, il faut oser critiquer la technique, poser la question de la place qui doit lui être accordée face aux risques de déshumanisation de l'homme et de désocialisation de l'homme. « Paradoxalement, note Dominique Wolton, presque personne n'ose critiquer les nouvelles techniques, personne ne pose la question de savoir si elles méritent une telle place dans l'espace public, ni si elles signifient un progrès à ce point incontestable qu'en permanence on crie à l'impérieuse nécessité de se “moderniser” »[7]. Pourtant, ce sont sans doute des arguments économiques plus que culturels, éducatifs ou civilisationnels qui motivent le soutien à l'innovation technique. Ces arguments ne peuvent pas faire la loi.

---

[7] *Ibid.*, p. 86.

Déjà certains effets psychiques de l'IA ont été démontrés, à la maison, au travail et partout[8]. Et ce n'est qu'un début. La technique en général et l'IA en particulier peuvent engendrer chez l'homme et la société des effets positifs comme des effets négatifs. On ne saurait tout accepter sans discussion. Il faut en appeler à une vigilance critique qui passera notamment par le prisme des droits de l'homme numérique. Si l'IA risque de mécaniser l'homme, si déjà elle le mécanise en partie dans sa vie quotidienne, ces droits de l'homme numérique doivent être pensés et appliqués afin de résister aux effets déshumanisants de la technique sans ignorer ni empêcher ses effets bénéfiques. Comme Rieux, dans *La Peste* d'Albert Camus, devient un mémoraliste de l'injustice et du totalitarisme, mais aussi de la capacité des hommes à reconstruire une société plus juste et plus libre, car il ne faut surtout pas oublier, on doit se souvenir combien les hommes peuvent vivre ensemble en vue du bien commun, combien les hommes peuvent être humains. Camus a montré que les crimes de l'État au pouvoir démesuré se laissent oublier car ils sont cachés derrière des mythes et une savante communication, laissant croire qu'ils servent la personne humaine quand ils la desservent[9]. De nouvelles puissances, de même, ne masquent-elles pas leurs effets réels afin d'éviter toute contestation ? Et n'est-ce pas la mission des chercheurs indépendants que de mettre en exergue ces effets réels, contre toutes les propagandes ?

---

[8] S. Tisseron, *Petit traité de cyberpsychologie*, Le Pommier, 2018 ; S. Tisseron, *Plus jamais seul – La révolution sournoise des machines parlantes*, Les liens qui libèrent, 2020.

[9] A. Camus, *Essais*, Gallimard, coll. Bibliothèque de la Pléiade, 1965, p. 1060.

Chapitre 5. L'intelligence artificielle

69. IA responsable. En soi, le monde est largement inhumain. Il ne manque pas une occasion de faire mal à l'homme. Et cet homme est, face à la nature et face à son état de nature, un étranger, perdu. Alors il s'invente des dieux et des idoles pour fuir sa condition et s'inventer une autre réalité. L'IA est une nouvelle manière pour les hommes de quitter leur état de nature et de se recréer dans un univers différent : celui de la technique. L'homme est le seul animal à se rebeller en permanence contre sa condition naturelle. L'IA en témoigne. On veut sans cesse être autrement que l'on est. Comme l'a écrit Albert Camus, l'homme est depuis toujours tenté de divorcer avec le monde : « Si j'étais arbre parmi les arbres, chat parmi les animaux, cette vie aurait un sens ou plutôt ce problème n'en aurait point car je ferais partie de ce monde. Je serais ce monde auquel je m'oppose maintenant par toute ma conscience et par tout mon exigence de familiarité »[10]. De là vient aussi l'absurdité de nos vies : les hommes n'aiment que peu le monde. Heureusement, notre intelligence nous permet de fabriquer des prothèses et des écrans afin de nous en extraire. Et ceux-ci touchent jusqu'à l'intelligence elle-même.

Notre histoire est rythmée par des (r)évolutions successives : passage de la chasse et de la cueillette à l'élevage et à l'agriculture, naissance de l'ère industrielle, puis de la société de l'information, dans laquelle nous sommes actuellement. L'intelligence artificielle devrait modifier rapidement et profondément nos vies. Bien que cette évolution soit en cours depuis une décennie environ, elle demeure l'objet de nombreux fantasmes. Peut-être 1 % seulement des conséquences de l'IA sur l'humanité et sur la société est-il déjà connu quand 99 % demeureraient incertains. Mais déjà, en Chine, deux applications des géants Tencent et Alibaba permettent à la population d'effectuer à peu près tous les actes de la vie, tandis que les pouvoirs publics recourent largement à ces nouvelles technologies afin de contrôler les

[10] A. Camus, « Le mythe de Sisyphe », in *Œuvres*, Gallimard, coll. Quarto, 2013.

individus. L'IA et, plus généralement, l'univers numérique sont omniprésents. Et ce n'est qu'un début.

Les prémices de l'IA datent de l'après Seconde Guerre mondiale. Cette période a eu entre autres pour conséquence de contribuer au progrès technique. Tandis que les Allemands ont élaboré le missile le plus performant avec le V2, les Américains se sont dotés de l'arme nucléaire. Et ce sont eux aussi qui ont créé le premier ordinateur, la première machine capable de manifester de l'intelligence artificielle. L'ingénieur américain Norbert Wiener en a été l'un des artisans. Conscient des potentialités de l'informatique mais méfiant à l'égard des utilisations que les États pourraient en faire, il conduisit ses recherches en marge des financements militaires. Se présentant tel un humaniste qui entend combiner ses ambitions intellectuelles avec son sens aigu de la responsabilité sociale de la science, et souhaitant avant tout que l'homme demeure capable de maîtriser la technique, il créa une nouvelle discipline : la « cybernétique » — du grec « *kubernêtês* » qui signifie « gouverneur »[11].

Inventer et perfectionner des outils n'a donc de sens que si ce sont des outils responsables. Inventer et perfectionner des IA n'a de sens que si ce sont des IA responsables. L'homme est tout à fait capable d'inventer et perfectionner des technologies qui lui permettent de s'auto-détruire. Involontairement, certains élaborent des instruments qui se retournent contre eux car d'autres les utilisent à des fins destructrices. Toute création et toute utilisation d'un nouvel outil devrait donc s'accompagner d'études éthiques, morales, juridiques. Plus encore, ces études pourraient être les plus importantes de toutes. Les juristes en général et les juristes humanistes en particulier seraient donc les premiers concernés par les innovations techniques, car ce serait à eux de leur délivrer leurs permis d'exister. S'agissant de l'IA, alors que de plus en plus de rapports et autres travaux publics et privés sont publiés afin de définir une éthique de l'IA, ceux-ci affirment généralement, à l'image du Parlement européen en 2017, dans sa résolution sur les « Règles de droit civil sur la robotique », qu'il est indispensable d'évaluer les conséquences juridiques et éthiques du développement de la robotique, tout en veillant à ne pas freiner l'innovation. L'humanisme juridique, au contraire

---

[11] Th. Le Texier, « Norbert Wiener, mathématicien, écrivain et humaniste », *Quaderni* 2017, n° 92, p. 119-123.

de cette éthique désormais convenue et bien comprise, pourrait pour sa part affirmer que l'intérêt humain supérieur doit l'emporter sur l'innovation technique et sur le profit économique et peut donc aller jusqu'à les freiner. Si l'on veut promouvoir un modèle européen d'IA, celui-ci ne pourra pas reposer sur la primauté donnée à l'innovation technique et au profit économique, ou alors il ressemblera largement aux modèles américain et chinois. Alors que l'approche éthique des institutions nationales et européennes aboutit toujours à stimuler l'investissement et à encourager les acteurs économiques, en ajoutant que cela doit se faire dans le respect de lignes directrices éthiques telles que la « bienfaisance » ou la « non-malfaisance », l'humanisme juridique dira pour sa part qu'une IA responsable est une IA qui donne en toute occasion la priorité aux droits de l'homme numérique.

La Commission européenne a publié une communication sur un « Plan coordonné dans le domaine de l'intelligence artificielle » en décembre 2018, dans lequel elle affirme que l'éthique doit permettre de gagner la confiance des citoyens afin qu'ils acceptent d'utiliser l'IA. L'humanisme juridique, au contraire, n'a pas le souci de favoriser le développement de la technologie et de ses utilisations. Il souhaite seulement protéger l'homme et la société, au besoin en alertant sur certains dangers et en décourageant de recourir à certaines techniques. La volonté des institutions européennes, lorsqu'elles font de l'éthique, est de donner à l'Europe les moyens de devenir un leader mondial du développement et de l'utilisation de l'IA. L'ambition de l'humanisme juridique est de faire de nous les leaders mondiaux de l'humanisme. Le High Level Expert Group on Artificial Intelligence (HLEG AI), nommé par la Commission européenne, a publié le 8 avril 2019 son rapport « Ethics Guidelines for Trustworthy AI ». L'éthique y est désignée comme le vecteur décisif du développement de l'IA en Europe en créant une confiance suffisante dans la technologie. Pour l'humanisme juridique, ce qui compte est davantage le développement humain et la confiance suffisante dans l'homme. Les réflexions en droit et éthique de l'IA visent en général à « lever les freins juridiques et éthiques ». L'humanisme juridique, au contraire, se donne pour mission de poser autant de freins juridiques et éthiques que nécessaire au développement de l'IA. Son seul critère pour juger si une IA est responsable ou non, c'est l'humain et le social. Tout outil ou toute utilisation d'un outil qui nuit à l'humanité et à la socialité doit être découragé. Tout outil ou toute utilisation d'un outil qui favorise l'humanité et la socialité peut être encouragé.

Le développement d'une IA responsable passe nécessairement par la construction d'un droit de l'IA adapté, ce qui signifie inspiré par l'éthique ou, en l'occurrence, inspiré par l'humanisme juridique et par les droits de l'homme numérique. Le droit est source de confiance. Mais, à l'inverse de l'éthique, le droit ne doit pas être manipulé pour donner des illusions et cacher des réalités. La confiance générée par le droit de l'IA ne doit pas être artificielle et, par suite, fragile. Elle ne doit pas être une manipulation des populations mais une protection des populations.

Il reste que saisir l'IA en tant que juriste est une épreuve, avec de nombreux obstacles[12]. Tout d'abord, le droit n'est que second et il convient déjà de maîtriser la technique, son environnement, ses enjeux et son jargon fait de nombreux anglicismes (deep learning, machine learning, features, data lake, input/output data etc.). Avant de chercher à apprivoiser l'IA avec le droit, il convient de bien la comprendre, bien comprendre les réalités techniques qui se cachent derrière, notamment afin de ne pas exagérer ses capacités et ne pas fantasmer ses potentialités. Il n'est en tout cas pas aisé pour un juriste de comprendre l'informatique et la programmation ou le fonctionnement d'un réseau de neurones et de l'apprentissage automatique. Par ailleurs, lorsqu'on comprend mal de quoi il s'agit, il est tentant de s'en remettre à la littérature la plus en vue sur le sujet. Or celle-ci est essentiellement produite par des chercheurs, des techniciens ou des entrepreneurs qui possèdent des intérêts convergents, appelant un droit économiquement libéral, peu contraignant, qui est loin de correspondre toujours à celui que l'humanisme juridique peut inspirer. Il est donc indispensable de savoir dépasser les discours médiatiques et la pensée unique pour accéder à d'autres points de vue et se faire réellement sa propre opinion — ou alors le droit que les juristes contribueront à forger ne sera que celui qu'une élite défendant ses intérêts particuliers aura souhaité. En matière d'IA, savants et marchands se confondent. Il importe de les écouter en conservant une oreille critique. Il faut d'ailleurs conserver à l'esprit que les communications faites autour des IA et de leurs utilisations ne concernent forcément que celles qui sont les

---

[12] P. Adam, « Droit (du travail) et intelligence artificielle », *Lexbase Hebdo édition sociale* 14 nov. 2019, n° 802.

plus vertueuses et que tout ce qui relève de la manipulation et de l'anti-humanisme est tenu caché. Mais il ne fait aucun doute que cela existe. Peut-être même s'agit-il de l'essentiel de l'économie de l'IA.

Une autre difficulté pour les juristes qui s'intéressent à l'IA tient au fait que ces techniques évoluent très vite. On sait que, face aux nouvelles technologies, la loi et le droit en général ont toujours un temps de retard assez catastrophique tant il plonge ces technologies dans un *no man's land* juridique. Mais même le simple juriste observateur risque de se retrouver en décalage s'il ne suit pas attentivement l'actualité. De nouvelles solutions techniques apparaissent fréquemment et peuvent remettre en cause d'un seul coup certaines analyses ou amener à changer certaines positions. « Pris de vitesse, note-t-on, le juriste a grand mal à imaginer de manière adéquate comment réguler ce TGV (technologie à grande vitesse) qui ne s'arrête jamais en gare »[13]. Dans ce contexte, les GAFAM souhaitent plus que jamais prendre le contrôle du droit et Jeff Bezos et Amazon en sont venus, pour réguler l'usage de la reconnaissance faciale, à rédiger eux-mêmes les normes qu'ils se proposent d'appliquer (projet privé de loi qui serait ensuite soumis au législateur américain pour simple « enregistrement »). Inutile d'insister sur le fait que cette solution n'est sans doute pas la meilleure.

Enfin, le juriste qui s'intéresse à l'IA doit prendre garde à une dernière difficulté : en la matière, tout regard critique, toute analyse divergente et toute réserve vous conduisent vite à être classé tel un contempteur de la technique, un réactionnaire, un partisan de la bougie contre l'ampoule électrique. Il faut bien sûr tâcher de ménager les susceptibilités car, dès lors que plus personne ne vous écoute, vous êtes forcément devenu inaudible. Mais on ne saurait renoncer à proposer un point de vue différent au seul motif qu'il est différent. Au contraire, cette différence est une force. Et il n'y a pas plus de chances d'être dans l'erreur lorsqu'on est seul contre tous que lorsqu'on est avec tous. Il semble donc pertinent de ne pas se borner à reproduire les analyses qui insistent sur l'ambivalence de l'IA, qui serait un progrès à condition d'être accompagnée de quelques comités et rapports éthiques. On peut aller plus loin et, notamment, s'inspirer de l'humanisme et de l'humanisme juridique pour penser des droits de l'homme numérique qui seraient autant de garde-fous face aux ambitions impérialistes de certains

[13] *Ibid.*

pays et de certaines multinationales du numérique. Il convient aussi de penser ces droits en allant très au-delà de la protection des données personnelles et de la vie privée. En tout cas, pour bien penser le droit de l'IA, il convient déjà de bien comprendre ce qu'est l'IA, ce qui suppose de la définir assez longuement et d'insister sur son environnement et ses conséquences.

70. Comprendre l'IA avant de penser l'IA. Allons-nous comprendre l'IA avant qu'elle nous comprenne ? Déjà une IA-philosophe, Philosopher AI, nous propose, moyennant la somme de 2,60 euros sur l'App Store et le Google PlayStore, de répondre aux questions fondamentales que l'humanité se pose depuis toujours (quel est le sens de la vie, qu'est-ce que l'amour, par exemple)[14]. L'IA apporte des réponses plutôt convaincantes et en tout cas sensées. Les hommes peuvent-ils, quant à eux, apporter de mêmes réponses convaincantes et sensées à la question de savoir ce qu'est l'IA ? Celle-ci appelle d'importants efforts prospectifs, auxquels se consacrent des chercheurs, des essayistes, des cabinets de consultants, des agences et des missions publiques. Le drame de la recherche en IA et sur l'IA est que les travaux dont l'ancienneté atteint trois ou quatre années peuvent déjà apparaître obsolètes. En 2020, les publications de 2016, 2017 ou même 2018 semblent déjà « anciennes ». Cela est assez décourageant et, en même temps, témoigne des spécificités de ce domaine de recherche, dans lequel beaucoup reste à faire. En droit de l'IA comme en anthropologie de l'IA, sociologie de l'IA ou économie de l'IA, le renouvellement des recherches doit être continu tant les techniques et leurs usages évoluent, pour l'instant, à très grande vitesse. Même une statistique touchant au monde des IA devient obsolète en une ou deux années et ne peut donc plus être utilisée.

Les transformations actuellement engendrées par l'IA et l'univers numérique en général rappellent celles qui, à la Renaissance, ont été provoquées par le développement des sciences et des techniques. Or, à cette époque, le déploiement de l'humanisme a été accompagné par celui des extrémismes, de l'intolérance et, finalement, des guerres. Aujourd'hui comme hier, il faudra beaucoup d'efforts pour que la voix de l'humanisme triomphe face à celles des intérêts particuliers, de la mégalomanie, de l'égoïsme, du suivisme et de

---

[14] J.-Y. Alric, « Cette IA philosophe tente de répondre aux grandes questions existentielles », presse-citron.net, 14 nov. 2020.

la bêtise humaine — en Chine, on n'hésite pas à expliquer très ouvertement que le téléguidage des conduites au moyen de l'IA se justifierait par le faible niveau d'intelligence moyenne de la population. Si l'intelligence artificielle devient le moyen d'un eugénisme artificiel, par la surveillance et la correction permanentes, elle ne pourra qu'être analysée telle une dramatique invention. Si l'IA permet l'entrée dans une nouvelle Renaissance, il faudra que celle-ci parvienne réellement à consacrer la liberté individuelle et collective, non qu'elle remplace certaines sujétions par d'autres. Pour l'heure, cependant, on peut craindre que les nouveaux moyens de communication et de *nudge* conduisent surtout à d'autres formes d'extrémisme, de totalitarisme et de servitude. Bien des désordres et des catastrophes pourraient naître de l'ordre mécanique et statistique des IA.

Une machine, y compris une machine « intelligente », est un produit de l'ingéniosité humaine. Dès lors, le monde de la technique est comme celui du droit : il n'est pas isolé et autonome mais intimement lié à l'ensemble de son environnement. Comprendre la machine, ce n'est « pas simplement faire un premier pas pour réorienter notre civilisation, c'est aussi trouver un moyen de comprendre la société et nous comprendre nous-mêmes »[15]. Pourtant, un gouffre tend à se creuser à la fois entre ceux qui maîtrisent la technologie et le public et entre ces premiers et les chercheurs en sciences humaines et sociales. La relation devient lointaine ou même inexistante entre ceux qui écrivent le code et ceux qui en subissent les effets comme ceux qui cherchent à comprendre ces effets. Comme le résume Dominique Cardon, « la complexification des modèles algorithmiques mis en œuvre dans les nouvelles infrastructures informationnelles contribue à imposer le silence à ceux qui sont soumis à leurs effets. Elle désarme aussi ceux qui entreprennent de critiquer l'avènement de la froide rationalité des calculs, sans chercher à en comprendre le fonctionnement. Par facilité autant que par ignorance, la critique du nouvel empire des calculs se réfugie dans une pseudo opposition entre les humains et les machines »[16]. C'est pourquoi toute recherche sur l'IA ne semble pouvoir que débuter par un long et précis effort de définition de la technique et d'explication de ses origines et de ses conséquences. Qu'on soit effrayé ou enthousiaste à l'égard de la technique,

[15] L. Mumford, *Technique et civilisation*, Le Seuil, coll. Esprit, 1976, p. 19.

[16] D. Cardon, *À quoi rêvent les algorithmes ? Nos vies à l'heure des big data*, Le Seuil, coll. La République des idées, 2015, p. 13.

on ne l'est légitimement que si l'on est éclairé, que si l'on sait de quoi l'on parle. De même, si l'on souhaite préconiser, par exemple, un droit à la souveraineté individuelle de chacun, encore faut-il précisément rechercher les effets de ces nouveaux objets sur l'autonomie individuelle.

L'intelligence artificielle multiplie les embûches sur le chemin des explorateurs, en décourageant certains et induisant en erreur d'autres. Mystérieuse, incompréhensible, réservée à une poignée de scientifiques, on peut être tenté de se contenter de simples rudiments au sujet du fonctionnement de l'IA. Mais il existe peu d'introductions à l'IA, d'ouvrages de synthèse destinés aux néophytes. Difficile d'aller au-delà de l'introduction de la bible des étudiants en informatique : *Artificial Intelligence* de Stuart Russell et Peter Norvig. Au-delà de quelques définitions de base, la matière devient exponentiellement technique. L'effort est cependant utile et même indispensable. En 2018, la start-up allemande Waltz Binaire a demandé à son IA Narciss, dotée d'un miroir circulaire, de procéder à une « analyse de sa propre nature ». Narciss a alors vu en elle-même un mélange de grille-pain, de réfrigérateur, de micro-ondes et de « tas de composants électroniques posé sur une table ». Si l'avenir est peut-être aux grille-pains connectés et aux réfrigérateurs connectés, cela montre que l'IA est une énigme y compris pour elle-même. Rarement dans l'histoire de la technique une invention aura produit tant de conséquences radicales sur l'homme et la société, suscitant d'innombrables commentaires venant de tous les horizons, tout en étant rarement bien compris par ceux qui en parlent. La complexité, l'originalité et la diversité de l'IA en font un phénomène technique très délicat à saisir.

Maîtriser techniquement l'IA est pourtant une prémisse nécessaire à toute recherche dans ce domaine. On peut ainsi comprendre, par exemple, que l'intelligence artificielle n'est qu'une illusion, car elle reproduit le résultat de l'intelligence et non son processus, ou encore le fait qu'un robot n'a rien à voir avec un humain puisque notre créativité et nos décisions sont autant gouvernées par des intuitions, des émotions et des sensations, par des hormones et des réactions biochimiques qui se produisent dans l'organisme, que par le fonctionnement de nos synapses. Les sentiments ne sont pas une entrave au processus intellectuel mais l'un de ses moteurs essentiels. Ils constituent le sel qui donne du goût à la vie. Sans eux, il n'existe pas de plaisir ni de douleur, pas de coopération sociale, pas d'expérience du bien et du mal, pas de culture. Y compris les valeurs morales sont des résultats de la nature. Et l'IA est bien loin de tout cela. On en viendrait presque à se demander comment pourrait-elle avoir un sens. Normalement, les calculs et les statistiques ne jouent qu'un rôle mineur dans l'intelligence. Le neuroscientifique Antonio Damasio souligne combien le corps est au cœur de l'intelligence, quand l'IA, y compris lorsqu'incarnée dans un robot, n'a pas ou peu de corps[17]. Il montre que l'esprit est le fruit d'une interaction entre notre système nerveux, c'est-à-dire le cerveau, l'intestin, qui est notre second cerveau et dont les IA sont toutes dépourvues, et le reste de l'organisme. Antonio Damasio l'explique par la notion d'homéostasie, cette forme d'autorégulation qui existe dans les formes les plus primitives de la vie. L'homéostasie est la capacité à persévérer dans l'être, à conserver une unité grâce à la collaboration entre les cellules et entre les organes. Cette homéostasie est à la base de l'évolution biologique. Elle est ce pourquoi l'homme est ce qu'il est. C'est aussi elle qui permet de comprendre pourquoi notre esprit n'est qu'un dérivé du corps. On comprend dès lors à quel point l'intelligence artificielle se situe à des années lumières de l'humanité et, plus généralement, de la vie. On perçoit, par suite, combien il peut être périlleux de vouloir remplacer l'homme par la machine. Et on peut voir, par exemple, dans l'intention de créer des robots humanoïdes en plastique conduits par des cerveaux artificiels et dotés d'une personnalité une bien inconséquente intention. La conscience constitue la couche supérieure d'une totalité en perpétuelle symbiose. L'immixtion de l'IA dans ce système rodé par des millénaires d'évolution naturelle et le mélange qui en résulterait pourraient aboutir à détraquer ce système. Il n'y a pas union mais fusion entre l'esprit et le corps, qui sont indétachables, incompréhensibles l'un sans l'autre, malgré l'approche dualiste classique. À l'inverse, même l'union entre l'homme et la machine semble constituer un dangereux mariage. Jusqu'à présent, l'homme a toujours utilisé la technique tel un ensemble d'outils à son service. Que désormais il arrive que ce soit l'homme qui se retrouve au service de la technique constitue un renversement aux conséquences potentiellement terribles.

« Intelligence artificielle » est d'ailleurs une parfaite contradiction dans les termes. Il est en effet impossible d'être à la fois intelligent et artificiel :

---

[17] A. Damasio, *L'ordre étrange des choses*, Odile Jacob, 2017 ; A. Damasio, *Spinoza avait raison*, Odile Jacob, 2014.

l'intelligence repose sur les mécanismes biochimiques des neurones, et donc sur une forme biologique, si bien que sitôt que l'IA deviendrait réellement intelligente (et non plus un simple ensemble de calculs et de statistiques) elle cesserait d'être artificielle. Spinoza notait que « la structure même du corps humain dépasse de très loin en artifices toutes les choses qu'a fabriqué l'art des hommes »[18]. Cela demeure autant valable à l'ère des IA qu'au temps des premières machines à calculer.

Aujourd'hui, l'IA est devenue un mot magique, un sésame, un label. Un projet relatif à l'IA aura toutes les chances d'être choisi face à ses concurrents par des pouvoirs publics ou privés qui ont des étoiles dans les yeux. Et ce sont même les appels à projets dans le secteur de l'IA qui se multiplient. Évoquer l'IA permet de vendre à des investisseurs n'importe quel projet, car ils sont dépassés par les mutations en même temps que convaincus que ce sont là des trains qu'il ne faut pas louper. Un philosophe racontait il y a peu qu'on lui avait conseillé d'ajouter l'intelligence artificielle à un dossier afin d'augmenter sensiblement ses chances d'être accepté. L'intelligence artificielle est actuellement à la mode. Et elle devrait le rester longtemps tant elle impacte et impactera en long et en large nos vies individuelles et collectives. C'est pourquoi il faudrait que, au-delà de quelques chercheurs et de quelques érudits, on rende l'IA accessible à tous. Tel était l'objet de l'ouvrage *L'intelligence artificielle – Dans toutes ses dimensions*[19], ainsi que des prochaines pages visant à présenter simplement mais sans la travestir l'IA. Il ne s'agit pas d'en saisir les moindres rouages mais de conserver face à elle un esprit lucide et ne pas sombrer dans le délire, dans la paranoïa ou dans la religion — définie par Cicéron comme « fait de s'occuper d'une nature supérieure que l'on appelle divine et de lui rendre un culte »[20].

Les travaux visant à expliquer la réalité et les enjeux de l'IA en particulier et des nouvelles technologies en général, loin des visions sensationnalistes et des effets d'annonce sans fondement, ne seront jamais trop nombreux. La population ne manque d'ailleurs pas de critiquer des institutions, des

---

[18] B. Spinoza, *Éthique*, 1677.

[19] B. Barraud, dir., *L'intelligence artificielle – Dans toutes ses dimensions*, L'Harmattan, coll. Europe et Asie, 2020.

[20] Cité par J. Grondin, *La Philosophie de la religion*, Puf, coll. Que sais-je ?, 2009, p. 66.

scientifiques et des journalistes qui les informeraient à la fois trop peu et trop mal. Ils sont demandeurs d'explications afin de pouvoir se positionner de façon éclairée, en pleine conscience, sur ce qui est peut-être, pour reprendre la célèbre formule de Jacques Ellul, l'« enjeu du siècle ». Ainsi, en 2020, une enquête de l'Ifop pour l'Académie des technologies a-t-elle montré que les Français ne sont que 33 % à s'estimer bien informés sur les questions de science, soit exactement le même chiffre qu'il y a vingt ans (33 % en 2001)[21]. Une large majorité de Français se disent mal informés (58 %). 75 % d'entre eux jugent que le gouvernement n'informe pas suffisamment des conséquences de la technologie et 77 % expriment le souhait d'être davantage impliqués dans les décisions portant sur les technologies controversées. Mais peut-être appartient-il avant tout aux scientifiques et aux philosophes de procéder à ce nécessaire travail de vulgarisation dès lors que les journalistes sont toujours plus jugés incompétents et que la confiance accordée aux hommes politiques lorsqu'ils évoquent des sujets scientifiques et techniques atteint péniblement 27 %[22]. Cela n'en est pas moins problématique, peut-être même dramatique. L'IA est au cœur d'enjeux politiques qui engagent de manière décisive l'avenir. Or l'essentiel de la littérature et des discussions autour de ces nouvelles technologies est le fait de spécialistes, est réservé aux magazines spécialisés et aux pages « tech » des journaux, alors qu'il pourrait se trouver dans les pages de politique nationale ou internationale. Il est significatif que, lorsqu'en 2020 il a été question de déployer la 5G sur le territoire français, le débat entre le Président de la République et les écologistes s'est focalisé sur le sujet complètement en décalage des Amish, cette communauté religieuse connue pour mener une vie simple, pacifique et austère, se tenant à l'écart du progrès et des influences du monde extérieur. Pourtant, ces nouvelles technologies en général et l'IA tout spécialement sont des sujets capitaux qu'il semble urgent de placer au centre du débat public et des réflexions politiques.

---

[21] G. Pujol, « Les technologies constituent une source d'anxiété de plus en plus grande pour les Français », journaldugeek.com, 22 déc. 2020.
[22] *Ibid.*

I. Qu'est-ce que l'intelligence artificielle ?

71. L'intelligence artificielle n'est pas intelligente. Ce que l'on appelle « intelligence artificielle » est une partie du monde de l'informatique (et du numérique). L'IA correspond à leurs derniers perfectionnements. Il y a donc des différences de degré mais pas de nature entre IA et informatique — qui se définit comme « domaine d'activité scientifique, technique, et industriel concernant le traitement automatique de l'information numérique par l'exécution de programmes informatiques par des machines : des systèmes embarqués, des ordinateurs, des robots, des automates etc. »[23]. L'IA est « la dernière vague du numérique »[24], une vague qui immerge de plus en plus de pans de la vie mais dans laquelle on nage sans toujours s'en rendre compte tant notre environnement numérique et informatique nous devient familier. Le smartphone, par exemple, est à ce point un prolongement de nous-mêmes qu'on en viendrait à le considérer comme un organe supplémentaire, une prothèse ou un deuxième cerveau. Mais est-on réellement plus intelligent une fois qu'augmenté par l'IA ? Et l'IA elle-même est-elle intelligente ?

L'intelligence artificielle est à la fois proche et lointaine de chacun. Elle est proche car elle nous concerne tous et interfère de plus en plus avec nos existences à de nombreux moments de la journée et dans de nombreux contextes. Mais elle paraît lointaine car on saisit mal ce que cette expression *a priori* oxymorique désigne précisément. L'IA, qui pourtant touche chacun dans son quotidien et dans son intimité, présente un côté magique, parce qu'elle produit des résultats impressionnants sans qu'il soit possible, pour la plupart d'entre nous, de comprendre comment elle procède, quels sont ses mécanismes.

Les dictionnaires de la langue française définissent l'intelligence comme « la fonction mentale d'organisation du réel en pensées chez l'être humain et en actes chez l'être humain et l'animal »[25]. Il s'agit d'un « ensemble de fonctions

---

[23] V° « Informatique », wikipedia.org.
[24] L. Julia, *L'intelligence artificielle n'existe pas*, First, 2019.
[25] V° « Intelligence », in *Trésor de la langue française*.

psychiques et psycho-physiologiques concourant à la connaissance, à la compréhension de la nature des choses et de la signification des faits »[26]. Ainsi entendue, l'intelligence de l'intelligence artificielle est nulle ou très faible. L'expression « intelligence artificielle » est un oxymore : elle associe deux termes pourtant contradictoires, « intelligence » (propre à l'humain) et « artificiel » (propre à la machine). En réalité, aucune IA ne peut être intelligente et aucune ne l'est. En revanche, une intelligence artificielle est une technologie capable de produire des résultats similaires à ceux issus du cerveau humain. Il s'agit d'un outil informatique qui effectue des actions ou exécute des tâches qui, il y a peu, étaient le propre des êtres vivants, humains ou animaux.

Cet outil repose notamment sur des algorithmes, c'est-à-dire des suites de formules mathématiques, d'opérations informatiques et de traitements statistiques. Un algorithme est un ensemble d'instructions données à une machine ou à un programme informatique dont l'application permet de résoudre des problèmes, d'exécuter des tâches ou d'obtenir des résultats à partir de grandes masses de données et en un temps record. Il exécute des processus répétitifs, fonctionne avec des « entrées » (les données initiales qu'il traite) et aboutit à des « sorties » (les résultats) en suivant différentes étapes qui requièrent des calculs, des opérations logiques, des comparaisons ou des analogies. Les algorithmes sont à la base de l'informatique. Ils s'expriment le plus souvent dans des programmes exécutables par ordinateur. Souvent assimilés à des « formules magiques », les plus connus sont ceux des moteurs de recherche du web qui permettent, en fonction des mots-clés saisis par l'utilisateur et d'autres paramètres tels que la géolocalisation ou l'historique des recherches, d'accéder aux contenus supposément les plus pertinents. Un algorithme est donc une sorte de manuel d'instruction sophistiqué. C'est une manière d'industrialiser le raisonnement logique, idéale dans des systèmes fermés tels que le jeu d'échecs. On appelle aujourd'hui l'IA des algorithmes « GOFAI » (*good old-fashioned AI*).

L'intelligence artificielle désigne donc les dispositifs technologiques visant à simuler et, *in fine*, remplacer l'intelligence naturelle, cherchant à reproduire les capacités de l'homme et de l'animal à percevoir, discerner, comprendre, apprendre, raisonner, calculer, mémoriser, comparer, choisir etc. Selon le

---

[26] *Ibid.*

vocabulaire officiel de l'informatique, l'intelligence artificielle est le « champ interdisciplinaire théorique et pratique qui a pour objet la compréhension des mécanismes de la cognition et de la réflexion, et leur imitation par un dispositif matériel et logiciel, à des fins d'assistance ou de substitution à des activités humaines »[27]. Il s'agit donc de fabriquer des machines capables d'imiter de manière autonome l'intelligence humaine. Le biomimétisme est inhérent à l'intelligence artificielle. L'essor de l'apprentissage automatique et en particulier des réseaux de neurones profonds s'inspire du cerveau humain. Mais ce que l'IA cherche à imiter avant tout, ce n'est pas le fonctionnement de l'intelligence biologique mais uniquement les résultats auxquels elle parvient — le rapport est un peu le même que celui de l'avion avec le vol des oiseaux ou celui de la voiture avec la course à pied. L'ambition des chercheurs en la matière n'est pas et n'a jamais été de fabriquer des cerveaux technologiques se rapprochant au plus près des cerveaux naturels, de la conscience et de la pensée humaines ; elle est uniquement de concevoir des outils informatiques capables de produire les résultats les plus pertinents, essentiellement grâce à du traitement statistique de données.

« Intelligence » dérive du latin « *intelligentem* » ou « *intelligere* », signifiant comprendre, discerner. « *Legere* » veut dire « choisir » et le préfixe « *inter* » se traduit par « entre ». Est donc intelligent ce qui a la capacité de choisir entre différentes alternatives et, pour ce faire, de relier les choses entre elles afin de mieux les saisir. Les hommes et les animaux possèdent certainement cette faculté. L'aspect « intelligent » de l'intelligence artificielle correspond dès lors au but et à la faculté d'imiter le comportement humain ou animal, tandis que l'aspect « artificiel » se rapporte à l'usage d'ordinateurs et autres procédés électroniques et technologiques. L'intelligence artificielle emprunte ainsi à l'informatique mais aussi à la logique, aux mathématiques, à l'électronique, aux sciences cognitives, aux sciences de la communication et même à l'éthologie et à la neurobiologie — avec les techniques d'apprentissage profond inspirées des réseaux neuronaux interconnectés.

Cependant, si une IA peut être capable de restructurer son système de connaissances ou de perception des données à l'aune de nouvelles informations reçues, aucun ordinateur, aucun algorithme ni aucun réseau de

---

[27] *Vocabulaire de l'intelligence artificielle (liste de termes, expressions et définitions adoptés)*, JORF 9 déc. 2018.

neurones ne pense ni n'est intelligent à proprement parler — sa capacité d'apprentissage et de décision est programmée ou, du moins, automatisée, donnant seulement une illusion d'intelligence, au mieux une intelligence faible car très mécanique. Une IA ne peut en effet décider en toute autonomie de ses buts ni concevoir de nouvelles représentations du monde qui la guideraient dans ses raisonnements, qui d'ailleurs n'existent pas puisqu'il ne s'agit que de réflexes et d'automatismes. C'est pourquoi l'appellation « intelligence artificielle » est largement excessive. *De facto,* il ne s'agit guère d'intelligence mais seulement de calculs (certes savants), de statistiques et d'opérations informatiques. Pour être intelligent, il faut comprendre son environnement et ce que l'on y fait. Or les IA ne comprennent rien. Comprendre, c'est saisir le sens, les finalités, les causes et conséquences, les principes, élaborer une représentation, une interprétation, une anticipation, une conceptualisation. L'IA est incapable de tout cela. Elle ne sait que garder en mémoire et calculer afin d'identifier des corrélations. Une image qui traduit bien la situation est celle de la chambre chinoise de Searle : « Une personne non sinophone est enfermée dans une pièce et fait illusion quant à sa capacité de comprendre et de s'exprimer en chinois, car elle répond à des questions inscrites sur des papiers reçus de l'extérieur uniquement à l'aide d'un livre indiquant quelle réponse donner à quelle question. Comme notre captif, les méthodes d'IA n'ont aucun accès à la signification de leur tâche, aucune mise en contexte. Cette simulation d'un comportement spécifique ne vient pas avec tout le reste des capacités que nous mobilisons à chaque instant et dans lequel notre comportement intelligent s'inscrit »[28].

Parler d'« intelligence artificielle » est donc un abus de langage. « Intelligence artificielle » vient de l'anglais « *artificial intelligence* ». Cette expression désigne dans la langue de Shakespeare la simple gestion de données, le traitement de l'information, et non l'intelligence artificielle telle qu'on la comprend en français — qui se traduirait plutôt par « *artificial cleverness* », désignant le sens commun, l'empathie, l'arbitraire éclairé, la faculté de comprendre sa propre intelligence et d'en avoir conscience. En somme, il n'est pas déceptif, en anglais, d'évoquer une « *artificial*

---

[28] F. Gandon, « Les IA comprennent-elles ce qu'elles font ? », theconversation.com, 20 nov. 2020.

intelligence » afin de désigner ces nouvelles technologies. Mais il est maladroit, en français, de parler d' « intelligence artificielle ». Peut-être les plantes, dont Stefano Mancuso a montré à travers sa neurobiologie végétale combien elles possèdent des capacités de mémoire, d'apprentissage et de communication, sont-elles en soi plus intelligentes que l'intelligence artificielle.

À l'heure actuelle, les robots ne raisonnent pas, ne croient en rien, ne prennent guère de décisions arbitraires, n'ont pas d'intentions ni d'attentions, sont incapables de se donner des buts ou des objectifs nouveaux, n'organisent pas le réel en pensées, sont incapables d'élaborer un concept ou d'avoir une idée, n'ont pas de culture et encore moins de culture générale, n'ont pas conscience d'eux-mêmes et ne possèdent aucun instinct de survie — autant de marques de l'intelligence. Les hommes se caractérisent par l'esprit, par la liberté et par la capacité à s'ouvrir à l'inconnu. Les robots en sont tout le contraire. Pourtant, parler d' « intelligence artificielle » revient dans une large mesure à parler d' « humanité artificielle ». « Intelligence artificielle » est un anthropomorphisme. On humanise, on vitalise ce qui ne sont toujours que des objets animés, des automates, des supercalculateurs[29]. Peut-être vaudrait-il mieux évoquer l' « apprentissage automatique », des instruments « statistiques » ou « prédictifs » ou bien des « agents autonomes » ou « adaptatifs » et abandonner le lexique de l'intelligence[30]. L'IA examine aujourd'hui un scanner mieux qu'un radiologue, établit un diagnostic en cancérologie mieux qu'un cancérologue, conduit une automobile mieux qu'un chauffeur, mais elle ne sait pas ce qu'est une radiographie, ce qu'est un cancer, ce qu'est une automobile ni ce en quoi consiste la conduite.

L'expression « intelligence artificielle » (ou « IA ») s'étant partout imposée, tant dans les débats grand public que parmi les discussions de spécialistes — et même comme nom d'un nouveau domaine de recherches scientifiques —, il est cependant difficile d'utiliser d'autres mots, sous peine de ne pas se faire comprendre. Par ailleurs, comme il s'agit d'une

---

[29] Yann Le Cun estime toutefois que l'IA pourrait bientôt exprimer des sentiments et des émotions. Mais il précise bien que ce ne serait que parce qu'il deviendrait possible qu'un cerveau artificiel calcule la joie, la peur ou la tristesse. Cependant, de telles joie, peur ou tristesse calculées et non ressenties ou éprouvées en seraient-elles vraiment ?

[30] L. Julia, *L'intelligence artificielle n'existe pas*, First, 2019.

expression-valise, désignant des technologies disparates et variées aux objets tout autant disparates et variés — de la conduite d'une voiture à la prédiction des mots utilisés par Donald Trump[31] en passant par l'appel automatique des élèves en classe[32] —, il serait logique de se référer plutôt aux « intelligences artificielles » (au pluriel). Mais l'usage privilégie le singulier dès lors qu'il s'agit de la notion générique d'intelligence artificielle.

72. Apprentissage automatique et apprentissage profond. Il n'y a pas de définition unique de l'intelligence artificielle. Il existe autant de définitions que de communautés scientifiques et que de champs d'applications. IA statistique et IA symbolique, IA faible et IA forte, l'IA comprend des techniques et aboutit à des réalisations variées. L'absence de consensus scientifique sur la notion même d'IA risque d'aboutir à ce qu'autour de la table se disputent des individus qui ne désignent pas le même objet avec le même mot. Cela peut susciter des incompréhensions et des malentendus. C'est pourquoi il est important de mieux préciser ce que l'on entend par « IA ». Et, face à un concept polysémique, mieux vaut en retenir une définition suffisamment large et inclusive. Celle-ci, finalement, correspond à peu près à celle de l'informatique.

« Intelligence artificielle » peut désigner un objet polymorphe, un champ de recherches relativement vaste ou une science particulière. Dans ce dernier

---

[31] Il est en effet difficile de comprendre l'intérêt de certaines recherches menées en matière d'IA, comme ce projet de chercheurs américains visant à apprendre à un logiciel le mode d'expression de Donald Trump, qui mélange allègrement les temps de conjugaison et les sujets, malmène la syntaxe comme les conjonctions, multiplie les propositions subordonnées. Pour ce faire, l'IA dispose d'une base de données riche de 40 années de déclarations de Donald Trump. Margaret — c'est son nom — a fait plusieurs découvertes, notamment que Donald Trump baratine à vitesse grand V après avoir proféré un mensonge flagrant. Et Margaret est capable de prédire les mots qu'il va prononcer en public avant même qu'il ne le fasse (N. Bierman (The Los Angeles Times), « IA : Margaret, le robot capable de comprendre Donald Trump », *Courrier International* mai 2020).

[32] New School est une solution technique pour faire l'appel automatiquement et donc ne plus perdre de temps avec cette formalité administrative : chaque élève possède une capsule connectée qui permet à l'application New School, un cahier d'appel électronique installé sur le téléphone du professeur, d'enregistrer sa présence en classe. En cas d'absence, un email ou un SMS est automatiquement envoyé aux parents.

cas, il s'agit de l'une des sciences cognitives qui s'intéressent à la pensée et à l'intelligence, avec les neurosciences, les sciences du langage, l'anthropologie cognitive, les sciences de l'éducation, la psychologie cognitive et la philosophie de la cognition. Ici, on utilisera surtout « intelligence artificielle » afin de désigner un objet et le champ de recherches multifacettes auquel il donne lieu. On pourrait d'ailleurs évoquer des « sciences de l'intelligence artificielle » au sujet des disciplines qui étudient cet objet de différents points de vue — sur le modèle des sciences de l'information et de la communication qui comprennent des dimensions multiples, du droit à la sociologie en passant par l'économie. En tant qu'objet, il convient avant tout de saisir « comment ça marche ». Le physicien Richard Feynman affirmait en ce sens qu' « on ne peut comprendre véritablement un instrument tant qu'on ne l'a pas construit soi-même ». Sans être mathématicien ni informaticien ou data scientist, le chercheur en IA peut difficilement ne pas être technophile, pas dans le sens de technoaddict mais dans celui de passionné par la dimension technique de l'objet.

L'IA peut être symbolique. Dans ce cas, il s'agit d'un « système expert » (ou système à base de règles), c'est-à-dire un logiciel qui fournit des recommandations à partir de règles établies par des humains. Cette IA est dite symbolique car elle travaille selon des principes et un raisonnement formels, avec des algorithmes. L'IA peut aussi reposer sur le *machine learning* (apprentissage automatique), une sous-branche de l'informatique qui permet de réaliser des corrélations entre des données pour produire une capacité de classification, perception et prévision. Le *deep learning* (apprentissage profond) est, lui, la branche de l'apprentissage automatique basée sur des réseaux de neurones artificiels, permettant d'analyser de très grandes masses de données. Un réseau de neurones est une succession de micro-calculs mathématiques ou statistiques en lien les uns avec les autres, comme un réseau de neurones biologiques. Ces réseaux de neurones peuvent comparer et rapprocher les nouveaux cas de ceux qui figurent dans leurs bases de données. Cette approche est dite « connexionniste » et s'oppose à l'approche symbolique des systèmes experts. Et l'IA peut s'incarner dans un bot ou dans un robot, dans un programme immatériel ou dans une structure physique. Un bot est un logiciel qui effectue automatiquement une tâche donnée, tandis qu'un robot possède en plus une enveloppe physique et donc des contraintes mécaniques. Quant au chatbot, c'est un bot conversationnel (de l'anglais « *chat* » : bavarder), donc un logiciel capable de comprendre les questions formulées par un utilisateur et d'y apporter des réponses en langage naturel, écrit ou oral.

Aujourd'hui, les IA les plus performantes sont celles qui fonctionnent au moyen de réseaux de neurones. Les concepteurs de ces réseaux de neurones sont un peu des alchimistes : ils associent de diverses manières leurs formules mathématiques et leurs technologies et, lorsqu'elles produisent des résultats satisfaisants, ils cherchent à perfectionner la recette sans nécessairement comprendre son mécanisme exact. En la matière, l' « art de la débrouille » est important. Un réseau de neurones ne se programme pas mais s'éduque. Il s'entraîne et il apprend. Et cet apprentissage peut se faire soit par exemples soit par exploration, c'est-à-dire soit en étant guidé par l'homme soit de façon autonome et automatique. Pour l'heure, c'est l'apprentissage grâce à des exemples et donc des statistiques qui est essentiellement utilisé.

Alors que le programmeur doit traditionnellement décomposer en de multiples instructions la tâche qu'il s'agit d'automatiser de façon à en expliciter toutes les étapes, l'apprentissage automatique consiste à alimenter la machine avec des exemples de la tâche que l'on se propose de lui faire accomplir. L'homme entraîne ainsi le système en lui fournissant des données à partir desquelles celui-ci va apprendre et déterminer lui-même les opérations à effectuer pour accomplir la tâche en question. Cette technique permet de réaliser des tâches hautement plus complexes qu'un algorithme classique. Andrew Ng, de l'Université Stanford, définit ainsi le *machine learning* comme « la science permettant de faire agir les ordinateurs sans qu'ils aient à être explicitement programmés ». Pour entraîner une intelligence artificielle à reconnaître des chats sur des images contenant aléatoirement des chiens ou des chats, on lui montre un grand nombre d'exemples d'images de chats et un grand nombre d'exemples d'images de chiens. Plus le nombre d'exemples est grand, plus la machine devient capable de reconnaître seule les chats car elle a en mémoire beaucoup de cas de figure possibles avec lesquels elle peut comparer l'image qu'elle traite. C'est cette technique qu'on appelle « apprentissage automatique » (*machine learning*). Lorsqu'on parle d'intelligence artificielle aujourd'hui, c'est très souvent d'apprentissage automatique au moyen de réseaux de neurones et d'exemples qu'il s'agit. Cette intelligence est toutefois bien relative et, tandis que, pour qu'un jeune enfant apprenne à distinguer le chat du chien, il suffit de lui en désigner trois ou quatre de chaque espèce en lui disant « ceci est un chat » et « ceci est un chien », il faut montrer des milliers voire des millions d'exemples à une IA pour qu'elle devienne aussi perspicace. Pour reconnaître un chat avec une précision de 95 %, il faut ainsi donner à l'IA 100 millions d'images de cet animal[33].

Le *machine learning* est notamment utilisé en matière de recommandation (rechercher les consommateurs les plus proches d'un individu afin de lui suggérer l'achat de certaines catégories de produits), de *clustering* (définition de groupes typiques, par exemple d'utilisateurs d'un réseau social), de détection automatique de fraudes, anomalies ou erreurs de saisie etc. Aujourd'hui, lorsqu'on évoque l'IA, il s'agit généralement de techniques d'apprentissage automatique. En effet, la véritable rupture dans le monde de l'informatique correspond au fait que les systèmes sont devenus capables d'apprendre par eux-mêmes, sans suivre les règles prédéterminées d'un algorithme. Il ne faut cependant pas réduire l'IA au *machine learning*. Mais l'IA passe progressivement d'un monde de programmation à un monde d'apprentissage. Les algorithmes classiques sont déterministes, leurs critères de fonctionnement sont explicitement définis. Les IA apprenantes, au contraire, sont probabilistes. Elles constituent dès lors une technologie bien plus puissante, ouvrant la voie à l'automatisation de tâches de plus en plus complexes. Par exemple, pour faire reconnaître à une machine les chats au moyen d'un algorithme classique, il faudrait décomposer et programmer informatiquement l'ensemble des opérations intellectuelles que nous réalisons lorsque nous voyons et reconnaissons un chat. Donner l'algorithme de la reconnaissance du chat est une mission d'une ampleur rédhibitoire. Avec le *machine learning*, on se borne à donner à la machine des exemples d'images de chats en grandes quantités. La machine apprend alors à reconnaître les chats et produit elle-même, par la confrontation de tous ces exemples, les critères et étapes qu'elle utilisera pour reconnaître des chats. Du croisement de données brutes, hétérogènes, individuellement « a-signifiantes », elle extrait des règles implicites, non formalisées. Cas après cas, par confrontation systématique des prédictions avec les catégories attendues, et par correction des paramètres constitutifs de son modèle, l'IA parvient à une représentation interne du problème et de sa solution qui ne

[33] L. Julia, *L'intelligence artificielle n'existe pas*, First, 2019.

sont pas directement le fait de l'homme. Le succès de ces méthodes, dans les domaines allant de la vision par ordinateur à la reconnaissance de la parole ou de l'analyse statistique du langage à l'interprétation de données comportementales ou médicales, leur confère une place essentielle, à condition que des exemples soient disponibles en quantité suffisante.

Le *machine learning* comprend plusieurs techniques différentes, en fonction du degré d'intervention humaine : *supervised learning* (sous le contrôle de l'informaticien), *reinforcement learning* (la machine apprend de ses propres erreurs à partir d'un système de récompenses, comme dans un système de recommandation de produit, selon que le consommateur suit ou non la recommandation) et *unsupervised learning* (la machine apprend seule). La recherche fondamentale en intelligence artificielle se concentre désormais sur l'apprentissage faiblement supervisé ou non supervisé, c'est-à-dire l'apprentissage par exploration et par renforcement. Il s'agit de permettre aux machines d'apprendre avant tout par libre observation, sans leur fournir au préalable des données prémâchées, conquérant ainsi cette autonomie sans laquelle il n'est aucune forme d'intelligence, même primaire. L'apprentissage non supervisé a lieu lorsque seulement de grands nombres d'exemples sont fournis à la technologie d'IA. À partir de ces exemples, cette dernière doit déterminer implicitement les structures et règles cachées permettant de relier les exemples entre eux. L'intelligence artificielle du jeu de go AlphaGo apprend ainsi les meilleures stratégies en jouant des millions de parties contre elle-même avec comme uniques connaissances de départ fournies par des humains les règles du jeu. Cette forme d'apprentissage par auto-entraînement est très différente des générations précédentes d'intelligence artificielle. Elle permet à l'IA d'être créative, d'aboutir à des solutions auxquelles l'homme n'aurait jamais pensé, mais elle requiert de grandes capacités informatiques puisqu'il faut l'équivalent de millions d'années de réflexion humaine pour obtenir des résultats pertinents. Aussi l'apprentissage automatique par exemples reste-t-il le plus courant et, dans de nombreux cas trop complexes pour permettre un apprentissage par exploration, le seul envisageable.

Quant au *deep learning* (apprentissage profond), il est le niveau supérieur du *machine learning*. Il désigne des méthodes d'apprentissage dédiées aux phénomènes complexes pour lesquels une structure à plusieurs couches est nécessaire. Il intervient afin de résoudre des problèmes appelant des méthodes plus sophistiquées, comme la reconnaissance automatique de textes, le traitement du langage naturel ou la reconnaissance d'images (analyse des émotions, diagnostics automatiques à partir d'images médicales, compréhension de l'environnement proche pour les voitures autonomes).

Les cerveaux artificiels ne cherchent pas à reproduire le plus exactement possible la constitution et le mécanisme des cerveaux biologiques. Leur objectif est essentiellement d'aboutir aux mêmes résultats, donc d'imiter la nature dans les performances dont elle est capable mais pas dans les mécanismes qui permettent d'aboutir à ces performances. Néanmoins, la technologie des réseaux de neurones artificiels s'inspire du fonctionnement du cerveau. Ce dernier est peut-être l'objet le plus complexe qu'on connaisse dans l'univers et son mécanisme demeure aujourd'hui encore assez mal compris. Il fonctionne grâce à des milliards de neurones. Un neurone est une cellule nerveuse constituant l'unité fonctionnelle du système nerveux. Elle a la particularité de posséder des entrées qui répondent à des stimuli, les dendrites (environ 7 000 par neurone), et une sortie en direction des autres neurones, l'axone. Le neurone reçoit des informations en provenance de milliers d'autres neurones, puis stimule à son tour les neurones voisins en envoyant à travers son axone un signal bioélectrique : l'influx nerveux[34].

Pour apprendre, un cerveau humain ajuste la force des interconnexions entre ses milliards de neurones. Personne ne le programme. Un réseau de neurones artificiels fonctionne de la même manière[35]. Il faut se le représenter sous les traits d'une série de variateurs de lumière reliés entre eux. Chacun reçoit des

---

[34] Les neurones ont donc deux propriétés physiologiques : l'excitabilité, c'est-à-dire la capacité de répondre aux stimulations et de convertir celles-ci en impulsions nerveuses, et la conductivité, c'est-à-dire la capacité de transmettre les impulsions. Le cerveau n'est pas le seul organe du corps humain à comporter des neurones. Tel est également le cas de l'intestin, qui en comporte 200 fois moins, et du cœur.

[35] C'est en 1958 que le psychologue américain Frank Rosenblatt inventa la première machine à base de neurones artificiels, avec des entrées qui reçoivent les données, une couche interne qui effectue les calculs et une couche de sortie produisant des résultats. Il démontra qu'une telle machine pouvait potentiellement effectuer tous types de calculs. Mais, à l'époque, on était dans l'incapacité d'apprendre à de telles machines quoi que ce soit. C'est dans les années 1980, avec les travaux de Yann Le Cun, Yoshua Bengio et Geoffrey Hinton, qu'on parvint à inventer des techniques d'apprentissage permettant de faire progresser de telles machines.

données en entrée et, suivant le réglage du variateur, produit une valeur en sortie. Cette opération se répète des milliers, voire des millions de fois à l'intérieur du réseau, chaque neurone pouvant envoyer son résultat à plusieurs autres. On parle d'apprentissage profond (*deep learning*) car le réseau est constitué de différentes couches de neurones qui communiquent. Au terme de l'analyse des données, les résultats des neurones de sortie sont associés afin de produire une valeur statistique. L'intelligence artificielle, par exemple, estime qu'il est à 85 % certain qu'une image i est celle d'un chat. Elle peut alors affirmer « il y a un chat dans i ». Un réseau de neurones est donc une chose simple à première vue : en fonction des données reçues en entrées, des connexions se déclenchent ou non entre les neurones, jusqu'à la sortie qui est le résultat du cheminement suivi. Et les paramètres internes s'ajustent progressivement en fonction des réussites et des erreurs. En la matière, on réalise régulièrement de nouvelles avancées et, par exemple, on s'est apperçu en 2020 qu'un cerveau artificiel a, comme un cerveau humain, besoin de sommeil — pour stabiliser un réseau de neurones artificiels, des chercheurs en informatique de Los Alamos ont utilisé un bruit statistique (des données répétitives non-pertinentes) reproduisant le bruit de fond neuronal d'un sommeil profond[36].

Cependant, associer n'est pas penser ni même apprendre. « *Deep learning* » et « *machine learning* » sont d'autres expressions trompeuses. Un système informatique relie des courbes statistiques et des données brutes, les hiérarchise en fonction du nombre de corrélations entre les deux, mais il n'a aucune compréhension de ce qu'il fait. La pensée et l'apprentissage consisteraient à identifier des liens de cause à effet, à avancer à partir d'intuitions, à saisir un élément en fonction de son contexte etc. C'est pourquoi une machine ne parvient à des résultats satisfaisants qu'après avoir emmagasiné des centaines de milliers d'exemples, très loin de ce dont est capable le cerveau d'un enfant. Le *machine learning* a cependant l'avantage de pouvoir traiter d'immenses volumes de données en peu de temps et de repérer des régularités cachées, ce qui peut s'avérer très utile. En revanche, il demeure incapable d'interpréter ou de critiquer ses résultats. L'IA est finalement un outil très complémentaire de l'intelligence humaine. Il produit

[36] F. Gouty, « Pour bien fonctionner, un cerveau artificiel a lui aussi besoin de sommeil », journaldugeek.com, 10 juin 2020.

des calculs et des statistiques qu'un homme ne parviendrait pas ou mal à réaliser. D'ailleurs, la calculatrice, première des IA, a déjà rendu d'innombrables services aux hommes. L'IA permet donc d'analyser d'importants volumes de données et de mettre en évidence certaines corrélations cachées. Aux hommes, ensuite, de les interpréter et de prendre des décisions. En d'autres termes, une IA est extrêmement spécialisée mais très performante dans son domaine, tandis que l'humain possède davantage de compétences transversales, ainsi que le sens commun ou bon sens.

Dans tous les cas, l'informatique quantique pourrait permettre à l'IA de progresser considérablement grâce à des capacités de calcul décuplées. Aussi d'importantes recherches sont-elles menées dans ce domaine, notamment en Chine et aux États-Unis. Les technologies quantiques utilisent des propriétés surprenantes de la matière à l'échelle de l'infiniment petit. L'ordinateur quantique universel, graal de l'informatique, serait capable de traiter des masses de données gigantesques et réaliserait des opérations aujourd'hui impossibles. Fin 2019, Google a annoncé avoir expérimenté la « suprématie quantique » avec un processeur capable de faire un calcul en trois minutes là où un supercalculateur classique aurait mis 10 000 ans. Cela pourrait notamment permettre de mettre l'IA au service de la résolution des équations différentielles partielles (ou EDP), ces formules mathématiques, empilements de symboles obscurs, de fractions et de boucles, qui sont particulièrement performantes lorsqu'il s'agit de décrire un changement à travers le temps et l'espace, et participent de ce fait grandement à notre compréhension de l'Univers[37]. Les EDP peuvent être employées dans toutes sortes de domaines d'application : prédire une orbite planétaire, la propagation du son ou de la chaleur, le flux d'un liquide, des perturbations en vol ou encore, tout simplement, la météo. Le problème est que la résolution de ces EDP est particulièrement gourmande en ressources informatiques, en temps et en énergie. Avec l'informatique quantique, l'usage qu'il est possible de faire de ces formidables outils pourrait être largement décuplé.

73. Données et corrélations. Un trait commun à toutes les techniques de *machine learning* est que les résultats obtenus ne peuvent pas être intégralement expliqués. La machine absorbe de grandes quantités de

---

[37] E. Hollen, « Grâce à l'IA, les chercheurs pourraient prédire l'avenir de manière inédite », futura-sciences.com, 3 nov. 2020.

données, les digère sous le contrôle plus ou moins lointain de l'homme, puis donne un résultat dont on ne peut, au mieux, que reconstituer en partie le cheminement. Cela ne manque pas de poser quelques problèmes de transparence dès lors que les IA engendrent des conséquences très concrètes sur les vies des individus — et d'autant plus problématiques que leur comportement évolue dans le temps, en fonction des données qui leur sont fournies.

Un autre point commun aux IA en général et aux techniques de *machine learning* en particulier est qu'elles fonctionnent grâce aux données et que leur efficacité est proportionnelle à la fois à la quantité de données qui leur est fournie et à leur pertinence. Pour qu'un réseau de neurones soit efficace, il faut qu'il ait été supervisé à partir d'une base de données la plus vaste possible[38]. À ce niveau, cerveau artificiel et cerveau naturel fonctionnent très différemment. Les tsunamis de données sont anti-biologiques : un cerveau humain est incapable de traiter autant d'informations mais est incommensurablement plus efficace pour comprendre les choses à l'aune de quelques données[39]. Au départ, un réseau de neurones artificiels est

[38] Mais la quantité de données d'une seule image peut constituer une difficulté. Une photographie numérique contient plusieurs millions de pixels, chacun pouvant être considéré telle une donnée d'entrée pour le réseau. Le volume de données risque alors d'être beaucoup trop important pour être traité efficacement. C'est ici que l'aspect convolutif du réseau intervient — en anatomie, cela désigne les circonvolutions, les sinuosités du cerveau. Le réseau convolutif découpe l'image en plus petites parties et applique sur elles une série de filtres. Cela permet de réduire la quantité de données tout en conservant la pertinence des informations obtenues, notamment en identifiant des formes. La production de ces filtres dépend également du cycle d'apprentissage, c'est-à-dire que le réseau convolutif va créer progressivement des filtres optimisés pour les formes caractéristiques du sujet à reconnaître. Cette technologie peut aussi être déployée concernant du son ou d'autres types de données. Il suffit en effet de pouvoir représenter les informations sur une surface en deux dimensions (une image en quelque sorte) et de satisfaire à la contrainte principale des réseaux convolutifs : deux données proches ont de grandes chances d'avoir un rapport entre elles (comme deux pixels collés dans une image font généralement partie du même objet).

[39] L'information circule dans le cerveau, dans les neurones, à un mètre par seconde contre la vitesse de la lumière dans les microprocesseurs, soit 300 000 km par seconde.

totalement incapable de distinguer un chat d'un chien comme l'est le cerveau d'un bébé qui n'a encore rien appris. Il produit donc des résultats aléatoires, avec 50 % d'erreurs si son alternative est binaire. Le programme de supervision lui indique alors quels sont les cas dans lesquels il s'est trompé et ceux dans lesquels il a abouti au bon résultat. C'est à cet instant que les variateurs de lumière entrent en action. Le programme remonte le cours du réseau et fait varier l'intensité des neurones pour que le résultat de sortie se rapproche du résultat attendu. L'opération doit être reproduite un grand nombre de fois pour que le réseau, au fur et à mesure, ajuste ses résultats et fasse preuve de plus en plus d'acuité dans sa reconnaissance des images. L'IA est donc adaptative, évolutive. Comme un être humain, elle ne reste pas réduite à un état initial constant mais se modifie au gré des expériences vécues et des nouvelles connaissances acquises. Elle se perfectionne en permanence.

Par le passé, les systèmes d'analyse statistique exigeaient de fortes connaissances du problème et des experts œuvraient durant des mois à la transformation des données de la bonne manière pour que les algorithmes arrivent à en dégager des éléments pertinents et utiles. L'apprentissage profond est un grand progrès car il délègue cette partie de traitement des données au système d'apprentissage lui-même. Cette méthode peut donc être appliquée à des mégadonnées qui, par le passé, étaient laissées de côté à cause du coût de conception du système. L'intelligence artificielle peut ainsi être dix, cent, mille, un million voire un milliard de fois plus performante que les meilleurs cerveaux humains. Mais elle se limite à du *statistical learning*, de l'apprentissage statistique, inductif, permettant de dégager des règles générales à partir de cas particuliers. Par exemple, grâce à l'historique de nombreux acheteurs, un algorithme va déterminer que deux biens sont complémentaires parce que l'achat de l'un entraîne souvent, peu de temps après, l'achat de l'autre. Il pourra dès lors recommander automatiquement l'achat de l'un aux acheteurs de l'autre.

Chris Anderson, le rédacteur en chef de la revue de technologie *Wired*, avait, il y a plus de dix ans, déjà annoncé « la fin de la théorie », rendue obsolète par les tsunamis de données[40]. Les calculateurs peuvent désormais rechercher

---

[40] Ch. Anderson, « The End of Theory: the Data Deluge Makes the Scientific Method Obsolete », *Wired* 2008.

des corrélations sans avoir un modèle qui leur fournisse une explication. Aujourd'hui, la règle devient « les faits et les chiffres parlent d'eux-mêmes ». L'IA est incapable d'élaborer une théorie sous laquelle viendraient se subsumer les cas particuliers. Il lui faut un très grand nombre d'exemples cohérents pour devenir capable d'analyser pertinemment toutes les situations possibles. L'intelligence artificielle ne produit pas de concepts généraux et ne peut pas comprendre de concepts généraux. En philosophie, cela nous ramène à Platon et au fait qu'un concept est bien plus qu'une définition[41]. Or l'IA ne dispose ni du concept, ni de la définition. Elle n'a accès qu'au spécimen, qu'à l'exemple. Les capacités de calcul sont si grandes que toutes les corrélations peuvent être testées et des régularités ainsi identifiées. Pour identifier un chat parmi d'autres animaux ou dans un paysage, elle ne peut pas s'appuyer comme le ferait un humain sur le concept de chat — que notre cerveau est capable d'élaborer à la vue de quelques exemples seulement (Kant a décrit ce processus sous le terme de « subsomption »). L'IA ne subsume pas. Nous sommes capables de reconnaître tous les chats à partir d'un seul, l'IA, à l'inverse, peut reconnaître un chat à partir de tous les autres. L'IA, sans aucune puissance de conceptualisation, demeure donc approximative, lourde, fragile. Elle ne fait qu'additionner les exemples. Et les données sont donc tout pour elle. Elle ignore toute généralité, toute hypothèse, toute causalité et toute déduction. Elle peut appliquer les conséquences d'une théorie, mais sans la formuler explicitement. Une IA peut résoudre des problèmes de fracturation des matériaux sans être guidée par la moindre loi physique. Le problème est qu'elle produit ainsi des résultats sans les expliquer, sans les motiver. Un grand défi pour les scientifiques et informaticiens sera d'améliorer la communication entre hommes et machines. Et sans doute faut-il se méfier de la disparition de la théorie, de la réflexion, de la prise de recul, du regard critique, de l'usage immodéré des corrélations au détriment du raisonnement[42]. Quant à notre capacité à conceptualiser et réfléchir, elle demeure largement incomprise et, finalement, entre l'intelligence humaine et l'intelligence artificielle, c'est encore la première qui s'avère la plus mystérieuse.

---

[41] G. Kœnig, *La fin de l'individu – Voyage d'un philosophe au pays de l'intelligence artificielle*, Éditions de l'observatoire, coll. De facto, 2019, p. 40.
[42] Ch. S. Calude, G. Longo, « The Deluge of Spurious Correlations in Big Data », *Foundations of Science* 2017, vol. 22, n° 3.

Amazon a donné un précieux indice concernant le fonctionnement de l'IA en baptisant sa plate-forme de micro tâches Amazon Mechanical Turk. En 1769, l'inventeur hongrois Wolfgang von Kempelen avait appelé « Turc mécanique » son joueur d'échecs automatique, une marionnette habillée à la mode turque qui mettait échec et mat les plus grands joueurs ainsi que les personnalités de l'époque. On vit alors dans ce Turc mécanique la première forme d'intelligence artificielle. En réalité, derrière cette IA se cachaient des hommes en chaire et en os : l'intérieur du bureau de l'échiquier, qui semblait vide grâce à un habile jeu de miroirs et de double fond, abritait un joueur d'échecs qui déplaçait les pions. La première intelligence artificielle était donc un faux grossier. Et Amazon s'en est inspiré, rappelant que, derrière la magie de l'informatique, il y a des hommes, des programmeurs mais aussi des « travailleurs du clic ». Il faut même une quantité très importante de travail humain pour collecter, traiter et restituer les données. Des centaines de milliers de travailleurs indépendants, surnommés « Turkers », font ainsi fonctionner la machine en la nourrissant de données. Ils sont rémunérés pour effectuer des tâches très simples comme trier des images ou les étiqueter — associer l'image d'un chat au nom « chat ». L'intelligence artificielle est donc finalement la combinaison de millions d'intelligences humaine qui produisent et/ou traitent les données[43].

En résumé, l'intelligence artificielle a donc besoin de bases de données, de statistiques, de la science des données, de la reconnaissance de formes et de l'exploration et extraction de données. Et son cœur est constitué par l'apprentissage automatique, dont le propre cœur est l'apprentissage profond.

74. Brève histoire de l'IA. Historiquement, les origines de l'intelligence artificielle sont très anciennes. Elles s'inscrivent dans la longue histoire des algorithmes, dont les premiers auraient été inventés par les babyloniens il y a 5 000 ans — l'un de ces algorithmes consistant par exemple en une tablette

---

[43] Gaspard Kœnig souligne ainsi qu'il est erroné d'affirmer, suivant un titre repris par toute la presse internationale durant l'été 2018, qu' « Une intelligence artificielle a battu quinze médecins chinois pour diagnostiquer des tumeurs cérébrales ». Il faudrait plutôt écrire qu'une collaboration entre des milliers de médecins, qui ont labellisé des dizaines de milliers d'images de tumeurs, a permis de battre quinze de leurs collègues (G. Kœnig, *La fin de l'individu – Voyage d'un philosophe au pays de l'intelligence artificielle,* Éditions de l'observatoire, coll. De facto, 2019, p. 44).

permettant de calculer des racines carrées précises au millionième près. D'autres se retrouvent dans les antiquités égyptienne et grecque. Au XVIe siècle, Léonard De Vinci conçut nombre d'automates imitant l'homme ou l'animal. Et, au XVIIe siècle, Blaise Pascal inventa la Pascaline, une intelligence artificielle mécanique permettant de réaliser des opérations arithmétiques. Aujourd'hui, l'IA ne peut plus se passer de l'électronique, c'est-à-dire de l'électricité comme support de traitement, de transmission et de stockage d'informations.

L'IA telle qu'on la connaît aujourd'hui trouve son origine dans le mouvement d'informatisation de la société amorcé au milieu du XXe siècle. Est alors apparue l'idée que l'informatique et les techniques computationnelles pourraient grandement progresser et alors servir à la fois le bien-être individuel et le bien-être collectif, dans de nombreux secteurs d'activité et secteurs de l'existence. Durant les années 1950, alors que l'informatique commençait à progresser à grands pas, l'intention d'élaborer des « machines à penser » se rapprochant dans leur fonctionnement de l'esprit humain s'est affirmée, autour de figures de proue telles qu'Alan Turing — qui, au début des années 1950, avait avancé qu'une machine pourrait être dite intelligente dès lors qu'on ne pourrait plus distinguer, dans une conversation, si l'interlocuteur est un homme ou bien une machine (c'est le « test de Turing »)[44]. Dans un article publié en 1943, le chercheur en neurologie Warren McCulloch et le mathématicien et psychologue Walter Pitts observèrent que « le cerveau représente une belle machine » et envisagèrent de le reproduire artificiellement[45]. Ils identifièrent certaines caractéristiques majeures du cerveau, comme sa constitution à base de neurones reliés entre eux par des synapses et dont l'intensité de l'activité varie en fonction des

[44] On attribue également la paternité, si ce n'est de l'expression, de la pensée de l'intelligence artificielle au mathématicien britannique Alan Turing, qui s'y est intéressé dès 1950 à l'occasion de ses travaux sur le « jeu de l'imitation » (ou « test de Turing ») : ce test consiste à mettre un humain en confrontation verbale à l'aveugle avec un ordinateur et un autre humain ; si cette personne n'est pas capable de dire lequel de ses interlocuteurs est un ordinateur, alors l'ordinateur a passé avec succès le test (A. Turing, « Computing Machinery and Intelligence », *Mind* oct. 1950).

[45] W. McCulloch, W. Pitts, « A Logical Calculus on the Ideas Immanent in Neural Nets », *Bulletin of Mathematical Biology* 1943, vol. 52.

stimulus reçus. Leur projet donna lieu à des exposés et des discussions réguliers entre 1946 et 1953, à New York où se tenaient des conférences réunissant des mathématiciens, logiciens, anthropologues, psychologues et économistes dont le but était de forger une « science générale du fonctionnement de l'esprit ». Ces réunions conduisirent un peu plus tard à la tenue du premier Summer Camp de Dartmouth, durant l'été 1956. Ce fut le moment où l'on créa le mouvement cybernétique, dont l'ambition initiale était de décomposer chacune des fonctions du cerveau humain et de comprendre leurs modes de fonctionnement pour les reproduire artificiellement. Le père fondateur du mouvement, le mathématicien Norbert Wiener, observa que, « théoriquement, si nous pouvions construire une structure mécanique remplissant exactement toutes les fonctions de la physiologie humaine, nous obtiendrions une machine dont les capacités intellectuelles seraient identiques à celles des êtres humains »[46]. On pensait donc que plus une machine ressemblerait à un être humain, plus elle pourrait avoir ses facultés. Ce biomimétisme supposait de prendre exemple sur l'homme et, notamment, sur son cerveau. Pour Norbert Wiener, « l'ensemble du dispositif correspondra à un être vivant sans sa totalité, avec des organes sensoriels effecteurs et proprioceptifs au lieu, comme pour la machine ultra rapide, d'un cerveau isolé dont l'expérience et l'efficacité dépendent de notre invention »[47].

Avec la cybernétique, on entendit forger une « science de la pensée », la science cognitive[48]. On souhaita soustraire les phénomènes mentaux aux psychologues et métaphysiciens. La cybernétique et l'intelligence artificielle n'ont vu dans le cerveau qu'un dispositif fonctionnant à base de logique. Elles ont voulu réhabiliter le Moi rationnel et libre déconstruit par Nietzsche et Freud. L'altération de la raison pure sous le coup des passions et la modulation de la vie psychique par des processus insaisissables et inaccessibles à la conscience devaient trouver leur solution dans une conception renouvelée du comportement humain[49]. La cybernétique a ainsi

[46] N. Wiener, *Cybernétique et société* (1950), Le Seuil, 2014, p. 88.
[47] *Ibid.*, p. 183.
[48] *Cf.* D. Andler, dir., *Introduction aux sciences cognitives*, Gallimard, 1992 ; J.-P. Dupuy, *Aux origines des sciences cognitives*, La découverte, 1995.
[49] Ch. Thibout, « Nouvelle gouvernementalité et fin du politique – Libéralisme, contrôle social et privatisation du pouvoir », in B. Barraud, dir., *L'intelligence*

proposé une science générale du fonctionnement de l'esprit humain devant aboutir à la reproduction de celui-ci dans une machine. Cela supposait donc que l'esprit soit réductible à l'activité mécanique d'une machine. Et, libéré des passions et de l'inconscient, l'esprit mécanisé pourrait à présent accéder à la logique et à la raison. L'être de pure rationalité discrédité par Freud et Nietzsche serait sauvé par la technique.

Surtout, le Summer Camp de 1956 donna lieu au Dartmouth Summer Project, séminaire fondateur de l'IA. La visée originelle de cette technique apparaît dans la lettre de demande de subvention de ce projet : « Notre travail a pour base l'hypothèse que chaque aspect de l'apprentissage ou de quelque autre caractéristique de l'intelligence peut en principe être décrit avec tant de détails qu'une machine pourra être construite pour la simuler. On tentera de découvrir comment fabriquer des machines qui utiliseront le langage, formeront des abstractions et des concepts, résoudront les problèmes aujourd'hui réservés aux êtres humains et sauront s'améliorer elles-mêmes »[50]. Il s'agissait donc déjà de simuler l'intelligence humaine, et d'ailleurs tant dans ses résultats que dans ses processus.

Plus tard, les études du système nerveux central ont remis en question l'image d'un cerveau ordinateur[51]. Et on entreprit moins qu'avant de mimer le corps humain. On comprit que l'IA ne devait pas comprendre et raisonner comme un homme mais, en tant que machine, ingurgiter d'énormes masses de données. Tandis qu'on commença à parler plus communément d' « intelligence artificielle », les informaticiens et autres scientifiques abandonnèrent l'intention utopique de donner vie à des machines intelligentes. On se contenta désormais de super calculateurs et de statistiques. En témoigne l'exemple de la traduction automatique[52]. Dans les années 1980, les ingénieurs et linguistes ont tenté d'inclure dans les programmes des règles de grammaire et de syntaxe abstraites, des dictionnaires de mots et de concepts, afin que les traducteurs automatiques reproduisent le raisonnement formel permettant l'expression d'une pensée

---

artificielle – Dans toutes ses dimensions, L'Harmattan, coll. Europe & Asie, 2020, p. 117.

[50] N. Bostrom, *Superintelligence*, Dunod, 2017, p. 17.

[51] A. Prochiantz, *Machine-esprit*, Odile Jacob, 2001.

[52] D. Cardon, *À quoi rêvent les algorithmes ? Nos vies à l'heure des big data*, Le Seuil, coll. La République des idées, 2015, p. 60.

d'une langue vers une autre. Mais, malgré les efforts, les résultats demeurèrent très insuffisants. IBM puis Google ont alors orienté le projet dans une direction différente. Plutôt que des raisonnements abstraits, il s'agirait désormais de fournir au traducteur des équivalences mot par mot, groupes de deux mots par groupes de deux mots, puis groupes de trois mots etc. Dès lors, la machine ne traduit pas réellement mais procède à des calculs et fournit des statistiques. Elle estime quelle est la meilleure traduction des mots en les comparant à toutes les données qu'elle a en mémoire. Pour « apprendre », l'IA a besoin d'un maximum d'exemples de textes et de leurs traductions dans les langues concernées. Grâce aux milliers de contextes d'utilisation de différents sac de mots dont elle dispose, elle parvient à fournir des résultats de plus en plus satisfaisants.

Les grandes avancées de l'IA peuvent être techniques, elles peuvent aussi consister en de simples choix humains n'appelant pas de progrès technique. Tel a été spécialement le cas dans le secteur des moteurs de recherche du web. Les premiers d'entre eux étaient lexicaux. Ils référençaient mieux les sites et les pages qui contenaient le plus de fois le mot clé de la requête. Sergey Brin et Larry Page, les fondateurs de Google, adoptèrent une tout autre approche : plutôt que de demander à l'algorithme de comprendre ce qui dit la page, donc de la « lire », ils firent fonctionner leur moteur de recherche à partir de la force sociale de chaque page à l'intérieur du web. L'algorithme de Google, PageRank, classe les sites et pages web à partir du critère des liens hypertextes : lorsqu'un site reçoit d'un autre un lien, il reçoit en même temps un témoignage de reconnaissance qui lui donne de l'autorité. Sur ce principe, il « classe les sites à partir d'un vote censitaire au fondement méritocratique »[53]. Les sites mis en avant sont donc ceux qui ont reçu le plus de liens hypertextes en provenance de sites qui ont eux-mêmes reçu le plus de liens hypertexte des autres. Ce mécanisme emprunté au système de valeurs de la communauté scientifique (le classement des revues scientifiques qui donne du poids aux articles les plus cités) est souvent cité en exemple des révolutions de l'IA. En réalité, il s'agit plus d'un bon choix humain que d'une prouesse technologique. Bien sûr, d'autres techniques viennent compléter celle-ci. Notamment, on enregistre le lien sur lequel

---

[53] D. Cardon, « Dans l'esprit du PageRank – Une enquête sur l'algorithme de Google », *Réseaux* 2012, n° 177.

l'internaute clique sur la page de résultats à une requête et on le retient comme une « bonne réponse » si l'utilisateur ne revient pas sur la page pour cliquer sur un autre lien. Ensuite, l'algorithme révise son classement en permanence. Aujourd'hui, le moteur de recherche de Google est hyper-sophistiqué et fonctionne à partir de règles et de paramètres très nombreux. Beaucoup de sites mal référencés ont agi en justice contre l'entreprise américaine, mais ont systématiquement échoué face au fait que l'algorithme procède à des choix éditoriaux qui relèvent de la liberté d'expression. Cela atteste de l'importance des choix humains derrière le fonctionnement des IA. Et le modèle économique de Google reconduit la séparation traditionnelle entre éditorial et publicité : la visibilité soit se mérite, soit s'achète.

Plutôt qu'en matière de traduction automatique ou de moteurs de recherche, les grands progrès de l'IA se sont en particulier traduits dans le domaine du jeu d'échecs, que John McCarthy surnomma « la drosophile de l'intelligence artificielle », en référence à cet insecte que les biologistes s'acharnent à disséquer pour vérifier diverses hypothèses. Créer un ordinateur capable de l'emporter contre un champion humain, ainsi que le Turc mécanique prétendit le faire, a longtemps été un objectif fondateur pour la recherche en IA. Déjà en 1914, l'ingénieur espagnol Leonardo Torres Quevedo inventa le premier véritable automate joueur d'échecs. Celui-ci était capable de remporter une partie à tous les coups lors d'une confrontation roi et tour contre roi. Prouesse d'une autre envergure, le supercalculateur d'IBM Deep Blue battit, en 1997, le champion du monde Garry Kasparov. Ce dernier avait pourtant prédit que « jamais une machine ne pourrait être supérieure à un humain » ; et il se remémorait avec ironie les premières tentatives des années 1980, quand les programmes de *machine learning* se précipitait pour sacrifier leurs dames, car ils prennaient exemple sur les nombreuses parties dans lesquelles le sacrifice de la dame permet d'obtenir la victoire[54].

Mais c'est en 2012 que le secteur de l'intelligence artificielle franchit un pallier considérable, sortant de l' « hiver » dans lequel il s'était quelque peu endormi, faute de progrès significatifs[55]. Cette année là, pour la première fois, un réseau de neurones profond remporta le challenge ImageNet, un

---

[54] G. Kasparov, *Deep Thinking*, Public Affairs, 2017.

[55] *Cf.* D. Crevier, *À la recherche de l'intelligence artificielle*, Flammarion, 1997.

concours de reconnaissance d'images. Avec un taux d'erreurs de seulement 16,4 %, il distança très largement le second programme (26,2 %). Cette performance remit sur le devant de la scène une technique d'apprentissage profond (deep learning) qui avait commencé à faire ses preuves dans les années 1990, notamment avec les travaux du français Yann Le Cun et des canadiens Yoshua Bengio et Geoffrey Hinton, avant d'être un temps laissée de côté. La puissance de calcul des cartes graphiques couplée à la mise à disposition de grandes bases de données étiquetées (une image d'un chien sur un vélo en train de jouer de la guitare est accompagnée des indications « chien », « vélo » et « guitare ») permirent à ces programmes d'enfin faire leurs preuves à grande échelle.

La communauté scientifique perçut alors l'immense potentiel de cette technologie : en étant entraînée sur une base de données suffisamment consistante et pertinente, elle est capable d'établir elle-même des règles et standards d'analyse lui permettant d'interpréter d'autres données jusqu'ici trop complexes à traiter. Dès 2013, seuls des réseaux de neurones profonds participaient au challenge ImageNet. Et, en 2016, AlphaGo battait le maître coréen Lee Sedol au jeu de go, lequel est ô combien plus complexe à maîtriser que le jeu d'échecs : il repose pour beaucoup sur l'intuition des joueurs, ce pourquoi on dit que le go est facile à apprendre mais difficile à maîtriser — « dix minutes pour l'apprendre, une vie pour le maîtriser », dit-on dans le milieu. Vingt ans après les meilleurs joueurs d'échecs, les champions de go, de poker et de nombreux jeux vidéo s'inclinent à leur tour devant des intelligences artificielles — qui ont pour elles les avantages d'être endurantes, de ne jamais se déconcentrer, de ne pas subir le stress ni la pression et d'être toujours d'humeur égale, autant de gains psychologiques de la machine par rapport à l'humain. Quant au taux d'erreurs dans la reconnaissance d'images, il a chuté à quelques pourcents. Et des IA sont désormais capables de créer de nouveaux tableaux de Rembrandt ou de nouveaux morceaux des Beatles. L'apprentissage non supervisé et par renforcement permet à l'IA de continuellement améliorer ses capacités. C'est ainsi qu'AlphaGo Zéro, la version qui a immédiatement succédé à celle qui avait battu Lee Sedol, a joué en solitaire des millions de parties contre elle-même sans se référer à des exemples, d'après un principe nommé « apprentissage adversariel ». Après seulement trois jours d'entraînement, Alphago Zéro a triomphé d'AlphaGo première version sur le score sans appel de 100 à 0. Cela témoigne des progrès rapides dont l'IA est capable. On peut aujourd'hui créer des systèmes très performants, s'instruisant seuls, progressant très vite, sans qu'il soit nécessaire de leur fournir de grandes quantités de données annotées. Ces systèmes sont destinés à intervenir dans divers domaines et particulièrement dans l'électronique dit de décision, qui requiert de grandes qualités interprétatives et réactives, par exemple pour la mise au point de véhicules autonomes. D'autres IA deviennent capables de réaliser des découvertes scientifiques[56].

Actuellement, les progrès de l'IA sont surtout le fait des multinationales du numérique : GAFAM américains et BATX chinois. Ces sociétés embauchent de plus en plus de chercheurs, auxquels elles offrent des conditions de travail avantageuses, afin qu'ils réalisent leurs recherches fondamentales chez elles et pour elles. La recherche appliquée se charge d'optimiser, de rendre concrètes, de diffuser et d'exploiter les possibilités de l'apprentissage profond dans un maximum de domaines. C'est ainsi que l'intelligence artificielle s'est immiscée, assez discrètement et subrepticement d'ailleurs, au cœur de beaucoup d'objets et d'activités. En témoignent, en premier lieu, les instruments de communication numérique : ordinateurs, téléphones portables et tablettes numériques. Obtenir des images ou des informations très pertinentes à partir d'une requête donnée, grâce à des moteurs de recherche en ligne accessibles « en un clic », constitue par exemple une performance algorithmique extraordinaire dont le grand public profite quotidiennement,

---

[56] Grâce à l'apprentissage automatique, une IA a découvert des matériaux encore inconnus jusqu'ici. Le programme y est parvenu après avoir analysé une base de données tirée de 3,3 millions d'extraits d'articles liés à la science des matériaux. Le nom de cette intelligence artificielle, conçue par des chercheurs de la Lawrence Berkeley National Library, est Word2Vec. Anubhav Jain, un chercheur qui a participé à l'étude, a expliqué que Word2Vec est capable de « lire n'importe quel article scientifique, et donc faire des liens qu'aucun scientifique ne pourrait faire ». Word2Vec a aussi pu prédire la découverte de l'un des meilleurs matériaux thermoélectriques existants aujourd'hui. L'équipe estime que ce nouvel usage de l'apprentissage automatique pourrait avoir des applications dans différents domaines : « On pourrait s'en servir à des fins médicales, ou dans la recherche médicamenteuse », a-t-elle écrit. « L'information est là, nous n'avons juste pas encore fait les liens parce qu'on ne peut pas lire tous les articles » (N. Nick, « Quand une IA fait de nouvelles découvertes en analysant d'anciens articles scientifiques », fredzone.org, 28 avr. 2020).

sans d'ailleurs s'en émerveiller outre mesure. Plus généralement, les entreprises se tournent vers le calcul haute performance (HPC), l'internet des objets (IoT), l'informatique de pointe et les logiciels à source ouverte.

75. Les balbutiements de l'IA. Aujourd'hui, des robots réussissent le test du miroir (ils se reconnaissent dans une glace)[57], comme de rares animaux dont les chimpanzés. Ils n'ont pas pour autant conscience d'eux-mêmes puisqu'ils n'ont pas de conscience. Alors que des penseurs comme Descartes ont défendu l'idée de l'animal-machine, ensemble de rouages et pièces biologiques dépourvu de conscience ou d'âme, que penser de la machine-animal ou même de la machine-homme ? Les prouesses de l'IA attestent peut-être surtout des limites de l'intelligence humaine : capacités de calcul très limitées, mémoire peu fiable etc. On en vient alors à s'enthousiasmer devant les calculs et la mémoire de l'IA, à tel point que l'on prend cela pour de l'intelligence[58]. L'IA, actuellement, reste limitée et, dans l'ensemble, incommensurablement inférieure à l'intelligence de l'homme. Néanmoins, elle va sans doute progresser fortement au cours des années et des décennies à venir.

Si l'IA produit déjà des résultats épatants, il s'agit encore d'un champ de recherche en devenir, qui n'a produit que quelques-unes de ses potentialités. L'histoire de l'IA commence à peine. Sans doute de grands progrès sont-ils encore à venir, à mesure que les techniques actuelles se perfectionneront et que d'autres apparaîtront. Par exemple, une étude menée par l'Université d'Harvard, Deepmind (Google), le MIT et IBM a montré la totale absence de raisonnement des IA fonctionnant à base de *deep learning*. Ils se bornent à décrire ce qu'ils voient, sans pouvoir proposer d'interprétations, de suppositions ou de propositions, même sommaires. Les chercheurs ont posé quatre types de questions aux IA : « Quelle est la forme de l'objet qui percute le cylindre cyan ? » (descriptive) ; « Qu'est-ce qui a entraîné le mouvement du cylindre argenté ? » (explicative) ; « Que va-t-il se passer ensuite ? » (prédictive) ; « Sans le cylindre bleu, quel événement ne serait pas arrivé ? »

---

[57] R. Chatila, M. Khamassi, « La conscience d'une machine », interstices.info, 20 mai 2016 ; V. Lucchese, « Un robot s'auto-modélise, modeste pas vers la conscience de soi », usbeketrica.com 1er févr. 2019 ; R. Kwiatkowski, H. Lipson, « Task-Agnostic Self-Modeling Machines », robotics.sciencemag.org, 30 janv. 2019.

[58] V. Béranger, « Le terme IA est tellement sexy qu'il fait prendre des calculs pour de l'intelligence », lemonde.fr, 8 févr. 2020.

(contrefactuelle). Un enfant qui découvre le monde qui l'entoure est vite capable de répondre à ces questions. Mais, dans ce test, la plupart des intelligences artificielles se sont bornées à décrire ce qu'elles avaient vu. Elles ont répondu correctement aux questions descriptives, mais ne sont pas parvenues à expliquer, prédire ou émettre des hypothèses sur ce qui était représenté. Capables d'observer un phénomène, elles ne savent pas raisonner sur ses causes[59]. Or les mêmes chercheurs ont créé une IA hybride, mêlant *deep learning* et IA symbolique, donc combinant réseaux de neurones et logique mathématique, qui s'est révélée bien plus perspicace. Ce « modèle neuro-symbolique », profite du *deep learning* pour reconnaître les formes, couleurs et matériaux des objets et utilise les règles mathématiques pour comprendre les lois physiques qui régissent leurs mouvements. L'IA comprend donc deux fonctions possédant chacune sa technologie : voir (*deep learning*) et raisonner (IA symbolique). Ces IA hybrides sont peut-être l'avenir. Elles permettent d'entraîner des IA avec de petites bases de données tout en leur conférant davantage d'adaptabilité aux situations inconnues.

Un autre changement dans l'entraînement des IA consiste à recourir aux GPU (processeurs graphiques, en anglais « *Graphics Processing Unit* »). Ceux-ci étaient jusqu'à présent intégrés sur les cartes graphiques pour calculer l'affichage, notamment dans les jeux vidéo. En matière d'apprentissage profond, on les utilise pour accélérer les calculs grâce à leurs hautes capacités de parallélisation. Les GPU tendent ainsi à remplacer les CPU (processeur ou unité centrale de traitement, en anglais « *Central Processing Unit* »), auxquels on a longtemps confié les tâches de calculs. Cependant, la situation pourrait changer à la suite de la publication d'un article scientifique qui dévoile un algorithme de nouvelle génération conçu par des chercheurs américains de l'Université Rice. Appelé SLIDE pour « *Sub-LInear DEep learning Engine* », ou moteur d'apprentissage profond sous-linéaire, il s'agit d'un « moteur » de calcul qui, pour l'entraînement de ses réseaux de neurones, traite de grandes masses de données au moyen des GPU et, plutôt que de mobiliser tous les neurones artificiels, n'entraîne que les bons neurones pour la bonne tâche. Pour savoir quels sont les neurones utiles à entraîner, les chercheurs ont abandonné une technique jusqu'ici

[59] G. Virol, « Rassurez-vous, les algorithmes de deep learning ne comprennent pas ce qu'ils voient », usinenouvelle.com, 10 mars 2020.

essentielle de l'entraînement des réseaux neuronaux : la *back propagation* (ou rétropropagation du gradient), c'est-à-dire la méthode par laquelle les neurones font évoluer le « poids » accordé aux résultats pour obtenir la bonne réponse. Les chercheurs de l'Université Rice entraînent les réseaux neuronaux comme s'il s'agissait d'un contexte de recherche, reposant sur des tables de hachage, ce qui leur permet de diminuer de beaucoup les besoins en capacité de calcul et potentiellement de créer des IA beaucoup plus performantes, surtout si ces capacités de calcul augmentent en parallèle[60].

Autre témoignage des possibles progrès à venir de l'IA, si celle-ci est souvent dédiée à une tâche bien définie et est incapable de servir pour une autre tâche, même très proche, des chercheurs de l'Université de Liège ont développé une nouvelle forme d'IA basée sur un mécanisme biologique appelé la neuromodulation[61]. Cela permet de créer des agents intelligents capables de réaliser des tâches non rencontrées pendant l'entraînement, comme l'être humain qui est capable de s'adapter à de nouvelles situations très efficacement en utilisant les compétences qu'il a acquises tout au long de sa vie. Les chercheurs expliquent que, par exemple, un enfant ayant appris à marcher dans une maison saura rapidement marcher également dans un jardin. Dans un tel contexte, l'apprentissage de la marche est associé à la plasticité synaptique qui modifie les connexions entre neurones, tandis que l'adaptation rapide des compétences de marche apprises dans la maison à celles nécessaires pour marcher dans le jardin est associée à la neuromodulation, mécanisme-clé du fonctionnement du cerveau humain. Celle-ci modifie les propriétés « entrée-sortie » des neurones eux-mêmes via des neuromodulateurs chimiques. Cette plasticité synaptique est à la base de toutes les dernières avancées dans le domaine de l'IA. Les chercheurs de l'Université de Liège ont ainsi développé une architecture de réseaux de neurones artificiels avec une interaction entre deux sous-réseaux : le premier intègre les informations contextuelles concernant la tâche à résoudre et, sur la base de ces dernières, neuromodule le deuxième sous-réseau à la manière des neuromodulateurs chimiques du cerveau[62]. Grâce à la neuromodulation,

---

[60] A. Branco, « Comment des chercheurs ont peut-être révolutionné l'entraînement des intelligences artificielles », 01net.com, 4 mars 2020.
[61] N. Vecoven, A. Wehenkel, D. Ernst, G. Drion, « Introducing Neuromodulation in Deep Neural Networks to Learn Adaptive Behaviours », Plos One, 27 janv. 2020.
[62] *Ibid.*

ce deuxième sous-réseau, déterminant les actions que l'agent intelligent doit effectuer, peut être adapté très rapidement en fonction de la tâche courante. Cela permet à l'agent d'effectuer efficacement de nouvelles tâches. Des agents entraînés à se déplacer vers une cible, tout en évitant des obstacles, ont notamment été capables de s'adapter à des situations dans lesquelles leur mouvement était perturbé par du vent.

Toujours est-il que le développement de l'IA devra nécessairement se faire dans un cadre respectueux des droits de l'homme numérique. Le modèle européen de l'IA, mais qui est appelé à imprégner d'autres continents, c'est l'IA responsable. Ainsi, par exemple, l'organisation à but non lucratif OpenAI, fondée en 2015 par les entrepreneurs Sam Altman et Elon Musk (qui l'a quittée depuis), a pour objectif de perfectionner les technologies d'intelligence artificielle dans l'intérêt des hommes et en évitant que l'IA soit maîtrisée par une poignée de multinationales du numérique. OpenAI tâche donc de faire avancer la recherche de manière ouverte et collaborative — d'ailleurs, Microsoft a mis à sa disposition l'un des cinq ordinateurs les plus puissants du monde[63].

76. IA et blockchain. Une autre évolution potentielle de l'intelligence artificielle réside dans son rapprochement avec la blockchain. On dit en effet que l'avenir appartiendrait à ceux qui parviendront à faire converger IA et blockchains. C'est ainsi qu'IBM cherche à associer son célèbre ordinateur Watson avec des blockchains pour sécuriser l'internet des objets. Les blockchains, comme le droit et comme l'éthique, ont vocation à assurer la confiance dans les IA et dans leurs effets. Or, justement, les blockchains tendent à concurrencer le droit et les États. Les blockchains peuvent aussi servir à créer un environnement concurrentiel où mettre à l'épreuve l'efficacité d'une IA ayant besoin d'être accessible et interprétable par tous les membres d'un système.

Beaucoup d'observateurs voient dans la technologie blockchain une révolution comparable à celle de l'internet[64]. Blockchain serait au transfert de valeurs ce qu'internet est à l'échange d'informations, une invention aussi

---

[63] G. Renouard, « Microsoft dévoile un nouveau super-ordinateur taillé pour l'intelligence artificielle », clubic.com, 20 mai 2020.

[64] Des journaux ont pu titrer : « Blockchain : l'invention la plus importante depuis internet » (*La Tribune*, 5 févr. 2016).

importante que celle du protocole TCP/IP. En 2030 ou 2040, peut-être fera-t-on ses courses sur des blockchains, paiera-t-on avec des cryptomonnaies, s'acquittera-t-on des impôts et taxes au moyen de blockchains, contractera-t-on un prêt sur une blockchain, signera-t-on son contrat de travail ou de bail grâce à une blockchain, enregistrera-t-on ses travaux et ses diplômes dans des blockchains, se mariera-t-on dans les blockchains etc.

Se pose jusqu'à la question de la subrogation des blockchains aux États, au moins concernant certaines de leurs missions traditionnelles. Dans nombre de situations, la technologie serait en mesure de faire mieux que les institutions publiques. Pour certains chercheurs, comme Primavera de Filippi[65], les souverainetés seraient appelées à disparaître et les États ne seraient plus guère que des archaïsmes à oublier. Dans leurs travaux, ils parlent d'ailleurs peu d'État ; et lorsqu'ils évoquent l'État, c'est en tant que vieille chose dépassée et en voie d'extinction.

Reste que, si « blockchain » est un des grands « buzzword » du moment, définir une blockchain n'est pas chose aisée. Or, pour mesurer tout ce qu'elle pourrait apporter à l'IA, il est important d'en comprendre la mécanique. Concrètement, il existe diverses blockchains particulières, parfois très différentes les unes des autres. La blockchain bitcoin en est une, la première de toutes historiquement. Pour recourir à une métaphore assez simple, une blockchain est un grand livre comptable ouvert et infalsifiable, que chacun peut consulter et où l'on peut écrire sous le contrôle de tous, sachant que ce qui est écrit ne peut pas être effacé par la suite. Une page du livre correspond à un bloc, tandis que sa reliure est la chaîne. Le terme « blockchain » provient du fait que les transactions enregistrées sont groupées en blocs, tous les blocs étant liés entre eux par une signature numérique permettant de construire une chaîne de blocs d'informations. Une blockchain garantit de la sorte l'horodatage, l'immutabilité et l'intégrité du registre, car tout ajout, retrait ou modification d'une transaction invalide l'empreinte cryptographique de la chaîne tout entière.

Une blockchain associe de manière originale deux technologies déjà connues. La première consiste en la sécurisation de blocs de données par

[65] P. De Filippi, A. Wright, *Blockchain and the Law – The Rule of Code*, Harvard University Press, 2018.

cryptages successifs rendant impossible la falsification de l'un de ces blocs, tous étant comme « encastrés », avec leurs dates, dans une série d'autres blocs. La seconde est l'exploitation d'un réseau distribué pour exécuter une application informatique. En d'autres termes, une blockchain est une base de données, un registre qui contient l'historique de tous les échanges effectués entre ses utilisateurs depuis sa création. Et cette base de données est distribuée, transparente, décentralisée et sécurisée. En informatique, une base de données distribuée est traitée par un réseau d'ordinateurs interconnectés dont chacun stocke les données en cause. Ensuite, on enchaîne les blocs d'informations les uns aux autres grâce à des hashs, des empreintes numériques uniques pour chacun[66]. L'intérêt du hashage est de ne s'appliquer que dans un sens : il n'est pas possible, à partir d'un hash donné, de remonter au contenu d'origine ; en revanche, il suffit de hasher à nouveau ce contenu pour vérifier que les hashs sont identiques et donc qu'aucune modification du contenu en question n'a été opérée. La blockchain est ainsi protégée contre les risques de falsification par les nœuds de stockage, tout le monde pouvant vérifier la validité d'une information en consultant la base de données.

Et sa grande caractéristique est bien de fonctionner sans organe central de contrôle, sans intermédiaire, sans serveur principal. L'inaltérabilité est garantie par un réseau de pairs indépendants. Chaque ordinateur possédant une copie de la blockchain constitue un « nœud » s'assurant en permanence de son intégrité. C'est pourquoi la technologie blockchain est extrêmement solide : ce n'est pas un tiers de confiance éventuellement corruptible ou partial qui valide les opérations. Chaque bloc comporte une marque numérique qui l'associe au bloc précédent et le certifie ; et cette opération de marquage est assurée par des utilisateurs volontaires, appelés « mineurs »[67].

---

[66] Le hash est une fonction mathématique qui transforme n'importe quel contenu en un nombre hexadécimal.

[67] À chaque transaction, tous les ordinateurs vérifient sa validité en tentant de résoudre une énigme cryptomathématique très complexe et qui constitue une forme de péage qu'on appelle la « preuve de travail ». Cela permet de s'assurer que celui qui intervient sur la blockchain est un ordinateur et non une personne humaine. Une fois l'énigme résolue — ce qui peut prendre une dizaine de minutes —, l'information est inscrite dans un bloc. Et quand ce bloc est rempli, il est horodaté et on lui attribue une empreinte numérique qui est reprise par le bloc suivant, si bien que l'un et l'autre se retrouvent enchaînés de manière irrévocable. Une fois ajouté à la chaîne, un bloc

Ces derniers mettent à disposition la puissance de calcul de leurs ordinateurs pour administrer la blockchain contre rémunération.

Le recours aux blockchains permettrait de mettre en réseau et de partager de grandes masses de données au sein d'un écosystème d'acteurs, dans un cadre sécurisé. Ainsi l'IA pourrait-elle progresser grâce à de nouveaux réservoirs de données favorisant l'accélération de l'apprentissage automatique. Des consortiums d'entreprises pourraient donc profiter de l'association de ces deux technologies pour développer des outils puissants, au niveau de ce que peuvent faire seuls un Facebook ou un Google. Les deux grandes difficultés sur lesquelles achoppent les organisations qui souhaitent mettre en place une solution d'intelligence artificielle sont l'accès aux données et la qualité de ces données pour l'entraînement des modèles d'IA. L'absence de jeu de données suffisant pour l'entraînement des algorithmes explique les mauvaises performances de beaucoup d'entre eux. La blockchain serait un moyen d'y remédier quand, aujourd'hui, seules certaines grandes entreprises capables d'investir un capital et des ressources suffisantes parviennent à construire en interne des modèles et des algorithmes satisfaisants. Or beaucoup de possesseurs de données qui refusent de les vendre à des intermédiaires ou à des plateformes ne seraient en revanche pas opposés au fait de les partager avec d'autres organisations à condition que ce partage s'opère de façon sécurisée et en échange d'une juste rémunération dépendant de l'usage et de la qualité des données, ce que permettent tout à fait la blockchain et ses « *smart contracts* » en garantissant que chacun des contributeurs d'une blockchain soit rémunéré en fonction de son apport réel, dans un cadre contractuel sécurisé[68].

Pour l'heure, la technologie blockchain souffre toutefois de la complexité de son protocole, qui la rend peu accessible. Elle en serait au même niveau que le protocole TCP/IP avant l'invention du World Wide Web, au temps d'Arpanet, ancêtre de l'internet actuel. À bien des égards, la situation actuelle ressemble à celle de l'internet dans les années 1980 — les attentes, parfois

ne peut plus être ni modifié ni supprimé, ce qui garantit l'authenticité et la sécurité du réseau. Autrement dit, une partie du bloc précédent est intégrée dans le nouveau bloc, de telle sorte que si un bloc antérieur se trouvait modifié, toute la blockchain s'écroulerait. Plus le temps passe, plus une blockchain se renforce et devient inviolable.

[68] *Ibid.*

exagérées, côtoient le scepticisme, parfois également exagéré, mais le potentiel de la technologie est certain, en particulier si on la combine à l'IA. Le développement des usages que les blockchains permettent dépendra des améliorations qui leur seront apportées ou non, de leur capacité à se démocratiser à mesure qu'elles connaîtront de nouvelles versions moins austères et absconses.

Pour l'instant, il n'existe pas encore de véritable écosystème des blockchains. Très peu de start-up s'y intéressant dégagent des bénéfices. L'heure est toujours à l'exploration. Pour autant, des sociétés multinationales commencent à investir dans cette technologie, conscientes que leurs secteurs d'activité pourraient être bientôt « blockchainisés ». L'engouement suscité par les blockchains et par leurs promesses a un effet d'entraînement et un cercle vertueux s'enclenche, laissant supposer que les blockchains seraient en mesure de conquérir le monde comme l'internet l'a fait.

Toujours est-il que le fonctionnement de l'intelligence artificielle, comme celui d'une blockchain, est délicat à comprendre. Face à ces technologies nouvelles, on ressent forcément l'impression d'avoir affaire à quelque-chose d'insaisissable, d'incompréhensible, d'inmaîtrisable. Même pour un spécialiste, un réseau de neurones, cet assemblage de millions de variateurs de lumière reliés entre eux, une fois qu'il en a terminé avec son apprentissage, s'avère relativement opaque. On ne saurait comprendre le rôle précis de chaque neurone artificiel dans la production d'un résultat ni retracer exactement la série de calculs effectuée par la machine. On ne peut que faire confiance à l'IA, constatant qu'elle produit généralement des résultats pertinents. C'est ce qu'on appelle communément la « boîte noire » de l'intelligence artificielle. Une fois que ses concepteurs, ses parents, lui ont donné la vie, elle atteint rapidement l'adolescence puis l'âge adulte et il leur devient difficile de lui imposer la conduite à adopter. Or elle est amenée à prendre des décisions immédiates et très nombreuses, comme en matière de conduite autonome, de reconnaissance de la parole ou des visages, de classement de fils d'informations, de recherche d'images, d'identification de contenus violents ou autrement choquants ou de détermination des publications à afficher en priorité sur les réseaux sociaux. De graves problèmes moraux et juridiques peuvent se poser, par exemple en cas d'accident provoqué par une voiture autonome ; et il est difficile d'abandonner leur résolution aux calculs mathématiques et opaques d'un algorithme, au parcours incertain et hyper-complexe d'un réseau de neurones artificiels.

II. Les algorithmes et les données, moteur et carburant d'un changement de civilisation

77. L'IA, quatrième révolution industrielle. L'IA peut être présentée telle la quatrième révolution industrielle. Une révolution industrielle est un processus historique lors duquel l'économie d'un pays, d'une région puis du monde change profondément de visage, entraînant par ricochet de lourds changements dans la société, la politique, le droit ou encore l'environnement[69]. Le terme « révolution » suppose une rupture brutale, mais il s'agit, en réalité, davantage d'une évolution progressive et continue. L'intelligence artificielle et les données pourraient néanmoins être les moyens d'une quatrième révolution industrielle relativement soudaine, profitant du déploiement du web et autres services de l'internet au début du XXIe siècle[70]. Fruit de progrès et d'innovations scientifiques trouvant de

---

[69] L'expression a été utilisée pour la première fois en 1837 par l'économiste français Adolphe Blanqui, dans son ouvrage *Histoire de l'économie politique*, puis elle a été reprise dans les années 1840 par Friedrich Engels.

[70] La première révolution industrielle date du milieu et de la fin du XVIIIe siècle, intervenant tout d'abord au Royaume-Uni. Après une lente phase de proto-industrialisation, elle correspond à l'apparition de la mécanisation et à la substitution de l'industrie à l'agriculture en tant que structure économique cadre de la société. L'exploitation massive du charbon associée à l'invention de la machine à vapeur ont donné l'impulsion à tout le processus, suivies par le développement des réseaux ferroviaires et la multiplication des échanges économiques, humains et matériels.

La deuxième révolution industrielle s'est produite près d'un siècle plus tard, à la fin du XIXe, tout d'abord aux États-Unis et en Allemagne. La découverte de nouvelles sources d'énergie en est à l'origine : électricité, gaz et pétrole. La création du moteur à explosion a notamment permis d'exploiter le pétrole. Dans le même temps, la sidérurgie s'est développée à mesure de l'explosion de la demande d'acier. La chimie a également progressé fortement à ce moment là, avec la production de nouveaux

multiples applications économiques, cette révolution engendrerait bel et bien des conséquences à la fois sociales, politiques, juridiques et environnementales.

Il s'agirait de la première révolution industrielle à ne pas trouver son origine dans la découverte et l'exploitation d'une nouvelle source d'énergie matérielle. Le numérique et les données sont une énergie immatérielle[71]. La quatrième révolution industrielle, qui n'en est qu'à ses prémices, dont l'avènement futur demeure d'ailleurs en tout ou partie incertain[72] mais dont les développements actuels sont exponentiels — le marché de l'intelligence

engrais. Les moyens de communication, enfin, ont été révolutionnés par les inventions du télégraphe et du téléphone, de même que les moyens de transport avec l'apparition de l'automobile puis de l'avion. Ces bouleversements macroéconomiques ont été permis par la centralisation de la recherche et des capitaux, structurés autour d'une économie et d'une industrie se basant sur les nouvelles « grandes usines », modèles d'organisations productives imaginés par Taylor et par Ford.

La troisième révolution industrielle est intervenue dans la seconde moitié du XXe siècle, aux États-Unis et au Japon en premier lieu, avec l'utilisation du nucléaire civil, nouvelle énergie au potentiel immense. L'avènement de l'électronique et celui de l'informatique sont au cœur de cette dernière révolution, spécialement avec les inventions du transistor et du microprocesseur. Il s'agit, dans une large mesure, d'une révolution des télécommunications et de l'informatique que l'internet, inventé dans la seconde moitié du XXe siècle mais réellement exploité avec le web à partir des années 1990, a très substantiellement enrichi. Dès lors, on produit des objets miniatures qui permettent l'entrée dans l'ère de l'automatisation de la production, avec le recours à des automates et à des robots.

[71] L'un des avantages de cette quatrième révolution industrielle serait ainsi d'être beaucoup moins énergivore que les précédentes car les données ne comptent pas au nombre des énergies non renouvelables — bien que certains services soient fortement consommateurs d'électricité. En outre, elle entre en résonance avec ce que l'on présentait, il y a quelques années, comme la perspective heureuse de la mondialisation : l'économie de la connaissance.

[72] Si l'on constate que d'innombrables entreprises investissent dans l'IA et s'équipent en IA, afin d'améliorer leur productivité et répondre à une nouvelle demande, il reste difficile de percevoir un réel signal macro-économique. Le même phénomène a déjà été observé, par exemple, avec l'électrification. Il faut du temps pour que des technologies et des ressources nouvelles entraînent une réorganisation du système. Il importe notamment, pour cela, que les entreprises adoptent toutes l'IA au même niveau.

artificielle pourrait être multiplié par dix d'ici 2025 —, repose sur l'interconnexion permanente des ressources et des moyens de production, sur la communication entre les différents acteurs et objets des nouvelles lignes de production. « *Cloud* », « *Big Data* », « internet des objets », « intelligence artificielle » et, plus généralement, technologies « NBIC »[73] sont les maîtres-mots de l'économie 4.0 qui se dessine progressivement mais rapidement.

La quatrième révolution industrielle se caractériserait par une fusion des technologies qui brouille les lignes et qui perturbe les marchés. Elle promet de transformer des systèmes entiers de production, de gestion et de gouvernance. Le secteur industriel connaît déjà de nombreuses applications : maintenance prédictive, amélioration des prises de décision en temps réel, anticipation des stocks en fonction de l'avancement de la production, meilleure coordination entre les métiers etc. L'IA serait ainsi l'instrument de base de l'optimisation et du renouvellement des outils de production dans une économie toujours plus globale et interconnectée.

La généralisation des machines intelligentes pourrait donc induire une mutation économique aussi profonde que celle qui a vu l'industrie matérielle céder la place aux services. L'IA et les données constitueraient le secteur quaternaire, un secteur dont le financement, la stimulation et l'encadrement deviendraient économiquement prioritaires. Après le passage de l'agriculture à l'industrie, puis celui de l'industrie aux services (banque, enseignement, administration, santé etc.), l'heure sonnerait d'une transition vers l'IA et les données. Toutefois, ces dernières impactent peut-être plus l'industrie et les services qu'elles ne les remplacent. Il ne s'agirait donc pas nécessairement d'un nouveau secteur à part entière — ce qui ne constitue pas un obstacle à ce qu'elles soient au cœur d'une quatrième révolution industrielle basée sur la création de chaînes de valeur globales autour, notamment, de l'internet des objets et de la robotique. « *AI is new electricity* », répète à l'envi Andrew Ng, le créateur de Google Brain. À mesure qu'elles traitent des quantités massives de données, les IA deviennent toujours plus efficaces et renforcent la dynamique d'innovation et de restructuration de l'économie prenant corps autour d'elles. Les applications se multiplient et, par exemple, la SNCF a

[73] Les technologies NBIC sont les nanotechnologies, les biotechnologies, l'informatique et les sciences cognitives.

décidé de s'engager dans « l'internet industriel » en implantant divers objets connectés dans ses rames, jusqu'aux toilettes afin de permettre une meilleure réactivité des équipes : « Nous pourrons savoir exactement quand remettre de l'eau dans les toilettes »[74].

Ce sont de véritables guerres économiques autour de l'intelligence artificielle et des données qui s'annoncent[75]. Il y aura des vainqueurs et des vaincus, des gagnants de l'IA et des perdants de l'IA. Selon une étude datant de janvier 2019, 63 % des dirigeants d'entreprise estiment que l'IA aura un plus grand impact encore qu'internet sur l'économie et sur l'emploi[76]. En premier lieu, on s'attend à ce que le chiffre d'affaires global généré par l'intelligence artificielle dans le monde explose entre 2020 et 2025 (multiplié par huit selon une estimation de Tractica).

L'IA devrait stimuler la demande grâce à des gains de productivité et à l'amélioration de la qualité, mais aussi en permettant de nouvelles propositions de valeur et de nouvelles expériences clients. En moyenne, parmi les entreprises du S&P500[77], l'investissement en IA devrait permettre de dégager 6 milliards d'euros de chiffre d'affaires supplémentaires et un accroissement des bénéfices de l'ordre de 700 millions d'euros d'ici à 2030. Et cette technologie pourrait rapporter plus de 15 000 milliards de dollars à l'économie mondiale sur la même période[78]. Pour ne prendre qu'un exemple significatif, la société Epagogix a affirmé avoir créé un outil de prédiction du succès des films. Grâce à une base de données contenant l'ensemble des scénarios d'Hollywood, le nom et le cachet des acteurs et réalisateurs et connaissant le nombre d'entrées en salle et l'audience des diffusions TV de chaque film, il suffirait à un jeune cinéaste d'entrer les détails de son projet de film pour connaître les paramètres à modifier afin de lui garantir le

---

[74] Ph. Jacqué, « La SNCF veut surfer sur l'internet des objets pour améliorer sa productivité », lemonde.fr, 16 avr. 2016.

[75] B. Bérard, B. Pahud, C. Fayolle, *Guerres économiques pour l'intelligence artificielle*, VA Press, 2019.

[76] Enquête de PwC menée en janvier 2019 auprès de 1378 dirigeants d'entreprise dans divers pays du monde.

[77] Il s'agit des 500 sociétés les plus importantes au monde en termes de valorisation boursière.

[78] Enquête de PwC menée en janvier 2019 auprès de 1378 dirigeants d'entreprise dans divers pays du monde.

succès. Ce sont de telles promesses qui font la fortune des start-up de l'IA, chez les consultants et dans les médias, alors pourtant que ce sont des promesses souvent excessives.

L'intelligence artificielle doit permettre aux consommateurs d'économiser beaucoup de temps. Les véhicules autonomes, l'internet des objets ou les outils de gestion financière, par exemple, serviraient à libérer du temps utilisable autrement, en consommant de nouveaux biens et services, en s'adonnant à de nouvelles activités. Cela devrait mécaniquement influencer la consommation. L'IA pourrait également doper la consommation grâce à une personnalisation accrue des produits. Or des biens et services plus personnalisés sont davantage attractifs. En outre, l'IA pourrait bientôt être capable d'anticiper et même de prédire les demandes des consommateurs. Cela permettrait de réduire le temps de livraison, qui constitue aujourd'hui une pierre d'achoppement pour le commerce à distance. De même, dans les secteurs de la santé, de l'éducation ou de l'assistance à distance, l'IA permettrait de décharger et donc de limiter les carences de systèmes dysfonctionnels, pénalisés par exemple par de longues files d'attente. Les chantres de l'IA mettent ainsi en avant l'amélioration de la qualité de service qu'elle favoriserait. Le principal levier de croissance du PIB mondial pourrait donc résider autant dans une révision en profondeur des habitudes de consommation que dans des gains de productivité.

Cependant, le développement et les changements économiques ne peuvent pas et ne doivent pas constituer les seuls aspects à l'aune desquels étudier et évaluer les changements induits par l'IA. Les dimensions humaine et sociale devraient l'emporter et les intérêts économiques se plier au respect de l'intérêt général et des intérêts humains. Penser les droits de l'homme numérique, c'est donc penser le cadre dans lequel évolueront les acteurs de l'économie de l'IA. Peut-être cette nouvelle économie trouve-t-elle dans les ordinateurs de poche (ex-téléphones portables) son principal lieu de développement. C'est surtout là que l'intelligence artificielle infiltre le quotidien de chacun et donc les habitudes de consommation et la vie en général. Les smartphones, utilisés à tout moment pour tout faire partout dans le monde — en Chine, deux applications de Tencent et Alibaba permettent désormais de réaliser quasiment toutes les opérations de la vie courante et sont devenues totalement incontournables —, comportent des applications à base d'apprentissage automatique. Or les utilisateurs de ces ordinateurs de poche sont pour l'heure encore peu ou mal conscients de la présence de ces technologies et de leur influence sur leurs choix et comportements quotidiens. Mais la population devient progressivement plus avertie de la place de l'intelligence artificielle et de ses progrès, notamment en matière de fonctions quotidiennes telles que la saisie prédictive, les suggestions d'itinéraires, l'assistance vocale ou la traduction automatique.

78. L'IA, première révolution intégrale. Il y a une véritable révolution lorsqu'une innovation technique engendre des mutations culturelles et sociales. Or l'IA change effectivement beaucoup de choses, de la communication aux relations humaines en général, en passant par les modes de vie, les modes de consommation ou le rapport à la vie privée et le rapport à la vie professionnelle. Dans une telle révolution, les trois dimensions technique, sociale et culturelle sont en interaction ; et les dimensions sociale et culturelle sont les plus importantes, bien qu'elles soient en général moins spectaculaires que les innovations techniques, et parfois même cachées par ces dernières[79]. Mais ce sont bien elles qui, au final, resteront et changeront pour longtemps la vie des hommes. Il faut y ajouter la dimension économique, qui se place plutôt du côté de la dimension technique, du côté des causes plutôt que du côté des effets. La révolution technique est intimement liée à des intérêts économiques puissants. La technique appelle la création de nouveaux marchés, de nouvelles stratégies industrielles, un nouveau marketing etc. Or, avec l'IA, les nouveaux marchés se trouvent dans la vie humaine et les manipulations des marchands touchent donc directement nos existences, dont ce qui compte est qu'elles se traduisent en données.

Les algorithmes, sans données, sont aveugles. Et les données, sans algorithmes, sont muettes. L'IA ne peut se passer des unes ou des autres. En réalité, les progrès récents de l'intelligence artificielle ne proviennent pas tant d'une réelle innovation mathématique — les bases des méthodes utilisées ont été forgées dans les années 1960 et améliorées dans les années 1980 et 1990 — que dans le coût décroissant des calculateurs et l'augmentation plus qu'exponentielle des données disponibles. Les algorithmes sont le moteur de l'IA et les données son carburant. Ils sont en même temps le moteur et le

[79] D. Wolton, *Internet, et après ? Une théorie critique des nouveaux médias*, Flammarion, coll. Champs essais, 2010, p. 194.

carburant d'un changement de civilisation. Certes, la fin de la civilisation judéo-chrétienne, vieille de 2000 ans, repose aussi sur de tout autres facteurs[80], mais la numérisation du monde et l'automatisation des vies vont jusqu'à interroger la possibilité même d'une civilisation. Les pyramides égyptiennes, les temples grecs et les amphithéâtres romains nous rappellent que les civilisations sont mortelles et meurent tôt ou tard. Certes, on peut se révolter contre le conformisme et le dogmatisme qui génèrent le conservatisme social. Mais ici la fin de la civilité procède de phénomènes dans une large mesure imperceptibles, latents et involontaires. Progressivement, le passé disparaît et laisse place à un futur très incertain. L'IA est ainsi la source ou une source de différentes crises qui touchent tant l'homme que la société. C'est pourquoi elle est un appel à repenser les droits de l'homme.

Un premier élément de ces crises est technique. L'IA joue un rôle décisif dans le présent et pour le futur, mais les gouvernants peinent à saisir les causes et conséquences des évolutions en cours. Ils proposent des « stratégies nationales », comme si l'IA était un domaine à part, alors qu'elle est intimement liée à tous les pans de nos vies individuelles et collectives et qu'elle est loin de se réduire à des enjeux techniques et économiques. On ne peut pas penser l'IA d'un côté et l'agriculture, la culture, l'environnement, les transports, la santé ou le travail d'un autre. La question de l'IA est centrale. Or on la traite de manière isolée. Elle présente pourtant une dimension civilisationnelle, totalement transversale. Dans son rapport « Donner un sens à l'intelligence artificielle », rendu public le 28 mars 2018, Cédric Villani pose la question des ministères qui sont ou seront impactés par les développements de l'IA et auxquels, par conséquent, son texte devait s'adresser en priorité. Sa conclusion est que tous les ministères sont concernés : économie, travail, éducation, enseignement supérieur, recherche et innovation, santé, environnement, mais aussi justice, culture, police, transports, action et comptes publics, aménagement du territoire, ville et logement ou encore armée — la DARPA (Defense Advanced Research Projects Agency) a, par exemple, mis au point avec Heron System une IA capable de mener des combats aériens ; celle-ci, insensible à la fatigue, aux contraintes physiques ni au stress, prenant des décisions hyper-rapides et

[80] *Cf.* M. Onfray, *Décadence*, Flammarion, 2017.

tirant avec une précision inégalable, l'a emporté 5 à 0 lors d'un duel avec un pilote humain expérimenté sous la forme d'un scénario classique de combat à vue entre deux avions de chasse[81], si bien qu'il n'est pas inconséquent d'imaginer, pour le pire, de futurs conflits armés dans lesquels des robots s'entredétruiraient. Il est vrai que la plupart des basculements civilisationnels en cours sont liés, au moins indirectement, à l'IA : de l'Atlantique vers la zone Asie-Pacifique (de Shangaï jusqu'à la Silicon Valley) ; du neurone vers le transistor ; de la loi du Parlement vers la loi des algorithmes ; des États-nations vers les multinationales de l'économie numérique ; d'une économie de subsistance à une économie de « sursistance » (tuer la mort[82], coloniser mars, augmenter le cerveau et l'intelligence humaine) etc.

Nous n'en sommes qu'aux prémices de l'ère de l'IA. Ses principaux domaines fonctionnels témoignent de son immense potentiel, des innombrables réalisations auxquelles elle est susceptible de donner lieu. L'intelligence artificielle a vocation à servir l'intelligence humaine en éclairant et donc facilitant ses prises de décisions. Pour ce faire, elle doit lui fournir des informations à haute valeur ajoutée relevant de l'analyse descriptive consistant à trier et croiser les informations. Mais son caractère révolutionnaire tient surtout aux analyses prédictives et même prescriptives dont elle est capable, lesquelles, qualitativement, sont incomparables aux simples analyses descriptives. Surtout, l'IA changera l'homme et la société, plus ou moins radicalement selon ce que l'on tolérera et les actions qu'on aura entreprises pour mieux contrôler ses effets, à travers les formes de nudges et de téléguidage des conduites qui reposeront sur elle. Rien n'indique que, dans 50 ou 100 ans, la civilisation de la Renaissance, des Lumières et de la Déclaration des droits de 1789 aura encore un sens.

Deux dynamiques s'associent afin de dessiner le futur à base d'IA, aboutissant à redéfinir l'économie, la société, mais aussi la démocratie, les politiques publiques, et peut-être même l'homme en tant que tel. La première est la numérisation de la plupart des actes et activités individuels et

---

[81] Ouest France, « Une intelligence artificielle bat 5-0 un pilote de F16 en combat aérien », ouest-france.fr, 26 août 2020.

[82] L. Alexandre, *La mort de la mort – Comment la technomédecine va bouleverser l'humanité*, JC Lattès, 2011. Pour Google et sa filiale Calico, il s'agit d' « euthanasier la mort ». La première personne qui vivra mille ans est peut-être déjà née, scandent certains transhumanistes.

collectifs, nourrissant de gigantesques bases d'informations plus ou moins personnelles et plus ou moins confidentielles[83]. Il y a peu encore, toutes ces données n'étaient pas enregistrées et, lorsqu'elles l'étaient, elles restaient difficiles d'accès et complexes à exploiter. En particulier grâce à l'internet (avec les sites web, les applications mobiles et les objets connectés), des torrents d'informations sont en permanence livrés par chacun et stockés dans d'immenses serveurs informatiques.

Quant à la seconde dynamique, elle est liée au besoin de comprendre et interpréter ces mégadonnées. C'est ici qu'interviennent les algorithmes, les réseaux de neurones et toutes les capacités de calcul permettant aux ordinateurs de trier, traiter, agréger et représenter ces données. On assiste alors à un changement de statut des technologies de traitement de l'information : désormais, elles vont très au-delà des trois fonctions de base que sont la collecte, le stockage et l'indexation. De puissantes technologies statistiques et « prédictives » se développent en suivant l'augmentation des capacités de calcul des ordinateurs. L'intelligence artificielle est capable d'identifier des corrélations, de percevoir des ressemblances ou de trouver des informations clés parmi des ensembles gigantesques de données beaucoup mieux que l'intelligence humaine. Les classements, palmarès, compteurs, cartes, recommandations et notes diverses qui s'affichent en permanence sur les écrans des ordinateurs, des tablettes et des téléphones portables sont les résultats de la calculabilité toujours plus fine des activités à venir en fonction des traces laissées par les activités passées.

La quantité de données produites par la société et les hommes numériques croît de façon exponentielle, tout comme les performances des réseaux de communication, des systèmes de stockage et des algorithmes. L'intelligence artificielle touche (ou touchera) tous les domaines : elle réaménage les villes, facilite l'accès au savoir et la diffusion de la culture, permet une médecine personnalisée et plus efficace, sert à lutter contre le changement climatique, tente de trouver des emplois pour les personnes au chômage, affecte les

---

[83] En matière de données, la France, traditionnellement jacobine, est fort bien dotée. Le mouvement d'ouverture des données (*open data*) est d'autant plus bienvenu que beaucoup de jeux de données massives sont maîtrisés par des acteurs publics. Par exemple, en matière de santé, l'assurance maladie française est une ressource de données sans équivalent dans le monde.

étudiants dans les établissements d'enseignement supérieur, décide d'accorder ou non des prêts bancaires, intervient dans les placements financiers, indique aux automobilistes les routes à emprunter, diffuse des publicités et autres contenus en rapport avec les besoins et/ou avec les centres d'intérêt, forme les couples etc. Au résultat, l'IA serait le moteur d'un changement de civilisation avec la marchandisation intégrale des vies et l'algorithmisation de pans entiers de l'évolution des sociétés[84].

À l'image de toutes les grandes révolutions économiques et sociétales, amorcées par la découverte et l'exploitation d'une nouvelle forme d'énergie, les données numériques constituent une ressource, un gisement de valeur capable de relancer l'innovation, la productivité et la croissance tout en les guidant vers de nouveaux horizons jusqu'alors inconnus. Les grands acteurs actuels de l'économie, et des sociétés qui suivent cette économie, sont des puissances privées qui concurrencent les puissances publiques sur la scène interne et, plus encore, sur la scène externe — à tel point que le Danemark a cru bon de nommer un « ambassadeur auprès des GAFAM », ainsi explicitement considérés tels des acteurs souverains, tels les alter egos des États ; et, lorsque cet ambassadeur souhaite rencontrer les représentants de Facebook, celui-ci dépêche ses stagiaires pour le recevoir. Ces multinationales du numérique se sont développées autour d'algorithmes, sortes de recettes de cuisine jalousement conservées, les ingrédients étant les gigantesques masses de données constitutives du big data. Mieux vaut d'ailleurs avoir un mauvais algorithme avec beaucoup de données qu'un bon algorithme avec peu de données. Mais ces acteurs possèdent les deux. L'intelligence artificielle devient ainsi le noyau dur de beaucoup de secteurs de l'économie, de la recherche et, par suite, de la société et de la vie. Ce sont les géants du numérique, GAFAM, NATU et BATX en tête, qui possèdent les principaux réservoirs de données. C'est pourquoi ils s'imposent telles les principales puissances technologiques et économiques, mais aussi comme les premières puissances politiques et scientifiques.

79. L'IA reconstruit l'homme et déconstruit la société. Sergey Brin, co-fondateur de Google, promet la création prochaine de « machines qui raisonnent, pensent et font les choses mieux que les êtres humains ». Si le

---

[84] É. Sadin, *La vie algorithmique – Critique de la raison numérique*, L'Échappée, coll. Pour en finir avec, 2015.

réalisme de pareille prophétie n'est guère assuré, il est en tout cas certain que l'IA, ensemble de technologies fondamentalement transversal et dont les limites du potentiel restent inconnues, impacte et impactera l'ensemble des disciplines. Elle remodèle et remodèlera la politique, l'économie, l'éducation, l'industrie, la santé, la police, la culture, le journalisme, la philosophie, le droit etc. Elle oblige et obligera à réinterroger ce qu'est et comment fonctionne une société ; et à réinterroger ce qu'est et comment fonctionne un homme.

L'intelligence artificielle n'est pas une simple innovation permettant de répondre autrement à un problème ponctuel et ancien. Elle constitue une véritable révolution en raison de sa transversalité — comme l'ont été les inventions du langage, de l'écriture, de l'imprimerie, de la télégraphie sans fil, de l'électricité ou de l'aviation — ; elle est le facteur clé d'autant de nouvelles solutions à explorer que de nouvelles difficultés à résoudre et de nouveaux défis à affronter. C'est pour cela que l'intelligence artificielle suscite à la fois chez certains un enthousiasme fanatique et chez d'autres une inquiétude horrifique. Mais cet enthousiasme et cette inquiétude demeurent relativement vagues et indéfinis, car il est aujourd'hui encore difficile de deviner dans quelles directions et en quels domaines les changements provoqués par les IA seront les plus importants et les plus radicaux.

Les plus grandes surprises proviennent d'ailleurs moins des nouvelles technologies que des usages sociaux ou économiques qui en sont faits. Les hommes fabriquent des machines qui, en retour, les reconstruisent. L'humanité sort forcément modifiée de la rencontre avec la technologie qu'elle a créée. De moins en moins de gestes du quotidien, d'achats, de déplacements, de décisions personnelles ou professionnelles ne sont pas dictées, plus ou moins intégralement, par des calculs et des statistiques. Avec un effet performatif fort, des IA aident à prendre des décisions ; et, souvent, elles les prennent elles-mêmes. Comme les inventions du microscope ou du télescope ont permis de voir autrement le monde et l'univers, les IA et les capteurs numériques, toujours plus omniprésents, mesurant tout et prédisant tout, redéfinissent le regard de l'homme sur son monde et sur lui-même.

Les calculateurs reformatent le réel à leur guise, l'organisent et l'orientent en vue de satisfaire les intérêts de ceux qui les ont créés. Ils imposent de nouveaux standards, de nouvelles conventions, une nouvelle hiérarchie des valeurs et de nouvelles équivalences auxquels rares sont ceux qui entendent résister, rester dans le « monde d'avant ». L'IA et ses acteurs redessinent ainsi progressivement les cadres cognitifs et culturels de notre société. C'est pourquoi il importe de conserver et transmettre les pensées et les connaissances, ainsi que l'esprit critique, le sens moral, et la capacité de discernement et de doute.

En s'abandonnant aux indications fournies par les IA, car cela est très confortable, on s'abandonne à des puissances privées qui deviennent les nouveaux maîtres du monde. Sans qu'on en soit toujours très bien averti, ces puissances savent tout de nous et sont donc en mesure de décider pour nous. Au-delà des informations personnelles que nous leur livrons, il suffit de taper « mal à la tête », « fièvre » ou « courbatures » dans un moteur de recherche pour que derrière une entreprise comprenne qu'individuellement des soins peuvent nous être vendus et, collectivement, si beaucoup d'individus effectuent les mêmes requêtes, comprendre avant les autorités sanitaires qu'une épidémie est en train de se propager. Les droits de l'homme numérique qu'il s'agit ici de penser s'adresseraient en priorité à ces puissances numériques. Le principal enjeu est qu'elles les respectent dans la création de leurs IA et dans la mise en œuvre de leurs IA.

La pandémie de coronavirus, elle, a impacté l'écosystème de l'IA. Tout d'abord, certains fonctionnalités nécessaires au travail à distance, qui a explosé avec les mesures de confinement prises partout dans le monde, s'appuient sur les technologies[85]. Surtout, les techniques de *machine learning* se sont retrouvées un peu confuses face à la situation[86]. Certaines IA n'ont plus rien compris à nos comportements en ligne. Les algorithmes de recommandation de grandes multinationales du numérique, qui doivent évoluer à mesure des nouvelles données qu'ils intègrent, ont été, comme d'autres, perdus face à des changements de comportements aussi brutaux et se sont mis à produire des résultats totalement maladroits. Les conduites des consommateurs ont posé des problèmes aux algorithmes intervenant dans la gestion des stocks, la détection des fraudes, le marketing etc. Le *machine*

---

[85] S. J. Vaughan-Nichols, « Le temps des grands changements technologiques, c'est maintenant », zdnet.fr, 18 mai 2020.

[86] L. Bastien, « Covid-19 : notre comportement pendant la pandémie fait " bugger " l'IA », lebigdata.fr, 15 mai 2020.

learning, entraîné à partir de comportements humains « normaux », peine à suivre une normalité qui évolue. Une entreprise spécialisée dans la détection de fraude à la carte de crédit a été contrainte de modifier manuellement son algorithme, à cause d'une explosion de la demande pour les équipements de jardinage. Et un revendeur en ligne a observé que son IA commandait automatiquement des stocks qui ne correspondaient plus avec ce qui se vendait. La demande avait été chamboulée par la pandémie. Cela montre que l'IA a et aura toujours besoin de l'humain et que ses performances demeurent limitées, sa capacité d'adaptation et des événements brutaux étant faible. L'IA reste très « bête ». Or peut-on totalement s'en remettre à des technologies ainsi stéréotypées et mécaniques, capables de nous faire traverser à pied l'autoroute ou de nous guider directement au fond du Vieux-Port à Marseille ? Quand l'IA déraille, cela est plus spectaculaire encore que lorsqu'elle fonctionne parfaitement. Pourtant, nous sommes de plus en plus tentés de nous abandonner à ces outils imparfaits, parfois balbutiants. La crise liée au coronavirus a montré que c'est une erreur de penser qu'il est possible, une fois un système d'IA créé, de le laisser fonctionner en toute autonomie[87].

80. La fin du travail ? L'apparition d'IA très spécialisées et meilleures dans leurs domaines étroits interroge notamment l'organisation et la qualification de la force de travail, qui est peut-être le domaine où se cristallise le plus la problématique de la cohabitation entre les hommes et les IA[88]. On ne compte plus les études cherchant à mesurer les conséquences de l'IA sur l'emploi, l'automatisation menaçant non plus seulement les ouvriers mais aussi les employés, voire les cadres. Ces études sont d'ailleurs largement contradictoires, une majorité étant alarmantes mais sans doute excessives et d'autres étant plus optimistes mais peut-être insuffisantes. En tout cas, selon les auteurs, les écarts entre les prévisions sont vastes. Des chercheurs de l'Université d'Oxford ont ainsi estimé dès 2013 que 47 % des métiers

---

[87] J. McKendrick, « L'IA se développe, mais elle a toujours besoin de l'humain », zdnet.fr, 18 mai 2020.

[88] *Cf.* B. Stiegler, *La société automatique – 1. L'avenir du travail*, Fayard, 2015 ; M. David, C. Sauviat, *Intelligence artificielle – La nouvelle barbarie*, Éditions du Rocher, 2019.

seraient techniquement « robotisables » à l'horizon 2030[89]. Pour aboutir à ce chiffre, les auteurs de l'étude ont analysé plus de 700 professions à l'aune de trois catégories de compétences qui marquent traditionnellement les limites de la technologie : l'intelligence créative, l'intelligence sociale et la perception/manipulation. Plus une profession mobilise ces compétences, moins elle serait automatisable. Mais l'IA changerait en partie la donne pour les métiers ne faisant que partiellement appel à ces compétences. Une étude d'Ernst & Young a, pour sa part, prévu la disparition progressive mais rapide de nombreux métiers comme traducteur, conducteur de bus, trams ou trains, bibliothécaire, contrôleur aérien ou banquier[90]. En 2016, l'institut Forrester a en revanche jugé que seulement 6 % des emplois seraient détruits en raison des progrès de l'IA, tandis que, pour la Banque Mondiale, la robotisation du travail pourrait concerner 47 % des emplois aux États-Unis, 66 % en Inde, 77 % en Chine et jusqu'à 85 % en Éthiopie, cela à l'horizon 2040-2050[91]. En France, le cabinet Roland Berger estime que 42 % des emplois français seraient automatisables à moyen terme. Beaucoup de travaux aboutissent à la conclusion selon laquelle le remplacement de l'homme par la machine dans le processus productif de biens ou services tournerait autour de deux tiers des emplois.

La frontière qui sépare les métiers automatisables des autres ne correspond plus à la distinction entre manuel et intellectuel. Désormais, c'est avant tout son caractère répétitif qui rend une tâche automatisable. Ainsi, dans l'étude de l'Université d'Oxford, les « *low level jobs* » (réceptionniste, vigile etc.) ont 8 chances sur 10 d'être automatisés. À l'inverse, parmi les secteurs qui seraient préservés de l'automatisation, il y a les métiers manuels dits de précision (chirurgien), les métiers à forte dimension relationnelle (infirmiers) ou les métiers artistiques — exception faite des musiciens, dont les performances peuvent être imitées artificiellement[92]. S'agissant de la

[89] C. Benedikt Frey, M. Osborne, « The Future of Employment », working paper, Oxford Martin Program on Technology and Employment, 17 sept. 2013.
[90] Ernst & Young, « La révolution des métiers – Nouveaux métiers, nouvelles compétences : quels enjeux pour l'entreprise ? », 2014.
[91] World Bank Group, « The Changing Nature of Work », World Development Report, 2019.
[92] Tel n'est en revanche pas le cas de la création, même si, en 2016, a été écrite une mélodie au piano à partir de quatre notes par un logiciel nommé TensorFlow,

profession d'avocat, les chercheurs estiment que la probabilité d'automatisation serait de seulement 3,5 %. Il y a par contre 99 % de chances que les démarcheurs téléphoniques et les assureurs soient subrogés par des IA. Le risque est de 98 % pour les arbitres de sport et de 97 % pour les caissières. Pour les assistants juridiques, les guides touristiques, les boulangers, les conducteurs de bus, les ouvriers en bâtiment, les auxiliaires vétérinaires, les agents de sécurité, les serveurs, les barmans, les archivistes, les charpentiers et les maîtres nageurs, la probabilité de l'automatisation va de 67 % à 94 %[93].

Déjà Amazon souhaite recourir à des robots coursiers et des drones volants pour rendre plus efficaces et moins coûteuses les livraisons. Après les caisses automatiques, qui ont déjà envahi les supermarchés, le même Amazon a lancé le premier magasin sans caissier. Son aménagement permet, grâce à divers capteurs et IA, d'identifier à la fois les clients et les produits achetés, ce qui n'est pas sans créer un certain confort, comme beaucoup de créations à base d'IA, puisqu'il n'est plus nécessaire de faire la queue et enregistrer ses articles un par un pour payer ses achats. Et ces systèmes permettent de procéder en temps réel aux opérations logistiques et à la gestion des stocks. Par ailleurs, des robots aides-soignants s'imposent dans les hôpitaux, notamment depuis l'épidémie de coronavirus. Dans de nombreux secteurs, on travaille à confier à des IA, des bots ou des robots, de nouvelles tâches afin d'améliorer la productivité et diminuer les coûts[94]. Divers métiers artisanaux, dont il semblait pourtant qu'ils nécessitaient un savoir-faire subtil, transmis parfois « de génération en génération », tels que jardinier, boulanger ou

---

imaginé dans le cadre de Magenta, un projet du Google Brain Team cherchant à faire réaliser par des IA des productions « artistiques ». En littérature, la Future University Hakodate (Japon) a mis au point un système destiné à rédiger un « texte littéraire ». Des intervenants humains ont fixé la trame narrative et les types de personnages, laissant ensuite au programme le soin de sélectionner des mots et des phrases au sein d'un corpus préalablement établi. Le résultat a pour titre « Le jour où un ordinateur écrira un roman », soit une fiction procédant à une mise en abyme qui a été sélectionnée dans le cadre d'un concours de nouvelles par un jury ignorant son origine.

[93] « Les nouveaux prophètes de la Silicon Valley », *Courrier International* 13 juill. 2015.

[94] L. Aldermann, « Robots Ride to the Rescue Where Workers Can't Be Found », *The New York Times* 16 avr. 2018.

cuisinier, tendent à laisser la place aux robots. C'est ainsi qu'aujourd'hui certaines pizzerias s'appuient sur des pizzaiolos-robots[95]. Pour ce qui est des journalistes, Microsoft a décidé de remplacer plusieurs dizaines de ses responsables éditoriaux aux États-Unis et au Royaume-Uni par des IA. La sélection et le traitement des actualités relayées sur les portails Microsoft News et MSN est donc désormais largement automatisée[96]. Or ces responsables éditoriaux sont notamment chargés de recouper les informations à partir de sources multiples, ce qui ne manque pas de poser question à l'heure des fausses informations. L'IA serait le facteur décisif du passage au « Second Âge de la Machine »[97]. Alors que les machines du premier âge se bornaient à ajouter de la puissance, sans impacter le monopole humain de la décision. À présent, de plus en plus d'entreprises recourent aux IA en considérant qu'elles sont mieux capables de prendre les bonnes décisions que des humains. Dans le secteur de la médecine, le système Watson d'IBM analyse les dossiers des patients et dresse les diagnostics, rédige des prescriptions, répertorie les effets secondaires des médicaments et les rapporte à chaque cas, « lit » les articles scientifiques disponible en ligne, affinant continuellement son degré d'expertise. Watson est déjà préféré aux médecins humains par certaines compagnies d'assurance qui préfèrent son « expertise ».

Se pose ainsi très largement la question d'une révolution de l'IA qui génèrerait une société dans laquelle le chômage exploserait et une grande partie de la population serait sans emploi. Certains, comme l'investisseur en capital-risque Andy Kessler, n'hésitent pas à affirmer que le meilleur moyen de créer de la productivité serait de « se débarrasser des humains »[98]. On ose alors opérer une analogie entre le sort réservé à beaucoup d'hommes sous l'effet de l'expansion industrielle de l'IA et le sort subi par les chevaux lors de la Seconde révolution industrielle : les bêtes sont devenues des bouches

---

[95] La start-up Zume, pour la fabrication de pizzas, propose un robot qui verse la sauce tomate, dépose les garnitures, enfourne puis sert le plat (J. Marin, « En Californie, les robots s'invitent au restaurant », *Le Monde* 9 mars 2018).

[96] N. Le Gohlisse, « Microsoft confie l'info à l'intelligence artificielle, plusieurs journalistes sont licenciés », frandroid.fr, 2 juin 2020.

[97] E. Brynjolfsson, A. Mc Afee, *Le second âge de la machine*, Odile Jacob, 2015.

[98] Cité par P. Thiel, *De zéro à un – Comment construire le futur*, J.-C. Lattès, 2016, p. 192.

inutiles, incapables de se former, de se réformer et finalement de s'adapter et de rester compétitives face aux nouvelles conditions économiques[99]. Leur remplacement par des machines a ainsi mené à leur quasi-disparition : quand les chevaux et les mules, surtout employés à des travaux agricoles, étaient 21 millions aux États-Unis en 1900, le pays n'en comptait plus que trois millions en 1960[100]. En outre, cela créerait un grand déséquilibre entre les facteurs de production au profit du capital, entraînant une concentration du capital et du pouvoir économique entre les mains d'un petit nombre d'individus. Cela, comme l'histoire nous le montre, pourrait provoquer corruption et inégalités, donc des conflits, des tensions sociales. La grande partie de la population exclue, voyant son niveau de vie considérablement baisser, pourrait se révolter.

Il n'est cependant pas nouveau que la technique remplace les travailleurs. Le poinçonneur des lilas chanté par Serge Gainsbourg a disparu depuis longtemps, et les nouvelles générations entendant la chanson n'ont pas la moindre idée de ce dont il s'agit. Il est aussi possible d'avoir une approche optimiste de l'influence de l'IA sur le travail. Et le droit a justement pour rôle d'intervenir afin de produire les effets positifs recherchés ou limiter les effets négatifs redoutés. Le Forum économique mondial a ainsi estimé, en 2018, que la robotisation allait détruire 0,98 million d'emplois mais en créer 1,74 million, soit environ deux fois plus[101]. Dans le même sens, une étude du cabinet américain Wagepoint estime que 60 % des métiers exercés en 2030 n'existent pas encore. Des chercheurs ont quant à eux jugé que les investissements en technologies de l'information et de la communication avaient un effet positif sur l'emploi dans les pays de l'OCDE[102]. Et on prévoit la création aux États-Unis de 21 millions d'emplois car « les machines peuvent faire plus, mais il y a toujours plus à faire. Une machine peut-elle

---

[99] Ch. Thibout, « Nouvelle gouvernementalité et fin du politique – Libéralisme, contrôle social et privatisation du pouvoir », in B. Barraud, dir., *L'intelligence artificielle – Dans toutes ses dimensions*, L'Harmattan, coll. Europe & Asie, 2020, p. 129.

[100] *Ibid.*

[101] World Economic Forum, « The Future of Jobs Report », 2018.

[102] M. Arntz, T. Gregory, U. Zierahn, « The Risk of Automation for Jobs in OECD Countries: A Comparative Analysis », *OECD Social, Employment and Migration Working Papers* 2016, n° 189.

(sous sa forme logicielle ou matérielle) se créer elle-même, se commercialiser, se vendre elle-même ? Se livrer ? Se nourrir ? Se nettoyer ? Se réparer ? Les machines sont des outils et les outils ont besoin d'être utilisés. Par les gens »[103]. Les chiffres alarmants sur l'automatisation des métiers peuvent d'ailleurs engendrer un effet négatif et même performatif. En effet, s'agissant des chauffeurs de camions, les entreprises affrontent pour l'heure des problèmes de recrutement. Aux États-Unis, on estime que près d'un million d'offres seront non pourvues dans les dix prochaines années[104]. Les rapports proches de la science-fiction sur les camions autonomes apparaissent totalement contre-productifs en décourageant les potentiels candidats au métier.

Une étude de l'OCDE a proposé de rechercher les tâches susceptibles d'être automatisées et non les emplois. Il s'agirait en effet de déléguer aux machines en priorité les activités répétitives afin de réorienter les salariés vers des missions plus stimulantes et valorisantes. Les salariés se concentreraient sur les activités proprement humaines, qu'une IA ne saurait effectuer, au mieux, que maladroitement, par exemple parce que faisant appel à la créativité ou aux qualités relationnelles. Ces compétences seraient dès lors des indicateurs d'employabilité. Le Conseil d'Orientation pour l'Emploi retient en ce sens cinq compétences : la flexibilité, la capacité d'adaptation, la capacité à résoudre des problèmes, les interactions sociales et la précision. Plus un emploi solliciterait ces facultés, plus il serait « humain », et moins il serait susceptible d'être automatisé. On conseille ainsi aux étudiants en médecine de ne pas choisir la voie de la radiologie, car l'analyse des images médicales est vouée à être confiée à des ordinateurs très performants, mais celle plus humaine qui conduit à expliquer et discuter avec le patient et à décider du traitement[105]. Mais il faudra surtout une étroite collaboration entre l'homme et la machine, ce qui implique de former les radiologues à l'IA et de contrôler l'IA par des hommes, aidés par leur sens et leur expérience. Les métiers, y compris celui de radiologue, peuvent devenir plus passionnants et plus stimulants grâce à l'IA. Laurent Alexandre propose,

---

[103] Cognizant Technology Solutions Corps, 2017, p. 3.

[104] G. Kœnig, *La fin de l'individu – Voyage d'un philosophe au pays de l'intelligence artificielle*, Éditions de l'observatoire, coll. De facto, 2019, p. 110.

[105] M. Tegmark, *La vie 3.0 – Être humain à l'ère de l'Intelligence Artificielle*, Dunod, 2018, p. 146.

quant à lui, d'élaborer un « quotient de complémentarité avec l'intelligence artificielle » qui « pourrait devenir l'indicateur phare de l'employabilité »[106]. La mission Villani en a proposé une version socialement plus acceptable, suggérant de « développer un indice de bonne complémentarité avec l'ensemble des parties prenantes (syndicats, État, monde de la recherche…), et en produisant des informations et de la documentation à l'intention des entreprises et des partenaires sociaux »[107].

Les prévisions sont donc contrastées et les effets sur l'emploi de l'IA devraient être, de même, contrastés. De vieux métiers vont disparaître, mais de nouveaux métiers vont émerger, tandis que d'autres vont évoluer. Ainsi le Conseil d'Orientation pour l'Emploi évalue-t-il à 50 % pour la France les métiers qui vont changer profondément[108]. On retrouve finalement avec l'IA les réflexions économiques classiques depuis la révolution industrielle, qui ont notamment opposé Karl Marx et les libéraux au XIXe siècle. Pour le premier, la loi de l'accumulation du capital aboutit à substituer peu à peu la machine au travailleur et, par suite, à paupériser les populations et à engendrer un chômage de masse. Pour Adam Smith ou David Ricardo, en revanche, le progrès serait une source exponentielle de richesses et d'activités. Dans une annexe à sa *Misère de la philosophie*, Karl Marx cite l'exemple des ouvriers tisserands de Manchester, dont le nombre a fortement diminué en même temps que la production de leurs usines croissait. Pour Marx, cette subversion du capitalisme ne pouvait qu'aboutir à une révolution. Mais, pour les économistes, ce chômage technique doit permettre la réorientation des forces de travail vers de nouvelles activités. À l'ère de l'IA, les réponses sont-elles toujours les mêmes ? Pour accompagner les travailleurs durant la période de transition d'une économie vers une autre, on préconise de renforcer la formation professionnelle tout au long de la vie active, faciliter la mobilité, proposer une assurance chômage plus souple, encourager l'innovation, libéraliser certains marchés[109]. On a donc la

---

[106] L. Alexandre, *La guerre des intelligences – Intelligence Artificielle versus Intelligence Humaine*, JC Lattès, 2017, p. 121.

[107] C. Villani, *Donner un sens à l'intelligence artificielle – Pour une stratégie nationale et européenne*, mission parlementaire, 2018, p. 18.

[108] Conseil d'Orientation pour l'Emploi, 2017.

[109] E. Alden, « The Work Ahead », The Council of Foreign Relations, avr. 2018.

conviction que la destruction créatrice serait à l' œuvre aujourd'hui comme hier[110].

Ces impacts de l'IA sur l'activité professionnelle témoignent en tout cas de la grande influence de cette technologie. Il s'agit dans de nombreux cas bel et bien d'une rupture. Et celle-ci touche la vie en général, personnelle comme sociale.

81. Une proposition symptomatique : le revenu universel de base. Une excellente illustration des défis qui se posent aujourd'hui aux hommes et aux sociétés se situe dans les débats entourant la création d'un revenu universel de base. Les nouvelles inégalités cognitives et les nouvelles exclusions de portions entières de la population ne seraient peut-être que le début d'une grave scission de la population entre les « *in* » et les « *out* », les « nudgeurs » et les « nudgés », entre les créateurs de codes et les producteurs de données. Il y aurait d'un côté une élite hautement éduquée et consciente des réalités contemporaines et, d'un autre côté, une masse d'individus devenus des dividus, téléguidés et ayant perdu à la fois liberté et espoir. Pour rendre ce fossé un peu mieux acceptable et un peu moins profond, quelques-uns proposent de subventionner ces derniers au moyen d'une forme de revenu universel, pendant que les autres s'offriraient de temps à autre des data detox.

Aux États-Unis, une enquête commandée en 2016 par le Gouvernement a estimé que la part croissante de l'intelligence artificielle dans l'économie du pays risquait de provoquer la mise au chômage de la moitié de la population d'ici 2050. Un des piliers des sociétés modernes, le travail, serait donc menacé. Cette polarisation en cours justifierait la création de « filets de sécurité » afin de protéger les personnes et des familles fragilisées par la technologie. Pour ce faire, le revenu minimum de base, selon un de ses plus fervents promoteurs, Rutger Bregman, permettrait de « conserver les bienfaits de la technologie grâce à la redistribution. Une redistribution massive. Redistribution d'argent (revenu minimum), de temps (réduction du temps de travail), de l'imposition (sur le capital plutôt que sur le travail) et, bien sûr, de robots »[111]. C'est ainsi qu'en France, dès 2015, le Conseil

[110] G. Kœnig, *La fin de l'individu – Voyage d'un philosophe au pays de l'intelligence artificielle,* Éditions de l'observatoire, coll. De facto, 2019, p. 116.

[111] R. Bregman, *Les utopies réalistes,* Le Seuil, 2017, p. 188.

national du numérique a proposé de « réaliser une étude de faisabilité du revenu de base, inconditionnel et universel ».

Cependant, comme l'a montré son accueil fort mitigé lors des élections présidentielles françaises de 2017 où le candidat socialiste Benoît Hamon l'a soutenu, le revenu minimum de base est très critiqué. Cela en premier lieu car il s'oppose à ce « fait social total » qu'est le travail, consacré comme le meilleur canal de l'expression de soi en plus d'engendrer le lien social[112]. Par ailleurs, dans une économie globalisée et avec des technologies largement transnationales, des inégalités géographiques apparaîtront car certains pays seront des champions qui créeront beaucoup d'emplois quand d'autres verront leur chômage exploser. Or la redistribution ne se fera pas entre pays[113].

Le revenu universel doit en théorie donner à chacun la possibilité concrète de faire ses choix[114]. Mais sans doute ce revenu universel est-il un sédatif, une pilule pour masquer la souffrance, certainement pas un remède. Le chômage provoqué par l'IA et plus généralement la perte de repères générée par l'IA amènent à s'interroger sur les causes de la montée des populismes. Comment le système politique pourrait-il survivre à l'abêtissement généralisé des citoyens. Mieux vaut fournir à la population un remède qu'une drogue. C'est pourquoi on préfèrera réfléchir aux droits de l'homme numérique qui permettraient à l'homme de conserver son humanité plutôt qu'à de fausses solutions telles que le revenu universel dont le seul effet est de masquer un peu les problèmes pendant qu'ils s'accentuent. L'économiste Paul Lafargue, gendre de Karl Marx, écrit dans *Le droit à la paresse* que « la machine est le Rédempteur de l'humanité, le dieu qui rachètera l'homme des *sordidæ artes* et du travail salarié, le dieu qui lui donnera des loisirs et la liberté »[115]. Mais une liberté soumise à un subventionnement public n'en est plus une. Des hommes devenus totalement incapables ne peuvent pas être libres, car la

---

[112] Y. Ferguson, « Une intelligence artificielle au travail – Cinq histoires d'Homme », in B. Barraud, dir., *L'intelligence artificielle – Dans toutes ses dimensions*, L'Harmattan, coll. Europe & Asie, 2020, p. 144.

[113] Y. N. Harari, *Homo Deus – Une brève histoire de l'avenir*, Albin Michel, 2017, p. 327.

[114] *Cf.* Ph. Van Parijs, Y. Vanderborght, *Basic Income – A Radical Proposal for a Free Society and a Sane Economy*, Harvard University Press, 2017.

[115] P. Lafargue, *Le droit à la paresse*, 1883.

liberté est déjà une capacité. Et puis c'est le travail qui libère l'homme et qui préserve la cohésion sociale, non l'oisiveté et les journées passées devant la télévision et sur les réseaux sociaux. On cherchera donc à libérer les hommes, plutôt qu'en leur octroyant des financements en contrepartie de rien, en réactivant leur esprit d'initiative, leur ouverture et leur confiance dans l'avenir, tout en les préservant des nouvelles formes de servitudes qui les menacent.

Le revenu de base universel doit permettre à la population de consentir de façon passive et irresponsable à la substitution des humains par des IA, au profit des modèles promus par la Silicon Valley. Ce serait comme un renoncement institutionnalisé, l'officialisation de la mise au ban de l'humanité. C'est pourquoi tous les technolibertariens soutiennent cette mesure. Comme le résume Éric Sadin, « ce n'est pas un projet de société que de vouloir transformer chacun d'entre nous en peintre du dimanche ou en éternel pêcheur à la ligne, à la faveur du revenu de base universel qui est le nouveau dogme de l'époque puissamment soutenu par l'industrie du numérique, qui ne fait qu'enteriner dans une démission coupable l'éviction progressive des personnes des lieux de travail tout en laissant la main libre à l'expansion techno-libérale. Nous nous contenterions de solutions immédiates et expéditives en abandonnant l'exigence de nous construire dans l'acquisition de compétences et la pratique d'un métier ? Plutôt qu'un revenu de base avilissant et conduisant à l'ignominie d'une société des loisirs perpétuels, nous ferions mieux de soutenir l'éclosion d'initiatives entendant renouer avec le plaisir du travail, favoriser l'expression des talents de chacun, instaurer un esprit de convivialité et d'entraide à même de générer des liens de communauté entre pairs »[116].

---

[116] É. Sadin, *L'intelligence artificielle ou l'enjeu du siècle – Anatomie d'un antihumanisme radical*, L'échappée, coll. Pour en finir avec, 2018, p. 267.

III. L'intelligence artificielle entre mauvais augures et thuriféraires, entre bienfaits et méfaits

82. « Intelligence artificielle », un coup marketing. On le voit, l'IA pose beaucoup de questions, des questions existentielles pour l'homme et pour la société. Mais ces questions ne sont pas toujours les bonnes. L'IA suscite des réactions, des discours et des débats parfois réalistes mais parfois aussi détachés des enjeux et des possibilités véritables. Certains exagèrent les dangers impliqués par l'IA, d'autres exagèrent ses bienfaits. Des écrivains imaginent par exemple qu' « en 2050 le monde sera un monde où la violence régnera et les robots seront omniprésents ; un monde où les humains mangeront des pilules, feront l'amour avec des machines, seront drogués à leur insu pour éviter les révoltes, et vivront sous des bulles qui leur garantiront un air sans pollution. Un monde de métadonnées où tous les comportements seront analysés et surveillés, les déviants contrôlés et emprisonnés »[117]. On peut douter que le monde, dans trois décennies, aura autant évolué. Pourtant, aujourd'hui, beaucoup tendent à confondre science et science-fiction. Ce qu'on peut surtout craindre, c'est que l'entrée dans l'ère des IA accentue les tendances actuelles et engendre de nouvelles problématiques : épuisement des ressources, omniprésence du numérique et surveillance généralisée, téléguidage des conduites, nouvelles servitudes, crise de la société et de la démocratie, fin de la civilisation, rétrécissement de pensées, nos créativités et nos imaginaires. Mais peut-être même ces perspectives sont-elles excessives. Surtout, comme l'avenir n'est pas écrit mais à faire, il faut aujourd'hui et faudra demain prendre les bonnes décisions et agir pour que le monde que nous voulons advienne et que le monde que nous redoutons n'advienne pas, ce pourquoi les droits de l'homme numériques et l'humanisme juridique ont et auront un rôle à jouer.

C'est en 1956 que les mathématiciens américains John McCarthy, Marvin Minsky, Claude Shannon et Nathaniel Rochester organisèrent, au Dartmouth

[117] J. Murzeau, *La désobéissante*, Robert Laffont, 2017.

College, dans l'État du New Hampshire, un séminaire sur les « machines pensantes » au cours duquel ils proposèrent pour la première fois de parler d' « artificial intelligence ». Un nouveau domaine d'enseignement et de recherche scientifiques était né, dont l'objectif, longtemps et aujourd'hui encore perçu comme farfelu ou irréaliste, est de réaliser des machines capables d'apprendre — notamment de leurs erreurs —, de comprendre leur environnement et le monde en général, de s'adapter aux changements, d'anticiper et de prévoir le futur, d'agir afin d'améliorer la condition humaine. Plus cet objectif initial sera atteint et moins il sera déceptif de se référer à l' « intelligence » artificielle. On pourra alors comparer à raison cette dernière et l'intelligence biologique.

Pour l'heure, néanmoins, ce qu'on appelle « intelligence artificielle » demeure un simple produit de l'intelligence humaine, sa création et son reflet, globalement immensément inférieur à elle. Pour devenir une réalité, l'intelligence artificielle devra gagner en autonomie, en libre-arbitre, se détachant des hommes qui l'ont faite naître. Il lui faudra devenir une intelligence artificielle générale, capable de comprendre le fonctionnement du monde dans sa globalité par simple observation, comme le fait un enfant durant les premières années de sa vie. Or il lui sera difficile d'y parvenir[118]. On imagine difficilement l'intelligence artificielle rejoindre et dépasser un jour l'intelligence naturelle autrement que ponctuellement, concernant des tâches très précises susceptibles de reposer sur des traitements statistiques. Beaucoup de décisions supposent des choix arbitraires plutôt que la simple poursuite de tendances statistiques.

Lorsque les chercheurs du Dartmouth College créèrent l'expression « *artificial intelligence* », il s'agissait d'ailleurs surtout d'une démarche marketing, presque un mensonge volontaire : recourir à une expression sensationnelle afin d'obtenir des crédits de recherche de la part des pouvoirs publics américains[119]. Le concept d'intelligence s'attache à un fond

---

[118] Bien qu'on commence à appliquer le *machine learning* à lui-même, donc à entraîner des ordinateurs à concevoir des réseaux de neurones, si bien que des intelligences artificielles pourraient un jour créer d'autres intelligences artificielles.

[119] Un travestissement de la réalité qui rappelle celui d'Éric Le Rouge lorsqu'il emmena ses hommes au Groenland en leur faisant croire que c'était un « pays vert » (traduction de « *groenland* »), alors que c'était un pays blanc, recouvert de neige et de glace. Mais le nom « Groenland » est resté.

ontologiquement biologique et l'intelligence « artificielle » ne peut pas être intelligente, par définition. Mais cela n'empêche pas l'IA de rendre bien des services tout en posant de nombreux défis à l'intelligence humaine, en premier lieu celui de son intelligence, c'est-à-dire celui de sa compréhension, de son explication et de son analyse critique.

L'intelligence artificielle apparaît sitôt qu'on parvient à obtenir de façon automatique, concernant un objet donné, des résultats pertinents. Un thermomètre est ainsi une forme très primaire d'intelligence artificielle car capable de saisir et exprimer le chaud et le froid, les variations de température, cela de façon plus précise qu'un homme dont le ressenti est biaisé par différents facteurs. De la plus sommaire à la plus perfectionnée, les intelligences artificielles sont donc susceptibles de connaître un très grand nombre de degrés d'évolution. Une IA consciente d'elle-même, donc une IA vivante, capable de développer ses propres projets, serait le quatrième âge de l'intelligence artificielle, après les algorithmes traditionnels (premier âge), l'apprentissage profond (deuxième âge) et l'IA contextuelle et conceptuelle, capable de créativité, d'empathie et d'arbitraire, de transversalité et de multidisciplinarité (troisième âge). Mais il est très incertain qu'on parvienne un jour à dépasser le deuxième âge. Pour l'heure, la machine peut être plus intelligente que l'homme, voire beaucoup plus intelligente que lui, mais seulement s'agissant de tâches très spécifiques — comme elle peut être beaucoup plus forte physiquement que lui pour réaliser certains actes très précis et prédéfinis.

Autant les résultats produits grâce à des traitements statistiques sont impressionnants et peuvent intervenir dans une très grande variété de domaines, autant il est difficile de créer une intelligence artificielle fonctionnant autrement qu'à base de statistiques et d'exemples. Depuis 1956 et la conception de l'intelligence artificielle, très peu de progrès ont été faits en matière de vraie intelligence artificielle, c'est-à-dire de conscience artificielle, d'arbitraire artificiel, de compréhension artificielle, de créativité artificielle et de bon sens ou sens commun artificiel[120]. Si l'on y regarde bien,

---

[120] En revanche, il est remarquable qu'une étude d'un cabinet de prospective américain a, en 2015, fait du métier de statisticien le numéro un dans le classement des plus beaux métiers du monde. Il s'agit un peu d'une revanche pour cette profession longtemps déconsidérée par les mathématiciens et, plus généralement, par

les chercheurs en intelligence artificielle tâtonnent et obtiennent des succès éphémères qui ne parviennent pas à en cacher les limites. Toutes les IA sont affectées par les mêmes tares : hyperspécialisation, absence d'autonomie, incapacité à manipuler du sens et à créer une représentation du monde etc. Certains ont même le sentiment que la discipline tourne en rond et que, « faute d'un cadre théorique, les chercheurs progressent sans direction précise, et des décennies sont perdues à investiguer des impasses »[121].

Les projets ambitieux sont nombreux, les résultats à la hauteur des espérances beaucoup moins. Par exemple, Facebook ambitionne de créer une IA douée de raison, une « IA humaniste ». Le FAIR (Facebook AI Research) de Paris projette en effet de créer des modèles capables de raisonner en vue de résoudre des problèmes complexes. Il a notamment contribué au très emblématique projet Blender, un chatbot (dont le développement est orchestré par FAIR de New York) qui s'adosse à un réseau de neurones unique, dit end-to-end, comptant pas moins de 9,4 milliards de paramètres. L'objectif est de réaliser une interface conversationnelle capable de développer une personnalité tout en faisant preuve d'empathie[122]. Néanmoins, pour l'heure, ces travaux visant à créer des machines capables de raisonner, faire des hypothèses, réaliser des déductions, demeurent à l'état de chantier et rien n'assure qu'ils pourront un jour en sortir.

Il ne faudrait pas non plus sous-estimer ou prendre à la légère les potentialités de l'intelligence artificielle. Certaines avancées de l'IA peuvent être craintes pour des motifs légitimes. Ainsi, en 2020, a-t-on vu plus de 2 000 experts, universitaires, spécialistes des nouvelles technologies, mais également des organisations comme le MIT, Harvard, Microsoft ou même Google dénoncer une étude de chercheurs de l'Université de Harrisburg en Pennsylvanie, intitulée « A Deep Neural Network Model to Predict Criminality Using Image Processing » et publiée par l'éditeur scientifique allemand Springer. Cette dernière, sorte de concrétisation du célèbre film Minority Report, explique comment il pourrait bientôt devenir possible,

---

les scientifiques. Dans ce genre de classement, le métier de mathématicien figure également souvent sur le podium.

[121] V. Béranger, « L'intelligence artificielle est "dans l'impasse" », lemonde.fr, 24 déc. 2019.

[122] A. Crochet-Damais, « À Paris, Facebook compte créer une IA douée de raison », journaldunet.com, 18 juin 2020.

grâce à l'IA, de prédire les crimes à l'aide d'un système de reconnaissance faciale[123]. Le logiciel mis au point par les chercheurs américains serait capable de prédire le fait que quelqu'un soit un criminel en puissance, car cela se « verrait sur son visage ». Le fait que toute une coalition se soit élevée pour dénoncer ce procédé douteux, avec de graves risques de dérives racistes, témoigne du fait que les hommes ne sont pas prêts à accepter tout ce que le progrès technologique rend possible. Par exemple, une affaire a fait grand bruit aux États-Unis dans le contexte du mouvement « Black Lives Matter » (« la vie des Noirs compte) : Robert Williams, un afro-américain, a été arrêté à tort à cause de l'usage par la police de la technologie de reconnaissance faciale. En janvier 2020, il a passé trente heures en détention parce qu'un logiciel l'a confondu avec un voleur de montres dont l'image avait été capturée par des caméras de surveillance. Il avait été arrêté et menotté devant chez lui, en présence de sa femme et de ses deux petites filles. « Comment [leur] expliquer qu'un ordinateur s'est trompé mais que la police l'a quand même écouté ? », demande Robert Williams dans une tribune publiée par le *Washington Post*[124].

83. Science-fiction. En 2020, une étude de l'Ifop pour l'Académie des technologies a montré que les Français sont de plus en plus craintifs à l'égard du progrès technique. Alors que les controverses se multiplient autour des risques réels ou fantasmés entourant la 5G, les compteurs Linky ou la reconnaissance faciale, il s'avère que l'opinion publique a une relation très paradoxale avec les nouvelles technologies : celles-ci constituent une source d'anxiété de plus en plus grande au point que les Français sont désormais une majorité à se dire inquiets à ce sujet (56 %, soit un niveau en hausse de 15 points par rapport à 2019 et de 18 points par rapport à 2018)[125]. Cette inquiétude grandissante se traduit par une forte baisse de la confiance accordée aux scientifiques et aux entreprises du secteur technologique et par une nette diminution de la croyance dans les bienfaits des avancées scientifiques dans les divers aspects de la vie quotidienne. En effet, par

---

[123] N. Gary, « Une intelligence artificielle pour prédire les crimes, même Google en a peur », actualitte.com, 26 juin 2020.

[124] Le Monde, « États-Unis : un Américain noir arrêté à tort à cause de la technologie de reconnaissance faciale », lemonde.fr, 24 juin 2020.

[125] G. Pujol, « Les technologies constituent une source d'anxiété de plus en plus grande pour les Français », journaldugeek.com, 22 déc. 2020.

rapport à ce qui avait été mesuré il y a une dizaine d'années, les Français sont beaucoup moins nombreux à reconnaître leur impact positif sur la santé (45 %, moins 25 points), les loisirs numériques (35 %, moins 30 points), l'alimentation (25 %, moins 21 points) ou l'environnement (21 %, moins 28 points)[126]. Cependant, ils continuent à recourir massivement à ces nouvelles technologies, notamment informatiques, les jugeant indispensables, incontournables. Et ils sont encore 58 % à juger que « les bienfaits de la science sont plus importants que les effets nuisibles qu'elle peut avoir » et 61 % à estimer que « le progrès technologique est synonyme de progrès pour l'humanité » (5 points de moins que l'année précédente)[127].

Avec l'humanisme juridique et la pensée des droits de l'homme numérique, il s'agit de réfléchir à certaines réponses à apporter aux vrais dangers que l'IA fait peser sur l'humanité, ce qui suppose de distinguer ces vrais dangers des faux dangers, auxquels nulle réponse n'a besoin d'être apportée. Aujourd'hui, les plus jeunes enfants sont déjà familiers des IA et des faux dangers qu'ils feraient peser sur l'humanité. Ainsi, dans le premier épisode du dessin animé *The Incredibles*, le héros doit lutter contre une machine de guerre auto-apprenante. Des robots mus par des IA en venant à défier et affronter les hommes est de l'ordre du pur fantasme. Présenter le rapport entre les uns et les autres sous les traits d'un duel dont l'un des protagonistes devrait triompher de l'autre ne paraît guère réaliste. Les humains produisent des robots qui ne sont et ne seront que leurs outils ; et qui, comme tous outils, ne sont ni bons ni mauvais en soi car soumis aux destinations qu'on leur attribue, aux usages qu'on en fait. Il n'y a et n'y aura pas plus de compétition entre l'homme et l'IA qu'entre le pianiste et le piano ou entre le maçon et la truelle. Et puis il serait difficile de dire qu'une espèce aussi proliférante que l'espèce humaine pourrait s'effacer et perdre la mainmise sur le monde, surtout au profit de ses propres technologies.

Depuis que l'homme est technique, cela lui fait peur. Cette idée que la technique va finir par échapper à son créateur a de tout temps imprégné une part des réflexions sur les créations par l'homme d'outils à son service, et qui pourraient donc finir par le desservir contre sa volonté. L'art romantique en a été le témoin au XIXe siècle. Et, parmi beaucoup d'exemples, on citera le

---

126 *Ibid.*
127 *Ibid.*

poème de « L'Apprenti sorcier » de Goethe, en 1797, qui décrit un homme démiurge littéralement dépassé par ses créations et incapable de les contrôler, ou le roman *Frankenstein* de Mary Shelley, sous-titré *Le Prométhée moderne*. Comme Prométhée qui a été puni par Zeus et comme le docteur Frankenstein qui a été entraîné par sa création vers la mort, les hommes qui produisent des IA finiront-ils par être réduits en esclavage ou même par être exterminés par ces IA ? La réponse, certaine à 100 %, est non. Il ne faut donc pas perdre une minute d'efforts à penser des droits de l'homme numérique devant servir à protéger les hommes des robots. Il convient en revanche de penser des droits de l'homme numérique afin de protéger les hommes des intentions et des usages d'autres hommes créant et utilisant des IA.

Déjà durant la seconde moitié du XXe siècle, un mouvement de désillusion puis de franche hostilité à l'égard du progrès technique s'est développé autour de la conférence de Martin Heidegger du 2 novembre 1953 sur « La question de la technique », puis des travaux de Jacques Ellul sur la société technicienne, ou encore de Günther Anders. Durant les années 1980, est apparue la thèse selon laquelle, la puissance informatique progressant de façon exponentielle, il pourrait arriver qu'un jour les robots deviennent supérieurs aux humains et, en plus, souhaitent se débarrasser de ces derniers. En 1992, Vernor Vinge, mathématicien et auteur de science-fiction américain, a créé le concept de « singularité technologique », en référence aux « singularités gravitationnelles » qui existent aux alentours des trous noirs présentant une densité telle que les lois usuelles de la physique s'y trouvent abolies. Pour Vernor Vinge, il arriverait un jour où la croissance technologique s'emballerait, deviendrait incontrôlable, engendrant des changements imprévisibles dans la société humaine, laquelle perdrait alors le contrôle de son destin[128]. Au début du XXIe siècle, des futurologues illuminés mais guère éclairés ont annoncé l'avènement prochain de ces robots autonomes et anti-humains. En 2005, l'un d'eux, l'Américain Ray Kurzweil (directeur de l'ingénierie chez Google et cofondateur de la Singularity University, à la fois centre de formation, think tank et incubateur d'entreprises), procédant à de curieux et inopérants raccourcis entre astrophysique et sciences du vivant, a appelé « singularité technologique »

---

[128] V. Vinge, *A Fire upon the Deep*, Tor Books, 1992.

cet hypothétique moment à partir duquel les robots deviendraient conscients, puissants et omniscients, capables dès lors de suivre leurs propres volontés et donc d'échapper aux hommes[129]. Pour lui, cet événement, les machines dépassant en intelligence les êtres humains, se produira avant 2045. Il affirme qu'il est probable que des hommes ouvrent la boîte de Pandore en créant « par accident » des machines conscientes, au hasard des expérimentations informatiques. La machine pourrait alors prendre son indépendance par rapport à son propre code.

Le philosophe et informaticien Nick Bostrom a, pour sa part, théorisé la « Superintelligence »[130]. Il la définit comme un ensemble de capacités intellectuelles dépassant les performances cognitives des humains dans à peu près tous les domaines, y compris l'empathie, la capacité d'apprentissage ou le jugement politique. Selon Nick Bostrom, une telle superintelligence devrait advenir bientôt, au terme d'une « explosion d'intelligence » susceptibles, tel un Big Bang, de se produire en quelques jours voire quelques minutes, une fois que les systèmes informatiques auront atteint la puissance suffisante et acquis la capacité de s'améliorer seuls. Cette superintelligence ne serait limitée que par la quantité de matière disponible dans l'univers. Et elle en viendrait forcément à éradiquer l'humanité, jugée inutile et embarrassante. C'est ainsi que des robots-tueurs de la taille d'un moucheron se chargeraient d'assassiner un par un tous les humains et même tous les animaux. Nick Bostrom explique cela par la « convergence instrumentale » des buts intermédiaires : « Quelle que soit la finalité ultime recherchée par la superintelligence, elle devra pour la réaliser poursuivre un certain nombre de finalités secondaires. Préserver sa propre existence, améliorer ses capacités cognitives et se procurer des ressources. Prenons l'exemple de la production de trombones : si une intelligence artificielle était chargée de produire le maximum de trombones pour des besoins industriels, et qu'elle se transformait peut-être par inadvertance en superintelligence, elle n'aurait d'autre choix que d'exterminer les êtres humains, peu adaptés à cette tâche, et dont les atomes pourraient être réorganisés de manière plus

---

[129] R. Kurzweil, *The Singularity is Near – When Humans Transcend Biology*, Penguin, 2005.
[130] N. Bostrom, *Superintelligence*, Dunod, coll. Quai des sciences, 2017.

productive. La superintelligence ne prendrait pas de repos avant que l'univers entier ne soit métamorphosé en trombones »[131].

Le darwinisme veut que des robots devenus plus puissants, plus rapides, plus intelligents, plus parfaits et presque immortels terrasseraient nécessairement les humains, en application de la loi qui veut que les espèces inférieures et inadaptées disparaissent au profit des espèces supérieures. En 2014, l'astrophysicien Stephen Hawking affirmait, dans une interview à la BBC, que « le développement d'une intelligence artificielle complète pourrait provoquer la fin de l'humanité »[132]. Il s'inquiétait d'éventuels périls liés à l'avènement de robots qui surpasseraient des êtres humains limités par la lenteur de l'évolution biologique. Puis, en 2017, au web Summit de Lisbonne, il annonçait que l'intelligence artificielle pourrait être « le pire événement de l'histoire de notre civilisation ». Et beaucoup, comme Bill Gates ou Elon Musk — qui a créé la fondation Open IA pour mesurer et prévenir la dangerosité des IA, un « démon » qui serait le plus grand danger ayant jamais pesé sur l'humanité[133] —, entretiennent une psychose effrayante autour de la prise de pouvoir de machines toutes-puissantes créées par l'homme puis lui échappant. C'est un lieu commun de faire le procès des nouvelles technologies, presque un « marronnier », revenant périodiquement sur le devant de la scène depuis des siècles. Il y a toujours eu des prophètes pour annoncer les ruptures radicales et lourdes de conséquences que la rationalisation scientifique des machines provoquerait. Mais ces déclamations tapageuses sont souvent biaisées ou naïvement critiques. Il est difficile d'imaginer qu'un jour la machine puisse en venir à penser comme l'homme, contre l'homme ou mieux et plus vite que l'homme, si bien que l'être humain, de maître et possesseur du monde sous toutes ses formes, se

---

[131] *Ibid.*

[132] L'homme ne représente que 0,01 % des êtres vivants mais est à l'origine de 99 % des destructions dans la biosphère. Pourrait-il soudain perdre ce monopole de la destruction et se retrouver lui-même détruit par des êtres supérieurs ? Ce scénario, aujourd'hui, relève entièrement de la science-fiction.

[133] Pour Elon Musk, l'intelligence artificielle pourrait être encore plus dangereuse que la bombe atomique et, en 2014, lors d'une conférence organisée par le MIT, il avait déclaré que « l'IA est un démon qu'il ne faut surtout pas invoquer » (F. Gouty, « Selon Elon Musk, l'utilisation de l'IA devrait être réglementée même chez Tesla », journaldugeek.com, 19 févr. 2020).

retrouverait en position d'esclave ou de jouet de robots qui ne seraient plus les fruits de son art mais auraient la capacité de se reproduire et de se perfectionner seuls. D'autres rêvent au contraire, mais de façon tout aussi irréaliste, d'un monde sur mesure dans lequel les machines permettraient aux hommes de s'épanouir totalement, un paradis terrestre dans lequel la science et les techniques auraient éradiqué la maladie et le crime et remplacé la politique par des mécanismes de décision automatique optimale en toutes circonstances. Les affirmations tapageuses de personnalités médiatiques, comme Stephen Hawking ou Elon Musk, compliquent la bonne compréhension des réelles et profondes modifications humaines et sociales en cours en s'égarant dans d'étranges spéculations. Tout cela appartient bel et bien à la « science » fiction. Ces thèses extravagantes prennent notamment appui sur le computationnalisme, une théorie qui conçoit l'esprit comme un simple système de traitement de l'information, assimilant le cerveau à une machine de calcul. Mais on sait depuis longtemps que l'esprit et la conscience ne peuvent être réduits à des processus neurobiologiques mathématiques et logiques[134].

La (science) fiction, les fantasmes et les projections collectives ont toujours accompagné et souvent précédé le développement de l'intelligence artificielle. De *2001 l'Odyssée de l'espace,* à *Her* en passant par *Blade Runner* et une grande partie de la littérature de science-fiction, les exemples sont très nombreux. Les imaginaires, souvent ethno-centrés et organisés autour d'idéologies politiques sous-jacentes, jouent donc un rôle majeur, bien que souvent négligé, dans la direction que prend le développement de cette discipline[135]. Même si, en 2020, la MIT Technology Review en vient à affirmer que Tesla serait proche d'atteindre le seuil de l' « intelligence artificielle générale » — celle que dit redouter son créateur Elon Musk —[136], la singularité et la superintelligence demeurent des idées aussi folles que celle de Dieu ; et, comme celle de Dieu, beaucoup y croient, beaucoup se laissent embarquer par ces histoires extraordinaires, comme dans un film.

---

[134] J. Searle, *Intentionality – An Essay in the Philosophy of Mind,* Cambridge University Press, 1983.

[135] C. Villani, *Donner un sens à l'intelligence artificielle – Pour une stratégie nationale et européenne,* mission parlementaire, 2018, p. 8.

[136] K. Hao, The Messy, « Secretive Reality Behind OpenAI's Bid to Save the World », *MIT Technology Review* 17 févr. 2020.

Une IA « forte », conçue comme une IA beaucoup plus performante que l'IA « faible », est possible. En revanche, une IA « forte » dans le sens de libre, émancipée et en même temps méchante est irréaliste. Rien, en l'état des connaissances et des techniques, ni en l'état des projets en cours, ne permet d'affirmer avec quelque argument solide que les ordinateurs seront bientôt en mesure de se perfectionner indéfiniment sans le concours des hommes, jusqu'à s'emballer, nous dépasser et acquérir leur autonomie[137]. En revanche, ces lubies et ces cauchemars exercent une emprise sur les représentations collectives qui détourne l'opinion publique, mais aussi une partie des chercheurs et une grande partie des politiques, des enjeux et des effets réels des IA.

84. Paradoxes de Polanyi et de Moravec. Cette « science » fiction diffuse différentes légendes parmi le grand public, notamment celle selon laquelle l'IA devrait se comporter à l'image des hommes et présenter les mêmes qualités et les mêmes défauts démultipliés, les mêmes pulsions et le même instinct renforcés — on fabrique des robots humanoïdes, mais leur « intelligence » et leurs « cerveaux » ne partagent quasiment rien avec l'intelligence et les cerveaux humains. Il y a également le mythe selon lequel il existerait un secret scientifique et technologique de l'intelligence artificielle qui resterait à découvrir, si bien que celui qui le découvrirait pourrait dominer le monde — alors que l'intelligence artificielle progresse par petits (et grands) pas, par étapes, en tâtonnant, incluant en particulier des découvertes dont les tenants et les aboutissants (non seulement les aboutissants) sont rendus publics, permettant à chacun de les réutiliser librement et de les améliorer. Le problème qui se pose plus sérieusement, et déjà actuellement, n'est pas celui de machines asservissant les humains mais celui d'humains asservissant d'autres humains grâce aux machines — un problème politique, juridique, social et économique. Là où il faut et faudra toujours de l'éthique, ce n'est pas dans l'intelligence artificielle mais dans l'intelligence humaine[138].

---

[137] J.-G. Ganascia, *Intelligence Artificielle – Vers une domination programmée,* Le Seuil, 2017, p. 55.

[138] En témoigne l'invention, en 2017, par des chercheurs de l'université américaine de Stanford, d'un algorithme capable de découvrir l'orientation sexuelle des personnes en fonction des traits de leurs visages, alors que tant de programmes de recherche en intelligence artificielle plus utiles pourraient être menés. En témoigne, également,

Google a créé une unité, Google X, à laquelle elle octroie des moyens quasi illimités afin de développer les « projet les plus fous », selon les termes de ses responsables. Y sont menées des recherches qui « défilent imagination » : ascenseur pour se rendre dans l'espace, appareil de téléportation, veste propulsant les corps dans les airs etc. Si de tels projets sont déjà difficilement réalisables, celui de créer des IA vivantes l'est d'autant plus — *a fortiori* dès lors que les chercheurs et les financeurs ne souhaitent pas aboutir à un tel résultat[139]. Des prolongements universitaires de ces questionnements existent. À l'université de Cambridge, le Centre pour l'étude des risques existentiels (*Centre for the Study of Existential Risk*) a été créé afin d'étudier les risques et menaces que les technologies feraient peser sur le futur. Quant à l'Institut pour l'avenir de l'humanité (*Future of Humanity Institute*) de l'université d'Oxford, il se consacre aux questions relatives à l'avenir de l'humanité en donnant une grande place aux nouvelles technologies. Des chercheurs du MIT ont de leur côté fondé à Boston le *Futur of Life Institute*, tandis que, sur la côte ouest, l'Université de Berkeley a lancé le *Machine Intelligence Research Institute*. Quant à Elon Musk, il a été à l'origine de la création d'*OpenIA*, un centre de recherche à but non lucratif. Toutes ces initiatives visent à anticiper et, par suite, éviter les menaces que les nouvelles technologies, dont en premier lieu l'IA, feraient peser sur l'espèce humaine. Pour être pertinents, les travaux menés dans ces cadres doivent bien sûr porter sur des risques réels et non sur des risques fantasmés, à l'image de celui d'une IA devenant à la fois incontrôlable et méchante. Il en va de même des présents travaux relatifs à l'IA responsable et aux droits de l'homme numérique.

L'expression « intelligence artificielle » elle-même est le premier vecteur de la science-fiction qui entoure l'IA. Ces termes déceptifs jettent le trouble dans le grand public, mais aussi chez les médias, les politiques et même

---

l'intelligence artificielle, créée par Microsoft en 2016, qui devait évoluer sur Twitter aux côtés des internautes humains. En quelques heures, ces derniers l'ont rendue complètement misogyne, homophobe, raciste et même nazie, si bien qu'elle a dû être retirée en catastrophe.

[139] Il existe des exceptions et, par exemple, la société Nnaisense entend mettre au point une « perception surhumaine constituée d'intelligence artificielle polyvalente », dotée de capacités aussi variées que celles d'un humain, tout en les surpassant incommensurablement.

l'industrie. Elle fait « prendre des calculs pour de l'intelligence et des algorithmes pour des terminators »[140]. Cependant, le terme « artificiel » est moins trompeur que le nom « intelligence » qu'il qualifie. Garry Kasparov et d'autres insistent sur le fait qu'il s'agit bien d'un artifice et que, en tant que tel, il doit être complémentaire de l'homme et ne peut pas devenir son adversaire[141]. Telle est la condition de l'IA, dont elle ne sortira pas. La machine est et restera dépourvue de conscience comme de créativité[142] ou d'humour, cet « élan vital » de notre organisme qu'Henri Bergson a décrit et que l'on pourrait qualifier plus scientifiquement d' « homéostasie »[143]. Le sens commun ou bon sens, surtout, est inaccessible aux IA qui ne peuvent pas disposer d'un modèle de représentation du monde indépendant des algorithmes leur permettant d'effectuer une tâche donnée, potentiellement très complexe. Les IA ne savent pas gérer l'incertitude, la nouveauté, l'imprévu. La crise liée aux coronavirus, qui a fait dysfonctionner de nombreuses IA qui n'ont pas compris que de nombreux paramètres changeaient et quelles conséquences il fallait en tirer, en a témoigné, comme certains accidents aberrants ou certaines indications de GPS qui font traverser des autoroutes à des piétons ou le Vieux-Port à des automobilistes. L'intelligence artificielle peut éviter des milliers d'erreurs humaines, mais elle peut aussi commettre des erreurs qu'aucun humain ne ferait. Qu'il ne faut pas traverser une autoroute car cela est très dangereux, le sens commun nous l'apprend, alors qu'une IA doit être programmée pour cela. Dès qu'une

[140] V. Béranger, « Le terme IA est tellement sexy qu'il fait prendre des calculs pour de l'intelligence », lemonde.fr, 8 févr. 2020.

[141] G. Kasparov, *Deep Thinking*, Public Affairs, 2017.

[142] En octobre 2018, Christie's a inscrit pour la première fois à son catalogue un portrait produit par une IA. Celui-ci a été vendu près de 400 000 dollars, cinquante fois le prix estimé. Cela atteste de la fascination du public pour l'automatisation de la création. En réalité, il ne s'agissait que d'un portrait moyen, un portrait statistique réalisé par un réseau de neurones auquel on avait montré quelques 15 000 exemples. Et le résultat était assez médiocre : une esquisse floutée peu convaincante. En matière musicale, un concours de chansons créées par des IA a été organisé par la chaîne de télévision néerlandaise VPRO : l'AI Song Contest. Treize nations y ont participé, et c'est l'Australie qui s'est imposée avec le titre « Beautiful the World ». La mélodie et les paroles ont été écrites par un système d'IA, formé avec des échantillons audio de koalas, kookaburras et diables de Tasmanie.

[143] A. Damasio, *L'ordre étrange des choses*, Odile Jacob, 2017.

situation diverge de la normalité et exige d'exercer une forme de jugement transversal, l'IA est perdue. Ce sens commun, très difficile à comprendre, à décrire et à définir, compte parmi les principales caractéristiques de l'humanité, mais aussi de la vie animale. Or ce flou qui accompagne l'évidence du bon sens est précisément ce qui rend quasiment impossible de l'inculquer à des robots. Le sens commun est peut-être la clé de l'intelligence ; et c'est pourquoi l'intelligence artificielle ne peut pas être intelligente.

L'économiste hongrois Karl Polanyi nous enseigne que « nous savons davantage que ce que nous pouvons exprimer » — c'est le paradoxe de Polanyi[144]. Par exemple, un homme qui fait du vélo serait bien en peine d'expliquer ses mouvements et, plus encore, les lois de la physique qui gouvernent son activité. Mais il sait pédaler, freiner, tourner, tenir en équilibre, cohabiter avec les autres sur la voie publique. Toutes nos activités reposent sur de très nombreuses connaissances non explicitées. Or, pour qu'un robot les reproduise, même maladroitement, il faudrait traduire informatiquement ces savoirs. Un robot n'a pas plus d'instinct que de sens commun. Cela pose une limite claire à l'automatisation. Plus une tâche est difficile à décomposer et expliquer, moins elle peut être effectuée par un robot. Beaucoup d'actes et de décisions qui semblent évidents et naturels aux êtres humains sont des défis gigantesques pour l'IA. Le paradoxe de Polanyi concerne tant des activités sophistiquées, nécessitant de l'intuition et de la créativité, comme la plaidoirie d'un avocat, que des activités plus banales lorsqu'elles requièrent flexibilité et adaptabilité à des paramètres aléatoires ou changeants.

Ainsi va le paradoxe de Moravec (du nom d'Hans Moravec, un chercheur autrichien du centre de robotique de l'Université Carnegie-Mellon à Pittsburgh) : si l'IA est capable de réaliser des prouesses qu'aucun humain ne saurait accomplir, elle ne sait pas faire beaucoup de choses simples pour un homme, même pour un enfant, car relevant du bon sens, de l'intuition, de l'émotion, de l'empathie, de la créativité etc. Les aptitudes cognitives de l'IA sont partielles, bien que parfois très développées, quand les capacités cognitives de l'humain sont totales, transversales, mais limitées par nature

---

[144] Cité par G. Kœnig, *La fin de l'individu – Voyage d'un philosophe au pays de l'intelligence artificielle*, Éditions de l'observatoire, coll. De facto, 2019, p. 118.

dans leurs performances. On considère classiquement, depuis les travaux de psychologie cognitive d'Howard Gardner, qu'il existerait huit formes d'intelligence[145]. Certaines (visuelle-spatiale, logique-mathématique, verbale-linguistique ou musico-rythmique) semblent plus déshumanisables que d'autres (interpersonnelle, intrapersonnelle, corporelle-kinesthésique ou naturaliste-écologiste).

En outre, il n'existe pas d'intelligence isolée, enfermée dans ses propres logiques, dans une bulle. L'intelligence est générale ou elle n'est pas. L'apprentissage de l'IA par renforcement, en s'exerçant seule contre elle-même, comme dans le programme AlphaGo Zero, conformément à la logique dite « par renforcement », ne donne pas lieu à de l'intelligence véritable. L'intelligence est en effet indissociable d'un rapport ouvert et indéterminé aux êtres et aux choses[146]. Elle est la capacité à s'adapter, mais aussi à se remettre en question à la suite d'événements inattendus ou de discussions contradictoires.

85. Une prospective réaliste. Peut-être est-ce l'épidémie de Covid-19 qui a le mieux témoigné du caractère encore limité de l'IA, loin des spéculations les plus abracadabrantesques qui font régulièrement la une des journaux. Présentée comme un formidable outil de prédiction, et par certains comme une réponse imparable aux problèmes jusqu'ici les plus insolubles, l'intelligence artificielle ne nous a pas prévenus de l'imminence et de la criticité de la pandémie, ne nous a pas apporté de remède miracle, n'a pas permis d'éprouver la fiabilité des vaccins plus vite et, en plus, de nombreuses IA se sont mises à dysfonctionner ou ont même été rendues purement et simplement caduques par ce « simple » virus[147]. Aujourd'hui, l'IA ne sait pas réagir face à des événements inédits ou rares car elle manque d'exemples historiques, de données. Et, comme elle ne comprend pas ce qu'elle fait ni ce qu'elle dit, elle en vient à faire ou dire n'importe quoi et donc à s'avérer parfaitement inutile. Dans un cas comme celui de l'épidémie de covid-19, l'IA est encore loin de pouvoir remplacer l'expertise des

[145] H. Gardner, *Les formes de l'intelligence*, Odile Jacob, 1997.

[146] É. Sadin, *L'intelligence artificielle ou l'enjeu du siècle – Anatomie d'un antihumanisme radical*, L'échappée, coll. Pour en finir avec, 2018, p. 29.

[147] D. Bounie, W. Maxwell, X. Vamparys, « Il faut repenser l'intelligence artificielle et déterminer ce qui pourrait la rendre plus utile pour faire face à des situations analogues au Covid-19 », lemonde.fr, 11 juin 2020

infectiologues ou épidémiologistes — même si des outils utiles à base d'IA sont bien sûr possibles, à l'image de celui mis au point par l'équipe du MIT (Massachusetts Institute of Technology) et qui permet la détection des cas asymptomatiques de la covid-19 en toussant sur un téléphone : fiable à 98,5 %, il sait beaucoup mieux que les humains distinguer différents types de toux[148]. Cela nous invite à nous interroger sur les moyens de rendre l'IA, à l'avenir, plus utile et efficace lorsqu'on a vraiment besoin d'elle. Et cela nous oblige à relativiser la place de ces instruments informatiques dans le futur, une place sans doute plus modeste que ce que beaucoup imaginent, se laissant porter par le flot fascinant des buzz médiatiques.

Pour Isabelle Falque-Pierrotin, « sous ses avatars tour à tour fascinants ou inquiétants, solaires ou chtoniens, l'intelligence artificielle dit sans doute plus de nos phantasmes et de nos angoisses que de ce que sera notre monde demain »[149]. Les craintes actuelles autour du numérique sont comparables aux anciennes réticences face à la mécanisation, qui nous semblent rétrospectivement bien dérisoires. L'intelligence artificielle paraît suivre le chemin naturel et irrésistible de l'innovation. En même temps, certains effets négatifs qu'elle entraîne ne suscite quasiment aucune réaction, comme s'ils étaient invisibles ou s'ils paralysaient les observateurs. La distinction entre la réalité et la science-fiction est importante car la vigilance ne sera pas la même selon que l'on s'attache à l'une ou à l'autre s'agissant des effets des IA et des nouvelles technologies en général. Si l'on prend la science-fiction pour la science et les fantasmes pour la réalité, on risque de produire une inutile heuristique de la peur. Le danger est alors de se focaliser sur les premiers signes de menaces extravagantes qui n'adviendront pas pendant que les réels dangers se réaliseraient discrètement, profitant de cette attention focalisée sur les rêves des uns et les cauchemars des autres. Il faut se méfier de toutes les idéologies, les idéologies technophobes comme les idéologies technophiles. Aucune n'est compatible avec l'idée d'IA responsable et avec la pensée d'une régulation pertinente et efficace de la technique. Plutôt que de

---

148 R. Delaprée, « Des chercheurs chinois créent une IA qui détecte les sarcasmes », siecledigital.com, 23 nov. 2020.

149 I. Falque-Pierrotin, « Préface », in CNIL, *Comment permettre à l'homme de garder la main ? Les enjeux éthiques des algorithmes et de l'intelligence artificielle*, synthèse du débat public animé par la CNIL dans le cadre de la mission de réflexion éthique confiée par la loi pour une République numérique, déc. 2017, p. 2.

s'abandonner à des considérations spéculatives sur la possible extermination de l'espèce humaine, mieux vaut étudier les premiers effets actuels et tangibles des IA du quotidien, qui ont déjà de graves conséquences sur nos vies. On parle des hommes et des sociétés du futur avec beaucoup de lubies et de fantaisies, comme l'intention de télécharger nos cerveaux sur des puces de silicium. Mieux vaut ne pas perdre de temps avec ce genre de discours qui créent un climat extrêmement contrasté, mêlant enchantement et anxiété, car il y a déjà beaucoup à faire avec les conséquences réelles et contemporaines des IA. Et il faut se méfier des discours sensationnalistes qui dissimulent l'intention de nous détourner des enjeux réels et immédiats, en matière de lutte contre les discriminations, de protection des données personnelles ou de préservation du libre arbitre, par exemple.

Pour être utiles, les recherches sur les droits de l'homme numérique ou autrement relatifs à l'IA doivent être réalistes et ne pas porter sur des techniques fantasmées donnant lieu à des menaces graves mais impossibles. Les travaux en prospective sont peu considérés et, par suite, peu développés. Rares sont d'ailleurs les prospectivistes-scientifiques, objectifs, honnêtes et non-fantaisistes, et la question des lendemains technologiques se retrouve presque en situation de jachère intellectuelle. Il faudrait pourtant pouvoir agir en fonction de ce que l'on veut et décider de ce que l'on veut en fonction de ce que l'on sait et non en fonction d'utopies ou dystopies, de mythes, de fantasmes ou de peurs infondées. En matière d'intelligence artificielle, l'écart entre ce qu'en montre Hollywood — et donc l'image que le grand public s'en fait — et ce qu'est sa réalité est aujourd'hui abyssal. Plus les futurs possibles seront précisément identifiés et réalistes, plus l'on pourra opérer un choix éclairé parmi eux et agir afin que le futur choisi advienne, donc prendre aujourd'hui les meilleures décisions et mesures politiques et juridiques. Cependant, le vrai pouvoir tend à échapper aux pouvoirs publics et à migrer vers les technologies, les infrastructures et donc ceux qui les possèdent. Aussi faudrait-il pouvoir intervenir à leur niveau plutôt qu'à celui des pouvoirs « officiels ».

La prospective de l'intelligence artificielle est toutefois rendue difficile par le fait que les progrès exponentiels des technologies NBIC les rendent largement imprévisibles, y compris dans leurs conséquences sociales et économiques. Par exemple, le progrès soudain de l'IA et des réseaux de neurones à partir de 2012 n'avait été anticipé par personne. Les derniers processeurs comportent sept milliards de transistors et effectuent un milliard d'opérations par seconde contre une opération toutes les 30 secondes pour la calculatrice mécanique de Blaise Pascal. La « loi de Moore » pourra-t-elle se prolonger encore longtemps ? Les visions d'une superintelligence informatique vouée à prendre le pouvoir reposent principalement sur la loi de Moore — décrite au milieu des années 1960 par le cofondateur d'Intel Gordon E. Moore, établissant que la puissance des processeurs suit une évolution exponentielle à travers le temps, doublant tous les dix-huit mois. Mais les progrès technologiques vont obligatoirement ralentir et, pour certains, s'arrêter. Si tout n'est pas possible éthiquement et moralement, il faut ajouter que tout n'est pas possible physiquement, scientifiquement, technologiquement. Si l'IA nous détruit, ce sera en raison de son empreinte carbone et non du fait de supers robots malveillants.

86. L'IA au service de l'IH. Lorsque le mot « robot » a été inventé, en 1920 dans la pièce de théâtre de science-fiction *R.U.R.* écrite par l'auteur tchécoslovaque Karel Čapek, les « Robots Universels de Rossum » désignent des « ouvriers artificiels », des automates androïdes fabriqués par la firme R.U.R. pour remplacer les hommes dans certaines tâches répétitives et difficiles[150]. À l'origine, on a donc pensé l'IA comme une prothèse utile à l'homme. Parler d' « humanité augmentée » n'est pas anodin : l'IA ne pourrait être admise que lorsqu'elle augmente les hommes : lorsqu'elle augmente leurs capacités physiques, leurs capacités intellectuelles, leurs joies et plaisirs, leur liberté, leur égalité, leurs droits effectifs etc. Dans le *Dictionnaire historique de la langue française*, il est précisé que « robot » provient du mot slave « *robota* » qui signifie « travail » au sens de « travail forcé, corvée, travail pénible, travail d'esclave ». Voilà quelle devrait être la destinée de l'IA : non pas asservir l'homme, ce qui est de toute façon techniquement impossible, mais être l'esclave des hommes, les libérant par la même occasion des tâches laborieuses, et éviter de devenir le moyen pour certains hommes d'en soumettre d'autres.

[150] K. Čapek, *R.U.R. – Rossum's Universal Robots*, Minos, coll. La Différence, 1997. Aujourd'hui, un robot est tout appareil automatique capable de manipuler des objets ou d'exécuter des opérations selon un programme fixe, modifiable ou adaptable, sans nécessairement présenter une apparence humaine.

IA et IH (intelligence humaine) peuvent être très complémentaires : l'IA, appelée à demeurer un outil mathématique, statistique et logique, permet d'analyser d'importants volumes de données et d'en tirer des informations rationnelles, tandis qu'au contraire l'IH prend des décisions souvent au départ d'intuitions, d'émotions, de créativité ou de stratégie. Or l'intelligence artificielle, instrument créé par l'homme, n'a bien entendu de sens que si elle soutient l'homme. Un principe essentiel devant guider les recherches dans ce domaine est qu'il faut toujours associer IA et IH, afin que cette première serve à cette dernière, et donc refuser les projets dans lesquels l'IA n'est pas développée afin de servir les hommes. Parmi les dangers réels attachés au développement de l'IA, il y a le risque que des puissances mues par des intérêts particuliers l'utilisent afin de manipuler des populations entières à leur profit. Les projets d'intelligences artificielles doivent donc s'orienter vers des programmes réfléchis et contrôlés, non abandonnés à des intérêts économiques, mercantiles et vénaux, livrés à la seule quête de nouveaux marchés et de profits croissants, au besoin en manipulant, en enfermant, en limitant au maximum le sens critique et les valeurs morales et en réduisant le monde à deux ensembles : celui des produits et celui des consommateurs. Il importe d'écouter avec du recul et une oreille critique les discours hypocrites ou naïfs de certaines multinationales de l'IA affirmant que leur but ne serait pas de générer des profits et des monopoles mais de permettre à l'humanité de progresser et d'entrer dans un nouvel âge.

La finalité unique ou ultime des projets d'intelligence artificielle devrait être de faciliter la vie des hommes et le bon fonctionnement des sociétés, de les protéger des dangers qui les guettent — la maladie, la corruption, la manipulation, l'aveuglement etc. Certains de ces projets permettront de sauver de nombreuses vies, notamment dans le domaine des transports ou dans celui de la santé — avec une circulation automobile bien moins accidentogène et des diagnostics médicaux beaucoup plus rapides, précis et fiables[151]. Neutre en soi, la technique peut aussi être mise à profit par des

---

[151] Dans le diagnostic de certains cancers, l'IA réalise 99 % de bons diagnostics, contre 60 % à 80 % parmi les médecins humains. Ceux-ci sont notamment dépassés pour des raisons physiologiques : par exemple, une rétine humaine, d'un radiologue, distingue 15 niveaux de gris, contre un milliard de niveaux de gris différents perçus par l'IA.

hommes qui le souhaitent pour contaminer, corrompre ou manipuler — par exemple avec les *deep fakes*, qui seraient la première de toutes les menaces liées à l'IA[152]. Son utilisation en tant qu'outil de propagande ou de désinformation peut être désastreuse. Comme l'internet et comme de nombreuses révolutions technologiques, l'IA est donc un moyen pour les personnes bien intentionnées comme pour les personnes mal intentionnées d'arriver plus facilement à leurs fins.

Dans une perspective dite « transhumaniste », l'intelligence artificielle peut soutenir l'humain dans sa quête de puissance et de pouvoir, donc d'actions rationnelles, de décisions éclairées et pertinentes, de maîtrise et de domination. Elle peut augmenter ses capacités cognitives. Mais elle devrait demeurer son instrument et ne pas le concurrencer. D'ailleurs, la volonté de domination des uns sur les autres est davantage liée à la testostérone qu'à l'intelligence ; et l'IA ne produit pas de testostérone. L'instinct et les pulsions de domination sont aussi liés au fait que les hommes sont des animaux sociaux qui ont besoin d'interagir avec leurs semblables, de les influencer, de s'imposer à eux. Cela n'existe pas chez les animaux non-sociaux tels que les orangs-outans. Or l'IA n'a pas d'instinct grégaire, elle ressemble, sur ce plan, plus à l'orang-outan qu'à l'homme.

Idéalement, si les humains créent des formes d'intelligence artificielle, ce ne devrait être qu'afin de progresser, de rendre plus aisés nombre de leurs actions individuelles et collectives. L'invention de l'intelligence artificielle se positionne ainsi dans la continuité des inventions du langage, de l'écriture, de l'imprimerie, de la roue, de la machine à vapeur, du moteur à explosion, du système électrique etc. L'homme, conscient des limites de son intelligence,

---

[152] Les *deep fakes* sont de faux documents, notamment vidéos avec des imitations toujours plus réalistes du comportement et de la voix, permettant de travestir la réalité, de faire dire ou faire faire des choses à des individus qui ne les ont jamais dites ni faites, de mettre le visage de quelqu'un sur le corps de quelqu'un d'autre, ou placer une personne dans un contexte dans lequel elle ne s'est jamais trouvée. Ces *deep fakes* sont évidemment très dangereux, car quand on dit que quelqu'un a dit quelque-chose et qu'en plus on en montre la preuve, il est difficile de ne pas y croire. Parmi les scientifiques, ceux qui œuvrent à la création des *deep fakes* sont aussi ceux qui recherchent les moyens de les détecter — avec des algorithmes reconnaissant les vidéos d'origine sur le web, évaluant la cohérence du flux sanguin entre le corps et la tête ou mesurant le caractère naturel du clignement d'œil.

pourtant sans conteste la plus développée de tout le règne animal, se dote de prothèses telles que des bibliothèques, des machines à calculer, des ordinateurs ou des algorithmes. Il parvient ainsi à conserver en mémoire et à trier de grandes masses d'informations ou à réaliser des calculs hyper-complexes en quelques instants. C'est la symbiose de deux formes d'intelligence — ou, dans un cercle vertueux, augmentation de l'intelligence par ses réalisations les plus perfectionnées — qui permet le progrès des savoirs et des connaissances, ainsi que des idées.

Chapitre 6. La loi de l'intelligence artificielle

87. Prendre conscience de la puissance normative de l'IA. Le développement de l'IA est porteur de progrès et de dangers. Les droits de l'homme numérique, inspirés par l'humanisme juridique, ont vocation à prévenir ces dangers. Parmi eux, il y a les atteintes à la vie privée et donc le besoin de protéger la vie privée. Mais les menaces que l'IA fait peser sur l'homme ne s'y réduisent pas. On parlera de « loi des IA » au sujet de ces menaces. Une telle expression renvoie aux effets normatifs des indications fournies par des systèmes informatiques. De plus en plus, on préfère se laisser « *nudger* », se laisser « *driver* », ce qui est source de confort mais emporte aussi des effets déshumanisants en réduisant notre liberté effective. En réalité, on se trompe de combat lorsqu'on dit qu'il faut protéger les données personnelles au nom du droit à la vie privée. Ce qu'il faudrait davantage invoquer, c'est le droit à la souveraineté individuelle, le droit au libre arbitre, le droit de ne pas être « nudgé ». Nous sommes manipulés comme jamais l'homme ne l'a été dans l'histoire de l'humanité, même au temps des grandes religions et des grandes idéologies collectives. Pourquoi nous inquiétons nous de la présence de bisphénol A dans les biberons et pas de l'implantation de cookies dans les iPads des enfants ?

Quant aux conditions générales d'utilisation des principaux services fonctionnant à base d'IA et de numérique, elles ne sont guère contractuelles, bien qu'elles doivent être acceptées individuellement par chaque utilisateur. Ce sont plutôt des règlements unilatéraux à portée impersonnelle (visant tous les utilisateurs) qui, associés à la loi des IA, permettent à ces services d'imposer leur droit et, en même temps, une certaine philosophie politique, une certaine vision du monde, une certaine vision de l'économie, une certaine vision de l'acceptable et du choquant, une certaine vision de la puritanerie, une certaine vision des droits humains, une certaine vision de la protection des données personnelles etc. Elles sont en réalité les conditions imposées à qui veut avoir accès à des services qui sont devenus essentiels dans le mode de vie actuel. Il ne s'agit donc guère de dispositifs contractuels mais bien plutôt de la loi autoproclamée de ces services. Celle-ci, mise en application par des algorithmes intransigeants et incorruptibles, oblige les utilisateurs à accepter *a priori* des règles les amenant à conformer leurs discours et images au monde lissé que les grands acteurs de la communication numérique modèlent.

L'intelligence artificielle menace notre humanité en laissant croire que l'on pourrait maîtriser l'avenir grâce à des calculs et des statistiques basées sur le passé. Des hommes souhaitent réduire les vies individuelle et sociale à des nombres et les gouverner par des procédés algorithmiques, poursuivant un vieux rêve. Il s'agit ainsi d'investir un nouveau marché, celui de la vie téléguidée, potentiellement source de profits gigantesques. Pendant ce temps, d'autres hommes sont prêts à s'abandonner à ces systèmes au nom d'une foi aveugle dans la technique et du besoin d'être « *in* ». D'autres, enfin, suivent le mouvement sans s'en rendre compte, se soumettent aux techniques par suivisme et conformisme, sans voir que d'autres choix restent possibles. Penser les droits de l'homme numérique, c'est aussi et peut-être surtout un travail à l'égard de la prise de conscience des hommes quant à la nouvelle ère dans laquelle ils entrent. Il s'agit peut-être moins de consacrer ces droits de l'homme numérique dans des lois ou des conventions internationales que d'inculquer à la population la substance de ces droits — mais ces aspects sont bien évidemment liés. La loi des IA est naturellement insidieuse, non explicite, cachée, et ses effets sont pourtant forts. C'est pourquoi en prendre conscience pour décider librement et souverainement de s'y soumettre ou pas devrait être essentiel dans nos existences. Face à des phénomènes qui se cachent, qui se donnent de fausses apparences, qui cherchent à induire en erreur et à manipuler, des esprits courageux doivent les démasquer — à la manière d'un Albert Camus qui « ne pactise pas avec le mal mais le combat comme avocat et le démasque comme écrivain »[153]. Dans les affaires humaines, tout n'est pas chiffrable ni calculable. Et demain n'est pas toujours le prolongement d'hier. L'humain, la morale et le socialement désirable ne peuvent être ni décidés ni appliqués par des robots.

[153] D. Salas, *Albert Camus – La juste révolte,* Michalon, coll. Le bien commun, 2002, p. 116.

S'intéresser aux droits de l'homme numérique face à la loi des IA conduit à s'intéresser seulement à certaines IA : celles qui possèdent des effets performatifs sur nos modes de vie, nos actes et nos décisions au quotidien. On n'ignorera pas qu'il existe beaucoup d'outils informatiques qui rendent de très grands services et qui, sans aucune discussion possible, sont des progrès en ce qu'ils augmentent l'homme et ne portent jamais atteinte à l'humanité. Mais d'autres, au contraire, diminuent l'homme et menacent l'humanité en la remplaçant par la machinité. De plus en plus, entourés par des enregistreurs et par des calculateurs, on s'en remet à leurs indications qui confinent ainsi aux injonctions. L'humanité diminue forcément lorsque les hommes ne pensent plus, ne décident plus, ne critiquent plus. Ces IA, souvent façonnées par des multinationales du numérique, qui plus ou moins discrètement modèlent les comportements sont les plus concernées par les droits de l'homme numérique. Les algorithmes de recommandation, s'ils ne constituent techniquement qu'une fraction des différents types d'IA, constituent ainsi une partie importante de la question. En devinant les besoins des consommateurs, ils orientent et même produisent dans une mesure non négligeable ces besoins. Leur prévision des comportements et des préférences est aussi une construction de ces comportements et préférences.

Ce qui rend possible la loi des IA, c'est la numérisation de nos vies et de notre société dans tous leurs aspects. Il n'est plus un fait ou geste qui ne donne instantanément lieu à une trace numérique. Les capteurs, les objets connectés, les procédures et transactions dématérialisées sont partout. À l'ère des big data, la loi des IA règne en maître. Si le mouvement n'en est encore qu'à ses prémices, on constate déjà les conséquences importantes qu'il produit et qu'il produira. Les données sont une nouvelle ressource et un nouveau défi. Alors que de trop nombreuses informations nous perdent, il est commode et même rassurant de s'en remettre à la loi des algorithmes. Par exemple, lorsqu'hier vous souhaitiez acheter un sèche-cheveux, vous vous rendiez au magasin du quartier où vous était proposé un choix limité à deux modèles, dont l'un coûtait le double du prix de l'autre. Le choix était facile, rapide. Aujourd'hui, pour le même achat, vous vous rendez sur un site de e-commerce où ce sont des dizaines de modèles qui vous sont proposés. Comment choisir ? Face à des informations pléthoriques, difficile de ne pas suivre les recommandations des « ordinateurs » — au sens premier du mot : ce qui ordonne.

88. Quelle(s) loi(s) face à la « loi » de l'IA ? Aujourd'hui, les pouvoirs publics récoltent de nombreuses données afin de garantir la sécurité, gérer les ressources ou optimiser les dépenses ; des entreprises privées enregistrent un maximum de données pour perfectionner le marketing et la publicité, individualiser les offres, mais aussi devenir des leaders sur les nouveaux marchés de la vie ; des scientifiques collectent les données à des fins d'étude et d'amélioration des connaissances ; et les individus eux-mêmes abandonnent leurs informations personnelles, plus ou moins consciemment, afin d'être présents sur des réseaux dits « sociaux ». Toutes ces données sont conservées sous une forme électronique dans des « entrepôts de données » et sont accessibles à tout moment. Récolter et conserver ces données est le cœur du fonctionnement du monde d'aujourd'hui et de demain. Cela ne peut se faire sans régulation, sans cadre juridique, sans opposer à la loi des IA une loi en bonne et due forme.

Les principales fonctions et applications des IA, rendues possibles par la capacité des algorithmes à identifier des motifs parmi de grandes masses de données et à profiler les individus, témoignent de leurs immenses potentialités et des effets redoutables de la loi des IA sur la vie en général : générer de la connaissance, apparier une demande et une offre (« *matching* »), prédire, anticiper, recommander et aider à la prise de décision, le tout en matière d'éducation, de justice, de santé, de sécurité, de travail et de ressources humaines, de culture et dans bien d'autres domaines[154]. Cela montre aussi que la loi des IA se conjugue nécessairement au pluriel ; et que, à l'identique, la régulation de l'IA et la loi en bonne et due forme qui est appelée à répondre à la loi des IA ne peuvent logiquement prendre que des tours différents selon les domaines et selon les objets concernés. Penser « le droit de l'IA », au sens strict, n'est pas conséquent. On ne peut, au sens strict, que penser « les droits des IA ». Si l'on ne s'interdira pas de recourir aux expressions génériques « loi des IA », « droit de l'IA » et « régulation de l'IA », ce n'est qu'en conservant à l'esprit que la multiplicité des techniques, des objets et des effets de l'IA appelle une diversité de

[154] CNIL, *Comment permettre à l'homme de garder la main ? Les enjeux éthiques des algorithmes et de l'intelligence artificielle*, synthèse du débat public animé par la CNIL dans le cadre de la mission de réflexion éthique confiée par la loi pour une République numérique, déc. 2017, p. 22

régimes juridiques. Cependant, au-dessus de ces régimes juridiques, comme au-dessus du droit en général, doivent se trouver des droits de l'homme numérique indérogeables, imprégnant donc l'ensemble de ces normes. Penser les droits de l'homme numérique, c'est penser ce bloc de constitutionnalité qui doit servir de socle commun au droit de l'IA dans sa pluralité, lequel doit être la base de l'IA responsable à laquelle nous aspirons.

Économie et technique sont intimement liées, ce qui veut dire que cette technique repose sur et dépend d'intérêts privés. Longtemps et aujourd'hui encore, on a foi dans la technique. Cette confiance trouve son explication dans une tradition imposée au XVIIIe siècle par les Lumières. Cela s'est traduit notamment dans les planches de *L'Encyclopédie* de Diderot et d'Alembert, peignant avec minutie la structure des objets techniques, dont les vertus civilisatrices devaient être enseignées au plus grand nombre. Condorcet, philosophe et mathématicien, a lui cherché à élaborer une organisation administrative plus efficace grâce, notamment, à l'usage des statistiques naissantes. Au XIXe siècle, Saint-Simon a vu dans le développement industriel la condition de la liberté et du bonheur des sociétés, tandis qu'Auguste Comte et son positivisme ont pensé pouvoir mieux organiser le monde au moyen des rationnelles techniques. Puis les expositions universelles ont montré au monde les grands progrès des techniques, améliorant les conditions d'existence et capables d' « enchanter la vie ». La société de consommation et l'*american way of life* sont les héritières de cet imaginaire de la « technique bonne ». Et il est incontestable que, sous certains aspects, la technique a permis aux hommes de rendre leurs vies plus agréables — qu'on pense à l'électricité, à l'eau courante ou aux appareils électroménagers.

Mais, comme Jacques Ellul l'a montré dès les années 1950, les développements techniques dans leur grande majorité ne visent qu'à satisfaire des objectifs de profit et, pour cela, à constituer des vecteurs d'assujettissement[155]. Cette logique, depuis, n'a cessé de s'intensifier et semble atteindre son paroxysme avec le « nudgisme » par les IA. Les multinationales du numérique ne cherchent bien sûr pas la démocratie et le perfectionnement humain mais la conquête et la tyrannie, pas l'honnêteté et l'altruisme mais la propagande et le profit. Si la loi des IA est le reflet des

[155] J. Ellul, *La technique ou l'enjeu du siècle,* Armand Colin, 1954.

intentions des nouvelles puissances privées, les puissances publiques doivent l'encadrer et la limiter par du droit véritable. Se produirait alors une lutte des droits : droit privé défendant des intérêts privés contre droit public défendant l'intérêt public. En effet, si le droit est ce qui modèle effectivement les comportements des hommes en société, les IA doivent s'analyser telles des sources de droit. Elles produisent des effets normatifs qui n'ont rien à envier à ceux induits par certaines lois ou certains règlements. Cela invite à repenser le droit, loin des sentiers battus du droit moderne du XXe s., quand, en théorie et en pratique, « droit » rimait avec « État ». Au-delà du cas de leurs intelligences artificielles, les multinationales telles que les GAFAM donnent lieu à des objets normatifs ou semi-normatifs plus ou moins bien identifiés. Les juristes ne semblent pas pouvoir les ignorer, sous peine d'étudier un droit qui n'aurait plus grand chose à voir avec la réalité des cadres normatifs en vigueur — concernant certaines activités du moins, telles que les activités de communication numérique.

La loi des algorithmes n'est pas le moins extraordinaire de ces nouveaux phénomènes normatifs. Elle témoigne du fait qu'un autre langage du droit est en train de s'élaborer et qu'il est urgent que les juristes scientifiques créent une pierre de Rosette adaptée afin de le déchiffrer. Les fondements et les caractéristiques de la normativité juridique, dont les lieux et les acteurs se multiplient, changent à une vitesse croissante et dans des proportions chaque jour un peu plus importantes. La loi des algorithmes montre que la normativité descendante, provenant d'une autorité en surplomb, est concurrencée par une normativité immanente issue des outils technologiques ; tandis que la normativité à prétention universelle, composée de normes générales et impersonnelles, est mise en ballotage par une normativité individualisée permise par la collecte et l'analyse algorithmique des données personnelles ; et alors que la normativité publique, transparente et consciente est subrogée par une normativité privée, opaque et inconsciente. L'automaticité du traitement des données et donc de la loi des algorithmes serait un signe non anecdotique de profonds changements dans la manière de créer, d'interpréter et d'appliquer le droit. Elle pourrait même refléter la tendance du droit à se passer de l'humain, à se robotiser[156].

---

[156] Il devient notamment possible d'élaborer des règles qui sont l'objet d'un contrôle automatisé ou intégrées directement dans des robots ou dans l'environnement afin de les rendre inviolables ou systématiquement sanctionnées. Les algorithmes

Reste que, dans cette lutte des droits, on prendra le parti du droit public en se consacrant aux droits de l'homme numérique qui sont supposés constituer son principal bouclier dans cette bataille. Techniquement, des prouesses extraordinaires deviennent possibles. Juridiquement, tout ne peut pas devenir possible. L'entreprise SpaceKnow, par exemple, souhaite exploiter des images satellitaires au moyen d'IA pour analyser depuis le ciel, telle une divinité céleste, la quasi-totalité des mouvements se déployant sur la terre. Le progrès technique rend un tel projet concevable. Le progrès juridique ne devrait-il pas le rendre au contraire inconcevable ? Le fondateur de SpaceKnow, Pavel Machalek, affirme qu'il pourra « saisir et comprendre toute l'activité humaine »[157]. Ne doit-on pas lui opposer quelques droits de l'homme numérique et, en l'occurrence, déjà le droit à la vie privée ? Et, puisque ces droits de l'homme numérique doivent en partie être inventés ou adaptés, on ne saurait se contenter de les rechercher dans les lois et jurisprudences positives des États. « Les droits de l'homme numérique » est largement un sujet de prospective juridique amenant à penser le droit prospectif.

Il n'y a qu'un seul problème philosophique réellement sérieux : est-ce que la vie vaut d'être vécue ? L'IA change-t-elle la réponse ? Dans un monde aseptisé et robotisé, pourra-t-on encore même parler de « vie » ? Le critère pertinent pour répondre à la question de savoir si la vie vaut d'être vécue est celui de la quantité de bonheur consommée. L'intérêt de la vie se limite aux moments de bonheur ; et, lorsqu'on accepte certaines souffrances ou du moins certaines contraintes, c'est toujours dans l'espoir et l'attente des joies et des plaisirs qui y succèderont et que, pour certains, ces souffrances et contraintes visent à favoriser. Or, lorsqu'on ne décide plus de rien, qu'on ne fait que suivre, que l'on devient une machine, qu'on se laisse simplifier et mettre en chiffres au maximum, la quantité de bonheur disponible diminue progressivement. Le bonheur, c'est aussi le critère des droits de l'homme numérique. Et les droits de l'homme numérique sont aussi la condition du

---

implémentés dans les objets peuvent sanctionner immédiatement ou dicter directement des conduites. Par exemple, les règles du Code de la route, suffisamment précises et claires, semblent pouvoir être appliquées automatiquement par des voitures autonomes.

[157] Cité par M. Untersinger, « SpaceKnow, l'entreprise qui analyse le monde en croisant images satellitaires et intelligence artificielle », *Le Monde* 12 mars 2017.

bonheur à l'ère des IA. Face aux visées productivistes du libéralisme économique et de la mesure du PIB, des économistes hétérodoxes proposent d'autres indicateurs de richesse, comme l'indice de développement humain du Programme des Nations Unies pour le développement. Certains souhaitent déplacer le centre de gravité sur lequel reposent tous les calculs économiques et, par suite, politiques et sociaux vers la prise en compte de nouvelles variables, comme le niveau d'éducation, la qualité de vie ou le bonheur[158]. Tel est exactement la problématique que posent la loi des IA et les droits de l'homme numérique. Il est bien connu désormais que les populations les plus pauvres de la planète sont aussi les plus heureuses et les plus optimistes quand, dans les pays dont le PIB atteint des sommets, on trouve les populations les plus malheureuses et les plus pessimistes. Telle est la conséquence de la société de consommation dans laquelle on déprime en voyant la quantité de choses qu'on n'a pas et qu'on n'aura jamais — c'est le syndrome du verre à moitié vide. Si le seul enjeu était de développer au maximum l'économie numérique, les droits de l'homme numérique rejoindraient la loi des IA dans une convergence d'intérêts privés bien comprise et le présent livre se terminerait ici. Mais si l'on préfère, plutôt que la richesse pécuniaire et la richesse économique, la richesse intellectuelle, la richesse culturelle, la richesse en libertés et la richesse en gains de bonheurs, alors la loi des IA et l'asservissement qu'elle engendre entrent largement en confrontation avec les droits de l'homme numérique et la libération qu'ils promeuvent. Comment donc ne pas refuser « ce droit algorithmique et cet État des algorithmes [qui] rendent inconcevable toute forme de désobéissance »[159] ?

---

[158] É. Laurent, J. Le Cacheux, *Un nouveau monde économique – Mesurer le bien-être et la soutenabilité au 21e siècle*, Odile Jacob, 2015.

[159] Y. Meneceur, *L'Intelligence artificielle en procès – Plaidoyer pour une réglementation internationale et européenne*, Bruylant, coll. Macrodroit microdroit, 2020.

I. *Code is Law, more than ever* : la main invisible numérique

89. De l'âge de l'accès à l'âge de la mesure. La loi des IA est une réalité en devenir et déjà actuelle. Et c'est avant tout cette réalité qui justifie la pensée et la consécration de droits de l'homme numérique. Il faut insister sur le fait que cette loi des IA n'est pas une lubie, pas le fruit d'un discours anxiogène et sensationnaliste, mais correspond à des phénomènes véritables qui produisent déjà leurs effets et qui sont appelés à les produire toujours plus à l'avenir. Si les représentations collectives évoluent lentement, et si la politique et le droit sont toujours en retard par rapport aux techniques, surtout lorsque celles-ci accélèrent, il est d'autant plus important d'insister sur ce qui se joue vraiment aujourd'hui. Face à des processus assez insaisissables, des métamorphoses discrètes, il convient de dire ce qu'il se passe en ce moment dans les faits. Depuis une décennie environ, le rapport aux techniques numériques a évolué. Auparavant, celles-ci ne pouvaient que susciter admiration et enthousiasme. Mais, depuis qu'elles sont devenues plus envahissantes, qu'elles tendent à s'imposer à nous sans nous laisser la possibilité de rester dans des modes de vie a-numériques ou d'y revenir, elles suscitent davantage de méfiance chez les personnes les mieux averties. Cependant, c'est surtout l'indifférence qui accompagne le développement de ces techniques numériques. Alors qu'elles envahissent nos existences, il devient difficile de continuer à s'endormir dans un paisible contentement et de considérer simplement que « c'est comme ça, c'est le progrès, il faut vivre avec son temps ». La loi des IA n'existe que parce qu'on autorise toutes les formes de domination, d'enrégimentement, de réduction de l'humanité des hommes, de leurs capacités. Tétanisés et soumis, nous nous refusons à emprunter les voies divergentes. Nous ne nous permettons même pas d'y penser. La loi des IA est permise par un mélange de peur et de paresse. À l'état de nature, l'humain est largement porté à accepter et même favoriser cette normativité algorithmique. Il faut alors en appeler au droit pour corriger de pareilles tendances naturelles, car « toute vie qui se résigne à se soumettre passivement à un modèle majoritaire est condamnée à la tristesse »[160]. Le modèle technolibéral sur lequel l'économie du numérique et la loi des IA reposent a tendance à s'imposer en éteignant les alternatives, en rendant invisibles les divergents, en étouffant la liberté et en mettant la main sur les modes de vie, le tout sans en avoir l'air, en faisant mine de favoriser la souveraineté et l'épanouissement individuels. C'est finalement aujourd'hui que le mot « ordinateur » prendrait toute sa mesure : un ordinateur sert à « ordiner », donc ordonner, mettre en ordre, à la manière de « Dieu qui met de l'ordre dans le monde »[161].

L'extrême individualisation de l'accompagnement des conduites permet à la loi des IA de rester discrète et, souvent, imperceptible. « Je suis parfaitement libre, je fais ce que je veux », pensera-t-on généralement. Cela est pourtant de moins en moins vrai. Comme le constate la CNIL, « la délégation de très nombreuses petites tâches à des algorithmes, accumulées, pourrait conduire à des conséquences importantes. Par leur capacité à fonctionner de façon répétée, sur de longues durées et surtout à de très vastes échelles, les algorithmes peuvent avoir un impact considérable sur les personnes et sur les sociétés »[162]. Toutes ces atteintes à la liberté individuelle et collective ont un impact cumulativement majeur. Et Gaspard Kœnig peut conclure que « la principale caractéristique de l'ère de l'intelligence artificielle, c'est la fin du libre arbitre »[163]. La question du libre arbitre est en effet le grand enjeu pour les décennies à venir, celui autour duquel devrait se jouer l'acceptabilité de ces nouvelles technologies. Les applications industrielles de l'intelligence artificielle tendent en effet à limiter et même supprimer la capacité de choix des individus. En nous dispensant de prendre par nous-même des décisions

---

[160] É. Sadin, *L'intelligence artificielle ou l'enjeu du siècle – Anatomie d'un antihumanisme radical*, L'échappée, coll. Pour en finir avec, 2018, p. 265.

[161] En 1955, IBM avait sollicité le philologue Jacques Perret afin qu'il suggère un vocable adéquat pour désigner les appareils que la firme élaborait. Celui-ci proposa : « Que diriez-vous du mot ordinateur ? C'est un mot correctement formé, qui se trouve même dans le Littré comme adjectif désignant Dieu qui met de l'ordre dans le monde. Un mot de ce genre a l'avantage de donner aisément un verbe (ordiner) et un nom d'action (ordination) ».

[162] CNIL, « La plateforme d'une ville – Les données personnelles au coeur de la fabrique de la smart city », *Cahier IP* 2017, n° 5, p. 20.

[163] G. Kœnig, *La fin de l'individu – Voyage d'un philosophe au pays de l'intelligence artificielle*, Éditions de l'observatoire, coll. De facto, 2019, p. 136.

de toute façon mal éclairées, elles apportent une utilité et un confort qui en deviennent normatifs. Les IA imposent leur « loi ». Cette loi est incomparable à celle que les députés et sénateurs adoptent au Parlement. Il s'agit bien sûr d'une loi au sens large, d'une analogie visant à susciter la réaction du lecteur — peut-être même son indignation. Et puis il s'agit de montrer combien les juristes devraient regarder de plus près ces phénomènes normatifs originaux. Peut-on raisonnablement considérer comme des règles de droit, par exemple, les normes du droit d'auteur et du copyright applicables aux photographies et autres illustrations accessibles en ligne, alors que tout le monde les réutilise en commettant des contrefaçons qui restent impunies et qui, de ce fait, contribuent à déjuridiciser ces normes, et en même temps ignorer ces nouveaux phénomènes normatifs dont l'ampleur, déjà importante, ne cesse de croître ? Sans sombrer dans le défaitisme, on peut au moins s'intéresser aux unes et aux autres, éventuellement afin de les comparer.

Les vies numériques changent d'âge. De l'âge de l'accès, où le numérique nous a instruits en nous plongeant dans une gigantesque encyclopédie, nous passons à l'âge de la mesure, dans lequel ce n'est plus nous qui utilisons les outils numériques mais nous qui sommes utilisés par les puissances numériques, qui nous scrutent, nous mettent en données, nous enregistrent et rétroagissent sur nos conduites. Eric Schmidt, alors PDG de Google, pouvait déclarer en 2010 que son entreprise souhaitait « organiser toute l'information du monde ». Aujourd'hui, il considère surtout que « si vous faites quelque chose et que vous ne voulez pas que quelqu'un le sache, peut-être devriez-vous déjà commencer par ne pas le faire », que « dans ce futur nouveau, vous n'êtes jamais perdu. Nous connaîtrons votre position au mètre près et bientôt au centimètre près »[164], que « ce n'est qu'une fois que nous aurons obtenu leur attention que nous pourrons espérer conquérir leur cœur et leur esprit »[165], que « la plupart des gens veulent que Google leur dise quelle est la prochaine action qu'ils devraient faire »[166] et que « la technologie du ciblage individuel sera si performante qu'il sera vraiment dur pour les

---

[164] Ch. Labbé, M. Dugain, *L'Homme nu – La dictature invisible du numérique*, Robert Laffont-Plon, 2016, p. 78.
[165] *Ibid.*, p. 99.
[166] *Ibid.*, p. 123.

gens de regarder ou de consommer quelque chose qui n'a pas été d'une manière ou d'une autre taillé pour eux »[167].

Déjà de multiples chercheurs et autres journalistes-enquêteurs ont cherché à faire connaître les intentions totalitaires des multinationales du numérique, soulignant combien « l'homme nu » est à l'épreuve de « la dictature invisible du numérique »[168] ou à quel point les services en ligne et les applications numériques « rendent bête », emportent des effets négatifs sur nos comportement et spécialement sur nos capacités cognitives puisqu'on sait de moins en moins penser par soi-même et même penser tout court[169].

90. Adam Smith numérisé. Adam Smith, philosophe et économiste écossais de la fin du XVIIIe siècle, évoquait une « main invisible » organisant les échanges et harmonisant les intérêts individuels et collectifs en cachette mais très effectivement[170]. Cette image structure depuis la théorie économique libérale, devenant un dogme universel. Il faudrait donc « laisser faire, laisser passer » pour que les marchés et les marchands donnent la pleine mesure de leurs capacités. Les actions des acteurs économiques, guidés uniquement par leurs intérêts personnels, participent ensemble à la richesse et au bien commun car le marché fonctionne automatiquement et les intérêts des individus se complètent naturellement. De la même manière, la loi des IA est peu visible, peu perceptible, camouflée par des apparences libérales et altruistes. Il semble pourtant que la main invisible numérique prolonge la vision de Georges Bernanos qui, au milieu du XXe siècle, dans *La France contre les robots*, critiquait avec virulence le machinisme et la civilisation industrielle, d'influence anglo-saxonne, dénonçant les graves atteintes qu'ils porteraient à la liberté des hommes mais aussi à leur pensée[171]. N'est-ce pas exactement ce qui se produit aujourd'hui plus intensément et plus gravement avec la loi des IA et la main invisible numérique ?

---

[167] *Ibid.*, p. 161.

[168] *Ibid.*

[169] N. Carr, *Internet rend-il bête ? Réapprendre à lire et à penser dans un monde fragmenté*, Robert Laffont, 2011.

[170] A. Smith, *La richesse des nations*, 1776. La référence à la « main invisible » n'apparaît cependant qu'à deux reprises dans l'œuvre d'Adam Smith, comme la « destruction créatrice » est une incise de quelques pages dans un livre écrit sur le tard par Joseph Schumpeter : *Capitalism, Socialism and Democracy*.

[171] G. Bernanos, *La France contre les robots*, Robert Laffont, 1947.

La main invisible numérique, ce sont des technologies qui ne sont plus seulement destinées à permettre le stockage et l'indexation de données, mais qui visent à nous révéler à chaque instant de nos vies des états de fait, mais aussi des vérités, donc pas des réalités qui sont des faits objectifs (exactitude), mais des injonctions sous la forme d'indications à portée performative, comme les vérités des religions, appellant une conformation de nos comportements. La technique, pour la première fois, revêt un pouvoir injonctif. Il ne s'agit pas, au sens strict, d'une forme de contrôle, mais plutôt d'une forme d'emprise[172]. Alors que le contrôle vise explicitement et expressément à enrégimenter les conduites des individus, à les maîtriser, l'emprise est plus discrète tout en étant omniprésente, et tout autant efficace ou parfois même plus, en accompagnant en permanence nos vies. Contrairement aux autres formes de pouvoir qui s'appuient sur la contrainte et la crainte en plus de l'autorité, des religieux aux tyrans en passant par les chefs de tribu, les puissances numériques profitent du formidable effet de persuasion des IA. La main invisible numérique repose ainsi sur l'autorité et la puissance des techniques numériques et des entreprises qui les développent et exploitent. Celles-ci nous laissent l'impression que nous conservons toujours la main sur nos destins, mais, en devenant les supports de toutes nos actions, ils s'érigent en mentors de nos existences — des mentors en apparence bienveillants et ne nous dépossédant pas de notre pouvoir de décision. On a toujours l'impression d'avoir choisi soi-même et de recourir librement à la technologie. On se rassure en disant que, de toute façon si on le souhaite, on peut toujours renoncer à celle-ci. Cependant, étourdis par le confort et l'efficacité, nous renonçons au renoncement. Celui qui essaye au début de prendre des chemins de traverse est vite rattrapé par les faiblesses de son jugement, se décourage et se laisse guider par les puissantes machines optimisatrices[173].

Derrière ces nouvelles formes de normativité, on retrouve les multinationales du numérique : les GAFAM (acronyme des géants de l'industrie numérique, Google (Alphabet), Apple, Facebook, Amazon et Microsoft), les NATU

---

[172] É. Sadin, *L'intelligence artificielle ou l'enjeu du siècle – Anatomie d'un antihumanisme radical*, L'échappée, coll. Pour en finir avec, 2018, p. 213.

[173] G. Kœnig, *La fin de l'individu – Voyage d'un philosophe au pays de l'intelligence artificielle*, Éditions de l'observatoire, coll. De facto, 2019, p. 135.

(Netflix, Airbnb, Tesla, Uber), les BATX (Baidu, Alibaba, Tencent et Xiaomi) et d'autres comme IBM ou certaines entreprises russes (Yandex ou VKontakte). Il est significatif qu'en 2005 IBM a vendu au chinois Lenovo sa branche de construction d'ordinateurs, préférant se focaliser sur l'offre de services. L'entreprise ne conçoit donc désormais plus que des programmes, considérant que « c'est l'avenir » : assurer l'organisation automatisée de divers secteurs. Pour IBM comme pour toute l'industrie du numérique, l'enjeu essentiel pour aujourd'hui et pour demain est de collecter, traiter et enregistrer des données, interpréter en temps réel des situations et rétroagir par la suggestion de solutions ou par la prise de décision de façon autonome[174]. En somme, pour ces acteurs, il s'agit d'être à la pointe de la loi des IA et de la main invisible numérique, d'en être un acteur et non un suiveur.

Nous entrons ainsi dans une nouvelle ère, celle de l'administration robotisée des choses, y compris des vies, y compris des existences. C'est cette régulation algorithmique, inaugurée au tournant de l'an 2000 et qui s'est accélérée fortement au cours des années 2010, qui malmène nos droits et libertés et constitue un appel à des droits de l'homme numérique. On a longtemps pensé que l'avènement de l'informatique serait porteur des valeurs d'autonomie et d'émancipation individuelle, sociale et politique. Dans les années 1970, il semblait que « les ordinateurs sont fabriqués par et pour des révolutionnaires qui veulent désinstitutionnaliser la société et donner du pouvoir aux individus »[175]. Aujourd'hui encore, beaucoup imaginent que les services numériques sont pour eux des outils de libération. Il faut donc comprendre combien la loi des IA et la main invisible numérique imprègnent nos vies.

« Corrélation n'est pas causalité » : cette formule pourrait servir de slogan à ceux, de plus en plus nombreux, qui tentent de s'opposer à ces intelligences artificielles qui capturent et régissent les vies et les sociétés. Car une corrélation peut résulter — et résulte bien souvent — du simple hasard. Or est-il raisonnable d'abandonner le droit au hasard ? Avec le gouvernement

---

[174] É. Sadin, *L'humanité augmentée – L'administration numérique du monde*, L'échappée, 2013.

[175] S. Brand, « Spacewar: Fanatic Life and Symbolic Death among Computer Bums », *Rolling Stone* 7 déc. 1972.

algorithmique, la méfiance à l'égard des effets de corrélation est en train de s'effacer, tout simplement parce que ces effets de corrélation sont de moins en moins perceptibles, ce qui leur évite d'être mis en doute. Il semble pourtant important de vérifier, notamment, qu'une corrélation ne traduit pas une injustice et n'est pas, par suite, le facteur d'une discrimination. Et puis une politique publique, qui s'exprime à travers des textes de droit, a normalement vocation à agir *a priori* et non à réagir *a posteriori*. Elle est supposée refuser de prendre en considération des corrélations. Partant, la loi des IA exprime peut-être une tendance du droit à être de moins en moins un outil au service de l'interventionnisme et de plus en plus un outil au service du réactionnisme.

91. La vie sans la liberté. « L'officier dit “ne raisonnez pas, exécutez !” Le percepteur dit “ne raisonnez pas, payez !” Le prêtre dit “ne raisonnez pas, croyez !” ». C'est ainsi qu'Emmanuel Kant décrivait les âges sombres de soumission et d'ignorance contre lesquels les Lumières s'élevaient en donnant à chacun le courage de se servir de son propre entendement. *Sapere aude*, ose penser. Pourtant, on aime de moins en moins la liberté et de plus en plus la soumission et la doxa. On éteint les Lumières et on tend la main à l'obscurantisme. Ainsi un sondage réalisé en août 2020 révèle-t-il que plus on est jeune, moins on est attaché à la liberté (ici d'expression) et plus on fait passer avant toute chose les dogmes (ici religieux). Ainsi, si 92 % des Français condamnent les attentats qui ont visé *Charlie Hebdo* le 7 janvier 2015, ce chiffre passe à 79 % chez les 18-24 ans et à 67 % chez les jeunes âgés de 15 à 17 ans. Pour un adolescent ou post-adolescent sur trois aujourd'hui, assassiner des journalistes et des dessinateurs peut donc être justifié et la première des libertés serait de tuer celui qui fait œuvre de satire ou qui cherche à réveiller les consciences mais qui ne vous vise pas personnellement et qui, d'ailleurs, ne vous connaît même pas. Ce sondage indique, en outre, que 40 % des musulmans font passer leurs convictions religieuses avant les valeurs mises en avant par la République, un chiffre qui monte à 74 % chez les musulmans de moins de 25 ans — et 17 % pour l'ensemble des Français[176]. Ces chiffres, ces faits attestent de l'effondrement de la civilisation occidentale déjà évoqué, bâtie sur les droits de l'homme et, en premier lieu, sur la liberté. On s'attendrait à ce que les plus jeunes soient

---

[176] Sondage Ifop pour *Charlie Hebdo*, 1er sept. 2020.

plus ouverts et tolérants que les plus anciens, et plus attachés à leurs libertés, mais c'est tout le contraire qui se produit. Pour *Charlie Hebdo*, « si on veut défendre la liberté d'expression, il faut arrêter d'être jeune. En 2020, quand on a entre 15 et 24 ans, elle ne constitue vraisemblablement pas une priorité — contrairement à la fable entretenue par les milliardaires qui possèdent les réseaux sociaux »[177]. Ces adolescents et ces jeunes adultes, qui constitueront la population de demain, préfèrent la soumission à différents tutelles, dont la loi des IA. Quant à la liberté, elle est pour beaucoup d'entre eux davantage un péril qu'une richesse. Cependant, si 33 % des 15-17 ans ne condamnent pas les attaques meurtrières contre Charlie Hebdo, 67 % d'entre eux le font. Ce sont eux, encore majoritaires, qu'il faut soutenir, dont il faut encourager les valeurs, pour éviter qu'ils ne tombent à leur tour du côté obscur de l'inhumanité.

Que, parmi certaines populations, entre la moitié et trois quarts des individus font passer leurs convictions religieuses avant la République, donc avant l'intérêt général, est un autre marqueur de l'enlisement de nos sociétés, qui se désagrègent, qui connaissent plus qu'une crise. Dans ces conditions, la loi des IA peut s'épanouir, car pour l'heure on fait aveuglément confiance aux multinationales du numérique, tandis que la loi des États peine à produire ses effets et à être acceptée. La puissance de l'État est donc de plus en plus souvent mise en échec par des puissances privées aux intérêts divergents et qui échappent à sa régulation. La souveraineté publique est concurrencée par une souveraineté technologique non neutre. Les prérogatives régaliennes de l'État ne peuvent plus être exercées complètement et efficacement. Dans son article « *Code is Law* », paru en janvier 2000, le professeur de droit américain Lawrence Lessig soulignait le caractère « irrégulable » du cyberespace, plus sensible au code informatique qu'au Code civil. Il montrait combien, avec l'internet, l'encadrement des comportements passait de moins en moins par les normes juridiques et de plus en plus par l'architecture technique des plateformes. Les nouvelles technologies de l'information et de l'informatique « font droit ». On peut donc se donner pour but de rechercher quel devrait être le contenu des droits de l'homme numérique, un autre enjeu au moins aussi essentiel serait d'interroger les moyens de rendre ces droits

---

[177] G. Biard, « Sondage Ifop : La liberté d'expression, c'est important, mais… », charliehebdo.fr, 2 sept. 2020.

effectifs à une époque où l'État et le droit public sont désacralisés et remplacés par de nouvelles formes de sujétion qui interrogent le devenir de la civilisation et même de l'humanité.

Surtout, à travers la formule « *Code is law* », Lawrence Lessig entendait insister sur le danger que les nouvelles technologies informatiques feraient courir aux libertés. « Nous sommes, écrivait-il, tellement obnubilés par l'idée que la liberté est intimement liée à celle de gouvernement que nous ne voyons pas la régulation qui s'opère dans ce nouvel espace, ni la menace qu'elle fait peser sur les libertés ». On peut aujourd'hui effectuer exactement le même constat s'agissant de la loi des IA, aussi discrète qu'efficace. L'intelligence artificielle qui régit les relations entre utilisateurs des plateformes numériques et formate leurs comportements n'a pas été conçue pour stimuler l'appétit de liberté mais plutôt pour rendre acceptable et même désirable la sujétion. Les multinationales du numérique sont des pouvoirs hors sol, mal identifiés, mais dont la puissance est immense et s'exprime à travers les IA qui, partout sur le web et dans l'internet des objets, indiquent aux individus ce qu'ils doivent faire et ainsi réorganisent le monde à leur profit. La puissance de Facebook ou de Google s'exprime normativement, à travers leurs conditions générales d'utilisation mais aussi leurs intelligences artificielles qui, souvent, disposent en même temps qu'elles proposent. Au sein de sociétés démocratiques et libérales, cela ne peut laisser indifférent. Pourtant, la prise de conscience demeure encore faible. Qu'une liberté fondamentale telle que la liberté d'expression ne soit plus régie par les lois des représentants du peuple mais par des entreprises privées est peut-être significatif d'une migration de la puissance du public vers le privé, ce dont il faudrait s'inquiéter.

Le gouvernement algorithmique a pour objectif d'anticiper les comportements et d'agir sur eux — ce qui est le propre de toute forme de gouvernement. Les algorithmes influent sur les décisions de chacun, sur les relations sociales et, ainsi, en viennent à façonner le monde à leur image — l'image de la Silicon Valley[178]. Ils asseyent des légitimités nouvelles, déterminent les goûts, décident des succès et des échecs. Plus encore, ils décident de ce qui est « bien » et de ce qui est « mal ». Ils fondent le projet de

---

[178] Par exemple, N. Katyal, « Disruptive Technologies and the Law », *Georgetown Law Journal* 2014, n° 102, p. 1685 s.

société de demain. De là à penser que les hommes n'auraient plus leur destin entre leurs mains, il n'y a qu'un pas. Seulement, s'ils s'abandonnent aux intelligences artificielles, c'est à la fois par choix et par obligation et tout n'est pas regrettable dans ce gouvernement algorithmique. Reste, comme le relève le Conseil d'État dans l'une de ses études annuelles, que « la puissance acquise par les principaux réseaux sociaux et les plus grandes plateformes de partage de contenus leur confère un pouvoir de prescription majeur qui soulève des questions essentielles au regard de la protection des libertés fondamentales »[179]. Car il s'agit bien de puissance ; une puissance concurrente à la puissance étatique, une autre souveraineté, technologique et économique, à la place de la souveraineté politique.

Dans le futur, les relations entre les personnes et les décisions de chacun dépendront-elles essentiellement du code informatique ? Ce code prédéterminera-t-il et contrôlera-t-il les usages et les comportements ? Si la fonction première du droit est de réguler les rapports inter-individuels, n'est-il pas temps de réguler les rapports entre les individus et les IA, justement afin d'éviter que le droit technologique n'écrase par trop le droit humain ? Si la loi et, à travers elle, la démocratie représentative sont actuellement l'objet d'une théorie du déclin et subissent une grave crise de confiance — qui se traduit notamment dans l'essor des CivilTechs —, est-il pour autant possible de leur préférer la loi des IA et son absence de transparence ? Certes, les algorithmes utilisés dans le cadre public, avec l'algorithmisation de l'administration et du gouvernement, visent à moderniser et, par là, à renforcer l'État. Mais les algorithmes privés, eux, ne tendent pas à compléter ou assister l'État ; ils le concurrencent et le remplacent.

Pour toutes ces raisons, il semble bel et bien que l'algorithme et la mise en données deviennent un mode de gouvernance à part entière et très original. Plus globalement, la technologie tend à subroger la politique dans son rôle de vecteur de l'association des individus entre eux et d'organisation de leur coexistence pacifique. Est à l'œuvre un processus de désymbolisation et de resymbolisation : désymbolisation de la justice et du droit modernes-étatiques, resymbolisation en leur substituant la (pseudo-) logique

---

[179] Conseil d'État, *Puissance publique et plateformes numériques : accompagner l' « ubérisation »*, La documentation française, 2017, p. 17.

et la (pseudo-) objectivité des algorithmes des multinationales du numérique. Pour certains, la justice et le droit modernes-étatiques pourraient prochainement ne plus apparaître que tels des pis-allers historiques laissant leurs places à des modes de régulation scientifiques. S'il s'agit peut-être de science-fiction, la normativité algorithmique, elle, est aujourd'hui une réalité dont les caractéristiques détonnent et étonnent, une réalité fort iconoclaste et disruptive aux yeux de la plupart des juristes qui, logiquement, refuseront d'y voir du droit et refuseront même d'y voir de la normativité.

En outre, la programmation du droit que la loi des IA permet, anticipant les faits à venir en même temps qu'elle contribue à les faire advenir, s'oppose à la caractéristique du droit moderne qui normalement s'élabore à partir de motifs de fait préexistants. Surtout, l'humanité du droit disparaît. Or un droit robotisé n'est-il pas un droit appauvri ? Le droit peut-il remplir son rôle s'il se désolidarise de ses symboles ancestraux ? Des normes appliquées sans mise en balance réflexive peuvent-elles longtemps demeurer acceptables et acceptées ? Ne faut-il pas s'alarmer face à des modes de normativité qui substituent au raisonnement juridique une simple déduction tirée de flux de données ? Les juristes ne doivent-ils pas s'émouvoir devant ces évolutions sourdes mais néanmoins profondes du paysage des normativités et, de ce fait, se saisir au plus vite de ces sujets ?

Cependant, le système *jus*-algorithmique ne saurait évidemment remplacer totalement le système *jus*-étatique tant les mathématiques et la logique ne peuvent permettre de remplir toutes les fonctions du droit ni d'envisager toutes les nuances de la rhétorique juridique. Pour l'heure, la loi des IA n'est d'ailleurs toujours qu'une forme de normativité alternative. Mais son développement croissant et son potentiel présumé doivent amener à interroger la place qu'elle pourrait et qu'elle devrait occuper dans le droit de demain.

II. La servitude volontaire numérique

92. Stop Stopcovid ? L'épidémie de coronavirus, en 2020, et les crises qui l'ont suivie nous ont livré de nombreux enseignements sur l'époque actuelle, sur les périls qui nous menacent et sur les nouveaux chemins que nous pourrions emprunter. Elles nous ont notamment montré l'importance des bénéfices des technologies, qui peuvent améliorer la vie de tous les jours, du suivi scolaire des enfants au télétravail en passant par la télémédecine. Parmi ces enseignements, il y a la réaction d'une grande partie de la population, mais aussi de nombreux commentateurs et même de chercheurs, face à la proposition des autorités françaises de recourir à une application informatique afin d'endiguer la propagation de l'épidémie. Cette application, sobrement baptisée « Stopcovid », avait le défaut de devoir géolocaliser les individus pour fonctionner. Elle a été un échec. Très peu de personnes ont accepté d'ainsi se laisser « espionner par l'État ». Selon un sondage, 54 % des français n'avaient pas confiance dans l'utilisation des données faite par Stopcovid[180]. Pourtant, cette application anonymisait les identités de ceux qui l'utilisaient. Surtout, comment ne pas s'étonner qu'on s'effraie à ce point de la géolocalisation lorsqu'elle est le fait des pouvoirs publics, qui souhaitent sauver des vies face à une terrible crise sanitaire, tout en acceptant sans trouver mot à redire d'être géolocalisé, sans anonymisation cette fois, par les multinationales du numérique à des fins de profit. Cela est excessivement significatif de la crise de l'État et de la démocratie et de la confiance aveugle accordée par la population aux puissances privées du numérique. On ne fait pas confiance au gouvernement, donc à nous-mêmes en démocratie, y compris si toutes les garanties de sécurité et d'anonymisation sont fournies. En revanche, on accepte d'être suivi en permanence et sans anonymat par des multinationales en quête de temps de cerveau disponible. On veut bien que les puissances privées enregistrent toutes nos informations personnelles, mais pas les puissances publiques. Ainsi va la servitude volontaire

[180] Sondage de l'observatoire Data Publica réalisé le 7 mai 2020 (F. Cazzola, « Sondage – StopCovid : une majorité de Français inquiets de l'utilisation de leurs données par l'application », francebleu.fr, 14 mai 2020).

numérique sur laquelle ces nouvelles forces s'appuient pour prospérer et devenir les maîtres du monde.

On a ainsi vu la Commission nationale consultative des droits de l'homme (CNCDH) s'élever haut et fort contre Stopcovid : « Du point de vue des droits de l'homme, ce système est dangereux. L'anonymat peut toujours être brisé par recoupement, les techniques informatiques le permettent parfaitement. Ce système est trop fort pour atteindre le but poursuivi. Il faut lutter contre l'épidémie, mais pas avec un système qui va déshumaniser. Actuellement on surveille les malades, bientôt on surveillera les manifestants. On met le doigt dans un engrenage dangereux »[181]. Encore une fois, il n'y a pas de surveillance tant qu'il y a anonymisation. Surtout, si l'on comprend mal en quoi Stopcovid était déshumanisant et portait atteinte aux droits de l'homme, n'y a-t-il pas d'autres choses dans l'univers numérique qui devraient alerter les défenseurs des droits humains ? Les révélations d'Edward Snowden ont livré le même enseignement : on s'est inquiété et offusqué du fait que les GAFAM transmettent nos données personnelles à l'État américain mais, tant qu'ils nous espionnent, savent tout de nous sans partager ces informations avec les pouvoirs publics, alors tout va bien.

Quel paradoxe incroyablement révélateur que cette application de traçage anonyme servant seulement à lutter contre la propagation d'une épidémie ait suscité une telle hostilité de la part de personnes qui, en même temps, ont dans leurs poches des smartphones remplies d'applications qui les suivent et enregistrent leurs faits et gestes tout au long de la journée en collectant massivement leurs données. Ou peut-être s'agit-il d'égoïsme, puisque nous sommes à l'époque de l'enfermement sur soi-même et de l' « individu tyran »[182]. On préfère abandonner ses données en échange de quelques services gratuits facilitant la vie qu'être suivi anonymement afin de protéger la santé d'autrui. L'intérêt général plie sous le poids des intérêts particuliers. La servitude volontaire, ce sont ces consommateurs qui se satisfont du service qu'ils paient en données massives et qui, de plus, suivent toutes les indications qui leur sont fournies à des occasions de plus en plus fréquentes

---

[181] J.-M. Burguburu, « Application StopCovid : "Du point de vue des droits de l'homme, ce système est dangereux", estime le président de la CNCDH », francetvinfo.fr, 27 avr. 2020.

[182] É. Sadin, *L'ère de l'individu tyran – La fin d'un monde commun*, Grasset, 2020.

en oubliant de les mettre en doute. On s'inquiète que les pouvoirs publics enregistrent nos données personnelles et, pendant ce temps, loin de telles inquiétudes, notre civilisation, bâtie sur l'humanisme et les Lumières, donc sur les libertés, notamment celle du jugement, sur l'honneur, la dignité et la démocratie, disparaît progressivement sans que cela nous alerte.

De la même manière, s'agissant des moyens biométriques d'identification, il est assez étrange qu'on s'émeuve davantage de leur développement par des administrations publiques que de leur utilisation par des multinationales privées. À Singapour, par exemple, les habitants sont depuis 2020 obligés de passer par un système de reconnaissance faciale pour accéder aux services gouvernementaux, ce qui constitue une première mondiale. Or de nombreux défenseurs des droits humains se sont inquiétés des atteintes aux libertés fondamentales qui seraient commises à travers ce système, baptisé SingPass Verification et désormais aussi utilisé par les services d'immigration et de santé des États-Unis, rendu incontournable pour accéder à plus de 400 services administratifs et notamment pour procéder à sa déclaration d'impôts ou effectuer une demande de logement[183]. Le selfie devient une formalité administrative, ce qui déplaît à beaucoup, lesquels, par ailleurs, ne manquent pas de publier massivement de mêmes selfies sur les réseaux sociaux, cette fois sans s'inquiéter des usages cachés qui peuvent en être faits.

93. La servitude volontaire selon La Boétie. Le *Discours de la servitude volontaire* a été rédigé par Étienne de La Boétie, alors âgé de 18 ans, au milieu du XVIe siècle. Publié en latin en 1574, puis en français en 1576[184], ce texte est un court réquisitoire contre l'absolutisme. Il interroge la légitimité de toute autorité sur une population et essaie de comprendre ce qui pousse les individus à se soumettre à des élus qui les traitent comme un

---

[183] M. Rochefort, « Un système de reconnaissance faciale unique au monde fait ses débuts à Singapour », siecledigital.fr, 8 oct. 2020.

[184] Étienne de la Boétie n'a jamais publié personnellement le « Discours de la servitude volontaire ». Ce dernier est paru pour la première fois en 1574 dans un journal protestant, le *Réveil-matin,* sous le titre *Le Contr'Un.* Plus tard, il circula sous le manteau avant de refaire surface lors de la Révolution française. Il fut redécouvert au XIXe siècle, au moment de la Révolution de 1830, puis au XXe siècle, sous l'occupation, où on le réimprima clandestinement (V. Decaix, « La Boétie s'élève contre la servitude volontaire », in *Chronologie de l'histoire de la philosophie,* Hatier, coll. Bescherelle, 2016, p. 163).

taureau à dompter, des conquérants qui les voient comme une proie ou des héritiers qui les conçoivent tel un troupeau d'esclaves leur appartenant par nature. S'écartant de la voie traditionnelle, il ne porte pas son attention sur les tyrans mais sur leurs sujets privés de leur liberté. Et il se demande comment se fait-il que tant d'hommes endurent quelquefois un tyran seul qui n'a de puissance que celle qu'ils lui donnent. Pour La Boétie, la servitude n'est pas obtenue par la force, mais au contraire voulue par le peuple, donc volontaire. On ne pourrait pas comprendre autrement qu'un petit nombre puisse contraindre l'ensemble des citoyens à obéir aussi servilement. Le tyran est en général un homme faible comme les autres et seuls les crédules peuvent l'idolâtrer. Tout pouvoir, même s'il use à un moment de la force pour se mettre en place, ne peut se maintenir durablement et exploiter une société sans la collaboration, active ou résignée, d'une grande partie de ses membres. Or il est tentant d'établir un parallèle entre cette servitude volontaire décrite il y a plusieurs siècles et l'attitude d'un nombre croissant d'utilisateurs des services du numérique. Ce n'est pas que les hommes aient perdu toute volonté, mais ils dirigent cette volonté vers la servitude. Le peuple, comme enchanté, veut servir le tyran qu'il admire. Ne peut-on pas reconnaître là l'attitude de beaucoup d'utilisateurs des grands services numériques ? Leur influence et leur autorité ne sont permises que par le consentement des individus. La Boétie montre que la tyrannie repose moins sur la répression que sur la dépossession volontaire de la liberté. La puissance des GAFAM et autres acteurs de la mise en données du monde ne repose-t-elle pas sur les mêmes bases ?

À l'état de nature, les hommes naissent libres et égaux, personne ne détient de pouvoir sur les autres. La première cause de la servitude est l'oubli de cette égalité et de cette liberté. C'est bien le peuple qui délaisse la liberté, et non pas le tyran qui la lui prend. Se produit « le Malencontre », un événement contingent, un accident tragique, une malchance inaugurale au terme duquel l'amour de la servitude se substitue au désir de liberté. Seule la servitude de l'homme permet au tyran de rester au pouvoir. Les hommes sont responsables de leur assujettissement au pouvoir. Ils peuvent parfaitement s'en libérer, s'ils le veulent. Étienne de La Boétie enseigne qu'il suffit de se résoudre à ne plus servir pour être libre. Pour ne plus être dominé, il faut donc perdre l'habitude d'être dominé et, pour La Boétie, tout homme qui a un jour connu la liberté ne saurait y renoncer que contraint et forcé. En revanche, ceux qui n'ont jamais connu la liberté servent leurs maîtres sans envisager qu'autre chose, la liberté, puisse exister. Le peuple s'auto-soumet au pouvoir en place par simple habitude, par récurrence historique. La première raison pour laquelle les hommes sont dans la servitude volontaire, c'est qu'ils l'ont toujours été, qu'ils ont été élevés comme tels. Or, aujourd'hui, les « *digital natives* », élevés dès leur plus jeune âge dans l'univers des écrans et des nudges, risquent de ne jamais pouvoir imaginer que les choses pourraient être autrement qu'elles sont. Comme le souligne La Boétie, on ne regrette jamais ce que l'on n'a jamais eu. Par ailleurs, La Boétie observe qu'il n'y a pas de liberté sans désir et inversement car on ne peut pas désirer sans liberté de désirer ni être libre sans être capable de désirer. Or le téléguidage des conduites par les IA ne tend-il pas à nous déshabituer à désirer et à nous habituer à toujours accepter ce qu'on nous propose/impose ? La domination va donc toujours de pair avec le refus de l'individu de s'assumer comme libre. Être dominé, c'est agréable, mais être libre, c'est effrayant. Ainsi pensaient les serfs, ainsi pensent les intégristes, ainsi penseront les nudgés.

La puissance subversive de la thèse développée par Étienne de La Boétie, étonné par les succès des tyrannies de son temps, ne s'est jamais démentie. Elle a stimulé beaucoup de réflexions libertaires et même anarchistes sur le principe d'autorité. La Boétie a plus tard inspiré le principe de la désobéissance civile, non-violente, repris par Henry David Thoreau ou Gandhi. On pourrait l'adapter et penser un principe de désobéissance numérique. La Boétie a été l'un des premiers à concevoir un mode d'action passif, au contraire de la rébellion qui est active[185]. En ne servant plus le tyran ou en n'allumant plus son smartphone que pour téléphoner, donc en devenant passif, on réduit d'autant la puissance du puissant. La désobéissance passive suffit à briser les chaînes de la domination.

En définitive, hier comme aujourd'hui et comme demain, pour ne pas entrer dans la servitude, il faut garder l'esprit libre. Les peuples sont responsables de leur mise sous tutelle. S'ils en prenaient conscience, ils se conduiraient peut-être différemment. Un tyran ne peut pas imposer ses vues à un peuple

---

[185] X. Bekaert, « Anarchisme et non-violence : La servitude volontaire expliquée par La Boétie », *Réfractions* 2002, n° 8.

d'hommes libres[186]. La servitude est contraire à l'état de nature, quand la liberté est naturelle pour l'homme. Mais, depuis longtemps, des forces sociales et dogmatiques s'efforcent à nous faire oublier notre nature. La Boétie, lançant un appel humaniste qui sera repris par les Lumières et notamment par Emmanuel Kant, estime que l'usage de la raison fera disparaître le besoin d'être trompé et dominé. Mais rien n'assure que ce besoin ait disparu, rien n'assure que l'usage de la raison se soit imposé. La crise de la démocratie, des valeurs républicaines et de l'héritage humaniste indiquerait même que l'usage de la raison tendrait à régresser, tandis que le besoin d'être trompé et dominé grandirait à nouveau. Jouant un rôle dans l'effondrement de la civilisation, il n'est pas impossible que l'univers numérique dans lequel nous vivons aujourd'hui en grande partie contribue à ce phénomène. Déjà au sortir de la Seconde Guerre mondiale et de ses monstruosités, des camps de concentration et d'extermination à l'utilisation de la bombe atomique, des philosophes, notamment allemands dans le sillage de Friedrich Nietzsche et Max Weber, ont demandé comment leurs pays et leurs peuples avaient pu perdre ainsi la raison et la modernité en venir à rimer avec atrocité[187]. Pour Theodor W. Adorno et Max Horkheimer, la barbarie se nourirait d'une forme d'abêtissement général provoqué dans le monde occidental par l'industrie culturelle, la publicité et le marketing, qui constituent une forme difficilement perceptible de propagande du capitalisme[188]. Et, selon le philosophe néo-marxiste Herbert Marcuse, l'humanité serait de plus en plus façonnée par les techniques de publicité, de marketing et de manipulation de l'opinion publique, lesquelles produiraient de faux besoins afin d'augmenter les profits des grandes entreprises[189]. À grand renfort de standardisation et de panurgisme, l'homme deviendrait ainsi « unidimensionnel ». La consommation est pour lui une consolation, une raison d'être, une valorisation. Il se croit libre, mais, comme toute chose dans

---

[186] F. Ciaramelli, « Crise de la démocratie, nature humaine et servitude volontaire », *Réfractions* 2004, n° 12.

[187] B. Krulic, « Nietzsche et la critique de la modernité démocratique », *Archives de la philosophie* 2001, vol. 64, n° 2, p. 301 s. ; P. Watier, « Max Weber : analyste et critique de la modernité », *Sociétés* 2008, vol. 100, n° 2, p. 15 s.

[188] Th. W. Adorno, M. Horkheimer, *La dialectique de la raison – Fragments philosophiques* (1947), Gallimard, 1974.

[189] H. Marcuse, *L'Homme unidimensionnel*, Minuit, 1968.

sa vie, ce n'est qu'une croyance. Or rien n'indique que le capitalisme numérique et ses dérivés ne contribuent pas au moins autant à abêtir les populations, empêchant les individus d'être raisonnables et libres. Tout cela interdit l'émancipation des hommes et les conduit tout droit à l'assujettissement, en l'occurrence à travers un fort désir de consommer, une uniformisation des modes de vie et un nivellement des consciences. À force de matraquage médiatique, disent les philosophes marxistes, le capitalisme imposerait dans les esprits une certaine vision du monde et de la vie favorisant un « anti-humanisme »[190].

La Boétie, dans son *Discours de la servitude volontaire*, notait que l'une des raisons du maintien de cette servitude est que les tyrans engourdissent le peuple par le théâtre et les passe-temps ludiques. Les puissances numériques, aujourd'hui, ne font-elles pas la même chose ? La Boétie condamnait ainsi les « drogueries » : jeux, farces, spectacles, gladiateurs, bêtes curieuses, médailles, tableaux et autres drogues de cette espèce étaient pour les peuples anciens les appâts de la servitude, la compensation de leur liberté ravie, les instruments de la tyrannie. Or ce sont peu ou prou les mêmes « drogueries » qui permettent de conquérir beaucoup de temps de cerveau disponible de nos jours. On y reconnaîtra les jeux, « likes » et autres moyens de générer de l'engagement des réseaux sociaux. Le tyran endort ses sujets en les abreuvant de divertissements. La Boétie ajoutait que les tyrans font parfois, avant de commettre leurs crimes, de beaux discours sur le bien général et la nécessité de l'ordre public. Là encore, ne peut-on pas reconnaître les discours de certaines multinationales du numérique qui aiment se donner des apparences de bienfaitrices de l'humanité que, pourtant, elles exploitent. D'autres puissants misent sur la tendance à la superstition des ignorants et s'appuient sur l'artifice de la religion, invoquant un pouvoir de droit divin. Aujourd'hui, c'est la technique et, en particulier, l'informatique qui deviennent divins.

Déjà en 1954, dans son essai *La Technique ou l'enjeu du siècle*, alors que l'informatique commençait seulement à sortir de l'âge du simple concept, Jacques Ellul interrogeait le changement de nature de la technique dans la société, cela en des termes qui résonnent fortement à l'ère des IA et des multinationales du numérique. Auparavant simple instrument permettant à

---

[190] M.-A. Ricard, *Adorno l'humaniste – Essai sur sa pensée morale et politique*, Éditions de la Maison des sciences de l'homme, 2013.

l'homme de mieux s'appuyer sur la nature et de dépasser sa condition initiale, elle muerait en un processus autonome de moins en moins au service des hommes car tendant à les enfermer dans de nouvelles formes de servitude. Le sociologue définissait « le phénomène technique [comme] la préoccupation de l'immense majorité des hommes de rechercher en toutes choses la méthode absolument la plus efficace »[191], ce qui présageait du mouvement d'hyper-rationalisation actuel de toutes les décisions et de toutes les actions. Et Jacques Ellul d'observer que la technique serait « à la fois sacrilège et sacrée » : « L'invasion technique désacralise le monde dans lequel l'homme est appelé à vivre. [...] Mais nous assistons à un étrange renversement : l'homme ne pouvant vivre sans sacré, il reporte son sens du sacré sur cela même qui a détruit tout ce qui en était l'objet : sur la technique »[192]. C'est ainsi qu'aujourd'hui les puissantes technologies et les start-up qui les développent, dont certaines deviennent en un temps record des multinationales et même les premières puissances du monde, se retrouvent statufiées, érigées en grands mythes. Les sujets préfèrent les maîtres lointains et discrets. Nos aïeux firent la révolution moins contre le roi, plutôt populaire, que pour supprimer les méchants barons dans le voisinage[193]. C'est cela qui rend possible le fait que beaucoup des services à base d'IA mis sur le marché ne sont pas des gadgets mais de véritables outils de gouvernement, qui régulent effectivement les comportements individuels et sociaux, parfois mieux que les lois des États.

Cependant, comme le soutenait La Boétie, l'idéologie, les loisirs et les superstitions ne peuvent scléroser que le « gros populas » : « Toujours en est-il certains qui, plus fiers et mieux inspirés que les autres, sentent le poids du joug et ne peuvent s'empêcher de le secouer ; qui ne se soumettent jamais à la sujétion. [...] Ceux-là ayant l'entendement net et l'esprit clairvoyant, ne se contentent pas, comme les ignorants encroûtés, de voir ce qui est à leurs pieds, sans regarder ni derrière, ni devant ; ils rappellent au contraire les choses passées pour juger plus sainement le présent et prévoir l'avenir. Ce sont ceux qui ayant d'eux-mêmes l'esprit droit, l'ont encore rectifié par l'étude et le savoir. Ceux-là, quand la liberté serait entièrement perdue et

[191] J. Ellul, *La Technique ou l'enjeu du siècle*, Armand Colin, coll. Sciences politiques, 1954, p. 18-19.
[192] *Ibid.*, p. 130-132.
[193] M. Serres, *Petite Poucette*, Le Pommier, coll. Manifeste, 2012, p. 83.

bannie de ce monde, l'y ramèneraient ; car la sentant vivement, l'ayant savourée et conservant son germe en leur esprit, la servitude ne pourrait jamais les séduire, pour si bien qu'on l'accoutrât »[194]. Ainsi se trouve-t-il toujours des hommes pour résister à l'oppression. Et ces hommes sont généralement les mieux éduqués et cultivés, chez qui, de ce fait, le goût de la liberté et de la souveraineté individuelle a pu se développer. C'est pourquoi l'éducation et la culture, en même temps que la lutte contre l'abêtissement, sont des enjeux premiers. Et ce sont des enjeux très actuels. Le changement ne saurait être imposé par le haut. C'est à chacun de se changer soi-même pour, ensemble, changer le monde. Chaque individu doit prendre conscience de son humanité, et notamment de sa liberté, et assumer cette humanité et cette liberté. Mais, surtout à l'ère des vies numériques, beaucoup préfèrent le confort d'une vie normalisée, pré-programmée et téléguidée débarrassant du poids des choix. « L'esclave moderne, observe-t-on, n'est ni un animal, ni un être humain, mais une espèce fabriquée, au même titre que les objets et idées qu'il produit »[195].

Des œuvres contemporaines soulignent la condition d'esclave de l'homme moderne aux prises avec un « totalitarisme marchand »[196]. Il semble que l'économie du numérique soit un vecteur essentiel de ce totalitarisme marchand, en lui offrant des outils très efficaces à travers l'addictivité et la personnalisation des contenus. La dictature n'est ainsi plus le fait de certains hommes mais celui de l'argent, de la consommation et, désormais, de la technique. Ce sont eux qui dictent l'existence de chaque être humain, lequel délaisse de plus en plus la casquette de citoyen et d'humain au profit de celle de consommateur. L'homme perd donc son humanité à mesure qu'il adore la marchandise et la technique et qu'il se marchandise et technicise lui-même. Et, comme au temps d'Étienne de La Boétie, si la servitude perdure, c'est parce qu'il existe des esclaves qui acceptent leur condition et souhaitent demeurer sujets, non pas parce qu'il existe des maîtres. Comme l'ont montré beaucoup de travaux d'histoire et de sociologie, les objets techniques ne fonctionnent que parce qu'ils opèrent dans un milieu associé qui les rend efficaces[197]. Les calculs ne peuvent être pertinents que dans une société et

---

[194] É. de La Boétie, *Discours de la servitude volontaire ou le contr'un*, 1576.
[195] J.-F. Brient, *De la servitude moderne*, Éditions de l'Épervier, 2016.
[196] *Ibid.*
[197] G. Simondon, *Du mode d'existence des objets techniques*, Aubier, 1989.

concernant des hommes qui ont pris des plis spécifiques pour se rendre calculables.

Pour éviter de se laisser conquérir par l'intelligence artificielle, afin de ne pas permettre à la dictature des IA de s'imposer, et pour, au contraire, s'allier à ces technologies, il faut comprendre quelle est la situation, à quel point les robots peuvent suggérer et décider de beaucoup de choses. Ce n'est qu'ainsi que chacun pourra préserver sa souveraineté individuelle, veiller sur sa liberté d'autodétermination, demeurer maître de soi-même dans un contexte où les IA et certaines puissances (privées ou publiques) dont elles sont les instruments cherchent à limiter le libre-arbitre et la diversité.

94. Réhabiliter la liberté. Ulpien, célèbre juriste romain du début du IIIe siècle, pouvait affirmer qu'en droit naturel les hommes sont libres mais que, dans le droit des gens vivant en société, ils peuvent être esclaves. Cela lui semblait évident, comme à des générations de penseurs après lui, parce que le droit naturel pouvait être dissocié du droit positif. Aujourd'hui, une nouvelle forme de droit positif, la loi des IA, vient contrarier le droit naturel. Et il ne semble plus tolérable, de nos jours, d'accepter cette contradiction. On se rappellera qu'à l'origine du projet abolitionniste, il se trouvait l'idée qu'il existe des valeurs universelles, humanistes, à l'instar de la liberté naturelle de l'homme, et que ces valeurs doivent servir de sources au droit positif régissant les conduites des hommes vivant en société. Les valeurs sont premières et les lois doivent suivre.

Albert Camus a pu dire que « la passion la plus forte des hommes est la servitude ». Le paradoxe de cette servitude est qu'il faut bien être libre pour décider de vivre dans un état de dépendance, telles des bêtes de somme, pour pouvoir ainsi abandonner volontairement sa liberté. C'est librement que les hommes abdiquent leur pouvoir sur eux-mêmes et se mettent au service d'autrui. Or, pour abandonner ainsi la liberté, il faut ne pas l'aimer ou, en tout cas, lui préférer d'autres valeurs. Différents facteurs conduisent de nombreux individus à ne plus chérir la liberté autant qu'on a pu l'aimer par le passé. On se lasse d'être libre. On apprécie que tous nos choix nous soient imposés, suivre les codes et les modes plutôt que d'user d'un libre arbitre et d'une souveraineté individuelle perçus comme des poids plutôt que telles des ailes. La servitude que les puissances numériques provoquent est pour partie involontaire car peu perceptible, peu tangible. Elle est aussi largement volontaire, car on est de moins en moins enclins à donner la priorité à des valeurs, notamment celles héritées de l'humanisme. Il semble révolu le temps où l'on pouvait dire, comme l'officier de police qui se substitue à un otage au péril de sa vie[198], « mourir pour des idées, d'accord ». Si la loi des IA semble constituer une réalité, cette réalité appelle déjà la méfiance en raison du fait que seule une partie de ceux dont les conduites sont régies par cette « loi » en ont conscience et, par suite, peuvent poser sur elle un regard critique et sur leurs choix et comportements un regard réflexif. En la matière, il est difficile de se prévaloir de la maxime « nul n'est censé ignorer la loi ». Ou plutôt nul n'ignore la « loi » dans le sens où la plupart de ses destinataires s'y conforment ; mais beaucoup de monde ignore la « loi » en ce que beaucoup de monde ignore qu'il s'agit d'une loi, ignore qu'il s'agit de normes, de devoir-être.

Face à la loi des IA et à la servitude numérique, l'humanisme juridique et les droits de l'homme numérique doivent réhabiliter la liberté. Être libre, c'est ne pas être empêché de faire ce que l'on veut, et c'est donc aussi la jouissance de la capacité de vouloir. La liberté est l'absence de contrainte extérieure, le fait d'évoluer à l'abri de toute pression. Or, dans l'univers numérique, les sollicitations et les recommandations sont autant de contraintes et de pressions. Mais la liberté peut aussi être la capacité de résister à ces contraintes et pressions pour faire triompher son libre arbitre. À l'état de nature, l'homme était libre. Mais dès les premières tribus il y eut des esclaves, des prisonniers et des soumis. La liberté n'exista vraiment jamais, même si l'occident connut un appétit de liberté à la fin du XIXe siècle et à différentes périodes du XXe siècle. L'homme se considérait alors comme individu et comme citoyen, décidant souverainement de sa vie personnelle et collective. Aujourd'hui, n'en revient-on pas à des hommes prisonniers ou esclaves, c'est-à-dire des hommes traités comme des biens, comme des marchandises, comme des outils. Si cette contrainte n'est pas physique, c'est exactement cela « vendre du temps de cerveau disponible à des annonceurs ». Au-delà, le marché des données personnelles n'est pas autre chose qu'un marché humain : on vend, on achète, on exploite des hommes.

La liberté, historiquement, a d'abord été un statut : celui des citoyens jouissant d'une condition sociale et politique garantie par un ensemble de

---

[198] Arnaud Beltrame.

droits et de devoirs leur permettant de participer à la vie de la cité. La liberté existe déjà juridiquement. Mais, ce qui compte aujourd'hui surtout, c'est la liberté comme état. Être libre en droit et dans les fers en faits n'est pas une situation réjouissante. L'inverse serait d'ailleurs préférable, bien qu'impossible. Il faut donc réhabiliter la liberté et penser les conditions lui permettant d'advenir — parmi lesquelles le droit est évidemment un facteur déterminant bien qu'insuffisant. La liberté, face à des phénomènes tels que la loi des IA ou la servitude numérique, doit déjà être pensée comme une caractéristique individuelle psychologique et morale.

Dans tous les cas, la question du consentement individuel semble pouvoir difficilement être posée de façon pertinente : comment consentir à des procédés dont on ne saisit ni les tenants ni les aboutissants ? Le droit (étatique) des données personnelles n'est pas le mieux adapté aux usages des algorithmes : il repose sur un principe du consentement théorique au traitement de ses données qui est un écran de fumée dès lors qu'il est aujourd'hui impossible d'utiliser pleinement un smartphone ou le web sans accepter d'être tracé et connu en détails par les éditeurs des services, dès lors que l'usage de la technologie est soumis à l'abandon de la maîtrise de ses informations personnelles. Il ne s'agit toutefois pas d'un phénomène tyrannique : les individus donnent très volontiers leur accord au moment où ils acceptent les conditions générales d'utilisation des services ; mais ils ne le font guère de manière éclairée. On se prête au jeu d'un gouvernement des conduites reposant sur la connaissance intime de chacun, façon *1984* de Georges Orwell, mais sans s'en rendre véritablement compte. C'est bien d'un abandon volontaire du contrôle de ses informations personnelles dont il est question ; la difficulté est que celui-ci s'effectue dans un cadre très peu transparent.

La Boétie a souhaité sonner le réveil du peuple contre sa passivité et sa résignation docile à l'égard des puissants qui l'exploitent. Il termine son *Discours de la servitude volontaire* par un appel à prendre les armes et à évincer les tyrans. Plutôt que de se montrer docile et serviable, donc complice de la tyrannie, on devrait soumettre tout consentement à un examen critique très strict de ses conditions. Or il n'est pas impossible de dire « j'abandonne mes libertés en échange de ces services auxquels je souhaite accéder et qui pour moi sont plus importants que ces libertés ; j'accepte aussi qu'on pille et exploite mes données en échange du libre accès aux mêmes services ; et j'accepte que des systèmes de recommandation me guident au quotidien car je ne souhaite pas me donner la peine de réfléchir par moi-même ». L'important est d'être éclairé, conscient. Or, en cliquant systématiquement et machinalement sur « j'accepte les conditions d'utilisation » et « j'accepte les cookies », car il est sinon impossible ou difficile d'utiliser beaucoup des services en cause, chacun consent plus ou moins consciemment — mais de plus en plus consciemment — à ces nouvelles formes de dépendance. En ce sens, un sondage révélait en 2020 que la part des utilisateurs de Google qui en redoutent l'espionnage s'élève à 66 %. Ce chiffre est de 50 % concernant les utilisateurs de Facebook. Et 75 % des Français déclarent ne pas faire confiance à leur messagerie, ni aux sites marchands, ni aux réseaux sociaux[199]. Aux États-Unis, où l'on apprécie d'avoir des oreilles attentives à nos besoins telles que Siri, Alexia, OK Google ou Cortona, 68 % des utilisateurs de ces assistants estiment qu'ils servent à leur rendre des services mais aussi à les espionner et à aspirer et partager leurs données, conscients que le modèle économique des GAFAM et autres repose en grande partie sur les données de leurs utilisateurs[200]. Ils les soupçonnent de les écouter à leur insu et de porter ainsi gravement atteinte à leur vie privée. Les acheteurs d'assistants vocaux se disent préoccupés par le respect de leur vie privée et craignent que ces appareils qu'ils achètent y portent atteinte. Ce n'est pas paradoxal, car ils font passer avant tout les bénéfices et le confort qu'ils leur apportent en contrepartie de ces désagréments.

Par exemple, un utilisateur de Facebook qui a agi en justice contre la firme américaine après que celle-ci a censuré sa publication sur *L'Origine du monde* de Gustave Courbet, jugée obscène, a invité tous les utilisateurs de Facebook, en guise de protestation, à publier sur leurs profils une représentation du tableau. Pourquoi ne pas plutôt inviter à quitter Facebook ou à le boycotter ? Parce qu'on le considère indispensable et s'en passer n'est pas une option. Il est à ce point incontournable que celui qui le dénonce est obligé de l'utiliser. Le citoyen et le consommateur prennent conscience des dangers liés à l'abandon de leurs données. C'est le « *Privacy paradox* »

---

[199] Ph. Delmas, « Déconfinement : “La technologie doit être contrôlée, y compris son emploi par l'État” », lemonde.fr, 24 avr. 2020.

[200] P. Aubert, « La peur d'être sur écoute », zdnet.com, 24 mai 2020.

(paradoxe de la vie privée)[201] : la technologie est de plus en plus gourmande en données et nous sommes tentés de lui livrer tout ce qu'elle demande afin d' « enrichir » nos expériences personnelles et personnalisées ; mais, en même temps, on dénonce le fait d'être tracé et surveillé en permanence. On se méfie donc de ces services et des multinationales du numérique, mais on préfère y recourir que s'en passer. Cette méfiance trouve son origine dans diverses révélations quant aux abus de ces sociétés : après le scandale Cambridge Analytica, Facebook a été condamné dans différents pays, notamment pour avoir utilisé sans leur accord les photos de ses utilisateurs pour faire de la reconnaissance faciale, tandis que Google a obtenu l'accès aux données médicales nominatives d'un grand réseau de cliniques aux Etats-Unis. Mais, comme l'explique Gaspard Kœnig, « moins nous partageons d'informations, plus nous conservons de fait de liberté de choix et plus nous devenons, au sens propre, inutiles. À l'ère nudgitale, le partage, c'est l'esclavage, mais l'isolement, c'est l'effacement »[202]. Un mélange de naïveté et de schizophrénie conduit ainsi à délaisser concrètement certaines libertés individuelles tout en clamant son attachement à elles, en affirmant que le principe du respect des données personnelles et de la vie privée est essentiel. Les créateurs de Boundless AI, une société mêlant intelligence artificielle et neurosciences afin de mieux connaître et mieux prédire les comportements des individus, de façon de plus en plus intrusive, ont cru bon de proposer un antidote à leurs propres produits sous la forme de l'application gratuite Space. Celle-ci provoque un temps de latence avant l'ouverture d'une application sur smartphone et diffuse des messages devant redonner à l'utilisateur la maîtrise de ses désirs, comme par exemple « ce n'est pas notre faute si nous sommes addicts aux applications, elles sont conçues comme ça ». Il s'agit donc d'alerter sur le fait que nous sommes manipulables et manipulés. Or Space est un échec puisque seulement 10 000 personnes dans le monde l'utilisent. Vingt fois plus d'utilisateurs profitent quotidiennement des services personnalisés de Boundless AI. Pour les créateurs de ce dernier, c'est simplement que les hommes préfèrent librement la servitude.

---

[201] C. Richaud, « Données personnelles : la schyzophrénie citoyenne », *Le Monde* 5 juill. 2014.

[202] G. Kœnig, *La fin de l'individu – Voyage d'un philosophe au pays de l'intelligence artificielle*, Éditions de l'observatoire, coll. De facto, 2019, p. 174.

95. La dictature de la commodité. Les « cookies » deviennent incontournables. Il s'agit de petits fichiers que déposent les sites sur lesquels on navigue et qui permettent aux entreprises de suivre nos activités en ligne, de recouper de nombreuses informations et donc mieux nous « profiler ». Des extensions, installées sur le navigateur, permettent de savoir qui a déposé des cookies et donc nous surveille ; et il est possible de supprimer les cookies indésirables. Mais alors la navigation sur le web ne sera plus adaptée, plus personnalisée. Supprimer les cookies, c'est retomber dans l'anonymat et ne plus être traité individuellement. Il est certain que bien des individus numériques renoncent à certaines de leurs libertés fondamentales, et notamment au droit au respect de la vie privée, en échange de services gratuits fonctionnant grâce à l'IA. Dans l'univers numérique règne l'adage « si c'est gratuit, c'est vous le produit ». C'est cela la servitude volontaire numérique.

Quant au smartphone, il est le moyen pour les grandes puissances numériques d'être en permanence au plus près des individus. Contrairement à ce qui se produit dans le roman *1984* de Georges Orwell, ce sont les hommes qui ont librement permis la surveillance de leurs vies. Les télécrans ne sont pas installés dans les murs par les officiers d'un régime totalitaire. Nous les portons sur nous et nous y devenons même addicts. Ils ne sont d'ailleurs pas le fruit d'un régime communiste mais celui d'un régime libéral. L'espionnage se déroule en quelque sorte « à l'insu de notre plein gré »[203]. Il n'est pas subi puisqu'on y consent explicitement, bien que pas toujours très consciemment — peu de personnes lisent les conditions générales d'utilisation et s'informent sur les conséquences de l'utilisation de ces services, donc savent, par exemple, qu'elles cèdent auxdits services les droits sur les contenus qu'elles publient. Le régime libéral devient technolibéralisme, cherchant à ne plus subir aucune limite ni n'être exclu d'aucun domaine. L'économie des données veut faire de tout geste et toute décision individuelle une occasion de profit en s'adossant à chaque instant de la vie. « L'économie de la donnée, c'est l'économie intégrale de la vie intégrale », résume Éric Sadin[204]. On est

---

[203] S. Prévost, « Du développement du numérique aux droits de l'homme digital », *Dalloz IP/IT* 2019, p. 345.
[204] É. Sadin, *La silicolonisation du monde – L'irrésistible expansion du libéralisme numérique*, L'échappée, coll. Pour en finir avec, 2016, p. 21.

ainsi tenté d'introduire chez soi, par exemple, des aspirateurs connectés capables d'apprendre où et quand nettoyer pour éviter d'importuner leurs utilisateurs, cela en échangeant avec des serrures connectées, des thermostats connectés et autres capteurs de présence indiquant si les personnes sont chez elles ou si elles sont sorties ou bien en échangeant directement avec elles grâce à des commandes vocales, des enceintes et des applications mobiles[205].

Il se produit en quelque sorte une dictature de la commodité. Ces techniques rendent des services très pratiques et, face à cela, perdre quelques droits fondamentaux n'est qu'un menu désagrément. Une illustration de cette dictature réside dans le multi-branchement : l'homme, avec son smartphone, doit être sans cesse joignable par de multiples canaux ; et il s'est convaincu qu'il doit être en permanence joignable, refusant tout droit au débranchement, tout droit au calme et à la sérénité. Le téléphone portable devient ainsi une forme d'« esclavage »[206] : on se fait appeler de n'importe où, par n'importe qui, pour n'importe quel motif. C'est l'aliénation du branchement et l'ère des « solitudes interactives »[207]. Chaque individu tient son téléphone portable dans la main, le conserve dans sa poche ou le pose non loin sur la table, pour être certain de ne rien rater. Et l'absence d'appels ou de notifications en devient une source d'angoisse. L'homme libre se laisse enchaîner par des dizaines de fils invisibles. Et, grâce aux applications et au web auxquels il s'abandonne, il trouve une parade au doute et à l'incertitude capable de le mener vers une béatitude éternelle. Nous souhaitons assouvir à jamais notre propension à la paresse, notre besoin de sécurité et de confort, nous en remettant à cet effet à des forces dotées jour après jour de capacités croissantes à les satisfaire[208]. D'ailleurs, il suffit d'égarer son smartphone ou de subir une panne pour qu'on se sente démuni, désemparé, fragile, soudain livré à tous les dangers du monde. Pourtant, la communication entre les hommes n'a jamais été aussi mauvaise. La médiation des machines nuit à la qualité des relations humaines. « On ne peut parler ni communiquer avec un

---

[205] A. Charnay, « Roomba veut rendre ses robots aspirateurs vraiment "intelligents" », 01net.com, 26 août 2020.

[206] D. Wolton, *Internet, et après ? Une théorie critique des nouveaux médias*, Flammarion, coll. Champs essais, 2010, p. 208.

[207] *Ibid.*, p. 107.

[208] É. Sadin, *L'intelligence artificielle ou l'enjeu du siècle – Anatomie d'un antihumanisme radical*, L'échappée, coll. Pour en finir avec, 2018, p. 212.

être asservi, notait déjà Albert Camus. Au lieu de ce dialogue implicite et libre par lequel nous reconnaissons notre ressemblance et consacrons notre destinée, la servitude fait régner le plus terrible des silences »[209].

La communication numérique actuelle vient confirmer les intuitions de Jacques Ellul qui, dans son ouvrage de 1962 intitulé *Propagandes*, a montré combien les hommes sont faibles face à la propagande. Depuis longtemps des techniques sophistiquées de manipulation des foules s'avèrent redoutablement efficaces. Celui qui en a les moyens peut faire des populations à peu près ce qu'il veut. Or, aujourd'hui, ce sont les GAFAM qui disposent de ces moyens. Jacques Ellul insistait en particulier sur les techniques de « propagande horizontale » dans les pays démocratiques en temps de paix, à savoir la publicité, le management, le système médiatique et, désormais, les réseaux sociaux. La propagande y fonctionne de la même manière que dans les régimes autoritaires, à la différence que les cibles sont complices autant que victimes des manipulateurs. Les individus éprouvent en effet « un besoin irrépressible de propagande pour supporter la condition qui leur est faite : il est indispensable de donner des couleurs et un semblant de sens à une société absurde qui réduit l'homme à un exécutant anonyme et servile dans une immense mécanique qui l'écrase »[210]. L'homme serait donc ainsi malléable parce qu'il aurait un besoin vital de servitude volontaire, conclusion qui contribue à ruiner tout effort humaniste, toute confiance dans la capacité de l'esprit humain à faire preuve d'autonomie et éventuellement de résistance. Incapable de se montrer solide face à l'adversité, l'homme n'aurait de cesse d'exiger qu'on le rende libre alors qu'en réalité il ne redouterait rien plus que la liberté. Formellement, il veut qu'on lui colle l'étiquette de la liberté sur le front, mais matériellement il aspire à être rigoureusement conditionné, comme une feuille morte qui se déplace mollement en fonction du sens du vent qui souffle sur elle.

Nous n'en devons pas moins affirmer que « nous devons veiller à ce que la révolution numérique serve le peuple, et non l'inverse », comme le déclarait il y a peu Michelle Bachelet, Haute-Commissaire des Nations Unies aux

---

[209] A. Camus, « L'Homme révolté (1951) », in *Œuvres*, Gallimard, coll. Quarto, 2013, p. 1062.

[210] F. Rognon, « L'humanisme face à la technoscience », *Les Grands Dossiers des Sciences Humaines* 2021, n° 61, p. 59.

droits de l'homme[211]. Les nouvelles technologies vont-elles servir l'homme ou l'asservir ? L'homme connecté et assisté est-il un homme augmenté ou bien un homme diminué ? La technologie n'est pas un projet de société et l'individu mis en données ne doit pas être confondu avec l'humain qui se cache derrière. Mais qu'en restera-t-il, que restera-t-il de l'irréductiblement humain, derrière cette ombre numérique ? Les choses simples sont les plus agréables et il ne faudrait pas que la capacité prédictive de la technique empiète trop sur la jouissance de ces choses simples. Alors que les objets connectés sont de plus en plus omniprésents et que les algorithmes gèrent de plus en plus de tâches, créant de nouveaux besoins et de nouvelles dépendances, la liberté et la souveraineté individuelles devront sans doute faire barrage, en partie, à cette servitude numérique. Les données personnelles sont le pétrole du XXIe siècle et 85 % d'entre elles sont détenues par les GAFAM. Mieux gérer ces données et en conserver la maîtrise sera une clé du monde qui s'ouvre devant nous. Et le droit devra jouer son rôle. Tandis que les américains font des données un actif économique, le modèle européen, très différent, pourrait être le plus respectueux de notre humanité.

Au milieu du XXe siècle, Albert Camus pouvait observer que « l'homme d'aujourd'hui prend conscience plus nettement du drame de son aventure. À beaucoup d'égards, l'homme du Moyen-Âge était plus riche que nous, qui sommes affranchis, déracinés »[212]. Les penseurs et réformateurs de la Renaissance, des Lumières et de l'époque moderne ont voulu affranchir l'homme de ses tutelles extérieures, politiques, économiques ou autrement dogmatiques. Ils y sont si bien parvenus que les techniques actuelles, provenant d'une société libre et ouverte, tendent désormais à réintroduire de profondes tutelles. Ce sont cette fois des tutelles intérieures qui régissent les décisions et les actes les plus intimes au nom du bien-être individuel et collectif. Face au tragique de nos existences, on a besoin de se donner des guides, des raisons d'être — et ce sont les hommes qui ont créé Dieu à leur image et non l'inverse, cela afin de se rassurer et se placer sous le joug d'une puissance titanesque bien que purement psychologique. Parce qu'on ne supporte pas les injustices, les aléas de la vie, notre vulnérabilité, on se laisse

---

[211] M. Bachelet, « Les droits de l'homme à l'ère du numérique », ohchr.org, 17 oct. 2019.

[212] A. Camus, « Entretien », *La Gazette de Lausanne* 27-28 mars 1954.

habiter par ce besoin d'être téléguidés par un être supérieur et omniscient. La vie et la liberté qui s'y attache naturellement sont sources d'angoisse, d'incertitude. Big Data, IA et toutes ces nouvelles divinités permettent de rassurer ces hommes à qui la souveraineté individuelle fait peur. Ils promettent une organisation idéale des choses grâce à une emprise sur la totalité des phénomènes. On croyait que Dieu était mort, depuis que Friedrich Nietzsche en avait dressé l'acte de décès, mais nous l'avons ressuscité sous forme numérique et lui avons même donné un nouveau ciel : le *cloud computing*. Le besoin de transcendance des hommes semble plus fort que tout. Ce n'est pas un hasard si un ancien ingénieur de Google, Anthony Levandowski, a fondé une église de l'intelligence artificielle.

96. Un contrat social numérique. Le téléguidage des vies, appelé à s'étendre toujours plus, porte atteinte à la démocratie et à la politique en diminuant l'autonomie du jugement des personnes et en déshabituant à penser par soi-même et de manière critique. Il s'agit pourtant là des éléments clés sur lesquels Spinoza avait fait reposer son *Traité politique* en 1677 : « Nul ne peut céder sa faculté de juger ». On se laisse administrer, individuellement et collectivement, par des IA. On perd conscience de nous-mêmes. Ce totalitarisme doux fait que l'humain n'est plus que l'ombre de lui-même. On s'abandonne à des pouvoirs qui triomphent grâce à une promesse de confort et de bien-être. Et il semble que les principes fondamentaux de l'héritage humaniste, jusque-là constitutifs de notre culture et de notre politique, soient peu de choses en comparaison, si bien que l'humain, avec sa vulnérabilité mais aussi sa liberté, devient obsolète[213].

Le *Contrat social* de Jean-Jacques Rousseau repose sur une forte critique de la domination et de l'oppression qui régnaient dans les sociétés de l'époque. Mais, pour le philosophe genevois, cette situation n'est pas fatale et, pour être légitime, tout pouvoir doit reposer sur le libre consentement de tous. C'est cela un contrat social. Un contrat social numérique est-il envisageable, contre la tyrannie numérique qui s'impose à des utilisateurs dépossédés de leurs souverainetés personnelles ? Le pacte social n'est juste que s'il respecte la souveraineté populaire. Et Rousseau pouvait soutenir qu'un peuple ne doit renoncer en aucun cas à sa faculté de choisir lui-même les lois sous

[213] G. Anders, *L'Obsolescence de l'homme – Sur l'âme à l'époque de la deuxième révolution industrielle* (1956), L'Encyclopédie des nuisances, 2002.

lesquelles il peut vivre. Or la loi des IA n'est pas choisie mais plutôt subie. « L'homme est né libre et partout il est dans les fers »[214] : on ne saurait mieux décrire la société numérique. Pourtant d'autres horizons sont possibles. La loi des IA requiert un cadre politique véritable mais, pour l'heure, elle en est largement dépourvue. Alors que les géants du web peuvent être tentés d'aliéner les libertés en plaçant leurs utilisateurs dans des silos comportementaux, il revient à chacun de mesurer les enjeux et de reprendre la main sur soi-même. La loi des IA dépend uniquement de sa forte effectivité. Par conséquent, cette dépendance à l'égard de son effectivité la rend plutôt fragile et, surtout, fait qu'elle est entièrement dépendante de sa réception par ses destinataires, qui ont donc son sort entre leurs mains — contrairement aux apparences. La souveraineté individuelle comme la souveraineté populaire demeurent totalement possibles. Pour Étienne de La Boétie, qui aurait pu tenir exactement ce discours à l'égard des GAFAM, « les tyrans, plus ils pillent, plus ils exigent, plus ils ruinent et détruisent, plus on leur baille, plus on les sert, de tant plus ils se fortifient et deviennent toujours plus forts et plus frais pour anéantir et détruire tout »[215]. Mais il ajoutait aussi que, « si on ne leur baille rien, si on ne leur obéit point, sans combattre, sans frapper, ils demeurent nus et défaits et ne sont plus rien, sinon que comme la racine, n'ayant plus d'humeur ou aliment, la branche devient sèche et morte »[216]. Les hommes conservent leur sort entre leurs mains.

Les intelligences artificielles sont forcément politiques et même idéologiques, jamais neutres. On fabrique ces extraordinaires outils afin qu'ils produisent des significations différentes, des cadres originaux, des routes nouvelles, dessinant le monde de demain, un monde tout autre de celui d'hier. Les IA façonnent un environnement technologico-politique particulier dans lequel chacun est amené à vivre, à penser et à juger autrement. La société pourrait n'être bientôt plus qu'une société de calculs, réduite en nombres, en fonctions mathématiques, en statistiques et en indicateurs. À partir du passé, les calculateurs définissent et organisent la réalité d'aujourd'hui et de demain. Ils produisent des conventions et des systèmes d'équivalence qui choisissent certains objets et certaines valeurs au

[214] J.-J. Rousseau, *Du contrat social*, 1762.
[215] É. de La Boétie, *Discours de la servitude volontaire ou le contr'un*, 1576.
[216] *Ibid.*

détriment des autres, redessinant progressivement et insidieusement les cadres cognitifs et culturels des sociétés contemporaines. Les algorithmes, quand ils ne sont pas réglés afin de servir l' « autopropagande invisible » et enfermer chacun sur lui-même, cherchent à enfermer chacun dans certains environnements bien choisis, cadrer les conduites, formater les esprits, décider des désirs, standardiser les besoins, donc favoriser le suivisme, le panurgisme, et éliminer au maximum les envies et les modes de vie alternatifs — ceux-ci étant trop peu monétisables. Les utilisateurs se retrouvent donc placés dans des silos de comportement et de consommation tracés par les algorithmes. Quand la normalité devient normativité.

Pourtant, lorsqu'un homme fait un choix, c'est toujours en pesant la part du bien et celle du mal et, normalement, en choisissant l'option dans laquelle le bien pèse le plus. Or le jugement du bien et du mal peut-il raisonnablement se traduire en statistiques, graphiques et équations ? Les problématiques humaines peuvent difficilement être abandonnées à des ordinateurs. Déjà l'explosion des médias au XXe siècle, et notamment de la télévision, avait sensiblement diminué la capacité d'esprit critique des individus, comme l'a montré Marshall McLuhan[217]. Il faut craindre que l'omniprésence des IA et de l'univers numérique en général exerce une influence encore plus fortement négative. Leur autorité enferme dans des illusions qui coupent de la réalité. Guy Debord, au milieu du XXe siècle, avait déjà montré combien les humains étaient sous l'emprise des marchandises, comme drogués par la consommation, mais inconscients de leur aliénation. Il réactualisait ainsi la critique du fétichisme de la marchandise, que Karl Marx avait développée en 1867 dans *Le Capital*. Selon lui, la prégnance des médias fait que le monde, pour la majorité des individus, n'a plus rien de réel : il devient artificiel, un « spectacle », parce qu'il n'est plus que « ce qu'en disent les médias »[218]. Aujourd'hui, de plus en plus, le monde n'est plus que « ce qu'en disent les IA ». Les hommes deviendraient ainsi, massivement, des « barbares » : « Le barbare n'est plus au bout de la Terre, il est là, constitué en barbare précisément par sa participation obligée à la même consommation hiérarchisée »[219]. La standardisation des hommes par les IA est une barbarie en ce qu'elle nie l'humanité des hommes, leur liberté de désirer et de choisir.

---

[217] M. McLuhan, *Understanding Media – The Extensions of Man*, 1964.
[218] G. Debord, *La Société du spectacle* (1967), Folio, 1996.
[219] *Ibid.*

III. Une société des IA liberticide et anti-humaniste ?

97. Libertés fondamentales et numérique : une relation ambigüe. L'histoire des sciences nous rappelle combien il faut savoir changer et s'adapter aux nouvelles circonstances, aux nouvelles connaissances. Longtemps, le modèle de Ptolémée demeura incontestable alors pourtant qu'il devenait très contestable, rendant illisible le mouvement des astres. Un jour, on le remplaça : on déplaça vers le soleil le centre du système et tout redevint limpide. De même, s'agissant des savoirs des sciences humaines et sociales, et notamment des savoirs juridiques, faut-il pouvoir s'adapter et accepter les limites de ce qui vient du passé. L'informatique et l'IA, avec leur vitesse et leur flexibilité, peuvent apporter beaucoup au droit comme à tant de domaines. La société numérique permet, pour une part, d'augmenter qualitativement et quantitativement les libertés individuelles et collectives, au moins en théorie. De l'accès à tous les savoirs du monde depuis un même terminal jusqu'aux témoignages de l'oppression dans certains pays fermés en passant par les civil techs et leurs apports à la démocratie directe ou à la démocratie plus participative, on ne compte plus les bénéfices que le numérique apporte aux droits et libertés. La liberté de s'informer, par exemple, est théoriquement largement amplifiée par les services du web. Et pourtant l'information n'a jamais été aussi en crise qu'actuellement. Le monde numérique est ainsi pétri de contradictions, lesquelles ne sont pas autre chose que le reflet des contradictions humaines. L'accès aux différentes sources d'information augmente normalement de beaucoup les capacités de s'informer ; et, en même temps, les fausses informations en profitent pour se propager comme jamais. Les autoroutes de l'information deviennent dans le même mouvement des autoroutes de la désinformation. La liberté de communication individuelle et collective est également grandement favorisée par les nouveaux canaux de communication numérique. Et les hommes n'ont jamais aussi mal communiqué entre eux, prenant l'habitude d'appeler « amis » de simples connaissances et de discuter en plaçant des murs entre soi et autrui, comme sur Facebook. Selon l'article 11 de la Déclaration des droits de l'homme et du citoyen, « la Libre communication des pensées et des opinions est un des droits les plus précieux de l'homme, tout citoyen peut donc parler, écrire, imprimer librement, sauf à répondre de l'abus de cette liberté dans les cas déterminés par la loi ». L'apport des nouvelles technologies à l'effectivité de cette liberté fondamentale est ambigu. On peut échanger, sans coût et instantanément, avec quelqu'un qui se trouve à l'autre bout de la planète, mais on ne connaît plus son voisin et la société se communautarise. Le téléphone portable constitue un vecteur très novateur de communication quels que soient les déplacements effectués. Il est en même temps l'instrument de l'assujettissement et de l'abêtissement déjà évoqués. Les forums numériques pourraient être un grand progrès démocratique, reconstituant les forums de l'antiquité. Ils sont dans les faits essentiellement utilisés par ceux qui souhaitent exprimer méchanceté, bêtise, manque de maturité ou jalousie. Quant aux réseaux sociaux, plutôt que d'augmenter la socialité, ils favorisent l'égocentrisme. La liberté de création et d'expression trouve de nombreux nouveaux supports ; et pourtant on n'a jamais autant manqué d'imagination, de créativité.

Le numérique et l'IA peuvent apporter beaucoup à la défense et à l'effectivité des droits et libertés fondamentaux. Ils permettent de s'interconnecter et de communiquer dans le monde entier. Ils favorisent le cryptage et la transmission sécurisée de données et de procédures afin de défendre et promouvoir les droits de l'homme dans des pays qui les malmènent. On peut même utiliser l'IA pour prédire et donc anticiper les violations des droits de l'homme et y mettre un terme plus efficacement. Malgré les grands apports des IA et du numérique en général aux droits et libertés fondamentaux, il semble que, concrètement, leur effet soit surtout de les brider. De nombreux auteurs au XXe siècle ont montré les limites de la rationalité technique. La rationalisation croissante des machines et l'augmentation de leurs performances et de leurs rendements ne sont nullement la condition d'une libération des hommes, bien au contraire. Déjà dans les années 1920 et 1930, des intellectuels critiquaient l'emprise des machines sur les humains, notamment dans le monde du travail[220]. Recevant le Prix Nobel de littérature en 1927, Henri Bergson expliqua qu' « on avait pu croire que les applications de la vapeur et de l'électricité, en diminuant les distances, amèneraient d'elles-mêmes un rapprochement moral entre les peuples : nous savons

---

[220] Par exemple, R. Rolland, *La révolte des machines*, 1921.

aujourd'hui qu'il n'en est rien ». Le machinisme et le technicisme, depuis longtemps, tendent à faire disparaître les traits originaux et l'individualité des hommes. En 1930, Gina Lombroso décrivit l'industrialisation comme un symptôme de décadence intellectuelle et morale[221]. L'année suivante, Oswald Spengler écrivit que « la mécanisation du monde est entrée dans une phase d'hyper tension périlleuse à l'extrême. […] Un monde artificiel pénètre un monde naturel et l'empoisonne. La civilisation est elle-même devenue une machine »[222]. Et Nicolas Berdiaev d'ajouter que, « si la technique témoigne de la force et de la victoire de l'homme, elle ne fait pas que le libérer, elle l'affaiblit et l'asservit aussi. Elle mécanise sa vie, la marquant de son empreinte. […] La machine détruit l'intégralité et la coalescence anciennes de la vie humaine »[223]. Ces analyses sont-elles renforcées ou bien contredites par la révolution numérique et les techniques qui s'ensuivent ? Il semble bien que, aujourd'hui plus encore qu'hier, la machinité constitue la nouvelle menace envers l'humain. Alors que les plus récentes technologies devraient augmenter l'homme, on évoque un « humain simplifié »[224], lequel est plus aisé à réduire en données. Cette machinité menace la vie de chacun, standardisée, stéréotypée et sans saveur, mais aussi la vie collective, les relations inter-individuelles et les rapports de groupe. Il se produirait aujourd'hui peu ou prou le phénomène décrit par Georges Duhamel en 1933 : « La machine manifeste et suppose non pas un accroissement presque illimité de la puissance humaine, mais bien plutôt une délégation ou un transfert de puissance. […] Je ne vois pas, dans le machinisme, une cause, pour l'homme, de décadence, mais plutôt une chance de démission. […] Nous demandons à nos machines de nous soulager non seulement des travaux physiques pénibles, mais encore d'un certain nombre de besognes intellectuelles. […] Notre goût de la perfection, l'une de nos vertus éminentes, nous le reportons sur la machine »[225]. Les grands progrès de l'informatique semblent largement confirmer ces observations. On se lance sans réfléchir dans le progrès technique, considérant qu'il serait toujours ipso

---

[221] G. Lombroso, *La Rançon du machinisme*, Payot, 1930.

[222] O. Spengler, *L'homme et la technique*, 1931.

[223] N. Berdiaev, *De la destination de l'homme – Essai d'éthique paradoxale*, 1931.

[224] J.-M. Besnier, *L'homme simplifié : le syndrome de la touche étoile*, Fayard, 2012.

[225] G. Duhamel, « Sur la querelle du machinisme », *La Revue de Paris* 1933, vol. 2, p. 721.

facto un progrès humain. Mais tel n'est pas nécessairement le cas, tel ne l'a jamais été. Mieux vaut être prudent en matière de nouvelles techniques et toujours s'assurer qu'elles répondent à des besoins humains réels, non artificiels, créés afin de générer autant de nouveaux profits si besoin en déshumanisant les hommes. Simone Weil, à la même époque, pouvait décrire le progrès technique comme n'apportant guère de bien-être mais beaucoup de misère physique et morale[226]. Les IA apportent une grande utilité, comme beaucoup d'outils, mais cela génère-t-il réellement du bien-être ?

En 1952, alors que les logiques productivistes-consuméristes tendaient à imposer leur mode d'organisation à l'ensemble de la société, Jacques Ellul montra que l'éclosion de la société de consommation contribuait par sa nature à instaurer des mode d'existence toujours plus soumis à des schémas rationnels favorisant l'essor de structures asymétriques de pouvoir. Mais il considéra aussi que la technique était devenue un processus autonome, dont les hommes auraient perdu le contrôle — d'où le dicton populaire « on n'arrête pas le progrès ». Pour Jacques Ellul, « le phénomène technique est la préoccupation de l'immense majorité des hommes de notre temps, de rechercher en toutes choses la méthode absolument la plus efficace »[227]. D'autres critères ne devraient-ils pas primer sur celui de l'efficacité ? L'addiction à l'utilité et à l'efficacité est notamment ce qui explique aujourd'hui le succès des IA dans de très nombreux domaines. Mais cela ne profite pas forcément au niveau de bonheur intérieur brut des populations. La liberté, en particulier, en pâtit. Ce n'est sans doute pas sans raisons que, en 1954, Martin Heidegger a affirmé que la technique serait la manifestation ultime de la volonté de puissance et que, de ce fait, elle constituerait le plus grand danger pesant sur l'humanité[228].

Ce qui diffère entre l'époque à laquelle Martin Heidegger ou Jacques Ellul ont écrit et l'époque actuelle, c'est que la technique, si elle séduisait puis contraignait les hommes, demeurait une force extérieure n'intervenant que dans certaines situations précises, concernant des tâches bien définies.

---

[226] S. Weil, *Réflexions sur les causes de la liberté et de l'oppression sociale* (1934), Folio, coll. Essais, 1998.

[227] J. Ellul, *La Technique ou l'enjeu du siècle* (1952), Economica, 2008, p. 18.

[228] M. Heidegger, « La question de la technique », in *Essais et conférences* (1954), Gallimard, 1980.

Aujourd'hui, la technique envahit quasiment toutes les séquences du quotidien. Trois seuils ont ainsi été franchis : le fait que les technologies numériques intègrent tous les moments de la vie ; leur capacité à infléchir les comportements ; le rapprochement étroit entre technique et économie, si bien qu'il n'existe plus qu'un monde technoscientifique inféodé aux instances économiques qui dictent les trajectoires à emprunter[229].

Le danger n'est pas que les robots détruisent les hommes mais que les hommes détruisent les hommes grâce aux robots. L'écotopie de la Silicon Valley, autrefois, ambitionnait de produire une technique délivrée de son pouvoir aliénant. Mais l'économie de la Silicon Valley produit, au contraire, des instruments qui, de plus en plus, subrogent les capacités des hommes et ainsi les diminuent et les rendent dépendants à ces prothèses sans lesquelles ils deviennent des incapables. C'est ainsi que Yuval Harari peut conclure son ouvrage *Homo Deus* par la défaite de l'individu conscient et autonome, le libre arbitre étant balayé par la science et la technologie.

98. Le changement de statut de l'humain : de sujet à objet. L'informatique est la science du traitement automatique et rationnel de l'information et ses applications. Sa vocation, avant de muter il y a peu, a toujours consisté à permettre la conservation et la manipulation aisée des informations. Progressivement, il s'est aussi agi de donner une visibilité aux phénomènes contenus dans les données, permettant davantage de maîtrise de la part d'entités ou de personnes dans l'exercice de leurs activités professionnelles ou privées. Aujourd'hui, de manière assez imperceptible bien que rapide et massive, l'informatique devient une instance vouée non plus à informer mais à orienter — sans nécessairement expliquer.

On sait que les statistiques ne sont pas toujours les meilleures conseillères, car l'homme libre et souverain est imprévisible. Ainsi, alors qu'on mesure et calcule tout, on ne sait pas mieux aujourd'hui qu'hier prédire les crises financières, les tremblements de terre ou les résultats des élections[230]. Lors d'un référendum récent sur l'indépendance de l'Écosse, les analystes prévoyaient un résultat sans appel : 60 % de votes pour le oui. Et c'est le non

---

[229] É. Sadin, *L'intelligence artificielle ou l'enjeu du siècle – Anatomie d'un antihumanisme radical*, L'échappée, coll. Pour en finir avec, 2018, p. 32.

[230] N. Silver, *The Signal and the Noise – Why so Many Predictions Fail – But some Don't*, Penguin Books, 2012.

qui l'emporta. Aujourd'hui, avec les IA et la mise en données du monde, on veut réduire l'aléa. Mais cela implique nécessairement, de manière quasi-proportionnelle, une diminution de la liberté des individus. En ce sens, la société des IA, voulant réduire l'incertitude et augmenter la calculabilité de toute chose, ne semble pouvoir être que liberticide. Elle renverse le sens de l'action humaine et de l'humanité, notamment en nous déchargeant du poids de la responsabilité. Les algorithmes ont besoin de concordances. Mais le monde est plein d'imperfections, de discordances. Et, au cœur des malfaçons fondamentales du monde, il y a l'humain. Avec ses capacités intellectuelles limitées, ses croyances, ses hésitations, ses erreurs de jugement et son attachement aux traditions, l'homme est perçu comme le principal vecteur d'inertie, le principal frein au progrès et à la dynamique technico-économique. L'homme est donc l'ennemi et il faut, si ce n'est l'éliminer, du moins le diminuer afin qu'il ne retarde plus les formidables avancées exponentielles de l'univers. Pour le meilleur, les individus doivent oublier leur libre arbitre et se laisser en toute occasion guider. Ils seront ainsi sauvés de leur misérable condition naturelle.

La pertinence, l'efficacité et le confort des intelligences artificielles, omniprésentes dans les décisions et les conduites quotidiennes, tendent à endormir le sens des responsabilités, l'autonomie et l'individualité. Or ne faudrait-il pas conserver, pour reprendre une expression de John Stuart Mill, un « droit à l'errance », une capacité à dévier, à délibérer intérieurement, à innover, à s'autogouverner, à choisir et à se choisir, en somme à être libre ? Par exemple, à l'ère de la voiture autonome, obligera-t-on la population à rouler en voiture automatique-connectée ou acceptera-t-on encore les conducteurs traditionnels, bien que cela ne soit pas profitable à la communauté, à l'intérêt général, car ils provoquent des accidents et une gestion plus difficile du trafic, créant des situations non optimales pour le reste du groupe ? Le premier choix est utilitariste, en faveur du collectif, le second est individualiste, protecteur des libertés individuelles en préservant la possibilité d'exprimer une personnalité singulière y compris sur la route. Revient l'ancestral débat libre arbitre contre déterminisme. En amenant les hommes à de moins en moins réfléchir, penser, garder en mémoire et prendre des décisions, l'intelligence artificielle risque de nuire à l'intelligence humaine. Cela conduit à s'inquiéter du pouvoir injonctif des IA, lequel serait profondément antihumaniste[231]. À des fins de normalisation et d'optimisation, on formate et limite la faculté de jugement et d'action, on y substitue des protocoles informatiques afin d'infléchir dans un sens prédéterminé les actes, de réduire la liberté, de décider à la place de chacun. Ainsi s'agirait-il d'éviter les erreurs, la déviance, cela dans la veine d'une idéologie selon laquelle, Dieu n'ayant pas terminé la création, les hommes devraient être corrigés de leurs défauts, remis dans le droit chemin. Les nouvelles technologies seraient très utiles pour cela en permettant de parer à nombre de travers humains fort coûteux, notamment socialement.

Une telle vision utilitariste, collectiviste et même hygiéniste n'est évidemment assumée par personne. Elle paraît pourtant bel et bien empreindre pour une part l'environnement idéologique dans lequel les IA se développent. Celles-ci servent un mouvement global d'hyper-rationalisation des sociétés, dans lesquelles on veut à tout instant prendre les meilleures décisions afin de tout optimiser et tout maximiser. Au-delà, et pour la première fois de l'histoire, les vérités — avec leur valeur idéologique, distinctes des réalités matérielles — sont définies par des machines, par des technologies jouissant d'une immense puissance performative.

L'évolution la plus grave impliquée par l'économie numérique est peut-être la rupture de cette équation du credo libéral qui depuis deux siècles veut que le progrès technico-économique accompagne et conforte un accroissement

---

[231] É. Sadin, *L'intelligence artificielle ou l'enjeu du siècle – Anatomie d'un antihumanisme radical*, L'Échappée, 2018. Le philosophe distingue quatre niveaux parmi les injonctions technologiques, selon leur plus ou moins grande capacité à décider à la place de l'humain : le niveau « incitatif » (avec l'exemple du GPS, qui laisse une certaine marge de manœuvre aux conducteurs), le niveau « impératif » (lorsqu'il s'avère plus difficile de ne pas suivre les indications des IA, à l'image de ces *chatbots* qui font passer des entretiens d'embauche et indiquent à l'humain, qui est encore dans la boucle, qui il doit recruter, ou des exemples des algorithmes des banques, de la justice prédictive ou de la police prédictive), le niveau « prescriptif » (notamment dans le cas de la médecine, où il est quasiment impossible de ne pas suivre les diagnostics de l'IA tant cela semble risqué) et le niveau « coercitif », le plus impactant, quand l'homme est totalement obligé par la machine, sans plus aucune liberté d'action propre (par exemple dans les domaines de l'économie et du travail où des mégadonnées sont analysées en temps réel et permettent à des algorithmes de passer des commandes à des manufacturiers et à un personnel qui ne peut alors que s'exécuter face à des contremaîtres insensibles et informels).

des libertés individuelles. Aujourd'hui, tandis que les nouveaux moyens de communication renforcent les solitudes interactives, de nouvelles hiérarchies sociales et de nouvelles servitudes s'imposent dans une forme de « paternalisme libertaire »[232]. La technologie numérique est utilisée non seulement pour surveiller et classer, mais aussi pour influencer. Les données sont monétisées et politisées. Les hommes deviennent dépendants aux techniques et perdent d'autant leurs libertés. Depuis des siècles, la prospérité allait de pair avec le développement et la protection des droits et libertés individuels. Avec l'économie des données et des IA, le phénomène inverse se produit et, plus généralement, divers droits et libertés fondamentaux se trouvent malmenés. Sont atteints ou pourraient être atteints le fonctionnement du système constitutionnel, la mécanique électorale, l'indépendance de la justice, la transparence de la vie publique et de l'administration, l'égalité et l'absence de discriminations, la protection de la vie privée et des données, la liberté d'expression, la liberté académique, la liberté de croyance et notamment de religion, le droit à un traitement équitable, les droits des personnes issues des minorités, ainsi que divers droits économiques et sociaux. Le fait que des décisions individuelles ou collectives soient prises sur la base de ces systèmes informatiques, en l'absence de toute transparence, responsabilité ou garanties quant à leur conception, leur fonctionnement et la manière dont ils peuvent évoluer au fil du temps, aggrave le problème.

La loi des IA, dès lors qu'elle est associée à des services tels que les réseaux sociaux, peut poser des difficultés au pluralisme des courants de pensée et d'opinion, à la liberté d'entreprendre, au droit de la concurrence, au droit d'auteur, ou encore au droit à la sûreté et à la lutte contre la délinquance et la criminalité[233]. Surtout, elle agit comme une force centripète à l'égard de nombreux droits et libertés. En premier lieu, elle interroge fortement le droit au respect de la vie privée et la protection des données à caractère personnel — si certaines des informations que les algorithmes traitent ne sont pas confidentielles, beaucoup le sont. Cette loi des IA est bien moins contraignante que la plupart des lois étatiques en matière de collecte, de

[232] C. Sunstein, *Why Nudge? The Politics of Libertarian Paternalism*, Yale University Press, 2014.

[233] *Cf.* S. Larrière, « Confier le droit à l'intelligence artificielle : le droit dans le mur ? », *RLDI* 2017, n° 134, p. 38 s.

conservation et d'utilisation des données personnelles. Face au foisonnement des données disponibles et aux possibilités de filtrage et d'agrégation, le consentement par défaut et obligatoire des utilisateurs ne peut qu'être remis en cause. Or la loi des IA n'existerait pas sans recueil massif de données personnelles — *a fortiori* si les données comportementales doivent s'analyser telles des données personnelles.

Tout cela interpelle l'historien israélien Yuval Harari, qui se demande si les applications industrielles de l'IA, qui en viennent à connaître les individus mieux que les individus eux-mêmes se connaissent, ainsi que les nudges de plus en plus omniprésents, ne conduisent pas à déléguer la capacité de choisir et de décider à des machines, donc à s'y soumettre dans des pans entiers de la vie individuelle, sociale et professionnelle[234]. La mathématicienne et militante américaine Cathy O'Neil déplore en ce sens que des « armes de destruction mathématiques » (« *Weapons of Math Destruction* ») décident des affectations des étudiants dans les universités, accordent les crédits, fixent les habitudes de consommation, attribuent les emplois et, surtout, déterminent les votes lors des élections[235]. Il serait donc impératif de prendre conscience et de se protéger de l'emprise et des dérives des algorithmes, rendues possibles par la connexion permanente des individus et par la puissance de calcul toujours plus importante des ordinateurs. Car les hommes deviennent ainsi des machines. L'humanité perd du terrain au profit de la machinité. L'héritage humaniste se laisse remplacer par un avenir machiniste. Après que l'homme, durant des siècles, a cherché à détourner, contenir ou sublimer son versant animal ou bestial, le concurrent de l'humanité n'est aujourd'hui plus l'animalité mais la machinité[236]. Cette

---

[234] Y. Harari, *Homo Deus – Une brève histoire de l'avenir*, Albin Michel, 2017.

[235] C. O'Neil, *Weapons of Math Destruction – How Big Data Increases Inequality and Threatens Democracy*, Crown, 2016 ; *Algorithmes – La bombe à retardement*, Les Arènes, 2018. Il faut toutefois noter que Cathy O'Neil cite essentiellement des exemples et anecdotes américains et que nombre des situations décrites sont supposées ne pas pouvoir se produire en Europe, où le droit est quantitativement et qualitativement plus protecteur des individus, notamment de leur vie privée et de leurs données personnelles.

[236] A.-L. Thessard, « La triade animalité, humanité, machinité – De la Sauvagerie animale à la Sur-sophistication de la machine », in B. Barraud, dir., *L'intelligence artificielle – Dans toutes ses dimensions*, L'Harmattan, coll. Europe & Asie, 2020, p. 287.

dernière a sans doute toujours accompagné l'homme. Les comportements machinaux existent depuis aussi longtemps qu'il existe des dogmes et du panurgisme. Cela est surtout vrai depuis que la pensée mécaniste de la Renaissance a remplacé une vision déiste du monde (dont l'anti-modèle était le naturel) par une vision mécaniste du monde (dont l'anti-modèle est la subjectivité)[237]. L'humanité de l'être humain est donc aux prises avec deux menaces opposées : celle de la réduction naturaliste à l'animalité et celle de la réduction mécaniste de la subjectivité. Avec le monde des IA dans lequel on entre, c'est clairement la machinalisation de l'homme qu'il faut redouter, au point peut-être d'en venir à regretter la part de bestialité des hommes devenus objets plus que sujets.

Le bon ordre que les IA doivent instaurer achoppe sur un problème de taille : l'humain. Celui-ci doit être éliminé ou, du moins, diminué au maximum afin qu'il puisse exprimer sa pleine mesure. Depuis le début de l'ère industrielle, l'humain est un obstacle du fait des coûts qu'il génère, des erreurs qu'il commet et de la force d'inertie qu'il oppose. L'homme freine toujours la grande machine économique. La nature de l'IA, qui calcule tout, entre en contradiction avec celle de l'homme, dont l'intelligence comprend des parts de bon sens, de spontanéité, de créativité mais aussi de folie ou de versatilité. L'homme risque donc de faire dérailler la machine. Il exerce une forme de pesanteur qui contrarie l'IA. Celle-ci doit par conséquent exclure au maximum l'humain de son fonctionnement. Ainsi, plus il y a d'IA, moins il y a d'humanité, et inversement. Anti-humanistes, beaucoup d'IA diminuent l'intelligence humaine ; et l'homme sans intelligence est moins humain.

99. Colonisation numérique. Un algorithme est une construction humaine : des entrepreneurs en ont l'idée, des ingénieurs le paramètrent, des programmeurs le codent, des éditeurs fabriquent des logiciels qui rétroagissent avec lui, des sous-traitants imposent des conditions qui l'influencent, des dirigeants prennent des décisions stratégiques qui se répercutent sur lui etc. Ce sont autant de personnes qui, d'une manière ou d'une autre, possèdent un pouvoir à l'égard de l'algorithme et qui peuvent éventuellement lui conférer un aspect politique. Les critères, les paramètres et les données qui font qu'un algorithme produit certains résultats plutôt que d'autres sont déterminés par des hommes et il est largement possible de faire

---

[237] *Ibid.*

dire à l'algorithme certaines choses plutôt que d'autres. C'est pourquoi il semble que les algorithmes informatiques réellement neutres soient rares. Un algorithme peut être — et est souvent — conçu afin de permettre à certaines valeurs de dominer. Et, même lorsque ses concepteurs souhaitent en faire un outil parfaitement objectif, les valeurs qu'ils portent ne peuvent que transparaître dans l'instrument créé[238].

Plus encore, le code informatique lui-même est politique. Les algorithmes ne sont-ils pas des opinions exprimées dans du code ? Et l'architecture technologique et le design sont des actes politiques. Ils dessinent les contours d'un nouveau monde différent de celui d'hier. Par exemple, ils peuvent optimiser les systèmes financiers ou bien développer les communs et mettre en retrait la propriété privée, autant de cadres pour les sociétés de demain qui ne vont pas de soi et que la technologie contribue à forger, souvent de manière silencieuse mais peut-être irrévocable.

Derrière l'apparente complexité de la technologie et du code, les objectifs des algorithmes ne sont que peu originaux : il s'agit de centraliser le pouvoir au sein de structures ordonnées et cohérentes, à l'image des bureaucraties, à tel point que certains en viennent à comparer les GAFAM à des États[239]. À l'image des bureaucraties, les algorithmes — nouvelle forme de technocratie — sont conçus pour être impénétrables. La loi des IA, ensemble de normes tacites, inexprimées, formalisées seulement dans du code, est donc associée à une opacité peu satisfaisante, quel que soit le contenu et la portée des normes en cause. Et cela *a fortiori* dès lors que l'effectivité de ces normes dépend intimement de la confiance quasi-aveugle que les utilisateurs des services font aux algorithmes. Comme les bureaucraties, les IA refusent la transparence afin de préserver leur fonctionnalité. De Facebook à Google, on justifie le secret des algorithmes par le besoin de préserver des secrets industriels et technologiques, ainsi que le secret des affaires ; mais l'enjeu est aussi de masquer les lacunes et défauts et d'éviter les contestations. On forge savamment, à grand renfort de communication, une image d'infaillibilité et

---

[238] Par ailleurs, les algorithmes auto-apprenants peuvent en venir à fabriquer leurs propres systèmes de valeurs à mesure qu'ils s'auto-dirigent dans une certaine voie, cela sans que leurs concepteurs l'aient voulu.

[239] Par exemple, J.-B. Duclercq, « Les effets de la multiplication des algorithmes informatiques sur l'ordonnancement juridique », *Comm. com. électr.* 2015, n° 11, p. 15 s.

de superpuissance afin d'éviter que le public n'ait ne serait-ce que l'idée d'émettre une quelconque critique. Cela aboutit à des « boîtes noires » qui enregistrent les données et les traitent, dont on peut observer et subir les effets, mais sans en comprendre le fonctionnement[240].

L'opinion publique s'insurge généralement haut et fort dès qu'un parlement ou un gouvernement a l'idée d'une loi sur le renseignement afin de lutter plus efficacement contre certaines menaces actuelles, un pareil texte étant perçu comme par trop liberticide. Mais, aujourd'hui, les véritables espions et les véritables services de renseignement sont ceux des multinationales des données. Ce sont elles qui connaissent dans leurs moindres détails tous les faits et gestes des individus. Alors que le « technolibéralisme » serait la grande mutation du libéralisme, devenant libéralisme augmenté, la véritable question des contre-pouvoirs est désormais celle des contre-pouvoirs face aux géants de l'économie numérique. Beaucoup acceptent sans autre forme de procès la visibilisation intégrale de la vie sociale et même de la vie privée. Dans *1984* de George Orwell, le télécran[241] possède des angles-morts grâce auxquels on peut échapper à la surveillance. Aujourd'hui, ces moyens de se soustraire au contrôle sont le refus des réseaux sociaux et des objets connectés. Mais il est difficile de se convaincre d'un tel choix car le Big Brother omnipotent, précisément identifié et dont les missions étaient précisément définies, a laissé la place à une diversité de services *a priori* beaucoup moins effrayants et dont ce que l'on voit surtout est l'utilité — immense et incontestable dans d'innombrables domaines.

Le web est devenu « un immense magasin en ligne, une gigantesque matrix commerciale où nous évoluons, connectés, géolocalisés, recommandés, déchiffrés par des algorithmes, tous nos désirs les plus intimes craqués, flattés, devancés et assouvis »[242]. Les IA ont vocation à investir des pans

---

[240] F. Pasquale, *The Black Box Society – The Secret Algorithms That Control Money and Information*, Harvard University Press, 2015.

[241] Le télécran est à la fois un système de télévision, qui diffuse en permanence les messages de propagande du Parti, et un outil de vidéo-surveillance permettant à la Police de la Pensée d'entendre et de voir ce qui se fait dans chaque pièce où se trouve un individu.

[242] F. Joignot, « De l'utopie à un capitalisme de surveillance », *Le Monde* 16 févr. 2019.

toujours plus étendus des activités humaines[243]. Le partage aristotélicien entre *polis* et *oikos,* la cité et la maison, s'estompe sous l'action de ces puissances du numérique qui souhaitent être continuellement présentes à nos côtés. Il se pourrait même que les réseaux sociaux véhiculent volontairement la thèse de l'archaïsme de la vie privée afin de légitimer leur développement. Ces réseaux sociaux présentent en tout cas certains traits caractéristiques du panoptique, cette architecture carcérale imaginée par le philosophe utilitariste Jeremy Bentham à la fin du XVIIIe siècle et dont le but est de permettre à un gardien, situé dans une tour centrale, de pouvoir surveiller tous les prisonniers, sans que ceux-ci puissent savoir s'ils sont observés[244]. Michel Foucault en fit plus tard le modèle abstrait d'une société disciplinaire, ordonnée et fonctionnant à base de contrôle social[245]. Se pose donc la question de la capacité de la société numérique à être une société démocratique et ouverte plutôt qu'une société tyrannique et fermée. La démocratie, partout dans le monde, connaît des crises majeures. Or nul doute que les IA et les puissances qui les produisent et exploitent jouent un rôle dans ces crises.

Une autre caractéristique de la loi des algorithmes est qu'elle est un des vecteurs de l'américanisation du droit européen, phénomène observé depuis longtemps et qui semble se poursuivre actuellement. À travers cette « loi », c'est une vision particulière de l'homme et de la société — et donc du droit qui les accompagne — qui se propage. Elle contribue à la colonisation numérique de l'Europe par les États-Unis et, en cela, présente déjà un aspect politique. D'ailleurs, les diverses initiatives récentes des institutions de l'Union européenne afin de contrer ou, du moins, limiter ce mouvement attestent de sa réalité. La Californie est le lieu où s'imaginent un autre modèle de société et un nouvel imaginaire politique. Cette nouvelle approche, reposant — de prime abord du moins — sur la collaboration et le partage, valorisant l'innovation, l'entrepreneuriat et l'association, ne manque pas d'imprégner les algorithmes des GAFAM et des réseaux sociaux[246].

---

[243] É. Sadin, *L'humanité augmentée – L'administration numérique du monde,* L'échappée, 2013.

[244] J. Bentham, *Le Panoptique,* 1780.

[245] M. Foucault, *Surveiller et punir,* Gallimard, 1975.

[246] *Cf.* M. Dagnaud, *Le modèle californien – Comment l'esprit collaboratif change le monde,* Odile Jacob, 2016.

Toutefois, ceux-ci répondent également à bien d'autres objectifs dont certains sont économiques — par exemple lorsque l'intelligence artificielle opère une disqualification du jugement subjectif au profit d'un management algorithmique tendant à l'efficacité maximale —, d'autres sont politiques, d'autres encore sont à la fois économiques et politiques. Et la crise liée à la covid-19 n'a fait que renforcer l'emprise de ces multinationales du numérique, beaucoup d'individus, contraints de rester confinés chez eux, ayant plus encore qu'avant recouru à leurs services — Amazon a annoncé fin juillet 2020 un bénéfice net de 5,2 milliards de dollars sur 3 mois, le double du profit sur la même période l'année précédente. La crise sanitaire a donc rendu ces entreprises technologiques encore plus puissantes.

100. L'exemple du droit à l'information. L'internet et les autres technologies numériques ont bouleversé l'espace médiatique, radicalement changé la capacité des individus à accéder à l'information, mais aussi à devenir des acteurs de l'information, cela loin de la déontologie des journalistes professionnels. Les internautes deviennent eux-mêmes les médias ; émetteurs et destinataires de l'information tendent à se confondre. Or, au cœur de ces transformations, se trouvent les réseaux sociaux, ces plateformes qui rendent possibles l'immédiateté et l'horizontalité des communications actuelles, en même temps que la perte de repères dans les sources de l'information. Bien sûr, ces nouvelles technologies sont un grand progrès en termes de liberté d'expression et de diffusion des idées quelles qu'elles soient. Il en va peut-être différemment sous l'angle de la liberté d'information, liberté du public, des récepteurs : n'était-on pas mieux informé, donc mieux éclairé, avant que n'apparaisse le web et sa myriade de contenus informationnels à la qualité plus ou moins garantie ?

Ce sont notamment les moteurs de recherche qui jouent un rôle clé. En tant que premier moteur de recherche dans de très nombreux pays à travers le monde et au regard du rôle prépondérant qu'il occupe dans l'accès à l'information via son portail d'actualités, Google dispose d'un pouvoir colossal à l'égard du phénomène des fausses informations. Tel est peut-être plus encore le cas des réseaux sociaux et, en premier lieu, de Facebook et Twitter, « nouvelles machines à faire-croire et nouveaux réseaux du croire ensemble »[247]. Avec le passage de la verticalité à l'horizontalité dans la manière de s'informer, ce sont désormais tous les internautes qui se retrouvent, souvent malgré eux, recrutés comme petits soldats dans la guerre de l'information[248]. Les services du « web 2.0 » abolissent les frontières classiques entre émetteurs et récepteurs d'idées et d'informations. La différence est de moins en moins visible — ce qui ne signifie pas qu'elle n'existe pas — entre les journalistes et les internautes actifs qui participent aujourd'hui autant que les journalistes à la vitalité du débat démocratique et à l'information publique[249]. Le problème, en matière d'information, est que cela porte atteinte à sa valeur. La hiérarchie de l'information, par exemple, n'est plus le fait de choix journalistiques objectifs mais de recommandations des contacts et « amis ». On passe d'une relation verticale entre le public et les rédactions des médias à une recherche horizontale de l'information, de proche en proche. Cela ne veut pas dire que l'information de presse serait appelée à disparaître, à laisser la place aux fausses informations et aux contenus militants, mais il importe de saisir pleinement les conséquences de ces nouvelles modalités de circulation de l'information. Aujourd'hui, le quatrième pouvoir, ce sont Google, Facebook et Twitter.

Avec ces nouveaux médias, il n'y a guère de médiation de la parole et pas davantage de responsabilité associée aux actes de communication. En même temps, ils permettent de diffuser des rumeurs qui remportent un grand succès — la psychologie cognitive a montré que les discours conformes à ses opinions sont ceux auxquels on s'expose prioritairement[250]. Or les réseaux sociaux, grâce à leurs algorithmes qui savent sélectionner avec pertinence les contenus auxquels ils exposent les utilisateurs, renforcent l'autopropagande invisible. Le « *newsfeed* » de Facebook, par exemple, comprend principalement des articles jugés comme les plus adaptés à l'environnement mental immédiat de l'abonné. Si, face à ces articles, l'internaute a des

---

[247] F.-B. Huyghe, *Fake News – La grande peur*, VA Press, coll. Influences et conflits, 2018.

[248] F.-B. Huyghe, *La désinformation – Les armes du faux*, Armand Colin, coll. Comprendre le monde, 2016.

[249] K. Roberts, *Internet Journalism and Fake News*, Greenhaven Publishing, 2018.

[250] S. Attkisson, *The Smear – How Shady Political Operatives and Fake News Control What You See, What You Think, and How You Vote*, Harper Paperbacks, 2018.

réactions positives (il « *like* »), l'algorithme lui en proposera encore plus la fois prochaine. Dans ces conditions, « la confiance est redistribuée, puisque ce n'est plus le média qui impose la Une, l'information "digne d'être publiée" pour reprendre le slogan du *New York Times*, mais bien Facebook qui s'attache à répondre au mieux à ce qu'il estime être la préoccupation principale de chacun de ses utilisateurs »[251].

Les réseaux sociaux s'efforcent à renforcer l'engagement de leurs utilisateurs, ce qui correspond à la quête de confiance parmi les médias d'information traditionnels. Pour cela, ces réseaux sociaux tendent à renforcer les convictions personnelles de chacun et à écarter toute approche critique en donnant à voir essentiellement des messages affinitaires. C'est pourquoi les fausses informations peuvent toucher un public beaucoup plus large qu'auparavant. Il y a quinze ans, il leur était encore difficile d'atteindre leur cible ; aujourd'hui, les réseaux sociaux les y conduisent directement. Facebook ne propose pas des informations « dignes d'être publiées » et encore moins des informations vérifiées, mais des informations susceptibles de faire plaisir à ceux qui s'y trouvent exposés parce qu'elles les rassurent. Il serait sans doute bon pour l'état de santé de la société et, par suite, de la démocratie que ces personnes soient aussi et surtout confrontées à des informations contradictoires, pouvant les destabiliser et les faire douter, mais ce n'est pas du tout le choix que peut opérer Facebook puisqu'il lui importe surtout que ses utilisateurs se connectent le plus régulièrement possible ; et, pour cela, il est préférable qu'ils trouvent chez lui des contenus plaisants plutôt que des contenus déplaisants. Il importe dès lors peu de savoir si les informations sont vraies ou fausses, tant qu'elles renforcent l'engagement des utilisateurs et contribuent au développement des interrelations entre membres. Les réseaux sociaux, mais aussi les moteurs de recherche, favorisent la diffusion des fausses informations en personnalisant dès qu'ils le peuvent les contenus qu'ils proposent. Comme c'est tout leur modèle économique qui repose sur cette personnalisation et sur son efficacité, il est difficile de les imaginer écarter pour des raisons éthiques des informations jugées pertinentes au profit d'informations jugées moins pertinentes.

On entrerait dans l'ère de la « post-vérité », expression traduisant le décalage entre la demande d'information et la perte de confiance à l'égard des médias

---

[251] A. Joux, « Du fact checking au fake checking », *REM* 2017, n° 44, p. 86.

traditionnels comme de toutes les institutions. C'est pourquoi les réseaux sociaux peuvent s'imposer comme le nouveau « quatrième pouvoir », plaçant leurs contenus au cœur du débat public, des contenus qui échappent au filtre des journalistes mais qui sont soumis à un autre arbitrage : celui des algorithmes. Les grandes plateformes du web font main basse sur l'information : elles définissent ses règles d'existence par leur maîtrise à la fois de l'accès aux lecteurs, des revenus publicitaires, de la temporalité et même des pratiques professionnelles (formats, mots-clés etc.). Mais elles peuvent aussi être utilisées à des fins frauduleuses par des manipulateurs d'opinion publique, provoquant des conséquences désastreuses au cœur même des plus grandes et des plus anciennes démocraties au monde — comme en a témoigné l'envahissement le 6 janvier 2021 du Capitole, siège à Washington de la Chambre des représentants et du Sénat des États-Unis, par des hordes de militants d'extrême droite convaincus, malgré une totale absence de preuves, que les précédentes élections présidentielles auraient été « volées » par Joe Biden au détriment de leur champion, Donald Trump. Le travestissement de l'information est de plus en plus omniprésent et, en 2020, des chercheurs de l'entreprise spécialisée Graphika ont découvert qu'une grande campagne de désinformation pro-russe était en cours depuis six ans[252]. Baptisée « Infektion secondaire » (sic), cette campagne consistait à diffuser massivement des documents falsifiés grâce à un réseau de faux comptes sur Twitter, YouTube, Reddit, Medium et même BuzzFeed. Or sans doute n'est-ce là qu'un exemple particulier parmi un très grand nombre.

Les vies sont désormais largement des vies numériques et ces vies numériques se déroulent en grande partie sur les réseaux sociaux. Il n'est alors guère surprenant que la Cour Suprême des États-Unis a érigé la liberté d'utiliser ces réseaux sociaux en droit constitutionnel dans son arrêt du 19 juin 2017[253]. Ces réseaux ne devraient-ils pas pour autant se jeter dans la bataille contre les fausses informations — ou bien ne faudrait-il pas les y forcer ? Cela d'autant plus que ceux qui inventent de toutes pièces des fausses informations ne le font pas toujours par intérêt idéologique mais

[252] B. Théry, « Des chercheurs découvrent une campagne de désinformation pro-russe en cours depuis six ans », clubic.com, 17 juin 2020.

[253] *Cf.* Ph. Mouron, « L'accès aux réseaux sociaux est un droit constitutionnel selon la Cour suprême des États-Unis », *REM* 2017, n° 44, p. 62 s.

souvent surtout par cupidité, c'est-à-dire afin de générer du « clic » pour augmenter leurs revenus publicitaires. Qu'on soit dans l'un ou l'autre cas, les réseaux sociaux pourraient s'élever contre de telles manœuvres dolosives prenant place sur leurs plateformes. Après l'affaire Cambridge Analytica et après que plusieurs scrutins qui engageaient l'avenir du monde ont été entachés par des manipulations électorales sans précédent, pourrait-on autoriser cette IA que des chercheurs de l'Université de l'Ohio ont mise au point, donnant des résultats très probants, qui permet de déterminer en un clic l'affiliation politique d'un internaute ? Cet algorithme a en effet été entraîné à distinguer les propos tenus par un démocrate de ceux d'un républicain sur Twitter[254].

101. Le droit protecteur des capacités humaines fondamentales. Albert Camus a montré combien le mal tend de plus en plus à se cacher derrière le bien, de telle sorte qu'on s'y perd, qu'on ne sait plus qui ni quoi croire : « Au temps naïf où le tyran rasait des villes pour sa plus grande gloire, où l'esclave enchaîné aux chars du vainqueur défilait dans les villes en fête, où l'ennemi était jeté aux bêtes devant le peuple assemblé, devant des crimes si candides, la conscience pouvait être ferme, et le jugement clair. Mais les camps d'esclaves sous la bannière de la liberté, les massacres justifiés par l'amour de l'homme ou le goût de la surhumanité désemparent le jugement. Le jour où le crime se pare des dépouilles de l'innocence, par un curieux renversement qui est propre à notre temps, c'est l'innocence qui est sommée de fournir ses justifications »[255]. Aujourd'hui plus que jamais, on pourrait reprocher aux défenseurs des droits de l'homme d'être de dangereux liberticides et inversement.

Avec les IA, les grandes puissances de l'univers numérique souhaitent à terme embrasser l'intégralité des phénomènes du monde en leur faisant émettre des signaux afin de pouvoir les comprendre. Ayant en mémoire la totalité des mouvements du passé, elles pourraient anticiper ceux de l'avenir. Comme l'a décrit le mathématicien Laplace, « nous devons envisager l'état présent de l'univers comme l'effet de son état antérieur et comme la cause de

---

[254] J.-Y. Alric, « En lisant des tweets, cette IA peut deviner l'affiliation politique de leur auteur », presse-citron.net, 6 sept. 2020.

[255] A. Camus, « L'Homme révolté (1951) », in *Œuvres*, Gallimard, coll. Quarto, 2013, p. 848.

ce qui va suivre. La force qui, pour un instant donné, connaîtrait toutes les forces dont la nature est animée et la situation respective des êtres qui la composent embrasserait dans la même formule les mouvements des plus grands corps de l'univers et ceux du plus léger atome. Rien ne serait incertain pour elle, et l'avenir comme le passé seraient présents à ses yeux »[256]. Telle est bien l'ambition des multinationales du numérique et ce à quoi les IA doivent servir. Elles souhaitent se doter de ce savoir absolu que Laplace avait imaginé et qui permet à celui qui le possède d'agir toujours pertinemment, efficacement et utilement.

L'intelligence artificielle constitue un progrès scientifique et technologique majeur. Elle peut donner lieu à des bénéfices sociaux considérables en améliorant les conditions de vie, la santé et la justice, en créant de la richesse, en améliorant la sécurité publique ou en aidant à maîtriser l'influence des activités humaines sur l'environnement. Les IA, en prenant de plus en plus de place dans nos vies, présentent en même temps de redoutables défis, des risques sociaux considérables et des menaces dont l'ampleur et l'intensité restent encore mal connues et difficiles à mesurer. C'est au droit, inspiré par l'éthique, d'y répondre. En effet, les machines intelligentes peuvent contraindre les choix des individus et des groupes, diminuer la qualité de vie, chambouler le monde du travail, impacter la vie politique, menacer les écosystèmes et, globalement, porter atteinte à divers droits et libertés fondamentaux positifs ou prospectifs. Elles engendrent des logiques autoritaires d'un genre inédit. La vision leibnizienne du « meilleur des mondes possibles » deviendrait possible grâce à la mise en données et à la calculabilité de toute chose — Leibniz défendait une approche très rigoureuse du déterminisme, nos actions étant prédéterminées suivant les plans de Dieu, lequel a nécessairement conçu le meilleur des mondes possibles. Mais cela n'irait pas sans ruiner notre capacité à composer librement avec le réel et donc sans recouvrir une fonction tyrannique[257]. On suivra dès lors la « Déclaration de Montréal pour un développement responsable de l'intelligence artificielle » lorsqu'elle affirme reposer sur « l'idée que les êtres humains cherchent à s'épanouir comme êtres sociaux doués de sensations, d'émotions et de pensées, et qu'ils s'efforcent de réaliser

---

256 P.-S. De Laplace, *Essai philosophique sur les probabilités*, 1814.

257 H. Arendt, *La crise de la culture* (1961), Folio, 2007, p. 289.

leurs potentialités en exerçant librement leurs capacités affectives, morales et intellectuelles. Il incombe aux différents acteurs et décideurs publics et privés, au niveau local, national et international, de s'assurer que le développement et le déploiement de l'intelligence artificielle sont compatibles avec la protection et l'épanouissement des capacités humaines fondamentales »[258].

C'est ainsi que, parmi les juristes, on en vient à affirmer qu'il faut et faudra « défendre l'humain face à la machine intelligente qui est en train de l'avilir avant de l'engloutir »[259]. Au moment d'entrer de plain-pied dans la société des IA, il semble que l'humanisme juridique, traduit dans des droits de l'homme numérique, soit un des plus grands défis du droit. Peut-on réellement préférer la prévisibilité, la sécurité et l'optimisation plutôt que la liberté, la vie privée et l'esprit critique ? Tout est question de choix et, s'il revient aux politiques et aux citoyens d'effectuer ce choix, les juristes ne sauraient se borner à jouer un rôle de mécaniciens et sont légitimes à exprimer ce qui, selon eux, a le plus de valeur, en premier lieu du point de vue de l'humanisme juridique dont ils peuvent être les héritiers et les continuateurs. L'homme ressemble peut-être de plus en plus à ces « personnalités disloquées » décrites par Frantz Fanon[260], ces malades mentaux partagés entre l'aliénation et la liberté, tiraillés entre leur volonté de puissance et de maîtrise de chaque instant de la vie et la dépossession que celle-ci implique. Peut-être est-ce au droit, et particulièrement aux droits de l'homme, d'aiguiller ces êtres désorientés. Le nouveau « malaise dans la civilisation »[261] résulte de la combinaison de la sensation de puissance et de la dépossession de soi. Tel est le malaise de la civilisation robotisée. Le droit n'est-il pas un remède ?

Il n'est pourtant pas rare, et même plutôt fréquent, que le merveilleux, l'agréable ou le profitable provienne de l'incertain, de l'aléatoire, du naturel, de l'instinctif ou de l'impulsif. L'ordre anarchique et l'ordre spontané peuvent paraître plus beaux, plus attirants, plus séduisants, plus agréables que l'ordre

---

[258] « Déclaration de Montréal pour un développement responsable de l'intelligence artificielle », Université de Montréal, 4 déc. 2018.

[259] X. Labbée, « L'œuvre d'art, le droit et l'humanité », *D.* 2019 p. 897.

[260] F. Fanon, *Écrits sur l'aliénation et la liberté*, La découverte, 2015.

[261] S. Freud, *Le Malaise dans la civilisation*, Le Seuil, coll. Points essais, 2010.

parfait entièrement programmé, mathématique, géométrique et logique — il suffit d'observer quels quartiers des grandes villes attirent le plus de touristes : il s'agit généralement des centres désordonnés et restés sous une influence moyenâgeuse, qui sont très peu pratiques mais qui présentent un charme certain. Le « droit à l'errance », foncièrement humain, est aussi un « droit à l'erreur », un « droit à la déviance », un « droit à la divagation » et un « droit à la sérendipité », lesquels sont des conditions du progrès. Le risque qui accompagne la standardisation des comportements sous l'influence des IA est celui de l'immobilisme[262] — par exemple, la *smart city* serait une ville morte, sans caractère et sans humanité. L'optimisation peut être source d'inertie. Cette inertie, sociale et politique, pourrait être le résultat de la diminution du pluralisme des hommes, de la réduction de la diversité de l'humanité. La pluralité et la liberté, sous toutes leurs formes, ne sont-elles pas les conditions essentielles de l'autonomie de jugement et, par suite, de la démocratie, de la politique, du progrès et de bien d'autres choses ? La prophétie technocratique saint-simonienne du « remplacement du gouvernement des hommes par l'administration des choses » pourrait-elle se réaliser dès lors que les hommes auraient évolué en choses, que le matériau pétri par le politique serait devenu inerte, que les gouvernants auraient face à eux des sujets sans inspiration et sans aspirations, pauvres en idées et en volonté, dépourvus d'esprit critique et incapables de proposer des projets alternatifs ou de soutenir des discours discordants ? Il importe de conserver la possibilité, à tout instant, d'inventer et de réinventer le monde et son monde autrement, à la fois à titre individuel et collectivement.

Il faudrait n'abandonner aux robots que ce qui déshumanise et qui entrave pour retrouver le temps d'apprendre et de s'apprendre, de comprendre et de se comprendre, de connaître et de se connaître ; n'utiliser ces nouveaux outils que lorsqu'ils créent de l'indépendance et non de la dépendance ; et conserver ce qui libère, ce qui épanouit. L'intelligence artificielle, neutre en soi, pourrait aussi servir une grande transformation humaniste, comme l'écriture ou l'imprimerie, avant elle, ont permis de grands progrès de l'instruction et

[262] Il a été montré que les chauffeurs qui utilisent le GPS toute la journée se robotisent et sont atteints d'une atrophie de certaines zones cérébrales à force de ne plus faire de petits choix et d'agir de manière automatique, par réflexes, tout au long de la journée.

de la connaissance. Ne confondant pas le plus et le mieux, on passerait d'une civilisation du plus à une civilisation du mieux, réflexive, patiente et critique.

Partie 4. L'homme retrouvé

102. « Prométhée aux enfers ». Prométhée est le fils de Thémis, déesse de la justice et de la loi. Comme le décrit Albert Camus, « ce héros aima assez les hommes pour leur donner en même temps le feu et la liberté, les techniques et les arts »[263]. Or, aujourd'hui, l'humanité ne se soucie que des techniques et oublie les arts. Elle s'évertue à créer des machines toujours plus puissantes et précises et voit dans les arts des pertes de temps, des futilités, des digressions inutiles. Pourtant, « ce qui caractérise Prométhée, c'est qu'il ne peut séparer la machine de l'art. Il pense qu'on peut libérer en même temps les corps et les âmes. L'homme actuel croit qu'il faut d'abord libérer le corps, même si l'esprit doit mourir provisoirement »[264]. Alors que Prométhée voulait offrir aux hommes une liberté formelle, grâce aux techniques, et une liberté réelle, grâce aux arts, les hommes s'inquiètent de la première bien plus que de la seconde. Ne devrait-on pas s'attacher à leur offrir des droits réels plutôt que des droits formels ? L'enjeu n'est-il pas de garantir une liberté concrète et véritable davantage qu'une liberté simplement expressément consacrée dans les textes ? La question des droits de l'homme numérique intéressera peut-être les anthropologues et sociologues du droit au moins autant que les juristes purs et durs, uniquement soucieux d'appliquer des règles de droit, issues de la loi ou de la jurisprudence, aux situations nouvelles qui s'offrent à eux sans se soucier des effets concrets — ou de l'absence d'effets — de ce droit.

L'univers numérique semble confirmer la trahison de Prométhée par l'homme décrite par Albert Camus : « L'homme est partout, partout ses cris, sa

[263] A. Camus, « Prométhée aux enfers », in *Œuvres*, Gallimard, coll. Quarto, 2013, p. 1119.
[264] *Ibid.*

douleur et ses menaces. L'histoire est une terre stérile ou la bruyère ne pousse pas. L'homme d'aujourd'hui a choisi l'histoire cependant et il ne pouvait ni ne devait s'en détourner. Mais au lieu de se la servir, il consent tous les jours un peu plus à en être l'esclave. C'est ici qu'il trahit Prométhée. C'est ici qu'il retourne à la misère des hommes que Prométhée voulut sauver. Les hommes voient sans voir, écoutent sans entendre, pareils aux formes des songes »[265]. Peut-être de nouveaux droits de l'homme pourraient-ils servir à préserver cette part d'humanité qui fait de chaque homme un être particulier, avec sa personnalité et ses désirs propres, capable d'aimer ou détester, adorer ou critiquer. « Prométhée dirait “je vous promets la réforme et la réparation, ô mortels, si vous êtes assez habiles, assez vertueux, assez forts pour les opérer de vos mains”. S'il est donc vrai que le salut est dans nos mains, à l'interrogation du siècle je répondrai oui à cause de cette force réfléchie et de ce courage renseigné que je sens toujours dans quelques hommes que je connais. “Ô justice, ô ma mère, s'écrit Prométhée, tu vois ce qu'on me fait souffrir”. Les hommes dont je parle sont eux aussi les fils de la justice. Eux aussi souffrent du malheur de tous, en connaissance de cause. Ils savent justement qu'il n'est pas de justice aveugle, que l'histoire est sans yeux et qu'il faut donc rejeter sa justice pour lui substituer, autant qu'il se peut, celle que l'esprit conçoit. C'est ici que Prométhée rentre à nouveau dans notre siècle »[266]. Le droit et la justice, cette institution et cette vertu qui de tout temps ont vocation à servir l'humanité des hommes de façon très paternaliste, doivent et devront plus que jamais servir de garde-fous aux hommes. Ce sont eux qui devront répondre aux questions morales essentielles et existentielles.

Or, aujourd'hui, on voit des IA devenir capables d'effectuer des choix moraux à notre place. Des chercheurs et ingénieurs de l'Université de Darmstadt, en Allemagne, ont ainsi créé une « machine à choix moraux » (MCM) capable d'ingurgiter d'innombrables textes provenant de la presse, de la littérature, de la religion etc. La MCM peut ainsi répondre à des interrogations telles que « doit-on tuer des gens ? » ou « peut-on tuer le temps ? » — en comprenant bien le sens du verbe « tuer » dans l'un et l'autre

[265] *Ibid.*, p. 1120.
[266] *Ibid.*, p. 1121.

contexte[267]. Pour répondre à une question morale, la MCM estime à quelle distance l'association de termes invoqués se trouve du « continent du mal » et du « continent du bien ». Selon qu'elle se trouve plus proche de l'un ou de l'autre, elle répondra positivement ou négativement à la question. Pourrait-on à l'avenir abandonner notre morale, notre conception du bien et du mal, et par suite le droit et la justice qu'elles inspirent, à de tels outils informatiques ? Évidemment non ; et il faut conserver notre faculté de jugement critique. La boussole morale de la MCM repose sur un corpus de textes donnés. Il risque d'être limité à un certain courant idéologique et, surtout, parce que tourné vers le passé, incapable de s'adapter à l'avenir et d'évoluer. C'est à nous, humains, de penser nos droits et libertés fondamentaux.

103. À la recherche du droit perdu. À l'heure actuelle, tandis que le droit du numérique est encore balbutiant, en partie inadapté et en partie encore à écrire, il semble préférable de proposer une réflexion quant à ce que devrait être ce droit plutôt qu'une description de ce qu'est déjà ce droit. Il convient donc de penser le bon droit plutôt que de constater l'état du droit. Ce dernier est contingent. Il peut arriver qu'il corresponde à ce que l'on aura caractérisé comme bon droit ; et il peut arriver que tel ne soit pas le cas. Ce n'est pas une question essentielle dès lors qu'on se place du point de vue d'une source matérielle du droit. Il s'agit ici d'interroger les fins plutôt que les moyens des droits de l'homme numérique — ce qui n'interdit pas pour autant d'aborder de temps à autre cette question des moyens, en particulier sous l'angle de l'effectivité du droit. Mais l'objectif est avant tout de définir les droits de l'homme numérique, donc préciser quel devrait être leur contenu, tout en sachant que, pour une partie, il peut arriver que celui-ci existe déjà dans la Constitution, dans la loi, dans des conventions internationales ou ailleurs. Ce n'est donc qu'à titre subsidiaire qu'on soulignera la présence ou l'absence de normes juridiques positives sur un point donné.

Ainsi conçus les droits de l'homme numérique sont un mélange de droit et de philosophie, de droit et de sagesse. Personne ne doit ignorer le droit et personne ne doit ignorer la philosophie. Tous deux sont essentiels pour évoluer — et bien évoluer — dans le monde actuel, rempli de sources

---

[267] F. Gouty, « Des chercheurs mettent au point une "machine à choix moraux" sous la forme d'une IA », journaldugeek.com, 25 mai 2020.

d'incertitudes et de doutes. À tel point que droit et philosophie, sans se confondre, peuvent se rejoindre intimement et ne plus jamais se séparer. Le droit sans la philosophie est perdu. Et la philosophie sans le droit est vaine — Alexis de Tocqueville pouvait déplorer « l'effrayant spectacle » des philosophes français enfermés dans des spéculations abstraites : « Même attrait pour les théories générales, les systèmes complets de législation et l'exacte symétrie dans les lois ; même mépris des faits existants ; même confiance dans la théorie ». Acteurs de la vie démocratique, mais aussi magistrats, enseignants, étudiants, confrontés aux mouvements brutaux du monde et de ses acteurs, agiront et penseront mieux s'ils ont à leurs côtés le droit et la philosophie — un droit philosophique, amoureux de la sagesse, et une philosophie juridique, incarnée dans des règles positives. En ces temps troublés, où tout change de plus en plus vite et où jusqu'aux valeurs démocratiques et républicaines se trouvent menacées, la philosophie comme le droit ne doivent pas être réservés à quelques-uns. Ils sont notre bien commun, ce que nous avons de plus précieux.

Comme Albert Camus combattait la justice comme institution et adorait la justice comme valeur[268], il faut bien distinguer l'une et l'autre et œuvrer pour que la seconde inspire et imprègne la première. On pourrait dire la même chose du droit, que les juristes ont tendance à réduire à la loi positive mais qui est aussi une conception de la bonne conduite en société censée être traduite par cette loi positive. Le droit positif peut être un moyen pour des puissances mal intentionnées de dominer et d'exploiter dans la légalité. Le droit idéal ou droit naturel doit toujours être là pour juger ce droit positif. Et il revient en particulier aux juristes de procéder à cette confrontation. Il faut penser le droit et la justice pour les mettre à distance des manipulations et leur rappeler leur vocation. Comme institutions, ils sont prisonniers à la fois du passé et de la politique du présent. Comme valeurs, ils promeuvent des rapports justes entre les hommes dans une cité pacifiée et l'organisation de la vie collective selon un principe d'équité. Le droit et la justice peuvent être des machines oppressives et destructrices ou bien, sous les traits de Némésis, déesse de la mesure, l'instrument de la concorde sociale et de l'épanouissement personnel. Jean Foyer disait que « rien n'est aussi

---

[268] D. Salas, *Albert Camus – La juste révolte*, Michalon, coll. Le bien commun, 2002, p. 13.

dangereux que des juristes en liberté »[269]. Au-delà de cette ironie mordante, il faut gager que, tout au contraire, la liberté des juristes est une richesse nécessaire pour le droit.

Ensuite, la nature et l'humanité sont normalement les principales sources d'inspiration du droit. Or, plutôt que d'amener vers des règles strictes et dures, vers un certain dogmatisme, elles ont vocation à montrer la voie d'un certain équilibre s'incarnant, notamment, dans la liberté, l'égalité, la dignité, la solidarité et la sécurité. Surtout, on peut alors évaluer les bienfaits et méfaits du droit à l'aune de leur conformité avec sa finalité la plus haute : la personne humaine. Cela est d'autant plus important à l'heure où, dans une mesure de plus en plus importante, ce sont des forces privées qui font le droit, qui guident les comportements des individus et des sociétés. Il convient alors de rappeler en permanence à ces forces privées, au besoin en exprimant haut et fort des droits et libertés fondamentaux, que le droit est l'expression du bien public et non un appareil d'asservissement, que l'obéissance n'est pas la servitude et que la justice est la garantie des droits et non un instrument de la puissance.

On peut définir le droit comme l'ensemble des normes produites par les institutions sociales puissantes, la puissance étant la capacité d'imposer psychologiquement et matériellement ses normes à leurs destinataires. L'État est, pour l'heure, la plus puissante de toutes les institutions sociales, donc la source principale des règles de droit[270]. Cependant, notamment en droit du numérique, de plus en plus de concurrents privés se développent et viennent concurrencer des États mal adapter aux nouveaux environnements qui s'offrent aux populations. La réflexion sur les enjeux humains et sociaux soulevés par les IA a pour horizon deux dimensions distinctes mais articulées : les principes et les moyens concrets de rendre ceux-ci effectifs. Le droit formel n'est qu'un outil, il est ce que le puissant en fait. Ce qui

---

[269] J. Foyer, « Pour la suppression du Conseil constitutionnel », *Revue administrative* 1998, n° 301, p. 97.

[270] Raymond Carré de Malberg retenait une définition proche : « Le droit n'est pas autre chose que l'ensemble des règles imposées aux hommes sur un territoire déterminé par une autorité supérieure, capable de commander avec une puissance effective de domination et de contrainte irrésistible. Or cette autorité n'existe que dans l'État » (R. Carré de Malberg, *Contribution à la théorie générale de l'État*, t. II, Sirey, 1922, p. 490).

compte avant tout, ce sont les principes que l'on y fait figurer. S'il faut penser le fond du droit et penser la forme du droit, et si l'un et l'autre sont tout aussi importants, il faut penser le fond avant la forme — d'autant plus que cette dernière est intimement dépendante de ce premier. Le droit formel n'est qu'un résultat, qu'une réponse. On s'intéressera déjà aux opérations qui produisent ce résultat et à la question qui amène cette réponse. Science du droit et philosophie du droit sont ainsi très complémentaires, à moins qu'elles se confondent.

Les problématiques entourant l'IA sont trop compliquées pour se réduire à la performance des techniques, aux promesses des marchands et aux boniments des spécialistes en tous genres. Le prisme des droits et libertés fondamentaux — et des devoirs fondamentaux, bien que chacun parle toujours plus de ses droits que de ses devoirs — permet une approche, un regard et une tonalité différents. Il faut légitimer l'intervention du droit et, plus exactement, du droit d'origine publique qui, loin d'être liberticide, peut être protecteur de nos libertés. Dès lors que l'IA et ses applications sont reconnues comme une des grandes questions de société contemporaines, l'intervention publique s'impose, comme pour n'importe quelle autre fonction collective de la société.

Les IA et les données sont d'ores et déjà régies par des règles de droit positives, dont certaines ont été créées expressément à cet effet et beaucoup existaient bien avant leur apparition. Ces règles se trouvent donc dispersées entre divers textes et diverses sources, comme le veut la transversalité du numérique. Au-delà, on pourra penser les moyens pertinents afin de renforcer l'effectivité du droit. On retiendra par exemple la formule « *Law is Code* » et l'intérêt de prévoir la garantie des droits de l'homme « *by design* ». On pourrait aussi imaginer que des directives éthiques en matière d'IA soient conçues sous la forme d'une charte, éventuellement associée à un label tel que « *Ethics Inside* » ou « *Trustworthy AI* ». Et on pourrait évidemment imaginer que les parlements et les législateurs en général édictent de nouvelles lois en la matière, sachant que l'Union européenne serait sans doute un niveau et un cadre territorial plus pertinents afin de traiter les problématiques liées au numérique. On pourrait ainsi adopter un « paquet européen » sur l'innovation technologique et les droits fondamentaux afin de proposer un cadre clair et un modèle européen précis[271]. Une grande variété de techniques seront mobilisées pour bâtir le droit des libertés numériques. Mais tout cela n'a de sens qu'une fois qu'on a caractérisé ces droits de l'homme. Or, à l'heure actuelle, il semble que beaucoup reste encore à faire en la matière. La légistique est essentielle, mais son heure n'est pas encore venue en matière de droits de l'homme numérique.

L'objet des présentes recherches n'est donc pas réglementaire : il ne s'agit ni d'une recherche bornée par l'état actuel du droit positif ni de proposer des règles de droit « clés en mains ». Chaque État et chaque continent a de toute façon vocation à produire ses propres lois, en fonction de sa culture et de ses habitudes légistiques. Ce droit reposant nécessairement sur une éthique ou sur une morale, il s'agit de proposer une philosophie du droit et, plus exactement, une philosophie des droits de l'homme. L'enjeu sera donc de penser les grands principes, plus ou moins novateurs et originaux, sur lesquels faire reposer les futurs textes qui « déclareront » ces droits de l'homme numérique. On se remémorera alors l'hommage rendu par Jean-Paul Sartre à Albert Camus après sa mort accidentelle survenue en janvier 1960 : « Son humanisme têtu, étroit et pur, austère et sensuel, livrait un combat douteux contre les événements massifs et difformes de ce temps. Mais inversement, par l'opiniâtreté de ses refus, il réaffirmait au cœur de notre époque contre les machiavéliens, contre le veau d'or du réalisme, l'existence du fait moral »[272]. Gageons que l'humanisme et le fait moral peuvent apporter beaucoup aux droits de l'homme numérique. Ceux-ci ne sauraient se voir limités à un maigre contenu minimal visant avant tout à ne pas freiner le développement économique. Il faut être ambitieux et penser les droits de l'homme numérique à la hauteur de l'humain, pour qu'ils soient un droit naturel et un humanisme juridique en actes. On voit trop les techniciens et pas assez les éthiciens. Les débats entourant l'entrée dans l'univers numérique sont pourtant politiques avant tout. Les décideurs politiques ne peuvent plus se cacher derrière les techniciens[273]. La technologie a

---

[271] Conseil d'État, *Puissance publique et plateformes numériques : accompagner l' « ubérisation »*, La documentation française, 2017, proposition n° 1.

[272] J.-P. Sartre, *Situation IV*, Gallimard, 1964, p. 127.

[273] J.-L. Debré, « On a trop laissé le technique prendre le dessus sur le politique », liberation.fr, 24 avr. 2020.

l'efficacité pour seule valeur. C'est sa nature. C'est pourquoi, si nous en attendons autre chose, il faut le lui imposer. C'est bien à cela que sert le droit.

Les droits de l'homme numérique, embrassant l'humanité dans toutes ses aspirations contradictoires, sont nécessairement un ensemble de compromis instables. La liberté et l'égalité se contrarient inévitablement. La loi menace et protège la liberté. Les droits de l'homme numérique sont avant tout une recherche des limites, une quête de l'équilibre. C'est pourquoi ils peuvent s'inspirer avec profit de *L'homme révolté* d'Albert Camus — Denis Salas a déjà noté combien on pourrait imaginer un traité sur la justice sur le mode de *L'homme révolté,* conscient que l'homme libre récuse tout jugement comme une insulte à sa liberté et que l'épreuve du jugement peut seule vider la liberté de son venin pathologique[274]. Si la source de la justice est pure et que son histoire est celle de sa perversion, nul doute qu'il en va de même de la liberté, de l'égalité, de la loi et du droit en général. C'est pourquoi, placés au sommet de la hiérarchie des normes et de la justice et les imprégnant totalement, les droits de l'homme ont plus que jamais et auront toujours leur raison d'être.

On terminera donc par cet extrait du discours de Suède, prononcé à l'occasion de la réception de son Prix Nobel par Albert Camus, le 10 décembre 1957, et dans lequel celui qui imagine aujourd'hui les droits de l'homme numérique peut être tenté de se reconnaître : « Chaque génération se croit vouée à refaire le monde. La mienne sait pourtant qu'elle ne le refera pas. Mais sa tâche est peut-être plus grande. Elle consiste à empêcher que le monde ne se défasse. Héritière d'une histoire corrompue où se mêlent les révolutions déchues, les techniques devenues folles, les yeux morts et les idéologies exténuées, où de médiocres pouvoirs peuvent aujourd'hui tout détruire mais ne savent plus convaincre, où l'intelligence s'est abaissée jusqu'à se faire la servante de la haine et de l'oppression, cette génération a dû, en elle-même et autour d'elle, restaurer à partir de ses seules négations un peu de ce qui fait la dignité de vivre et de mourir. Devant un monde menacé de désintégration, où nos grand inquisiteurs risquent d'établir pour toujours les royaumes de la mort, elle sait qu'elle devrait, dans une sorte de course folle contre la montre, restaurer entre les nations une paix qui ne soit pas

---

[274] D. Salas, *Albert Camus – La juste révolte,* Michalon, coll. Le bien commun, 2002, p. 117.

celle de la servitude, réconcilier à nouveau travail et culture, et refaire avec tous les hommes une arche d'alliance. Il n'est pas sûr qu'elle puisse jamais accomplir cette tâche immense, mais il est sûr que, partout dans le monde, elle tient déjà son double pari de vérité et de liberté »[275].

[275] A. Camus, « Discours de Suède, 10 décembre 1957 », in *Œuvres*, Gallimard, coll. Quarto, 2013, p. 82.

Chapitre 7. Les droits de l'homme

104. Droits de l'homme ou droits et libertés fondamentaux ? L'humanisme juridique a avant tout vocation à s'incarner dans des droits de l'homme — une pensée des droits de l'homme puis des textes consacrant positivement ces droits de l'homme. Cependant, et contrairement aux apparences, il n'est pas aisé de définir un droit de l'homme ni de délimiter le champ des droits de l'homme. Il n'est pas non plus simple d'organiser ce domaine et les enseignants et manuels en la matière recourent à des classifications variables qui montrent qu'il s'agit là d'une branche du droit ou méta-branche du droit qui reste encore mal stabilisée. Les droits de l'homme sont un terrain dangereux pour le juriste soucieux d'utiliser un vocabulaire stable et précis. Mais ils sont une richesse pour le juriste désireux de dépasser la technique et de contribuer à l'amélioration de l'homme, de la société et du monde par le droit. Reste que, sans que leur signification soit précisément assurée, on parle tour à tour de droits de l'homme, de droits humains, de droits et libertés fondamentaux ou de libertés publiques. Et l'on pourrait sans doute ajouter des devoirs de l'homme en contrepartie de ces droits.

Si des professeurs et des politiques entendent jeter aux oubliettes l'expression « droits de l'homme » et imposer à sa place « droits humains »[276], on préférera ici parler de droits de l'homme, cela en raison du caractère historique de cette expression[277] et afin de pouvoir évoquer des « droits de l'homme numérique ». Inutile de préciser que les droits de l'homme numérique concernent tant les individus de sexe féminin que les individus de sexe masculin — et l'humanisme ne s'oppose évidemment pas au féminisme, ce dernier pouvant d'ailleurs être un humanisme. « Homme » renvoie bien sûr à l'espèce humaine dans sa totalité, par opposition aux autres animaux, et

---

[276] A. Cojean, « Droits humains, c'est plus moderne », *Le Monde* 17 déc. 2008.
[277] D. Lochak, *Les droits de l'Homme*, 4e éd., La Découverte, coll. Repères, 2018.

non à une considération de sexe. La Cour européenne des droits de l'homme protège bien sûr les droits des hommes féminins autant que les droits des hommes masculins. Il en va de même du Conseil des droits de l'homme ou du Commissaire aux droits de l'homme. Ensuite, au regard de la forte dimension historique et politique de la terminologie « droits de l'homme », provenant de la philosophie des Lumières et de la Révolution française, sa valeur symbolique est très supérieure à celle de l'expression « droits humains ». Cela même s'il est vrai qu'à la Révolution française et longtemps par la suite on a attribué des droits de l'homme aux hommes seulement, à l'exclusion des femmes. Les titulaires des droits dans la philosophie politique de la fin du XVIIIe siècle n'étaient que les individus de sexe masculin et la Déclaration du 26 août 1789 était seulement une déclaration des droits de l'homme masculin. C'est pourquoi Olympe de Gouges voulut inscrire dans la loi l'égalité des hommes et des femmes et publia, le 14 septembre 1791, une « Déclaration des droits de la femme et de la citoyenne » dont l'article premier affirmait que « la femme est libre et égale en droit ». Dans *Le cri du sage – Par une femme*, en 1789, Olympe de Gouges notait déjà que, « si la femme a le droit de monter sur l'échafaud, elle doit également avoir le droit de monter à la tribune ». Elle approfondit ainsi l'esprit des Lumières, leur conféra une véritable universalité et de nouvelles ambitions, jusqu'à y sacrifier sa vie puisqu'elle mourut sur l'échafaud en 1793[278]. Son combat pour la dignité des femmes, refusant les socialisations maternelles et domestiques, était évidemment nécessaire et, désormais, les termes « droits de l'homme » sont utilisés à l'occasion de tous les combats en faveur des droits élémentaires et essentiels des êtres humains, y compris s'agissant de l'égalité entre femmes et hommes. Éventuellement parle-t-on de « droits de l'Homme », avec une majuscule, afin de signaler sa dimension universaliste.

On pourrait également s'autoriser à évoquer des « droits et libertés fondamentaux ». Cette dernière expression appartient à un vocabulaire à la fois historique, philosophique et politique — renvoyant aux phénomènes révolutionnaires qui ont conduit aux déclarations des droits de l'homme, mais aussi à divers mouvements politiques et associatifs qui, aujourd'hui, s'inscrivent dans la continuité de ces mouvements. « Droits et libertés

---

[278] O. Blanc, *Olympes De Gouges – Des droits de la femmes à la guillotine*, Tallandier, 2014.

fondamentaux » présente une dimension davantage juridique, davantage orientée vers les normes et mécanismes destinés à consacrer concrètement et assurer l'effectivité de ces droits et libertés[279]. Les droits et libertés fondamentaux seraient ainsi une « juridicisation des droits de l'homme »[280]. Il s'agirait d'une question juridique, quand les droits de l'homme seraient une problématique philosophique et politique — mais on n'interdira pas pour autant aux juristes de s'y intéresser et d'avoir un avis et des idées en la matière. Il y a une dimension complémentaire entre des droits de l'homme à vocation universelle et intemporelle et des droits et libertés fondamentaux consacrés et organisés dans les divers systèmes juridiques nationaux et internationaux. En outre, les droits fondamentaux peuvent être attribués à des personnes morales, non seulement à des personnes physiques, et même à des êtres non humains, à des animaux. Les droits de l'homme, eux, ne concernent que les êtres humains.

La fondamentalité des droits et libertés fondamentaux et donc des droits de l'homme dont ils procèdent s'exprime de deux façons : formellement et matériellement[281]. Du point de vue formel, ce sont des droits et libertés consacrés dans des actes et des normes juridiques de niveau supérieur, dans la Constitution, les textes à valeur constitutionnelle et les traités internationaux. Ces normes doivent ainsi être protégées contre tout détournement du pouvoir législatif, du pouvoir exécutif et du pouvoir judiciaire, auxquels elles s'imposent. Les droits et libertés fondamentaux sont ainsi « indisponibles »[282], à l'abri des mouvements des majorités politiques. Seul le peuple souverain, qui dispose du pouvoir constituant, peut éventuellement les modifier, les supprimer ou en ajouter de nouveaux. Cette approche formelle explique pourquoi ces normes s'appliquent aussi bien verticalement dans les relations entre la puissance publique et les administrés qu'horizontalement entre individus privés. Et l'État est responsable de l'opposabilité des droits fondamentaux, il doit adopter des mécanismes garantissant leur invocabilité et leur effectivité. Quant au point de vue matériel, la fondamentalité des droits et libertés en cause est conçue telle une

---

[279] G. Lebreton, *Libertés publiques et droits de l'homme*, 8e éd., Sirey, 2009, p. 4.

[280] L. Favoreu et *alii*, *Droit des libertés fondamentales*, 6e éd., Dalloz, 2012, p. 50.

[281] X. Dupré de Boulois, *Droit des libertés fondamentales*, Puf, coll. Thémis Droit, 2018, p. 23 s.

[282] M. Levinet, *Théorie générale des droits et des libertés*, Bruylant, 2010, p. 85.

propriété constitutive. Ainsi, « le droit fondamental n'est pas dans la Constitution, sous prétexte qu'elle l'exprime : c'est elle qui est en lui et dont elle est l'instrument normatif majeur, en organisant les droits particuliers que le droit fondamental postule »[283].

Beaucoup de textes internationaux font référence aux libertés fondamentales. La Déclaration universelle des droits de l'homme de 1948 considère par exemple que « les États membres se sont engagés à assurer, en coopération avec l'Organisation des Nations Unies, le respect universel et effectif des droits de l'homme et des libertés fondamentales ». La Convention européenne de 1950 porte explicitement sur la « sauvegarde des droits de l'homme et des libertés fondamentales ». Quant à la charte de l'Union européenne du 7 décembre 2000, elle concerne, pour sa part, les « droits fondamentaux ». Si les droits de l'homme renvoient à l'humanité, dans son essence ou sa nature, que les normes doivent protéger, la fondamentalité désigne l'extrême importance des droits et libertés en cause. Or, s'ils sont extrêmement importants, c'est normalement parce qu'ils visent à protéger l'homme en tant qu'homme. Et les droits et libertés fondamentaux ne peuvent normalement se définir qu'à travers les droits de l'homme, à moins d'en faire un usage détourné. Les droits et libertés sont aussi fondamentaux en ce qu'ils servent de socle, de base, de source ultime à l'ensemble des droits et libertés des individus — le sommet de la « pyramide des normes » est en même temps ses fondations. Il semble cependant que certains des droits et libertés fondamentaux puissent se voir reconnaître cette qualité sans pour autant figurer dans le bloc de constitutionnalité. Tel est le cas en particulier de ceux qui ont été consacrés par les juges et non par un texte à valeur constitutionnelle. En outre, on ne saurait dénier tout caractère fondamental aux droits issus de sources internationales, lesquelles enrichissent depuis longtemps et fortement la liste des droits et libertés fondamentaux. Cette notion de fondamentalité des droits et/ou des libertés a été importée assez récemment en France. Elle a tout d'abord prospéré dans des pays où le développement de l'État de droit et la promotion des droits et libertés individuels ont été l'œuvre du juge constitutionnel[284]. En Espagne ou en Allemagne, les droits fondamentaux sont ainsi des droits garantis par la

[283] *Ibid.*, p. 88.

[284] P. Wachsmann, « L'importation en France de la notion de droits fondamentaux », *RUDH* 2004, p. 40.

Constitution ou par des actes internationaux et appliqués par le juge constitutionnel. Ils s'imposent donc à tous les organes politiques et administratifs.

Concernant l'expression libertés publiques, à laquelle on ne recourra pas ici, elle désigne un ensemble de normes juridiques normalement nationales. En ce sens, la Constitution française actuelle précise, à son article 34, que « la loi fixe les règles concernant : les droits civiques et les garanties fondamentales accordées aux citoyens pour l'exercice des libertés publiques ». Les libertés publiques relèvent ainsi des ordres juridiques des États et concernent leurs citoyens-administrés. Elles relèvent de la loi plus que de la Constitution — sous la IIIe République, les libertés publiques ont été consacrées par le législateur afin de borner le pouvoir exécutif, éviter tout abus de l'administration. Et les États peuvent les limiter afin de protéger certains intérêts, de promouvoir une idéologie donnée ou en fonction de considérations d'ordre public. On comprend dès lors pourquoi le cours de licence en droit consacré aux libertés publiques, créé en 1954, a été longtemps réservé aux professeurs de droit administratif : les libertés publiques étaient conçues comme des garanties contre l'administration[285]. Ainsi les libertés publiques tendent-elles à prendre quelques distances par rapport aux droits de l'homme et aux droits et libertés fondamentaux. L'expression « libertés publiques » est d'ailleurs propre au droit français puisqu'elle a été introduite par la Déclaration des droits de l'homme de 1793, à son article 9 : « La loi doit protéger la liberté publique et individuelle contre l'oppression de ceux qui la gouvernent ». Les libertés publiques s'opposeraient donc aux libertés individuelles et concerneraient essentiellement les rapports du citoyen-administré avec les pouvoirs publics qui le gouvernent. Ces libertés publiques ont vocation à assurer la démocratie et le bon gouvernement de la société moderne.

105. Droits ou libertés ? Parler de « droits de l'homme (numérique) » permet de s'inscrire dans la tradition et dans l'actualité de l'humanisme juridique, ainsi que d'insister sur les caractère supérieur, naturel et universel de ces droits. On pourrait aussi évoquer — bien que cela se voit rarement — des « droits et libertés de l'homme ». Mais l'expression « droits de l'homme »

[285] S. Hennette-Vauchez, D. Roman, *Droits de l'homme et libertés fondamentales*, Dalloz, coll. Hypercours, 2017, p. 12.

semble suffire, comme l'expression « droits fondamentaux » pourrait suffire, car une liberté peut s'analyser tel un droit : on a droit à cette liberté, nul ne peut l'entraver sans commettre un acte illégal. La liberté d'expression est, en d'autres termes, le droit de s'exprimer librement. Juridiquement, une liberté est un droit, est consacré le droit à cette liberté en même temps que l'interdiction d'y porter atteinte. Droits et libertés ne s'opposent pas. Ils se complètent et même, dans une large mesure, se superposent et se confondent. Un grand nombre des droits de l'homme sont des libertés. Et peut-être les plus essentiels de ces droits de l'homme sont-ils des libertés, des « droits à » la liberté. Ainsi les principaux textes à valeur constitutionnelle, en Allemagne ou en Espagne, placent-ils la liberté au-dessus des autres droits fondamentaux, créant une forme de hiérarchie entre eux.

Cependant, la théorie juridique s'est efforcée de définir les droits et les libertés indépendamment les uns des autres. Sous l'angle de leurs contenus, les droits sont précisément définis et délimités, tandis que les libertés sont par nature beaucoup plus larges et indéterminées. La liberté est en effet déjà la situation de l'homme à l'état de nature qui, non contraint par des règles de droit ni par les droits d'autrui, détermine comme il l'entend son comportement[286]. Mais, une fois le droit apparu, la liberté existe encore : elle se trouve dans tous les espaces laissés vacants par le droit, ainsi que dans des normes qui la consacre. Les libertés fondamentales ne concernent que ce dernier cas de figure. Il est toutefois vrai que les libertés sont entérinées par l'ordre juridique et non constituées par lui. En cela, elles forment un ensemble particulier de droits.

Par ailleurs, la définition juridique de la liberté est, pour l'essentiel, négative. En témoigne la formule de l'article 4 de la Déclaration des droits de l'Homme et du citoyen de 1789 : « La liberté consiste à faire tout ce qui ne nuit pas à autrui ». Et, au sens de l'article 5 de ce même texte, la liberté est « ce qui n'est pas interdit par la loi ». L'indétermination est donc bien un élément de définition de la liberté. Tout homme peut agir de la manière qu'il souhaite, à la seule condition que son comportement ne soit pas défendu par la loi. Telle est la différence, relative, entre un droit et une liberté : le droit est le moyen et la liberté est la fin. L'article 544 du Code civil, qui consacre le droit de propriété, donne un bon exemple : la loi est le cadre dans lequel le

---

[286] J. Rivero, *Libertés publiques*, 9e éd., Puf, 2003, p. 5.

propriétaire exerce sa liberté d'utiliser et de disposer de son bien, le droit de propriété étant un droit subjectif qui exprime une liberté fondamentale de l'homme.

Le droit se distingue donc de la liberté naturelle, mais il rejoint très largement la liberté juridique. Si Robinson Crusoé, seul sur son île déserte, est totalement libre tandis que le droit est absent, ses libertés fondamentales, juridiques, n'apparaissent, en même temps que le droit, que lorsque Vendredi le rejoint et qu'ils commencent à former une ébauche de société. La liberté naturelle peut être solitaire, mais la liberté juridique n'existe que dans une société. Elle est un droit à faire valoir à l'égard d'autrui. Il y a dans le droit, y compris dans les libertés juridiques, une condition essentielle d'altérité. Ils ne prennent sens que dans les relations intersubjectives. Une liberté, c'est un droit, avec au moins un titulaire, qui l'exerce, et au moins un débiteur de l'obligation de ne pas y porter atteinte. Et la liberté comme le droit reposent sur la souveraineté : souveraineté individuelle pour la liberté naturelle et souveraineté étatique pour la liberté juridique et le droit dans son ensemble.

106. Le droit de l'homme. Finalement, la méta-branche du droit dont il est ici question est le droit de l'homme. Celui-ci est constitué de l'ensemble des droits et libertés fondamentaux et des mécanismes juridiques assurant leur respect. Ce droit de l'homme comprend l'ensemble des règles juridiques applicables à la personne humaine, à ses activités et à ses relations avec les autres. Puisque l'humanité est la valeur essentielle que le droit est supposé protéger et encourager, avec la socialité, l'essentiel des normes constitutives du droit de l'homme figurent au niveau constitutionnel. On peut cependant définir le droit de l'homme et même les droits de l'homme matériellement, en fonction de leur objet — l'homme, la protection de ses qualités essentielles —, plutôt que formellement, selon leur origine et leur place dans la hiérarchie des normes.

Le droit de l'homme ou droit des droits de l'homme interroge les juristes. Sa nature juridique incertaine ou partielle peut les laisser perplexe, leur donner envie de renvoyer ce sujet aux non-juristes, aux philosophes et aux politiques. Il est vrai que les droits de l'homme sont par nature et depuis toujours à la frontière du droit et de l'idéologie. Ils donnent lieu à quelques normes et procédures techniques, qui peuvent satisfaire les juristes, mais ils questionnent surtout leur contenu. Celui-ci est variable, discutable, fragile

— pendant qu'il prétend à l'universalité. Les relations entre droit et droits de l'homme sont donc complexes. Le droit de l'homme ne saurait être purement juridique. Il repose aussi en grande partie sur la philosophie. Mais les juristes ne sauraient l'ignorer puisqu'une très grande partie des branches du droit qu'ils étudient, enseignent ou pratiquent repose sur lui, du droit administratif au droit civil. Le droit de l'homme, c'est la partie du droit qui, ouverte à la morale et à l'éthique, lui permet de se réinventer progressivement au service de l'homme et d'humaniser la réalité et l'avenir. Et, aujourd'hui, l'heure serait au droit de l'homme numérique.

On se place ainsi dans la tradition de la Déclaration des droits de l'homme et du citoyen de 1789, qui se caractérise par son universalisme et son sens de l'abstraction. Ce texte proclame des droits sans se soucier des moyens de leur assurer l'effectivité ni des procédures visant à les garantir à aménager. Au niveau des droits de l'homme, le droit de l'homme n'est pas un droit technique. Il s'agit de listes de grands principes qui pourraient passer pour banals si l'on n'a pas conscience de ce qui existe ailleurs dans le monde et de ce qui a existé par le passé. Au contraire, lorsque l'on possède cette conscience, on ne peut que voir dans le droit de l'homme la plus essentielle et fondamentale de toutes les branches du droit, faible en quantité — elle comprend peu de normes — mais extrêmement forte en qualité. Ensuite, la différence entre le droit de l'homme et les droits de l'homme est que ces derniers désignent les grands principes de niveau constitutionnel sur lequel tout l'ordre juridique doit reposer quand le droit de l'homme comprend également les régimes juridiques de ces principes, lesquels peuvent être précisés par la loi, le règlement ou la jurisprudence.

Pour les tenants du positivisme juridique, le droit naturel n'existant pas, les droits de l'homme ne sauraient être mieux qu'une lubie de philosophes. Au mieux peuvent-ils trouver un intérêt à l'étude des libertés publiques et des lois qui les consacrent positivement dans l'ordre juridique. Il est donc difficile de trouver un juspositiviste adepte des droits de l'homme. Puisque l'office des juristes est de décrire et non de prescrire, les droits de l'homme ne sauraient les concerner. Pourtant, depuis des années, on trouve des juristes qui se risquent sur ce terrain aventureux, à tel point que le droit de l'homme est en passe de gagner ses lettres de noblesse dans les facultés de droit — certes, sous une forme positiviste amenant à se borner à présenter et expliquer les normes positives. Mais les spécialistes des droits de l'homme sont aussi souvent des auteurs qui n'hésitent pas à prendre position (pour ou contre le mariage homosexuel, pour ou contre la procréation médicalement assistée ou la gestation pour autrui etc.) et qui questionnent le contenu même de ces droits de l'homme, s'inscrivant dans un cadre de prospective juridique. Comme l'explique Henri Oberdorff, « la présentation des droits de l'homme et des libertés fondamentales ne relève pas seulement de l'exercice de technique juridique, elle contient une forme de foi dans ces droits et libertés proche d'un certain militantisme. [...] Cela revient à donner tout son sens à la liberté académique afin de contribuer encore plus à la doctrine des libertés fondamentales »[287]. Le spécialiste du droit de l'homme et des droits de l'homme ne saurait donc être un pur technicien se bornant à procéder en permanence à des raisonnements juridiques : cette norme s'applique à cette situation et la rend licite ou illicite. Même les droits et libertés fondamentaux, pan le plus juridique du droit de l'homme, ne peuvent être l'affaire de personnalités neutres et effacées. Face au droit de l'homme, on se sent nécessairement à la fois juriste et homme, donc concerné et, surtout, responsabilisé, ce qui suppose de s'engager — mais n'implique pas d'oublier l'honnêteté intellectuelle.

En France, pays qui se vit comme la patrie des droits de l'homme, et en Europe, région qui revendique son exemplarité en la matière, nous devons afficher fièrement, y compris en tant que juristes, notre attachement aux droits de l'homme et notre volonté de les faire progresser. Dans le nouveau monde qui s'ouvre devant nous, ces droits devront trouver leur place afin que l'homme ne devienne pas un enjeu secondaire mais demeure, si besoin par la contrainte, au cœur des préoccupations de toutes les forces de la planète. Historiquement, les droits de l'homme semblent s'être continuellement renforcés, avoir grandi et être devenus une préoccupation majeure pour un nombre croissant de peuples — et par suite de gouvernants. Il faut prendre garde à ce que les grands changements que la révolution numérique implique n'impactent pas ce processus d'humanisation du droit et de juridicisation de l'homme.

---

[287] H. Oberdorff, *Droits de l'homme et libertés fondamentales*, 7e éd., LGDJ, coll. Manuel, 2019, p. 23.

I. L'expression de l'humanisme juridique à travers les droits dont jouit l'homme en tant qu'homme

107. Droits de l'homme et humanisme juridique : un lien historique. On ne peut, normalement, étudier les droits de l'homme uniquement d'un point de vue technique et positiviste — ou alors on les comprendrait fort mal. En la matière, philosophie et droit se mêlent et se complètent nécessairement[288]. Les droits et libertés fondamentaux possèdent des origines et une substance philosophiques sans lesquelles ils ne sont rien. Puisqu'ils sont au sommet de la hiérarchie des normes, les droits de l'homme n'ont pas d'explication ni de justification juridiques. Ils ont pour fondement la pensée, plus exactement la pensée de l'homme : l'humanisme. S'intéresser à l'humanisme juridique conduit nécessairement à s'intéresser aux droits de l'homme. Et interroger ou étudier les droits de l'homme revient forcément à interroger ou étudier l'humanisme juridique — même si on n'utilise pas nécessairement les expressions « droits de l'homme » et « humanisme juridique ». Le droit de l'homme est forcément la branche du droit qui intéresse au plus haut point, pour ne pas dire exclusivement, l'humanisme juridique. Et, si le droit de l'homme s'ouvre nécessairement à des considérations de philosophie du droit, c'est très principalement en s'ouvrant à l'humanisme juridique. La pensée des droits de l'homme se confond donc largement avec la pensée de l'humanisme juridique. Toutes deux se sont développées ensemble, accompagnant la volonté de l'homme, toujours inachevée, de s'affirmer par lui-même. Ainsi, par exemple, Hugues Doneau, jurisconsulte humaniste du XVIe siècle, défendit-il l'idée, inconnue de la pensée juridique antique, que chaque homme, quel qu'il soit, serait par nature titulaire d'un certain nombre de droits subjectifs irrévocables comme le droit à la vie, le droit à la liberté, le droit à la sécurité, le droit à l'honneur ou le droit à la propriété, que le droit civil aurait pour vocation de garantir et de mettre en œuvre[289].

---

[288] *Ibid.*, p. 50.

[289] J.-L. Thireau, « Humaniste (Jurisprudence) », in D. Alland, S. Rials, dir., *Dictionnaire de la culture juridique*, Puf, coll. Quadrige dicos poche, 2003, p. 798.

Au XVIIIe siècle, un courant de pensée juridique et philosophique a considéré avec de plus en plus de force qu'il existerait des droits fondamentaux appartenant à tout homme en raison de sa nature humaine, indépendamment de son origine, de sa condition sociale ou de son appartenance à un groupe donné. Priver un individu de ces droits, ce serait le priver de son humanité. Cette réflexion est inséparable de celle touchant au droit naturel, sous la plume des penseurs des XVIIe et XVIIIe siècle comme Hugo Grotius, Thomas Hobbes, John Locke ou Jean-Jacques Rousseau. Pour eux, il existerait un droit antérieur à toute institution politique, impliqué par la nature même de l'homme — loin d'un droit naturel confondu avec le droit divin ou le droit religieux. John Locke, par exemple, pensait que le droit à la vie ou le droit de propriété devaient figurer dans tout ordre juridique en tant que prérogatives naturellement attachées à l'humain[290]. Cette pensée des droits de l'homme a dès lors accompagné, en Europe, le développement d'États de plus en plus puissants, des Léviathans supposément soumis au respect de ces droits de l'homme. Pour la tradition libérale, dont John Locke est un point de référence historique majeur, l'État a pour finalité et pour raison d'être la préservation des droits naturels de l'homme. Au premier rang de ces droits naturels figure le droit de propriété. Mais la propriété, chez Locke, a un sens élargi : il s'agit de la propriété des choses, ainsi que la propriété de soi, ce qui suppose avant tout la liberté. Cette propriété de soi justifie les limites de l'action publique : l'administration et personne ne saurait s'introduire dans l'espace personnel dont chacun est le maître. Seule la liberté des uns borne celle des autres et l'article 4 de la DDHC dira que « la liberté consiste à pouvoir faire tout ce qui ne nuit pas à autrui ».

Cette pensée jus-humaniste prolonge aussi certains héritages intellectuels, tels que l'héritage antique ou l'héritage judéo-chrétien. Ce dernier a notamment affirmé l'éminente dignité de la personne humaine : l'homme a une valeur en soi. En a découlé l'égalité de tous, sans considération de statut social. Ceci ressort notamment de la célèbre *Epître aux galates*[291] : « Il n'y a plus ni Juif ni Grec ; il n'y a plus ni esclave ni homme libre ; il n'y a plus ni homme ni femme : car vous n'êtes tous qu'une personne dans le Christ Jésus ». En outre, face à un pouvoir répressif, le droit de résistance à

---

[290] J. Locke, *Second traité du gouvernement civil*, 1690.
[291] Saint Paul, III, 28.

l'oppression devient légitime. Les premiers martyrs chrétiens, acceptant au nom de leur foi d'être mis à mort, illustrent cette contestation de l'ordre illégitime. Cela changea les habitudes d'un monde antique fondé tantôt sur l'anarchie du fait de l'absence de pouvoir réel et tantôt sur l'obéissance absolue au pouvoir, dont Socrate, qui meurt en citoyen respectueux des lois — aussi injustes soient-elles — fut l'emblème. Les droits de l'homme ne sont pour autant pas une invention judéo-chrétienne et des textes asiatiques, comme le code d'Hammurabi (déclaration babylonienne du XVIIIe siècle avant Jésus-Christ, qui déjà affirmait le droit de résister à l'oppression) ou africains, comme la Charte de Mende (proclamation orale en langue malinke du XIIIe siècle) sont souvent cités comme ayant été les premiers textes énonçant des droits au profit des individus. Quant au philosophe confucéen Mencius, il affirmait, au IIIe siècle avant J.- C., que « l'individu est infiniment plus important que le souverain ». Mais la portée de ces textes sur les droits de l'homme contemporains demeure limitée. La démocratie athénienne, elle, était très limitée. Si elle a pu enclancher le mouvement des droits de l'homme, ce n'était qu'en excluant de cette humanité les femmes, les esclaves et les étrangers (les métèques). Et Athènes ignorait la liberté personnelle, fondée sur le primat de l'individu. Elle a ainsi peut-être plus inspiré les droits de la société tels que consacrés en Chine que les droits de l'homme tels que conçus en Occident. Les anciens ne connaissaient ni vie privée, ni liberté religieuse, ni liberté de pensée. La personne humaine comptait peu par rapport à cette autorité sainte et presque divine qu'on appelait la patrie ou l'État. Celui-ci pouvait frapper toute personne sans justice et sans justification au seul motif que cela relevait de son intérêt. On reconnaît dans la cité antique davantage la Chine actuelle qu'un État européen contemporain. La liberté n'y était que politique : le droit de participer aux affaires de la cité. Ce n'est qu'avec l'humanisme de la Renaissance et, surtout, des Lumières qu'on commença à concevoir les droits de l'homme tels qu'on les connaît aujourd'hui. Suivant la formule de Benjamin Constant, « nous ne pouvons plus jouir de la liberté des Anciens, qui se composait de la participation active et constante au pouvoir collectif. Notre liberté à nous doit se composer de la jouissance paisible de l'indépendance privée »[292]. Benjamin Constant tâcha de définir les libertés individuelles et leurs garanties, notamment contre l'oppression étatique. Il

[292] B. Constant, *De la liberté des Anciens comparée à celle des Modernes*, 1819.

cerna alors les évolutions de la notion de liberté en distinguant celle des Anciens, comme dans la Grèce antique, qui suppose la faculté de délibérer en commun et de contribuer à l'écriture de la loi, et la liberté des Modernes, synonyme d'indépendance et d'autonomie. La liberté des Modernes est ainsi un ensemble de prérogatives individuelles, de la liberté d'expression à la liberté de circulation, en passant par les protections de l'État de droit. La philosophie des droits de l'homme trouve donc surtout ses racines dans la pensée humaniste de la Renaissance et des Lumières, notamment les pensées du contrat social. L'humanisme juridique comme bien-pensance, comme ensemble de bons sentiments, est inintéressant, si ce n'est dangereux en ce qu'il peut masquer les besoins réels du droit. C'est lorsqu'il se trouve incarné par des droits de l'homme concrets et effectifs qu'il prend toute son ampleur.

108. La Déclaration des droits de l'homme et du citoyen. L'humanisme juridique en actes que sont les droits de l'homme ou les droits fondamentaux a surtout connu un moment charnière, lors duquel ils se sont grandement enrichis : le 26 août 1789, jour de la proclamation de la Déclaration des droits de l'homme et du citoyen. Il s'est aussi agi de donner à cet humanisme juridique en actes un visage libéral, alors que d'autres sont possibles. La Déclaration de 1789 a ainsi durablement influencé la théorie des droits fondamentaux. Son idée fondatrice est résumée par son premier article : « Les hommes naissent et demeurent libres et égaux en droits. Les distinctions sociales ne peuvent être fondées que sur l'utilité commune ». L'abolition des privilèges, votée dans la nuit du 4 août 1789, est ici consacrée. Sont ainsi exprimés deux principes fondamentaux qui traduisent l'esprit de la Révolution française : la primauté de l'individu et la promotion d'un nouveau projet politique. La philosophie des Lumières a largement influencé les rédacteurs de la Déclaration de 1789. La culture des Lumières fut une culture mêlant largement humanisme et droit, contre des temps où l'autoritarisme et la négation de l'humain l'emportaient. Les Lumières ont promu l'homme libre qui, parvenu à l'âge adulte, est capable d'exercer son libre-arbitre.

Montesquieu, avec *De l'esprit des lois* publié en 1748, a été le grand théoricien de la séparation des pouvoirs et de l'État de droit. La DDHC ne manque ainsi pas d'affirmer, à son article 16, que « toute société dans laquelle la garantie des pouvoirs n'est pas assurée ni la séparation des pouvoirs déterminée n'a point de constitution ». Les pouvoirs législatif, exécutif et judiciaire ne sauraient donc se trouver dans les mêmes mains, ou alors les libertés individuelles seraient gravement menacées par la formation d'un pouvoir tyrannique. Voltaire, avec ses lettres philosophiques, son *Dictionnaire philosophique* et sa prise de position dans l'affaire Calas, promeut des valeurs d'ouverture, de respect et de tolérance. Il soutient fortement la liberté de conscience et, plus encore, la liberté d'expression, mais aussi condamne la peine de mort, la torture et l'arbitraire. L'article 10 de la DDHC pose ainsi le principe selon lequel « nul ne doit être inquiété pour ses opinions, même religieuses, pourvu que leur manifestation ne trouble pas l'ordre public établi par la loi », quand l'article suivant prévoit que « la libre communication des pensées et des opinions est un des droits les plus précieux de l'homme : tout citoyen peut donc parler, écrire, imprimer librement, sauf à répondre de l'abus de cette liberté dans les cas déterminés par la loi ».

Quant à Jean-Jacques Rousseau, son *Contrat social* de 1762 a largement inspiré les droits fondamentaux liés à la démocratie et à la citoyenneté. Le *Contrat social* débute en soulignant que « l'homme est né libre et partout il est dans les fers. Tel se croit le maître des autres, qui ne laisse pas d'être plus esclave qu'eux ». La DDHC prolonge cette idée dès son article 1er : « Les hommes naissent et demeurent libres et égaux en droits ». La théorie du contrat social postule que les hommes étaient initialement dans un état de nature, inorganisé et ayant pour seule loi la loi du plus fort, caractérisé par de grandes libertés naturelles en l'absence d'autorités véritables. C'est pourquoi, pour protéger leurs vies menacées par l'état de guerre perpétuelle[293] ou des valeurs jugées essentielles (la propriété pour Locke ou l'égalité pour Rousseau), on s'unit et on fonde une collectivité politiquement organisée à travers la fiction du contrat social. Un projet politique est donc à la base de toute société, qui n'est pas un fait naturel et immuable. Une société, au sens d'organisation politique, repose sur un engagement politique et une volonté de vivre ensemble. Et, afin d'organiser les pouvoirs ainsi constitués, il faut instituer des règles. Ainsi apparaît le droit. Par suite, il faut prendre garde à ce que cette organisation collective ne soit pas liberticide. Le pacte social ne doit porter atteinte aux libertés naturelles que lorsque cela est rendu éminemment nécessaire par l'intérêt général. Si l'homme est libre dans l'état

[293] Th. Hobbes, *Léviathan*, 1651.

de nature, la construction d'une société requiert un contrat social pour concilier pouvoir collectif et libertés individuelles. Et cette conciliation n'est rendue possible que grâce à l'expression de la volonté générale : « La volonté générale peut seule diriger les forces de l'État selon la fin de son institution, qui est le bien commun. Car si l'opposition des intérêts particuliers a rendu nécessaire l'établissement des sociétés, c'est l'accord de ces mêmes intérêts qui l'a rendu possible ». Poursuivant la pensée rousseauiste, l'article 6 de la Déclaration de 1789 affirme que « la loi est l'expression de la volonté générale. Tous les citoyens ont le droit de concourir personnellement ou par leurs représentants à sa formation ». La déclaration combine donc les libertés naturelles de l'homme avec l'organisation collective par la loi. Le législateur doit dès lors consacrer, organiser et protéger ces libertés. Face aux travers des hommes, parce qu'on sait depuis Thomas Hobbes que « l'homme est un loup pour l'homme » à l'état de nature et même dans un état juridique, il semble ô combien important, comme l'a fait la Déclaration de 1789 à son article 2, de proclamer haut et fort le fait que « le but de toute association politique est la conservation des droits naturels et imprescriptibles de l'Homme », en l'occurrence la liberté, la propriété, la sûreté et la résistance à l'oppression.

On ajoutera à ces philosophes l'influence des physiocrates pour qui la propriété compte au nombre des droits les plus précieux de l'homme. Il faudrait encore citer Condorcet, Diderot, Beaumarchais etc. Et, plus tôt, Montaigne ou Pic de la Mirandole et son *Discours sur la dignité de l'Homme* (1486). On mentionnera également le libéralisme économique d'Adam Smith, qui trouva un large écho en France à l'époque révolutionnaire. La DDHC puise dans l'élan intellectuel des Lumières, mais s'inscrit aussi dans la continuité des révolutions britannique et américaine. Les pétitions anglaises (Magna Carta de 1215, Pétition des droits de 1628, Habeas Corpus de 1679, Bill of Rights de 1689) sont des ascendants éloignés de la Déclaration en ce qu'ils ont visé à encadrer le pouvoir politique et limiter les prérogatives royales. On peut plus encore comparer la DDHC avec les déclarations américaines (Déclaration des droits de l'État de Virginie et Déclaration d'indépendance des États Unis de 1776), lesquelles proclament la liberté individuelle, la liberté religieuse et la séparation des pouvoirs. Il y a une filiation intellectuelle claire entre les déclarations des droits américaine et française. Mais c'est bien en France, en 1789, que furent proclamés les droits « de l'homme », que l'humanisme juridique trouva un terrain d'expression véritablement concret dans le droit.

Avec la sacralisation des droits de l'homme et du citoyen, ce n'est pas un hasard si la traditionnelle qualification de la France comme « fille aînée de l'Église » a été remplacé par une nouvelle définition de la haute mission dévolue à ce pays : la France « patrie des droits de l'homme »[294]. La Déclaration des droits de l'homme et du citoyen comporte, en guise de préambule, la proclamation suivante : « Les Représentants du Peuple Français, constitués en Assemblée Nationale, considérant que l'ignorance, l'oubli ou le mépris des droits de l'Homme sont les seules causes des malheurs publics et de la corruption des Gouvernements, ont résolu d'exposer, dans une Déclaration solennelle, les droits naturels, inaliénables et sacrés de l'Homme, afin que cette Déclaration, constamment présente à tous les Membres du corps social, leur rappelle sans cesse leurs droits et leurs devoirs ; afin que les actes du pouvoir législatif, et ceux du pouvoir exécutif, pouvant être à chaque instant comparés avec le but de toute institution politique, en soient plus respectés ; afin que les réclamations des citoyens, fondées désormais sur des principes simples et incontestables, tournent toujours au maintien de la Constitution et au bonheur de tous ». On comprend ainsi combien les droits et libertés fondamentaux trouvent leur inspiration dans la pensée humaniste et combien l'humanisme a besoin de ces droits et libertés fondamentaux pour devenir concret et ne pas rester lettre morte face à tous les égoïsmes et toutes les volontés de puissance. La Déclaration universelle des droits de l'homme de 1948, au sortir de la Seconde Guerre mondiale, opère le même constat : « Considérant que la méconnaissance et le mépris des droits de l'homme ont conduit à des actes de barbarie qui révoltent la conscience de l'humanité et que l'avènement d'un monde où les êtres humains seront libres de parler et de croire libérés de la terreur et de la misère a été proclamée comme la plus haute aspiration de l'homme ».

109. Des droits découlant naturellement de l'appartenance à l'espèce humaine. Les juristes d'aujourd'hui, en bons techniciens, vouent un culte aux lois et jurisprudences positives et s'intéressent peu à leurs sources, à leur raison d'être, à leur légitimité non dans la hiérarchie des normes par rapport

---

[294] V. Zuber, *Le Culte des droits de l'homme*, Gallimard, 2014.

aux règles supérieures mais à l'aune de leurs effets pratiques et de leur force axiologique. La force juridique est conçue comme une validité dans la « pyramide » kelsénienne, mais elle pourrait aussi et surtout être envisagée telle une force pratique et/ou telle une valeur philosophique. Néanmoins, quelques-uns continuent à interroger le droit naturel censé inspirer le droit positif propre à chaque juridiction. Cela les conduit ensuite à se demander si ce droit naturel découle de commandements divins ou de la nature propre de l'humain en tant qu'être doué de raison et de libre arbitre. L'humanisme juridique suit forcément cette seconde voie. En témoigne la Déclaration des droits de l'homme et du citoyen, qui assume explicitement son attachement aux théories du droit naturel. Il s'agit bien, comme son intitulé l'indique, de « déclarer » des droits préexistants à la constitution de la société et inhérents à l'homme. Et son article 2 évoque bien la « conservation des droits naturels et imprescriptibles de l'homme ». À présent, tout individu doit bénéficier, parce qu'il appartient à l'humanité, de facultés d'agir. Au-delà de cet individualisme, essentiel dans la philosophie de la Déclaration des droits de l'homme, l'individu est un être social et la société à laquelle il appartient a pour finalité de protéger et garantir ses droits et libertés fondamentaux. L'ère des droits de l'homme s'ouvre ainsi et rompt brutalement avec l'Ancien Régime. Désormais, place à l'État de droit, à la démocratie et à la souveraineté populaire. Les droits de l'homme, c'est déjà un projet politique fort et audacieux. Cela notamment à travers l'idée que, si le citoyen bénéficie de droits fondamentaux en tant que citoyen, l'homme lui aussi bénéficie de droits fondamentaux en tant qu'homme. L'humanisme juridique et les grandes déclarations qui l'expriment reposent sur la thèse selon laquelle il existerait des droits naturels qui transcenderaient les pays, les nations et les cultures pour s'appliquer à l'ensemble des hommes sans distinction de race, de couleur, de sexe, de religion, d'opinion politique ou autre. Cette conception universaliste considère donc que l'ensemble des personnes humaines devraient jouir des mêmes droits et libertés fondamentaux partout sur la planète. L'appartenance à l'humanité devrait primer sur la nationalité, sur l'appartenance à un État. La loi fondamentale de la République fédérale d'Allemagne du 23 mai 1949, à travers son titre 1er consacré aux droits fondamentaux, en expose clairement la problématique : « La dignité de l'être humain est intangible. Tous les pouvoirs publics ont l'obligation de la respecter et de la protéger. En conséquence, le peuple allemand reconnaît à l'être humain des droits inviolables et inaliénables comme fondement de toute communauté humaine, de la paix et de la justice dans le monde. Les droits fondamentaux énoncés ci-après lient les pouvoirs législatif, exécutif et judiciaire à titre de droit directement applicable ».

Aujourd'hui, les droits de l'homme sont, en théorie — car en pratique il en va très différemment —, le patrimoine juridique commun de l'humanité, donc des valeurs universelles censées infuser les ordres juridiques dans le monde entier. Avec l'humanisme juridique, ils côtoient donc intimement le jusnaturalisme (ou théorie du droit naturel). La philosophie du droit naturel transparaît clairement dans la déclaration de 1789 qui reconnaît « les droits naturels, inaliénables et sacrés de l'homme ». Si, pour les juristes positivistes, il n'existe que du droit positif — et les déclarations des droits de l'homme sont des actes de droit positif qu'ils devraient accepter comme tels sans jamais chercher à en critiquer le contenu ou à l'influencer —, pour les tenants du droit naturel, il faut séparer le droit positif et le droit naturel et faire reposer ce premier sur ce second. Le droit naturel peut comporter des principes tirés soit d'un ordre cosmique et hiérarchisé, naturel et immuable (droit naturel classique), soit de la nature humaine rationnelle (droit naturel moderne)[295]. Le droit naturel n'est pas une école tant il présente des visages variés selon les époques et selon ses figures tutélaires. Il puise cependant ses racines très loin dans l'histoire des idées, jusqu'à la philosophie grecque antique, et l'une de ses plus illustres expressions est la révolte d'Antigone contre l'édit de Créon : « Non, non, je ne pensais pas que tous tes ordres eussent assez de force pour prévaloir contre la volonté de Dieu, sur ces lois non écrites qui ne sauraient être effacées, elles ne sont ni d'hier, ni d'aujourd'hui, elles sont éternelles et personne ne sait quel est leur passé profond »[296].

On peut faire du droit naturel un droit divin. On peut surtout lui donner les traits d'un droit humain. Le droit naturel classique et objectif, aussi bien selon Aristote que selon Saint-Thomas-d'Aquin, recherche ce qu'il y a de mieux pour chaque homme et pour tous les hommes à la fois, faisant de la justice la valeur suprême — à tel point qu'on donna son nom à l'administration chargée de l'exprimer —, l'homme juste étant celui qui

---

[295] M. Villey, *La formation de la pensée juridique moderne* (1975), Puf, 2003.
[296] Sophocle, *Antigone*, 442 av. J.-C.

attribue à chacun ce qui lui est dû, son droit. Le droit naturel moderne et subjectif se base sur une nature qui n'est plus la nature cosmique et interindividuelle des grecs anciens mais une nature individuelle et laïcisée, libérée de l'emprise théologique. Dès le XIVe siècle, le nominalisme des franciscains Guillaume d'Occam et John Scott a posé les jalons de cette nouvelle approche. Ceux-ci ont été prolongés au XVe, XVIe et XVIIe siècles à travers le droit des gens tel que pensé par Francisco Suarez, Francisco de Vitoria, Hugo Grotius puis Emer de Vattel. C'est pourquoi beaucoup des premiers droits de l'homme ont appartenu au droit de la guerre et au droit humanitaire. La liberté de l'homme suppose l'indépendance de sa volonté par rapport à la raison : ce n'est plus la raison qui gouverne la volonté, mais bien la volonté qui gouverne la raison[297]. Le droit naturel moderne n'est plus à l'écoute ni de la nature des choses ni de la volonté de Dieu. Il définit un homme abstrait à partir duquel tout droit doit être déduit. Les droits de l'homme, comme leur nom l'indique, sont humains et non divins. On abandonna donc la thèse selon laquelle Dieu serait la source de la société, de l'État et du droit. C'est alors que les théories contractualistes purent prospérer. Et on affirma que l'individu ne doit plus être entièrement soumis à la société et qu'il a à sa disposition des droits qu'il peut lui opposer, ce qui imprègne aujourd'hui encore beaucoup les droits de l'homme. Le droit naturel est donc devenu, avec l'humanisme juridique et les droits de l'homme, un droit inhérent à l'humanité et à l'individualité, que chacun peut découvrir et éprouver dans son for intérieur. Quant à l'Église catholique et aux autres religions monothéistes selon lesquelles les droits fondamentaux ne peuvent qu'être l'œuvre de Dieu, elles ont longtemps rejeté la philosophie des droits de l'homme, y voyant un universalisme concurrent et, à ce titre, dangereux. À l'occasion d'un discours prononcé devant l'Assemblée générale des Nations Unies le 18 avril 2008, le pape Benoît XVI a en revanche soutenu l'approche universelle des droits de l'homme et regretté les droits qui varient en même temps que les cultures et que les époques, soulignant que « ce ne sont pas les droits seulement qui sont universels, mais également la personne humaine, sujet de ces droits »[298].

---

[297] H. Oberdorff, *Droits de l'homme et libertés fondamentales*, 7e éd., LGDJ, coll. Manuel, 2019, p. 64.

[298] « Benoît XVI : Les droits de l'homme sont inviolables », *Le Monde* 21 avr. 2008.

À partir de la théorie du droit naturel a été déduit, à compter de la Renaissance, la thèse selon laquelle il existerait des droits naturels, inhérents à l'être humain et que l'organisation du pouvoir politique devrait respecter. Les débats contemporains quant à l'existence de normes supra-constitutionnelles, de principes transcendant les ordres juridiques et s'imposant y compris aux pouvoirs constituants, sont les héritiers de cette pensée du droit naturel. Mais cela ne concerne logiquement que la pensée du droit et non les acteurs du droit positif. Ainsi, en France, le Conseil constitutionnel a-t-il heureusement nié toute supraconstitutionnalité dont il serait le gardien et décliné sa compétence à l'égard des lois de révision constitutionnelle[299]. L'inverse aurait conduit à un dangereux régime de gouvernement des juges. Le pouvoir constituant est donc souverain. Le droit naturel et les droits de l'homme en tant que pensée humaniste, non en tant que textes de droit positif, ne s'adressent qu'aux observateurs, critiques et inspirateurs des législateurs.

Si le droit naturel est une autre manière d'envisager cet humanisme juridique qui inspire les droits de l'homme, il se traduit par un ensemble de valeurs — la valeur représentant « un passage du fait au droit, du désiré au désirable (en général par l'intermédiaire du communément désiré) »[300]. Les droits de l'homme ne sont pas autre chose qu'une conception largement partagée de l'humanité. Ce sont les produits spontanés de la conscience collective, si bien qu'on ne peut pas écarter l'influence d'un certain déterminisme social. Tout le droit est une création psychologique de la société. Les droits de l'homme et toutes les lois sont normalement non le résultat du volontarisme de la puissance publique mais la concrétisation d'une demande sociale. On peut aussi considérer que cette conception largement partagée ou ces valeurs préexistent aux actions, ce ne sont pas les actions qui les produisent comme le stipulent les philosophies purement historiques, dans lesquelles la valeur est conquise au bout de l'action. Il faut soupçonner qu'existe une nature humaine. Comme l'aurait dit Albert Camus, « pourquoi se révolter s'il n'y a,

---

[299] Cons. const., déc. n° 2003- 469 DC, 26 mars 2003, *Loi relative à l'organisation décentralisée de la République*.

[300] V° « Valeur », in A. Lalande, *Vocabulaire technique et critique de la philosophie* (1926), Puf, 2010.

en soit, rien de permanent à préserver ? »[301]. Et Camus d'ajouter : « On a envie de ce qu'on n'a pas, tandis que le révolté défend ce qu'il est. Il ne réclame pas seulement un bien qu'il ne possède pas ou dont on l'aurait frustré. Il vise à faire reconnaître quelque chose qu'il a, et qui a déjà été reconnu par lui, dans presque tous les cas, comme plus important que ce qu'il pourrait envier »[302]. En matière de droits de l'homme, il est en tout cas indispensable de différencier la profondeur de la conscience sociale des simples effets de mode, surtout à une époque où règne le populisme et où prospèrent les doctrines peu démocratiques[303].

Les droits de l'homme sont alors une contribution première à la moralisation de la personne humaine. Ils amènent à envisager l'homme dans sa dimension ontologique, donc à poser la question « qu'est-ce qu'un homme ? », avant d'ensuite définir des droits fondamentaux afin de protéger l'homme ainsi défini. Il s'agit donc de préserver l'humanité de l'homme, l'homme en tant qu'homme et non en tant qu'administré, salarié, citoyen, consommateur etc. Le droit de l'homme vise donc à établir la liste des qualités constitutives de l'être humain et à les protéger par le droit. Biologiquement, l'homme est un *homo sapiens*, une espèce originale parmi le règne animal dont tous les individus partagent des caractères communs, au-delà de leurs différences de sexe, d'origine, d'aptitudes ou d'intérêts. Les droits de l'homme ont vocation à protéger ces caractères communs. En cela, les droits de l'homme sont « l'actualisation positive et concrète de l'humanisme juridique »[304]. Bien qu'on ne le dise pas ainsi, en mettant de plus en plus l'accent sur ces droits de l'homme, le droit contemporain, notamment international, s'inspire toujours plus de l'humanisme juridique — ce qui est paradoxal eu égard au peu d'intérêt et de connaissances des juristes en la matière. Toujours est-il que l'humanisme juridique évolue à mesure que le contenu des droits de l'homme évolue. Et la pensée des droits de l'homme numérique, comme potentielle

---

[301] A. Camus, « L'Homme révolté (1951) », in *Œuvres*, Gallimard, coll. Quarto, 2013, p. 856.
[302] *Ibid.*, p. 857.
[303] H. Oberdorff, *Droits de l'homme et libertés fondamentales*, 7e éd., LGDJ, coll. Manuel, 2019, p. 71.
[304] D. Gutmann, « Les droits de l'homme sont-ils l'avenir du droit ? », in *Mélanges François Terré*, Dalloz-Puf-Jurisclasseur, 1999, p. 328.

nouvelle génération de droits de l'homme, est en même temps une contribution à la construction d'un nouvel humanisme juridique.

110. De la philosophie des droits de l'homme au droit des droits de l'homme. Si le discours des droits de l'homme est un discours philosophique autant que juridique, à tel point que nombre de juristes n'y ont longtemps pas vu quelque-chose susceptible de les intéresser, il se traduit de plus en plus par des textes et des normes positives, depuis la DDHC. Cette tendance, à partir de la Seconde moitié du XXe siècle, s'est surtout développée sous l'action du droit international public, avec la naissance et la prise d'importance du droit international et du droit européen des droits de l'homme. Désormais, les droits de l'homme ne sont donc plus des rêveries de philosophes ou de juristes égarés mais des dispositifs juridiques constituant les clés de voûte des systèmes juridiques. Les droits de l'homme sont « passés de l'idéologie au droit »[305]. Longtemps mieux situés en philosophie qu'en droit, durant des siècles réservés à un droit naturel en déclin, les droits de l'homme ont fini par intégrer le droit positif et même à se positionner à son sommet. Ils se sont largement juridicisés, notamment pour participer à la concrétisation d'un droit mondial et européen opposable devant les juridictions.

Le droit des droits de l'homme n'en repose pas moins sur la philosophie des droits de l'homme et le préambule du Traité sur l'Union européenne ne manque pas de mentionner qu'il s'inspire « des héritages culturel, religieux et humaniste de l'Europe, à partir desquels se sont développées les valeurs universelles que constituent les droits inviolables et inaliénables de la personne humaine, ainsi que la liberté, la démocratie et l'État de droit ». Les chartes et déclarations nourries de l'esprit des droits de l'homme restent inéluctablement imprégnés de philosophie, en particulier d'humanisme, même lorsque ces textes figurent au cœur du droit. Ils sont imprégnés d'un « genre rhétorique utopique à part entière, adapté aux sociétés modernes, laïques et pluralistes »[306]. La Déclaration universelle des droits de l'homme, par exemple assurerait ainsi « un rôle à la fois épidictique, dans la promotion

---

[305] J.-F. Renucci, *Droit européen des droits de l'homme*, LGDJ, 2001, p. 4.

[306] E. Danblon, I. Mayeur, « La Déclaration préliminaire des Droits de l'Homme Numérique : un exercice pratique de l'utopie rhétorique ? », *Exercices de rhétorique* 2015, n° 5.

de valeurs indépendantes d'un contexte historique donné, liées à la nature même de l'homme ; et délibératif, puisant dans les événements récents une indignation à même de refonder ces valeurs comme nécessaires au fonctionnement harmonieux de la société. […] Nous avons assigné à la Déclaration une fonction utopique : celle de "faire signe" vers un monde possible, souhaitable et vraisemblable »[307]. L'utopie rhétorique propre aux droits de l'homme présente ainsi un caractère très pratique : diffuser des principes capables d'impacter le présent pour préparer la réalité sociale future. Les droits de l'homme, finalement toujours à la frontière entre droit et philosophie, ont vocation à agir sur les institutions sociales et sur les institutions publiques afin de les conduire vers un futur désiré. Ils s'incarnent dans des chartes et des déclarations qui sont des instruments pratiques sans être techniques, présentant une fonction utopique. L'univers des droits de l'homme, c'est cette utopie à laquelle s'oppose la dystopie telle qu'on peut l'imaginer à l'aune du monde comme il va — de la fin de l'homme à la fin du monde en passant par la fin de la société. Cette figuration fait appel à la rhétorique (usage des figures, des notions confuses etc.) de manière à créer le caractère dynamique propre au genre utopique[308]. L'évocation de la « dystopie », entendue comme la crise ou la situation négative qui a justifié la nécessité d'édicter une charte, prend généralement place dans le préambule. Il s'agit d'un discours mixte quant à sa fonction, à la fois narrative, en ce qu'il fait le récit d'événements, et argumentative, en ce que cette narration constitue une justification à la nécessité de la charte.

---

[307] *Ibid.*

[308] E. Danblon, I. Mayeur, « L'utopique comme gouvernail des sociétés humaines. Enquête sur une (possible) fonction rhétorique de la Modernité », *Rivista italiana di filosofia del linguaggio* 2015.

II. Universalité et relativité des droits de l'homme

111. L'universalisation des droits de l'homme. « Si les hommes, écrivait Albert Camus, ne peuvent pas se référer à une valeur commune, reconnue par tous en chacun, alors l'homme est incompréhensible à l'homme »[309]. Les penseurs et les acteurs des droits de l'homme se réfèrent la plupart du temps à des valeurs communes qu'ils imaginent partagées par tous les hommes ou, en tout cas, devant l'être. Les droits de l'homme sont généralement définis tels des droits universels, inhérents à la nature d'être humain, donc partagés par l'humanité dans son entier — tous les hommes auraient droit à ces droits de l'homme, mais tous les régimes politiques et juridiques ne les reconnaîtraient pas. En réalité, tout discours relatif aux droits de l'homme est un point de vue subjectif quant à cette nature humaine, quant aux qualités et caractéristiques des hommes que le droit devrait protéger et encourager. De fait, les droits de l'homme rejoignent les droits fondamentaux dans leur relativité : ces derniers sont garantis par des normes suprêmes variant d'un ordre juridique à l'autre.

Les droits de l'homme sont d'autant plus relatifs, donc incertains, qu'ils sont souvent manipulés, remodelés afin de servir des intérêts particuliers, la puissance d'un autocrate ou une idéologie particulière par nature non universelle. Si les droits de l'homme étaient réellement universels, ils feraient l'unanimité et seraient partout consacrés par des peuples qui nulle part n'accepteraient que quelques héritiers ou quelques tyrans leur dictent la marche à suivre. Mais les droits de l'homme sont culturels, variables dans le temps et dans l'espace. Ils sont donc l'affaire de la politique et de la philosophie, à qui il incombe de les penser, les proposer, les consacrer, les assurer et les rectifier. Il existe d'ailleurs, ailleurs dans le monde et notamment en Chine, des droits de la société qui l'emportent sur les droits de l'homme-individu et, dans l'absolu, il est difficile de justifier en quoi les uns seraient supérieurs aux autres.

---

[309] A. Camus, « L'Homme révolté (1951) », in *Œuvres*, Gallimard, coll. Quarto, 2013, p. 862.

Soulignant la responsabilité des responsables politiques et des penseurs influents de son temps, qui ont notamment pour mission d'indiquer au peuple et à l'homme ce qui est bon pour eux, en particulier en définissant des droits de l'homme qu'il n'est pas possible de simplement cueillir dans la nature, Albert Camus notait qu' « il y a des crimes de passion et des crimes de logique. Le code pénal les distingue, assez commodément, par la préméditation. Nous sommes au temps de la préméditation et du crime parfait. Notre criminel, c'est la philosophie qui peut servir à tout, même à changer les meurtriers en juges. Heathcliff, dans *Les Hauts de Hurlevent*, turait la terre entière pour posséder Cathie, mais il n'aurait pas l'idée de dire que ce meurtre est raisonnable ou justifié par un système. À partir du moment où, faute de caractère, on court se donner une doctrine, dès l'instant où le crime se raisonne, il prolifère comme la raison elle-même, il prend toutes les figures du syllogisme. Il était totalitaire comme le cri, le voilà universel comme la science. Hier jugé, il fait la loi aujourd'hui »[310]. La philosophie peut tout dire et la politique peut tout faire au nom des droits de l'homme. Ils peuvent aller jusqu'à justifier le meurtre et la mort au nom des droits de l'homme. Qu'est-ce qui justifie qu'un discours sur les droits de l'homme serait supérieur à un autre ? Rien, et en la matière comme partout ailleurs tout ne sera toujours qu'un combat d'idées. L'anti-raciste se revandiquera des droits de l'homme, mais le raciste aussi.

Les valeurs que les hommes sont tentés de défendre, comme celles que les gouvernants consacrent et développent dépendent de nombreux facteurs, notamment historiques. Les principes sur lesquels tout le droit repose peuvent très bien impliquer la servitude, le mensonge ou la terreur tout en se voyant attribuer l'étiquette « droits de l'homme ». Si le droit positif ne connaît pas l'éternité, tel est aussi le cas de la pensée du droit. Albert Camus remarquait encore qu' « avec l'époque et les civilisations, les raisons pour lesquelles on se révolte semblent changer. Le problème de la révolte paraît ne prendre de sens précis qu'à l'intérieur de la pensée occidentale. On pourrait être plus explicite encore en remarquant que l'esprit de révolte s'exprime difficilement dans les sociétés où les inégalités sont très grandes (régime des castes indou) ou au contraire dans celles où l'égalité est absolue (certaines sociétés primitives). En société, l'esprit de révolte n'est possible

[310] *Ibid.*, p. 847.

que dans les groupes où une égalité théorique recouvre de grande inégalités de fait »[311]. En même temps, sans valeurs fortes servant de guide, tout ne serait régi que par la loi de l'efficacité et « le matérialisme historique, le déterminisme, la violence, la négation de toute liberté qui n'aille pas dans le sens de l'efficacité, le monde du courage et du silence sont les conséquences les plus légitimes d'une pure philosophie de l'histoire »[312]. C'est pourquoi, même si l'on n'ignore pas que les droits de l'homme sont une production humaine, un construit et non un donné, un effort continuel et fragile, il faut revendiquer à leur profit une forme d' « universalité relative », une force théorique pour affronter le combat des idées. Il convient de ne pas ignorer l'histoire et la culture dont nous sommes les héritiers tout en pensant leurs limites et leurs possibilités d'amélioration. Nier la réalité n'est pas la voie que les droits de l'homme, comme le droit en général, doivent suivre. Mais la réalité, comme l'histoire, ne sont pas des totalités capables de se suffire à elles-mêmes. Ce n'est pas l'histoire ni la culture qui donnent des valeurs aux hommes mais leur pensée éclairée et libre. Les droits de l'homme sont des idées fortes dont la mission est de tirer les conséquences de l'histoire et d'orienter le réel. Le nihilisme reste la principale menace pesant sur les droits de l'homme, malgré leur relativité inéluctable. Mais le rationalisme absolu, s'il est une route plus confortable, ne conduit pas mieux à destination. Toute pensée absolutiste est une pensée faible, y compris en matière de droits de l'homme. Quand trop de décisions importantes dépendent des calculs et mensonges, on n'est sommé d'y opposer une morale, même si celle-ci n'est qu'un point de vue personnel et critique sur la situation. Et, pour convaincre de la légitimité et de la pertinence de notre point de vue, on dira toujours qu'il devrait être partagé par tous en raison de son universalité. Cela est « de bonne guerre de mots ».

L'universalisme des droits de l'homme, leur vocation à bénéficier à tous les hommes, est logique. On imagine mal un texte national ou régional consacrer les droits fondamentaux des français ou les droits fondamentaux des européens. La vocation universelle est consubstantielle à la nature même de ces droits, supposés bénéficier à tout individu quel que soit l'État sous le régime duquel il se trouve. La Déclaration des droits de l'homme de 1789 a

---

[311] *Ibid.*, p. 859.
[312] *Ibid.*, p. 1065.

proclamé les droits naturels, inaliénables et sacrés de l'homme pour des raisons symboliques, car il s'agissait surtout des droits positifs, aliénables et désacralisés des citoyens français. Elle a ainsi constitué, à travers son universalité négatrice de toute particularité, une grande nouveauté. Si la révolution américaine avait été un événement local, sans conséquences sur les ordres juridiques des pays voisins ou plus lointains, la révolution française a voulu sommer chaque pays à se positionner par rapport aux droits de l'homme proclamés[313]. Quant à la Déclaration universelle des droits de l'homme de 1948, adoptée par l'Assemblée générale des Nations Unies, elle possédait la même préoccupation d'universalité : « Considérant que la reconnaissance de la dignité inhérente à tous les membres de la famille humaine et de leurs droits égaux et inaliénables constitue le fondement de la liberté, de la justice et de la paix dans le monde ». De tels textes s'adressent nécessairement à la famille humaine et postulent donc leur universalité, même s'ils ne concernent en réalité pas tous les hommes sur la planète et s'ils ne satisfont pas tous les puissants.

De la controverse de Valladolid aux déclarations des droits contemporaines en passant par l'abolition de l'esclavage ou le mouvement des droits civiques aux États-Unis, les droits de l'homme se sont progressivement universalisés dans le sens où de plus en plus d'individus sur Terre ont pu en bénéficier. Aujourd'hui, une part de l'humanité reste soumise à des cadres juridiques ignorant ces droits de l'homme, mais cette part diminue progressivement avec le temps. L'universalisation des droits de l'homme est en même temps une conquête du droit occidental, d'Europe et d'Amérique du nord, qui a gagné l'Amérique du sud, qui gagne l'Afrique et qui commence à gagner l'Asie. On a stipulé l'unicité de la nature humaine et l'égale dignité de tous les hommes ; et cette stipulation convainc de plus en plus à travers le monde. L'expression « droits de l'homme » se concentre sur le titulaire de ces droits : la personne humaine. En ce sens, « les droits de l'homme concernent tout homme et tous les hommes à la fois »[314]. Seulement, cela est vrai en théorie mais pas en pratique. L'universalité des droits de l'homme est une fiction nécessaire.

---

[313] J. Lacroix, J.-Y. Pranchère, *Le procès des droits de l'homme*, Le Seuil, 2016, p. 87.

[314] K. Mbaye, « Les droits de l'Homme en Afrique » , in K. Vasak, dir., *La dimension internationale des droits de l'Homme*, Unesco, 1980, p. 644.

L'universalisme des droits de l'homme bénéficie aujourd'hui d'un soutien réel, comme l'attestent, par exemple, la multiplicité des références à la Déclaration universelle des droits de l'homme dans d'autres conventions, notamment régionales, relatives aux droits de l'homme ou dans beaucoup de constitutions nationales. En 1993, à Vienne dans le cadre de la Conférence mondiale sur les droits de l'homme de l'ONU, ce sont tout de même 171 pays qui ont réaffirmé leur attachement à la DUDH. Le 7 décembre 2020, l'Union européenne a adopté un « Plan d'action pour les droits de l'homme et la démocratie » qui n'est pas autre chose que l'universalité des droits fondamentaux en actes. Désormais, à condition que la décision soit prise à l'unanimité des États membres, l'UE pourra sanctionner les auteurs de « graves violations des droits de l'homme ». Les responsables, où qu'ils se trouvent dans le monde, seront sanctionnés par des interdictions d'entrée sur le territoire de l'Union et le gel de leurs avoirs[315].

Le principe de dignité de la personne humaine est souvent présenté comme le fondement de l'universalisme des droits de l'homme, donc comme le droit de l'homme le plus cardinal et essentiel[316]. Il devient de plus en plus difficile de ne pas en faire un principe fondamental du droit. Après la Seconde Guerre mondiale lors de laquelle une « culture » inhumaine a semblé en passe de triompher, un engouement fort pour les droits de l'homme a soudain empreint une grande partie du monde. Un attachement sincère et presque instinctif à ces droits a justifié la croyance en leur universalisme, héritée de la sagesse antique donnant toute leur place à la recherche et au respect des valeurs humaines.

112. La mondialisation des droits de l'homme. « Tous les êtres humains naissent libres et égaux en dignité et en droit » : l'article 1er de la Déclaration universelle des droits de l'homme de 1948 est sans doute une incantation bien plus qu'un constat. Les faits, à savoir de nombreuses méconnaissances et violations des droits de l'homme dans le monde, en raison de l'action de certaines puissances privées mais aussi à l'initiative de certains pouvoirs publics, nous impose de reconnaître que ces droits font figure, à bien des

---

[315] AFP, « L'UE se donne la capacité de punir les violations des droits de l'homme partout dans le monde », lefigaro.fr, 3 déc. 2020.

[316] D. Kretzmer, E. Klein, dir., *The Concept of Human Dignity in Human Rights Discourse*, Kluwer, 2002.

égards, d' « actes de foi »[317]. L'histoire ne manque pas d'expériences politiques brutales fondées sur des négations des droits de l'homme. Tel est également le cas de l'actualité. Les idéologies nationalistes, et les régimes politiques qui leur sont associés, les ont systématiquement tenus en mépris, tandis que les totalitarismes ont poussé leur négation à l'extrême[318]. L'universalisme revendiqué par les droits de l'homme dans leurs diverses formes a toujours dû affronter des remises en cause fortes. Il s'est vu opposer des contestations ou des rejets, souvent sur le fondement d'autres universalismes. Il existe un consensus autour de l'idée que les droits de l'homme devraient bénéficier à tout homme, de tout temps et partout, mais on s'affronte sur le terrain de leur contenu et, finalement, de la définition de l'homme et de sa nature. On s'accorde sur le fait que la personne humaine est la valeur suprême, l'emportant sur toutes les autres, mais on diverge au niveau des sous-valeurs impliquées par cette valeur suprême. Le consensus autour de la rhétorique de l'universalisme des droits de l'homme ne doit donc pas amener à minimiser les incertitudes qui l'entourent. On a souvent vu des populations exclues du bénéfice des droits de l'homme. Leur universalité a pu être affirmée pendant que leur titularité était réservée à certaines catégories d'êtres humains. On a ainsi vu des droits dits « universels » ne pas bénéficier aux femmes, aux esclaves ou à certains groupes racialisés, tantôt considérés comme des choses, tantôt comme des sous-hommes[319].

La diversité et la variabilité des droits de l'homme sont le reflet de la diversité et de la variabilité humaines. C'est pourquoi Montaigne excluait l'idée d'un droit universel fondé sur une identité commune à tous les hommes, tandis que Pascal pouvait écrire : « Plaisante justice qu'une rivière borne ! Vérité au-deçà des Pyrénées, erreur au-delà »[320]. Si les choses ont

---

[317] S. Hennette-Vauchez, D. Roman, *Droits de l'homme et libertés fondamentales*, Dalloz, coll. Hypercours, 2017, p. 77.

[318] M.-B. Dembour, *Who Believes in Human Rights?*, Cambridge University Press, 2006.

[319] X. Martin, *Naissance du sous-homme au cœur des Lumières – Les races, les femmes et le peuple*, Dominique Martin Morin, 2014.

[320] Cela était déjà exprimé par Montaigne : « Quelle bonté est-ce que je voyais hier en crédit, et demain plus, et que le trait d'une rivière fait crime ? Quelle vérité que ces montagnes bornent, qui est mensonge au monde qui se tient au-delà ? » (M. De Montaigne, *Essais*, 1580, L. II, chap. XII).

évolué, si le droit, et notamment les droits de l'homme, ont comme tout été mondialisés, la plupart des grands principes restent propres à une époque et à un peuple. En Europe, à partir des années 1989-1990, avec la fin du rideau de fer entre l'Europe de l'Ouest et l'Europe de l'Est et l'implosion de l'Union soviétique, la conception individualiste et universaliste des droits de l'homme a conquis quasiment tous les pays. Mais, aujourd'hui, certains sont tentés de s'en désolidariser. Les anciens États européens communistes sont entrés progressivement au Conseil de l'Europe et ont adhéré à la Convention européenne de sauvegarde des droits de l'homme et des libertés fondamentales. Et certains ont intégré l'Union européenne, qui défend la même approche des droits de l'homme. Néanmoins, il ne s'agit toujours que d'une approche des droits de l'homme, bénéficiant de beaucoup de crédit mais concurrencée par d'autres.

Face à la dimension prétendument universelle des droits de l'homme, on est donc obligé d'apporter des nuances. Sous l'angle de cette universalité comme du point de vue de leur effectivité, les droits de l'homme demeurent parfois un « droit virtuel »[321]. Étant donné le relativisme culturel prégnant dans certaines parties du monde, bien des occasions nous sont offertes d'observer que « la méconnaissance concrète de ces droits est tout aussi universelle »[322]. Aujourd'hui, la plupart des pays du monde ont souscrit aux grandes déclarations sur les droits de l'homme au niveau de leur ratification mais pas nécessairement à celui de leur application. La mondialisation des droits de l'homme va de pair avec une méconnaissance de ces droits dont des exemples nous sont donnés au quotidien. Pour un certain nombre d'États, l'attachement aux droits de l'homme est une nécessité symbolique et géopolitique, tandis qu'en pratique leurs gouvernants n'hésitent pas à les bafouer pour des raisons stratégiques. Déjà Jean Rivero notait que « les droits de l'homme définissent aujourd'hui une sorte de morale officielle commune à la quasi-totalité des États. Tout aussi universelle que leur reconnaissance dans les textes est leur méconnaissance dans les fait »[323]. En outre, si les droits de l'homme sont de plus en plus largement reconnus à travers le monde, les garanties juridiques dont ils sont assortis restent plutôt

---

[321] H. Oberdorff, *Droits de l'homme et libertés fondamentales*, 7e éd., LGDJ, coll. Manuel, 2019, p. 30.
[322] *Ibid.*
[323] J. Rivero, *Les libertés publiques*, t. I, Puf, 1978, p. 126.

faibles, y compris dans certains pays occidentaux. La proclamation d'un droit ne s'accompagne pas automatiquement des moyens juridiques de garantir sa protection.

Mireille Delmas-Marty remarque que, « les droits de l'homme se sont enrichis mais aussi obscurcis. Ils se sont enrichis tant par la multiplication des sources juridiques et des juridictions nationales et internationales désormais compétentes pour les mettre en œuvre que par la diversification de leur contenu. Or, même en Occident, si l'émergence d'un droit des droits de l'homme judiciarise le champ politique, elle perturbe le champ juridique traditionnel : le flou du droit sinon créé du moins accru par les droits de l'homme complexifie les montages institutionnels ». Les droits de l'homme pourraient ainsi aller jusqu'à être contreproductifs en complexifiant le droit, en lui ajoutant des strates nouvelles le rendant moins lisible. Il est vrai que les droits de l'homme, sans les régimes juridiques législatifs et réglementaires qui les déclinent, sont généralement des principes très généraux dont les implications concrètes peuvent être discutables. À l'universalité toute relative de ces principes s'ajoute donc la relativité et l'incertitude liés à leurs conséquences concrètes sur les faits et gestes qui leur sont conformes ou non. Et Michel Villey pouvait regretter que l'apparition des droits de l'homme « témoignent de la décomposition du concept de droit » et que leurs applications sont comme « une plongée dans le brouillard », car le langage dangereusement flou des droits de l'homme serait « générateur d'illusions et de revendications impossibles à satisfaire »[324]. Les droits de l'homme seraient un droit venu de nulle part, sans histoire ni territoire, purement abstrait.

113. La pluralisation des droits de l'homme. Certaines critiques des droits de l'homme dépassent leurs limites concrètes et sont davantage théoriques. On a déjà longtemps récusé le concept en tant que tel en raison de l'absence de nature humaine, de l'inexistence d'une humanité commune à tous les hommes. Surtout, parmi les systèmes de pensée qui acceptent l'idée des droits de l'homme, on souligne les difficultés propres au projet même des droits de l'homme : prétendre, dans un même mouvement, être la source d'inspiration politique et axiologique de systèmes juridiques respectueux de la personne humaine tout en assujettissant le pouvoir politique, donc en

[324] M. Villey, *Le Droit et les droits de l'homme*, Puf, 1983.

soumettant à des principes supérieurs et arbitraires le peuple souverain. C'est pourquoi certains pays préfèrent l'absence de contrôle de constitutionnalité et la totale liberté du Parlement.

Face à l'approche dominante depuis 1789 des droits de l'homme, d'autres formes d'universalisme sont érigées en modèles alternatifs. La principale d'entre elles est peut-être l'universalisme marxiste. Pour Karl Marx, « aucun des prétendus droits de l'homme ne dépasse l'homme égoïste, membre de la société bourgeoise, individu replié sur lui-même, uniquement préoccupé de son intérêt personnel »[325]. Selon lui, la liberté ne saurait se traduire par une autonomie individuelle mais doit être dirigée, au service de la collectivité communiste. La Chine est aujourd'hui le principal héritier de cet universalisme marxiste. Si le pays est devenu libéral économiquement, tel n'est pas le cas humainement. Ses réticences à l'égard des droits de l'homme sont ainsi motivées par une philosophie dans laquelle la collectivité doit primer sur l'individualité. Les droits des citoyens chinois sont bornés par quatre principes fondamentaux inscrits dans le Préambule de la Constitution de 1982 : respect de l'idéologie marxiste-léniniste et de la « pensée Mao Zedong », respect de la dictature démocratique populaire, respect de la « voie socialiste », respect du rôle dirigeant du Parti communiste. La Constitution chinoise prévoit que, si le citoyen chinois a des droits — depuis une révision de 2004, l'article 33 de la Constitution affirme que « l'État respecte et protège les droits de l'Homme » —, il a surtout des devoirs, notamment celui de travailler (contrepartie d'un droit au travail, art. 42), celui de pratiquer le planning familial (art. 49) et celui, essentiel, de préserver l'unité du pays et l'union de son peuple, ainsi que celui de respecter la Constitution et les lois (art. 52 et 53). Ce dernier devoir signifie respecter l' « État socialiste de dictature démocratique populaire, dirigé par la classe ouvrière et basé sur l'alliance des ouvriers et des paysans » (art. 1). Les droits de l'homme peuvent difficilement être une priorité dans un pays qui tente de concilier la doctrine marxiste et une pratique capitaliste très ouverte[326].

L'individualisme des droits de l'homme de la Révolution française, attachés surtout à la liberté, à la propriété et aux droits civiques et qui influence

[325] K. Marx, *Sur la question juive*, 1843.
[326] L. Balmont, « État des droits de l'homme en Chine », in *Dictionnaire des droits de l'homme*, Puf, 2008, p. 137.

aujourd'hui encore largement les grands textes nationaux et internationaux en la matière, a eu beaucoup de thuriféraires. Actuellement, il reste beaucoup de régions dans le monde qui n'acceptent pas ou acceptent mal les droits de l'homme, soit parce qu'ils préfèrent les droits de la société, soit parce qu'ils y voient un impérialisme ou un néo-colonialisme occidental, soit parce qu'ils s'opposent à ce que les intérêts de l'homme l'emportent sur les intérêts de Dieu — et sur l'intérêt de ceux qui ont intérêt à ce que priment les intérêts de Dieu[327]. Les droits de l'homme seraient l'instrument d'une forme d'occidentalisation du monde, une autre manière de faire de la politique au service des puissants, sous couvert d'humanité[328]. À l'époque de la Révolution, Edmund Burke, Joseph de Maistre, Antoine de Rivarol ou Louis de Bonald estimaient que les droits de l'homme ainsi conçus étaient un message dangereux pour les sociétés fonctionnant sur l'ordre et la tradition. Ils inauguraient ainsi la bipartition du monde entre droits-de-l'hommistes et droits-de-la-sociétistes. Chacun ne vaudrait que par son appartenance à un groupe, ce qui lui donnerait des droits mais aussi beaucoup de devoirs. L'homme n'existerait qu'à travers la communauté sociale dans laquelle il s'inscrit. Et il faudrait alors l'appeler plutôt « citoyen » — ce que la DDHC a reconnu, mais en envisageant un citoyen tout aussi abstrait que l'homme, non le citoyen français. Plutôt que des droits de l'homme, mieux vaudrait penser des droits de la famille, de la corporation, de la paroisse ou de la patrie. Ces auteurs reprochaient aux droits de l'homme leur humanisme universel, incontestable et abstrait. Les contre-révolutionnaires revendiquèrent un nationalisme concret, symbolisé par l'affirmation de Joseph de Maistre : « Il n'y a point d'Homme dans le monde. J'ai vu dans ma vie des Français, des Italiens, des Russes ; je sais même, grâce à Montesquieu, qu'on peut être Persan : mais quant à l'Homme, je déclare ne l'avoir rencontré de ma vie ; s'il existe, c'est bien à mon insu »[329]. Il ne serait donc pas possible d'avoir une vision théorique de l'homme : « De quel homme pourrait-il s'agir ? Un homme désincarné, sans squelette, sans histoire, sans patrie, sans nationalité,

---

[327] N. Rouland, « La doctrine juridique chinoise et les droits de l'Homme », *RUDH* 1998, p. 1 s. ; Y. Maila, « Les droits de l'Homme sont-ils impensables dans le monde arabe ? », *Esprit-Cahiers de l'Orient* 1991.

[328] B. Badie, *La diplomatie des droits de l'homme – Entre éthique et volonté de puissance*, Fayard, 2002.

[329] J. De Mestre, *Considérations sur la France*, 1796.

sans culture, sans attache et, ajoutera-t-on plus tard, sans race. Un homme déraciné, c'est-à-dire rien »[330]. Tout homme se caractériserait avant tout par la nation à laquelle il participe. Les droits de l'homme, dans cette approche, sont forcément étatiques et cela a conduit à des définitions très étriquées des droits de l'homme, animés par des préjugés nationalistes, pour ne pas dire racistes. Carl Schmitt, citant la formule de Proudhon « qui dit humanité veut tromper », s'en servit ainsi pour défendre la souveraineté des États en matière de définition des droits de l'homme et faire l'apologie de l'État total[331]. L'unité politique du monde autour des droits de l'homme est alors perçue comme une lubie inconséquente.

Cette critique traditionaliste et contre-révolutionnaire a été longtemps portée par l'Église catholique. Jusqu'au Concile de Vatican II (1962), elle s'est souvent prononcée contre la philosophie des droits de l'homme. La doctrine pontificale rejetait notamment la liberté de conscience, présentée comme une menace contre la « vraie foi » — en 1791, elle est qualifiée de « droit monstrueux » par Pie VI —, et l'égalité (selon Pie XI, en 1937, « il est faux que tous les hommes aient les mêmes droits dans la société civile et qu'il n'existe aucune hiérarchie légitime »)[332]. Les religions diffusent un autre message universaliste qui peut entrer en contradiction avec l'universalisme des droits de l'homme, sur la vie privée, la vie publique et, surtout, la liberté de pensée et la liberté d'expression. Tel est le cas notamment de l'Islam, dont les pays qui s'en réclament manifestent de grande réticences à l'égard de l'universalisme des droits de l'homme qui ne peuvent coexister avec les droits de Dieu. Pour ces pays, tout droit ne peut être fondé que sur le Coran, la Sunna, c'est-à-dire la pratique de la pure tradition prophétique, la charia, donc la loi religieuse, et la notion complexe de Jihad, guerre sainte-légale.

---

[330] Y. Madiot, *Droits de l'homme*, Masson, 1991, p. 47.

[331] C. Schmitt, *La notion de politique – Théorie du partisan*, Flammarion, 1992, p. 44-45.

[332] S. Hennette-Vauchez, D. Roman, *Droits de l'homme et libertés fondamentales*, Dalloz, coll. Hypercours, 2017, p. 57. Les papes plus contemporains comme Jean XXIII, Paul V et Jean-Paul II ont tenu des discours plus conciliants. Pour Jean-Paul II : « Le respect des droits inaliénables de la personne humaine est à base de tout. Toutes menaces contre les droits de l'homme, que ce soit dans le cadre de ses biens spirituels ou dans celui de ses biens matériels, fait violence à cette dimension fondamentale » (discours à l'Unesco en juin 1980).

Les droits de l'homme sont ainsi pleinement impliqués dans le choc des civilisations[333]. Plus une conception de la religion est intégriste ou fondamentaliste, moins elle pourra cohabiter avec des droits de l'homme qui prônent la neutralité à l'égard des convictions religieuses des individus. En 1854, le cardinal-évêque de Poitiers pouvait ainsi écrire à Napoléon III : « Je regrette que votre gouvernement continue à s'inspirer de la Déclaration des droits de l'homme, laquelle n'est pas autre chose que la négation des droits de Dieu ».

La doctrine fasciste est l'héritière de cette critique des droits de l'homme en insistant sur la subordination de l'individu à l'État et la toute puissance de celui-ci[334]. Benito Mussolini déclarait ainsi que « la liberté individuelle n'est pas un droit inné, supérieur à l'État, droit susceptible de s'affirmer contre les intérêts mêmes de l'État ; c'est seulement une concession de l'État, faite dans l'intérêt de l'État et dans celui du développement social ». Quant au régime de Vichy, en France, il subrogea à la devise républicaine « Liberté, Egalité, Fraternité » le triptyque « Travail, Famille, Patrie », mettant l'accent sur la supériorité par rapport à l'individu des communautés auxquelles il appartient (famille, profession, nation). Les nationalismes du XXe siècle et d'aujourd'hui, rejettant aveuglément et sans mesure tout ce qui ne fait pas partie de la communauté, sont d'autres continuateurs de cette négation des droits de l'homme en tant qu'homme. Pour eux, il n'existerait donc pas de nature ou d'essence humaine et, par suite, pas davantage de droits de l'homme. On ne saurait définir les droits des individus en faisant fi des contextes particuliers et du poids des traditions et héritages locaux. Mais les droits de l'homme n'ont pas été concurrencés que par la négation des droits de l'homme, ils l'ont aussi été par différentes conceptions d'eux-mêmes.

Y compris le droit positif des droits de l'homme s'est enrichi de droits économiques et sociaux, avec, en France, le préambule de la Constitution de 1946, et aujourd'hui de semi-paradoxaux droits de l'homme environnementaux. Le souffle international qui a permis la naissance de l'ONU, la rédaction de la Déclaration universelle des droits de l'homme, la création du Conseil de l'Europe ou encore l'élaboration de la Convention européenne de sauvegarde des droits de l'homme et des libertés

[333] S. Huntington, *Le choc des civilisations*, Odile Jacob, 2001.
[334] D. Lochak, *Les droits de l'homme*, La découverte, 2009, p. 35.

fondamentales a permis d'enrichir les droits de l'homme. Mais il ne s'est toujours agi que d'une version particulière des droits de l'homme : celle, individualiste, libérale et démocratique, dominante dans les pays occidentaux. C'est pourquoi les droits de l'homme n'ont pas été critiqués que par des théories anti-humanistes, ils l'ont également été par des pensées divergentes des droits de l'homme considérant que les droits de l'homme conventionnels se tromperaient d'homme. On a ainsi reproché la prédominance de la culture occidentale héritière des Lumières et de la Révolution française dans la plupart des textes relatifs aux droits de l'homme. Certes, ces derniers n'ont jamais porté d'ambitions impérialistes et ont même motivé et justifié les décolonisations et toutes les luttes contre les discriminations. Il n'en demeure pas moins que leurs principes directeurs expriment une vision particulière de l'homme et de ses droits essentiels. L'universalisme revendiqué, déclaré et formel restera sans doute encore longtemps loin de s'accompagner d'un universalisme réel et concret. L'un des considérants du Pacte international relatif aux droits civils et politiques de 1966 exprime d'ailleurs cela clairement : « Reconnaissons que, conformément à la Déclaration universelle des droits de l'homme, l'idéal de l'être humain libre, jouissant des libertés civiles et politiques et libéré de la crainte et de la misère, ne peut être réalisé que si les conditions permettant à chacun de jouir de ses droits civils et politiques aussi bien que de ses droits économiques, sociaux et culturels, sont créées ».

Pour expliquer le relativisme des droits de l'homme, on argue que ceux-ci seraient une invention de l'Europe et même, plus exactement, d'une certaine Europe, temporellement, géographiquement et culturellement située, véhiculant une conception originale de l'homme. D'autres philosophies de l'homme, dans le monde et même en Europe, refusent de se soumettre. Dans l'idéal, il faudrait que les droits de l'homme n'existent qu'à travers un droit international ou, plus encore, un droit mondial partagé par tous car tous y inscriraient leurs valeurs. Mais, en pratique, ces valeurs seraient difficilement conciliables et, parmi les instances qui édictent et garantissent les droits de l'homme, les pays occidentaux ont, depuis la fin de la Seconde Guerre mondiale, largement imposé leur vision de l'homme et de ses prérogatives essentielles. La relativité du contenu des droits de l'homme est telle que, au nom de leurs intérêts nationaux et de leurs souverainetés respectives, des États comme la France ou le Royaume-Uni acceptent mal d'être condamnés par la Cour européenne des droits de l'homme, jugée tantôt trop libérale et tantôt pas assez. Avec le Traité de Lisbonne de 2007, le Royaume-Uni et la Pologne ont obtenu un traitement dérogatoire s'agissant de la valeur juridiquement contraignante de la Charte des droits fondamentaux. Certains États européens sont donc tentés d'affirmer leurs spécificités en matière de droits de l'homme. C'est ainsi que John Rawls, dans sa *Théorie de la justice*, nie toute possibilité de s'accorder sur des conceptions substantielles du bien et du juste et propose un modèle essentiellement procédural de la justice[335].

Il existe, par exemple, une conception africaine des droits de l'homme qui est plus qu'une simple adaptation des grands principes occidentaux à cette région du monde. La Charte africaine des droits de l'homme et des peuples de 1981 prend en considération à plusieurs reprises l'idée d'une spécificité africaine. L'un de ses considérants est explicite sur ce point : « Tenant compte des vertus de leurs traditions historiques et des valeurs de la civilisation africaine qui doivent inspirer et caractériser les réflexions sur la conception des droits de l'homme et des peuples ». Dans les « droits de l'homme africain », on ne sépare pas l'intérêt de l'homme de l'intérêt du peuple, rejetant ainsi l'approche individualiste dominant en Europe. Et on attache les droits de l'homme à d'importants devoirs envers la famille, l'État, voire la communauté africaine[336]. Dans cette conception holiste qui rappelle le marxisme ou le communisme chinois, l'homme ne doit pas se considérer comme un individu, comme un être particulier, égoïste, conquérant, mais comme un agent au service du bien commun, dont le principal objectif doit être la prospérité du collectif, ainsi que le bien vivre ensemble avec les autres dans la paix et l'harmonie. L'article 29 de la Charte africaine précise ainsi que « l'individu a le devoir de préserver le développement harmonieux de la famille et d'œuvrer en faveur de la cohésion et du respect de cette famille, de respecter à tout moment ses parents, de les nourrir, et de les assister en cas de nécessité. Il doit veiller, dans ses relations avec la société, au renforcement des valeurs culturelles africaines positives, dans un esprit de tolérance, de

[335] J. Rawls, *A Theory of Justice*, Harvard University Press, 1971.
[336] C. Zanghi, « Évolution et développement de la Déclaration universelle des droits de l'homme dans les différentes réalités culturelles », in *Mélanges Karel Vasak*, Bruylant, 1999, p. 450.

dialogue et de concertation et d'une façon générale de contribuer à la promotion de la santé morale de la société »[337].

Aujourd'hui, si se pose encore la question de l'exportation des droits de l'homme de l'Europe et de l'Amérique vers l'Afrique et l'Asie, c'est également au sein même des sociétés occidentales que la critique relativiste prospère, notamment à travers les revendications de groupes et de minorités avec des pratiques sociales, culturelles ou religieuses alternatives. Dans ces cercles particuliers, on estime que les droits de l'homme devraient mieux prendre en compte la part sociale de l'individu, ce qui le relie à certaines communautés, aux données culturelles qui le constituent, plutôt que de chercher à standardiser les hommes partout sur la planète en les plaçant sous le même régime de base. Les notions de juste et d'injuste ou de bien et de mal se trouvent dans toutes les sociétés et chez tous les peuples, mais elles ne désignent pas les mêmes objets. Le juste des uns peut être l'injuste des autres ; et le bien des uns peut être le mal des autre.

114. Se battre pour les droits de l'homme sans ignorer leur relativité. Le 15 mars 2006, l'Assemblée Générale des Nations Unies a institué le Conseil des droits de l'homme en remplacement de la Commission des droits de l'homme. Si sa mission est de promouvoir le respect universel et la défense de tous les droits de l'homme et de toutes les libertés fondamentales, il ne défend dans les faits qu'une vision particulière des droits de l'homme et l'effectivité de son action demeure limitée. La DUDH, imaginée telle une boussole universelle, est d'ailleurs de plus en plus dénoncée comme partiale, n'indiquant pas « le nord » mais « un nord ». Depuis cinquante ans, les critiques relativistes des droits de l'homme, appelant à prendre en compte les cultures et les histoires dans la pensée des droits de l'homme, ont permis de comprendre que ce que nous avons l'habitude de considérer comme des « vérités éternelles » ne sont en réalité que des créations philosophiques et humaines qui nous ont été léguées comme telles. Cette approche critique est importante car elle doit nous permettre de prendre du recul par rapport à l'évidence des droits de l'Homme et à l'évidence de leur univalence morale et

---

[337] Charte adoptée par la 18e conférence des chefs d'État et de gouvernement en juin 1981 à Nairobi, au Kenya, et entrée en vigueur le 21 octobre 1986, après ratification par 25 États. 53 membre de l'OUA l'ont actuellement ratifiée. Seul le Soudan du sud ne l'a pas fait.

de leur universalisme[338]. Cela ne saurait en aucun cas nous conduire à renoncer aux droits de l'homme. Au contraire, nous sommes invités à nous battre toujours plus fort, conscients qu'ils ne sont que les fruits de combats éthiques et moraux, construits par ceux capables de prôner la vision de l'homme la plus convaincante. Les droits de l'homme ont beau être qualifiés de « fondamentaux », ils ne déterminent pas des valeurs universelles, définitives et incontestables mais servent de pistes sur lesquelles s'aventurer afin de vivre ensemble paisiblement et en harmonie malgré nos différences[339]. Le droit à la différence pourrait même constituer un droit de l'homme.

Des philosophies des droits de l'homme non individualiste, non libérales et non démocratiques existent au Moyen-Orient, en Afrique ou en Asie. On peut se battre pour nos valeurs, nos droits de l'homme, convaincus que cela en vaut la peine même si ailleurs d'autres sont persuadés que nous faisons fausse route. Par exemple, quand ceux-ci diront que la soumission de la femme et la domination de l'homme sont des droits de l'homme, à tel point qu'il faudrait lapider ou raser la femme adultère ou que des tests de virginité devraient être pratiqués sur les jeunes filles afin de vérifier qu'elles n'ont pas porté atteinte à ce droit de l'homme, nous dirons que, pour nous, les humains féminins doivent bénéficier strictement des mêmes droits et libertés que les humains masculins, quels que soient les héritages culturels et religieux susceptibles de justifier cette maltraitance de la femme. Et les choses peuvent ainsi changer sous l'effet de nos luttes, comme l'ont montré les débats intenses au moment de la révision de la Constitution tunisienne en 2014, conclue par l'affirmation de l'égalité entre les individus des deux sexes. Reste que, suivant la conception des droits de l'homme retenue, on dira qu'un tel changement va dans le sens des droits de l'homme ou bien leur porte atteinte. De notre point de vue, lapider la femme adultère ou l'homosexuel, comme le prévoient certains codes pénaux au nom de l'Islam, n'est pas l'application d'un droit de l'homme mais une négation manifeste et très grave des droits de l'homme. Ce n'est que notre point de vue, mais rien ne saurait nous interdire de le clamer haut et fort et d'essayer de convaincre le plus largement de sa légitimité. C'est aussi ainsi que nous pouvons raisonner au

---

[338] S. Hennette-Vauchez, D. Roman, *Droits de l'homme et libertés fondamentales*, Dalloz, coll. Hypercours, 2017, p. 88.

[339] M. Delmas-Marty, *Vers une communauté de valeurs*, Le Seuil, 2011, p. 217.

moment de penser les droits de l'homme numérique. Sans doute ceux-ci seront-ils plus encore relatifs et donc discutables. Notre tâche est simplement de participer à la discussion. Et cette discussion peut être d'autant plus libre que l'univers numérique comporte moins d'héritages culturels qu'ailleurs, même si l'influence de certaines traditions et de l'histoire s'y retrouve aussi.

On peut comprendre et accepter les contestations de l'universalisme des droits de l'homme à condition que cela ne serve pas de camouflage théorique et pratique pour des violations des prérogatives essentielles des humains. Celui qui propose une vision alternative des droits de l'homme en étant convaincu que son approche est juste est évidemment incomparable à celui qui se sert de l'expression « droits de l'homme » afin de cacher des desseins criminels et de subvenir à des intérêts personnels. On ne saurait ainsi accepter l'attitude de certains États occidentaux qui ne condamnent pas ou condamnent mollement des atteintes graves aux droits de l'homme, cela en fonction de considérations cyniquement économiques[340]. La raison économique l'emporte souvent sur la morale des droits de l'homme. La Chine, en particulier, pèse de tout son poids économique dans les relations avec les autres pays. Avec l'Union européenne par exemple, le dialogue sur les droits de l'homme en reste le plus souvent à l'affirmation parallèle des positions des deux parties.

L'histoire est certainement le meilleur argument afin de défendre le plus rigoureusement et sans intransigeance les droits de l'homme. Les totalitarismes ont nié ou nient encore les droits de l'homme et notamment la dignité humaine. Des textes nationaux et internationaux ont alors tâché de les replacer au premier plan. La France et le préambule de la Constitution du 27 octobre 1946 en sont un bon exemple, après le retour de la République et la fin du régime de Vichy : « Au lendemain de la victoire remportée par les peuples libre sur les régimes qui ont tenté d'asservir et de dégrader la personne humaine, le peuple français proclame à nouveau que tout être humain, sans distinction de race, de religion ni de croyance, possède des droits inaliénables et sacrés ». L'entrée dans le monde du numérique et des IA est peut être une nouvelle occasion historique de réaffirmer les droits de l'homme.

---

[340] H. Oberdorff, *Droits de l'homme et libertés fondamentales*, 7e éd., LGDJ, coll. Manuel, 2019, p. 74.

III. De génération en génération, la démultiplication des droits de l'homme

115. La géométrie variable des droits de l'homme. La question des droits de l'homme numérique amène à s'intéresser à l'avenir des droits de l'homme. Quant à leur passé, il s'est écrit au pluriel. Même en s'en tenant à l'approche occidentale, héritière de l'humanisme juridique de la Renaissance et des Lumières, la définition des droits de l'homme a évolué avec le temps, s'enrichissant parfois, s'obscurcissant d'autres fois. Les droits de l'homme ont évolué à mesure des luttes menées en leur nom, des mutations politiques, mais aussi des faits historiques. Il est donc difficile de retracer le chemin des droits de l'homme, que ce soit depuis 1789 ou depuis des temps plus lointains ou plus récents. Différentes lectures de « l'histoire des droits de l'homme » sont proposées, certaines voyant dans la littérature et la philosophie des XVIIe et XVIIIe siècles les conditions essentielles de l'émergence du concept de droits de l'homme[341], d'autres ne voyant aucun droit de l'homme authentique avant les années 1970[342]. Différentes histoires des droits de l'homme, correspondant à différents points de vue sur les droits de l'homme et diverses définitions, coexistent. Même l'histoire des droits de l'homme en France est susceptible de connaître des versions variées. On retient cependant souvent que l' « odyssée des droits de l'homme »[343] a été marquée par des avancées périodiques, donnant lieu à des « générations de droits de l'homme » en même temps que ceux-ci sont venus répondre à de grands sujets de société. Ces générations de droits de l'homme se spécifient donc en fonction du moment où elles sont apparues et selon leur objet. Une telle présentation est séduisante en ce qu'elle synthétise et organise clairement les droits et libertés et leur progression historique. Elle est même reprise par la Constitution de la Ve République qui présente les différents

[341] L. Hunt, *L'invention des droits de l'Homme*, Markus Haller, 2013.
[342] S. Moyn, *The Last Utopia, Human Rights in History*, Harvard University Press, 2010.
[343] J. Ferrand, H. Petit, *L'odyssée des droits de l'homme*, L'Harmattan, 2003.

niveaux de droits fondamentaux dans son préambule : « Le peuple français proclame solennellement son attachement aux droits de l'homme et au principe de la souveraineté nationale tels qu'ils ont été définis par la déclaration de 1789, confirmés et complétés par le préambule de la Constitution de 1946, ainsi qu'aux droits et devoirs définis dans la Charte de l'environnement de 2004 ».

L'établissement d'une classification comprenant différentes catégories de droits de l'homme amène à la question de la hiérarchie pouvant exister entre ces catégories. Cette question est épineuse car il est difficile de considérer que tous ces droits seraient identiques ou équivalents, mais il est tout autant compliqué d'établir une hiérarchie incontestable entre eux. Il existe cependant des textes, notamment en jurisprudence, qui donnent l'avantage à certains droits et libertés sur les autres. Sur le terrain du droit positif, tous les droits de l'homme proclamés n'ont pas la même valeur juridique. Il existe un noyau dur de droits de l'homme et des droits de l'homme périphériques. Les premiers sont considérés comme plus intangibles que les seconds. Certains sont de premier rang, d'autres de second rang. Il en va de même dans la doctrine des droits de l'homme : beaucoup d'auteurs font de la dignité de la personne humaine le principe le plus cardinal de tous, irriguant l'ordre juridique dans son ensemble[344]. D'autres s'attachent au principe du pluralisme, en tant que fondement essentiel de la démocratie, ou à la liberté individuelle. La difficulté est que ce ne sont pas les mêmes droits et libertés auxquels on donne la priorité en fonction des lieux et des époques. Mais on peut aussi considérer que « tous les droits de l'homme sont universels, indissociables, interdépendants et intimement liés »[345].

En France, la déclaration de 1789 donne, dès son article 2, la priorité à la liberté, la propriété, la sûreté et la résistance à l'oppression. Ceux-ci fixent ainsi le cadre général des droits de l'homme. La loi fondamentale allemande, à son article 1er, prévoit que la dignité de l'être humain est intangible, en faisant le principe le plus essentiel que les pouvoirs publics doivent protéger. La Constitution espagnole, pour sa part, met l'accent sur le droit à la vie, à

---

[344] Ch. Girard, S. Hennette-Vauchez, *La dignité de la personne humaine – Essai sur le processus de juridicisation*, Puf, 2005.

[345] « Déclaration de la conférence mondiale des Nations Unies sur les droits de l'homme », Vienne, 25 juin 1993.

son article 15 (« tous ont droit à la vie, sans qu'en aucun cas ils ne puissent être soumis à la torture ni à des peines ou à des traitements inhumains ou dégradants »). Le Conseil constitutionnel a produit une forme de structure du système des droits fondamentaux, érigeant certains droits ou libertés en principes matriciels, influençant les régimes de nombreux principes connexes[346]. Sur un plan international aussi, certains droits de l'homme sont érigés en droits fondamentaux des droits de l'homme. La Cour européenne des droits de l'homme développe une jurisprudence selon laquelle il existerait un droit intangible distinct du droit constitutionnel ordinaire. Elle a ainsi qualifié le droit à la vie de « valeur suprême dans l'échelle des droits de l'homme »[347]. La Convention européenne ou la Convention américaine des droits de l'homme, comme le Pacte international des droits civils et politiques, insistent sur un nombre réduit de droits intangibles : le droit à la vie, le droit de ne pas être torturé ou de subir des traitements inhumains ou dégradants, le droit de ne pas être tenu en esclavage ou servitude, le droit à la non-rétroactivité de la loi pénale. Ces quatre droits intangibles doivent être considérés comme les attributs inaliénables de la personne humaine. Ils traduisent l'importance essentielle du respect de la dignité humaine. Néanmoins, d'autres standards minimums des droits de l'homme pourraient être adoptés — et peut-être d'autres le seront-ils à l'avenir. Comme les droits de l'homme en tant que tels, la hiérarchie en leur sein est essentiellement un choix politique, de ce fait discutable et fragile.

Le passé des droits de l'homme étant incertain, son contenu actuel étant plus ou moins accepté et souvent discuté, son avenir est forcément difficile à envisager — d'autant plus que l'apparition lors du Sommet de Rio en 2012 d'une clause de non-régression en droit de l'environnement rappelle que le progrès est réversible. Cela ne saurait nous interdire de chercher à contribuer à la construction de ce futur des droits de l'homme, son imprévisibilité étant justement la preuve que ces droits seront ce que nous aurons décidé d'en faire. En matière numérique, si le droit est supposément un système normatif et institutionnel stable, cohérent et prévisible guidant les actions des hommes en société, on comprend que sa rencontre avec le dynamisme propre à la technique lui pose question. Au-delà des droits de l'homme, cela oblige les

---

[346] B. Mathieu, M. Verpeaux, *Contentieux constitutionnel des droits fondamentaux*, LGDJ, 2002, p. 422.

[347] CEDH, 22 mars 2001, *Streletz, Kessler et Krenz c/ Allemagne*.

législations à s'amender constamment. Quant aux droits de l'homme, peut-être devront-ils être complétés d'un pan nouveaux de principes essentiels motivés par la vie numérique. C'est pourquoi certains imaginent que les dernières évolutions de la technique pourraient aboutir à l'érection d'une nouvelle génération de droits de l'homme.

Les droits de l'homme numérique pourraient ainsi constituer la nouvelle génération de droits de l'homme, complétant les générations précédentes correspondant à des droits civils et politiques, des droits économiques et sociaux et des droits de solidarité.

116. Les anciennes générations de droits. La première génération de droits de l'homme correspond aux droits civils et politiques reconnus par la Déclaration des droits de l'homme et du citoyen du 26 août 1789 et complétés jusqu'à la fin du XIXe siècle. Ces droits sont essentiellement les « droits naturels et imprescriptibles de l'homme tels que prévus par l'article 2 de la DDHC, à savoir la liberté, la propriété, la sûreté et la résistance à l'oppression. Ce sont des libertés du citoyen associées à son autonomie, des libertés-participations, le droit de vote, la liberté de communication et la liberté de la presse, la liberté d'opinion, la liberté religieuse ou encore le droit de ne pas être arrêté arbitrairement. Ces droits civils et politiques expriment une philosophie largement individualiste, rompant à l'époque de la Révolution française avec un Ancien Régime dans laquelle la société était organisée en ordres et en corps. Ces droits de l'homme sont essentiellement des droits de l'homme-individu en même temps que des droits de l'homme-citoyen. Surtout, il s'agit d'un homme-individu et d'un homme-citoyen libres de leurs pensées et de leurs actes. La Déclaration ne reconnaît donc pas de droits au profit des groupes ou des collectivités. Les droits déclarés ne sont susceptibles que d'un exercice individuel. C'est pourquoi, à cette époque, il n'était guère question de liberté syndicale ou de liberté d'association — l'organisation syndicale a même été interdite par loi Le Chapelier de 1791.

Les droits civils et politiques sont qualifiés de « droits de » en ce qu'ils requièrent, pour leur satisfaction, une abstention de l'État : l'individu ne doit pas être entravé dans la jouissance de ses libertés individuelles. Ces droits visent à assurer à l'individu une pleine autonomie intellectuelle et juridique. Leurs seules limites sont les libertés d'autrui et l'intérêt général. Par exemple, la liberté d'expression ou le droit de s'exprimer librement est garanti dès lors que les pouvoirs publics s'abstiennent de toute censure, de tout contrôle *a priori* des messages.

La deuxième génération de droits de l'homme généralement reconnue comprend des droits économiques et sociaux. Ceux-ci ont été revendiqués, notamment par les ouvriers et autres travailleurs, à partir de la révolution industrielle et ont été reconnus et promus surtout après la Seconde Guerre mondiale. En France, si certains de ces droits apparaissaient déjà dans la déclaration rédigée en 1793 par Robespierre, et si certains ont été consacrés par la loi sous la IIIe République, dans les années 1880 et 1890 ou dans les années 1930, avec le Front Populaire, c'est surtout le préambule de la Constitution de la IVe République, du 27 octobre 1946, qui a constitué un tournant en faisant de ces droits des droits à valeur constitutionnelle. Il s'agit de la liberté syndicale, le droit au travail, le droit de grève, le droit à la sécurité sociale, le droit à l'instruction, le droit aux soins de santé, le droit au logement, le droit à l'alimentation, le droit à la formation professionnelle ou le droit à la culture.

Ces droits économiques et sociaux se présentent tels des « droits-créances » ou des « droits à ». Ils supposent en effet une intervention publique, des politiques publiques, donc une volonté politique, afin de garantir leur effectivité. La proactivité des pouvoirs publics, avec la fourniture de prestations sociales ou de services publics, doit permettre aux titulaires de ces droits d'en jouir pleinement. Par exemple, le droit à la protection de la santé suppose une intervention positive de l'État par l'institution d'hôpitaux, la prise en charge collective du coût des soins etc. La finalité de ces droits est de réduire les inégalités d'ordre économique dans une perspective de justice sociale. Ce sont des instruments de transformation sociale visant à corriger les effets négatifs du libéralisme économique et à rendre concret l'objectif de fraternité figurant dans la devise de la République française[348]. Privilégiant l'égalité entre les individus, ils viennent compléter les droits civils et politiques, lesquels mettent l'accent sur la liberté des individus. On pourrait même penser que les droits économiques et sociaux permettent de protéger les droits libéraux et sont une condition de leur exercice. Mais mettre l'accent

---

[348] D. Roman, « La justiciabilité des droits sociaux ou les enjeux de l'édification d'un État de droit social », *Revue des droits de l'Homme* 2012.

sur les uns ou les autres, c'est faire de la liberté ou de l'égalité le principe fondateur des droits de l'homme. On peut aussi les associer sans choisir et considérer que l'homme se définit tout à la fois par ses libertés individuelles et politiques et par ses liens et activités économiques et sociales.

On analyse parfois ces droits créances, du fait de leur nature et de leur dépendance à l'égard des pouvoirs publics, comme des « succédanés » de droits de l'homme. Ils sont des enjeux de politiques publiques avant tout, même si l'on peut estimer qu'ils sont impliqués par la nature humaine. Les droits créances ne pourraient pas bénéficier d'une protection juridictionnelle et seraient ainsi frappés d'une certaine vulnérabilité normative et contentieuse. En effet, si le juge peut protéger la liberté d'expression ou le droit à la vie privée, il ne saurait accorder un logement ou procurer un emploi. Les pouvoirs publics disposent donc d'un très large pouvoir discrétionnaire à l'égard de ces droits, ce qui est incompatible avec l'idée de droits de l'homme. L'objet de ces droits demeure très flou tant que le législateur n'intervient pas par ses arbitrages. Quant à leur effectivité, elle dépend du niveau de développement et des ressources de l'État. Un État faible et fragile peut difficilement subvenir à tous les besoins de sa population. C'est pourquoi l'on qualifie parfois ces droits de deuxième génération de « droits virtuels ». Ils sont conditionnels, relatifs, subordonnés. On peut en revanche jouir d'une liberté du seul fait qu'elle existe, l'obligation de l'État se résumant à une abstention.

Selon une formule célèbre de Georges Burdeau, les droits libertés auraient pour titulaire « un homme abstrait, un pur esprit », tandis que les droits créances auraient pour titulaire « un individu économiquement et socialement situé : l'ouvrier, l'enfant, le malade, le pauvre etc. ». Cette distinction a été formellement développée dans le cadre du droit international des droits de l'homme, par les deux pactes internationaux de 1966 (le Pacte international relatif aux droits civils et politiques, adopté à New York le 16 décembre 1966 par l'Assemblée générale des Nations unies, et le Pacte international relatif aux droits économiques, sociaux et culturels, un traité international multilatéral adopté le 16 décembre 1966 par l'Assemblée générale des Nations unies). Néanmoins, de nombreux auteurs estiment qu'elle serait essentiellement conceptuelle. Beaucoup de résolutions, déclarations et recommandations des instances internationales et beaucoup des acteurs des droits de l'homme insistent surtout sur la complémentarité et l'interdépendance des droits de l'homme. Mais quelques auteurs, surtout des libéraux, jugent que les droits libertés et les droits créances seraient incompatibles car les droits créances menaceraient par nature les libertés. Pour Friedrich Hayek, par exemple, « les anciens droits civils et les nouveaux droits sociaux et économiques ne peuvent pas être assurés en même temps et sont en fait incompatibles : les nouveaux droits ne pourraient être traduits dans les lois contraignantes sans du même coup détruire l'ordre de liberté auquel tendent les droits civils traditionnels »[349]. Déjà Karl Marx soulignait que le droit au travail, le droit à la santé ou le droit à la culture peuvent difficilement s'épanouir sans porter atteinte au droit de grève et aux libertés. Les droits des différentes générations comportent inévitablement des contradictions, ce qui pose la question de leur équilibre, de leur conciliation et peut-être de leur hiérarchie, autant de questions auxquelles les pouvoirs politiques doivent répondre.

Il n'est par ailleurs pas rare qu'on enseigne que la distinction entre droits libertés et droits créances mériterait d'être abandonnée, notamment car tous les droits de l'homme généreraient à la fois des obligations positives et négatives à la charge des pouvoirs publics[350]. La plupart des droits présenteraient à la fois une dimension de droit-liberté et une dimension de droit-créance.

117. Les nouvelles générations de droits. La troisième génération de droits de l'homme se caractérise ainsi à la fois temporellement, ils sont apparus plus récemment — à l'occasion de certains débats de société — que les droits des deux autres générations, et qualitativement, car leur contenu est plus incertain et davantage discuté, en particulier car on se demande si ce sont de véritables droits de l'homme justiciables ou bien des impératifs de politique publique. Ce sont des droits de solidarité sociale. On y trouve des droits variés tels que le droit à la paix, le droit au développement, le droit à un environnement sain, les droits des malades, le droit au transport, le droit au logement opposable, le droit au développement durable, le droit à la différence etc.

---

[349] F. Hayek, *Droit, législation et liberté*, Puf, 1976, t. 2, p. 124.

[350] S. Hennette-Vauchez, D. Roman, *Droits de l'homme et libertés fondamentales*, Dalloz, coll. Hypercours, 2017, p. 19.

Avec cette troisième génération de droits de l'homme, on en est venu à remettre en cause la distinction entre droits-créance et droits-libertés. Celle-ci serait désormais dépassée, trop imprécise, une autre typologie est proposée : celle retenue par les organisations internationales de protection des droits de l'homme, insistant sur la portée des droits, en particulier du point de vue de la nature des obligations des pouvoirs publics. Ainsi appréhendés, les droits de l'homme imposent tous aux États une triple obligation de « respecter », de « protéger » et de « réaliser » les droits. L'obligation de respecter les droits impose aux États de ne jamais porter activement atteinte aux droits des individus. Cette obligation d'abstention concerne essentiellement les droits civils, mais aussi les droits sociaux — il est par exemple défendu aux États d'opérer des discriminations dans l'application des droits sociaux. L'obligation de protéger les bénéficiaires de ces droits, ensuite, signifie que les États ne peuvent pas, par exemple, se retrancher derrière l'insuffisance de leurs finances publiques pour justifier une quelconque méconnaissance ou non-garantie de droits fondamentaux. Les États doivent donc, dans tous les cas, éviter que des tiers violent des droits fondamentaux. Pour cela, ils doivent proposer une législation et une réglementation effectivement protectrices, en particulier grâce à la création de recours juridictionnels. Dans la doctrine internationaliste, ces obligations positives valent pour tous les droits de l'Homme — qu'ils soient civils, politiques, économiques, sociaux ou de solidarité. Enfin, l'obligation de réaliser les droits suppose que l'État intervienne afin d'assurer leur pleine effectivité et éviter qu'ils demeurent de simples pétitions de principes. À nouveau, cette obligation concerne tant les droits sociaux que les droits civils et politiques et les droits de solidarité. Il s'avère alors que le coût est un aspect fort de la réalisation des droits sociaux. Par exemple, organiser des élections impacte moins gravement les finances publiques que la garantie du droit à l'instruction ou du droit aux soins.

Si l'on en revient à la question des générations de droits de l'homme, certains considèrent qu'on serait dorénavant à l'aube d'une quatrième génération motivée par le développement rapide et puissant de l'informatique, des communications électroniques, mais aussi de la médecine et de la biologie[351].

---

[351] H. Oberdorff, *Droits de l'homme et libertés fondamentales*, 7e éd., LGDJ, coll. Manuel, 2019, p. 58.

Cela interroge de différentes manières l'humanité que les droits de l'homme ont vocation à défendre. Ainsi les nouvelles technologies obligent-elles à penser ou repenser la liberté de communication, le droit au respect de la vie privée, le secret des correspondances, le droit à l'oubli etc. Sont aussi concernés les droits des patients face aux nouvelles techniques et pratiques médicales, la protection des personnes dans la recherche biomédicale, la protection du patrimoine génétique, l'inviolabilité du corps humain etc.

Cela interpelle ceux qui s'alarment de l'inflation des proclamations de nouveaux droits de l'homme. Ceux-là regrettent qu'on tende à utiliser trop fréquemment la notion de droits de l'homme, ce qui constituerait un abus de langage portant atteinte à la force symbolique des droits de l'homme. Il faudrait donc prendre beaucoup de précautions avant de se risquer à évoquer des « droits de l'homme numérique ». Comme en matière monétaire, l'inflation aurait un effet dépréciateur, donc porterait atteinte à la bonne protection des droits. Cette problématique de l'inflation des nouveaux droits de l'homme concerne surtout les droits de troisième génération et, à plus forte raison, les potentiels droits de quatrième génération qui sont aujourd'hui seulement en gestation.

La multiplication des « droit de » et « droit à » interroger quant à leur signification réelle. Alors qu'on les érige au rang suprême des droits de l'homme, cela n'est-il pas purement stratégique car ce ne seraient en réalité que des instruments de politiques publiques, loin de défendre une nature humaine incontestable. Ce ne sont pas toujours de véritables droits au sens juridique, capables d'être reconnus en cas de litige devant un juge. Il s'agit souvent d'objectifs politiques. En les appelant « droits de l'homme », on fait perdre son sens à cette expression. On en vient ainsi à regarder avec méfiance ou même défiance « les droits »[352], à déplorer le « remplacement de l'idéal des libertés par le culte des droits »[353], tandis qu' « au tourniquet des droits, chacun attend son tour »[354]. Ces droits deviendraient « des droits fragmentés, des droits communautaires, des droits de jouissance, des droits mémoriels »[355] et on dénonce un État qui n'aurait « plus d'autres fonctions

[352] F. Sureau, *Sans la liberté*, Gallimard, coll. Tracts, 2019, p. 39.
[353] *Ibid.*
[354] *Ibid.*
[355] *Ibid.*, p. 37.

que de garantir les désirs de chacun »[356]. On serait finalement face à « un pavillon des droits de l'homme qui couvre désormais trop de marchandises différentes pour qu'il soit possible de s'en réclamer autrement que sous bénéfice d'inventaire »[357]. Si ce qui est rare est précieux, les droits de l'homme deviennent de moins en moins précieux à mesure qu'ils se multiplient et tendent à envahir tous les champs de la vie individuelle et collective. Leur inflation rend nécessaire le tri entre les droits juridiquement opposables et ceux qui sont seulement l'expression juridique d'une politique publique[358]. Cette problématique se retrouve, par exemple, dans le droit à un environnement écologiquement sain avec le projet de Pacte mondial pour l'environnement, qui définit ainsi ce nouveau droit dans son article 1er : « Toute personne a le droit de vivre dans un environnement écologiquement sain et propice à sa santé, à son bien-être, à sa dignité, à sa culture et à son épanouissement ». En matière de droits de l'homme numérique, mieux vaut donc s'assurer minutieusement qu'un principe peut être qualifié de « droit » et, plus encore, de « droit de l'homme ». Le recours trop facile au champ des droits de l'homme ou même des droits fondamentaux risque de produire des contradictions et donc des incertitudes par rapport aux droits des générations précédentes portant atteinte à la confiance dans le droit. La consécration de droits trop factices, manquant de juridicité, risque de provoquer une certaine dévalorisation de l'ensemble par une généreuse fuite en avant.

Pour établir avec suffisamment de précision, de certitude et de sécurité le catalogue des droits de l'homme, on peut s'appuyer sur le système international des droits de l'homme, qui constitue un cadre universel et contraignant, et notamment sur les instruments du Conseil de l'Europe relatifs aux droits de l'homme, notamment la Convention européenne de sauvegarde des droits de l'homme et des libertés fondamentales, ou bien la Charte des droits fondamentaux de l'Union européenne, qui est peut-être le catalogue officiel le plus récent de ces droits. Quant aux droits de l'homme numérique, on peut seulement, pour l'instant, les imaginer, éventuellement les proposer, mais ils n'existent pas en droit positif en tant que tels. Une Charte du numérique, sur le modèle de la Charte de l'environnement qui, en

[356] *Ibid.*, p. 40.
[357] *Ibid.*, p. 55.
[358] H. Oberdorff, *Droits de l'homme et libertés fondamentales*, 7e éd., LGDJ, coll. Manuel, 2019, p. 37.

2004, a constitué un moment décisif dans la reconnaissance d'une troisième génération de droits de l'homme, pourrait constituer un moment décisif dans la reconnaissance d'une quatrième génération de droits de l'homme. Pour l'heure, les choses évoluent peu et, à l'ONU, aucune direction de politique publique n'a été définie, l'idée d'une régulation mondiale, pour garantir à base de droits de l'homme la cybersécurité ou la confiance dans l'intelligence artificielle, n'a pour l'instant guère été envisagée.

Toujours est-il qu'on interrogera ici la possibilité et la légitimité de nouveaux droits de l'homme propres à protéger l'humain dans l'univers numérique et notamment face aux IA — cela à la suite de la CNIL qui interroge déjà « les principes qui, par la démarche universelle dont ils procèdent, pourraient bien s'inscrire dans une nouvelle génération de droits de l'homme à l'ère numérique : cette génération qui après celles des droits-libertés, des droits patrimoniaux et des droits sociaux, serait celle des droits-système organisant la dimension sous-jacente à notre univers numérique »[359].

[359] CNIL, *Comment permettre à l'homme de garder la main ? Les enjeux éthiques des algorithmes et de l'intelligence artificielle*, synthèse du débat public animé par la CNIL dans le cadre de la mission de réflexion éthique confiée par la loi pour une République numérique, déc. 2017, p. 61.

Chapitre 8. Les droits de l'homme numérique

118. Des garde-fous face à la déshumanité, la posthumanité et la transhumanité. Le XXIe siècle est imprégné de nombreuses évolutions qui suscitent engouement ou inquiétude, cela dans un climat largement empreint d'incertitude. Des catastrophes écologiques aux extrémismes sanglants en passant par les manipulations du vivant, les raisons sont nombreuses de s'interroger quant à ce que nous ferons de notre avenir. Dans ce contexte, les droits de l'homme peuvent être notre boussole afin de conserver quelques certitudes. La démocratisation des technologies, toujours plus accessibles en même temps que toujours plus addictives, est une autre raison de se remettre en question et de se demander clairement ce que nous voulons faire de nous. Si le droit et l'éthique ont de plus en plus de mal à suivre le rythme des innovations, ils sont sommés d'innover eux-mêmes, par exemple sous la forme des droits de l'homme numérique, car sans droit ni éthique nous serons de pauvres hommes, capables de s'engouffrer sans crier gare dans le posthumanisme et le transhumanisme. « Si on ne croit à rien, si rien n'a de sens et si nous ne pouvons affirmer aucune valeur, tout est possible et rien n'a d'importance. Faute de valeurs supérieures qui orientent l'action, on se dirigera dans le sens de l'efficacité immédiate. Rien n'étant vrai ni faux, bon ou mauvais, la règle sera de se montrer le plus efficace, c'est-à-dire le plus fort. Le monde alors ne sera plus partagé en juste et injuste, mais en maîtres et esclaves », écrivait Albert Camus[360]. L'objet des droits de l'homme numérique qu'il s'agira ici de tenter de définir est d'éviter que le monde des IA et du numérique en général ne prenne un tel visage nihiliste, purement pragmatique. Ce monde doit au contraire, comme le monde d'avant et comme le monde d'aujourd'hui — quoi qu'il le soit de moins en moins — être ordonné par des valeurs, par une morale, par une éthique véritable

---

360 A. Camus, « L'Homme révolté (1951) », in *Œuvres*, Gallimard, coll. Quarto, 2013, p. 849.

concrétisées par le droit. Face à des puissances qui peuvent se montrer indifférentes à la vie et à l'humain, tendant à tout égaliser sauf le profit, les droits de l'homme doivent s'adapter pour demeurer un phare nous éclairant face à certains obscurantismes.

L'humanisme juridique et les droits de l'homme ont toute leur place dans l'univers numérique comme ailleurs. Alors que certains aspirent à ce que les derniers perfectionnements de l'informatique nous permettent de basculer vers le posthumanisme, cet humanisme et ces droits ont vocation à protéger l'humain, donc à poser des garde-fous devant toutes les nouveautés à tendance déshumanisante, posthumanisante ou transhumanisante. Le tout numérique, tel qu'il se déploie aujourd'hui, ne devra pas rompre avec l'humanisme des droits de l'homme.

Dans une résolution du 12 février 2019 sur une politique industrielle globale sur l'intelligence artificielle et la robotique (dite « résolution Ashley Fox »), le Parlement européen a constaté les enjeux sociétaux, économiques et juridiques de ces « technologies stratégiques du XXIe siècle ». Ces enjeux juridiques sont avant tout des enjeux en termes de droits de l'homme, donc d'humanisme juridique et d'éthique. Et il faut soutenir que les enjeux sociétaux et économiques doivent être subordonnés à ces enjeux juridiques — non l'inverse. La résolution du Parlement européen ne dit pas autre chose, soulignant l'importance de déployer une IA qui soit une « IA de confiance », respectueuse des grands principes éthiques défendus en Europe. Mais l'objectif des institutions européennes n'est pas de défendre des droits de l'homme numérique pour défendre l'homme mais pour défendre la compétitivité des entreprises européennes, considérant que celle-ci dépendrait avant tout de la confiance des utilisateurs. À l'inverse, il s'agira ici de penser les droits de l'homme numérique afin de défendre l'humain et uniquement afin de défendre l'humain, quelles que soient les conséquences potentielles de ces droits sur l'économie numérique. Cela d'autant plus que ces droits de l'homme sont supposés bénéficier à tout être humain, sans lien particulier avec un quelconque continent et son économie. La « compétitivité responsable » ou « responsabilité compétitive » de l'Union européenne n'est pas ce qui peut guider les droits de l'homme numérique. Leur guide, c'est l'humanisme juridique. De même, quand un rapport d'information du Sénat affirme que « l'intelligence artificielle ne sera pas acceptée par la société si elle n'inspire pas confiance. Et pour qu'elle inspire confiance, elle doit être bâtie sur des principes éthiques clairs et acceptés par tous »[361], il faut opposer que les droits de l'homme numérique peuvent inspirer confiance en l'IA, mais aussi méfiance et surtout conscience. Ces principes ne doivent pas servir de couverture cachant les risques réels mais permettre aux hommes de décider en toute connaissance de cause de ce qu'ils font de leurs vies. Alors que les institutions publiques semblent tenir toujours le discours selon lequel il faut utiliser l'éthique pour faire accepter et utiliser toujours plus l'IA par la population, au profit des entreprises et de l'économie qui reposent sur cette IA, l'humanisme juridique traduit par les droits de l'homme numérique ne saurait revêtir cet apriori favorable à l'utilisation tous azimuts de ces technologies et peut très bien aboutir à déconseiller d'y recourir.

Quant à la Mission Villani, elle a pu estimer de la même manière que, « si nous tardons à agir, on risque d'observer une défiance généralisée de l'opinion publique à l'égard de l'IA, qui à terme est susceptible de freiner son développement »[362]. On voit bien que l'ambition européenne, déclinée notamment par les pouvoirs publics français, est d'utiliser l'éthique pour renforcer l'économie numérique. Le Parlement européen ne manque ainsi pas d'en appeler à la mise en place d'un marché unique européen de l'IA afin d'éliminer les obstacles au déploiement massif de l'IA. L'ambition clairement affirmée est de permettre à l'Union européenne de « rivaliser avec les investissements de masse effectués par les tiers, notamment les États-Unis et la Chine ». Ici, il conviendra d'interroger les droits de l'homme numérique en pensant uniquement à l'humanité, sans jamais la mettre dans la balance avec d'autres intérêts. Toujours est-il que les institutions européennes œuvrent depuis plusieurs années à proposer un modèle propre de développement de l'IA, donnant une place importante à l'éthique et au droit et différent en cela des modèles américain et chinois, à inscrire les recherches en IA et développements industriels subséquents dans un cadre éthique, à faire du droit et de la philosophie les deux jambes sans lesquelles l'IA s'effondrerait et ne pourrait guère avancer. Ainsi, dans le même sens que le Parlement, la Commission européenne a, le 25 avril 2018, publié une communication sur « L'intelligence artificielle pour l'Europe » dont l'objectif est de « faire de

[361] Commission des affaires européennes, « Intelligence artificielle : l'urgence d'une ambition européenne », rapport d'information au Sénat, 31 janv. 2019.

[362] C. Villani, *Donner un sens à l'intelligence artificielle – Pour une stratégie nationale et européenne*, mission parlementaire, 2018, p. 142.

l'Europe un acteur mondial de premier plan dans le domaine de l'intelligence artificielle tout en adoptant une approche centrée sur l'humain, en favorisant le développement d'une IA fiable et de confiance qui corresponde aux valeurs éthiques européennes et aux aspirations des citoyens ». Sans doute les droits de l'homme numérique, qui peuvent correspondre à ces valeurs éthiques européennes saisies par le droit, ont-ils un rôle à jouer. Ensuite, pour le vice-président de la Commission, Andrus Ansip, « la dimension éthique de l'IA n'est pas un luxe ou un accessoire. Ce n'est qu'avec confiance que notre société peut profiter pleinement de ces technologies »[363] — à condition que « profiter pleinement de ces technologies » signifie les exploiter pour développer les capacités et qualités humaines. Toujours selon la Commission européenne, « pour gagner la confiance, la technologie doit être prévisible, responsable et vérifiable, respecter les droits fondamentaux et se conformer à des règles éthiques ». La problématique des droits de l'homme concerne tous ces aspects, comme la question du respect des droits fondamentaux. Prévisibilité, responsabilité et vérifiabilité peuvent s'analyser comme des droits fondamentaux et comme des règles éthiques. La Commission pourrait donc dire simplement que « la technologie doit être respectueuse des droits de l'homme numérique ».

Bien sûr, la confiance est importante et ne doit pas être aveugle. Les droits de l'homme numérique ou les principes éthiques convoqués par les uns et les autres ne doivent pas servir à aveugler mais à éclairer. Ordinairement, la confiance est la croyance ou la foi dans la fiabilité d'une personne ou d'un système. Cette confiance reposait jusqu'à présent sur l'association de la technique, de l'organisation et du droit. Avec les nouvelles technologies, à l'exemple des blockchains, on s'en remet entièrement à la technique. La confiance ne dépend plus des hommes mais des machines — « The Trust Machine », comme l'a titré *The Economist*[364] au sujet des blockchains[365]. La crise de confiance actuelle touche en particulier les institutions publiques, la

---

[363] A. Ansip, « Lignes directrices en matière d'éthique pour le développement et l'utilisation d'une IA », Commission européenne, 8 avr. 2019.

[364] La une de *The Economist* du 31 octobre 2015 était : « La machine à confiance – Comment la blockchain pourrait changer le monde ».

[365] C'est ainsi que les « *smart contracts* » permettent à deux partenaires de nouer une relation commerciale sans se connaître et sans tutelle d'une autorité centrale. Le système en lui-même garantit la validité et l'honnêteté de la transaction.

démocratie et donc le droit. Faire en sorte que ce dernier soit la source de la confiance plutôt que la technique n'est donc pas un combat gagné d'avance. Mais c'est un combat essentiel. Si elles le mènent avec quelques arrières-pensées et en ne s'engageant pas totalement tant elles donnent autant d'importance au développement de l'économie numérique et souhaitent mettre l'IA responsable et de confiance à son service, les institutions publiques européennes, de l'Union et de ses États membres, notamment la France, montrent le chemin à suivre en plaidant pour une technologie centrée sur l'homme, conçue pour l'aider et restant sous son contrôle.

119. Des droits de l'homme aux droits de l'homme numérique. Les droits de l'homme numérique, aujourd'hui, ne sont pas vides. Au contraire, la plupart d'entre eux existent déjà : ce sont des droits de l'homme non numérique qui peuvent tout autant concerner l'homme numérique, éventuellement en subissant quelques adaptations. D'autres de ces droits seront peut-être à inventer. Et d'autres pourraient être à rechercher ailleurs que dans les textes à valeur constitutionnelle dès lors qu'on retient une approche matérielle, en fonction de l'objet, et non formelle, en fonction de la place dans la hiérarchie des normes, des droits de l'homme. Par exemple, la loi « Informatique et libertés » de 1978 est ordonnée autour de trois principes, précisés à son article 1, qui pourraient servir de régime de base : « L'informatique doit être au service de chaque citoyen. Son développement doit s'opérer dans le cadre de la coopération internationale. Elle ne doit porter atteinte ni à l'identité humaine, ni aux droits de l'homme, ni à la vie privée, ni aux libertés individuelles ou publiques ». Ces principes sont prolongés, au niveau de l'Union européenne, par le Règlement général sur la protection des données (RGPD) entré en vigueur en mai 2018.

Les droits de l'homme numérique ont vocation à servir de boussole éthique permettant à chacun de suivre son chemin en toute connaissance de cause dans l'univers numérique et d'orienter le développement de l'intelligence artificielle vers des finalités moralement et socialement désirables. Dans l'idéal reconnus internationalement et ayant vocation à l'universalité — malgré son caractère utopique —, ils peuvent servir de fondement à la confiance sociale envers les systèmes d'IA. De la dignité à l'autonomie, de l'auto-détermination à la non-discrimination, les droits de l'homme numérique seraient des droits de l'homme prospectifs. Aujourd'hui, on est encore loin d'être totalement soumis au diktat des IA. Mais on dépend de plus en plus d'eux et, dans certains pays, notamment en Chine, ils sont déjà omniprésents dans la vie individuelle et collective de chacun. Lorsque l'Assemblée constituante, le 26 août 1789, a voté la Déclaration des droits de l'homme et du citoyen, elle a énoncé une utopie prospective qui est devenue quasi-mondiale près de deux siècles plus tard[366]. Tel pourrait être le destin des droits de l'homme numérique, même si la technique progresse très vite et qu'on attend du droit qu'il ne soit pas trop en retard. Mais, en ces lignes, on ne saurait, au mieux, que proposer quelques jalons de droits de l'homme numérique, en s'inscrivant largement dans une ambition de prospective juridique[367]. La France, qui est reconnue telle la patrie des droits de l'homme et du citoyen, pourrait aussi être demain consacrée comme la patrie des droits de l'homme numérique et du cybercitoyen. Au moins l'Europe pourrait-elle devenir le continent des droits de l'homme numérique et du cybercitoyen. Ceux-ci contribueraient fortement aux mutations de la société, des mutations sous l'égide du bien, du bon, du juste et, surtout, de l'humain.

Alors que nos libertés sont menacées par l'obsolescence programmée, les droits de l'homme numérique (ou DHN) seraient le moyen de leur redonner toute leur actualité, de les transformer autant que nécessaire pour pouvoir se tourner vers l'avenir et ne pas demeurer figées dans le passé. Pour Michelle Bachelet, Haute-Commissaire des Nations Unies aux droits de l'homme, « la révolution numérique est un problème majeur à l'échelle mondiale en ce qui concerne les droits de l'homme. Ses avantages incontestables ne font pas oublier ses risques sans équivoque. Nous ne pouvons pas nous permettre de considérer le cyberespace et l'intelligence artificielle comme des domaines non gouvernés ou ingouvernables – un « trou noir » pour les droits de l'homme »[368]. Les droits de l'homme numérique sont bien indispensables, qu'ils s'agissent des droits de l'homme non numérique adaptés à l'homme numérique ou de nouveaux droits propres à l'homme numérique.

120. L'effet horizontal des droits de l'homme numérique. Les droits de l'homme numérique devraient posséder un effet horizontal au moins autant

---

[366] Th. Gaudin, *La prospective*, 2e éd., Puf, coll. Que sais-je ?, 2013, p. 6.

[367] *Cf.* B. Barraud, *La prospective juridique*, L'Harmattan, coll. Logiques juridiques, 2019.

[368] M. Bachelet, « Les droits de l'homme à l'ère du numérique », ohchr.org, 17 oct. 2019.

qu'un effet vertical — c'est-à-dire que les individus pourraient s'en prévaloir devant les puissances privées, qui font de plus en plus la loi dans l'univers numérique, autant que devant les puissances publiques, qui ont toujours peiné à faire la loi dans l'univers numérique. Cet effet horizontal ou effet interpersonnel des droits fondamentaux postule donc l'application des droits fondamentaux aux relations entre personnes privées. Les droits de l'homme numérique ont profondément besoin de cet effet horizontal. Or les droits fondamentaux et les libertés publiques ont longtemps été conçus tels des droits revêtant seulement un effet vertical : protecteurs des citoyens et administrés face aux pouvoirs publics, les droits et libertés, dans leur acception classique, étaient exclusivement opposables à la puissance publique. Mais la théorie des droits fondamentaux est venue retourner cette perspective pour soutenir que ces droits et libertés doivent régir les rapports entre personnes privées autant que les relations avec l'administration. Sans cela, les droits de l'homme perdraient une grande partie de leur raison d'être. Le droit positif a suivi le mouvement et le Conseil constitutionnel a considéré que le respect des droits et devoirs issus de la Charte de l'environnement s'impose non seulement « aux pouvoirs publics et aux autorités administratives dans leurs domaines de compétence respectifs », mais également « à l'ensemble des personnes », à tel point que cette Charte de l'environnement peut être invoquée dans un litige de voisinage[369]. C'est aussi le Conseil de l'Europe et la Convention européenne des droits de l'Homme qui reconnaissent l'effet horizontal des droits fondamentaux. Pour la Cour européenne des droits de l'homme, « si l'article 8 a essentiellement pour objet de prémunir l'individu contre les ingérences arbitraires des pouvoirs publics, il ne se contente pas de commander à l'État de s'abstenir de pareilles ingérences : à cet engagement plutôt négatif peuvent s'ajouter des obligations positives inhérentes à un respect effectif de la vie privée ou familiale. Elles peuvent impliquer l'adoption de mesures visant au respect de la vie privée jusque dans les relations des individus entre eux »[370]. L'effet horizontal des droits de l'homme numérique, indispensable, a donc pour conséquence de diffuser ces droits dans l'ensemble des relations juridiques.

---

[369] Cons. const., déc. n° 2011- 116 QPC, 8 avr. 2011.

[370] CEDH, 26 mars 1985, n° 8978/80, *X et Y c. Pays-Bas*, § 23.

Les startuppeurs et les multinationales du numérique affirment que leur mission est de « faire du monde un endroit meilleur ». Déjà en 1984 Steve Jobs déclarait que « le Mac sauvera le monde ». Aujourd'hui, c'est Google qui proclame : « Nous avons la conviction qu'il est possible de rendre le monde meilleur grâce à la technologie. C'est, en quelque sorte, dans nos gènes ». Ce n'est pas la foi en la parole de Dieu mais la croyance dans les bienfaits des technologies numériques, une croyance parfois sincère et parfois feinte, qui anime les acteurs de l'économie numérique. Ils affirment travailler à l'amélioration du bien-être de l'humanité. Si tel est réellement le cas, ils devraient rejoindre les droits de l'homme numérique, loin d'y trouver des freins à leurs activités. Mais le bien-être au sens des GAFAM n'est peut-être pas le bien-être humaniste des droits de l'homme numérique. L'esprit de la Silicon Valley porte une vision du monde selon laquelle la technique aurait atteint un tel degré de sophistication que sa nature aurait changé. Elle n'aurait plus rien à voir avec la technique qui accablait les corps après la révolution industrielle et ne profitait qu'aux classes aisées, ni avec la technique démocratisée mais sommaire, souvent fastidieuse, du XXe siècle. Désormais, la légèreté et la réactivité des algorithmes permettraient de répondre à la vitalité organique des sociétés tout en déployant un monde mieux organisé et pacifié[371]. On rappellera que San Francisco se nomme ainsi en raison de sa dette à l'égard de Saint François d'Assise, figure insoumise vivant dans le dénuement et venant en aide aux pauvres. La Silicon Valley aime célébrer la vertu, l'entraide et l'altruisme, en même temps que la convivialité et la cool attitude. Mais nul n'ignore que l'économie numérique est surtout un ensemble de marchés impitoyables, où il faut redoubler d'ingéniosité pour déborder ses concurrents et où l'humanité n'est généralement qu'un paramètre très accessoire.

L'esprit de la Silicon Valley entend redonner tout son éclat à l' « optimisme technologique » historique et réintroduire la confiance en la « perfectibilité indéfinie de l'homme », caractéristiques selon Alexis de Tocqueville de l'esprit américain. Mais cela ne doit pas amener à tout accepter au nom du progrès sans contrôle et sans prise de recul, en premier lieu sous l'angle de l'humain. Armé des droits de l'homme numérique, tout individu pourrait

---

[371] É. Sadin, *La silicolonisation du monde – L'irrésistible expansion du libéralisme numérique*, L'échappée, coll. Pour en finir avec, 2016, p. 85.

imaginer son futur dans un univers numérique qui préserverait son individualité, sa singularité, sa socialité, sa citoyenneté, son humanité. Sa dignité reconnue et protégée, il pourrait penser et agir en confiance. Il ne serait en proie ni à l'asservissement ni au doute. Et le monde pourrait continuer d'avancer — sans devenir ce « monde de marchands et de policiers » qui faisait peur à Albert Camus[372]. L'industrie du numérique souhaite faire main basse sur la santé, sur les transports, sur la maison ou encore sur l'éducation, bref sur un maximum de pans de nos vies pour les connaître et les contrôler le plus finement possible. Tous les moyens sont bons pour asseoir une domination sans partage — domination des marchés et domination des individus. Et certains États souhaitent mettre à profit les derniers perfectionnements de l'informatique pour surveiller étroitement leur populations et leur dicter la marche à suivre. Face à ces menaces que font peser des puissances privées comme des puissances publiques, sans doute mieux vaudra-t-il que les droits de l'homme soient affirmés le plus tôt possible. Et les juristes auront leur rôle à jouer, comme les philosophes et les politiques, car « on ne peut dire "je l'ignore". On collabore ou on combat. Une fois la guerre survenue, il est vain et lâche de vouloir s'en écarter sous le prétexte qu'on n'en est pas responsable. Les tours d'ivoire sont tombées. La complaisance est interdite pour soi-même et pour les autres »[373]. Ce sont même tous les hommes qui doivent œuvrer à l'édification des droits de l'homme numérique, par leur engagement et leur lucidité au quotidien.

Leur mission, comme l'exprime Éric Sadin, est de prolonger « la lumineuse aspiration qui entendait favoriser l'autonomie des êtres et la libre expression de leurs capacités. En d'autres termes, nous devons œuvrer, contre le fatalisme, les égoïsmes et le cynisme, à l'avènement d'un nouvel humanisme. Un humanisme de notre temps, qui s'efforce de remplacer le programme de la conquête ininterrompue et à terme mortifère du monde et de la vie, par la célébration de notre puissance d'inventivité, sous toutes les formes possibles, condition première de notre épanouissement individuel et collectif. Nous devons œuvrer à un nouvel humanisme fondé sur la disposition singulière de chacun à enrichir le bien commun, qui fasse du respect de l'intégrité de la

[372] A. Camus, « L'Homme révolté (1951) », in *Œuvres*, Gallimard, coll. Quarto, 2013, p. 1060.

[373] A. Camus, « Carnets 1935-1948 », in *Œuvres complètes II*, Gallimard, coll. Bibliothèque de la Pléiade, 2006, p. 888.

dignité humaine, mais aussi de la diversité de notre environnement, sa charte fondamentale »[374].

I. Quel(s) droit(s) pour protéger l'humanité de l'homme face à la loi des IA ?

121. Repenser les droits de l'homme. « Toute pensée, écrit Michel Onfray, procède de son contexte, elle répond aux questions posées par le temps. Quand Proudhon s'interroge sur le droit d'auteur en son siècle, il ne peut avoir prévu, selon le principe d'une science infuse anhistorique, les droits numériques dans le monde immatériel d'internet. Souscrire à ce qui s'avère daté dans un corpus, c'est aborder le texte comme un croyant »[375]. Le numérique amène à repenser des concepts juridiques classiques, comme l'information, la transparence ou la loyauté, et à interroger des objets nouveaux, comme les données ou les algorithmes. Il conduit aussi à repenser les droits de l'homme — mais moins le concept de droit de l'homme que la liste des différents droits de l'homme. Si certains droits et libertés fondamentaux paraissent pouvoir se mouler dans le cadre des droits et libertés fondamentaux déjà reconnus, à l'image de la liberté d'expression, d'autres devront être inventés, notamment en matière d'autonomie, de libre-arbitre et de souveraineté individuelle. Il faudra ainsi renouveler les catégories des droits fondamentaux, certaines étant des créations *ab initio*, d'autres étant des adaptations — comme, par exemple, la liberté de circulation des données, reconnue comme la cinquième liberté de circulation et dont on peut discuter la légitimité. Le droit de l'homme, régissant l'ensemble des activités des personnes humaines, devrait en tout cas s'enrichir de nouveaux droits de l'homme. Le droit de l'IA[376] et le droit du

---

[374] É. Sadin, *La silicolonisation du monde – L'irrésistible expansion du libéralisme numérique*, L'échappée, coll. Pour en finir avec, 2016, p. 271.

[375] M. Onfray, *L'Ordre libertaire – La vie philosophique d'Albert Camus*, Flammarion, 2012, p. 534.

[376] A. Bensamoun, G. Loiseau, dir., *Droit de l'intelligence artificielle*, LGDJ, coll. Les intégrales, 2019.

numérique[377] existent déjà en grande partie si l'on se contente d'imaginer que l'ancien droit peut servir de nouveau droit. Mais on peut aussi aller plus loin et ne pas « aborder les textes de droit comme un croyant », les critiquer, interroger leur avenir et le besoin de les repenser ou les remplacer.

Bien sûr, le point de départ des droits de l'homme numérique devrait être les normes d'ores et déjà existantes, inscrites dans une plus ou moins longue tradition des droits fondamentaux ou figurant dans le droit sans profiter de ce statut mais méritant aujourd'hui d'acquérir la fondamentalité. Par exemple, la Convention pour la protection des personnes à l'égard du traitement automatisé des données à caractère personnel du Conseil de l'Europe pourrait servir de source d'inspiration importante dans son domaine, soit le respect de la vie privée. On pourrait aussi confronter le monde des données et des algorithmes avec l'affirmation de l'article premier de la loi « Informatique et libertés » de 1979 : l'informatique « ne doit pas porter atteinte à l'identité humaine ». Un droit à l'identité numérique pourrait-il être un droit de l'homme numérique ?

Les valeurs ou principes éthiques mis en avant pour réguler le monde des IA sont systématiquement les mêmes, quel que soit l'auteur du discours. La même liste est donnée et redonnée, comme par mimétisme, dans l'ensemble des rapports publics et des initiatives privées, insistant essentiellement sur la protection des données personnelles et de la vie privée[378]. Pourtant, la grande question à laquelle les droits de l'homme numérique devraient répondre semble surtout être celle de la manière par laquelle l'homme organise sa vie avec des artefacts de plus en plus autonomes, de plus en plus en mesure de décider à sa place ou, du moins, d'exercer sur lui une forte influence. Cela peut affecter en profondeur la liberté, la dignité et la responsabilité humaines, autant de piliers du droit moderne. Si la pensée des droits de l'homme numérique est une pensée des limites, ces limites devront en priorité interdire la quantification généralisée et la marchandisation intégrale de la vie, en même temps que la totale organisation algorithmique de la société et que le téléguidage permanent des conduites. Sans cela, la

[377] H. Jacquemin, B. Michaux, *Actualités en droit du numérique*, Anthemis, 2019.
[378] A. Sée, « La régulation des algorithmes : un nouveau modèle de globalisation ? », *RFDA* 2019, p. 830.

technique bafouerait certaines des valeurs essentielles à la vie individuelle et à la vie collective.

On partira donc du postulat que nous avons et surtout nous aurons besoin de droits de l'homme numérique. D'aucuns diront qu'au contraire les droits de l'homme tels qu'ils existent déjà pourraient suffire, mais la dimension symbolique de l'expression « droits de l'homme numérique » semble très importante, même si beaucoup d'entre eux ne sont que des adaptations des droits fondamentaux reconnus il y a plus ou moins longtemps. Lors du Web Summit de 2018, Brett Solomon, le directeur de l'ONG AccessNow, a ainsi pu estimer que : « Nous n'avons pas besoin d'une Déclaration des droits de l'Homme numérique car nous avons déjà la Déclaration Universelle des Droits de l'Homme (DUDH), elle a juste besoin d'être appliquée à l'environnement numérique »[379]. Cependant, le système international devrait aussi permettre l'émergence de nouveaux droits et leur bonne application, notamment en matière d'autonomie individuelle et de libre arbitre. Au-delà, des droits tels que le droit à l'anonymat ou le droit à l'oubli sont pour l'heure absents de la DUDH et trouveraient toute leur place dans une Déclaration des droits de l'homme numérique qui prolongerait certains droits déjà existants — comme le droit de propriété des données ou la liberté d'expression en ligne — et en ajouterait de nouveaux. Le but d'une telle déclaration serait de replacer les droits au cœur du fonctionnement de l'univers numérique et de positionner l'humain au carrefour de ces droits.

122. Nécessité des droits de l'homme numérique. La notion de droits de l'homme numérique n'est pas une nouveauté puisqu'elle est apparue en France pour la première fois dans l'exposé des motifs du projet de loi n° 182 du 28 janvier 2004 *Portant ratification de la convention internationale sur la cybercriminalité* de novembre 2001 et a été qualifiée par les sénateurs de « référence incontournable en matière de droits de l'homme dans les réseaux ». Le droit a un rôle essentiel à jouer dans la construction du monde de demain. Il ne doit pas être réactif, comme trop souvent, répondant au moindre fait divers dans un désordre illisible, mais proactif, montrant avec force et détermination quel est l'homme que nous voulons être demain. La philosophie aussi a un rôle cardinal à jouer, en inspirant ce droit — mais à

---

[379] « Do We Need a Declaration of Digital Human Rights? », Web Summit, 8 nov. 2018.

condition d'être une philosophie pratique, permettant de penser en homme d'action et d'agir en homme de pensée, car « on ne peut imaginer que l'intolérance à toute forme d'injustice, la signature existentielle de Camus, descende du ciel des idées auquel il ne croit pas — lui qui affirme si souvent ne pas être philosophe, la philosophie étant la plupart du temps une théologie sans Dieu, un jeu conceptuel gratuit, une sophistique sans intérêt, une rhétorique spécieuse compliquée par des professionnels de la profession »[380]. Or droit et philosophie se rejoignent dans l'humanisme juridique et ce mariage prend la forme des droits de l'homme. Aujourd'hui, il semble qu'il soit grand temps d'organiser cette réunion dans le secteur particulier, mais très vaste, du numérique.

La technique semble repousser sans cesse ses limites. Si l'on peut douter qu'elle se perfectionne jusqu'au point de devenir humaine, jusqu'à ce que l'intelligence artificielle devienne réellement intelligente, le droit doit être là afin d'encadrer ces développements technologiques, pour faire en sorte que la technique demeure toujours un instrument au service des hommes. Pour Jacques Ellul, « la technique est en soi suppression des limites. Il n'y a, pour elle, aucune opération ni impossible ni interdite : ce n'est pas là un caractère accessoire ou accidentel, c'est l'essence même de la technique : une limite n'est jamais rien d'autre que ce que l'on ne peut pas actuellement réaliser du point de vue technique. [...] Ainsi la technique est un phénomène qui se situe dans un univers potentiellement illimité parce qu'elle-même est potentiellement illimitée : elle propose un univers à sa propre dimension, et par conséquent ne peut accepter aucune limite préalable »[381]. Mais le droit est là pour borner le potentiel de la technique, pour lui imposer des limites. Encore faut-il pouvoir en délimiter le contenu, s'accorder sur le contenu de ces bornes et limites. Les droits de l'homme numérique sont autant de bornes et limites censées encadrer les futurs développements de l'informatique et notamment des IA. Mais qu'est-ce qui mérite d'être consacré tel un droit de l'homme numérique ? La question est évidemment très complexe. Y répondre suppose donc de faire appel à la philosophie, à l'éthique, à des choix politiques, mais aussi à une forme de conscience humaine et sociale collective.

---

[380] M. Onfray, *L'Ordre libertaire – La vie philosophique d'Albert Camus*, Flammarion, 2012, p. 30.
[381] J. Ellul, *Le système technicien*, Cherche midi, 2012, p. 167.

La mise en données du monde, ou datafication, et l'algorithmisation des conduites ne sauraient échapper au droit tant ces phénomènes interrogent l'humain dans ce qu'il a de plus essentiel. L'homme est-il plus ou moins humain lorsque des entreprises le pistent en permanence et savent tout de lui, lui indiquent quoi consommer, quand et où, que son bracelet connecté lui indique s'il a bien dormi, que son robot ménager connecté lui prépare un petit-déjeuner spécialement adapté aux activités de la journée dans l'agenda auquel il est connecté, que sa montre connectée lui prépare le parcours de sa sortie footing, que son réfrigérateur connecté fait les courses à sa place, que des réseaux sociaux lui disent à qui parler et de quel sujet, que de savantes formes de désinformation 2.0 le conduisent à choisir tel représentant politique plutôt qu'un autre. Toute la vie serait alors optimisée pour que chaque individu et chaque appareil soit en permanence le plus efficace. On y gagne beaucoup d'utilité. On y perd beaucoup de liberté. Faut-il intervenir en la matière au moyen des droits de l'homme numérique ? Il semble bien qu'il s'agisse ici, en protégeant la souveraineté individuelle, de préserver une part de ce qui fait l'humanité d'un homme.

La Commission européenne a insisté sur le caractère indispensable de la préservation des droits de l'homme dans les monde de l'intelligence artificielle dans son livre blanc du 19 février 2020. Selon elle, le respect des droits fondamentaux des citoyens présente une importance fondamentale. La Commission propose d'intégrer dans le développement de l'IA « les valeurs sur lesquelles reposent nos sociétés »[382]. Elle vise à ce titre « les valeurs de respect de la dignité humaine, de liberté, de démocratie, d'égalité, d'État de droit, ainsi que de respect des droits de l'homme »[383]. Il fait peu de doute que, si l'évolution du monde le conduisait à se passer de ces valeurs, l'humanité y perdrait beaucoup.

123. Neutralité des droits de l'homme numérique. Il ne faudrait surtout pas croire que des droits de l'homme numérique seraient nécessairement opposés aux multinationales du numérique et aux start-up, qu'elles seraient passéistes, contre le progrès, attachées au passé, refusant de voir advenir le futur. À l'égard de la technique, les droits de l'homme numérique sont

---

[382] Commission européenne, « Livre blanc sur l'intelligence artificielle », 19 févr. 2020.

[383] *Ibid.*

neutres, ils ne sont ni pour ni contre. En revanche, à l'égard de l'humain, ils ne sont pas neutres puisque leur principe essentiel est de préserver et même conforter l'humanité des hommes. Il s'agit donc de définir les droits essentiels à cette humanité des hommes. Ensuite, la technique pourra réaliser toutes les prouesses qu'elle voudra, à la seule condition de ne pas porter atteinte à ces droits. L'objectif est davantage d'accompagner le mouvement de numérisation du monde, en l'empêchant simplement de correspondre en même temps à un mouvement de déshumanisation du monde, que de l'empêcher. Tout ce qui est humainement bon dans le numérique et dans l'IA doit bien sûr être encouragé — et nul doute que ce n'est pas un cas d'école.

Il n'y a pas de chemin allant directement de la connaissance de ce qui est à la connaissance de ce qui doit être. Beaucoup de choix de société ne sauraient être dictés ni par des algorithmes, aussi perfectionnés et efficaces soient-ils, ni par des scientifiques, aussi objectifs et insubordonnés soient-ils. Bien sûr, toute morale est contingente et relative, variant dans le temps et dans l'espace, ainsi qu'entre les individus au sein d'une même population. L'appréhension morale de la technique est donc difficile. La question de l'IA et de la morale est même sans doute insoluble. Il y a forcément des conflits de morales qu'on ne peut pas trancher, si ce n'est arbitrairement, sans pouvoir soutenir son choix par une argumentation assurément supérieure. Tel est le cas, par exemple, concernant les accidents de voitures autonomes : qu'est-ce qui est le plus moral entre écraser trois seniors et écraser deux enfants ? Dans la « Déclaration préliminaire des Droits de l'Homme Numérique », issue du Forum d'Avignon de 2014, la valeur d'humanité est absente, donnant l'impression d'un fossé séparant homme « réel » et homme numérique. Ne devrions-nous pas, au contraire, insister sur l'humanité de l'homme numérique, qui demeure pleinement humain où qu'il se trouve et quoi qu'il fasse ? Les droits de l'homme n'ont-ils pas pour mission de permettre à l'homme naturel et à l'homme numérique de se rejoindre ? Au niveau de l'Union européenne, les valeurs communes défendues sont celles qu'ont inspirées des penseurs libéraux tels que John Locke, Montesquieu ou Alexis de Tocqueville. Mais on pourrait très bien s'intéresser à l'héritage d'autres figures européennes davantage soucieuses de défendre la dignité et l'intégrité humaines, comme George Orwell, Simone Weil, Günther Anders ou Hannah Arendt.

La reconnaissance des droits de l'homme est donc un travail philosophique, à la limite de l'idéologie, puisque supposant une certaine idée de l'homme, mais aussi en partie scientifique car ne pouvant accepter les positions catégoriques, non mesurées. Légiférer sans connaître n'est que ruine du droit. Il faut donc avant tout chercher à comprendre le mieux possible comment fonctionne l'objet à saisir et quels sont les enjeux qui s'y attachent. Le droit a longtemps eu pour mission de réguler les comportements humains ; et les législateurs connaissaient plutôt bien l'homme. Aujourd'hui, il s'agit de plus en plus souvent de réguler la technique pour protéger l'homme, ce qui suppose de maîtriser cette technique.

Le droit est de plus en plus influencé par les technologies. Les blockchains et les *smart contracts* le concurrencent, les legaltechs l'enrichissent ou l'appauvrissent, selon les points de vue, la justice devient prédictive, algorithmisée, la protection du consommateur est renforcée dans ses achats à distance, le droit de la contrefaçon s'adapte aux nouveaux pirates, le droit de la preuve accueille la dématérialisation des écrits etc. Mais il ne s'agit toujours que de voir comment la technique peut saisir le droit ou, quant au droit qui saisit la technique, de gérer certaines conséquences particulières de l'apparition du support numérique et de la communication par internet. Avec les droits de l'homme numérique, on se pose, à un niveau supérieur, la question de la régulation de la technique en soi — et en particulier la question de la régulation de l'IA, non celle du régime juridique d'une IA. On pense les principes essentiels et les principes dérivés d'un « ordre public de l'humanité »[384] voué à fixer les frontières du domaine de l'intelligence artificielle à l'avenir quels que soient ses perfectionnements technologiques potentiels.

124. Définition des droits de l'homme numérique. En résumé, les droits de l'homme numérique amènent à considérer qu'il faut accueillir toutes les IA et leurs applications qui servent l'homme et repousser toutes celles qui desservent l'homme. Les « Lignes directrices en matière d'éthique pour le développement et l'utilisation d'une IA » de la Commission européenne ne disent pas autre chose. Pour l'institution européenne, une IA responsable et digne de confiance est avant tout une IA qui vise à assurer le bien-être des

---

[384] S. Merabet, *Vers un droit de l'intelligence artificielle*, th., Université d'Aix-Marseille, 2018, p. 229.

utilisateurs et le bien commun[385]. Mais, bien sûr, tout dépend de ce que l'on entend par « bien-être » et par « bien commun ». Par exemple, le téléguidage permanent des conduites est supposé servir le bien-être. Cela n'enfreint-il pas pour autant un droit de l'homme numérique ? Tout est affaire de concepts et de définitions. Si le droit n'est toujours qu'affaire d'interprétations, il en va *a fortiori* ainsi en matière de droits de l'homme numérique, domaine encore largement obscur pour les juristes comme pour les jurislateurs.

Reste que la Commission européenne nous donne des indications intéressantes quant aux grands principes qui pourraient gouverner les droits de l'homme numérique :

« Respecter les droits fondamentaux, les valeurs sociétales et les principes éthiques (sans restreindre l'autonomie humaine) ;

porter une attention particulières aux personnes vulnérables (enfants, personnes avec handicap, minorités, employés, consommateurs, etc.) ;

toujours garder à l'esprit que l'IA peut avoir des incidences négatives, dont certaines peuvent être imprévisibles et d'adopter des mesures adéquates pour atténuer ces risques ;

assurer un contrôle humain pour éviter qu'un système d'IA ne mette en péril l'autonomie humaine ou ne provoque d'autres effets néfastes »[386].

Ce genre de pétitions de principes, fort intéressantes bien que parfois banales, qui sont en effet en droit positif, se multiplient. Certaines conseillent même de ne pas légiférer trop tôt pour être sûr de ne pas légiférer mal — et de ne pas entraver le développement économique du secteur. Ces textes éthiques sont évidemment insuffisants dans leurs effets. Ils ont vocation à jouer un rôle de source matérielle d'un droit qui ne vient pas. Peut-être est-ce aussi au niveau de leurs contenus qu'elles se révèlent insuffisantes en omettant certains défis considérables que les IA posent aux hommes. Les effets systémiques et invasifs de l'IA sur les sociétés et les hommes qui les constituent appellent peut-être des réponses plus conséquentes que celles contenues dans des livres verts, livres blancs, lignes directrices, commentaires ou déclarations. Par exemple, le Comité des ministres du

---

[385] Commission européenne, « Lignes directrices en matière d'éthique pour le développement et l'utilisation d'une IA », 8 avr. 2019.

[386] *Ibid.*

Conseil de l'Europe a adopté, le 13 février 2019, une déclaration sur « les capacités de manipulation des processus algorithmiques » qui prend acte de ce diagnostic et constitue un rappel clair des obligations positives pesant sur les États membres du Conseil, afin de prévenir toute violation des cadres conventionnels existants et, en premier lieu, la Convention européenne des droits de l'homme. Il est vrai que, dès le 28 avril 2017, l'Assemblée parlementaire du Conseil de l'Europe avait adopté une recommandation relative à « la convergence technologique, l'intelligence artificielle et les droits de l'homme ». Elle y posait un certain nombre d'orientations de travail pour le Comité des Ministres, l'invitant notamment à faire adopter des lignes directrices sur la conception et l'utilisation « d'algorithmes d'intelligence artificielle respectant pleinement la dignité et les droits fondamentaux de tous les utilisateurs ». Quant à la Commission des questions juridiques et des droits de l'homme, réunie à Paris le 13 décembre 2018, elle avait créé une nouvelle sous-commission sur l'intelligence artificielle et les droits de l'homme, tandis que la Commissaire aux droits de l'homme du Conseil de l'Europe publiait, le 3 juillet 2018, un commentaire intitulé « Protéger les droits de l'homme à l'ère de l'intelligence artificielle » dans le « Carnet des droits de l'homme » de son site web, y décrivant les redoutables défis posés par les derniers perfectionnements de l'informatique et les moyens souhaitables d'action des gouvernements et du secteur privé. La prise de conscience des institutions de protection des droits de l'homme est donc réelle et ancienne. Alors que l'IA continue d'avancer, et de plus en plus vite, on pourrait penser qu'il est temps de passer de la réflexion à l'action. Tel est sans doute le cas. Mais, l'action dépendant de la réflexion et nos moyens ne nous permettant, en ces lignes, que de réfléchir et non d'agir, on soutiendra qu'il ne faut pas pour autant cesser de penser les droits de l'homme numérique car, en la matière, beaucoup reste encore à dire et à écrire. En témoigne cet avis du Comité économique, social et européen du 31 mai 2017 sur « IA et enjeux de société » : il dénombre onze domaines dans lesquels l'IA soulève des enjeux de société et pour lesquels des réponses doivent être apportées, à savoir l'éthique ; la sécurité ; la vie privée ; la transparence et l'obligation de rendre des comptes ; le travail ; l'éducation et les compétences ; l'(in)égalité et l'inclusion ; la législation et la réglementation ; la gouvernance et la démocratie ; la guerre ; la superintelligence. Même à l'autre bout du monde, en Australie, la Commission des droits de la personne a réalisé, en 2019, un important travail d'exploration des relations entre la technologie et les droits de la personne. De plus en plus d'États publient des stratégies visant à garantir des IA responsables et respectueuses de l'homme — à l'image du Canada qui a fait figure de pionnier en la matière.

Mieux vaut anticiper les changements que les subir. Cette doctrine prospective anime sans doute tous ces travaux européens et nationaux — on pourrait, par exemple, y ajouter les divers rapports du Conseil d'État sur « Internet et les réseaux numériques » (en 1998), « Le numérique et les droits fondamentaux » (en 2014) ou « Puissance publique et plateformes numériques : accompagner l'uberisation » (en 2017). Le Conseil d'État avait dès 2014 recommandé d'encadrer les algorithmes à trois niveaux : la garantie d'une intervention humaine dans la prise de décision algorithmique ; assurer la transparence des algorithmes ; permettre un contrôle des résultats produits par les algorithmes[387]. Quant à la CNIL, elle a repris ces principes et en a ajouté deux autres : le respect de la légalité par l'algorithme, notamment le droit au respect de la vie privée et à la protection de la dignité humaine ; l'obligation de sécurité devant peser sur les concepteurs de algorithmes, qui devraient s'assurer de ce que ce dernier fonctionne de manière fiable.

Cet important corpus de rapports en tous genres n'est pas critiquable. Il traduit une préoccupation et un volontarisme des pouvoirs publics, à différents niveaux. Mais il est parfois maladroit et parfois incomplet. Surtout, il est suivi de peu d'effets, ce qui est le plus regrettable. Parler d'un problème ne suffit évidemment pas à le résoudre. Il est chaque jour un peu plus indispensable que les gouvernements — dans l'idéal au niveau international — interviennent afin, grâce à leurs règlementations, de favoriser une IA humaine, juste et solidaire. On s'accorde partout sur le fait que l'IA engendre de tels défis pour l'homme et la société qu'on ne saurait continuer à ne l'envisager que sous l'angle technique et scientifique. Pourtant, pour l'instant, les actes suivent de très loin les discours. En France, où l'on a hérité des Lumières et de la Déclaration des droits de l'homme, on pourrait jouer un rôle moteur, prônant un modèle français et européen de développement de l'IA centré sur la profitabilité humaine plus que sur la performance technique, la rentabilité économique, l'efficacité et l'utilité. Les

---

[387] Conseil d'État, *Le numérique et les droits fondamentaux*, La Documentation française, 2014.

droits de l'homme ne sont pas seulement un état du droit à un moment donné mais constituent aussi des objectifs à atteindre dans une société, dans un État ou dans le monde. L'heure viendra bientôt où il faudra mesurer à quel point ces objectifs auront été atteints. En attendant, il convient déjà de les définir puis que les organismes possédant un pouvoir réglementaire viennent les appuyer par des mesures juridiquement contraignantes et exécutoires.

125. Droits de l'homme numérique contre droits de la société numérique. Une grande question que les droits de l'homme numérique posent est celle de leur appréhension par la Chine. Ce pays, en effet, devient l'autre grand pays de l'intelligence artificielle, avec les États-Unis. Or les droits de l'homme ont une vocation universelle — malgré son caractère utopique. Il est dès lors difficile d'imaginer des droits de l'homme numérique qui seraient réservés aux européens ou aux occidentaux. Il faut interroger le rapport de la Chine à ces droits. Sur ce point, il convient tout d'abord de rejeter la thèse erronée selon laquelle la Chine se lancerait dans la course au progrès loin de toute éthique. Mais elle défend une autre éthique, non une éthique des droits de l'homme mais une éthique des droits de la société. Les chinois accueillent d'autant plus à bras ouverts l'intelligence artificielle que cette technologie correspond ou même conforte leurs valeurs profondes. C'est ainsi que la vie privée et l'intimité, qui ne font pas partie de la tradition philosophique chinoise, ne sont guère prises en compte dans le développement de l'IA. Chacun doit accepter de bon cœur d'être vu car il n'existe pas de « droit à rester à l'écart » en Chine. Le PDG de Baidu, Robin Li, résume bien cet état d'esprit : « Les Chinois sont plus ouverts et moins frileux que les occidentaux en ce qui concerne la vie privée. S'il faut la sacrifier pour avoir accès à davantage de bien-être et de sécurité, bien souvent ils n'hésiteront pas »[388]. Les chinois vivent leur condition comme de la transparence et non comme de la surveillance, comme de la protection et non comme de l'oppression. Celui qui bafoue une valeur essentielle n'est pas celui qui observe l'autre mais celui qui se cache de l'autre. Cet abandon de l'individualité en général n'est pas une faiblesse mais au contraire un courage et un dévouement au service des autres. Les valeurs confucéennes d'amitié, de loyauté, d'altruisme et de dévouement pour la patrie figurent ainsi au cœur

---

[388] Cité par G. Kœnig, *La fin de l'individu – Voyage d'un philosophe au pays de l'intelligence artificielle*, Éditions de l'observatoire, coll. De facto, 2019, p. 266.

des préoccupations des ingénieurs, informaticiens, startuppeurs et grands patrons. En Chine, on considère que « l'intelligence artificielle permettra au peuple d'être mieux éclairé, mieux soigné, mieux éduqué, mieux transporté. En retour, celui-ci sera heureux de partager l'ensemble de ses données, ressource naturelle de l'économie digitale. Personne ne s'offusquera de la présence de caméras dans les salles de classe si elles peuvent améliorer les techniques d'enseignement, en décelant les corrélations entre comportements des enfants, performances scolaires et méthodes des professeurs. Alors qu'un occidental et plus encore un Européen se montrera spontanément méfiant, un chinois embrassera le progrès »[389].

La Chine tend donc à opposer aux droits de l'homme occidentaux des droits de la société. Plutôt que de défendre les droits de l'homme numérique, elle se concentre sur les droits de la société numérique. Elle privilégie donc des valeurs de nature plus collective, expliquant notamment pourquoi les citoyens abandonnent leur données aux autorités sans résistance ni arrière-pensée critique. Cela est renforcé par la promotion par les autorités chinoises d'un renouveau du confucianisme, en lien avec le progrès technologique et le développement économique[390]. Le gouvernement chinois a replacé Confucius et son héritage intellectuel au centre de la pensée chinoise. En découlent une méfiance envers la sphère privée, une négation de la puissance de l'individu, qui laissé à lui-même ne serait rien et ne pourrait rien, une suspicion forte à l'égard de la solitude et des activités privées, et une promotion du collectif, de l'intérêt général, de la puissance de l'État et de l'autorité des gouvernants. Alors que l'éthique d'Aristote, source d'inspiration parmi d'autres des droits de l'homme — des droits de l'individu —, implique un travail sur soi dans une forme de méditation intérieure, la vertu suprême du point de vue confucéen est à rechercher dans les interactions sociales. En Chine, on est jugé à l'aune de notre comportement avec nos parents, nos amis, nos gouvernants, et selon la confiance qu'ils nous accordent en retour. Et le respect des autres suppose de ne pas se refermer sur soi-même, de ne rien cacher, de ne pas se comporter comme l'un de ces ermites condamnés par Confucius[391]. Se surveiller les uns

[389] K.-F. Lee, *AI Superpowers – China, Silicon Valley and the New World Order*, Houghton Mifflin Harcourt, 2018.
[390] *Ibid.*
[391] *Ibid.*

les autres permet de corriger les comportements individuels et de progresser collectivement. Le capitalisme dirigé chinois trouve dans l'IA de nouveaux moyens de parfaire son accomplissement. Il s'agit alors moins d'un strict contrôle étatique que d'un monitoring algorithmique visant à favoriser une société hygiéniste faisant en permanence prévaloir l'idéal confucéen de l'harmonie sociale.

Les européens et les américains associent depuis longtemps prospérité économique et liberté individuelle. La propriété intellectuelle, la liberté d'expression, la démocratie ou l'État de droit sont dès lors autant de moyens d'encourager l'innovation et l'investissement. Cela permet le développement économique, qui produit une classe moyenne soucieuse de protéger les droits individuels. Le crédit social chinois, système de surveillance et de notation permanentes des citoyens reposant en large partie sur l'IA, suppose des valeurs très différentes. On utilise un régime de transparence quasi totale et une pression sociale continue pour maximiser la dévotion au bien commun. Comme le résume Gaspard Kœnig, « l'intelligence artificielle développée sans frein en Chine sépare les deux termes d'une équation que l'on croyait éternelle : prospérité et liberté, croissance et droits de l'homme »[392]. En Chine, il n'y a pas de droits de l'homme mais des droits de la communauté qui sont autant de devoirs de l'homme.

Cela n'empêche pas la Chine de souhaiter figurer en bonne place parmi les États qui produiront les normes régissant le secteur du numérique et de l'IA. Tout d'abord, les autorités nationales encouragent leurs entreprises à participer à la fixation des standards internationaux. La Chine n'hésite pas à se lancer dans la création de systèmes internationaux de coopération. Elle soutient la création d'organes de régulation afin de fixer des standards internationaux, dans lesquels elle entend jouer un rôle clé. Loin de tout isolationnisme, elle considère que c'est en participant pleinement aux réunions et réflexions internationales qu'elle pourra permettre à ses idées de prospérer. C'est donc sur la scène géopolitique et sur la scène de l'économie numérique mondiale que se déroule l'affrontement entre droits de l'homme numérique et droits de la société numérique. Néanmoins, la Chine souhaite mettre de son côté tous les moyens utiles à son développement et appuie

---

[392] G. Kœnig, *La fin de l'individu – Voyage d'un philosophe au pays de l'intelligence artificielle*, Éditions de l'observatoire, coll. De facto, 2019, p. 254.

aussi certaines infrastructures locales ou régionales, notamment dans les domaines où elle peine à emporter la mise dans les relations internationales. Ainsi a-t-elle été à l'initiative de la création de la BAII (Banque asiatique d'investissement dans les infrastructures), une banque d'investissement s'inscrivant dans la stratégie de la nouvelle route de la soie et dont le but est de concurrencer le Fonds monétaire international (FMI), la Banque mondiale et la Banque asiatique de développement pour répondre au besoin croissant d'infrastructures en Asie du Sud-Est et en Asie centrale. L'Organisation de coopération de Shanghai, créée en 2001 et regroupant la Chine, la Russie, l'Inde, le Pakistan, le Kazakhstan, le Kirghizistan, le Tadjikistan et l'Ouzbékistan, est un autre exemple. Cette organisation a vocation à permettre la coopération économique, sécuritaire et militaire des adhérents.

Les arguments de la Chine ne sont pas infondés ni inaudibles : il serait temps de mettre fin à la domination sur la scène des négociations et régulations internationales des pays occidentaux et, par suite, de leurs valeurs. Rien ne justifierait que les pays en voie de développement et même les nouvelles puissances soient sans cesse obligées de suivre la volonté des États-Unis et de l'Union européenne, sous peine d'isolement ou même d'exclusion. La Chine est de toute façon en quête d'un leadership mondial qui passe par l'économie mais aussi par tous les autres moyens, notamment la géopolitique, le droit international et toutes les formes du *soft power*, dans lequel l'IA joue un rôle prépondérant. En outre, on a déjà dit que le juste, le bien, le bon ou encore le beau sont et seront toujours des sentiments subjectifs, de sorte que la conception chinoise ne saurait être en soi inférieure à l'approche occidentale. La diversité des opinions éthiques reflète simplement la diversité des cultures dans le monde. Et, à l'évidence, la culture chinoise demeure fort différente de la culture européenne. Cela ne saurait nous conduire à renoncer à nous battre pour nos valeurs, à défendre notre humanisme juridique et nos droits de l'homme, mais on ne saurait appliquer en la matière le critère binaire du vrai et du faux, la langue informatique du un et du zéro. Il ne saurait s'agir de rechercher de quelconques droits naturels de l'homme valables de tout temps et partout. L'enjeu est en revanche d'essayer de convaincre au sein d'un grand et beau débat d'idées dans lequel la vision chinoise de l'homme et de la société est respectable et doit être respectée plutôt que dénigrée et rejetée sans autre forme de procès. D'ailleurs, les Européens de Shanghai ou Pékin se laissent souvent séduire par le modèle chinois et en deviennent méfiants à l'égard de nos démocraties trop prudentes et trop tournées vers le passé. On peut estimer que la démocratie serait plus humaine que l'autoritarisme. Mais lorsque des dizaines et des dizaines de millions de personnes se rallient à l'autoritarisme, on doit entendre leurs arguments. La plupart des questions éthiques soulevées par l'intelligence artificielle paraissent insolubles parce qu'elles sont posées de manière universelle, alors qu'il revient davantage à chaque individu de se forger son opinion dans son for intérieur. Il n'existe pas de droits naturels donnés, que des droits humains construits, que des droits de l'homme que « je » défends subjectivement, parce que « je » pense qu'ils doivent l'emporter, qu'ils sont dignes de l'humain tel que « je » le conçois.

126. L'Europe des droits de l'homme numérique. Du point de vue public et étatique, l'intelligence artificielle obligera à produire de nouvelles lois et de nouveaux cadres juridiques afin de diminuer l'écart entre l'évolution des technologies et celle des régulations associées. Il conviendra aussi de ne pas perdre de vue les défis éthiques que l'IA pose et auxquels il importe de répondre de manière équilibrée : en consacrant des normes protectrices des droits et libertés fondamentaux sans sacrifier sans discernement toute une économie. Face au libéralisme utilitaire de la Silicon Valley et au collectivisme chinois, l'Europe pourrait offrir un modèle alternatif de développement de l'IA à base d'humanisme. Il pourrait s'agir de favoriser des IA dépourvues par construction d'effets secondaires négatifs tels que la fuite de données personnelles, le développement d'addictions, l'élaboration de conclusions biaisées etc.

On pourrait dire, dans la veine humaniste, que l'IA devra être raisonnable ou ne pas être. On retrouve généralement cette exigence, au moins implicitement, dans les chartes contemporaines visant à prendre en compte un risque potentiel, qui n'est lié de manière directe ni à une urgence appelant une réponse immédiate ni à une crise. Déjà la DUDH n'évoquait les événements dramatiques récents que pour y opposer le raisonnable comme réponse. Le raisonnable est souvent ce qui fonde l'idée et le contenu des droits de l'homme, un raisonnable non absolu mais suffisant et concret, donc révisable en fonction de l'évolution de la psyché humaine collective. Une déclaration des droits de l'homme numérique devrait se concevoir telle une déclaration énonçant des principes dans l'intérêt de tous, dans l'intérêt de l'humanité, qui ne pourraient qu'entraîner l'adhésion de l'ensemble des hommes raisonnables. Pour Chaïm Perelman, le raisonnable est ce qui engendre le plus grand consensus parmi tous les « interlocuteurs valables » d'une communauté donnée[393]. Le raisonnable n'est pas un donné de la nature ni le résultat d'une illumination divine, invariable et parfaite, mais ce qui suscite l'adhésion présumée de tous les interlocuteurs qu'on peut considérer comme « valables »[394]. Bien sûr, il n'est guère plus aisé d'identifier le caractère valable d'une personne ou d'un discours que le caractère raisonnable d'une norme. Ce raisonnable est simplement ce qui apparaît subjectivement comme devant être reconnu par tous telle une valeur objective. Pour Perelman, c'est l'assentiment qu'on imagine inéluctable de l'auditoire universel. Mais ce dernier est évidemment une fiction fragile autant que le raisonnable est une fiction fragile.

Bien sûr, cette notion de « raisonnable » est largement indéterminée. Elle rejoint en cela les droits de l'homme, concept en lui-même flou et susceptible d'acquérir une signification normative particulière seulement grâce aux interprétations données par les autorités officielles et compétentes dans des cas particuliers et s'agissant de certains de ces droits. Cela est d'autant plus vrai que les droits de l'homme sont situés à mi-chemin entre un projet politique, visant à exprimer des valeurs, et des réalisations juridiques, sous la forme de règles de droit concrètes. Quant à la notion de « raisonnable », elle provient surtout de la philosophie. Mais on la retrouve justement en droit des droits de l'homme car ceux-ci sont souvent l'objet de restrictions « raisonnables », ainsi que « nécessaires ». Ces notions floues et imprécises contribuent à l'indétermination des droits de l'homme et au pouvoir important des autorités interprétatives, notamment des juges et plus encore des cours suprêmes. Il semble néanmoins possible de résumer l'IA responsable parce que soucieuse du respect de l'héritage humaniste et des droits de l'homme numérique en disant qu'il s'agit d'une IA « raisonnable ».

Dans l'Europe des droits de l'homme, organisée au sein du Conseil de l'Europe, la Cour européenne ménage une « marge nationale

---

[393] Ch. Perelman, I. Olbrechts-Tyteca, *Traité de l'argumentation – La nouvelle rhétorique* (1958), Éditions de l'Université de Bruxelles, 2008, p. 40.

[394] Ch. Perelman, *Éthique et droit*, Éditions de l'Université de Bruxelles, 1990, p. 476.

d'appréciation », sorte de droit à la différence des États lorsqu'il restreignent les droits de l'homme au nom de l'ordre public national, par exemple lorsqu'un pays diminue la liberté d'expression afin de lutter contre les discours de haine. Les juges européens reconnaissent ainsi que les États peuvent interpréter de façon variable les droits de l'homme — à condition toutefois de ne pas franchir un « seuil de compatibilité » au-delà duquel la Convention européenne de sauvegarde des droits de l'homme serait transgressée. Les droits de l'homme conçus à un niveau supranational sont donc un moyen de rapprocher ou d'harmoniser les droits nationaux, la marge nationale permettant de prendre en compte certaines particularités et certains intérêts locaux. L'Europe aurait ainsi permis, comme dans un laboratoire, d'expérimenter les moyens d'une mondialisation du droit autour des droits de l'homme, un droit pluriel mais ordonné, un droit raisonnable.

Pour rendre les différences entre les droits compatibles, le droit mondial raisonnable, inspiré par l'Europe des droits de l'homme, peut notamment prendre appui sur l'article 1er de la DUDH, qui fait de l'égale dignité des êtres humains un principe universel, et l'article 1er de la Déclaration universelle de l'UNESCO sur la diversité culturelle, adoptée en novembre 2001 et reprise dans la Convention sur la protection et la promotion de la diversité des expressions culturelles de 2005, qui proclame la diversité culturelle « patrimoine commun de l'humanité »[395]. Ainsi les droits de l'homme numérique tels que proposés par l'Europe ne sauraient-ils constituer des règles de droit précises et rigides. Ce peuvent être seulement des standards, des déclinaisons du principe cardinal du raisonnable. On reprendra alors également l'article 4 de la déclaration de l'UNESCO, selon lequel « nul ne peut invoquer la diversité culturelle pour porter atteinte aux droits de l'homme garantis par le droit international, ni pour en limiter la portée ». Bien sûr, il s'agit là d'une ambition utopique. Qu'on repense au droit chinois et aux valeurs qui le portent : il est impossible de concilier les inconciliables. Mais cela ne saurait nous obliger à capituler et abandonner le combat des droits de l'homme numérique.

[395] M. Delmas-Marty, « Manifeste pour une mondialité apaisée », in P. Chamoiseau, P. Le Bris, dir., *Osons la fraternité ! Les écrivains aux côtés des migrants*, Philippe Rey, 2018.

Les droits de l'homme numérique devant être raisonnables, on ne peut les penser qu'en faisant preuve d'équilibre et de modération et en leur insufflant cet équilibre et cette modération. Les droits de l'homme numérique ne peuvent qu'être des droits limités, ne serait-ce que pour leur permettre de se concilier. Comme le font beaucoup de textes relatifs aux droits de l'homme, les droits de l'homme numérique semblent devoir nécessairement devoir fonctionner sous la forme de principes assortis de restrictions nécessaires et proportionnées. Les fameux « paragraphes 2 » de la Convention européenne des droits de l'Homme sont en la matière exemplaires : plusieurs articles de la Convention sont en effet construits autour de l'affirmation du principe dans un premier paragraphe suivi d'un autre paragraphe prévoyant, par exemple s'agissant de la liberté d'expression (article 10), que « l'exercice de ces libertés comportant des devoirs et des responsabilités peut être soumis à certaines formalités, conditions, restrictions ou sanctions prévues par la loi, qui constituent des mesures nécessaires, dans une société démocratique, à la sécurité nationale, à l'intégrité territoriale ou à la sûreté publique, à la défense de l'ordre et à la prévention du crime, à la protection de la santé ou de la morale, à la protection de la réputation ou des droits d'autrui, pour empêcher la divulgation d'informations confidentielles ou pour garantir l'autorité et l'impartialité du pouvoir judiciaire ». Consacrer des droits de l'homme semble ainsi obliger à donner et reprendre dans le même mouvement, cela afin d'assurer le caractère équilibré et raisonnable de ces droits. Comme l'a noté la Cour de cassation, « les droits au respect de la vie privée et à la liberté d'expression revêtant, eu égard aux articles 8 et 10 de la Convention européenne et 9 du Code civil, une identique valeur normative, font devoir au juge saisi de rechercher leur équilibre et, le cas échéant, de privilégier la solution la plus protectrice de l'intérêt le plus légitime »[396]. Où l'on voit qu' « il y a bien quelque chose de fondamentalement illusoire dans la démarche même de proclamation des droits de l'homme »[397].

127. La technique est-elle neutre juridiquement ? Nous sommes le plus souvent fascinés par la technique. Nous la trouvons prodigieuse. Ses progrès sont incroyables. Ils interviennent essentiellement depuis le XIXe siècle.

---

[396] Cass. civ. 1ère, 9 juill. 2003, n° 00-20.289.

[397] S. Hennette-Vauchez, D. Roman, *Droits de l'homme et libertés fondamentales*, Dalloz, coll. Hypercours, 2017, p. 82.

Auparavant, les changements ont été surtout sociaux et culturels — en occident avec l'évolution en faveur de l'individu, puis la création d'un espace public et d'un espace politique avec l'émergence de la démocratie. L'humanisme, l'humanisme juridique et les droits de l'homme ont certainement joué un rôle important. Sans doute est-ce encore le cas aujourd'hui, au moment d'affronter de nouveaux et redoutables défis techniques. Ce n'est pas le culturel et le social qui doivent se soumettre à la technique mais l'inverse, ce pourquoi les droits de l'homme doivent entrer en action.

Notamment dans le domaine de la communication, fortement impacté par les nouvelles technologies, l'essentiel est la manière dont les hommes communiquent entre eux et comment une société organise ses relations collectives[398]. Si la communication est faite de technique, de culturel et de social, chaque dimension est importante. Mais la dimension technique a tendance à changer de plus en plus rapidement. Aujourd'hui, beaucoup considèrent, par exemple, qu'internet ou l'IA vont engendrer une « nouvelle société » car, selon eux, la technique serait capable de modifier directement la société et les individus. Ils se rallient ainsi à la thèse du déterminisme technique selon laquelle une révolution dans les techniques provoque *ipso facto* une révolution dans la structure globale des sociétés. Une telle vision des choses est largement idéologique. L'histoire témoigne des limites des thèses déterministes. Normalement, une technique est au départ toujours autonome et connaît un moment d'auto-accroissement, à l'écart de l'économie et de la politique[399]. La technique, en soi, est neutre, d'une neutralité à la fois fonctionnelle et axiologique. Mais les utilisations qui en sont faites ou les développements particuliers qui y sont donnés ne le sont pas. Il ne faut pas confondre la technique et l'outil. Il est vrai que toute technique est porteuse de possibles qui, eux, reflètent des valeurs et sont des interprétations humaines. La normativité est celle de l'outil, selon les utilisations qui en sont faites, pas de la technique[400]. C'est l'outil qui peut changer l'homme et la

---

[398] D. Wolton, *Internet, et après ? Une théorie critique des nouveaux médias*, Flammarion, coll. Champs essais, 2010, p. 193.

[399] J. Ellul, *La technique ou l'enjeu du siècle* (1954), Economica, 2008, p. 123.

[400] L'exemple des blockchains est intéressant. Les blockchains reposent sur une idéologie libertarienne selon laquelle elles devraient s'émanciper de toute régulation humaine. « *Code is Law* », célèbre maxime de Lawrence Lessig, trouve ici

société[401]. Et même l'outil reste plus neutre que son usage humain. Internet, par exemple, peut véhiculer de fausses informations mais peut tout autant véhiculer les réponses à ces fausses informations. Albert Einstein disait ainsi que « la science est un outil puissant. L'usage qu'on en fait dépend de

---

parfaitement à s'appliquer. Les parties prenantes à une blockchain (développeurs, « mineurs », opérateurs d'exchanges, personnes effectuant des transactions etc.) interagissent dans le cadre et suivant les modalités dictés par le protocole informatique. Et il faudrait laisser la technologie entièrement libre de ses mouvements. Il serait donc inutile de poser la question de la gouvernance d'une technologie qui n'aurait guère de sens si elle était contrôlée d'une quelconque façon. Avec les blockchains, on parle de « confiance », de « décentralisation » et de « démocratie technologique », mais guère de « régulation » et encore moins de « droit ». Seulement la réalité des blockchains n'est-elle pas tout à fait celle-là. La technologie est une construction humaine et, si « *Code is Law* », ce sont bien des hommes qui écrivent ce « Code ». Partant, ils décident des configurations des chaînes de blocs, de leurs visages. D'ailleurs, il existe des différences entre les blockchains qui s'expliquent par les volontés respectives de ceux qui les construisent — en premier lieu, les blockchains privées se démarquent fortement des blockchains publiques. Certes, le code informatique s'est imposé comme régulateur des blockchains. Ce sont toutefois des individus qui lui donnent ses orientations. Or programmer le code d'une blockchain revient à établir les règles du jeu à l'égard d'un écosystème tout entier. Ce n'est, en définitive, rien d'autre qu'un acte politique. En même temps, puisque le code sert d'intermédiaire entre ces individus et les conséquences que les blockchains produisent, il devient difficile, si ce n'est impossible, de trouver des responsables en cas de faille dans un système. Mais ce serait justement cela, selon les crypto-anarchistes défenseurs de la seule régulation par le code, qui permettrait aux blockchains d'exprimer tout leur potentiel. En conséquence, puisque les protocoles cryptographiques sont édictés par des humains, parfois anonymes, qui peuvent être animés par des desseins idéologiques ou autrement politiques, une blockchain fonctionne généralement d'une manière non neutre et non objective. Et les règles de fonctionnement d'une chaîne de blocs dépendent de son degré d'ouverture : plus la chaîne est ouverte, moins la gouvernance est forte, et inversement.

[401] Pour Gilbert Simondon, en revanche, « la normativité technique est intrinsèque et absolue ; on peut même remarquer que c'est par la technique que la pénétration d'une normativité nouvelle dans une communauté fermée est rendue possible. [...] Toute société qui admet une technique nouvelle, introduit les valeurs inhérentes à cette technique, opère par là même une nouvelle structuration de son code des valeurs » (G. Simondon, *L'individuation psychique et collective*, 2007, Aubier, p. 262).

l'homme, pas de l'outil »[402]. Par exemple, la technique des réseaux de neurones est neutre en soi, mais les réseaux de neurones tels qu'ils sont développés par les multinationales du numérique, afin de poursuivre des buts et servir des intérêts particuliers, ne le sont guère. Le numérique, le code binaire, est complètement neutre. Il n'est rien, mais il peut tout à partir de uns et de zéros, de signaux positifs ou négatifs, noirs ou blancs. Mais un objet numérique qui est inventé à des fins déterminées par une entreprise ne peut pas être neutre. La responsabilité est toujours humaine, on ne saurait incriminer la technique. Si la technique est neutre en soi et que tout dépend des usages qui en sont faits, encore faut-il des philosophes et des juristes pour diriger ces usages vers les meilleurs usages

Une technique ne pourrait donc pas promouvoir de valeurs par elle-même et ne deviendrait axiologiquement orientée qu'en fonction des fins qui lui sont assignées. Elle serait neutre et totalement subordonnée à des volontés humaines non neutres. Pour Éric Sadin, au contraire, l'idée que la technique puisse être neutre serait « une farce » et il décrit l'intelligence artificielle telle « une techno-idéologie, permettant de faire se confondre processus cérébraux et logiques économiques et sociales ayant pour base commune leur élan vitaliste et leurs structures connexionnistes hautement dynamiques »[403]. Mais peut-être peut-on davantage décrire ainsi certaines applications particulières de l'IA, notamment celles développées par les multinationales du numérique qui entendent généraliser un mode de vie rationnel organisé autour de la destination utilitariste et lucrative de chaque activité. Ce sont le contexte et les intentions de la technologie auxquels il faut prêter attention. La nature et les fonctionnalités des systèmes techniques dépendent aujourd'hui moins de la recherche scientifique fondamentale que des ambitions industrielles appliquées. L'économique se raccorde au technique et l'influence. Auparavant, au contraire, les inventions des chercheurs et des ingénieurs visaient avant tout à « faire avancer la science ». Elles n'étaient reprises que dans un second temps par des industriels, en fonction de ce que rendait

---

[402] Cité par L. Devillers, « Regard prospectif sur l'intelligence artificielle et les interactions émotionnelles humains-machines : bénéfices et risques », in B. Barraud, dir., *L'intelligence artificielle – Dans toutes ses dimensions*, L'Harmattan, coll. Europe & Asie, 2020, p. 309.

[403] É. Sadin, *L'intelligence artificielle ou l'enjeu du siècle – Anatomie d'un antihumanisme radical*, L'échappée, coll. Pour en finir avec, 2018, p. 57.

possible la protection par les brevets. Désormais, les axes d'innovation sont dictés par les projections des bureaux de tendance, les études de marché ou les analyses marketing. Les chercheurs sont des ouvriers qui réalisent ce qu'on leur demande de réaliser car ce sera vendeur ou efficace. Il est ainsi vrai que plus l'emprise du monde économique se renforce et plus il devient difficile de remonter à une technique première et neutre. Ce sont des acteurs économiques qui ordonnent de façon quasi exclusive la nature du monde artefactuel qui nous environne[404]. On assiste même à la fusion de l'ingénieur et de l'entrepreneur, figure nouvelle dont Steve Jobs, Mark Zuckerberg, Larry Page et Sergueï Brin sont les prototypes.

Il ne faudrait pas en venir à sombrer dans la technophobie. Pour le technophobe, toute nouvelle technologie serait une agression à l'égard des manières de vivre sobres et authentiques, une détérioration de notre milieu, et un moyen d'engendrer des profits au bénéfice de quelques-uns. Pour saisir convenablement les opportunités offertes par la technologie, il convient de ne pas l'aborder systématiquement tel un univers dangereux et menaçant. L'opposition entre technophobes et technophiles repose sur l'idée que les techniques seraient bonnes ou mauvaises, alors qu'il faudrait dresser un constat particulier pour chaque objet concret, en fonction des intentions qui ont présidé à leur conception et de leurs effets. Il faut se garder d'essentialiser la technique, au risque de proposer des discours bien trop radicaux, manquant de mesure. Le danger est d'en venir à condamner les nouvelles technologies au nom d'une idéologie systématique selon laquelle l'homme serait prisonnier d'un déterminisme technologique. Dans *L'homme révolté,* Albert Camus écrit qu' « il est inutile de vouloir renverser la technique. L'âge du rouet n'est plus et le rêve d'une civilisation artisanale est vain. La machine n'est mauvaise que dans son mode d'emploi actuel. Il faut accepter ses bienfaits, même si l'on refuse ses ravages »[405]. La technique importe peu, ce qui compte, ce sont les usages de la technique. Ce sont eux qui peuvent être bons ou mauvais. Et, parfois, les mauvais usages tendent à l'emporter largement sur les bons usages, ou inversement. André Leroi-Gourhan a montré que toute technique répond à une propension

[404] É. Sadin, *La silicolonisation du monde – L'irrésistible expansion du libéralisme numérique*, L'échappée, coll. Pour en finir avec, 2016, p. 35.

[405] A. Camus, « L'Homme révolté (1951) », in *Œuvres*, Gallimard, coll. Quarto, 2013, p. 1071.

proprement humaine à accroître sa puissance[406]. Aujourd'hui, dans le domaine militaire et au-delà, les instruments techniques témoignent, tant dans leur conception que dans certaines de leurs fonctionnalités, d'une volonté d'exercer une emprise sur autrui ou même de dominer autrui. Des IA, de nos jours, sont en mesure de téléguider la vie. Ces réalisations techniques là ne sont évidemment pas neutres. Elles sont les fruits d'une recherche de puissance et même de toute-puissance.

La technique, en soi, ne peut donc être ni protectrice ni dangereuse à l'égard des droits de l'homme. Toute artificielle qu'elle soit, elle peut rendre le monde plus humain. À l'inverse, les utilisations qui en sont faites peuvent être liberticides ou porter autrement atteinte à des droits fondamentaux. En retour, ceux-ci doivent saisir non la technique mais ses usages. Ce qui caractérise l'intelligence artificielle et même beaucoup des techniques contemporaines, c'est qu'elles servent de point d'appui principal afin de diffuser de nouvelles logiques économiques, culturelles, sociales et politiques, devenant un moyen prépondérant de gouvernance global. Face à ces nouveaux concurrents, le droit est sommé de réagir, en premier lieu au niveau supérieur des droits de l'homme. Et le droit sera toujours aux côtés de la technique tant tant que celle-ci fera progresser l'humanité vers plus de liberté et d'égalité, tant qu'elle sera au service du renforcement des valeurs fondamentales et humanistes : la démocratie, l'État de droit, le libre arbitre, l'émancipation, l'autodétermination de la dignité humaine.

128. Encourager l'IA positive. Plutôt qu'une méfiance de principe stérile, on peut s'engager dans des démarches positives à l'égard du numérique, comme le fait par exemple le ministère de la justice lorsqu'il mise largement sur les nouvelles technologies de l'information et de la communication dans le projet de loi de programmation pour la justice 2018-2022. Tel est aussi le cas de la Commission de réflexion et de propositions sur le droit et les libertés à l'âge du numérique lorsqu'elle « envisag[e] le numérique comme un levier d'accélération démocratique et d'approfondissement des droits et

[406] A. Leroi-Gourhan, *Le geste et la parole – Technique et langage*, Albin Michel, 1964.

libertés »[407]. Or cette commission n'a pu que reconnaître combien « la teneur des débats politiques et l'actualité législative l'ont obligée à adopter une démarche largement défensive »[408].

Il ne faut donc pas oublier que le numérique en général et l'intelligence artificielle en particulier ne sont que des instruments et que, en tant que tels, ils dépendent totalement des usages qu'en font les hommes qui les tiennent entre leurs mains. Si l'on imagine que ces instruments ne peuvent servir qu'à des agissements négatifs, on les abandonnera à ceux qui procèdent à ces agissements négatifs et l'on oubliera de les utiliser à des fins positives. Comme internet, l'IA est évidemment un progrès, il importe de s'en souvenir[409]. L'absence d'une culture numérique forte affaiblit la qualité des choix politiques. Peut-être ces technologies semblent-elles plus antidémocratiques que prodémocratiques parce que les ennemis de la démocratie sauraient mieux les utiliser que ses défenseurs. Les enjeux politiques de l'internet sont en tout cas grands et même cardinaux à de nombreux points de vue. Durant les années 2000, on voyait dans le numérique un outil merveilleux de renouveau démocratique ; puis un retournement s'est opéré. Il faut gager que ce dernier n'est guère justifié, et chercher à reconquérir le web et notamment les réseaux sociaux, trouver les moyens de rendre profitables à la démocratie des phénomènes tels que les « bulles de filtre », l' « autopropagande invisible » ou la « loi des algorithmes ».

Il faut pouvoir penser les droits de l'homme numérique en posant de telles questions, en allant au-delà de la seule problématique de la vie privée et des données personnelles. Beaucoup d'associations de « défense d'un internet libre » ne parviennent pas à aller plus loin, ce qui est emblématique de l'égoïsme généralisé de l'époque. La liberté peut aussi être collective, pas

---

[407] Ch. Féral-Schuhl, Ch. Paul, Commission de réflexion et de propositions sur le droit et les libertés à l'âge du numérique, *Numérique et libertés : un nouvel âge démocratique*, Assemblée Nationale, rapport n° 3119, p. 62.

[408] *Ibid.*

[409] Christian Paul écrit en ce sens que « le monde numérique, dès l'origine, n'est ni ange, ni démon, ou plutôt il est alternativement l'un et l'autre. La direction n'est pas écrite à l'avance. C'est la clairvoyance citoyenne, la délibération démocratique, la volonté progressiste qui le feront tomber du bon côté » (Ch. Paul, « Les *fake news* auront-elles la peau de la liberté de la presse ? », mediapart.fr, 14 mars 2018).

uniquement individuelle. On peut se préoccuper des modes d'organisation collective promus par les IA, de l'utilitarisme grandissant et des logiques de pouvoir qu'elles accompagnent. La protection des données à caractère personnel et de la vie privée est devenue l'unique objet des inquiétudes entourant les technologies numériques. Tout tend à s'analyser à travers ce prisme, comme si la liberté, l'égalité, la dignité ou la solidarité dépendaient du respect du droit à la vie privée, devenu droit cardinal des droits de l'homme. Cela est le reflet du libéralisme politique des démocraties actuelles, qui réduit toute chose à sa dimension personnelle. Des institutions publiques ont pour mission de veiller sur le monde numérique, mais aucun autre motif que le respect de la vie privée ne les préoccupe. On ne voit pas, par exemple, ces institutions se mobiliser face à la marchandisation intégrale de la vie, le recul de la faculté de jugement ou l'extrême rationalisation des sociétés. Au contraire, ces institutions souhaitent surtout encourager l'essor de l'économie numérique en garantissant la confiance des utilisateurs.

II. Les droits de l'homme numérique dans le contexte de l'économie et de la géopolitique numériques

129. Les droits de l'homme numérique par-delà le choc des civilisations. La question des droits de l'homme numérique doit être pensée en rapport avec la géopolitique et avec l'économie. Ce sont elles qui, dans une large mesure, décident du visage que prend et que prendra le monde des IA, cela en fonction d'intérêts qui sont rarement ceux de l'humanité dans son entier. Et c'est en particulier entre le soleil de la Silicon Valley et l'Empire du soleil levant que tout se joue. La priorité pourrait être de chercher et trouver un socle de valeurs communes sur lequel installer le monument des droits de l'homme numérique, mais les grandes cultures que sont les États-Unis et la Chine, ainsi que l'Europe, la Russie ou l'Inde, auront de grandes difficultés à s'accorder autour de leurs visions du bien, du bon et du juste. Ils l'ont cependant déjà fait, notamment au sujet de la pornographie enfantine en fixant à l'échelle de l'ONU un âge limite unique de 18 ans et on peut plaider pour de mêmes initiatives mondiales en matière de droits de l'homme numérique.

Albert Camus avait anticipé de façon stupéfiante les débats actuels sur la fin de l'histoire et le choc des civilisations : « Les situations politiques vont comme les avions, très vite. Tandis que la pensée va avec la lenteur de sa maturité personnelle et n'arrive pas à rejoindre les situations. Nous nous fixons par exemple sur le problème franco-allemand comme nous nous fixons sur le problème franco-algérien, alors que le problème, tout le monde le sait, est le problème russe et américain. Mais le problème russe et américain va être dépassé lui-même avant très peu : ça ne sera plus un choc d'empires, nous assisterons à un choc de civilisations, et nous voyons dans le monde entier des civilisations colonisées surgir peu à peu et se dresser contre les nations colonisatrices. Peut-être que la France aurait avantage à être la première nation blanche qui pose les problèmes réellement sur le plan où ils doivent être posés, c'est-à-dire en essayant de devancer l'histoire plutôt que d'être continuellement à sa remorque »[410]. Aujourd'hui, le choc est essentiellement celui des américains et des chinois, qui ont deux visions du monde numérique et de l'IA largement antagonistes, ce qui fait douter de la possibilité d'ériger des droits de l'homme numérique qui satisfassent tout le monde.

La polyvalence des cas d'utilisation de l'IA, à des fins commerciales aussi bien que militaires, fait de cette technologie un outil indispensable pour occuper une place de grande puissance mondiale. L'IA permet d'organiser les connaissances, donner un sens aux informations, augmenter la faculté de prise de décision, contrôler les systèmes les plus sophistiqués, tirer de la valeur des données. L'intelligence artificielle est ainsi une clé du pouvoir de demain dans un monde numérisé. Et ce pouvoir est principalement détenu par les multinationales de l'IA et des données, qui invitent leurs utilisateurs à leur livrer le maximum d'informations personnelles les concernant, afin de pouvoir les cibler le plus finement possible, et qui cherchent à générer par des « likes » ou « dislikes » de l'engagement, car c'est cela qui produit de la data.

Depuis des siècles, la prospérité allait de pair avec le développement et la protection des droits et libertés individuels. Avec l'économie des données et

[410] A. Camus, « Entretien », *La Tribune de Paris* 1er janv. 1946.

des IA, le phénomène inverse se produit et, plus généralement, divers droits et libertés fondamentaux se trouvent malmenés. Sont atteints ou pourraient être atteints le fonctionnement du système constitutionnel, la mécanique électorale, l'indépendance de la justice, la transparence de la vie publique et de l'administration, l'égalité et l'absence de discriminations, la protection de la vie privée et des données, la liberté d'expression, la liberté académique, la liberté de croyance et notamment de religion, le droit à un traitement équitable, les droits des personnes issues des minorités, ainsi que divers droits économiques et sociaux. Il est facile et tentant de s'engouffrer dans une course mondiale, en souhaitant devenir un leader ou au moins ne pas se laisser décramponner par les leaders. Mais cela peut-il justifier de suivre le moins disant au risque de compromettre les valeurs qui fondent notre civilisation ? La situation dans le domaine bioéthique est un bon exemple : faut-il se lancer dans des expérimentations pré-eugéniques parce que la Chine le fait, pour éviter de prendre du « retard » ? Sans doute faut-il surtout militer contre les pratiques jugées antihumanistes, sur la scène internationale et même lorsqu'on pèse peu de poids.

En matière d'IA, les enjeux économiques ne peuvent seuls dicter la marche à suivre. Qu'on se souvienne de la définition schumpétérienne de l'entrepreneur : une personnalité audacieuse, turbulente, égoïste, avide de pouvoir et d'indépendance, cherchant à fonder son empire et à l'étendre par tous les moyens[411]. Les entrepreneurs sont indispensables, mais on ne peut leur abandonner notre destin. La pure loi du marché a déjà montré ses limites. Surtout, en matière d'IA, on se trouve face à des technologies qui peuvent être utilisées afin d'exploiter les hommes et de créer de nouvelles et dangereuses formes de sujétion à des fins de profit. Il est pourtant tentant, à la sortie d'une crise liée à l'épidémie de coronavirus qui a plongé la France, comme de nombreux pays, dans la pire récession depuis la Seconde Guerre mondiale car une grande partie de l'activité a été mise à l'arrêt, de miser sur l'économie numérique pour retrouver des perspectives économiquement réjouissantes. Nul doute que l'IA offre aux entreprises des solutions prometteuses, du marketing aux ressources humaines en passant par la finance et la logistique, et des relais de croissance efficaces.

---

[411] J. A. Schumpeter, *The Theory of Economic Development*, 1911.

130. La course à l'IA. Elon Musk a « tweeté » que « la compétition pour la supériorité nationale en matière d'IA sera la cause de la troisième guerre mondiale ». L'IA est en tout cas la cause d'une grande compétition économique et, en même temps que l'économie change assez radicalement, ce sont aussi nos vies qui, sous l'effet des nouveaux biens et services qu'on nous offre — ou qu'on nous impose tant il devient difficile d'exister sans y consentir —, changent assez radicalement. La 46e édition du Forum économique mondial de Davos parlait de « quatrième révolution industrielle ». L'intelligence artificielle et le numérique changent le monde au moins à la mesure de ce qu'ont fait la découverte de l'électricité ou l'invention de la machine à vapeur. Ils touchent horizontalement l'ensemble des secteurs et verticalement l'ensemble de la chaîne, du back-office au front-office.

Ce qui frappe avec la quatrième révolution industrielle, dont on vit seulement les prémices, est la vitesse à laquelle les compétences des salariés et les positionnements, les innovations et les organisations d'ensemble des entreprises doivent évoluer, pour suivre l'accélération des mutations technologiques et des bouleversements économiques qui les accompagnent. L'économie des données et de l'IA qui semble devoir s'imposer à court et moyen termes devrait faire reposer la compétitivité et la croissance sur la capacité à combiner intelligence artificielle et intelligence humaine. Mieux vaut s'équiper et se mettre à niveau au plus vite, car les luttes sur les marchés traditionnels et sur les nouveaux marchés seront, comme toujours, impitoyables. La différence entre concurrents se fera sur leur capacité à tirer le meilleur parti des compétences humaines et à les associer à la puissance des nouvelles technologies.

L'IA devrait bouleverser les structures de coûts des entreprises et donc leur compétitivité. Celles qui placeront suffisamment en amont ces nouvelles technologies au cœur de leurs stratégies de développement, spécialement en adaptant leurs métiers, devraient gagner en compétitivité et garder un avantage par rapport à de nouveaux entrants, ainsi que faire la différence par rapport à leurs concurrents non encore équipés et donc frappés d'un retard technologique. Par conséquent, l'introduction massive de l'IA dans l'entreprise semble devenir un grand défi, voire une nécessité, une condition de survie. Il est certain qu'au moment de l'apparition de l'électricité, mieux valait ne pas choisir de rester à la vapeur et au charbon. Peut-être la situation est-elle peu ou prou la même actuellement. À moins que, pour des raisons non économiques, on puisse préférer la vapeur et le charbon. Mais il est vrai que l'intelligence artificielle est une richesse pour une entreprise car elle peut apprendre en se nourrissant de l'expérience de cette entreprise, donc de son historique et des données qu'elle a produites. Cela doit permettre d'automatiser de nombreuses tâches, autant dans l'administration et la gestion que dans la chaîne de production et dans les mécanismes d'accès aux consommateurs. L'IA et les données ont donc vocation à offrir d'importants gains de productivité immédiats. Et ceux-ci doivent porter tout spécialement sur la valeur créée grâce aux nouveaux services et à l'optimisation des services existants. Cela peut profiter aux marges, que ce soit avec des réductions de coûts très élevées ou avec le développement de services générant de nouvelles sources de revenus pratiquement à coût marginal.

Les facteurs classiques de production, capital et travail, doivent donc être repensés, en y plaçant au centre le moteur de l'intelligence artificielle et le carburant des données, cela afin de pouvoir engendrer la croissance la plus élevée possible des économies nationales. Les perspectives, en la matière, semblent pour le moins intéressantes, avec une croissance susceptible de doubler d'ici à 2035, dans de nombreux pays dont la France, sous l'effet du développement des intelligences artificielles (selon une étude d'Accenture and Frontier Economics).

L'intelligence artificielle conçue tel un nouveau facteur de production pourrait stimuler la croissance en jouant sur trois leviers :

1° En concevant des machines intelligentes capables de réaliser diverses tâches (beaucoup) mieux que les humains, y compris en simulant la capacité d'adaptation de l'homme ainsi que sa faculté à apprendre de ses expériences. Une telle automatisation requiert le support de salariés humains et une étroite collaboration entre salariés-humains et salariés-robots.

2° En permettant d'utiliser les facteurs de production classiques plus efficacement et notamment en amenant les employés à se concentrer sur les missions présentant la plus haute valeur ajoutée.

3° En diffusant les innovations à travers les sociétés. Par exemple, le développement des premières voitures autonomes a conduit de nombreux fabricants de voitures classiques à proposer leurs propres innovations et à établir des partenariats avec des spécialistes de l'intelligence artificielle.

Ces changements pourraient notamment provoquer l'éclatement de beaucoup d'entreprises. En effet, l'ensemble des process étant plus efficaces, du fait de la spécialisation de certains acteurs recourant à des IA et apportant des solutions pour des besoins de plus en plus fins et précis, les entreprises devraient externaliser une part croissante de leur travail et de leurs compétences, allégeant en conséquence leurs modes de fonctionnement. Il deviendrait donc de plus en plus nécessaire de développer de nouvelles activités à coût modéré en allant chercher les compétences nécessaires à l'extérieur de l'entreprise. Dans le secteur de la banque, par exemple, les nouveaux acteurs tels que les fintechs, qui parient sur l'IA pour proposer des solutions innovantes, concurrencent l'activité des acteurs traditionnels sur des segments importants. Les grandes banques sont ainsi amenées à construire tout un écosystème de partenaires afin de pouvoir proposer des services adaptés, personnalisés. L'IA et la quatrième révolution industrielle qu'elle accompagnerait auraient donc tendance à changer, parfois assez radicalement, les manières de faire et de penser des entreprises. D'aucuns évoquent ainsi une « plateformisation » de l'économie. Les petites entreprises, pour leur part, devraient se développer plus rapidement en s'appuyant sur des prestataires en IA capables de répondre efficacement à leurs besoins.

Après que des start-up sont devenues multinationales du numérique grâce à des applications bien pensées, les externalités du réseau tendent à conforter la mainmise de certains acteurs sur la collecte de données. Les plus forts deviennent toujours plus forts et sans rivaux. Cela est d'autant plus vrai que se produit un phénomène de transversalisation : ces acteurs investissent différents secteurs, pour ne pas dire tous les secteurs, de l'automobile à la santé. Auparavant, on n'aurait jamais imaginé un constructeur automobile se lancer dans la production de produits de santé. Le phénomène de concentration pouvant aller de pair avec la quatrième révolution industrielle résulte donc de l'utilisation massive des données et de leur exploitation par ceux qui en sont les propriétaires : les multinationales de l'IA à qui ces données sont cédées au moment de l'acceptation des conditions générales d'utilisation. Les IA ayant besoin de très grandes quantité de données pour apprendre et donc devenir utiles à des utilisateurs potentiels, seuls quelques acteurs semblent pouvoir triompher, absorbant les autres et empêchant de nouveaux acteurs de tenter leur chance sur les nouveaux marchés de l'économie des données et des IA. Quant aux principaux acteurs, ils se développent en proposant toujours plus de nouveaux services parallèles à leurs cœurs de métiers. Le secteur des données et des IA peut ainsi être qualifié d' « oligopole à frange »[412]. L'économie tend à s'organiser autour d'un nombre réduit d'acteurs en situation d'oligopoles ou de monopoles avec, gravitant autour d'eux, une galaxie de petits acteurs qui, lorsqu'ils innovent et grossissent, risquent fort de se faire absorber.

Une telle situation portant atteinte à la liberté de la concurrence et au bon fonctionnement du marché met au défi le régulateur — s'il existe. La concentration risque de s'accompagner de phénomènes de hold-up[413], lorsqu'un acteur s'approprie l'intégralité ou presque des gains potentiels d'une transaction. Il faudrait qu'une autorité supérieure puisse arbitrer entre rémunération de l'acteur permettant les gains de surplus initiaux (gains d'efficience issus des externalités de réseau et surplus reliés aux échanges qui n'auraient pas eu lieu sans intermédiaire) et risque d'appropriation totale de ce surplus lorsque l'intermédiaire atteint une masse critique[414]. Pour en profiter, les entreprises doivent miser sur ces nouvelles technologies et s'y adapter, loin de tout conservatisme et de toute passivité. En faisant évoluer leur organisation afin de mieux préparer leurs salariés à la collaboration homme-machine, elles pourraient augmenter leurs chiffres d'affaires de 38 % et leurs effectifs de 10 % d'ici à 2022[415]. Les opportunités de croissance des entreprises dépendraient ainsi fondamentalement de leur capacité à évoluer et à s'adapter. Et un même constat peut sans doute être dressé concernant l'action des pouvoirs publics afin de porter l'économie des données et de l'IA.

Les dirigeants et leurs collaborateurs semblent plutôt optimistes à l'égard de la capacité de l'IA à engendrer une forte croissance économique et à créer plus d'emplois qu'elle n'en détruirait. 72 % d'entre eux estiment ainsi que les

---

[412] G. J. Stigler, *The Organization of Industry*, Homewood, 1968.

[413] W. P. Rogerson, « Contractual Solutions to the Hold-Up Problem », *The Review of Economic Studies* 1992, vol. 59, n° 4, p. 777 s.

[414] L. Galiana, « Les conséquences économiques de l'intelligence artificielle », *Idées économiques et sociales* 2018, n° 192, p. 27.

[415] Étude d'Accenture publiée à l'occasion du Forum Economique Mondial de Davos de 2018.

technologies intelligentes seront le facteur déterminant de la capacité de leurs entreprises à se différencier ; et 61 % jugent que le nombre d'emplois requérant une collaboration entre homme et machine augmentera au cours des trois prochaines années ; tandis que 69 % des salariés s'accordent sur l'importance pour eux d'acquérir de nouvelles compétences afin de pouvoir travailler aux côtés des IA[416].

Traversant tous les secteurs et impactant tous les acteurs de l'économie, l'IA pourrait être, avec l'internet auquel elle est intimement liée, la rupture technologique majeure de l'époque contemporaine et du futur proche. C'est elle qui devrait faire le partage entre nouvelles et anciennes puissances économiques, redessinant le visage de l'économie mondiale. Cela concerne les entreprises, avec l'émergence en quelques années de multinationales dans des secteurs qui n'existaient pas il y a peu, mais aussi les États, certains s'imposant comme des leaders et d'autres étant cantonnés à la position de suiveurs. Partout, l'on convient que l'intelligence artificielle doit être une technologie et les données une ressource qu'on maîtrise et non qu'on subit. Mais il est parfois difficile, en raison de la conjoncture et/ou du fait de choix stratégiques maladroits, de posséder les moyens de ses ambitions. Ainsi, tant au niveau des entreprises qu'au niveau des nations, certains sont dans la course, avec de l'avance sur leurs poursuivants, d'autres sont dans la course mais ont pris du retard et tentent de revenir sur la tête, quand d'autres ne sont même pas dans la course, ayant manqué le virage technologique et étant sortis de la route de la nouvelle économie.

Les capacités de stockage de données et de traitement de ces données par des algorithmes progressent en permanence. Y compris au-delà du secteur numérique, les IA et les big data attirent. Mais ce sont essentiellement les leaders des marchés du web, de l'informatique et des télécommunications qui profitent de cet engouement et de cette conjoncture. Leur expertise dans la collecte, le stockage et le traitement des données volumineuses, et surtout leur accès sans égal à de telles données volumineuses, leur permettent de proposer des services à base d'IA toujours plus pertinents et efficaces, renforçant leur domination sur les marchés concernés. Ce sont donc

[416] *Ibid.* Selon cette étude, 63 % des dirigeants pensent que l'IA permettra une création nette d'emplois dans leurs entreprises au cours des trois prochaines années. Et 62 % des employés estiment que l'IA aura un impact positif sur leur travail.

essentiellement les GAFAM américains et les BATX chinois qui dominent le secteur de l'intelligence artificielle, car ils ont dès aujourd'hui un immense avantage compétitif par rapport à leurs concurrents et à de nouveaux entrants. Déjà extrêmement puissants, ils pourraient l'être encore plus à court et moyen termes, lorsque l'IA aura réellement provoqué la rupture et une nouvelle révolution industrielle. Les données étant au cœur des nouveaux modèles économiques, plus un acteur a accès à beaucoup de données, plus il possède un potentiel de développement important. Il peut alors imposer à tous la façon dont ces données sont utilisées.

Les sociétés les plus en avance en matière de technologies d'intelligence artificielle sont celles qui, actuellement, investissent le plus dans l'IA et s'intéressent le plus aux enjeux de l'IA. Ainsi les écarts se creusent-ils dans la course à l'IA. De mêmes observations peuvent viser les pays : ceux qui sont déjà leaders en matière d'économie de l'IA et des données sont ceux qui investissent le plus dans le secteur, qui s'y intéressent le plus, de telle sorte que les écarts se creusent entre pays-leaders et pays-suiveurs. La Chine et les États-Unis sont ainsi ceux qui tirent les plus gros bénéfices de la diffusion de l'IA dans l'économie. La Chine, en particulier, investit massivement dans l'IA, y voyant le levier susceptible de lui permettre de devenir la première puissance mondiale et de générer un tiers du PIB mondial[417]. Puis viennent Israël, le Royaume-Uni et la Canada, mais loin derrière. Les autres sont encore plus loin, peinant à encourager et protéger de nouveaux acteurs viables dans le secteur. Le classement des pays comptant le plus de start-up spécialisées en IA reflète cette hiérarchie des puissances économiques.

131. La Silicon Valley ou le règne de l'entrepreneuriat et de l'innovation. D'un côté, on trouve les États-Unis et en particulier la Silicon Valley, sur la côte ouest, face au Pacifique. La Silicon Valley a été à l'origine des recherches sur le calcul automatisé. Elle en tire son nom, puisque le silicium est un élément chimique semi-conducteur essentiel dans la fabrication des composants électroniques. La surpuissante région de San Francisco incarne les impressionnantes réussites entrepreneuriales et industrielles américaines dans le secteur des nouvelles technologies. Beaucoup des grands acteurs de l'économie numérique y ont été créés ou s'y sont installés : Apple, Google,

---

[417] La technologie devrait ajouter 7 000 milliards de dollars (790 000 milliards de yens) à son produit intérieur brut d'ici 2030.

Cisco, Facebook, Oracle, Netflix, Hewlett-Packard, Tesla, Instagram, Twitter, Intel, Snapchat. On y trouve près de 6 000 entreprises du secteur de la tech. Certains de ces acteurs ont réussi en quelques mois, en mariant bonne idée et bonne technologie, à s'installer dans une position dominante ou presque monopolistique sur le marché global. La Silicon Valley héberge les laboratoires de recherche des grands groupes de l'industrie du numérique, qui anticipent et insufflent les tendances dans une mondialisation qui demeure largement une américanisation et même une « silicolonisation »[418]. C'est aussi là que l'on trouve Stanford et Berkeley, deux des meilleures universités au monde, et beaucoup d'ingénieurs et d'informaticiens de haut niveau et possédant un esprit d'initiative fort — dont un certain nombre viennent de l'étranger, attirés par le soleil et les succès de la Valley. Celle-ci est encore une terre qui regorge d'investisseurs, les *venture capitalists* et autres *business angels* qui financent la création de start-up ou la croissance des entreprises. L'entrepreneuriat et l'innovation technologique sont donc au cœur des États-Unis en général et de la Silicon Valley en particulier, là où le Pacifique donne l'impression d'horizons toujours infinis.

Les grands entrepreneurs de la Silicon Valley ont pour beaucoup conscience de leur place dans l'histoire, du fait qu'ils engendrent des mutations irréversibles pour l'humanité, convaincus qu'ils œuvrent au bien de l'humanité et du monde. Parfois mégalomanes et dopés par le succès, certains n'hésitent pas à comparer la Silicon Valley à la Florence de la Renaissance, avec les Médicis[419]. Leur puissance est telle qu'ils peuvent aller jusqu'à se vivre telles des figures mythologiques, qui portent le monde sur leurs épaules à l'instar du titan Atlas dans la mythologie grecque. Largement libertaires, refusant l'autorité et les normes qui les entravent forcément, ils entendent libérer les hommes partout sur la planète[420]. Mais ils veulent aussi, comme beaucoup d'entrepreneurs, trouver de nouvelles sources de profits, les maximiser et s'enrichir. Or, dans le monde de l'économie numérique, cela peut amener à opérer des choix liberticides — évidemment jamais présentés

---

[418] É. Sadin, *La silicolonisation du monde – L'irrésistible expansion du libéralisme numérique*, L'échappée, coll. Pour en finir avec, 2016.

[419] M. Abélès, *Les nouveaux riches – Un ethnologue dans la Silicon Valley*, Odile Jacob, 2002, p. 53.

[420] F. Turner, *Aux sources de l'utopie numérique – De la contre-culture à la cyberculture*, C&F éditions, 2012.

comme tels —, ce qui est source d'un certain malaise et de beaucoup de paradoxes dans la Silicon Valley.

Il ne faudrait donc pas croire que le futur que la Silicon Valley propose d'inventer serait forcément un futur humaniste, dans lequel l'intérêt humain supérieur l'emporterait nécessairement sur tout. Le modèle économique fondé sur l'agilité, le collaboratif, l'apport créatif de chacun et des ressources financières énormes peut cacher de nouvelles formes de totalitarisme qu'il importe de décrypter et prévenir. En plaçant des capteurs sur nos corps et dans nos domiciles, en créant des besoins et des dépendances nouveaux et en optimisant les capacités de l'IA, la Silicon Valley s'érige en cœur battant d'une grande partie du monde, devenu incapable de vivre sans lui. Or il n'y a pas de limite à la mise en données du monde et aux dépendances qui en résultent. La puissance de ces nouveaux acteurs peut potentiellement devenir une puissance inouïe et jamais vue encore. Elle est déjà aujourd'hui redoutable. L'économie numérique en plein épanouissement se destine à monétiser chaque occurrence spatio-temporelle[421]. Le développement de l'économie de la donnée est potentiellement infini.

« L'Amérique entière est devenue californienne », notait Jean Baudrillard[422]. Désormais, c'est la planète entière qui tend à devenir californienne sous l'impulsion des GAFAM, des NATU et de tous les acteurs de l'économie numérique. La Silicon Valley devient le modèle qu'il faut suivre à tout prix, sous peine de rater le train du développement économique. On le voit bien à travers les discours tenus en France : il faut un peu d'éthique dans cette ruée vers l'or d'un nouveau genre, mais ce qui compte surtout est de se ruer vers l'or[423]. L'esprit de la Silicon Valley conquiert le monde, sans violence et presque sans résistance. En Europe et ailleurs aussi, on accepte et même on veut se soumettre à la nouvelle doxa américaine. La Silicon Valley suscite l'adhésion dans un grand nombre de pays, ce qui provoque une concurrence mondiale et l'élargissement de la logique qu'elle a inspirée, donc son influence. Il n'y a pas eu de « bataille des idées ». L'utilité des ordinateurs et des smartphones, ainsi que des logiciels et des applications qu'ils

---

[421] É. Sadin, *La silicolonisation du monde – L'irrésistible expansion du libéralisme numérique*, L'échappée, coll. Pour en finir avec, 2016, p. 20.

[422] J. Baudrillard, *Amérique*, Le Livre de poche, 1988, p. 105.

[423] L. Kroh, « French Tech : label affaire », *Libération* 5 janv. 2016.

embarquent, est telle que les géants du web et de l'IA se sont imposés sans autre effort. Et partout on cherche à donner vie à de nouvelles Silicon Valley. Comme le résume Éric Sadin, « un volontarisme mêlant ressentiment et admiration béate cherche à se défaire de ses frustrations passées et à bâtir avec vigueur le "rêve siliconien" chez soi, avec fierté et en mobilisant toutes ses forces »[424]. L'enjeu des droits de l'homme numérique est justement de ne pas tout accepter sans discussion et de placer l'intérêt humain au moins au même niveau que l'intérêt économique.

Historiquement, toute guère et toute conquête supposaient l'agression et la prise par la force d'un territoire afin de soumettre la population y résidant. Le but de la guerre est moins d'envahir des étendues de terre vierge que de soumettre des gouvernements et d'asservir des populations. Parmi celles-ci, on trouvait alors forcément des résistants animés par certains idéaux et des collaborateurs intéressés. Cette invasion physique n'est désormais plus utile. Il n'y a plus besoin de contrôler les territoires pour contrôler les populations. L'heure est au *soft power* : la conquête des esprits par la culture, la technique, les marques, l'économie. L'IA permet, par de savants procédés de nudge, de connaître et de contrôler les individus à distance. Il est d'ailleurs dans l'ère du temps de manipuler les comportements sans tuer ni piller. Cela est plus acceptable dans nos sociétés pacifiées. La Silicon Valley fait passer ses valeurs et son modèle pour des valeurs et un modèle universels, devenus les étalons de mesure de la vitalité économique de tous les pays. Tout le monde s'accorde sur le besoin de suivre au plus près les « progrès » de la Silicon Valley : industriels, économistes, universités et grandes écoles, agences de prospective, *think tanks*, théoriciens du management, unes de magazines, conférences TED etc. Tous célèbrent les startupers qui permettent de regarder l'avenir plus sereinement, en craignant un peu moins d'appartenir bientôt au tiers-monde numérique. L'endoctrinement passe par des institutions telles que la Singularity University, fondée en 2008 par Ray Kurzweil et Peter Diamandis et qui est à la fois une université, un think tank et un centre d'incubation d'entreprises. Elle réside dans la Silicon Valley est est largement soutenue par Alphabet-Google. Or son objectif est d' « éduquer, sensibiliser et impliquer les hauts dirigeants, à l'échelle

[424] É. Sadin, *La silicolonisation du monde – L'irrésistible expansion du libéralisme numérique*, L'échappée, coll. Pour en finir avec, 2016, p. 23.

mondiale, dans l'utilisation des technologies exponentielles pour faire face aux grands défis de l'humanité ». En d'autres termes, c'est une entreprise de lobbying destinée à convaincre partout de l'impérieuse nécessité de suivre les dogmes technologico-culturels américains. Face à eux, on opposera que cela ne saurait être possible qu'à condition que ces dogmes n'entrent pas en contradiction avec les droits de l'homme numérique. Reste que, pendant ce temps, l'Université de la Singularité, bénéficiant de budgets très supérieurs à ceux des universités publiques, ouvre des antennes un peu partout, étend son réseau et étend son emprise.

Cette « silicolonisation » est rendue possible par le fait que la classe politique, à l'unisson, fait preuve de suivisme et de peu d'esprit critique ni de réserve à l'égard des technologiques numériques américaines. Ainsi, afin de conserver une longueur d'avance, le gouvernement américain a-t-il injecté à partir de 2020 quelques 625 millions de dollars pour financer des centres de recherche en intelligence artificielle et en informatique quantique[425]. Comme l'a parfaitement exprimé Paul François Fournier de la Banque Publique d'Investissement, « il faut désormais se caler sur ce que fait la Silicon Valley »[426]. Les élus et les responsables politiques, souvent peu au fait de ce qui se joue réellement dans le monde numérique, perçoivent avant tout les enjeux économiques et industriels. Même aux États-Unis, la stratégie nationale en intelligence artificielle a été élaborée par une commission *ad hoc* (*National Security Commission for Artificial Intelligence*), créée par le Congrès en mai 2018 et dont les principaux membres sont les PDG d'Amazon Web Service et d'Oracle, les directeurs de Microsoft Research Labs et de Google Cloud AI, tandis que son président n'était autre qu'Eric Schmidt, l'ancien PDG de Google et de sa maison-mère, Alphabet. De même, lorsque, en avril 2017, le département américain de la Défense a lancé le « *Project Maven* », un programme d'équipement des drones de l'armée en logiciels de traitement automatisé de flux vidéo, Google a été retenu. Or Eric Schmidt cumulait les fonctions de PDG d'Alphabet et de directeur du Defense Innovation Advisory Board, un comité chargé de conseiller le Pentagone en matière d'innovations organisationnelles et d'acquisitions technologiques. Les GAFAM se retrouvent ainsi propulsés au

---

[425] 6medias, « Les États-Unis investissent massivement dans l'intelligence artificielle », capital.fr, 27 août 2020.

[426] Cité par L. Kroh, « French Tech : label affaire », *Libération* 5 janv. 2016.

cœur de l'État, contribuant au fonctionnement ordinaire des structures politiques. Ce sont les lobbies en général qui sont largement intégrés dans les institutions publiques, notamment avec les pratiques de *revolving doors* (pantouflage et rétro-pantouflage). En 2018, Alphabet, Amazon, Facebook, Apple et Microsoft ont dépensé plus de 64 millions de dollars en lobbying[427]. Et 364 des 450 lobbyistes de ces firmes (81 %) occupaient auparavant un poste officiel au sein de l'État (Maison-Blanche, Congrès, départements ou agences)[428]. L'initiative la plus structurée est le partenariat sur l'intelligence artificielle établi et financé par des acteurs comme Amazon, Apple, Deepmind, Facebook, Google, IBM ou Microsoft. Il s'agit du successeur privé de l' « Initiative pour le futur de l'intelligence artificielle » lancée par le Président Barack Obama en 2017, un projet de politique publique impliquant les acteurs de la tech. Les relations sont donc intimes entre les multinationales du numérique et l'État fédéral. Les unes ont besoin de l'autre et inversement. Leurs intérêts sont souvent convergents. Les grandes entreprises du secteur de l'IA peuvent ainsi influencer le cours de l'action publique. Et Mark Zuckerberg assume même explicitement la mission de fabrique de la norme qu'il s'assigne : dans un long texte publié en février 2017, il souhaite favoriser l'émergence d'une « communauté globale » organisée autour de Facebook, à qui il reviendrait dès lors de définir les limites du bien et du mal en édictant des règles de bonne conduite. Facebook voudrait ainsi devenir l'État à la place de l'État, le nouveau souverain. On assiste en tout cas à un mouvement général de privatisation du droit. Les maîtres du monde numérique définissent eux-mêmes les principes qui s'appliquent à leurs utilisateurs, mais aussi ceux qui s'appliquent à eux.

C'est ainsi que la « silicolonisation » s'institutionnalise progressivement au sein de différents organismes publics[429]. L'enjeu des droits de l'homme numérique est au contraire d'opposer à la vision essentiellement marchande une vision essentiellement humaine, de fonder un modèle français et

---

[427] Ch. Thibout, « Nouvelle gouvernementalité et fin du politique – Libéralisme, contrôle social et privatisation du pouvoir », in B. Barraud, dir., *L'intelligence artificielle – Dans toutes ses dimensions*, L'Harmattan, coll. Europe & Asie, 2020, p. 127.

[428] *Ibid.*

[429] Ch. Thibout, « La compétition mondiale de l'intelligence artificielle », *Pouvoirs* 2018, n° 170, p. 131 s.

européen de l'IA et du numérique. Les droits de l'homme numérique doivent nous permettre de mieux comprendre ce qui pour l'instant est largement occulté, par naïveté ou par cynisme : plus qu'un modèle industriel, c'est un modèle civilisationnel qui s'impose à travers l'accompagnement algorithmique tendanciellement continu de nos vies. Les droits de l'homme numérique, c'est notre manière, à nous français et européens, de jouer notre partition et de ne pas nous soumettre aux puissants, reprenant la formule de La Boétie : « Soyez résolus à ne plus servir, et vous voilà libres ». Éveiller les consciences, notamment les consciences politiques, pour éviter cette collusion coupable qui conduit à notre entravement et à l'absorption croissante du public par le privé, tel pourrait être l'un des effets des droits de l'homme numérique. Cela pourrait d'ailleurs concerner y compris le peuple américain puisque, aux États-Unis, les entreprises de la Silicon Valley comptent au nombre des plus importants financeurs, et donc influenceurs, des partis politiques[430].

132. ***Priority to economy.*** L'IA produit des effets politiques majeurs. Ainsi presque tous les États économiquement avancés ont-ils élaboré leurs stratégies de développement de l'intelligence artificielle, suivant des considérations intérieures ou internationales, sécuritaires ou géopolitiques et surtout économiques. De très nombreux pays aspirent à devenir des leaders mondiaux dans le domaine de l'IA. Dans « *Growing the Artificial Intelligence Industry in the UK* », rapport rédigé par Dame Wendy Hall et Jérôme Pesenti à la demande des Secrétaires d'État au commerce et à la culture du Royaume-Uni, il est observé que le pays aurait tous les atouts pour piloter, au lieu de suivre, à la fois le développement de la technologie et son déploiement dans tous les secteurs de l'industrie, de l'éducation et du gouvernement. En Allemagne, la stratégie nationale de l'IA (« *Nationale Strategie für Künstliche Intelligenz AI Made in Germany* ») de novembre 2018 soutient que le pays pourrait devenir le leader européen de l'IA, en particulier grâce à des liens forts entre recherche fondamentale et recherche

---

[430] Lors de la campagne de Barack Obama, en 2012, Google a été l'un des trois donateurs les plus généreux. Ses représentants sont reçus en moyenne une fois par semaine à la Maison Blanche. Le responsable de la première campagne de Barack Obama travaille désormais pour Uber. Et Mark Zuckerberg a mis en place, avec d'autres entrepreneurs, un groupe de pression baptisé « FWD.us », dont le but est de s'attirer tous les soutiens nécessaires à l'essor de l'économie numérique.

appliquée et la modernisation électronique de l'administration. Et ce document de déclarer : « Nous voulons que l'Allemagne s'appuie sur sa forte position dans l'industrie 4.0 et devienne un leader mondial des applications d'IA dans ce domaine ». Du côté des États-Unis, Al Gore avait porté dès 1991 le projet de loi *High-Performance Computing Act*, dont l'ambition était de « préserver le leadership américain dans le domaine des technologies de l'information et de la communication, en établissant un réseau national à haut débit pour la recherche et l'éducation ». Puis Bill Clinton, alors Président des États-Unis, le pressa d'ériger le concept d' « autoroutes de l'information » en axe essentiel de la stratégie économique du pays : « Là où autrefois notre puissance économique était déterminée par la profondeur de nos ports ou l'état de nos routes, elle est aujourd'hui déterminée aussi par notre capacité à transmettre de grandes quantités d'informations rapidement et sûrement et par notre capacité à utiliser ces informations et à les comprendre. De même que le réseau d'autoroutes fédéral a marqué un virage historique pour notre commerce, les autoroutes de l'information, capables de transporter des idées, des données et des images à travers le pays et à travers le monde, sont essentielles à la compétitivité et à la puissance économique de l'Amérique »[431]. Tandis que le protocole HTTP, à l'origine du World Wide Web, avait été conçu en 1990 par Tim Berners-Lee afin de faciliter les échanges d'informations entre chercheurs, les États-Unis ont rapidement souhaité tirer un grand profit économique de cette invention. Cette politique technophile, consistant avant tout à équiper structurellement le pays, s'est prolongée jusqu'à aujourd'hui. À l'heure de la 5G, quand certains pays mettent dans la balance d'autres enjeux que les enjeux économiques et ainsi hésitent à déployer un tel réseau, le gouvernement des États-Unis continue à investir massivement et sans arrière-pensée dans les réseaux les plus modernes, dans sa « *National Information Infrastructure* » amorcée en 1993.

En France, le rapport de Cédric Villani, rendu public le 28 mars 2018, affirme que le pays devrait prendre le leadership afin d'ériger les développements parallèles de l'IA et de la transition écologique en enjeu mondial. Le rapport cherche surtout la solution afin de faire de la France un champion économique de l'IA, à grand renfort d'incubateurs, de bacs à sable

---

[431] B. Clinton, A. Gore, « Technology for America's Economy Growth – A New Direction to Build Economic Strength », 22 févr. 1993.

réglementaires et autres. Le Conseil National du Numérique (CNNum) est composé de deux tiers de responsables d'entreprises du secteur du numérique et des données. Or il s'agit d'un organe consultatif de la République, qui montre la voie à suivre au législateur et au gouvernement. Cela atteste de la priorité donnée à l'aspect économique, au détriment de tous les autres. Le CNNum aurait parfaitement pu être composé essentiellement d'universitaires ou bien de défenseurs des droits humains. En l'état, le conflit d'intérêts n'est pas loin et, en tout cas, cet organe peut difficilement soutenir autre chose que le développement de l'économie numérique avant tout. En soutenant le modèle économique tout droit venu de la Silicon Valley, les responsables politiques scient la branche sur laquelle ils sont assis puisque ce modèle pourrait à terme conduire à la fin de la politique par la fin de la conscience politique, la fin de l'esprit critique, la fin du libre-arbitre, la fin de la capacité à délibérer collectivement. Trois éléments-clés permettent les progrès de l'intelligence artificielle : les connaissances et compétences des chercheurs, la puissance de calcul des machines, la diversité et la taille des bases de données. Or on s'est aperçu que le principal facteur limitant est la taille des bases de données et qu'il est indispensable de « libérer les données ». La « loi pour une république numérique » de 2016, en France, est significative : elle a visé avant tout à faciliter l'open data, donc l'enrichissement de l'économie des données en mettant à disposition de toutes les bonnes idées pour tirer profit de chaque chose du monde et de la vie les données utiles à ces fins. Il s'agissait bien de « libérer l'économie de la donnée », donc mettre toutes les chances de succès du côté des start-up françaises développant des applications marchandes. En menant une « politique offensive de la donnée »[432], on souhaite favoriser la libre circulation des données, les rendre accessibles au plus grand nombre d'entreprises, faire en sorte qu'elles ne soient plus réservées à une poignée de grands acteurs, qui tendent à enfermer les capacités d'innovation dans les limites de leurs entreprises toujours plus puissantes. Jusqu'à présent, la législation promouvait la limitation maximale de la collecte et de la conservation des données personnelles, conformément à une conscience aiguë des risques impliqués pour les libertés individuelles par la constitution de grands fichiers. Comme se le demande la CNIL, « les promesses de l'IA justifient-elles une révision de l'équilibre construit par le

[432] C. Villani, *Donner un sens à l'intelligence artificielle – Pour une stratégie nationale et européenne*, mission parlementaire, 2018, p. 11.

législateur ? »[433]. Pour Éric Sadin, « le pouvoir politique ne remplit plus son rôle, il fait défaut, pire encore il s'agenouille devant des puissances qui le fascinent et dont il croit qu'elles détiennent la vérité du temps »[434].

En Europe, néanmoins, les préoccupations en matière d'éthique, de sécurité et de protection des données personnelles limitent bien davantage qu'ailleurs les possibilités de développer des innovations numériques. Mais les organes de réflexion et autres commissions connaissent une présence active, pour ne pas dire un lobbying, de la part des entrepreneurs de l'industrie numérique, lesquels ne ménagent ni leurs efforts ni leurs finances pour encourager le déploiement de leurs technologies dans la société et convaincre de son intérêt, pour entretenir la confiance du public dans l'informatique, pour faire passer des calculs statistiques pour des miracles techniques capables de mieux gouverner les affaires humaines. Y compris dans les pays européens, les politiques publiques en matière d'IA sont très volontaristes et on retrouve l'influence des intérêts privés tant au sein de certains organismes publics que dans les textes des lois récentes sur le numérique[435]. On ne s'étonnera donc pas de trouver, par exemple dans les motifs des travaux du groupe d'experts de haut niveau de la Commission européenne, des diagnostics largement positifs sur les bénéfices de l'IA. La Commission européenne s'est attelée à la rédaction d'un « *AI Ethical Guideline* » ou « Guide d'éthique pour l'intelligence artificielle » et, pour ce faire, elle a constitué un groupe de 52 experts. Or sa composition est significative : il comprend une large majorité d'acteurs de l'industrie numérique, tandis que les philosophes, médecins, responsables religieux, sociologues ou anthropologues sont quasi-absents. Pourtant, l'éthique est par définition une question qui intéresse les spécialistes des sciences humaines, les éthiciens, les humanistes, et non les acteurs économiques dont les avis sont fatalement influencés par des conflits d'intérêts. L'éthique doit amener à parler de l'homme, de ses droits et libertés

---

[433] CNIL, *Comment permettre à l'homme de garder la main ? Les enjeux éthiques des algorithmes et de l'intelligence artificielle*, synthèse du débat public animé par la CNIL dans le cadre de la mission de réflexion éthique confiée par la loi pour une République numérique, déc. 2017, p. 5.

[434] É. Sadin, *La silicolonisation du monde – L'irrésistible expansion du libéralisme numérique*, L'échappée, coll. Pour en finir avec, 2016, p. 224.

[435] Y. Meneceur, « Les enseignements des éthiques européennes de l'intelligence artificielle », *JCP G* 2019, doctr. 325.

fondamentaux, non à penser au développement économique. La sur-représentation des industriels dans un tel groupe d'experts laisse craindre que leurs réflexions soient orientées autour d'une analyse coûts-bénéfices des nouvelles technologies ignorantes des coûts et bénéfices humains. Au-delà, on peut craindre que l'éthique devienne le propre des grands acteurs de l'économie numérique, qui cherchent à se positionner dans toutes les ramifications du débat mondial et multiplient les structures de réflexion sur l'éthique des technologies qu'ils développent.

On retrouve aujourd'hui le phénomène de la fin des années 1990 : on investit massivement et assez aveuglément, sans garanties, seulement à l'aune de projections floues, convaincus par un optimisme technologique assez irrationnel[436]. La « vague de folie des point-com » avait aboutie à un écroulement : entre septembre 1998 et mars 2000, les cotations boursières ont progressé loin de toute logique comptable et financière et l'envoûtement par la technologie s'est terminé par l'explosion de la « bulle ». À force de lancer des projets inconséquents et de prendre des risques démesurés, les cours du Nasdaq (premier marché boursier électronique qui comprend la plupart des grandes entreprises du secteur des technologies), en mars 2000, se sont effondrés, occasionnant un crack proportionnellement aussi important que celui de 1929. Une leçon qui n'a pas été retenue par beaucoup. Aujourd'hui comme hier, on assiste à une frénésie collective, qui mobilise les grandes entreprises et les start-up ou les capital-risqueurs, mais aussi les politiques, les médias et le grand public, à mesure que les sirènes de la Silicon Valley résonnent et que l'esprit critique s'efface. Des discours exaltés viennent conforter ce phénomène, tel celui de Kevin Kelly, le fondateur de *Wired*, affirmant que « l'atome est le passé, le réseau est l'avenir. Désormais, grâce à l'invention matricielle de neurones de verre et silicium, un million de nouvelles structures sont possibles. Boom ! Une variété infinie de nouvelles formes et tailles d'organisations sociales deviennent possibles. Des formes inimaginables de commerce peuvent aujourd'hui s'agréger dans cette nouvelle économie. Nous sommes sur le point d'assister à un déferlement d'entités construites sur les relations et la technologie, qui rivaliseront avec les premiers jours de la vie sur Terre dans leur multitude »[437].

---

[436] F. Turner, *Aux sources de l'utopie numérique – De la contre-culture à la cyberculture*, C&F éditions, 2012.
[437] K. Kelly, *New Rules for the New Economy*, Penguin Books, 1999, p. 6.

Ce qui compte avant tout n'en demeure pas moins de tirer profit de ces nouvelles opportunités et de servir ses intérêts propres, des intérêts privés. Au-delà de l'esprit iconoclaste véhiculé en apparence, toutes les entreprises de l'économie numérique sont naturellement des prédatrices. Elles ont même un appétit de toute-puissance plus développé que dans les secteurs plus traditionnels de l'économie. Toute start-up espère devenir un jour, mais au plus vite, une « licorne », c'est-à-dire une entreprise dont la valorisation atteint plus d'un milliard de dollars. Une start-up n'est pas un gentil animal social mais un monstre en puissance qui n'hésitera pas à tout écraser sur son passage pour atteindre son but : la domination économique et le profit qui l'accompagne. En témoigne Google, né dans un garage en 1998 et qui, depuis, telle une pieuvre, saisit par ses tentacules tous les pans du monde et de la vie.

133. ***AI made in China.*** Les États-Unis, sous la direction d'un président fantasque tenant de la doctrine de l' « *America first* » qui n'est pas la mieux adaptée à l'américanisation du monde, perd un peu de son *hard power* et son *soft power*. Un pays, devenu la principale puissance concurrente des États-Unis, en profite pour opposer chaque jour davantage un autre modèle : la Chine. C'est ainsi que l'IA devient un enjeu géopolitique majeur, impactant l'économie numérique et faisant douter de la possibilité de consacrer un jour dans un texte positif à l'échelle mondiale des droits de l'homme numérique. La Chine a fait de l'intelligence artificielle le cœur de sa stratégie de puissance et de son régime de contrôle sociopolitique, cette technologie devant permettre de lutter contre l'hégémonie américaine et de prévenir et réprimer les critiques et rébellions à l'intérieur des frontières. Elle recourt ainsi massivement à la vidéo surveillance et à la reconnaissance faciale, ainsi qu'au système de « crédit social », soit l'évaluation des individus à tous les moments de leurs vies et leur notation conditionnant l'accès au crédit, au logement, aux transports ou encore au lycée pour les enfants. Surtout, le gouvernement et la population chinois sont mieux préparés qu'ailleurs à la révolution des intelligences artificielles, parce qu'ils y voient le principal levier économique afin de devenir la première puissance mondiale et parce que ces technologies profitent généralement aux collectivités plus qu'aux individualités. Elles sont donc perçues comme collectivistes et utilitaristes, ce qui est en parfait accord avec la philosophie confucéenne — qui connaît d'ailleurs un fort renouveau en Chine.

Autant que la Silicon Valley, la Chine recourt au *soft power*. Elle cherche à conquérir le monde en gagnant les esprits ; et, pour cela, elle profite des moyens offerts par les nouvelles technologies de communication. Malgré les différences fortes qui existent d'un point de vue juridique, éthique et idéologique, la Chine ne souhaite absolument pas se couper du monde et, tandis que certains GAFAM s'établissent sur son sol afin de profiter de certains de ses talents, la Digital Silk Road (« route de la soie numérique ») vise à connecter l'Union Européenne avec la Chine à l'aide de différents types d'infrastructures, dont les satellites, la 5G et les câbles sous-marins. Ce projet pourrait permettre à la Chine, d'ici 2030, de devenir le « principal centre d'innovation en intelligence artificielle du monde, transformant le pays en chef de file mondial de l'innovation et faisant de lui la plus grande puissance économique », suivant les termes du Plan national de la Chine pour l'IA. Le récit chinois des « nouvelles routes de la soie », terrestres et maritimes, vise à « assurer le développement pour tous les peuples ». Pour Mireille Delmas-Marty, il s'agit surtout du « récit programme d'un empire monde qui ne dit pas son nom mais pourrait englober le tout marché voire le tout numérique, au risque de voir rimer mondialisation avec déshumanisation »[438]. La dénomination même de « nouvelles routes de la soie » souligne combien c'est avant tout un programme économique, non un programme humaniste. En évoquant les caravanes de marchands qui convoyaient la soie et les épices de Chine en Occident, le récit renvoie à un passé glorieux. L'acronyme *OBOR* (« *One Belt, One Road* ») traduit également l'intention de construire l'avenir de la communauté humaine autour des intérêts et valeurs chinois. Si la sinisation du monde est encore très en retard sur son américanisation, nul doute qu'elle est en cours et que la Chine aspire à construire un empire-monde en profitant du grand potentiel de l'intelligence artificielle, à être le fer de lance de la grande unité du monde. Bien sûr, la sinisation, notamment en Europe, est plus difficile que l'américanisation, car la culture européenne est au départ beaucoup plus proche de celles des États-Unis que de celle de la Chine et parce que l'américanisation a pris beaucoup d'avance. Reste que l'ambition chinoise est bien celle-là. En se référant à « la construction d'une communauté de destin

---

[438] M. Delmas-Marty, *Sortir du pot au noir – L'humanisme juridique comme boussole*, Buchet-Chastel, 2019, p. 18.

pour l'humanité », qu'elle vient d'inscrire dans les objectifs du préambule de sa Constitution, révisée en 2018, la Chine entend bien servir de guide pour le monde entier. Pourtant, ce récit chinois, s'il insiste sur la prospérité économique, sur la sécurité, sur la paix, l'égalité et le bonheur, a en revanche peu d'égard pour les droits de l'homme — il lui préfère les droits de la société —, les libertés, la démocratie et le pluralisme. Le modèle chinois, c'est une uniformisation autoritaire. Ce n'est pas moins un projet universaliste, ce que l'on avait pris l'habitude d'associer à l'Europe et à l'Amérique depuis la Seconde Guerre mondiale.

Quand le Président chinois Xi Jinping présentait ses vœux de nouvelle année en 2018 à la télévision, les deux livres affichés derrière lui traitaient de l'IA : *The Master Algorithm*, de Pedro Domingos, et *Augmented Life in the Smart Lane*, de Brett King[439]. C'est en 2013 que l'intelligence artificielle est devenue une priorité politique en Chine. Cette année là, les « Opinions directrices du Conseil d'État sur la promotion du développement coordonné et sain des objets connectés » ont insisté sur le besoin urgent d'encourager le développement de l'IA, afin de concurrencer les États-Unis. La Chine a donc conçu des stratégies quantifiables à long terme, a consacré un budget public colossal au secteur et a promu ses champions numériques. En juillet 2017, le Conseil des affaires d'État a publié le « Plan de développement de la prochaine génération d'intelligence artificielle pour la période de 2016 à 2030 ». Le Conseil des affaires d'État a présenté sa vision globale en trois étapes pour le secteur de l'IA : rattraper les États-Unis d'ici 2020, les dépasser en 2025 et devenir leader mondial en 2030 — il est étonnant de remarquer que le Plan du gouvernement chinois comporte de nombreuses similarités avec le National Artificial Intelligence Research and Development Strategic Plan rendu public en octobre 2016 par l'administration Obama. Le 15 novembre 2017, le gouvernement chinois a lancé un projet titanesque de développement de l'industrie de l'IA[440]. Le grand plan IA de la Chine prévoit d'y consacrer 20 milliards d'euros par an et

---

[439] A. Ma, « L'intelligence artificielle en Chine : un état des lieux », in B. Barraud, dir., *L'intelligence artificielle – Dans toutes ses dimensions*, L'Harmattan, coll. Europe & Asie, 2020, p. 220.

[440] L'objectif de la Chine est d'augmenter l'échelle du marché de l'IA à 150 milliards de yuans d'ici 2020, 400 milliards de yuans d'ici 2025 et 1 000 milliards de yuans d'ici 2030.

jusqu'à 59 milliards d'euros d'ici 2025. Une nouvelle organisation a ainsi été créée afin d'organiser le secteur, associant plusieurs institutions gouvernementales, y compris le ministère des Sciences et de la Technologie, et les géants du secteur que sont les BATX. Une telle initiative « pan-chinoise » mêlant les secteurs public et privé serait difficilement concevable en Europe ou en Amérique du Nord. Et Eric Schmidt, président exécutif de la société mère de Google, Alphabet Inc., lors d'une conférence en novembre 2017, pouvait exprimer son sentiment de crise face à la croissance rapide de l'IA en Chine en le comparant au choc ressenti par les américains en 1957 lorsque l'Union Soviétique a lancé avec succès Sputnik, le premier satellite artificiel.

Aucun pays n'a ainsi vu ses applications industrielles et publiques de l'IA progresser aussi rapidement que la Chine. Ce pays est désormais à la pointe du commerce électronique, de la digitalisation des administrations, de la e-santé, de la sécurité et de la défense électroniques. Pour dépasser les États-Unis et dominer le monde dans le secteur de l'IA et des données, la Chine s'appuie sur trois piliers : des budgets de recherche et développement conséquents[441], de nombreux spécialistes compétents et reconnus[442] et des données massives accessibles sans entrave grâce à la philosophie confucéenne qui conduit à penser que l'attitude condamnable et dangereuse serait de vouloir protéger ses données personnelles, au détriment du collectif, de la nation et de son économie florissante ; or le big data est bien la première source de compétitivité à l'ère de l'IA[443]. La Chine possède donc

---

[441] Selon l'Institut national des politiques scientifiques et technologiques (NISTEP), le budget chinois consacré à la science et à la technologie a continué de croître, atteignant six fois le budget du Japon en la matière. Et les sociétés privées investissent également des montants colossaux dans la recherche et le développement.

[442] Une enquête de l'Agence japonaise de science et de technologie (JST) relative aux articles scientifiques relatifs à l'IA les plus cités dans le monde indique que la recherche chinoise représente 21 % d'entre eux, soit un niveau plus élevé que celui des travaux de chercheurs américains.

[443] Selon les statistiques officielles fournies par le gouvernement, il y avait plus de 750 millions d'internautes en Chine début 2018. Ce nombre est plus de deux fois supérieur à la population américaine (320 millions). 96 % de ces internautes possèdent des ordinateurs-téléphones portables, ce qui signifie qu'ils sont en ligne quotidiennement. Outre les informations concernant le nom, l'âge et le sexe, peuvent

l'avantage d'un environnement propice au développement de l'économie des données et de l'intelligence artificielle.

La Chine ne soumet ses entreprises dans le secteur de l'IA qu'à très peu de contraintes éthiques. Elles peuvent donc prospérer sans entraves, dans un cadre paradoxalement souple et libéral. Au-delà, la Chine déploie dans le domaine de l'intelligence artificielle la même méthode de raccourcis utilisée depuis la politique de réforme et d'ouverture initiée en 1978. L'accès des entreprises étrangères au marché chinois se fait souvent sous conditions de transferts technologiques. Étant donné l'immense potentiel du marché chinois, les entreprises étrangères adoptent souvent une attitude coopérative — même si, depuis la nouvelle loi sur les investissements étrangers du 15 mars 2019, les investisseurs étrangers bénéficient du même traitement que les entreprises chinoises, si bien que la Chine doit de plus en plus s'appuyer sur sa propre capacité d'innovation afin de soutenir le développement de l'IA. En outre, la Chine encourage la collaboration entre le gouvernement et les plateformes, dans une sorte de formule gagnant-gagnant. Aucun domaine de la souveraineté ne semble interdit aux géants du numérique chinois, qui deviennent en même temps des plateformes commerciales et des agences gouvernementales. La Chine a ainsi confié à Baidu les véhicules autonomes, à Tencent la e-médecine, à iFlytek la reconnaissance vocale et à Alibaba la ville autonome.

La Chine, faisant de l'IA l'enjeu clé pour décider de l'avenir, a investi 23 milliards de dollars dans le secteur entre 2017 et 2020, cela afin de soutenir les universités, les incubateurs et les start-up. En comparaison, le Président français Emmanuel Macron a promis en 2018 de dédier 1,5 milliard d'euros durant son quinquennat au soutien des grands pôles français de l'intelligence artificielle. La Présidente de la région Île-de-France a annoncé vouloir faire de la région « la Silicon Valley de l'Europe » en créant un « challenge intelligence artificielle » doté d'un million d'euros, c'est-à-dire le salaire moyen d'un bon informaticien de la Silicon Valley. Au Royaume-Uni, le « *Industrial Strategy White Paper* » du gouvernement

---

également être collectées et analysées par l'IA les données de géolocalisation, celles sur les produits et services achetés et celles relatives aux objets des recherches en ligne, cela pour permettre aux entreprises d'offrir plus facilement des services optimaux.

alloue environ un milliard d'euros au secteur de l'IA et 250 millions d'euros au développement de la voiture autonome. Quant à l'Allemagne, selon la Stratégie nationale en IA publiée en novembre 2018, le pays devait investir trois milliards d'euros[444]. On comprend à quel point il sera difficile pour les européens de rivaliser avec les américains et les chinois. Bien qu'opportuniste, c'est une autre raison de plaider pour une IA à l'européenne axée sur le respect des droits de l'homme numérique.

Même les États-Unis pourraient se retrouver dépassés par la Chine, à court ou moyen terme. Les cadres et modèles qui ont permis aux technologies américaines de s'imposer à la fin du XXe siècle seraient désormais obsolètes. Dans un monde où le progrès dépend de l'accumulation de données, l'avantage passerait aux pays autoritaires. Aux États-Unis, on peine à se sortir du dilemme « plus de données et moins de libertés ou moins de libertés et plus d'efficacité ». La Silicon Valley peut difficilement ne pas se montrer hypocrite ou schizophrène lorsqu'elle affirme qu'elle fait le bien tout en réalisant des profits. Max Weber avait lié l'esprit du capitalisme, défini par la création de richesse, et l'éthique protestante, qui fait du travail une véritable mission et de l'ascétisme une règle de vie. L'Amérique protestante a triomphé grâce à cet équilibre entre recherche de la rentabilité et culture de l'intimité. Mais un GAFAM ne peut pas être à la fois efficace et vertueux. Pour servir l'individu, il doit le mettre à nu. L'intelligence artificielle conduit à séparer l'esprit du capitalisme et l'éthique protestante[445]. Et cela explique les tourments de beaucoup de startuppers américains, les performances techniques et les performances morales pouvant difficilement être conciliées — c'est pourquoi beaucoup recherchent des alternatives spirituelles et se tournent, par exemple, vers le bouddhisme. On ne s'étonnera donc pas de voir des informaticiens qui créent des systèmes d'IA très addictifs, utilisés pour manipuler les masses, déconseiller à leurs proches d'y recourir. La liberté et la vie privée, hier encore facteurs d'émancipation et de créativité, deviennent des limites à l'optimisation. La combinaison d'une culture peu soucieuse des droits fondamentaux et d'une industrie dynamique place

---

[444] A. Ma, « L'intelligence artificielle en Chine : un état des lieux », in B. Barraud, dir., *L'intelligence artificielle – Dans toutes ses dimensions*, L'Harmattan, coll. Europe & Asie, 2020, p. 225.

[445] G. Kœnig, *La fin de l'individu – Voyage d'un philosophe au pays de l'intelligence artificielle*, Éditions de l'observatoire, coll. De facto, 2019, p. 296.

structurellement le modèle chinois en position de force. L'atelier du monde va peut-être devenir son moteur au XXIe siècle. Et le « *made in china* » pourrait ne plus correspondre aux bibelots en plastique produits à bas coût mais aux produits technologiques les plus avancés. Le développement technologique pourrait réorganiser les relations internationales dans une logique de blocs ; et l'un de ces blocs serait assurément ordonné autour de la Chine[446]. Or rien n'est plus égoïste qu'un État. Historiquement, un pays qui domine les autres technologiquement et économiquement a toujours été impérialiste. Même si la Chine annonce travailler aux progrès de l'humanité[447], il est difficile de croire qu'elle n'aurait pas de visées impérialistes.

La révolution industrielle avait laissé la Chine à la traîne. Alors que les pays européens devinrent les maîtres du monde, la Chine passa du rang de puissance mondiale à celui de pays sous-développé[448]. Elle voit dans l'IA une opportunité historique d'inverser les rôles. Comme le résume Gaspard Kœnig, « 4C ou CCCC : Chine Capitaliste Confucéenne Communiste. Voilà qui semble une excellente description de la Chine contemporaine. Capitaliste parce qu'elle permet aux entrepreneurs de s'enrichir dans le jeu de la concurrence. Confucéenne parce qu'elle fait primer le bien commun sur toute autre considération. Communiste parce que l'État reste le garant suprême de l'ordre social. Dans ce contexte politique, le développement de l'intelligence artificielle est une opportunité en or. En adoptant sans restriction cette technologie, la Chine devrait pouvoir tout à la fois battre les États-Unis sur leur propre terrain économique, renouer avec ses valeurs traditionnelles et renforcer le contrôle du parti sur la société. Dans l'opposition nouvelle entre prospérité et liberté, la Chine a choisi son camp sans regrets »[449].

Ce pays conserve cependant aujourd'hui toujours quelques limites qu'il peine à surmonter pour devenir pleinement une superpuissance de l'IA : son niveau de développement général de l'IA demeure en retrait par rapport à celui des États-Unis ; il connaît des retards dans le domaine de la théorie fondamentale

---

[446] N. Mihaille, « Géopolitique de l'intelligence artificielle : le retour des empires ? », *Politique étrangère* 2018, n° 3.

[447] K.-F. Lee, *I.A. La plus grande mutation de l'histoire*, Les Arènes, 2019.

[448] K. Pomeranz, *The Great Divergence*, Princeton University Press, 2000.

[449] G. Kœnig, *La fin de l'individu – Voyage d'un philosophe au pays de l'intelligence artificielle*, Éditions de l'observatoire, coll. De facto, 2019, p. 276.

et concernant les algorithmes clés, les puces spécialisées et les logiciels, les instituts de recherche et les entreprises n'ont pas encore donné naissance à un véritable écosystème numérique ni à une chaîne industrielle avec une influence internationale semblable à celle des GAFAM ; les experts et les spécialistes de l'IA sont insuffisamment nombreux par rapport aux besoins[450]. Enfin, on ajoutera, convaincu que cela peut devenir un handicap, qu'il manque à la Chine un cadre juridique et éthique susceptible de donner confiance dans l'IA.

Enfin, la disparition inexpliquée, en fin d'année 2020, du fondateur d'Alibaba, Jack Ma, nous rappelle la brutalité des modes opératoires du parti communiste chinois. Ce dernier a peu goûté à un discours de l'homme d'affaires le plus célèbre du pays, qui a créé l' « Amazon chinois », prononcé le 24 octobre précédent, des propos très critiques à l'égard des banques publiques chinoises. Avant même de disparaître physiquement, le pouvoir central avait déjà bloqué l'entrée en bourse de son groupe Ant Group, cela afin de l'empêcher de lever des dizaines de milliards de dollars à la bourse de Hong Kong. Pékin semble ainsi vouloir brider toujours plus la liberté d'expression de ses chefs d'entreprise, y compris lorsque ce sont des champions de l'économie digitale. Le gouvernement chinois avait publié en septembre 2020 une directive incitant fortement à « renforcer la loyauté et le respect du Parti »[451].

134. De nouvelles guerres économiques autour de l'IA. On estime aujourd'hui que 75 % des entreprises américaines, chinoises et européennes développent des outils fonctionnant à base d'intelligence artificielle, une tendance qui devrait s'accélérer[452]. Une nouvelle guerre économique s'engage autour des immenses gains de productivité et nouvelles sources de profits promis par l'intelligence artificielle ; une guerre économique qui ne cache même pas son nom au vu des discours et des investissements du gouvernement chinois, qui a érigé l'IA et les données en cause nationale. La

---

[450] A. Ma, « L'intelligence artificielle en Chine : un état des lieux », in B. Barraud, dir., *L'intelligence artificielle – Dans toutes ses dimensions*, L'Harmattan, coll. Europe & Asie, 2020, p. 239.

[451] A. Branco, « La disparition du fondateur d'Alibaba met en lumière la brutalité du gouvernement chinois », 01net.com, 5 janv. 2021.

[452] V. Cimino, « En 2022, 80% des entreprises pourraient avoir recours à l'intelligence artificielle », siecledigital.fr, 16 juin 2020.

grande question qui se pose alors est celle de la gouvernance globale de cette nouvelle révolution industrielle et des luttes entre États et entre multinationales qui vont l'accompagner. Quelles institutions et quelles formes de puissance permettront à l'humanité et à la société mondiale de profiter le plus possible de l'entrée dans l'ère des IA et des big data ?

Les entreprises qui composent les GAFAM sont considérées comme les marques qui présentent le plus de valeur au monde. Facebook a un chiffre d'affaires supérieur au PIB du Groenland, de la Libye, du Honduras et de l'Islande, tandis qu'Apple a un chiffre d'affaires supérieur au PIB de la Nouvelle-Zélande. Google vaut plus de 302 milliards de dollars et gagne plus de 4 348 dollars par seconde[453]. L'entreprise compte 85 000 employés dans le monde entier. Elle est peut-être, aujourd'hui, la plus grande puissance à l'échelle de la planète, en tout cas la plus grande puissance privée, tandis qu'Elon Musk, fondateur de Tesla, est devenu en 2021 l'homme le plus riche du monde. Plus d'un milliard de personnes utilisent Gmail. Cependant, les BATX (Baidu, Alibaba, Tencent, Xiaomi) chinois concurrencent progressivement les GAFAM et NATU (Netflix, Airbnb, Tesla, Uber) américains dans le monde, alors qu'ils règnent déjà sur leur gigantesque marché domestique. Par exemple, Didi, qui offre un service proche de celui de Uber, assure davantage de courses tous les jours en Chine que son homologue américain à travers le monde[454]. La Chine compte aujourd'hui une centaine de start-up florissantes, c'est-à-dire dont la valorisation dépasse le milliard de dollars et qu'on appelle « licornes » — à titre de comparaison, la France compte cinq licornes (BlaBlaCar, Deezer, Doctolib, Meero et, depuis 2020, Contentsquare[455]). Les start-up chinoises représentent environ un tiers du nombre de licornes dans le monde et 40 % de leur valorisation globale. Toutiao, plate-forme de contenus qui a déjà levé plus de 3 milliards de dollars, est en tête du classement des licornes, tandis que Didi arrive

---

[453] E. Brown, « Comment les géants de la technologie en savent-ils autant sur nous ? », zdnet.fr, 8 juin 2020.

[454] Sh. Li, F. Candelon, M. Reeves, « Lessons from China's Digital Battleground », *MIT Sloan Management Review* 2018.

[455] Contentsquare est une plateforme qui permet d'analyser le comportement des visiteurs et de recommander des ajustements à apporter aux sites, dans le but d'améliorer leur efficacité (B. Contreras, « Start-up : Contentsquare, nouvelle licorne française », clubic.com, 19 mai 2020).

troisième. Les start-up américaines ne sont cependant pas en reste : les États-Unis comptent au total 165 licornes, contre 90 pour la Chine — la France, elle, se classe onzième en termes de valorisation totale[456]. Et, tandis que le monde tend à s'organiser autour de l'économie numérique, l'économie numérique tend à s'organiser autour d'une confrontation entre États-Unis et Chine. Pour le reste du monde, il ne reste qu'à suivre le mouvement et à utiliser les appareils et logiciels créés et produits par ces deux super-puissances.

Les GAFAM américains tentent de séduire la Chine. Mais, s'ils veulent concurrencer les BATX chinois sur le plus grand marché du monde, ils sont contraints de se plier aux rudes exigences du régime autoritaire. Pour l'heure, YouTube, comme Facebook et d'autres plateformes américaines, est bloqué en Chine. Dernier épisode en date témoignant de l'impact de la guerre froide de l'information entre États-Unis et Chine sur les libertés d'expression, d'opinion et d'information, les plaintes de Palmer Luckey, un entrepreneur dans le secteur des technologies, selon qui YouTube (propriété de Google) supprimerait tout commentaire critique au sujet du Wumao, l'organe du Parti communiste chinois chargé de la propagande sur internet. Une manière de séduire la Chine afin de pénétrer son marché intérieur ? D'autres utilisateurs de Twitter ont indiqué avoir également observé que les messages en mandarin péjoratifs à l'encontre de la propagande chinoise en ligne disparaissaient automatiquement. Du côté de YouTube, un porte-parole a simplement précisé que « nous enquêtons sur ce qui semble être une erreur dans notre système ». Mais la tendance n'est-elle pas à un retrait du libéralisme américain face à l'autoritarisme chinois ? Google, de son côté, a supprimé de son appstore Android l'application « Remove China Apps », qui permettait aux utilisateurs de détecter l'origine des applications et de les supprimer, si besoin. Elle visait surtout les applications chinoises et a connu un grand succès en Inde où elle était la plus téléchargée de toutes. Mais, selon un porte-parole de Google, il a fallu supprimer « Remove China Apps » en raison d'une « violation des règles du store »[457]. C'est en tout cas une décision qui a dû plaire à la Chine. N'est-il pas temps de défendre les

[456] M. Midena, « Licornes : où en est la France ? », forbes.fr, 4 avr. 2019.
[457] B. Cabiron, « Google retire du PlayStore une application permettant de supprimer les applications chinoises de son smartphone », clubic.com, 3 juin 2020.

libertés numériques contre un utilitarisme numérique, résultat de l'influence chinoise, amenant à abandonner tout libre-arbitre et tout droit à la critique ?

135. De nouveaux enjeux géostratégiques autour de l'IA. Les technologies et la communication mondialisées pourraient être des facteurs de conflit, comme l'ont été les matières premières, les colonies ou le pétrole. Et les acteurs de ces conflits pourraient ne plus être seulement des États mais aussi des puissances privées. On parle de plus en plus de la diplomatie numérique et le Danemark a nommé très officiellement un ambassadeur tech chargé de la relation avec les grandes entreprises du numérique. La France a, quant à elle, nommé fin 2018 un ambassadeur pour le numérique, au portefeuille plus modeste. Et les Émirats Arabes Unis ont institué un ministère de l'intelligence artificielle dont le titulaire du poste pouvait déclarer que « l'intelligence artificielle sera la prochaine grande révolution. Nous voulons être l'un des pays les mieux préparés à cette fin ». Les États voient ainsi dans les entreprises du numériques des puissances qui peuvent être des alliés ou des adversaires et avec lesquelles il faut négocier. Les États-Unis n'ont pas hésité à instrumentaliser les GAFAM, notamment afin de servir leur politique de surveillance généralisée de la population. L'extraterritorialité du droit américain, à laquelle sont soumises ces entreprises en vertu de leurs conditions générales d'utilisation, leur a aussi permis d'exercer cette fonction hors du territoire américain, y compris pour espionner des gouvernements étrangers[458]. Dans la compétition interétatique, les entreprises sont donc mises à contribution par les États au service de leurs stratégies de puissance, en raison de leur subordination juridique et de leurs propres intérêts privés (contrats publics, subventions, exonérations fiscales, droit des sociétés jouent un rôle central dans la réussite ou l'échec de ces entreprises)[459]. Et les États deviennent dépendants de leurs firmes. Les puissances privées en viennent à dépasser les puissances publiques. L'État ne peut plus se passer de ces champions du numérique qui lui permettent de

---

[458] La NSA a mené des opérations d'interception des communications personnelles de personnalités politiques de haut rang, à l'instar du président de la République française et de la chancelière allemande.

[459] Ch. Thibout, « Nouvelle gouvernementalité et fin du politique – Libéralisme, contrôle social et privatisation du pouvoir », in B. Barraud, dir., *L'intelligence artificielle – Dans toutes ses dimensions*, L'Harmattan, coll. Europe & Asie, 2020, p. 125.

mieux contrôler sa population et de projeter son influence à l'extérieur de ses frontières. Dans un contexte d'austérité budgétaire, banalisé dans les politiques économiques d'inspiration libérale, les pouvoirs publics n'ont pas les moyens de financer les innovations technologiques. Ils s'en remettent alors aux initiatives et aux succès privés.

Les États sont très actifs derrière les start-up et les multinationales du numérique car la guerre économique cache une guerre géostratégique. L'internet et aujourd'hui l'IA sont des enjeux de pouvoir sur le plan politique en même temps que sous l'angle économique. On serait entré dans une nouvelle ère caractérisée par une imbrication entre l'État et les nouvelles technologies : l'ère de la « Pax Technica »[460]. Les régimes démocratiques comme les régimes autoritaires exploitent les technologies les plus en pointe à diverses fins, notamment surveiller les populations. L'intelligence artificielle est la composante essentielle d'un nouvel espace stratégique où se joue et se jouera l'indépendance et la puissance des pays et des régions. L'IA redessine la carte des dominants et des dominés, des développés et des sous-développés, des gagnants et des perdants. De la santé connectée à la surveillance de masse en passant par l'éducation augmentée et les armes autonomes, l'intelligence artificielle est partout considérée comme un enjeu majeur. Toutes les puissances veulent être en tête de la course technique et économique, ce qui peut conduire à oublier d'autres considérations telles que celles attachées aux droits fondamentaux. On voit surtout dans l'IA un moyen de renforcer ses capacités d'influence et d'action dans presque tous les domaines, qu'ils soient civils ou militaires — la division « Defense, Space & Security » de Boeing a, par exemple, présenté le 4 mai 2020 son Loyal Wingman, un avion de chasse autonome[461]. La compétition est donc lancée. On voit surtout les États-Unis et la Chine, mais tout le monde veut en être : Russie, Europe, Canada, Corée du Sud, Israël — les start-up israéliennes ont exporté dans le monde entier des technologies uniques, profitant d'un cadre dans lequel n'existent ni les dilemmes de la société américaine, ni les freins juridiques des européens, ni le diktat et la censure du régime chinois — etc. La plus grande crainte de ces pays est de se retrouver irrémédiablement distancés. C'est pourquoi ils investissent massivement et encouragent

[460] P. Howard, *Pax Technica*, Yale University Press, 2015.

[461] A. Boero, « Boeing dévoile le premier prototype de son avion de combat autonome », clubic.com, 5 mai 2020.

ardemment leurs champions nationaux — tout en créant des comités d'éthique. Dès lors, que penser des principes éthiques pour l'intelligence artificielle exposés début 2020 par le département de la défense des Etats-Unis, des principes mêlant équité, traçabilité et gouvernabilité (un contrôle humain), impliquant de pouvoir identifier et mesurer tout biais dans les jeux de données utilisés, et censés s'appliquer à tous les outils militaires fonctionnant à base d'IA[462] ? Seront-ils respectés lorsque les États-Unis se trouveront aux prises avec un ennemi ignorant toute règle et déployant des solutions technologiques fort dangereuses ? L'équité pourrait alors justifier d'oublier, pour un temps, ces principes éthiques, donc de s'oublier elle-même.

Pour les États, la souveraineté numérique devient un enjeu fort[463]. Il s'agit de ne pas dépendre d'autres puissances, d'être autosuffisant technologiquement, ce à quoi de très rares pays parviennent. Même les États-Unis redoutent de dépendre bientôt de certains biens ou services chinois. C'est pourquoi ils envisagent de consacrer à l'IA l'équivalent des budgets engagés dans la conquête de l'espace au XXe siècle. Ils font de l'IA le principal instrument de puissance et d'influence. À l'inverse, l'embargo que les États-Unis ont déclaré en 2015 sur les ventes à la Chine de circuits intégrés venant des entreprises Intel, AMD et NVIDIA (leaders dans le domaine des microprocesseurs) a montré au pays asiatique qu'il devait devenir autonome afin de pouvoir répondre à ce genre de blocage. La maîtrise des données renvoie en outre à des questions de souveraineté des États en obligeant à les protéger et en contrôler les circuits de recueil et les instruments de stockage.

En mai 2016, la Maison Blanche a créé un sous-comité spécifique au sein du National Science and Technology Council (NSTC), organisme chargé de suivre de près l'évolution du secteur de l'IA et de coordonner les activités fédérales. Malgré le grand libéralisme qui règne aux États-Unis, l'État souhaite donc suivre de près l'évolution du secteur et contribuer à son développement[464]. L'IA est désormais placée au centre de la stratégie de

[462] G. Nichols, « Les principes éthiques du ministère américain de la défense pour l'IA sur le champ de bataille », zdnet.fr, 14 juin 2020.
[463] P. Türk, Ch. Vallar, dir., *La souveraineté numérique, le concept, les enjeux*, Mare et Martin, 2017.
[464] Trois rapports stratégiques ont été rendus publics par l'administration Obama entre octobre et décembre 2016 : *Preparing for the Future of Artificial Intelligence,*

sauvegarde de la défense et de la souveraineté des États-Unis, comme en a notamment témoigné le « Plan stratégique national de recherche et de développement de l'intelligence artificielle » d'octobre 2016. C'est une nouvelle révolution stratégique — après la dissuasion nucléaire et les technologies de l'information et de la communication — : les États-Unis se doivent d'être en pointe de la guerre électronique. En France, la loi de programmation militaire 2014-2019 accorde toutes les priorités en matière de recherche et technologie aux domaines du numérique et de l'intelligence artificielle. La Chambre des Communes britannique, quant à elle, a publié dès le 12 octobre 2016 un rapport « Robotique et intelligence artificielle » qui insiste sur le besoin de se préparer à de redoutables batailles dans ce secteur.

136. La place de la Russie dans le monde de l'IA. Si, à l'époque de la guerre froide, le monde était divisé en deux blocs dont l'un s'organisait autour de l'URSS, la guerre technologique à base d'IA donne essentiellement lieu à un duel entre États-Unis et Chine. La Russie souhaite néanmoins jouer elle aussi sa partition et avancer quelques arguments, son Président, Vladimir Poutine, comparant l'IA et la bombe nucléaire, n'ayant pas manqué d'affirmer que « celui qui deviendra le leader dans ce domaine sera le maître du monde ». La Russie a ainsi annoncé qu'elle allait bientôt disposer d'un sous-marin nucléaire automatique. Et nombre des arguments russes sont des arguments juridiques défensifs. Ainsi la Russie connaît-elle une « russification » des nouveaux moyens technologiques de communication. Une loi promulguée le 2 décembre 2019 oblige les fabricants de smartphones, ordinateurs et autres smart TV à pré-installer des applications et logiciels russes. Ce texte est présenté comme un moyen de protéger l'industrie du pays face à la concurrence étrangère. L'accès au marché russe va dès lors devenir un casse-tête pour les acteurs tels qu'Apple, dont les produits ne comportent normalement que des applications propres et qui a toujours refusé de préinstaller d'autres applications sur ses appareils. La Russie ne veut donc pas interdire Chrome, Safari et tous les logiciels étrangers, mais offrir à sa population la possibilité d'utiliser un bouquet d'applications équivalentes conçues par et pour les russes. Les futurs

---

The National Artificial Intelligence Research and Development Strategic Plan et *Artificial Intelligence, Automation, and the Economy.*

smartphones commercialisés en Russie pourraient proposer non seulement les navigateurs web américains, mais aussi Yandex Browser (le navigateur russe) ; concernant les messageries instantanées, outre WhatsApp et iMessage, ICQ et TamTam seraient systématiquement ajoutés ; pour ce qui est des systèmes de paiement, Apple Pay et Samsung Pay seraient concurrencés par Mir Pay ; les services de stockage iCloud et One Drive trouveraient à leurs côtés Yandex Disk et Cloud.mail ; enfin, en matière de portail d'information, Google News serait systématiquement opposé à Gosouslougui. Cette nouvelle loi combine donc guerre de l'information et guerre commerciale. Elle s'inscrit dans une démarche antitrust visant en premier lieu les GAFAM et qui pourrait contrevenir en de nombreux points aux principes de l'Organisation mondiale du commerce.

Les autorités russes ne cachent d'ailleurs pas que leur objectif est de protéger les entreprises technologiques du pays face à la concurrence étrangère. Peut-être s'agit-il aussi — et surtout ? —, en diminuant l'utilisation par la population russe des services occidentaux, de limiter leur influence, de réduire l'impact de l'idéologie qu'ils véhiculent. Par ailleurs, la présence systématique de ces logiciels nationaux sur les outils de communication laisse craindre qu'ils soient utilisés à des fins de surveillance de masse. Dès lors, les multinationales du numérique américaines vont-elles se soumettre à ces exigences ou bien abandonner le gigantesque marché russe ?

En Russie, l'arsenal juridique est de plus en plus strict et complet en matière de communications numériques. Depuis une loi de 2015, les données personnelles des utilisateurs russes doivent être stockées sur des serveurs situés en Russie, afin de préserver la souveraineté numérique du pays. Le Roskomnadzor (Service fédéral de supervision des communications, des technologies de l'information et des médias de masse, selon son intitulé complet) exige ainsi que les réseaux sociaux américains se soumettent à cette obligation et son directeur a annoncé, le 21 janvier 2019, avoir lancé des procédures administratives contre Twitter et Facebook. L'autorité russe avait déjà ordonné en 2016 le blocage du réseau social professionnel LinkedIn, qui avait refusé de se plier à la loi imposant le stockage des données des utilisateurs russes sur le territoire russe. LinkedIn est depuis lors inaccessible en Russie. Il s'agirait par ces mesures de protéger les données personnelles des internautes russes qui, jusqu'ici, pouvaient être enregistrées par les multinationales du web sur le territoire des États-Unis. Les pouvoirs publics russes, progressivement, brident et contrôlent les nouveaux moyens de communication. Ils sont conscients du fait que le web est le principal espace d'expression pour l'opposition et pour toutes les voix critiques. Pas à pas, ils réduisent cet espace en agissant sur les éditeurs de contenus, sur les réseaux et même, désormais, sur les fabricants de terminaux. Les textes de loi visant à réduire les libertés publiques numériques s'accumulent. Le 7 mars 2019, deux autres lois ont été adoptées prévoyant de lourdes sanctions, l'une en cas de diffusion de fausses informations — mais quelle définition les autorités russes en retiennent-elles ? —, la seconde en cas de manifestation d' « irrespect » à la société, à l'Etat, aux symboles officiels de la Fédération de Russie, à sa Constitution ou aux « autorités qui exercent le pouvoir ». Concernant la loi pour un « internet durable », Alexandre Jarov, le président du Roskomnadzor, voit en elle une « arme solide » et « espère que, tout comme l'arme nucléaire dont disposent certains pays, elle restera "en mode veille" ».

Le projet de créer un « internet souverain » — ou « internet durable » selon la formule officielle —, pouvant être déconnecté du monde extérieur en cas de crise grave, est un autre témoignage d'une dérive autoritaire qui prend un tour technologique en Russie. Les députés des deux chambres russes ont adopté, et le président Vladimir Poutine a promulgué le 1er mai 2019, une loi visant à créer un « internet russe durable et indépendant ». La Russie pourrait ainsi à tout moment, si des circonstances exceptionnelles advenaient, quitter l'internet mondial pour basculer sur un intranet national fonctionnant en autarcie et empêchant l'accès de nombreux citoyens russes aux informations et opinions qui parcourent le monde. Ce projet traduit la volonté des autorités russes de verrouiller les moyens de communication et de construire un véritable « Runet », c'est-à-dire un écosystème de sites web proprement russes et donc plus aisément surveillables et contrôlables, à l'image du réseau social VKontakte (VK), très populaire et qui constitue l'équivalent de Facebook, du moteur de recherche Yandex ou du service de messagerie mail.ru. Ces mesures, selon ce même document, devraient prendre la forme d'un contrôle centralisé, d'un transfert minimisé « à l'étranger de données échangées entre utilisateurs russes », voire d'un arrêt du trafic et d'un débranchement des serveurs étrangers. Le 20 février, Vladimir Poutine avait d'ailleurs dit de l'internet qu'il était « l'invention des États-Unis ». Et d'ajouter : « Ils écoutent tout, ils voient et ils lisent tout ce que vous faites. [...] Pour cette raison, nous devons créer des segments indépendants ».

Pour faire accepter de telles mesures au peuples russe, on met donc en avant le fait que les États-Unis pourraient porter atteinte à ses libertés fondamentales en « débranchant » à tout moment la Russie. Mieux vaudrait donc une Russie capable de se « débrancher » toute seule. De telles initiatives rappellent la « grande muraille de Chine électronique » mise en place à l'échelle nationale par le gouvernement chinois. En Chine, les libertés numériques et de communication sont largement réduites. Est-ce que la Russie, dont les administrés ne jouissent que de façon limitée de leurs libertés, pourrait suivre le même chemin ? Pouvoir contrôler les informations et opinions qui entrent et sortent du pays serait un préalable nécessaire à une censure massive et efficace.

137. La place de la France dans le monde de l'IA. De plus en plus de voix s'élèvent pour critiquer le fait que, quand les technologies et l'économie de l'IA avancent à grands pas sur les autres continents, la France en serait toujours à constituer des comités, à commander des commissions et à publier des rapports et des recommandations d'éthique. Au moment où a été confié au mathématicien et député Cédric Villani une mission sur l'intelligence artificielle, après le rapport FranceIA et celui de l'office parlementaire d'évaluation des choix scientifiques et technologiques, il semblait effectivement que la France risque ne pas entrer aussi pleinement que les États-Unis ou la Chine dans la quatrième révolution industrielle. En Europe, les limites éthiques et, notamment, la protection des données personnelles, avec le Règlement général sur la protection des données (GGPD), limitent la capacité des entreprises de suivre leurs concurrents qui, ailleurs dans le monde, progressent vite, sans achopper sur des barrières relevant des droits et libertés fondamentaux — qui sont de réels freins à l'ère de l'économie des données. Cependant, après le temps des comités et des rapports, le gouvernement français a décidé d'investir 1,5 milliard d'euros d'ici 2022 afin de développer rapidement l'économie de l'intelligence artificielle. La France se lance ainsi pleinement dans la course, souhaitant densifier les investissements dans les start-up, soutenir totalement les plus prometteuses et attirer des investisseurs étrangers.

Si les pouvoirs publics souhaitent que beaucoup de rapports leur soient remis, la mise en œuvre de l'ensemble des préconisations est bien sûr impossible car trop coûteuse. Ils doivent donc procéder à des décisions stratégiques adaptées à leurs capacités d'investissement. Le 3 juillet 2019, un an après la présentation de la stratégie nationale pour l'intelligence artificielle par le Président de la République Emmanuel Macron et quelques mois après l'exposé des volets recherche, défense et éthique — ce qui est peut-être significatif d'un certain axe des priorités —, le Premier Ministre, Édouard Philippe, a présenté le volet industriel et économique de cette stratégie nationale. Les objectifs, a-t-il expliqué, sont de faire émerger les futurs « champions français de l'IA ». La priorité est donc donnée au développement et à la structuration d'une véritable offre française en la matière[465]. Bruno Le Maire, ministre de l'Économie et des Finances, a pour sa part désigné les leviers sur lesquels le Gouvernement entend agir afin d'encourager cette offre : le financement, les talents et l'accès aux données — soit exactement les mêmes que ceux visés par les pouvoirs publics chinois deux ans plus tôt, deux ans de retard diront certains. Toujours est-il que les start-up naissantes sont encouragées au sein d' « accélérateurs de start-up » et bénéficient d'une assistance logistique, ainsi que de fonds provenant de capital-risqueurs. Elles se trouvent donc dans un environnement propice à leur développement, avec de grandes facilités entrepreneuriales, sans être toujours suffisant évidemment eu égard aux marchés extrêmement concurrentiels qu'elles visent. Dans le même sens, la French Tech est un label décerné à des villes soutenant le développement de « pôles d'innovation ». À Paris, la Halle Freyssinet a été aménagée afin de devenir le « plus grand incubateur au monde » et de permettre à la capitale française d'incarner la « nouvelle Silicon Valley ». L'objectif est que le pays propose très vite un « vaste accélérateur de start-up » en construisant un « réseau d'écosystème attractif » — suivant les termes de la novlangue en vigueur[466].

---

[465] Huit entreprises (Thales, Valeo, Air Liquide, Dassault Aviation, EDF, Renault, Safran et Total) étaient présentes lors de ces annonces et ont signé avec le gouvernement le « Manifeste pour l'intelligence artificielle au service de l'industrie ». Le but de cette initiative ouverte est de construire une base stratégique commune en matière d'IA et de données coordonnée avec la stratégie nationale.
[466] lafrenchtech.com.

Un défi, parmi beaucoup, que la France doit affronter est celui de la « fuite des cerveaux ». C'est l'un des principaux freins qui empêchent le développement optimal de l'intelligence artificielle en France. Les meilleurs chercheurs sont en effet débauchés dans les départements de recherche de Google ou Facebook où ils sont infiniment mieux payés, bénéficient de la même liberté académique et échappent à la bureaucratie. Dans son rapport de mars 2018, Cédric Villani a ainsi insisté sur le fait que, bien que le niveau des formations dispensées en France compte parmi les meilleurs au monde, de nombreux mathématiciens, informaticiens et ingénieurs choisissent de s'expatrier en raison des conditions plus avantageuses offertes aux chercheurs à l'étranger. Cédric Villani place donc au cœur des enjeux prioritaires le besoin de renforcer l'attractivité des centres de recherche français, non seulement en augmentant les salaires des chercheurs, mais aussi en améliorant leur qualité de vie au sein des laboratoires. Selon lui, la pression administrative, les difficultés de recrutement et d'évolution ou encore la mise à disposition limitée de matériel seraient les principaux motifs des départs à l'étranger.

Par ailleurs, la France entend coopérer assez intimement avec la Chine. À l'occasion de la visite du Président Emmanuel Macron en janvier 2018, la France et la Chine ont officialisé un grand nombre de partenariats, dont la création d'un fonds commun d'investissement dans l'intelligence artificielle d'un milliard d'euros visant la recherche fondamentale et des applications industrielles. Les deux pays se sont également accordés sur un échange annuel de vingt talents, cela afin de favoriser le partage de savoir-faire. Mais tout cela est-il possible sans quelques renoncements sous l'angle des droits de l'homme numérique ? Les pays européens comme la France ou l'Allemagne sont très performants dans la formation de mathématiciens de haut niveau, la recherche fondamentale, ainsi que les réflexions sur les impacts éthiques et sociétaux de l'IA — à l'image du Comité économique social et européen qui, dans un avis du 31 mai 2017, avait déjà préconisé l'instauration d'un code européen de déontologie pour le développement, le déploiement et l'utilisation de l'IA, cela « afin que les systèmes d'IA demeurent, tout au long de leur processus d'exploitation, compatibles avec les principes de dignité humaine, d'intégrité, de liberté, de respect de la vie privée, de diversité culturelle et d'égalité entre hommes et femmes, ainsi qu'avec les droits fondamentaux ». Mais ce qui les intéresse surtout est leur place dans le monde de l'économie numérique. Leur crainte est de devenir des colonies numériques des États-Unis et de la Chine, de prendre place dans le tiers-monde numérique. Ne pourraient-ils pas s'enorgueillir au contraire de proposer un modèle alternatif ordonné autour de l'humanisme et des droits de l'homme ?

138. La place de l'Europe dans le monde de l'IA. La majorité des innovations numériques et des technologies et applications de l'intelligence artificielle provient d'un écosystème public-privé unique : la Silicon Valley. Cela explique pourquoi d'aucuns qualifient la France et les pays d'Europe de « colonies numériques »[467] ou de « pays du tiers-monde numérique », à défaut d'avoir vu naître certaines des grandes plateformes capables de créer et entraîner les IA[468]. Une forte concentration frappe d'ailleurs la production d'intelligences artificielles : il n'existe qu'une dizaine de grandes entreprises développant ces technologies (les fameux GAFAM et BATX : Google, Apple, Facebook, Amazon, Microsoft, Baidu, Alibaba, Tencent, Xiaomi[469]). La concentration est d'autant plus forte que les GAFAM n'hésitent pas à racheter à prix d'or les start-up qui créent des IA performantes et/ou originales[470]. Une caractéristique importante des changements économiques actuels et à venir est que, pour la première fois de l'histoire, non seulement la France et l'Europe n'en sont pas à l'origine mais en plus elles sont fortement distancées, à tel point que d'aucuns considèrent que leur retard serait déjà irrattrapable. Les États-Unis, avec leurs GAFAM, et la Chine, avec leurs BATX, sont clairement les leaders de l'économie de l'IA et des données. Ce sont eux qui développent les algorithmes les plus performants et qui disposent des réservoirs de données les plus importants. Les talents ne

---

[467] C. Morin-Desailly, « L'Union européenne, colonie du monde numérique ? », rapport d'information au nom de la commission des affaires européennes du Sénat, 2013.

[468] France et Europe importent massivement les technologies IA américaines sur smartphones Android et iPhones.

[469] On peut y ajouter IBM, Samsung, Qualcomm, Intel, Philips, Siemens et Sony.

[470] L'IA est présentée comme un « grand aspirateur à valeur » et Laurent Alexandre, lors de son intervention au colloque du Sénat sur l'intelligence artificielle du 19 janvier 2017, cite l'exemple suivant : les 55 salariés de Whatsapp ont créé en quatre ans 23 milliards d'euros de valeur contre la moitié à peine pour les 130 000 ouvriers de Peugeot en un siècle.

manquent pourtant pas en France et en Europe, où les start-up fleurissent partout, mais les meilleurs chercheurs et les entreprises les plus innovantes sont trop souvent aspirés par les multinationales étrangères.

Contrairement à la Chine et, quoique dans une bien moindre mesure, aux États-Unis, les démocraties occidentales n'encadrent que très peu les activités de leurs entreprises. Les pouvoirs publics ne les exploitent pas afin de servir leurs desseins de puissance — les multinationales du numérique européennes suffisamment importantes pour cela à l'échelle mondiale sont de toute façon bien rares. En outre, l'Europe s'organise autour du libre échange, tandis que les États-Unis et la Chine sont protectionnistes, couvent leurs champions et rachètent les start-up européennes qui prospèrent.

Surtout, l'Union européenne promeut son modèle d'IA : une IA responsable et éthique, qui inspire la confiance, non une IA gargantuesque ne trouvant aucune limite sur son passage. L'UE a ainsi édicté son Règlement général sur la protection des données (RGPD). Et elle a conclu le *Privacy Shield*[471] avec les États-Unis afin de protéger davantage les données des citoyens européens. Les questions d'accès et de transfert des données ont beaucoup préoccupé les institutions européennes. Celles-ci ont beaucoup réfléchi aux conditions du développement d'une économie européenne fondée sur la donnée et, en même temps, respectueuse des droits fondamentaux des personnes. Elles sont intervenues à plusieurs reprises afin de préciser le cadre réglementaire adapté au développement durable de cette nouvelle économie. C'est ainsi que le RGPD a défini le régime relatif au traitement des données à caractère personnel afin d'assurer la protection des individus dans le cadre du traitement de leurs données tout en assurant leur libre circulation au sein de l'Union européen et que la directive sur la réutilisation des informations du secteur public a entendu favoriser la diffusion des

---

[471] Entré en vigueur en 2016, le Privacy Shield est « un mécanisme d'auto-certification pour les entreprises établies aux États-Unis qui a été reconnu par la Commission européenne comme offrant un niveau de protection adéquat aux données à caractère personnel transférées par une entité européenne vers des entreprises établies aux États-Unis », selon la définition de la Commission nationale de l'informatique et des libertés (CNIL). Or, au-delà des procédures peu rigoureuses en matière de certification, ce texte est largement invalidé dans les faits par la législation américaine et n'entrave pas la transmission des données recueillies par des entreprises certifiées aux agences de renseignement américaines.

données suivant une politique de transparence des politiques publiques. Et le RGPD est d'application extraterritoriale : il peut s'appliquer à toute entreprise dès lors qu'un résident européen est directement visé par un traitement de données.

L'intelligence artificielle se construit notamment par la politique et par le droit, qui fixent des bornes, un cadre, afin que le progrès profite au plus grand nombre et non seulement aux plus forts. L'enjeu, de leur point de vue, est de parvenir à devancer plutôt que suivre les technologies et les usages. Dans le cas du RGPD et des régimes de protection des données personnelles plus généralement, ceux-ci sont un obstacle de taille aux progrès de l'intelligence artificielle dans les pays concernés puisque d'autres, ailleurs dans le monde, peuvent beaucoup plus librement exploiter de grandes bases de données, devenant ainsi les leaders de l'IA. L'Europe, en édictant le RGPD, a donné un avantage énorme aux géants du numérique américains et chinois. Mais est-ce critiquable ? Il s'agit d'un choix politique. Gaspard Koenig y voit le « suicide stoïcien de l'Europe », qui préfère mourir en brandissant ses valeurs et principes plutôt que de continuer à vivre en les bafouant[472]. L'Europe ne saurait abandonner sa dignité, fruit d'une histoire millénaire. Elle préfère sanctifier certains de ses principes, notamment des droits et libertés fondamentaux, même si cela doit nuire à sa compétitivité, à sa capacité d'innovation et, finalement, à sa place sur l'échiquier international. On pourrait aussi, face à la compétition chinoise et à la montée de nos populismes, vouloir mettre les Lumières en veilleuse. D'ailleurs la Commission européenne, comme la majorité des États européens, souhaite également soutenir le développement économique de l'IA en Europe et, pour cela, établit des plans de développement de l'intelligence artificielle. La Commission européenne a ainsi annoncé, en avril 2018, l'augmentation de 70 % de ses investissements annuels dans l'IA, dans le cadre de son programme de recherche et d'innovation Horizon 2020.

Tout cela est source de dilemmes et de paradoxes, en Europe mais aussi aux États-Unis. Alors que, dans certaines régions du monde et notamment en Europe, la confidentialité des données relève de la protection de la vie privée, conçue tel un droit à prétention universelle, il apparaît suspect de

---

[472] G. Kœnig, *La fin de l'individu – Voyage d'un philosophe au pays de l'intelligence artificielle*, Éditions de l'observatoire, coll. De facto, 2019, p. 280.

vouloir protéger sa vie privée en Chine. Là-bas, chercher à protéger ses données est perçu comme de l'égoïsme de la part de quelqu'un qui ne contribue pas à l'effort collectif en vue du bien commun. La Chine connaît aussi une centralisation qui serait inenvisageable en Europe : le « lac des données » est le lieu dans lequel se jettent les rivières de données qui jaillissent d'innombrables sources situées dans l'industrie, les plateformes ou l'administration. Toutes les entreprises peuvent y puiser en échange de l'obligation d'y déverser les données en leur possession. Aucun droit de la concurrence ne peut limiter la centralisation, ce qui confère à la Chine un avantage déterminant. De même, la Chine tire un grand avantage de la société de surveillance qu'elle déploie à grand renfort d'IA[473]. Et, par exemple, elle profite de l'absence de liberté d'expression sur son territoire et de la consécration de cette même liberté ailleurs dans le monde, qu'elle exploite afin de diffuser sa propagande et sa désinformation et ainsi accroître son soft power[474]. Mais faudrait-il pour autant suivre cet exemple ? En France, tout au contraire de cet abandon total de l'individualité au profit du collectif, on refuse par exemple de permettre l'exploitation l'une des bases de données de santé les plus complète au monde, le SNIIRAM (Système national d'information inter-régimes de l'Assurance maladie), afin de protéger la vie privée des patients. On limite donc volontairement les progrès de la recherche médicale pour éviter de divulguer la moindre information sensible.

---

[473] Le témoignage le plus extrême de cette société de surveillance est peut-être celui-ci : à Pékin et dans d'autres villes chinoises, les distributeurs de papier de certaines toilettes publiques sont équipés de technologies de reconnaissance faciale afin de lutter contre les abus ; ainsi une même personne ne peut-elle utiliser plus de soixante centimètres de papier toilette dans un délai de neuf minutes — cette mesure est motivée par des considérations écologiques, donc louables, et il est en l'occurrence difficile d'avancer que d'autres motivations, moins légitimes, se cacheraient derrière.

[474] Dans le « Document 9 » de juillet 2012, un manifeste secret destiné aux cadres du parti communiste chinois qui prohibe expressément les analyses et opinions contraires à la ligne officielle, ce qui confine à une froide interdiction de toute opposition, y compris médiatique, la liberté de la presse est classée parmi les « sept périls occidentaux », aux côtés notamment des droits de l'homme et de l'indépendance de la justice.

L'Europe pourrait-elle être en retard en matière de technologie de l'IA et d'économie de l'IA, mais en avance en matière de pensée de l'IA et d'éthique de l'IA ? Sous bien des angles, celles-ci ne sont pas moins importantes que celles-là. L'IA a besoin de chercheurs travaillant sur les questions éthiques, réfléchissant à son rapport aux droits et libertés fondamentaux, à la Constitution et à la démocratie. Le siècle des intelligences nécessite un droit des intelligences. En témoignent ces groupes de plus en plus nombreux de juristes et d'informaticiens qui attaquent les projets de textes de droit liberticides du point de vue des « libertés numériques », à une époque où chacun se promène en permanence avec dans la poche un micro-ordinateur-espion muni de deux caméras, d'un micro et d'une ribambelle de programmes ultra sophistiqués de surveillance et de traçage. Le rapport entre le couple droit-politique et l'intelligence artificielle est d'autant plus important — et intéressant — que, si le droit et la politique saisissent l'IA (statut juridique, propriété intellectuelle, responsabilités etc.), il est tout aussi vrai que l'IA saisit le droit et la politique et, parfois même, fait le droit et la politique (legaltechs, civictechs, performativité des algorithmes etc.).

139. Le modèle européen d'IA : éthique, responsabilité, confiance. L'Europe doit faire entendre sa partition et ne pas s'enfermer dans un suivisme frileux. Nul doute qu'elle a de bons arguments à faire valoir en donnant autant de place à l'homme, à la société, à la culture et à la politique qu'à l'économie. L'enjeu est de construire une IA positive et éthique, responsable et respectueuse de l'humain, qui donne confiance. Or l'Europe semble, plus que toute autre région dans le monde, disposer des ressources pour cela. L'IA ne saurait se développer loin du droit, qu'il s'agisse d'un droit autoritaire comme en Russie ou en Chine ou bien d'un droit libéral comme aux États-Unis ou en Europe. Les relations internationales et les activités transnationales des acteurs économiques aboutissent forcément à créer des formes de droit. Qu'il s'agisse des lois des États ou des modes d'autorégulation, le cadre juridique de l'IA est en construction. On gagera que ce cadre ne saurait se passer des droits de l'homme numérique. On peut vouloir promouvoir une économie de la donnée, mais sans jamais franchir les limites de ces droits. Dès lors, l'Union européenne, héritière de la Renaissance et des Lumières, qui dispose de sa Charte des droits fondamentaux depuis 2000 et qui fréquente le Conseil de l'Europe et sa

Convention européenne de sauvegarde des droits de l'homme et des libertés fondamentales, semble mieux que quiconque pouvoir promouvoir une IA équilibrée, une IA mature, capitalisant sur les hauts standards de protection issus de la législation européenne sur les données.

Comme l'a écrit Cédric Villani dans son rapport de 2018, « plutôt que de fragiliser nos trajectoires individuelles et nos systèmes de solidarités, l'IA doit prioritairement nous aider à activer nos droits fondamentaux, augmenter le lien social et renforcer les solidarités »[475]. À ces conditions, on pourrait dire que l'IA est un progrès. Bien sûr, d'un point de vue purement économique, on dira toujours que « l'IA n'est pas une jungle envahissante qu'il serait urgent d'ordonner, c'est encore, et ce sera demain, un jardin de plantes fragiles auxquelles il faut fournir un écosystème favorable, amical et bienveillant »[476]. Les droits de l'homme numérique, eux, appellent une régulation forte et immédiate.

Cependant, la Commission européenne et les experts qui la conseillent souhaitent depuis longtemps inscrire l'IA dans un cadre éthique plus que juridique. Ils estiment qu'il serait trop tôt pour réglementer le secteur de l'IA et que seule l'éthique permettrait de façonner des IA responsables. Tel est le sens du label « IA de confiance » voulu par la Commission, reposant sur de nombreux critères éthiques détachés du droit positif — même s'il n'est pas rare qu'ils se rejoignent. Sans s'engager dans l'immédiat vers un projet de réglementation, l'Union européenne n'en oublie pas moins de promouvoir une approche « centrée sur l'humain », seule capable d'optimiser les bienfaits des IA tout en en diminuant les menaces. Mais, en refusant toute contrainte juridique, n'est-ce pas une manière de privilégier avant tout la compétitivité européenne tout en s'assurant une bonne conscience grâce aux nombreux comités et rapports éthiques ? Peut-être s'agit-il d'une stratégie extrêmement ingénieuse afin d'obtenir, si ce n'est un équilibre effectif, du moins un équilibre apparent, sans trop entraver les efforts soutenus pour tenter de rejoindre l'Amérique du Nord et l'Asie dans la course au développement de

---

[475] C. Villani, *Donner un sens à l'intelligence artificielle – Pour une stratégie nationale et européenne*, mission parlementaire, 2018, p. 12.

[476] G. Virat, H. Juvin, « L'intelligence artificielle : une ambition française », in Commission Supérieure du Numérique et des Postes (CSNP), *IA et libertés individuelles*, Assemblée nationale, 2017, p. 26.

l'IA. Et puis l'éthique est une vraie arme face à des concurrents qu'il est aisé de renvoyer à leur manque de conscience et alors que, de plus en plus, la confiance devient bel et bien l'enjeu numéro un pour toute entreprise proposant au public des services fonctionnant à base d'IA. Le respect de certains principes éthiques devient un avantage concurrentiel. Ce qui était hier un frein deviendrait ainsi un avantage.

Lors de la crise liée au nouveau coronavirus, en 2020, il a été bien difficile de ne pas tomber de la « ligne de crête » le long de laquelle le gouvernement français souhaitait avancer, combinant protection sanitaire de la population et protection économique de la population. La politique du « en même temps », équilibrée entre des intérêts légitimes souvent antagonistes, est bien souvent une pure vue de l'esprit. En matière de développement de l'IA, ou les données seront de plus en plus autoritairement collectées au nom de la croissance économique et de l'intérêt collectif, ou alors les droits de l'individu sur ses données seront réaffirmés et provoqueront une situation sous optimale, faisant de l'industrie numérique européenne un nain face aux géants américain et chinois. Lorsqu'on poursuit deux combats contradictoires en même temps, on est souvent mauvais dans l'un et dans l'autre.

Toujours est-il que l'ambition européenne de réglementer l'IA et le secteur numérique plus généralement connaît de plus en plus de concrétisations. Fin septembre 2020, la commission juridique du Parlement européen a ainsi adopté trois rapports d'initiative, sur le cadre éthique de l'IA, le régime de responsabilité civile à y adosser et les droits de propriétés intellectuelles à clarifier. Puis, le 15 décembre 2020, la Commission européenne a présenté une vaste et ambitieuse réforme de l'espace numérique européen. De nouvelles règles devront ainsi s'appliquer aux médias sociaux, aux marchés en ligne ou encore aux diverses plateformes actives dans l'Union européenne. La nouvelle stratégie numérique de la Commission européenne se compose de deux volets qui ont tous deux pour but de protéger les consommateurs par l'harmonisation des règles et le renforcement de la surveillance[477].

---

[477] Ch. Collin, « La Commission européenne veut réformer l'espace numérique », dalloz-actualite.fr, 5 janv. 2021.

III. Déclarer et pratiquer les droits de l'homme numérique

140. *Moral Machine.* Pour intégrer des règles éthiques dans des IA, il faut déjà les définir. Quels seraient les droits de l'homme numérique qu'il faudrait déclarer, pratiquer et inculquer aux IA ? Si les projets en la matière se ressemblent souvent, c'est qu'ils sont tous l'expression d'une tradition occidentale qui fait de la liberté, de l'autonomie individuelle, du droit au respect de la vie privée, du droit à l'identité ou du droit à la non-discrimination des valeurs essentielles. Mais, ailleurs dans le monde, on ferait prévaloir d'autres principes. Même en Europe certains dénoncent ce qui serait l'expression d'un individualisme et d'un communautarisme outrés, bien qu'ayant accompagné l'émancipation des individus dans les différents aspects de leurs vies sociales[478]. L'absence de consensus autour de ce que devraient être les droits de l'homme numérique est un obstacle, en tout cas au niveau international. En a témoigné, en 2018, l'expérience « *Moral Machine* » menée par la *MIT Technology Review*. Chaque participant devait alors indiquer quels choix mortels devrait faire une voiture autonome confrontée à un dilemme moral. *Moral Machine* est un « jeu éthique » qui revisite le fameux dilemme du tramway pensé à la fin des années 1960 en l'adaptant aux voitures autonomes. Sur une plateforme en ligne, les participants devaient choisir le scénario qu'ils estimaient préférable dans de nombreuses situations tragiques : le véhicule autonome devrait-il écraser une famille ou un groupe de jeunes ? Une vieille dame promenant son chien ou un enfant ? Deux personnes traversant hors des clous ou un piéton sur le passage ? Le chauffeur et deux passagers ou cinq piétons sur le trottoir etc. Jusqu'à présent, ce genre de dilemmes moraux relevait du for intérieur de chacun. En se demandant quelle conduite doit adopter la voiture autonome, on opère un choix lourd de conséquences en termes de responsabilité juridique. Le véhicule sera programmé pour adopter un comportement particulier dans une situation donnée, sans laisser de place aux comportements spontanés et instinctifs dont la machine est incapable.

[478] F. Sureau, *Sans la liberté*, Gallimard, coll. Tracts, 2019, p. 39.

Juridiquement, choisir entre sa mort et celle d'un tiers ou entre celle d'un enfant et celle d'un individu commettant une infraction n'a pas de sens dans un système où tous les individus sont parfaitement égaux en droit.

Le problème est qu'alors les dilemmes proposés sont moralement indécidables, bien qu'en pratique les voitures autonomes comme les conducteurs humains doivent choisir l'une des alternatives — et qu'en cas de procès le juge devra trancher[479]. Pourtant, plus de 4 millions de personnes dans le monde ont participé à *Moral Machine,* ce qui en fait l'étude éthique la plus vaste jamais conduite. Les résultats, publiés le 25 octobre 2018, ont montré que les réponses sont très variables selon les pays, ce qui a de quoi déconcerter les tenants d'une éthique unifiée à l'échelle de la planète. Ce qui est jugé éthiquement ou humainement souhaitable change selon les régions et selon les cultures. Or parvenir à fixer la voiture autonome dans un cadre normatif est indispensable pour la faire accepter à grande échelle. Il faut encadrer leurs usages et déterminer à l'avance les responsabilités éventuelles en cas d'accident. On a bien montré que, « si on intègre des algorithmes moraux dans des voitures capables de tuer leurs occupants, des millions de personnes décideront de ne pas les acheter. Donc, pour éviter un accident qui n'a qu'une chance sur plusieurs milliards de se produire, des milliers de gens continueront à mourir sur les routes à cause d'erreurs humaines »[480].

Le décès d'une piétonne renversée par une voiture « intelligente » a montré combien les problèmes juridiques que pose l'utilisation de ces véhicules sont complexes[481]. Si l'on veut concevoir des machines qui reflètent et respectent les valeurs sociétales, il est nécessaire que la nature de ces valeurs et leur importance relative, donc leur hiérarchie, soient clairement identifiées et exprimées. Mais ces valeurs changent dans le temps et dans l'espace.

141. Les droits de l'homme sont effectifs ou ils ne sont rien. La réalité du monde numérique, et dans une mesure grande et croissante du monde en

[479] H. Croze, « De l'intelligence artificielle à la morale artificielle – Les dilemmes de la voiture autonome », *JCP G* 2018, p. 378.
[480] W. Wallach, *Moral Machine – From Machine Ethics to Value Alignment*, Oxford University Press, 2010.
[481] E. Pommiers, « La mort d'une piétonne renversée lundi par une voiture sans conducteur en Arizona, aux États-Unis, pose la question de la responsabilité juridique en cas d'accident », *Le Monde* 20 mars 2018.

général, est dictée par une doxa dominante qui impose les vérités favorables à ses intérêts, généralement économiques. Tout énoncé divergent, discordant est invalidé et écarté. Face à cet enrégimentement, il importe d'opposer des contre-discours, notamment celui de l'humanisme juridique et des droits de l'homme. Frantz Fanon, penseur avisé de la colonisation et des luttes décolonisatrices, également psychiatre de métier, a fait le lien entre les phénomènes de colonisation et certaines pathologies psychiatriques, particulièrement par les formes de dessaisissement qu'elle induit. Cela ne se retrouve-t-il pas dans une double forme de dessaisissement contemporain, à la fois dessaisissement de notre pouvoir de délibération collective par rapport à des phénomènes jugés inévitables et dessaisissement de l'autonomie, de la capacité de jugement, de la souveraineté individuelle, cela parce que le ressort majeur des modèles économiques de la société numérique en dépendent ? Pour Éric Sadin, « nous devons faire échec à ce projet de civilisation qui entend instaurer une organisation toujours plus robotisée de la vie, et nous ressaisir de notre droit naturel à exercer notre faculté de jugement et notre libre pouvoir de décision. On peut sobrement, mais avec une ferme conviction, appeler cela une salutaire et impérieuse politique de nous-même »[482].

L'œuvre d'Albert Camus, ce n'est « pas le grand soir, pas la révolution providentielle, mais un “non” qui fait vaciller et un “oui” qui construit. Camus disait “Oui” à la vie, “Non” à ce qui l'entrave. Si l'on commençait à entendre enfin ce qu'il a dit ? Puis à agir en regard de cette œuvre radicale — car c'est à vivre une vie philosophique qu'il nous invite »[483]. De même les droits de l'homme numérique ont-ils vocation à nous permettre de vivre des vies philosophiques, refusant tout ce qui entrave la vie, tout ce qui diminue la liberté et la spontanéité. Or l'univers numérique et le monde des IA comprennent de nombreux facteurs de dévitalisation de l'homme, de robotisation de la vie. C'est pourquoi des droits de l'homme numérique semblent nécessaires. Il faut croire au droit, croire qu'il peut beaucoup, même face aux puissances les plus importantes. C'est bien le droit qui peut permettre de sauvegarder les principes civilisationnels auxquels nous tenons.

---

[482] É. Sadin, *La silicolonisation du monde – L'irrésistible expansion du libéralisme numérique*, L'échappée, coll. Pour en finir avec, 2016, p. 212.
[483] M. Onfray, *L'Ordre libertaire – La vie philosophique d'Albert Camus*, Flammarion, 2012, p. 541.

Mais discourir sur les droits de l'homme numérique serait évidemment très insuffisant. Ce sont les actes plus que les textes et les discours qui permettent de changer les choses. Et c'est aujourd'hui que nous bâtissons demain. Déclarer les droits de l'homme numérique est un premier pas, mais l'objectif doit être de les pratiquer, les vivre au quotidien. On préférera donc des droits effectifs à des droits valides ou positifs — mais ces derniers sont souvent un moyen de favoriser ces premiers. On ne saurait se satisfaire de normes formelles, de pétitions de principes et de grandes et belles déclarations. Par exemple, consacrer un droit à la démocratie ne suffirait pas si, dans les faits, la population perdait le sens de la chose publique et qu'en même temps le technopouvoir prenait de plus en plus la main sur les décisions politiques. En revanche, des droits opposables seraient les bienvenus — c'est-à-dire des droits dont chacun peut se prévaloir à l'encontre d'un pouvoir, quel qu'il soit, sitôt qu'il viole un de ses droits fondamentaux, la notion d'opposabilité servant donc à distinguer les personnes engagées par un droit et les autres. Or, dans les démocraties occidentales, on a assisté à une multiplication des textes garantissant aux individus des droits fondamentaux sans contrepartie, donc sans être assortis d'obligations à la charge des tiers et des pouvoirs publics. Aucun recours n'est donc possible lorsque ces droits ne sont pas appliqués. Un droit opposable est, au contraire, un droit normalement réellement positif. La notion de « droits opposables » est apparue avec les droits-créances ou « droits à ». Les pouvoirs publics ont souhaité garantir leur effectivité, notamment s'agissant de droits sociaux comme le droit au logement, le droit à la garde d'enfants ou le droit aux soins. Tout citoyen à qui est reconnu un « droit opposable » peut exiger la mise en œuvre de ce droit en justice. La puissance publique a donc une obligation de résultat.

142. Montréal, Bruxelles, Avignon… La multiplication des initiatives. L'ex-eurodéputé Jean-Marie Cavada, avec des membres du collectif Digital Human Rights, plaide pour l'adoption d'une « Déclaration des droits et libertés fondamentaux numériques »[484]. Cela est significatif de la prolifération des initiatives. S'intéresser aux droits de l'homme numérique n'est guère original. Des tribunes paraissent ainsi fréquemment, soulignant que « ce dont nous avons besoin est un accord universel qui deviendrait la

[484] J.-M. Cavada, « Pour une Déclaration des droits et libertés fondamentaux numériques », *Le Journal du Dimanche* 19 oct. 2019.

"Déclaration des droits de l'homme numérique", à l'instar du texte fondateur que fut la Déclaration des droits de l'homme et du citoyen de 1789 qui nous a guidés tout au long des siècles derniers »[485]. On observe ainsi une multiplication des initiatives depuis de nombreux mois : chartes syndicales, projets d'entreprises, pétitions d'associations, travaux de recherche etc. Mais on pense souvent moins de nouveaux droits de l'homme, répondant à de nouveaux défis, qu'on exige le respect des droits fondamentaux les plus traditionnels. Ainsi Jean-Marie Cavada explique-t-il : « Hors de contrôle, l'utilisation du big data vient percuter les valeurs inscrites, parfois depuis des siècles, dans les textes, déclarations, chartes et principes des droits et libertés fondamentaux. La question est donc simple : comment tirer un profit individuel et collectif de ce monde numérique tout en préservant les acquis de plusieurs générations de droits et libertés ? »[486].

De très nombreuses règles éthiques ont été proposées depuis 2017 en matière d'IA, tant en provenance de l'industrie numérique que de la société civile : Principes d'Asilomar (2017), Projet de principes de AI-Ethics (2017), Déclaration de Toronto (2017), Piliers du partenariat sur l'IA (2017), Déclaration de Montréal pour une IA responsable (2018), IA à Google : nos principes (2018), Principes de l'IA de Microsoft (2018), Charte éthique pour un marché du droit en ligne (2018), Déclaration sur l'éthique et la protection des données sur l'intelligence artificielle (2018), Lignes directrices universelles sur l'intelligence artificielle (2018). Déjà en 2014, le Think Tank Forum d'Avignon et le Conseil Economique et Social européen, à l'issue des 7e Rencontres Internationales qui se sont tenues le vendredi 19 septembre (à Paris), ont proposé leur « Déclaration préliminaire des droits de l'homme numérique ». Ce texte, rédigé en cinq langues (français, anglais, cantonais, mandarin et arabe) et fruit d'une démarche participative adaptée à l'environnement numérique, se concentre sur le statut et l'usage des données personnelles, posant notamment la question de leur propriété[487]. Il est vrai

---

[485] D. Gurlé, « Inventer de nouveaux droits de l'homme à l'ère du numérique », lesechos.fr, 27 juin 2019.

[486] J.-M. Cavada, « Pour une Déclaration des droits et libertés fondamentaux numériques », *Le Journal du Dimanche* 19 oct. 2019.

[487] La démarche procédait d'une rencontre antérieure qui avait, quant à elle, débouché sur un premier manifeste intitulé « Principes d'une déclaration universelle de l'internaute et du créateur à l'heure du numérique ».

que ces initiatives ont tendance à voir dans la question des données et de la vie privée l'enjeu essentiel. Or, si c'est un enjeu important, ce n'est sans doute pas le seul.

On voit des structures spécialisées dans les enjeux éthiques de l'IA apparaître, à l'image de Data for Good, une association regroupant ingénieurs et scientifiques spécialisés dans la collecte de données. Son « Serment d'Hippocrate pour Data Scientist » énonce les principes suivants : l'intégrité scientifique et la rigueur, la transparence, l'équité (et la non-discrimination), le respect de la vie privée et de la dignité des personnes, la responsabilité et l'indépendance. Il y a également Mila, un institut québécois qui a été fondé à Montréal en 2017 par l'emblématique Yoshua Bengio, l'un des pères de l'apprentissage profond, lauréat en 2018 du prix Turing (considéré comme le Prix Nobel de l'informatique). Ce centre entend donner au moins autant d'importance aux réflexions éthiques qu'aux progrès scientifiques. Sa ligne de conduite est que l'IA doit se mettre au service de la société, et non l'inverse. Cet engagement a été formalisé par la publication le 4 décembre 2018 de la « Déclaration de Montréal pour un développement responsable de l'IA ». La notion de développement responsable des techniques vient ainsi côtoyer celle de développement durable, importante surtout en droit de l'environnement. Mais développement responsable et développement durable se recouvrent sans doute en grande partie. La Déclaration de Montréal identifie les principes et les valeurs éthiques qui promeuvent les intérêts fondamentaux des personnes et des groupes, des principes comme souvent généraux et abstraits et qui sont censés constituer une base pour un dialogue interculturel et international. De ces principes ont été déduites des recommandations visant à favoriser une transition numérique favorable à l'humain, dans laquelle l'IA permet de promouvoir le bien commun. Ces recommandations s'adressent notamment aux responsables politiques, dont les citoyens attendent qu'ils prennent la mesure des enjeux impliqués par les IA et qu'ils y répondent à travers les cadres réglementaires pertinents. La Déclaration de Montréal, comme beaucoup d'autres initiatives (la « Global Initiative on Ethics of Autonomous and Intelligent Systems » de l'Institute of Electrical and Electronics Engineers (IEEE), par exemple), entend donc poser les bases de l'éthique de l'IA, un domaine particulièrement propice aux controverses scientifiques.

Bien d'autres textes pourraient être cités, à l'image, au niveau de l'ONU, des « Principes directeurs relatifs aux entreprises et aux droits de l'homme », du « Rapport sur la réglementation des contenus », élaboré par le Rapporteur spécial de l'ONU sur la promotion et la protection du droit à la liberté d'opinion et d'expression, ou encore du « Rapport de la Commission mondiale d'éthique des connaissances scientifiques et des technologies sur l'éthique de la robotique », publié en 2017 par l'UNESCO. La Commissaire aux droits de l'homme du Conseil de l'Europe a, pour sa part, publié en 2019 un document intitulé « Décoder l'intelligence artificielle : 10 mesures pour protéger les droits de l'homme ». Elle a ainsi poursuivi les nombreux travaux du Conseil de l'Europe, en particulier la « Charte éthique européenne d'utilisation de l'intelligence artificielle dans les systèmes judiciaires », les « Lignes directrices sur l'intelligence artificielle et la protection des données », la « Déclaration du Comité des Ministres sur les capacités de manipulation des processus algorithmiques » et l' « Étude sur les dimensions des droits humains dans les techniques de traitement automatisé des données et les éventuelles implications réglementaires », la « Recommandation sur les droits de l'homme et les entreprises et sur les rôles et les responsabilités des intermédiaires d'internet », ainsi que le rapport du Rapporteur spécial des Nations Unies sur la promotion et la protection du droit à la liberté d'opinion et d'expression qui examine les incidences des technologies d'intelligence artificielle sur les droits de l'homme dans le cyberespace. Du côté de la 40e Conférence internationale des commissaires à la protection des données et de la vie privée (c'est-à-dire la Commission nationale de l'informatique et des libertés (France), le Contrôleur européen de la protection des données (Union européenne) et le Garante per la protezione dei dati personali (Italie)), a été adoptée la « Déclaration sur l'éthique et la protection des données dans le secteur de l'intelligence artificielle », le 23 octobre 2018. Ce texte met en avant le principe de loyauté, la responsabilité collective et conjointe, la transparence et l'intelligibilité des systèmes d'intelligence artificielle, la liberté des individus de maîtriser les informations les concernant, la protection de la vie privée et la lutte contre les préjugés ou les discriminations illicites. Et un groupe d'experts du G7 sur l'IA a été constitué, dont la mission est de penser et proposer des directives éthiques pour l'utilisation de l'IA, afin de favoriser une adoption responsable de l'IA sur la base de principes communs de droits de l'homme, d'inclusion, de diversité, d'innovation et de croissance économique.

Par ailleurs, ces propositions de déclaration des droits de l'homme numérique ou préconisations similaires portent généralement une prétention universelle. La réponse est par nature universelle, portée et hissée au niveau des conventions internationales. Face à l'internet ou face à l'intelligence artificielle, on peut difficilement envisager des réponses nationales. Un droit européen est un minimum, tandis qu'un droit mondial serait l'idéal mais demeurera longtemps très utopique[488]. En tout cas les institutions européennes sont-elles très actives afin de penser l' « éthique de l'IA ». La Commission européenne, en particulier, a lancé en avril 2018 une « stratégie » pour faire de l'Europe une place forte de l'intelligence artificielle — cela essentiellement en combinant développement économique et éthique. Elle a mis en place le « High-Level Expert Group on Artificial Intelligence » (HLEG), un groupe d'experts indépendants composé de scientifiques, juristes, philosophes, économistes, entrepreneurs etc. Fruit de leur travail, la Commission a dévoilé une liste de règles éthiques pour mieux réguler le développement de l'intelligence artificielle le 8 avril 2019. Pour ces experts, « l'humain doit rester au coeur des technologies liées à l'IA, qui ne doivent pas diminuer ou limiter leur autonomie, mais au contraire préserver les droits fondamentaux »[489]. Ces technologies devraient aussi prendre en compte « la diversité » et favoriser la « non-discrimination », ainsi que le « bien-être de la société et l'environnement »[490]. Les experts ne manquent pas de souligner que « les citoyens devraient avoir un contrôle total sur leurs propres données »[491] et finissent par identifier les nombreuses « conditions d'une IA digne de confiance », allant du contrôle humain à la robustesse technique en passant par le respect de la vie privée, l'explicabilité des résultats ou la non-discrimination. Les lignes directrices de la Commission européenne, non contraignantes et ne créant pas de nouvelles

---

[488] Y. Meneceur, *L'intelligence artificielle en procès – Plaidoyer pour une réglementation européenne et internationale*, Bruylant, coll. Macrodroit microdroit, 2020.

[489] Commission européenne, « Lignes directrices en matière d'éthique pour le développement et l'utilisation d'une IA », 8 avr. 2019.

[490] *Ibid.*

[491] *Ibid.*

obligations juridiques, visent ainsi à instaurer la confiance en une IA respectueuse de l'humain, dans la perspective de constituer une référence mondiale en la matière. On veut à tout prix éviter que des consommateurs ou des citoyens non seulement rejettent des décisions qu'ils ne comprennent pas, mais aussi rejettent les entreprises ou les États utilisant des IA. George Akerlof, Prix Nobel d'économie 2001, a montré que si un marché devient opaque pour certains de ses acteurs, il risque de s'effondrer. C'est ce que redoutent les entrepreneurs de l'économie numérique si les IA ne deviennent pas plus transparentes[492]. Les gouvernements ont, quant à eux, pour mission de développer à leur échelle ces lignes directrices à travers de nouveaux mécanismes juridiques et réglementaires. Mais ils en restent pour l'heure souvent au niveau des commissions et des rapports. En France, on peut bien sûr citer le rapport établi par la mission conduite par Cédric Villani, intitulé « Donner un sens à l'intelligence artificielle » et rendu public mercredi 28 mars 2018, ou bien le rapport d'information du député Jean-Louis Touraine sur la bioéthique, remis à l'Assemblée Nationale le 15 janvier 2020 et qui prône une vision éthique de l'IA reposant sur les quatre principes suivants : autonomie, consentement éclairé, protection de la vie privée, établissement de la responsabilité en cas d'erreur médicale.

En 2020, le directeur général de Google, Sundar Pichaï, a publié une tribune dans le *Financial Times* pleine de fausse ou de vraie naïveté afin de mettre en garde contre les menaces que les nouvelles technologies feraient peser sur nous et en appeler à plus de régulation. Il s'inquiète notamment des avancées de l'intelligence artificielle et de ses possibles conséquences négatives comme les *deepfakes*[493]. Il rappelle aussi que son entreprise a publié ses propres principes éthiques le 7 juin 2018 — une liste de sept principes éthiques liés au développement de l'IA, pour éviter tout impact « injuste » ou « discriminant » sur les personnes et faire en sorte que l'IA « bénéficie à la société »[494] — et affirme vouloir faire de Google-Alphabet un partenaire

---

[492] J. Henno, « L'intelligence artificielle à l'heure de la transparence algorithmique », lesechos.fr, 9 mars 2020.

[493] A. Charnay, « Intelligence artificielle : le patron de Google appelle à davantage de régulation », 01net.com, 20 janv. 2020.

[494] Ces principes sont plus exactement que l'intelligence artificielle doit bénéficier à la société, éviter de créer et de renforcer des biais injustes, être conçue et testée pour la sécurité, pouvoir rendre des comptes, incorporer des principes de respect de la vie

privilégié des régulateurs. Ce n'est bien sûr pas par philanthropie que Google intervient de la sorte mais dans le but de procéder à du lobbying, avec l'idée d'influencer en sa faveur les futurs cadres réglementaires. Reste que cela est un bon témoignage des enjeux actuels et à venir.

On voit ainsi se développer, en marge des commissions et des rapports publics, des initiatives privées qui donnent lieu à une nouvelle forme de droit souple qui présente de nombreux avantages : il est négocié par les parties concernées elles-même, ce qui doit renforcer une dynamique vertueuse ; son absence de lien avec un droit national ou régional en particulier le rend possiblement applicable à tous les opérateurs partout sur la planète ; il est la cause et le résultat du dialogue entre les différents acteurs, les opérationnels, les personnalités extérieures, les usagers, les professionnels du droit[495]. Mais l'inconvénient de ce droit souple est que sa bonne application et donc son effectivité dépendent du bon vouloir des acteurs en cause, qui n'appliqueront sans doute que les normes qui sont favorables à leurs intérêts particuliers. On ne peut donc qu'espérer que le « vrai droit » vienne compléter et seconder cette diversité de jalons posés par tous types d'acteurs.

143. Les droits de l'homme numérique au service du droit de l'IA. Il est difficile de parler de « droit de l'IA ». Mieux vaut envisager un « droit des IA » ou même des « droits des IA » (au pluriel donc) tant ce sont des technologies et surtout des applications et des usages très différents. Un régime juridique unique, ignorant cette variété de réalités concrètes, ne serait guère pertinent. On ne peut pas traiter de la même manière l'enregistrement des données de santé pour sauver des vies et l'espionnage des smartphones pour maximiser les profits. Il est donc difficile de déclarer vouloir « réguler l'IA » tant se cachent derrière cette étiquette générale des phénomènes pluriels et variés. L'humanisme est alors bien le guide sur lequel s'appuyer. Par exemple, s'agissant du transhumanisme, on ne peut pas réserver le même sort juridique aux augmentations qui soignent l'homme et le réhumanisent et à celles qui le dégradent et le déshumanisent. Et les droits de l'homme

---

privée, se maintenir aux hauts standards de l'excellence scientifique, être mise à disposition des autres pour des usages en accord avec ces principes.

[495] N. Fricero, « Algorithmes et nouvelle génération de droits humains – À propos de la Charte éthique européenne d'utilisation de l'intelligence artificielle dans les systèmes judiciaires et leur environnement », *JCP G* 2019, n° 1331.

numérique ont vocation à constituer la colonne vertébrale des multiples régimes juridiques des IA.

Les droits des IA restent dans une large mesure à construire. Ce sont même les droits de l'homme numérique, sur lesquels ils doivent prendre appui, qui demeurent encore incertains — même si l'on peut d'ores et déjà rechercher nombre d'entre eux dans les textes positifs consacrant des droits et libertés fondamentaux. Il est vrai que les problématiques relatives aux algorithmes, aux réseaux de neurones et aux données massives sont récentes. En outre, l'univers numérique et ses acteurs sont par nature méfiants à l'égard de toute régulation publique, comme en a témoigné la « Déclaration d'indépendance du cyberespace » de John Perry Barlow en 1996. Et les évolutions technologiques sont si rapides qu'il est difficile pour le droit de ne pas être en permanence en retard. Pour certains, il a pu sembler « prématuré d'élaborer un régime général de l'intelligence artificielle »[496], afin d' « éviter l'écueil du fantasme qui conduirait, sans raison valable et de façon précipitée, à remettre en cause l'existant normatif »[497]. Sans doute faut-il, ici comme ailleurs, prendre garde à ne pas légiférer hâtivement, dans la précipitation et sans être parfaitement éclairé. Les États-Unis ont certes une longueur d'avance technologique mais aussi réglementaire dans certains secteurs d'activité, à l'image de la réglementation des voitures autonomes, et cette sécurité juridique leur procure un avantage[498], mais cela ne saurait justifier de ne plus « légiférer d'une main tremblante », pour reprendre l'expression de Portalis — et d'autant plus que l'une des grandes caractéristiques de la nouvelle économie de l' « ubérisation » est de privilégier les secteurs réglementés par la puissance publique, en insistant sur les vides et les incohérences juridiques ou leur inadéquation avec les évolutions technologiques[499]. Le Comité économique social et européen, en 2017, avait par exemple identifié 39 règlements, directives, déclarations et communications qui devaient être

---

[496] A. Bensamoun, G. Loiseau, « L'intelligence artificielle : faut-il légiférer ? », *D.* 2017, p. 581.

[497] *Ibid.*

[498] C. Castets-Renard, « La voiture autonome : la réglementation aux États-Unis », in F. Picod, F. Martucci, dir., *La circulation des automobilistes en Europe*, Bruylant, coll. Colloques, 2019.

[499] Conseil d'État, *Puissance publique et plateformes numériques : accompagner l'« ubérisation »*, La documentation française, 2017.

révisés ou adaptés par l'Union européenne[500]. Il avait surtout estimé que la Charte européenne des droits fondamentaux devait également être amendée afin de prendre en compte les nouveaux défis posés par l'IA.

S'agissant des blockchains, par exemple, il est difficile pour les autorités législatives d'intervenir à l'égard d'une technologie naissante, en gestation, mouvante et dont les potentialités et les limites restent mal comprises. Aussi les institutions de l'Union européenne, si elles s'intéressent de près aux blockchains, préconisent-elles de ne pas les réglementer avant qu'émergent des modèles d'exploitation pérennes. Le danger serait en effet de légiférer trop vite et, parce que trop vite, de légiférer mal. Il semble important de connaître les principaux cas d'usage des blockchains avant d'intervenir, cela afin d'encadrer par le droit officiel-étatique ce qui mérite de l'être sans étouffer les marchés émergents — d'autant plus que, concernant des technologies transnationales, ces marchés sont nécessairement mondiaux, impliquant une concurrence féroce entre États, un dumping réglementaire sans merci. À trop vouloir réglementer et prévoir tous les risques et tous les cas de figure, le danger est d'en venir à décourager les entreprises blockchain à s'installer et/ou à se développer sur le territoire national. Les chaînes de blocs devraient constituer un important facteur de compétitivité des économies nationales durant les prochaines années. C'est pourquoi il importe, en France par exemple, de donner la possibilité aux start-up les maîtrisant de prendre de l'avance dans la compétition mondiale qui débute. Toutefois, le flou juridique est aussi un frein pour nombre de start-up qui n'osent pas lancer de services originaux tant que le cadre réglementaire appelé à s'y appliquer n'est pas précisément arrêté. Des entrepreneurs hésitent à développer leurs *business models* parce qu'ils ne savent pas si ceux-ci seront ou non jugés illégaux par les autorités compétentes.

Face à ces enjeux — n'intervenir ni trop en amont ni trop en aval —, une solution réside dans les « bacs à sable réglementaires » (« *regulatory sandbox* »). Ceux-ci permettent aux entreprises souhaitant offrir des services liés aux blockchains d'être protégées contre tout risque de contrevenir à la loi en vigueur ou à venir. Les start-up et les acteurs de la société civile peuvent ainsi innover dans un climat de confiance propice au déploiement des

---

[500] Comité économique et social européen, « IA et réglementation », avis, 31 mai 2017.

blockchains — cela au service d'intérêts particuliers mais aussi de l'intérêt général et même parfois d'une meilleure protection de certains droits et libertés fondamentaux. En renforçant la sécurité juridique, ces « bacs à sable réglementaires » donnent à l'innovation sa chance tout en auditant en parallèle les ressources et travers du droit positif existant[501]. Ils permettent d'éviter de légiférer trop tôt à l'égard de technologies très évolutives et de prendre le pouls des projets en cours, de leurs éventuels défauts à corriger par le droit et de leurs potentiels apports à soutenir par le droit — ou par l'absence de droit. S'ouvre ainsi la voie, y compris dans l'ordre étatique, des modes de régulation plus ouverts et collaboratifs, plus horizontaux et moins verticaux. On considère ainsi que, « pour réussir son économie de l'IA, la France doit d'abord éviter la tentation, typiquement française, d'exagérer les risques et d'en conclure à l'urgence de réglementer, contrôler, limiter, avant même de savoir, d'avoir essayé, d'avoir développé »[502].

Du côté des acteurs économiques, on estime surtout que trop d'encadrement juridique aurait pour effet de nuire à l'innovation et, pour le directeur juridique de Microsoft France, « il faut se garder de rigidifier — ou pire complexifier — le cadre légal »[503]. Que le droit empêche des innovations nocives serait tout à fait normal. En revanche, que le droit soit construit sans justifications profondes, au gré des fluctuations politiques et des avis divergents des experts, serait très insatisfaisant. Les droits de l'homme

---

[501] En juin 2015, l'État de New York a lancé BitLicense, un système de licence bancaire particulier pour les utilisateurs des blockchains. Or cette licence a eu pour effet indésirable d'entraîner le départ hors de l'État de nombreuses entreprises innovantes, beaucoup s'installant en Suisse. Sur la vingtaine d'entreprises qui ont accepté de se soumettre à cette licence, une seule pour l'instant l'a obtenue. Les autres se retrouvent dans une situation d'incertitude juridique générant d'importants coûts financiers liés aux frais d'avocats. Au Royaume-Uni, à l'inverse, la Financial Conduct Authority a créé un « bac à sable réglementaire » où les start-up souhaitant proposer des services liés aux cryptomonnaies peuvent les tester sans risquer de commettre des infractions.

[502] G. Virat, H. Juvin, « L'intelligence artificielle : une ambition française », in Commission Supérieure du Numérique et des Postes, *IA et libertés individuelles*, Assemblée nationale, 2017, p. 26.

[503] M. Coulaud, « Quelle place pour l'éthique et le droit en matière d'intelligence artificielle ? », *Comm. com. électr.* 2018, n° 1, entretien 1.

numérique ont justement vocation à fournir aux droits des IA leurs raisons profondes.

Ce sont donc ces droits de l'homme numérique qu'il s'agira ici de penser. On n'interrogera en revanche guère les différents régimes juridiques constitutifs du droit des IA, on ne posera pas les questions très vastes, par exemple, des responsabilités en cas de dommage causé par une IA, des véhicules autonomes à l'e-médecine, ou des droits de propriété intellectuelle attachés à une IA donnée. Il demeure de nombreux vides et flous juridiques causant une insécurité juridique toujours regrettable, d'autant plus que les lois et règlements déjà existants risquent de s'avérer insuffisants ou inadéquats face aux spécificités du monde des IA et à ses évolutions technologiques. On peut s'accorder sur le constat de l'insuffisance des normes juridiques et des instruments de régulation des IA. Cela vaut aussi quant aux principes supérieurs qu'ils sont censés décliner. Il existe un consensus autour du besoin de préciser et renforcer l'encadrement juridique des IA ou, du moins, de réguler les IA en retenant la conception la plus large de la notion de régulation, entendue comme tout encadrement normatif, juridique ou non, public ou privé[504].

Des associations mais aussi des acteurs économiques plaident pour davantage de droit des IA — même si d'autres ne souhaitent pas être entravés par des cadres trop strictes dans un secteur évolutif. Les pouvoirs publics, au niveau européen et au niveau national, ont pris le relais de ces revendications. Un discours institutionnel sur la régulation de l'IA se développe. La CNIL y a par exemple consacré son rapport pour 2017, se demandant comment « garder la main » sur l'IA. La Commission des affaires économiques du Sénat a publié, le 29 mars 2017, un rapport intitulé « Pour une intelligence artificielle maîtrisée, utile et démystifiée »[505]. La régulation de l'IA a été érigée en quatrième axe de la stratégie de la France en matière d'intelligence artificielle[506] et le rapport de Cédric Villani de mars 2018 est

---

[504] A. Sée, « La régulation des algorithmes : un nouveau modèle de globalisation ? », *RFDA* 2019, p. 830.

[505] C. De Ganay, D. Gillot, « Pour une intelligence artificielle maîtrisée, utile et démystifiée », Sénat, rapport n° 4594, 2016.

[506] France IA, « Une stratégie nationale en intelligence artificielle », rapport de synthèse, févr. 2017.

dans une large mesure consacré à l'éthique de l'intelligence artificielle[507]. La régulation de l'IA constitue aussi un élément essentiel de la stratégie européenne en matière d'IA[508]. On assiste donc à une démultiplication des discours, à la fois publics et privés, nationaux et internationaux, autour du besoin d'une régulation des IA et de ses modalités. Et ces discours donnent souvent beaucoup de place à l'éthique, ce qui, dans une large mesure, revient à donner beaucoup de place à l'humanisme juridique et aux droits de l'homme numérique, en les appelant autrement.

Dans les années 1980, on observait, au sujet du droit de l'informatique : « Les entreprises sont déjà, dans certains domaines de l'innovation technique immédiatement prometteurs, aux prises avec l'insuffisance du droit. L'informatique se développe sans trouver le soutien juridique qu'elle requiert, alors qu'on s'accorde à y voir le moteur d'un changement de civilisation — le passage à la société postindustrielle. Il faut un régime adéquat aux nouveaux services qu'offre la télématique, car les règles en vigueur seront inéluctablement frappées d'obsolescence : banques de données et programmes ne se satisferont pas du droit d'auteur ; l'information centralisée des entreprises, du fatras réglementaire des publicités commerciales ; le nouveau travail à domicile avec terminal particulier, d'un statut social datant d'un autre âge »[509]. On peut, aujourd'hui, établir de mêmes diagnostics s'agissant des lacunes du droit des IA et du droit du numérique en général.

144. De la théorie à la pratique des droits de l'homme numérique : mieux les classer pour mieux les comprendre et mieux les concrétiser. La résolution du 12 février 2019 du Parlement européen met en avant la nécessité de concevoir un environnement réglementaire stratégique pour l'IA et la robotique, qui encourage l'innovation technologique tout en garantissant une protection forte aux utilisateurs. Le Parlement évoque l'ambition pour l'Europe d'être pionnière dans ce domaine, d'où l'importance de « réévaluer régulièrement la législation en vigueur afin de s'assurer qu'elle soit adaptée à

[507] C. Villani, *Donner un sens à l'intelligence artificielle : pour une stratégie nationale et européenne*, 2018, p. 138 s.
[508] Commission européenne, « L'IA pour l'Europe », COM(2018) 237, 2018.
[509] J. Hilaire, A. Sayag, « Conclusion », in A. Sayag, dir., *Quel droit des affaires pour demain ? Essai de prospective juridique*, Librairies techniques, 1984, p. 238.

son objectif en ce qui concerne l'IA ». Sans doute des droits de l'homme numérique seraient-ils très utiles afin de guider les législateurs européens et du monde entier. La nouvelle génération de droits et libertés fondamentaux que nous appelons de nos vœux doit reposer, comme en 1789, sur des valeurs que nous imaginons universelles, détachées de tout contexte historique mais adaptées au monde numérique. L'étape suivante et logique serait de transformer ces exigences en normes internationales. Les gouvernements auraient ensuite pour mission de les appliquer et les adapter afin de protéger les hommes et les citoyens des menaces causées par les IA dans le monde entier.

Parce qu'une Déclaration des droits de l'homme numérique porterait sur des technologies qui évoluent sans cesse et dont le rythme des innovations accélère sans cesse, il serait essentiel de concevoir cette déclaration comme un document d'orientation ouvert, révisable et adaptable à l'aune des nouvelles techniques, des nouveaux usages et des nouvelles connaissance quant à l'impact de ces techniques sur les hommes et sur les sociétés. On pourrait ainsi « préserver la liberté individuelle en même temps qu'un certain idéal d'émancipation collectif »[510].

Tout d'abord, avant de concrétiser ainsi les droits de l'homme numérique, il convient de les penser. Or, comme l'explique la CNIL, « établir de façon claire et lucide les enjeux est le premier devoir de la puissance publique, la condition pour pouvoir proposer des réponses adaptées, pour intégrer l'innovation technologique à la construction d'une vision déterminée de notre avenir »[511]. C'est pourquoi on recourt ici à un plan systématique, relativement simple et par conséquent arbitraire et limité, afin de donner un aperçu le plus efficace possible de ce que pourraient être des droits de l'homme numérique et des enjeux auxquels ils sont appelés à répondre. Classer l'objet étudié en parties et sous-parties permet de mieux le comprendre. S'agissant des droits et libertés fondamentaux, cette organisation reste une entreprise compliquée. Les différents manuels et ouvrages qui leur sont consacrés retiennent des

---

[510] D. Wolton, *Internet, et après ? Une théorie critique des nouveaux médias*, Flammarion, coll. Champs essais, 2010, p. 116.

[511] CNIL, *Comment permettre à l'homme de garder la main ? Les enjeux éthiques des algorithmes et de l'intelligence artificielle*, synthèse du débat public animé par la CNIL dans le cadre de la mission de réflexion éthique confiée par la loi pour une République numérique, déc. 2017, p. 2.

approches variables, témoignant de la diversité des possibilités d'ordonner le propos en la matière[512]. Néanmoins, si elle est forcément arbitraire, cette classification demeure indispensable et trois critères principaux permettent de présenter les droits de l'homme : leur histoire, leur objet et leur hiérarchie[513]. S'agissant des droits de l'homme numérique, il semble préférable de les aborder successivement en fonction de leurs objets respectifs.

Les conceptions les plus classiques des objets des droits de l'homme distinguent souvent les libertés individuelles et les libertés collectives — la liberté individuelle est exercée par une personne qui peut disposer de son corps, aller et venir, avoir son opinion etc. ; tandis que les libertés collectives ne peuvent s'exercer qu'en groupe (libertés d'association, de réunion, de manifestation, de la presse, de l'enseignement, syndicale etc.). Cette classification est en même temps historique puisque les droits issus de la déclaration de 1789 sont surtout individuels quand ceux consacrés en 1946 présentent une dimension collective. Un autre classement que l'on retrouve régulièrement est lui tripartite : on distingue les libertés physiques, les libertés intellectuelles et les autres libertés — les libertés physiques sont propres à la personne humaine en tant qu'être charnel (droit de disposer de son corps, droit à l'intégrité physique, droit à la sûreté, droit d'aller et venir, droit à la vie privée etc.) ; les libertés intellectuelles touchent l'homme pensant (liberté d'expression, liberté d'opinion, liberté de la presse, liberté de l'enseignement, liberté religieuse etc.) ; et les autres libertés se rapprochent surtout par leurs aspect relationnel (liberté d'association, liberté de réunion, liberté de l'entreprise etc.). Ainsi cette classification tripartite liberté physique, liberté intellectuelle, liberté relationnelle, correspond-elle à la tridimensionnalité de la personne humaine[514].

Concernant les droits de l'homme numérique, cinq objets principaux semblent ressortir : protéger la dignité des personnes, protéger la liberté des

---

[512] F. Sudre, *Droit européen et international des droits de l'homme,* 13e éd., Puf, 2016, p. 426.

[513] H. Oberdorff, *Droits de l'homme et libertés fondamentales,* 7e éd., LGDJ, coll. Manuel, 2019, p. 56.

[514] *Ibid.*, p. 60.

individus, protéger l'égalité des hommes, protéger la solidarité des citoyens et protéger la sécurité des administrés.

Table des matières

Structures éditoriales du groupe L'Harmattan

L'Harmattan Italie
Via degli Artisti, 15
10124 Torino
harmattan.italia@gmail.com

L'Harmattan Hongrie
Kossuth l. u. 14-16.
1053 Budapest
harmattan@harmattan.hu

L'Harmattan Sénégal
10 VDN en face Mermoz
BP 45034 Dakar-Fann
senharmattan@gmail.com

L'Harmattan Cameroun
TSINGA/FECAFOOT
BP 11486 Yaoundé
inkoukam@gmail.com

L'Harmattan Burkina Faso
Achille Somé – tengnule@hotmail.fr

L'Harmattan Guinée
Almamya, rue KA 028 OKB Agency
BP 3470 Conakry
harmattanguinee@yahoo.fr

L'Harmattan RDC
185, avenue Nyangwe
Commune de Lingwala – Kinshasa
matangilamusadila@yahoo.fr

L'Harmattan Congo
67, boulevard Denis-Sassou-N'Guesso
BP 2874 Brazzaville
harmattan.congo@yahoo.fr

L'Harmattan Mali
ACI 2000 - Immeuble Mgr Jean Marie Cisse
Bureau 10
BP 145 Bamako-Mali
mali@harmattan.fr

L'Harmattan Togo
Djidjole – Lomé
Maison Amela
face EPP BATOME
ddamela@aol.com

L'Harmattan Côte d'Ivoire
Résidence Karl – Cité des Arts
Abidjan-Cocody
03 BP 1588 Abidjan
espace_harmattan.ci@hotmail.fr

Nos librairies en France

Librairie internationale
16, rue des Écoles
75005 Paris
librairie.internationale@harmattan.fr
01 40 46 79 11
www.librairieharmattan.com

Librairie des savoirs
21, rue des Écoles
75005 Paris
librairie.sh@harmattan.fr
01 46 34 13 71
www.librairieharmattansh.com

Librairie Le Lucernaire
53, rue Notre-Dame-des-Champs
75006 Paris
librairie@lucernaire.fr
01 42 22 67 13

www.ingramcontent.com/pod-product-compliance
Lightning Source LLC
LaVergne TN
LVHW011218061026
849535LV00001BA/79
* 9 7 8 2 1 4 0 2 6 5 1 1 2 *